金融硕士(MF)考试辅导用书

金融学综合复习指南

(第10版)

科兴教育　编

中国石化出版社

内 容 提 要

本丛书是配合教育部命制的431金融学综合考试大纲而编写的考试辅导用书，整个系列有《金融学综合复习指南》《金融学综合习题精编》《金融学综合真题汇编及详解》三本，分别适用于第一、二、三轮复习。

《金融学综合复习指南》包括金融学、公司财务两部分，共计21章。每一章分为三个模块：大纲要求、知识脉络模块，对本章重点及知识脉络进行提纲挈领的提示；理论精要模块，属于本书主体内容，详细解析大纲所涉及的考点，并增加了约10%的超纲考点，这些考点虽在大纲之外，但均是从各名校金融学历年真题中归纳的常考考点，或者理解大纲内考点所必备的知识；习题精编模块，针对本章考点编制了适量练习题，并提供了参考答案与解析。

本书适用于参加金融硕士(MF)考试的考生，也可供高等院校金融学专业的师生参考。

图书在版编目(CIP)数据

金融学综合复习指南／科兴教育编. —10版.
—北京：中国石化出版社，2020.5(2020.7重印)
金融硕士(MF)考试辅导用书
ISBN 978-7-5114-5750-9

Ⅰ.①金… Ⅱ.①科… Ⅲ.①金融学-研究生-入学
考试-自学参考资料 Ⅳ.①F830

中国版本图书馆CIP数据核字(2020)第066682号

中国石化出版社出版发行
地址:北京市东城区安定门外大街58号
邮编:100011 电话:(010)57512500
发行部电话:(010)57512575
http://www.sinopec-press.com
E-mail:press@sinopec.com
北京柏力行彩印有限公司印刷
全国各地新华书店经销
*
787×1092毫米 16开本 27.5印张 670千字
2020年7月第10版 2020年7月第2次印刷
定价:60.00元

前　言

本书是配合教育部命制的431金融学综合考试大纲而编写的考试辅导用书，整个系列有《金融学综合复习指南》《金融学综合习题精编》《金融学综合真题汇编及详解》三本，分别适用于第一、二、三轮复习。

《金融学综合复习指南》秉承科兴图书一贯的风格，讲练结合，贴近考研，注重应试。书中“讲”包括知识点解析、例题及习题的解析，以及穿插全书的“科兴点评”“归纳总结”等插件，“练”则体现在穿插于知识点解析中的例题，以及每章后的精编习题。本书注重将“讲”与“练”融为一体，可以最大限度地提高复习效率。

自2011年出版发行以来，《金融学综合复习指南》受到了广大金融学考生的厚爱，帮助了数万考生踏进金融名校。步入2020年，本书迎来了第10版。相对于第9版，本次改版主要体现在以下几点：

一、统一了字母使用。由于本书需要整合国际金融学、货币银行学、投资学和公司金融的知识点，而各个部分关于字母的使用是不一致的。为了减少读者用书的不便，本次在改版的过程中，我们统一了字母的使用，利率（折现率）为r，收益率为y，名义汇率为e，无杠杆资本成本r_{U}。

二、重写了加权平均资本成本这一章。以前的版本，我们是按照罗斯的《公司理财》来编写内容的，比较简略。但是，按照这个知识储备，读者很难理解后续章节的MM定理和公司价值评估。为此，我们参考乔纳森·伯克的《公司理财》重写了这一章。当然，其他的章节，也有不同程度的调整和改动，这里不一一赘述。

三、更新了部分例题和习题。本次改版过程中，我们删除了一些争议性的例题和习题，增补了一些更新的、更具有技巧性的题目。

由于本书篇幅所限，部分篇幅较大的补充内容，我们做成了电子版本，需要的同学可以扫描下面的微信二维码进行下载。

由于编者水平有限，本书肯定还存在诸多不当之处。如果您在学习的过程中发现错误或者有其他好的建议，请发邮件至 275443204@ qq. com 进行反馈与交流。

科兴教育

2020 年 5 月

目　录
CONTENTS

第一部分　金融学

第二部分　公司财务

第一部分　金融学

第一章　货币与货币制度

货币基础是金融学的基础。本章内容中，“金融学概论”“货币的起源与发展”和“世界货币”并非重要知识点，考生适度掌握即可。“货币职能”属于基础知识点，一般从货币五种职能的理解和不同职能中的货币属性的辨析两个角度考查。“货币制度”也属于基础知识点，在各个院校的真题中经常出现，主要考查不同货币制度的特点比较及不同货币制度下出现的现象，如格雷欣法则和特里芬难题。“国际货币体系”属于重要的知识点，一般从国际货币体系的发展过程和不同体系的特点两个角度考查。由于本章与现实经济生活结合密切，建议考生在备考的过程中，应加强对时事金融的关注，比如稳定币、比特币。

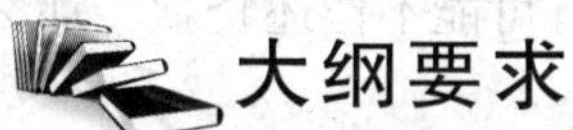

大纲要求

货币的职能与货币制度

国际货币体系

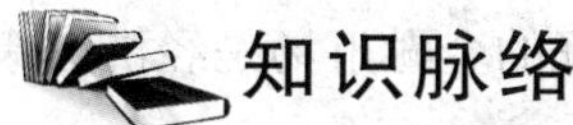

知识脉络

- 货币与货币制度
  - 金融学概论
  - 货币的起源与发展
  - 货币的职能
    - 价值尺度
    - 流通手段
    - 贮藏手段
    - 支付手段
    - 世界货币
  - 货币制度及其演变
    - 货币制度构成要素
    - 货币制度的演变
  - 国际货币体系
    - 国际金本位制度
    - 布雷顿森林体系
    - 牙买加体系
  - 世界货币

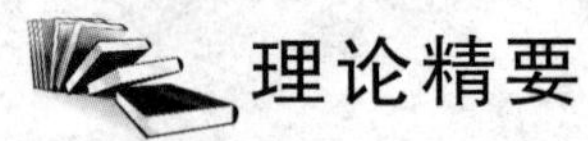

理论精要

知识点一　金融学概述

一、　金融体系的五大部分

金融体系包括五大部分，每一部分在经济中都具有它的基本作用。这五大部分分别是货币、金融工具、金融市场、金融机构和中央银行。

我们利用货币为所购买的商品和服务进行支付，并储存财富；利用金融工具将资源从储蓄者手中转移到投资者手中，并将风险转移给承受风险能力最强的人；我们在金融市场上能够以较低的成本买卖金融工具；金融机构为我们提供多项服务，包括进入金融市场，以及收集关于潜在借款人的信息，以确保其信用度；金融机构有银行、证券公司、保险公司等。最后中央银行具有调控和稳定经济的作用。

二、　金融的四个核心原则

（1）时间具有价值。就像我们要为劳动时间付出报酬一样，占用其他资源的时间也同样具有价值。

（2）风险需要补偿。生活中有各种不确定性，没有人愿意免费承担风险。了解这两个原则之后，可以揭示大多数金融工具定价的原理。比如，如果借款人有可能不偿还贷款，那么贷款者就会向其收取更高的利息。

（3）信息是决策的基础。比如银行发放贷款都要收集借款人的信息，并根据这些信息做出决策。

（4）市场决定价格、配置资源。金融市场引导资源配置，使收集信息的成本最小化，并产生交易行为，因此它对经济发展起着重要作用。实际上，运行良好的金融市场是经济健康增长的必要前提。

知识点二　货币的起源和发展

1. 货币的产生

在人类社会初期，不存在商品交换，当然也不存在货币。只有当出现商品交换以后，随着商品交换的发展，才逐渐从商品世界分离出一种商品，固定地作为商品交换的媒介，货币便应运而生。因此，货币是商品生产和商品交换发展的产物。在商品交换发展过程中，商品的价值表现经过了四个阶段的发展：简单或偶然的价值形式、总和的或扩大的价值形式、一般价值形式、货币价值形式。

（1）简单或偶然的价值形式

在这个阶段，只是有剩余产品才发生交换，没有为交换进行专门的商品生产，交换带有偶然性，商品的价值只是偶然地通过另一种商品表现出来，所以称之为简单的或偶然的价值形式。例如，1 只绵羊＝2 头猪。

（2）总和的或扩大的价值形式

随着社会分工的发展和生产力的提高，商品交换越来越频繁，使得商品价值表现形式也越来越复杂，商品价值的表现形式不仅仅表现在某一种商品上，而是表现在一系列的其他商品上。例如：

$$1\text{头奶牛}=\begin{cases}5\text{斤蚕丝}\\10\text{斤菜油}\\20\text{斤大米}\\\ldots\ldots\end{cases}$$

从上述价值公式，可以发现：每种商品都有多种商品表现其价值，交换过程迂回复杂，增加了交易困难，说明商品交换世界尚未形成一个公认的价值表现形式，因此，扩大的价值形式并不是最高的价值形式。

（3）一般价值形式

经过商品交换的不断发展，逐渐从商品世界中分离出来一种充当一般等价物的商品，其他一切商品的价值都用该商品表现，即为一般价值形式。例如：

$$\left.\begin{array}{l}5\text{斤蚕丝}\\10\text{斤菜油}\\20\text{斤大米}\\\ldots\ldots\end{array}\right\}1\text{头奶牛}$$

在这个阶段，商品交换中的一般等价物并没有完全固定在某一种商品上，妨碍了商品交换的进 步发展。

（4）货币价值形式

所谓货币价值形式，是指一切商品的价值固定地由一种特殊商品来表现，它是价值形式发展的完成阶段。经过长期的发展演变，黄金、白银长期固定地成为一般等价物，就是所谓的货币。

【知识拓展】货币产生的理论观点

① 创造发明说（古罗马法学家鲍鲁斯）。这种观点认为货币是由国家或先哲创造出来的，由国家强制赋予其具有永久价值。

② 交换说（英国经济学家亚当·斯密）。这种观点认为货币是为解决直接物物交换的困难而产生的，是随着商品交换的发展逐渐从诸多商品中分离出来的。

③ 保存财富说（法国经济学家西斯蒙第）。这种学说从货币与财富的关系中说明货币产生的必要性，认为货币是为保存财富而产生的。货币本身不是财富，但随着财富的增加，人们要保存财富，交换财富，计算财富的量，便产生了对货币的需要，货币因此而成为保存财富的一种工具。

【例 1】（中央财大 2016 年）以下哪位人物认为货币是为解决直接物物交换困难而产生的？（　　）

A. 古罗马法学家鲍鲁斯　　B. 英国经济学家亚当·斯密

C. 法国经济学家西斯蒙第　　D. 中国春秋时期法家代表管子

答案：B。货币起源的交换说是由英国经济学家亚当·斯密提出，他认为货币是为克服直接物物交换困难而产生的。

2. 货币的本质

（1）货币的本质定义

关于“什么是货币”的问题，西方已经形成许多不同的理论观点，下面列出主流的几种观点：

① 货币金属说。重商主义者认为，货币就是商品，它必须有实质价值，其价值由金属价值所决定，不能被其他东西所代替。因此，货币等同于贵金属，贵金属等同于财富。

② 货币名目说。名目论者否定货币的商品性，否认货币必须具有实质价值，认为货币

是商品价值的符号，只是观念的计算单位，是一个票券。

③ 劳动价值说。马克思从劳动价值理论入手，通过分析商品进而分析货币的本质，得出货币是固定充当一般等价物的特殊商品的货币本质定义。

④ 货币国定说。又称货币法定说，是一种具体化了的货币名目论，认为货币是由国家创造的。

⑤ 货币数量说。数量论是用货币数量来解释货币属性、货币价值与商品价格的学说。它否认货币本身所具有的商品属性和内在价值，认为货币价值是由货币供给的数量所决定的。其代表人物弗里德曼认为，货币不过是“购买力的暂栖所”。

【例 2】(对外经贸 2015) 弗里德曼对货币的定义是(   )。

A. 狭义货币　　B. 购买力的栖息地/寄托物　　C. 准货币　　D. 广义货币

答案：B。弗里德曼将货币定义为能使购买行为从售卖行为中分离出来的购买力的暂栖所。

(2) 货币的本质特征

在马克思劳动价值说下，货币的本质特征表现为：

① 货币是一般等价物，货币作为一般等价物具有以下两个基本特征：第一，由于所有普通商品均要把自己的价值表现在货币上，因而货币就成为表现价值的材料，成为社会劳动的直接体现物；第二，由于货币是价值和财富的一般代表，因此，货币具有与其他一切商品直接交换的能力。

② 货币还体现了一定的社会生产关系。货币是商品交换的媒介和手段，这就是货币的本质。同时，生产者之间、生产者与消费者之间通过货币联系在一起，形成交换关系，保证经济正常运行。

3. 货币形式的演化

在几千年的岁月中，货币的形态经历着由低级向高级的不断演变过程。

(1) 商品货币

商品货币指货币本身具有价值，兼具货币和商品的双重形态，是足值货币，其面额代表了其价值，因此不具有信用。商品货币在成为货币前通常是广为接受的一般等价物，是具有物理形态的物品，主要包括实物货币和金属货币两种。

(2) 表征货币(代用货币)

表征货币是指代表商品货币在市场上流通的货币，其面值与币材价值不等，本身不具有价值，由银行或类银行机构发行，可以与商品货币等价兑换。典型的代用货币是银行券，最早出现在 17 世纪的欧洲，用于解决铸币不易携带和存储的问题。

(3) 信用货币

信用货币是以信用作为保证、通过一定信用程序发行、充当流通手段和支付手段的货币形态，是货币发展的现代形态。它与表征货币最大的区别在于信用货币不以实足金银等贵金属作为保证，而是由国家以法律形式强制发行并流通的，是以国家信用为支撑。

信用货币的发行主体是银行，其发行程序是银行信贷程序，由国家赋予无限法偿能力，并强制流通。信用货币的基本特征是：①不具有实足的内在价值，黄金基础也已经消失；②信用货币是债务货币，实际上是银行的债务凭证；③具有强制性的特征；④国家可以通过银行来控制和管理信用货币的流通，把货币政策作为实现国家宏观经济目标的重要手段。

(4) 信用货币的未来——电子货币

巴塞尔银行监管委员会将电子货币定义为：在零售支付机制中，通过销售终端、不同的电子设备之间以及在网络上执行支付的“储值”和“预付支付机制”。“储值”是指保存在物理介质中可以用于支付的价值，如IC卡，多功能信用卡等。这种介质被称为电子钱包。而“预付支付机制”则是指存储在特定软件或网络中的一组传输并可用于支付的电子数据，通常被称为“数字现金”。

电子货币主要可以分为三类：

① 以银行为主要信用担保的电子借贷系统(银行卡)。

② 以信用卡为基础的电子钱包。

③ 在互联网发行的数字货币。

此外还出现了大量与非银行有关的电子货币形式，例如一些大型连锁超市的充值卡，网络支付软件(如支付宝、微信钱包)中的电子款项支付和存储，其实质均是一种基于现实货币的电子货币。

【例3】(对外经贸2017)信用卡属于信用货币的一种表现形式。( )

答案：正确。信用货币是由国家法律规定的，强制流通不以任何贵金属为基础的独立发挥货币职能的货币。信用货币包括辅币、现金和纸币、银行存款、电子货币等几种形式。电子货币通常是利用电脑或贮值卡来进行金融交易和支付活动，例如各种各样的信用卡、贮值卡、电子钱包等。

【专家观点】盛松成：为什么数字货币Libra项目会被叫停？(具体内容，请扫描本书前言中的二维码进行下载)

知识点三　货币的职能

货币的职能是指货币在社会经济生活中的作用，它是货币本质的体现。概括而言，货币职能包括：价值尺度、流通手段、贮藏手段、支付手段和世界货币。其中价值尺度和流通手段是货币的基础职能。

1. 价值尺度

货币的价值尺度职能是指货币具有表现和衡量商品价值量大小的职能。货币执行价值尺度职能的首要条件是货币本身是商品，具有价值。货币执行价值尺度职能时，只需要“观念上的货币”，人们可以在观念语言中用货币来衡量商品的价值，并不一定需要真实货币存在。由于各种商品的价值大小不同，用货币表现的价格也不同，为了便于比较不同商品的价格就需要规定一个价格标准。所谓价格是指商品价值的货币表现。

2. 流通手段

货币在商品流通中充当交换媒介，形成商品—货币—商品的过程时，货币便执行流通手段职能。与货币的价值尺度职能不同，作为交换媒介的货币必须是现实的货币，但是并不一定是足值的，因为人们需要的是货币的购买力而不是作为币材的金属。因此，作为流通手段的货币可以是不足值的，也可以是无内在价值的价值符号。从这个意义上说，是流通手段催生了纸币和现代意义的电子货币。

流通中所需要的货币量取决于3个因素：

① 待流通的商品数量；

② 商品价格；

③ 货币流通速度。

$$\text{流通中所需要的货币量}=\frac{\text{商品价格}\times\text{待流通的商品}}{\text{流通速度}}$$

3. 贮藏手段

当货币退出流通，贮藏起来，货币便执行贮藏手段的职能。在交换的初期，产品的主要部分是为自己消费，所以当时货币执行贮藏手段的目的是用货币形式来保存剩余产品。在商品经济不够发达的情况下，商品生产者并不一定能够在需要货币购买其他商品时顺利地卖掉自己的商品，所以生产者会有意识地积累货币，使再生产得以顺利进行。随着商品经济的发展，在私有制社会里，货币在社会上的影响增大，它代表着绝对的物质财富，从而人们在求金欲的驱使下贮藏货币。

作为贮藏手段的货币具有的 3 个特征：

① 必须是足值的货币；

② 必须是现实货币，而不是观念上的货币；

③ 必须是退出流通的货币。

作为贮藏手段的货币还具有自发调节流通中货币量的作用。当流通中的货币量大于商品流通所需要的货币量时，多余的货币会退出流通领域成为贮藏货币；当流通中所需要的货币量不足时，贮藏货币会重新加入流通。这种自发调节流通中货币量的作用，使得在足值金属流通条件下一般不会产生通货膨胀。当然，货币不是唯一的价值储藏手段。我们以多种形式持有财富——股票、债券、房屋，甚至汽车，实际上，人们更加偏爱用这些方式储藏财富。

现代经济中的信用货币是纸制的价值符号，本身没有内在价值，也不能兑现金、银。因此，它不具有典型意义上的贮藏手段职能。货币所有者把现钞暂时沉淀在手中，形成潜在的购买手段或待实现的购买力；把现钞存在银行，则通过银行的信贷活动投入生产和流通。在纸币币值稳定的前提下，货币所有者无论是手持沉淀现钞，还是把它存入银行变成存款，都发挥了货币积累或储蓄手段的作用。

4. 支付手段

货币的支付手段是指货币作为交换价值而独立存在，并伴随着商品运动而作单方面的转移。货币执行支付手段职能最早源自商业信用，某些商品生产者会出现资金周转的多余或不足，为使再生产得以顺利进行。比如，支付税赋、租金、工资，清偿债务，赊购等。

随着经济的不断发展，货币作为支付手段，不仅在商品赊销、预付货款、清偿债务方面，而且在银行信贷、财政收支、消费信用等领域发挥着越来越大的作用。可以认为，作为信用经济的现代经济就建立在支付手段的基础上。发挥支付手段职能的货币同发挥流通手段职能的货币一样，都是出于流通过程中的现实货币。所谓“流通中的货币”，就是发挥支付手段职能和发挥流通手段职能的货币的总和。

【例 4】（对外经贸 2016）下列活动中，货币执行流通手段的职能是(　　)。

A. 学校财务人员向教师发工资　　B. 张三偿还李四 5000 元借款

C. 李教授向学校捐款 10000 元　　D. 王五用打工所得购买手机一部

答案：D。流通手段是指货币在商品流通过程中起媒介作用时所发挥的职能，必须使用现实的货币，一手交钱，一手交货。

5. 世界货币

随着世界经济贸易发展和全球经济一体化趋势，当货币超越国界，在世界市场上发挥一般等价物作用时便执行世界货币的职能。

世界货币职能主要表现为：

①作为国际间一般的支付手段，用以平衡国际收支差额；

②作为国际间一般的购买手段，用以购买外国商品；

③作为国际间财富转移的一种手段，比如输出货币资本、战争赔款等。

【科兴点评】货币的五种职能不是孤立的，而是具有内在的联系的。其中价值尺度和流通手段是两个基本的职能，任何商品都要首先借助货币的价值尺度来表现其价格，然后再通过流通手段实现商品价值。正因为货币具有流通手段职能，随时可以购买商品，货币才能作为交换价值独立存在，可用于各种支付，所以人们才贮藏货币，货币才能执行贮藏手段职能。支付手段职能是以贮藏手段职能的存在为前提的。世界货币实际上就是在国际市场上行使货币的其他四种职能。

知识点四　货币制度及其演变

（一）货币制度的构成要素

所谓货币制度是指一个国家以法律形式确定的该国货币流通的结构、体系和组织形式，简称“币制”。货币制度是随着资本主义经济制度的建立而逐步形成的。它主要包括货币种类、货币材料、货币单位、货币的发行与流通、货币支付能力和货币发行准备制度的规定。

1. 货币种类

货币种类主要是规定主币和辅币。主币就是本位币，是一个国家流通中的基本通货，一般作为该国法定的价格标准。主币的最小规格通常是 1 个货币单位，如 1 美元，1 英镑等。辅币是本位货币单位以下的小面额货币，它是本位币的等分，其面值多为货币单位的 1%、2%、5%、10%、20%、50%几种，主要解决商品流通中不足 1 个货币单位的小额货币支付问题。

2. 货币材料

货币材料简称“币材”，是指用来充当货币的物质。确定不同的货币材料，就构成不同的货币本位，如果确定用黄金充当货币材料，就构成金本位，用白银充当货币材料，就构成银本位。确立以哪一种物质作为币材，是一国建立货币制度的首要步骤，究竟选择哪一种币材，虽然由国家确定，但这种选择受客观经济条件的制约，往往只是对已经形成的客观现实从法律上加以肯定。国家不能随心所欲指定某种物品作为货币材料。

3. 货币单位

货币单位是指货币制度中规定的货币计量单位。货币单位的规定主要有两个方面：一是规定货币单位的名称，在国际上，一国货币单位的名称，往往就是该国货币的名称，如美元、日元、英镑等；二是确定货币单位的“值”。在金属货币条件下，货币的值就是每一货币单位所包含的货币金属重量和成色。在不兑现信用货币尚未完全脱离金属货币制度时，确定货币单位的值主要是确定货币单位的含金量。当黄金非货币化后，则主要表现为确定或维持本国货币与他国货币或世界主要货币的比价，即汇率。

4. 货币的发行和流通

在金属货币流通条件下，一般规定辅币由国家铸造发行，对本位币则需要明确规定是自由铸造还是限制铸造。信用货币出现以后，最初是分散发行的，例如银行券在早期是由各个商业银行自主发行的，但后来为了解决银行券分散发行带来的混乱问题，各国逐渐通过法律把银行券的发行权收归中央银行。在当代不兑现的信用货币制度下，信用货币的发行权都集中在中央银行或指定发行机构。

5. 货币的支付能力

无限法偿是指使用该种货币进行支付时无论支付数额多大，无论何种形式的支付，对方都不能拒绝接受，无限法偿能力意味着该种货币的使用受到国家支持，或者说是国家强制使用的。

有限法偿是指辅币能够与本位币以规定的比例进行兑换，但辅币只能由国家进行铸造，且只具有有限的支付能力，当货币的使用超过国家规定的限额时，接受者有权拒绝使用辅币结算。因此，我们常在新闻上看到的手提一麻袋面值低于 1 元的硬币购车等行为，出售方是有权利拒绝接受的，但当人们带着大量硬币要求兑换成大额钞票的时候，银行必须履行其辅币能够与主币进行无限制兑换的义务。在当前的信用体系中，大多数国家都以本国信用货币作为本位币，一些小额的辅币单位辅助流通。

6. 货币发行准备制度的规定

货币发行准备制度是指在货币发行时须以某种金属或某几种形式的资产作为其发行货币的准备，从而使货币的发行与某种金属或某些资产建立起联系和制约关系。各国所采用的货币发行准备制度的具体内容，一般均在本国有关法律中予以明确规定。在不同的货币制度下，货币发行的准备制度是不同的。在金属货币制度下，货币发行以法律规定的贵金属金或银作为准备；在现代信用货币制度下，货币发行的准备制度已经与贵金属脱钩，多数国家都采用以资产主要是外汇资产作准备，也有的国家以物资作准备，还有些国家的货币发行采取与某个国家的货币直接挂钩的方式，例如盯住美元、法郎或英镑等。各国在准备比例和准备资产上也有差别，目前各国货币发行准备的构成一般有两大类：一是现金准备，现金准备包括黄金外汇等具有极强流动性的资产；二是证券准备，证券准备包括短期商业票据、财政短期国库券、政府公债等必须是在金融市场上可流通的证券。

【例 5】(华东师大 2011)一国货币制度的核心内容是(　　)。

A. 规定货币名称　　B. 规定货币单位　　C. 规定货币币材　　D. 规定货币币值

答案：C。币材是货币制度最重要的构成因素，不同本位制的实质体现为本位货币的不同。

【例 6】(重庆大学 2016)在不兑现的货币制度下，本(位)币一定是(　　)。

A. 无限法偿　　B. 金属货币　　C. 足值货币　　D. 有限法偿

答案：A。所谓的无限法偿也就是有无限的法定支付能力，不论支付的数额大小，不论属于何种性质的支付，即不论是购买商品、支付服务、结清债务、缴纳税款等，收款人都不得拒绝接收。一般来说，本位币都具有无限法偿能力，而辅币则可能是有限法偿的。

（二）货币制度的演变发展

从发展史看，货币本位制经历了银本位制，金银复本位制，金本位制和不兑现的信用货币制度四个主要阶段，金属本位制分类如图 1-1 所示。

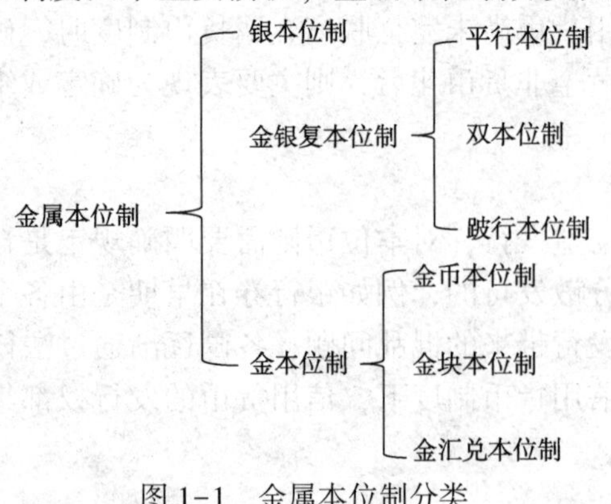

图 1-1　金属本位制分类

1. 银本位制

银本位制是最早实行的货币制度之一，而且持续的时间也比较长。所谓银本位制是指以白银作为本位货币的一种金属货币制度。银本位制又分为银两本位制和银币本位制。银两本位制是以白银的重量单位(两)作为价格标准，实行银块流通的货币制度。银币本位制则是以一定重量和成色的白银，铸成一定形状的本位币，实行银币流通的货币制度。在银本位制度下，银币可以自由铸造和自由熔化，并具有无限法偿的效力，白银或银币可以自由输出输入。

19 世纪后期，世界白银产量猛增，使白银的市场价格发生剧烈波动，呈长期下跌趋势。白银价格的起伏不稳，既不利于国内货币流通，也不利于国际收支，影响一国经济的发展，加之银币体重价低，不适合巨额支付，从而导致许多实行银本位制的国家都先后放弃了这种货币制度。

【例 7】(上海财大 2017) 我国明代白银是本位币，而白银供应有限，说明(　　)。

A. 白银为有限法偿　　B. 通货紧缩严重

C. 我国需要保持大量贸易顺差　　D. 白银是唯一流通手段

答案：B。金属本位制不会带来通货膨胀，但很可能会带来通货紧缩。我国明代产生了资本主义的萌芽，经济进入高速发展时期，而白银的供应却跟不上经济发展的速度，因而会产生通货紧缩。

2. 金银复本位制

17 世纪在美洲发现了丰富的金矿，黄金的开采量也随之增加。大量黄金从美洲流入欧洲，促成了金银复本位制的实行。金银复本位制是由国家法律规定的以金币和银币同时作为本位币的货币制度。

金银复本位制按照金银比价关系又分为平行本位制、双本位制、跛行本位制：

(1) 平行本位制，是金币和银币按其实际价值流通，其兑换比率完全由市场比价决定，国家不规定金币和银币之间的法定比价。这种制度使得金银比价经常发生变动，一定程度上造成了商品价格体系的混乱。

(2) 双本位制，是指国家规定金币和银币之间的法定比价。这种制度容易导致格雷欣法则所描述的"劣币驱逐良币"的现象。所谓"劣币驱逐良币"是指在两种实际价值不同而面额价值相同的通货同时流通的情况下，理性人必然会将实际价值较高的通货(良币)熔化、输出而退出流通领域，使得实际价值较低的通货(劣币)充斥市场。

【例 8】(金融联考 2006 年) 格雷欣法则起作用于哪一种货币本位制度？(　　)

A. 平行本位制　　B. 双本位制　　C. 跛行本位制　　D. 单本位制

答案：B。在双本位制下，金币和银币是按法定比价进行流通和交换的，虽然可以克服平行本位制下金银实际价值波动带来的金币和银币交换比例波动的情况，但是这种做法又违背了价值规律。当金银的法定比价与市场比价不一致时，就产生了"劣币驱逐良币"的现象。

(3) 跛行本位制，是指法律规定金币和银币都可以成为本位币，两者之间有兑换比率，但金币可以自由铸造，而银币却不能自由铸造，只能由政府限制铸造。这样既避免了价格体系混乱，又避免了"劣币驱逐良币"现象。但实际上，此时的银币已成为金币的附属产物，起着辅币的作用。

3. 金本位制

金本位制就是以黄金为本位币的货币制度。在金本位制下，每单位的货币价值等同于若干重量的黄金(即货币含金量)；当不同国家使用金本位时，国家之间的汇率由它们各自货币的含金量之比——金平价来决定。金本位制于 19 世纪中期开始盛行。在历史上，曾有过三种形式的金本位制：金币本位制、金块本位制和金汇兑本位制。其中，金币本位制是最典型的形式，也是狭义意义上的金本位制。

(1) 金币本位制

金币本位制是指国家法律规定以黄金作为货币金属，即以一定重量和成色的金铸币充当本位币。在金币本位制条件下，金铸币具有无限法偿能力。这种货币制度的特点主要有：

① 金币可以自由铸造和自由熔化，而其他铸币(包括银铸币和铜镍币)则限制铸造，从而保证了黄金在货币制度中处于主导地位。

② 价值符号(包括辅币和银行券)可以自由兑换为金币，使各种价值符号能够代表一定数量的黄金进行流通，以避免出现通货膨胀现象。

③ 黄金可以自由地输出入国境。由于黄金可以在各国之间自由转移，从而保证了世界市场的统一和外汇汇率的相对稳定。

(2) 金块本位制

金块本位制又称生金本位制，是在一国内不准铸造、不准流通金币，只发行代表一定金量的纸币(如银行券)来流通的制度。在这种货币制度下，货币当局发行以金块为准备金的纸币用于流通。纸币与金块施行有限制的自由兑换，即只有达到一定数额才允许用纸币兑换金块，小额纸币不允许兑换。这是一种节约黄金和避免黄金磨损的做法。金块本位制实行的条件是保持国际收支平衡和拥有大量用来平衡国际收支的黄金储备。

(3) 金汇兑本位制

金汇兑本位制，又称虚金本位制，是指国家并不铸造金铸币，也不允许公民自由铸造金铸币，而是将黄金存放在一个施行金币本位制或者金块本位制的国家，规定在本国以银行券作为流通货币，货币规定含金量，本币可以与外币自由兑换，从而间接实现与黄金的兑换。这种制度可以节约国际交易所使用的黄金，但它实际上是一种附庸性质的货币制度，无法独立自主的保持本国货币稳定。

【例 9】简述三种金本位制之间的区别与联系。

答案：(1) 在流通方面：金币本位制下，金币自由铸造、自由融化、自由输出输入；而金块本位制则是代表黄金的银行券流通；在金汇兑本位制下，与黄金间接挂钩的银行券流通。

(2) 在汇率决定方面：金币本位制以所含金量决定；金块本位制和金汇兑本位制以所代表金量决定。

(3) 在金平价方面：金币本位制是铸币平价；而金块本位制和金汇兑本位制是法定平价。

它们之间的关系，可以由图 1-2 得到清晰展示。

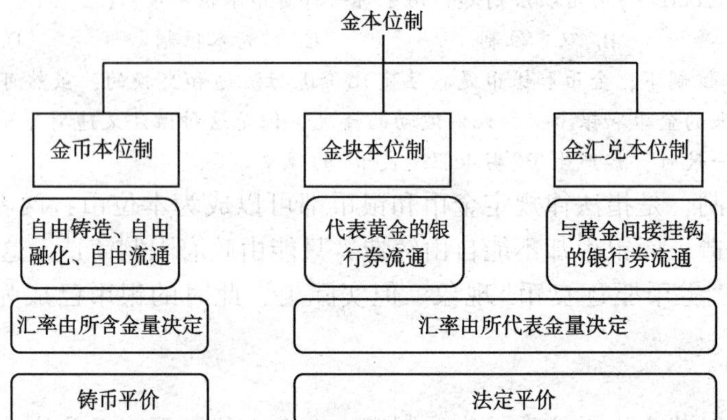

图 1-2　金本位制的比较

4. 信用货币制度

不兑现的信用货币制度是以纸币为本位币，且纸币不能兑换黄金的货币制度。这是当前普遍实行的一种货币制度。其特点：

① 不兑现的信用货币一般是由中央银行发行的，并由国家法律赋予无限法偿的能力；

② 货币不与任何金属保持等价关系，也不能兑换黄金，货币发行一般不以金银为保证，也不受金银数量的限制；

③ 货币通过信用程序投入流通领域，货币流通是通过银行的信用活动进行调节，而不像金属货币制度那样，由铸币自身进行自发调节。银行信用的扩张，意味着货币流通量增

加；银行信用的紧缩，则意味着货币流通量减少；

④ 这种货币制度是一种管理货币制度，一国中央银行或货币管理当局通过货币政策以维持货币稳定；

⑤ 货币流通的调节构成了国家对宏观经济进行控制的一个重要手段，但流通领域究竟需要多少货币，则取决于货币流通规律；

⑥ 流通中的货币不仅指现钞，银行存款也是通货。

当前绝大多数电子货币均与现实信用货币相联系，但还存在真正意义上区别于现实货币的虚拟货币。最典型的例子是比特币，这类货币不与现实挂钩，也没有准确的兑换比例。比特币不依靠特定货币机构发行，由网络节点计算生成，通过控制算法和去中心化特性来确保无法大量制造比特币来稳定币值，总量被永久控制在 2100 万个。向地球另一端转账比特币像发送电子邮件一样简单、成本低、无任何限制，因此已被用于跨境贸易、支付、汇款等领域。比特币自 2009 年诞生后价格持续上涨，2011 年币值达到 1 美元，2013 年 11 月 29 日，比特币的价值高达 1200 美元，超过 1 盎司黄金的价格。

比特币等虚拟货币因其发行不受任何金融机构如中央银行控制，因此与基于现实货币的电子货币有着本质区别。尽管有独立性强、安全性高等优点，部分国家认可比特币的货币属性，但鉴于当前的金融现状，多数政府不认可比特币是货币，将其定义为商品。

【例 10】(上海财大 2018)在现代货币制度下，纸币的职能是来自于(　　)。

A. 纸币可以和任何商品兑换　　B. 信用货币的代表

C. 经济主体对发行主体的信任　　D. 货币的无限法偿

答案：C。在现代货币制度下，纸币是由国家发行的，强制流通的货币符号。由此可见纸币的职能的行使主要源于公众对发行主体的信用认可。

【专家观点】盛松成：比特币不是真正意义上的货币(具体内容，请扫描本书前言中的二维码进行下载。)

知识点五　国际货币体系

1. 国际货币体系的含义和作用

国际货币体系也称作国际货币制度，指在国际经济关系中，为满足国际间各类交易的需要，各国政府对货币在国际间的职能作用及其他相关国际货币金融问题所指定的协定、规则和建立的相关组织机构的总和。

确定一种货币体系的类型主要依据三条标准：

第一，货币体系的基础即本位币是什么。

第二，参与国际流通、支付和交换媒介的主要货币是什么。

第三，主要流通、支付和充当交换媒介的货币与本位币的关系是什么，包括双方之间的比价如何确定，价格是否在法律上固定以及相互之间在多大程度上可以自由兑换。

具体来讲，国际货币体系有三大作用：

第一，确定国际清算和支付手段的来源、形式和数量，为世界经济的发展提供必要的充分的国际货币，并规定国际货币与各国货币的相互关系。

第二，确定国际收支的调节机制，以确保世界经济的稳定和各国经济的平衡发展。调节机制涉及三个方面的内容：一是汇率机制，二是对逆差国的资金融通机制；三是对国际货币(储备货币)发行国国际收支纪律约束机制。

第三，确立有关国际货币金融事务的协商机制或建立有关的协调和监督机构。

综合以上标准，国际货币体系可划分为三种类型：国际金本位制度、布雷顿森林体系和牙买加体系。

2. 国际金本位制度

(1) 产生背景

1816年，英国制定了《金本位制度法案》，率先采用金本位制度。鉴于当时英国在国际上的地位和影响，英国的做法被欧洲各国及美国纷纷效仿。到19世纪80年代，金本位制度发展成为世界性的货币制度。

(2) 主要内容(这里阐述的是狭义金本位制)

① 黄金充当国际货币。金币可以自由铸造、自由兑换，以及黄金自由进出口。这一特点决定了金本位制度具有一个与纸币本位制度截然不同的优势——没有通货膨胀。

② 各国货币之间的汇率由它们各自的含金量对比所决定。各国货币都规定含金量，各国货币所含金量之比即为铸币平价，铸币平价决定着两国货币汇率的法定平价。金本位制度下的汇率是非常稳定的。

③ 国际收支可以实现自动调节。例如：国际收支赤字—本国黄金净输出—国内黄金储备下降—货币供给减少—本国商品竞争力增强—出口增加—国际收支改善。

(3) 崩溃原因

金本位制通行了约100年，其崩溃的主要原因有：

第一，黄金生产量的增长幅度远远低于商品生产增长的幅度，黄金不能满足日益扩大的商品流通需要，这就极大地削弱了金铸币流通的基础。

第二，黄金存量在各国的分配不平衡。黄金存量大部分为少数强国所掌握，必然导致金币的自由铸造和自由流通受到破坏，削弱其他国家金币流通的基础。

第三，第一次世界大战爆发，黄金被参战国集中用于购买军火，并停止自由输出和银行券兑现，从而最终导致金本位制的崩溃。

3. 布雷顿森林体系

(1) 产生背景

在第二次世界大战还没有结束的时候，同盟国即着手拟定战后的经济重建计划，希望能够避免两次大战之间的那种混乱的世界经济秩序。1944年7月，44个同盟国的300多位代表出席在美国新罕布什尔州布雷顿森林市召开的“联合国货币金融会议”，商讨重建国际货币制度，在这次会议上产生的国际货币体系因此被称为布雷顿森林体系。

(2) 主要内容

① 美元与黄金挂钩。各国政府或中央银行可按官价用美元向美国兑换黄金。为使黄金官价不受自由市场金价冲击，各国政府需协同美国政府在国际金融市场上维持这一黄金官价。

② 其他国家货币与美元挂钩。其他国家政府规定各自货币的含金量，通过含金量的比例确定同美元的汇率。

③ 实行可调整的固定汇率。各国货币对美元的汇率，只能在法定汇率上下各1%的幅度内波动。若市场汇率超过法定汇率1%的波动幅度，各国政府有义务在外汇市场上进行干

预，以维持汇率的稳定。若会员国法定汇率的变动超过 10%，就必须得到国际货币基金组织的批准。布雷顿森林体系的这种汇率制度被称为“可调整的钉住汇率制度”。

④ 确定国际储备资产。《协定》中关于货币平价的规定，使美元处于等同黄金的地位，成为各国外汇储备中最主要的国际储备货币。

⑤ 国际收支的调节。短期的失衡由 IMF 提供信贷来解决，长期的失衡则通过调整汇率平价来调节。

【例 11】布雷顿森林体系是一种国际（　　）。

A. 金本位制　　B. 金汇兑本位制　　C. 银本位制　　D. 纸币本位制

答案：B。布雷顿森林体系是一种国际金汇兑本位制，实际上美元充当了国际储备货币。

（3）崩溃原因

从以上内容可以看出，布雷顿森林体系实际上是一个以美元为中心的体系，美元的命运左右着该体系的命运。伴随着美国国际收支的变化，美元经历了“美元荒”（各国都缺少美元）——“美元泛滥”（美元大量外流导致各国手持美元数量激增）——“美元危机”（各国对美元缺乏信心及至大量抛售美元）的演变。1971 年，为阻止各国政府继续向美国以美元兑换黄金，美国总统尼克松宣布实施“新经济政策”，单方面终止布雷顿森林会议上同意各国政府按官价向美国政府以美元兑换黄金的承诺，并加征 10%的进口关税。为报复美国，其他国家也纷纷撕毁与美国保持规定汇率的协议。至此，布雷顿森林体系宣告垮台。

【例 12】名词解释：特里芬难题

答案：特里芬难题是由美国耶鲁大学教授特里芬在 1960 年出版的《黄金与美元危机》中提出的一个观点。他认为，由于美元与黄金挂钩，而其他国家的货币与美元挂钩，美元虽然因此而取得了国际核心货币的地位，但是各国为了发展国际贸易，必须用美元作为计算与储备货币，这样就会导致流出美国的美元在海外不断沉淀，对美国来说就会发生长期贸易逆差；而美元作为国际货币核心的前提是必须保持美元币值稳定与坚挺，这又要求美国必须是一个长期贸易顺差国。而这两个要求相互矛盾，即所谓的特里芬难题。特里芬难题是布雷顿森林体系崩溃的根本原因。

【知识拓展】布雷顿森林体系 2.0

新布雷顿森林体系由 3 位德意志银行的经济学家共同提出，它指的是这样一个美元循环系统：一方面，美国大量印刷钞票，从以亚洲国家为首的地区购入大量消费品，致使中国、日本等国的美元外汇储备急剧增加，同时美国的贸易赤字不断扩大，美国继续印刷美元填补赤字。另一方面，美国发行大量的债券，中国、日本等国大量购买此类美元资产，从而使美元源源不断地流回美国。

4. 牙买加体系

（1）产生背景

布雷顿森林体系崩溃以后，国际间为建立一个新的国际货币体系进行了长期的讨论与协商。国际货币基金组织（IMF）于 1972 年 7 月成立一个专门委员会，具体研究国际货币制度的改革问题。委员会于 1974 的 6 月提出一份“国际货币体系改革纲要”，对黄金、汇率、储备资产、国际收支调节等问题提出了一些原则性的建议，为以后的货币改革奠定了基础。直至 1976 年 1 月，国际货币基金组织（IMF）理事会“国际货币制度临时委员会”在牙买加首都金斯敦举行会议，讨论国际货币基金协定的条款，经过激烈的争论，签定达成了“牙买加协议”，同年 4 月，国际货币基金组织理事会通过了《IMF 协定第二修正案》，从而形成了新的国际货币体系。

（2）主要内容

① 多元化的国际储备体系。在国际储备体系中，包括美元、英镑、日元等在内的自有外汇占主要地位，特别提款权以及在基金组织的储备头寸占有一定比例，而黄金仍然在国际货币体系中占有一席之地。

② 多元化的汇率制度。IMF 成员国可以自行安排汇率制度。1999 年，国际货币基金组织将汇率制度细分为没有独立法偿货币的汇率制（可以认为是完全的固定汇率制）、货币局制度、传统的钉住汇率制、钉住水平带的汇率制、爬行钉住、爬行的带状汇率制、没有事先宣传路径的管理浮动制以及独立的浮动制共八类。

③ 多种国际收支的调节手段。牙买加体系允许会员国通过汇率、利率、国际金融市场以及 IMF 的协调作用等多种手段来调节国际收支，试图建立一个灵活有效的国际收支调节机制。

（3）牙买加体系的缺陷

① 多种储备货币和浮动汇率制加大了非储备货币国的汇率风险。由于实行了浮动汇率制，主要的储备货币之间的汇率经常波动，其幅度远远大于经济基本因素的波动，致使短期资金移动频繁，增加了各国储备资产管理的复杂性。对非储备货币国家而言，如果其汇率和某种储备货币挂钩，则与其他储备货币之间的汇率就会随挂钩的货币变动而变动，这些交叉变化大大增加了非储备货币国和世界其他国家进行经济交流的不确定性和汇率风险。

② 多种储备货币并没有从本质上解决储备货币的两难。在多种储备货币体系下，储备货币仍然既是主权国家（或国家集团）的货币，又是被世界接受的货币，储备货币的发行国也仍然面临两难：维护世界金融秩序与维护国内经济平衡的冲突。由于储备货币不再要求和黄金兑换，储备货币发行国必然侧重于后者的实现，这将对别国乃至世界经济带来负面影响。

③ 现有的储备货币体系仍然是有利于发达国家的安排。由于成为储备货币需要较为严格的条件，所以具有储备货币国地位的都是发达国家（或货币区），只有它们能享受包括铸币税和非对称货币政策在内的发行国特权；而大多数的非储备货币发行国，尤其是其中的发展中国家，其对外经济交流的基本形式是输出较低级产品，用实际资源换取储备货币国无成本发行的货币。在发达国家的货币纪律和财政纪律缺乏国际约束的情况下，这样的制度安排明显有利于发达国家而不利于发展中国家。

知识点六　人民币国际化

1. 国际货币的职能

一国货币充当国际货币必须具备三大国际职能，即国际交易媒介、国际计价单位和国际价值贮藏。这三种职能是货币的国内职能在国际上的推广和延伸。

（1）国际交易媒介职能

交易媒介的职能是货币最本源的职能，是计价单位和价值贮藏职能的基础。一种货币作为国际货币，它必须能在国际间的货物和服务的交易中用于支付，从而使货物和服务的国际交换成为可能。这一职能在国际金融领域的体现就是成为资金融通的对象，甚至成为干预货币和载体货币。

（2）国际计价单位职能

所谓国际计价单位职能，是指一国货币能够在国际上被用于计量货物和服务的价值，成为计价货币或定值标准。一国货币被用作国际债券的面值，这就是国际计价单位职能在国际金融领域的表现。

(3) 国际价值贮藏职能

国际价值贮藏职能体现在一国货币被其他国家的居民作为资产而较长时期地持有，甚至被用作储备货币。显然，该项职能必须以货币的价值稳定作为首要条件。

国际货币的职能及其表现可以用下表进行展示：

货币职能	形成原因	私人交易	官方交易
国际交易媒介	交易成本	结算货币	干预货币
国际计价单位	信息成本	计价货币	基准货币
国际价值贮藏	价值稳定	资产货币	储备货币

2. 国际货币的形成条件

货币国际化是指能够跨越国界，在境外流通，成为国际上普遍认可的计价、结算及储备货币的过程。目前已国际化的货币有美元、欧元、日元、英镑等。通常货币国际化可以分为三个层次：第一层次是本币在一般国际经济交易中被广泛地用来计价结算；第二层次是本币在外汇市场上被广泛用作交易货币；第三层次是成为各国外汇储备中的主要货币之一，具体而言，一国货币成为国际货币必须满足下列条件：

(1) 这种货币必须是贸易大国的货币，其进出口额占整个世界的比重较高。

(2) 这种货币的币值必须比较稳定，至少在整个世界的货币币值下降的过程中，其下降得速度不超过其他货币，从而使其购买力得到一定程度的保证。

(3) 这种货币必须是金融大国的货币，并得到发行国发达的金融体系的支持。

(4) 这种货币的发行国必须是政局稳定的国家。

3. 成为国际货币的收益

(1) 国际货币发行国可以获得货币发行收益。这种收益的表现是储备货币的发行国享有以本币弥补国际收支逆差的权利，即只要其他国家的居民存在接受这种货币的意愿，该国就可以直接以本币对外支付，从国外购买货物和服务，而不用本国的货物和服务进行交换。只要其他国家始终保留这些国际货币，这意味着无偿占有国外的实际资源。此外，在不兑换纸币流通条件下，这些货币并不具有内在的价值，其他国家持有的这些货币只是对国际货币发行国的一纸债权，这就使货币发行国获得了数额可观的货币发行收益。从性质上来说，这是一种几乎没有任何成本的收益来源。

(2) 这些国家能在国际金融事务方面享有主导地位，极大提高本国国际声誉，形成强大的与其他国家抗衡的能力，并能通过本国的经济政策影响整个世界经济。

(3) 本国货币在国际间的大量使用，可迫使其他国际的居民不得不通过本国的银行体系和金融设施办理国际金融业务，进而推动本国银行体系的发展，并在为其他国家提供金融服务的过程中获得无形收入，赚取国外的财富。

(4) 国际货币发行国还可以获得在外贸和对外投资活动方面的各种便利。

4. 成为国际货币的成本

(1) 国际货币在境外的大量积累及其大规模的国际流动会对发行国的汇率稳定产生严重的威胁，并使汇率的变动与发行国的国际收支脱离关系。

(2) 本币在其境内外的频繁的往还转移会冲击本国的国际收支，影响国内经济，削弱经济政策的效能。

(3) 为了满足不断增长的国际经济交易对储备货币的需求，货币发行国必须保持甚至扩大其国际收支逆差，这会形成巨额的对外短期负债，并可能引发本币汇率的持续下跌。这就是所谓的“特里芬难题”。

5. 人民币国际化的历程

1993 年中国人民银行与越南、蒙古、老挝、俄罗斯、朝鲜、尼泊尔、哈萨克斯坦和吉尔吉斯斯坦 8 个周边国家的央行签署了边贸本币结算协定。

2003 年，央行分别为香港和澳门的银行开办的个人人民币业务提供清算安排，这一举措率先开启了人民币在海外的业务。

2005 年 7 月，我国正式开始实行以市场供求为基础、参考一篮子货币进行调节、有管理的浮动汇率制度，我国对外开放程度产生重大进展。

2007 年，首支人民币债券在香港发行，标志着第一个以人民币计价的金融产品正式出现在国际舞台上。

2009 年 7 月，跨境贸易人民币结算试点开始运行标志着人民币的国际化进程正式启动。

2015 年 12 月 1 日，IMF 宣布人民币于 2016 年 10 月 1 日正式纳入 SDR，成为人民币国际化过程中的重要里程碑。

2016 年 6 月 24 日，在英国宣布“脱欧”的同一天，中国银行间外汇市场开始开展人民币对韩元直接交易，推动人民币国家化进一步向前。

人民币国际化意味着越来越多的国家接纳和使用人民币，人民币更多地成为其他国家的外汇储备和结算货币，人民币的影响力的增强对于我国国际地位的提高有着重要的意义。而当人民币成为世界资金流动的重要媒介时，我国政府和银行可以通过控制货币发行量和调节货币流通量的方法对世界经济进行调节，从而主动地参与全球金融经济变革，提高我国在经济领域的发言权。

习题精编

一、选择题(＊表示多选题，否则为单选题)

1. 在商场柜台上，一台电脑的标价是 5900 元，这 5900 元是(　　)。

①货币在执行价值尺度职能②货币在执行流通手段职能③现实的货币

④观念中的货币⑤商品的价值⑥商品的价格

A. ①④⑤　　B. ②④⑥　　C. ①④⑥　　D. ②③⑤

2. 货币之所以能充当价值尺度，从根本上说是因为(　　)。

A. 货币本身是商品，它具有价值　　B. 货币是财富的象征

C. 货币本身是劳动产品　　D. 货币有其特殊的使用价值

3. 在金本位制时，地主把黄金埋在地下，此时“货币”充当(　　)。

A. 流通手段　　B. 价值尺度　　C. 支付手段　　D. 贮藏手段

4. 1791 年美国实行双本位的金银复本位制度，法定金银比较为 1∶15，而当时国际金银市场的比较为 1∶15.5，假设运费为 0.01 单位白银，则(　　)。

A. 退化成金本位制　　B. 退化成银本位制

C. 退化成平行本位制的金银复本位制　　D. 仍然是双本位的金银复本位制

5. (上海财大 2011)对我国目前发行的 1 元硬币最准确的描述是(　　)。

A. 本位币　　B. 金属货币　　C. 实物货币　　D. 辅币

6. (重庆大学 2018 年)近年来异常火爆的区块链的基本原理就是一种(　　)系统。

A. 中心化的分布式记账　　B. 去中心化的分布式记账
C. 中心化的复式记账　　D. 去中心化的复式记账

7. 下列关于比特币的说法中，错误的是(　　)。

A. 比特币具有很强的可替代性，很难固定地充当一般等价物
B. 比特币的去中心化等特征在某种程度上体现了货币非国家化的思想
C. 比特币缺少中央调节机制，与现代信用货币体系不相适应
D. 比特币不是国家发行的，所以不是货币

8. 俗称“富人本位制”的货币制度是(　　)。

A. 金币本位制　　B. 金块本位制　　C. 金汇兑本位制　　D. 金银复本位制

9. 布雷顿森林体系规定会员国汇率波动幅度为(　　)。

A. ±10%　　B. ±2. 25%　　C. ±1%　　D. ±10%~20%

10. 自由铸造、自由兑换及黄金自由输出是(　　)制度的三大特点。

A. 金块本位　　B. 金币本位　　C. 金条本位　　D. 金汇兑本位

二、简答题

11. 名词解释：信用货币

12. 名词解释：本位币

13. (复旦大学 2015 年) 名词解释：格雷欣法则

14. 历史上有过哪几种主要的货币本位制？

15. (浙江大学 2011 年) 牙买加体系的主要特点。

三、论述题

16. (中南财大 2006 年) 试述人民币国际化的利弊及其条件。

17. (复旦大学 2015 年) 什么是货币国际化？请分析如何将利率市场化、资本账户自由兑换和人民币国际化三者有机结合协调推进。

18. (中山大学 2017 年) 从 2009 年 7 月跨境人民币结算试点正式启动开始，直至 2016 年 10 月人民币正式加入 SDR 计价货币行列。七年多来，人民币国际化取得了长足进展。但是，自 2014 年 1 月人民币创下 6. 0406 高点后，截止到现在已经贬值了 11. 34%。这意味着，如果投资者在此期间持有 100 万元的人民币资产，相对美元已经贬值 11. 34 万元，财富缩减为 88. 66 万元。请结合现实分析以下问题：

(1) 你认为 2016 年以来人民币贬值的主要成因有哪些？

(2) 国际货币的形成一般需要经过三个阶段，即交易货币、储备货币和投资货币。根据美元、日元和欧元这些国际货币的形成过程，你认为这三个阶段的先后顺序是怎样的？人民币目前处于哪一个阶段？关于下一步的推进策略，你有何建议？

(3) 人民币国际化未来主要有哪些挑战？

习题参考答案

一、选择题

1. C。商品的标价均是货币的价值尺度职能的体现，货币的价值尺度职能是观念的货币。

2. A。货币之所以能充当价值尺度，从根本上说是因为货币也是商品具有价值。

3. D。作为贮藏手段的货币必须真实的，实值的货币，并且一定要离开流通领域。

4. B。按照这样的法定和市场比较，套利者可以先将 15 单位白银兑换成 1 单位金币，再将金币融化后并在市场上出售，收回 15. 5 单位白银，扣除 0. 01 单位白银，还剩 0. 49 单位白银的利润。由于这是无风险的利润，则吸引大量套利者进行套利交易，使得黄金退出了流通市场，最终金银复本位制退化成银本位制。简言之，法定金银比高估哪种货币，则哪种货币便充斥市场；低估了哪种货币，则哪种货币退出流通。

5. A。本位币，是一国货币制度中的基本通货，它是国家法定的计价、结算货币单位。元是我国的货

币单位，1 元以下的货币才是辅币，而 1 元硬币是主币。

6. B。区块链技术是一种融合了分布式账本技术以及共享投票机制的颠覆性科技，它可以取代任何涉及中间环节的一切人类行为，解决人类终究的信任问题。区块链包括两个部分：区块与链。区块就是一个个记录单元，用链把这些区块拴在一起就是区块链。每个区块跟别的区块发生交易，这个区块就要向周围所有区块进行广播通知，告诉他们自己要进行的这笔交易，其他区块进行确认通过，这个交易才能完成。然后这笔交易就会被记录在包括这个区块在内的所有区块上面，且记录不可篡改，不可逆。就算某个区块的记录被篡改，所有区块也不可能全部被篡改(那样困难大到不可能实现)。这样就保证了每笔交易的公开、透明。在这样的模式中，就完全不需要中间机构进行担保、核算之类的工作。所以他是完全去中心化的。

7. D。货币并不一定要政府发行，比特币是一种私人数字货币。

8. B。金块本位制又称生金本位制，是没有金币流通的金本位制度。金块本位制条件下，银行券代替金币流通。虽然银行券可以兑换为金块，但兑换的起点很高。因此又被戏称为“富人本位制”。

9. C。布雷顿森林体系采用可调整的固定汇率制度，各国货币对美元的汇率，只能在法定汇率上下各 1%的幅度内波动。若市场汇率超过法定汇率 1%的波动幅度，各国政府有义务在外汇市场上进行干预，以维持汇率的稳定。

10. B。金币本位制特点明显：自由铸造、自由兑换及黄金自由输出。而金块本位不允许自由铸造，实际流通的是银行券，达到一定金额才允许兑换金块。金汇兑本位不允许自由铸造，本币和外币可自由兑换，从而间接实现和黄金的兑换。

二、简答题

11. 信用货币是指以信用作为保证、通过一定信用程序发行、充当流通手段和支付手段的货币形态，是货币发展中的现代形态。

12. 本位币又称主币，是一国货币制度中的基本通货，它是国家法定的计价、结算货币单位。主本位币具有无限清偿能力，主要用于大宗商品交易和劳务供应的需要。

13. 格雷欣法则，又称“劣币驱逐良币”现象。在双本位制中，当黄金与白银的法定比价与市场价格不一致时，市场价格高于法定比价的金属货币(即“良币”)在流通中的数量会逐渐减少，而市场价格低于法定比价的金属货币(即“劣币”)在流通中的数量会逐渐增加，这就是劣币驱逐良币现象，即格雷欣法则。

【知识拓展】婚恋角逐中的格雷欣法则

假定优男 A，劣男 B，美女 C。若从资源配置来看，A、C 结合实属大快人心的帕累托改进。然而现实并非如此简单。A 男因自身禀赋或客观条件好，选择面比较广，“吊死在一棵树上”的机会成本过大，而 B 男则相反，可能是“一无所有”，索性“孤注一掷，拼命一搏”。这样 B 男在追求美女 C 的努力程度上显然会大于 A 男，而 C 女只能凭借对方的行为表现来评判其爱恋自己的程度。往往会被 B 男刻意粉饰的“海枯石烂，一心一意”的倾慕和忠诚而迷惑，被 B 男拖入婚姻的“围城”。于是婚恋角逐画上了完美的句号。

14. 货币制度的演变发展主要经历了下面几个阶段：银本位制、金银复本位制、金本位制和信用货币本位制。

银本位制是最早的金融货币制度，在 16 世纪以后开始盛行，至 19 世纪末期被大部分国家放弃。此后出现的金银复本位制是指金币和银币同时作为一国本位币的货币制度。又可将其细分为平行本位制、双本位制和跛行本位制。平行本位制是银币和金币均按其所含金属的实际价值流通和相互兑换的一种复本位制。在平行本位制下，市场中有两种价值，为克服这一缺陷，规定银币金币按法定比率流通，这就是所谓的双本位制。在双本位制下，当金银币的法定比价与其市场比价背离时，市场上会产生“劣币驱逐良币”现象，又称为“格雷欣法则”，即法律上低估的货币必然被人收藏、熔化或者输出国外，而法律上高估的货币则独占市场，市场上往往只有一种货币流通。复本位制末期，英、美等国家为了继续维持银币的本位地位以及金银币之间的法定比价，停止银币的自由铸造，以消除劣币驱逐良币所造成的货币流通混乱。这时，金币和银币都规定为本位币并有法定兑换比率，但金币可以自由铸造而银币则不能自由铸造，这就是所谓的跛行本位制。

从18世纪末到19世纪初，主要资本主义国家先后从复本位制过渡到金本位制，最早实行金本位制的是英国。金本位制经历了金币本位制、金块本位制和金汇兑本位制几个阶段。金币本位制是典型的金本位制。其基本特点是：只有金币可以自由铸造，有无限法偿能力；辅币和银行券和金币同时流通，并可按其面值自由兑换成金币，黄金可以自由输出输入；货币发行准备金全部是黄金；金块本位制又称生金本位制，是不铸造、不流通金币，银行券只能达到一定数量后才能兑换金块的货币制度，英国于1925年率先实行此制度，规定银行券兑换金块的最低限是1700英镑，金汇兑本位制又称虚金本位制，是将本国货币依附于某个实行金本位制的国家的货币，并与其保持固定比价，同时将黄金存放在该国。

金块本位制和金汇兑本位制没有维持几年，20世纪30年代世界经济大危机后，各国的金本位制事实上已经不存在，取而代之的是信用货币本位制。这种货币制度有三个特点：现实经济中的货币都是信用货币，主要由现金银行存款构成。现实中的货币都是通过金融机构的业务投入到流通中去的，国家对信用货币的管理调控成为经济正常发展的必要条件。

15.(1)多元化的国际储备体系。美元依旧是主导货币，即是最主要的计价单位，国际支付手段和国际价值贮藏手段；欧元今后将是美元强有力的竞争对手；SDR的地位在增强；黄金的国际储备地位在下降，但仍可以视为二级储备资产。

(2)多元化的汇率制度安排：世界各国不仅可以采用固定汇率制和浮动汇率制，而且在两者之间，还有多种弹性不同的汇率制度安排，例如对一种货币做有限浮动(宽波幅浮动)，或者滑动平价，爬行钉住制等。

(3)多样化的国际收支调节方式：不再仅仅通过总需求调节，还可以通过汇率机制调节，并对商品贸易和资本流动实施管制。

牙买加协议下的国际货币体系的最大特点就是分散化和多元化，从而使各国有相对灵活的国内宏观政策选择。

三、论述题

16. 人民币国际化带来的利益：

(1) 可以获得高昂的铸币税收益。铸币税是指拥有货币发行权的主体通过发行货币所获得的收益，是发行本币所具有的购买力减去铸币费用后的差额，它形成了政府的收入。由于纸币的发行成本非常低，使得纸币发行的收益几乎等于纸币的面值。

(2) 人民币成为世界货币可以减少我国在对外经济活动中的汇率风险，减少我国因使用外国货币而造成的财富流失。对外贸易的快速发展使外贸企业持有大量外币债权和债务。由于货币敞口风险较大，汇价波动会对企业的经营产生一定影响。人民币国际化后，对外贸易和投资可以使用本国货币进行计价和结算，企业所面临的汇率风险也将随之减小，这可以进一步促进中国对外贸易和投资的发展。同时，也会促进人民币计价的债券及我国金融市场的发展。

(3) 人民币成为世界货币可以提高我国的国际地位，增强中国对世界经济的影响力和话语权。改变目前在国际货币体系中的被支配地位，减少国际货币体制对我国的不利影响。

(4) 人民币成为世界货币可以优化世界货币结构，改善国际货币储备体系，支持世界货币向多极化方向发展，使世界货币能更好地发挥国际储备资产的作用，消除“特里芬难题”所带来的国际清偿力不足的问题。

人民币国际化带来的弊端：

(1) 人民币国际化将破坏我国经济的稳定性，使金融市场和宏观经济变得易于波动甚至动荡。如前所述，当人民币国际化之后，资金跨境流动将更加自由。一旦本外币利差收益丰厚或升值贬值预期强烈，兑换和流动的规模将变得非常庞大。这种情况将明显加剧经济和金融市场的波动。

(2) 增加了我国宏观调控的难度，削弱国家调控物价和CDP增速等经济目标的能力。人民币国际化后，国际金融市场上将流通数额巨大的人民币，这部分人民币的流动可能会削弱央行对国内人民币的控制能力，影响国内宏观调控政策实施的效果。

(3) 加大了人民币现金管理和监测的难度。

人民币国际化的条件：

（1）货币储备国对世界货币的选择是人民币成为世界货币的基本条件。这主要取决于四个因素：a. 货币发行国的经济实力；b. 货币发行国在国际贸易中的地位，主要体现在进出口数额；c. 货币发行国的资金融通数量；d. 货币币值的稳定性。

（2）加快人民币资本项目的可兑换进程。人民币资本项目的可兑换是国际资本流动对人民币成为世界货币的技术性要求。人民币的国际化与人民币资本项目的可兑换可以相互促进，而不必等到资本项目实现可兑换后才进行。

（3）拥有相当深度和广度的金融市场和完备的银行体系。高度发达并且开放的市场可以为国内外提供拥有较高安全性、流动性和收益性的金融工具和金融产品。这些产品能够迅速交易变现，并且以比较低的成本迅速进出该市场，从而规避风险。人民币的国际化进程必须依靠这样一个高度发达的金融市场的支持。

人民币的国际化是一个趋势，只要我们创造条件，坚定信心，增强国力，相信在不远的将来，人民币的国际化必会实现。

17.（1）根据 Kenen 的定义，货币国际化是指一种货币的使用超出国界，在发行国境外可以同时被本国居民或非本国居民使用和持有。一般来说，一国货币的国际化是指该国货币在国际经济交往中发挥计价、结算和价值储藏等职能，是货币的国内职能向国外的拓展。

（2）利率市场化、资本账户自由兑换和人民币国际化是一个联动话题，资本账户自由兑换必然带来人民币国际化，而资本账户自由兑换和人民币国际化需要稳定的宏观经济作为支撑，作为宏观经济最重要指标之一的利率需要保持适中，同时需要形成市场化的调整机制以保障随资本账户自由兑换和人民币国际化而来的投机力量和虚拟资产的冲击，在享受资本账户自由兑换和人民币国际化进程中带来的潜在利益的情况下，保持国内经济的稳定可持续发展

（3）资本账户自由兑换是指一种货币不仅在经常项目下可以用本币自由兑换成外币，而且在资本项目下也可以实现自由兑换，使得中国可以在全球化过程中更好地抓住机遇，同时给贸易、投资、金融交易、旅游、收购兼并等活动提供更大的便利。汇率是联结国内外经济的一个重要变量，而利率与汇率之间有显著的相关性，利率和汇率水平及其形成机制是否恰当是影响资本账户自由兑换成败的一个重要条件。保持适中的利率和汇率水平是一国宏观经济稳定的表现，有利于增强国内外投资者的信心。而市场化的利率和汇率形成机制对于资本账户自由兑换尤为重要。只有当利率和汇率由市场的供求关系决定时，金融市场才能实现均衡。“十八大”报告中在深化金融体制改革这一项上，也明确提出，要稳步推进利率和汇率市场化改革，逐步实现人民币资本项目可兑换。然而资本项目的自由兑换有可能放大资本市场波动，增加整个金融体系的风险，但是如果资本项目的自由兑换能够结合人民币国际化的进程，通过人民币国际化来减少对于跨国投机资本的冲击，通过中国的贸易顺差来平衡资本项目开放的头寸，将会有效降低资本项目的自由兑换对国内经济和金融产生的威胁。

（4）中国当前正在推行资本账户自由兑换和人民币国际化，为了将风险控制在最小范围，亟须进一步推进利率市场化、汇率形成机制改革等各项金融改革。利率市场化、资本账户自由兑换和人民币国际化三者是循序渐进、协调配合、相互促进的关系。

18.（1）2016 年以来人民币贬值的主要成因有：

① 宏观经济走势上行乏力。2015 年中国经济增长速度放缓，增速 25 年来首次回落至 7%以下，外贸进出口 6 年来首次出现双降。汇率作为经济发展的反映，可以反映出人民币的贬值压力陡升。

② 中国外汇储备大幅减少。2015 年，我国外汇储备自 1992 年以来首次缩水，二十多年的高速增长期也画上了句号。导致外汇储备减少的原因大致如下：首先，中国对外直接投资增加，2015 年首次突破万亿美元大关；其次，国际套利资金在美国加息预期以及对中国经济看空双重压力下外逃；再次，2015 年中国境外旅游规模第一次超过亿人次，达到 1.07 亿人次，中国境外的消费规模在扩大；最后，国内民众因各种原因（如境外求学、资产保值增值等）在国外购置房屋投资等导致各种资金外流。对外投资及消费的增加，对外汇的需求上升，这必然会从人民币汇率上反映出来。

③ 中美利差收窄。自 2015 年下半年后，对美国加息因美国率先从次贷危机中恢复而甚嚣尘上。中国民众在此心理的作用下，甚至排队购汇，赚取汇率差价。

④ 流动性过剩对人民币贬值有压力。自 2008 年我国的货币供应量不断扩大，M2 总量从 2008 年的 47 万亿增至 130 万亿，M2/GDP 的倍率从 1.5 倍升至 1.93 倍，货币供应量持续高于 GDP 的增长导致资金外流。

⑤ 外贸出口疲软。出口曾经是我国一段时间经济发展中的最重要的推动力之一。但美国次贷危机之后的几年，主要的发达国家(如欧元区)等经济尚处于经济自我结构调整和恢复期，经济复苏缓慢，而我国的出口受外界市场环境的影响很大。另外，随着我国人力成本及经营成本的增加，近几年外资纷纷撤出中国到成本更低的越南、印度等地设厂，我国的出口成本优势丧失，也导致我国外贸持续步入增长乏力阶段。

（2）一般而言，衡量一国货币的国际市场地位，人们使用“交易货币—投资货币—储备货币”这三个渐进提高的层面来进行评价。人民币目前属于交易货币阶段。推进策略如下：

一是：切实理顺国内金融体系，形成与跨境人民币流动规模相适应的市场基础。完成利率市场化改革进程，形成完整的国债收益率曲线，建立更为有效、合理的在岸、离岸人民币市场定价基准。深化人民币市场、债券市场、外汇市场和衍生品市场的建设，为人民币国际使用创造更有深度的国内市场环境。

二是：加强基础建设，提升人民币使用的效率与便利性。要进一步完善统计信息与监测分析，完善跨境支付、结算等金融基础设施建设，加强政策沟通，接轨国际惯例，降低人民币跨境使用成本，提升使用效率，增强便利性。

三是：把握发展与稳定的关系，提升金融体系抗风险水平。要根据经济发展需要、国际收支等情况，把握时间窗口有序推进国内金融市场开放，调整完善监管体系与政策工具，搭建有中国特色的宏观审慎管理框架，守住不发生系统性金融风险的底线。立足实体经济与对外开放需要，进一步完善跨境人民币使用政策，降低跨境经贸活动的金融风险。

四是：扩大国际合作，进一步发挥人民币国际化在完善国际货币体系中的作用。通过助力完善全球金融安全网，以人民币双边互换协议补充现有发达国家间互换安排，为全球特别是新兴经济体提供缓冲保障；更加注重研究分析，评估政策“溢出”与“回溢”效应，更好发挥在国际货币体系中的稳定作用。

（3）人民币国际化带来的挑战有：

① 对中国经济金融稳定产生一定影响

人民币国际化使中国国内经济与世界经济紧密相连，国际金融市场的任何风吹草动都会对中国经济金融产生一定影响。特别是货币国际化后如果本币的实际汇率与名义汇率出现偏离，或是即期汇率、利率与预期汇率、利率出现偏离，都将给国际投资者以套利的机会，刺激短期投机性资本的流动，并可能出现像 1997 年亚洲金融危机时产生的“群羊效应”，对中国经济金融稳定产生一定影响。

② 增加宏观调控的难度

人民币国际化后，国际金融市场上将流通一定量的人民币，其在国际间的流动可能会削弱中央银行对国内人民币的控制能力，影响国内宏观调控政策实施的效果。比如，当国内为控制通货膨胀而采取紧缩的货币政策而提高利率时，国际上流通的人民币则会择机而入，增加人民币的供应量，从而削弱货币政策的实施效应。

③ 加大人民币现金管理和监测的难度

人民币国际化后，由于对境外人民币现金需求和流通的监测难度较大，将会加大中央银行对人民币现金管理的难度。同时人民币现金的跨境流动可能会加大一些非法活动如走私、赌博、贩毒的出现。伴随这些非法活动出现的不正常的人民币现金跨境流动，一方面会影响中国金融市场的稳定，另一方面也会增加反假币、反洗钱工作的困难。

第二章　利息与利率

本章内容中，“信用”属于基础知识点，主要考查不同种类信用的概念；“利息和利率”这一部分中“利率的种类与计算”是本章的基础知识点，常考查不同种类利率概念的辨析，如远期利率与即期利率、名义利率与实际利率；利率计算的基本原理，如单利与复利、到期收益率与持有期收益率等。“利率决定理论”是重要考点，主要考查不同理论观点之间的辨析、在某一具体理论背景下判断某项因素的变动对利率的影响，还需注意对利率市场化的理解，此知识点容易出论述题。需要重点掌握凯恩斯利率论和可贷资金理论的相关结论。“利率的结构理论”也是本章的重点。其中利率期限结构的三个理论，是重中之重，一般会考查对不同理论的理解。当然个别高校也会结合投资学的内容，考查相关的计算题。

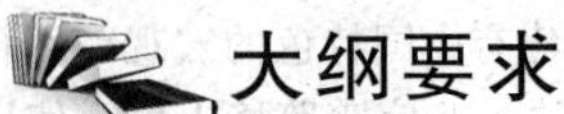

大纲要求

利息与利率
利率决定理论
利率的期限结构

知识脉络

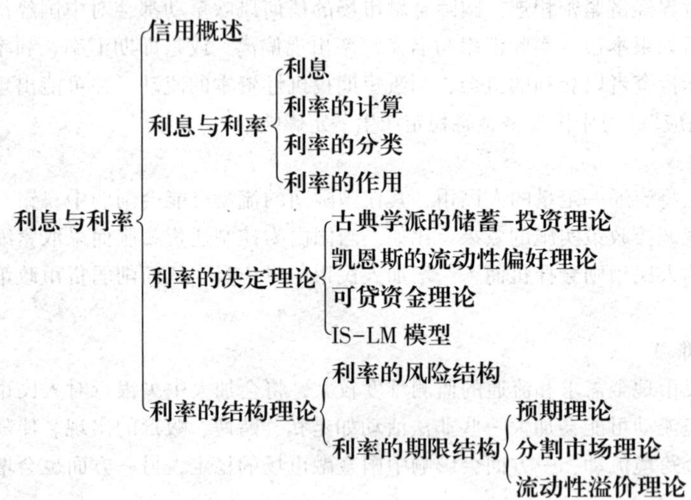

理论精要

知识点一　信用概述

（一）信用的本质

信用是借贷行为的总称，即商品或货币的所有者将商品赊销或将货币贷放出去，借者按约定时间偿付购货款或归还借款本金并支付一定的利息。在借贷活动中，双方构成的债权债务关系是一种信用关系。这种信用关系是以还本和付息为条件的价值单方面让渡。信用的本质主要有以下四个方面：①信用不是一般的借贷行为，是以偿还和支付利息为条件的。②信用是价值运动的一种特殊形式。价值运动的形式有多种，而信用是通过一系列的借贷—偿还—支付过程实现的。价值单方面的转移同传统的对等转移形成鲜明对照。③信用是一种债权债务关系。贷出方为债权人，借入方为债务人，信用关系是债权债务关系的统一。④信用是与商品货币经济紧密相连的经济范畴。不同社会的信用反映了不同社会的经济关系。

【例 1】信用是商品经济发展到一定阶段的产物。当商品交换出现延期支付、货币执行(　　)职能时，信用就产生了。

A. 价值尺度　　B. 流通手段　　C. 支付手段　　D. 储藏手段

答案：C。信用只有在货币的支付手段职能存在的条件下才能发生。

（二）信用的产生和发展

1. 私有制和商品交换是信用产生的前提条件

私有产权的出现是早期信用关系存在的前提条件，而商品交换则是早期信用关系赖以存在的物质基础。没有私有权的观念，没有在私有权基础上形成的贫富分化，就没有为满足以不改变所有权为条件的财富调剂的需要。没有剩余产品就没有商品交换，借贷就失去了实质性的内容，信用关系也就无从建立。从信贷的性质来看，早期的信用属于高利贷性质，它以高利率和剥削性而得名，是奴隶社会和封建社会中广泛存在的一种古老的信用关系。

2. 货币的信用属性推动了信用关系的发展

货币是信用的载体，它本身也具有信用的属性。从货币形式的演变过程来看，金属货币的信用表现为内在价值的真实性；可兑换纸币的信用表现为它是以黄金、白银价值为保证，因此得以发行和流动。信用货币的信用则表现为国家权力的强制性。因此，从广义的信用来理解，信用是货币的内在属性。货币的不断演变，推动了信用活动由简单向复杂方向发展。

3. 金融与信用经济的发展

当货币运动和信用活动密不可分时，便产生了金融。狭义上的金融即资金融通。在现代市场经济中，债务和信用是广泛存在的经济现象。当代市场经济已变成高度发达的信用经济或金融经济。

【例 2】下述不属于信用的特征的是(　　)。

A. 标的是一种所有权与使用权相分离的资金　　B. 以还本付息为条件

C. 具有特殊的运动形式　　D. 不以收益最大化为目标

答案：D。信用不是一般的借贷行为，是以偿还和支付利息为条件的，它是价值运动的一种特殊形式。信用是一种债权债务关系，当然是以收益最大化为目标。

（三）现代信用的基本形式

1. 商业信用

商业信用是指工商企业之间相互提供的、与商品交易直接相联系的信用形式，基于工商企业之间的互相信任。它包括企业之间的赊销、分期付款等形式提供的信用，以及在商品交易的基础上以预付定金等形式提供的信用。它可以直接用商品提供，也可以用货币提供，但是信贷主体必须发生真实的商品或服务交易。

(1) 商业信用的特点

第一，商业信用所提供的资本是商品资本，仍处于产业资本循环过程中，仍是产业资本的一部分。

第二，商业信用体现的是工商企业之间的信用关系。它是工商企业间互相提供的信用，授信的债权人和受信的债务人都是直接参加生产、流通的工商企业。

第三，商业信用与产业资本的变动是一致的。在经济复苏、繁荣时期，生产增长，产业资本扩大，商业信用的规模也就扩大；相反，在经济危机、萧条时期，商业信用又会随生产和流通的缩小、产业资本的缩小而萎缩。

（2）商业信用的局限性

第一，商业信用的规模受工商企业所拥有的资本量的限制。商业信用是工商企业之间相互提供的，各工商企业只能对现有资本总额进行再分配，所以商业信用的最高限度仅仅是工商企业现有资本的利用。而单个工商企业也只能把自己无需用于再生产过程的部分资本用于商业信用。

第二，商业信用具有严格的方向性。商业信用提供的商品只能由生产该商品的部门向需要该商品的部门提供，而不能相反。

第三，商业信用具有对象上的局限性。工商企业一般只会向与自己有经济业务联系的企业发生商业信用关系。否则就没有必要也不可能发生信用关系。

2. 银行信用

银行信用是指银行以存款、贷款等多种业务形式提供货币形态的信用，基于人们对于银行这个特殊企业的信任。银行信用是在商业信用基础上发展起来的一种高级形式的信用，克服了商业信用的局限性，是社会经济扩大再生产的必要前提，是一切经济社会信用体系的主导和核心。

（1）银行信用的特点

第一，从资本类型上看，银行信用中贷出的资本是以货币形态提供的，不从属于产业资本循环中的商品资本阶段，而是从产业资本循环中独立出来的货币资本。正是有了这一特点，银行信用才能克服商业信用的局限性。因为银行信用能聚集社会上的闲散资金，从而超越了商业资本只限于产业内部的局限。此外，由于银行信用是以货币资本提供的，可以不受商品流转单方向性的限制，从而克服了商业信用在方向上的局限性。

第二，银行信用是一种间接信用，它是以银行及其他金融机构为中介，以货币形式对社会提供的信用。

第三，银行信用与产业资本的变动是不一致的。由于银行信用贷出的资本是独立于产业资本循环的货币资本，其来源除了工商企业外还有其他社会方面，因此银行信用的动态同产业资本的动态保持着一定的独立性。

（2）银行信用与商业信用的关系

银行信用克服了商业信用的局限性，扩大了信用的范围、数量。近几十年来，银行信用不断发展，借贷资本逐渐集中在大银行手中，后者又为大垄断组织服务，促进了银行资本与产业资本的结合。

虽然银行信用成了当代经济中信用的主要形式，但它不能完全替代商业信用。商业信用产生的背景告诉我们，商业信用与商品的生产和流通有着直接的联系，能直接为产业资本循环服务，因此当工商企业能在商业信用的范围内解决问题时，它就不必求助于银行信用。而且，商业信用不但先于银行信用存在，还是银行信用发生和发展的基础，一些银行信用业务，如票据贴现、票据抵押贷款等，都是在商业信用的基础上进行的。

3. 国家信用

国家信用是指国家及其附属机构作为债务人或债权人，依据信用原则向社会公众或国外政府举债或向债务国放债的一种信用形式，基于人们对于国家的信任。国家信用又称公共信用制度，是一种古老的信用形式，伴随着政府财政赤字的发生而产生。

4. 消费信用

消费信用是指工商企业、银行和其他金融机构提供给消费者用于消费支出的信用，旨在解决消费者支付能力不足的问题。

（1）消费信用方式

① 赊销，是工商企业对消费者提供的短期信用，即以延期付款的方式进行销售，到期后一次性付清货款，比如信用卡结算方式就属于此类。

② 分期付款，即消费者先支付一部分货款，然后按合同分期支付其余货款的本息，或分期摊还本金，利息一次支付。分期付款多用于购买耐用消费品，是一种中长期消费信用形式。

③ 消费贷款，是银行及其他金融机构采用信用放款或抵押放款方式对消费者发放的贷款，属于长期消费信用。按照接受贷款的对象不同，消费贷款可分为买方信贷和卖方信贷两种方式。

（2）消费信用的作用

① 积极作用：在宏观层面，消费信用是扩大有效需求，促进商品销售的一种有效手段，通过调整消费信用的规模和投向，能够在一定程度上调节消费需求的总量和结构，有利于市场供求在总量和结构上的平衡；在微观层面，消费信用则是帮助个人实现生命周期内财务安排的最有效途径。

② 消极影响：第一，消费信用的过度发展，容易产生虚假需求，向生产者传递错误讯号，导致某些消费品的盲目生产，严重时可能导致产能过剩和产品的大量积压；第二，过量发展消费信用很容易导致信用膨胀；第三，如果消费信贷的借款人对未来预期收入发生严重的误判，则会使得借款人的债务负担过重，导致其生活水平下降，从而增加社会的不稳定因素。

5. 国际信用

国际信用是国与国之间相互提供的信用。授信国通过借贷资本输出推动商品输出，而受信国则利用外资购买所需商品，促进本国经济发展。

国际信用的形式：出口信贷(买方信贷和卖方信贷)，国际商业银行信贷，支付信贷，国际金融机构信贷等。

6. 租赁信用

租赁信用是指租赁公司或其他出租者将其租赁物的使用权租给承租人，并在租期内收取租金到期回收租赁物的一种信用形式。现代租赁的主要形式有经营性租赁，融资性租赁和服务租赁。

经营性租赁是指出租人将自己经营的设备或用品出租的租赁形式，目的在于对设备的使用。融资性租赁是指出租人按照承租人的要求购买租赁物，然后再出租给承租人使用的一种租赁形式，在租期内，出租人以租金形式回收投资，并实现利润，在租赁期满后，承租人可以选择续租，退租或购买。服务租赁，又称维修租赁，出租人负责租赁物的保养，维修，配件供应以及培训技术人员等项服务。

【例 3】在诸多信用形式中，最基本的信用形式是(　　)。

A. 国家信用　　B. 商业信用　　C. 消费信用　　D. 银行信用

答案：B。现代信用中，最基本的信用形式是商业信用，最主要的信用形式是银行信用。

（四）信用工具的种类

信用工具，又称融资工具，是资金供给者与资金需求者之间进行资金融通时所签发的证明债权或所有权的各种具有法律效用的凭证。以偿还期为标准分为长期信用工具和短期信用工具。商业票据、银行票据和支票基本上期限较短，属于短期信用工具；而债券、股票属于长期信用工具。

(1) 商业票据

商业票据是以商业信用进行交易时所开出的一种证明债权债务关系的书面凭证。商业票据分为商业本票和商业汇票。前者是指债务人向债权人发出的承诺在一定时期内支付一定数额款项的债务凭证，涉及出票人和受票人两个关系人。而商业汇票是指债权人通知债务人支付一定款项给第三人或持票人的无条件支付一定金额的书面命令，它一般有出票人，付款人，持票人三个关系人。汇票一般需经过付款人承兑才能生效，并且商业票据可以背书进行流通转让，此外，票据的持有人还可提前请银行贴现，以取得现款。

【例 4】作为一种短期证券，商业票据的发行人主要是(　　)。

A. 中央银行　　B. 商业银行　　C. 大型公司　　D. 地方政府

答案：C。商业票据是大公司为了筹措资金，以贴现方式出售给投资者的一种短期无担保承诺凭证，根据此概念可以轻松选出答案。

(2) 支票

支票是以银行为付款人的即期汇票。支票的出票人必须在银行拥有存款，并且签有支票协议。因此，支票是由银行的支票存款储户根据协议向银行开立的付款命令。

(3) 银行票据

银行票据是在银行信用基础上产生的，由银行承担付款义务的信用流通工具。商业汇票经银行承兑以后，银行成为该票据的第一付款人，因此也具有银行票据的性质。银行本票是由发票人（银行）本身支付一定金额的票据；银行汇票是一种汇款凭证，由银行发出，交汇款人寄给异地收款人，凭以兑取汇款。

(4) 股票

股票是股份公司发放给其投资者，证明其所投入的股份金额并取得股息收入的凭证。股东的权益在利润和资产分配上表现为索取公司对债务还本付息后的剩余收益，或者公司清算时索取公司对债务还本付息后的剩余资产，即剩余索取权。同时，股东有权投票决定公司的重大经营决策，即股东对公司的控制表现为合同所规定的经理职责范围之外的决策权，称之为剩余控制权。

(5) 债券

债券是由债务人签发的，证明债权人有按约定的条件取得固定利息和收回本金的权利凭证。债券是现代经济中一种重要的融资工具，主要分为公司债券、政府债券和金融债券。

（五）信用工具的特征

(1) 偿还性

除股票和永续债券外，大多数信用工具必须在到期时由债务人履行偿付债务的义务。

（2）可转让性

大多数信用工具可以在金融市场上进行转让，具有较强的流动性。所谓流动性是指能够比较容易地卖出以换取现金并且可能招致的现金损失较小。信用工具的可转让性使得它们参与流通，成为信用经济的中流砥柱。

（3）本金的安全性

各种信用工具大多是以本金的安全性作为前提条件的，债权人有权利在信用到期后安全收回自己的投资。

（4）收益性

本金的安全性并不意味着信用工具没有风险，恰恰相反，很多信用工具都面临着各种各样的风险，如信用风险、市场风险、经营风险、财务风险、法律风险等等。作为补偿，这些信用工具都具有收益性，可以定期或不定期地为债权人带来收益。

知识点二 利息与利率

（一）利息

1. 利息的来源和本质

利息是指在信用关系中债务人支付给债权人的报酬。它随着信用行为的产生而产生，只要有信用关系存在，利息就必然存在。在一定意义上，利息是信用存在和发展的必然条件。

2. 利息本质的理论

（1）古典经济学派的利息本质理论

古典经济学派对利息的认识有两个角度：其一，认为利息是与借贷货币资本相联系的一种经济范畴，并且从借贷资本的表面运动来分析利息的来源和本质，代表人物有配第、洛克、坎蒂隆、诺思等。其二，是对利息来源的分析，认为利息是与分配理论相联系的一个范畴，利息是社会总收入的一部分，是资本所有者的报酬，代表人物有马西等。

理　论	提出人	主要观点
利息报酬说	威廉·配第 约翰·洛克	利息是“暂时放弃货币的使用权而获得的报酬”，是对贷款人的回报
资本租金论	达德利·诺思	利息是地主收取的租金
利息源于利润说	约瑟夫·马西	利息直接来源于利润，是利润的一部分
利息剩余价值说	亚当·斯密	利息代表剩余价值

（2）近现代西方经济学派的利息本质理论

相对于古典经济学派主要从借贷关系和分配关系来研究利息的产生和本质，近现代西方经济学家主要从资本的范畴、人的主观意愿以及心理活动等角度来研究利息的本质。

理　　论	提出人	主要观点
节欲论	纳骚·西尼尔	利息是借贷资本家节欲的结果
边际生产力说	约翰·克拉克	利息取决于资本边际生产力的大小
人性不耐说	欧文·费雪	利息是不耐的指标
流动性偏好说	约翰·梅纳德·凯恩斯	利息是一定时期内放弃流动性偏好的报酬

【例 5】（南京航空航天 2018 年）关于利息的本质，近代西方学者欧文·费雪的理论是（　　）。

A. 节欲论　　B. 人性不耐说　　C. 边际生产力说　　D. 流动性偏好说

答案：B。关于利息的本质，费雪的理论是人性不耐说，他认为人们宁愿现在获得而不愿将来获得财富的不耐心情，或时间偏好是利息理论的基础。利息是“人性不耐”的结果，与生产完全无关。节欲论是西尼尔的观点，边际生产力说是克拉克的观点，流动性偏好理论是由凯恩斯提出的。

（3）马克思的利息本质理论

马克思的利息本质理论包括三方面内容：①利息直接来源于利润；②利息只是利润的一部分而不是全部；③利息是对剩余价值的分割。

马克思的利息本质理论认为，从形式上，利息是借贷资本的价格；从本质上看，利息是利润的一部分，是剩余价值的转化形态，是职能资本家让渡给借贷资本家的那一部分剩余价值。体现着借贷资本家和职能资本家共同对工人的剥削。

（二）利率的计算

1. 单利

单利是指在计算利息额时，只按本金计算利息，而不将利息额加入本金进行重复计算。其优点是计算方便，缺点在于计算粗糙，未充分体现资金的时间价值。

（1）单利终值计算公式：$FV=PV(1+r\cdot n)$

（2）单利现值计算公式：$PV=FV\cdot\dfrac{1}{1+r\cdot n}$

2. 复利

复利是指将利息额计入本金，重复计算利息，即“利滚利”。

（1）复利终值：$FV=PV(1+r)^n$

（2）复利现值：$PV=FV/(1+r)^n$

【例 6】甲企业向 A 银行申请贷款 1000 万元，年利率 8%，贷款期限 5 年，到期一次还本付息，分别按单利和复利计息，甲企业应支付 A 银行多少利息？

答案：按单利计算：利息 = 1000×8%×5 = 400 万元。按复利计算：5 年后的本利和 = $1000\times(1+8\%)^5$ = 1469.30 万元，因此，应付利息为 469.30 万元。

3. 连续复利

（1）定义

连续复利是指每年计息次数趋于无穷大。定义式为：

$$\lim_{m\to\infty}A\left(1+\frac{r}{m}\right)^{mn}=Ae^{rn}$$

其中，r 表示连续复利。

一般近似认为连续复利与每天计一次复利效果相同。

（2）连续复利与一般复利关系

根据无套利关系，即一笔资金 A 在相同投资期限内，投资于不同计息方式的相同风险水平的债券，所得收益的终值应该相等。

$$A\left(1+\frac{r_m}{m}\right)^{mn}=Ae^{rn}$$

得到两个关系等式：

$$r_m=m(e^{r/m}-1)$$

$$r=m\ln(1+r_m/m)$$

其中，r_m 表示一年计息次数为 m 的利率，r 表示连续复利。

【例 7】如果年名义率为 8%，在下述几种方式之下，1000 美元的存款 3 年之后的终值是多少？

(1) 每年计息一次；

(2) 每半年计息一次；

(3) 每月计息一次；

(4) 连续计息；

(5) 为什么随着计息期的缩短，终值会变大？

答案：(1) $1000\times1.08^3=1259.71$ 美元

(2) $1000\times\left(1+\frac{0.08}{2}\right)^{2\times3}=1000\times1.04^6=1265.32$ 美元

(3) $1000\times\left(1+\frac{0.08}{12}\right)^{12\times3}=1000\times1.0067^{12\times3}=1270.24$ 美元

(4) $1000\times e^{0.08\times3}=1271.25$ 美元

(5) 在复利计息的条件下，每期获得利息在下期成为本金，滚动计算利息，即投资者可获得"利息的利息"。随着计息期的缩短，获得的利息变为本金的速度就变快，所以随着计息期的缩短，终值会变大。

4. 付息债券收益率的计算

(1) 当期收益率

当期收益率是债券的年息除以债券当前的市场价格所计算出的收益率。它并没有考虑债券投资所获得的资本利得或是损失，只在衡量债券某一期间所获得的现金收入相较于债券价格的比率。其计算公式为：

$$y=\frac{C}{P_{\mathrm{b}}}$$

其中，y 表示当期收益率，C 表示年息票利息，P_{b} 表示息票债券的价格。

【科兴提示】有些教材不是很严谨，认为当期收益率和即期收益率是一回事。这是错误的。即期收益率是相对于远期收益率的一个概念，更多地被称为即期利率，是指对于未来只有一笔现金流的债券，使其未来现金流的现值(不仅仅是年利息)等于债券当前市场价格的折现率。其计算公式为：

$$y=\sqrt[n]{\frac{C+A}{P_b}}-1$$

其中，y 为即期收益率，C 为债券到期利息，A 为债券面值，P_b 为债券的市场价格，n 为债券剩余期限。如果债券没有票面利率，即贴现发行，$C=0$。由于零息债券的到期收益率也只对应于一笔现金流，所以，零息债券的到期收益率也就是其即期利率。

(2) 到期收益率

到期收益率是使得某一债务工具所有未来偿付额的现值等于它今天的价值的利率，是最精确地利率计量指标。运用这一原则，可以发现债券价格与利率是负相关的：当利率上升时，债券价格下跌；反之亦然。

根据到期收益率的定义，我们可以得到到期收益率的复利计算公式：

$$P=\frac{C}{1+y}+\frac{C}{(1+y)^2}+\cdots+\frac{C}{(1+y)^T}+\frac{A}{(1+y)^T}$$

其中，P 为债券价格，C 为票面收益(年利息)，A 为债券面值，y 为债券到期收益率，T 为债券到期期限。

到期收益率的单利计算公式为：

$$y=\frac{\frac{A-P_0}{T}+C}{P_0}$$

其中，P_0为债券买入价格，T为债券剩余到期年限。

（3）持有期收益率

持有期收益率是指从购入到卖出这段特有的期限里所能得到的收益率。持有期收益率和到期收益率的差别在于将来值不同。债券持有期收益率是指债券持有人在持有期间获得的收益率，能综合反映债券持有期间的利息收入情况和资本损益水平。

有时间较短（不超过 1 年）的，直接按债券持有期间的收益额除以买入价计算持有期收益率：

$$y = \frac{\frac{P_n - P_0}{T} + C}{P_0}$$

其中，P_n为债券的卖出价，T为买入债券到卖出债券的时间（以年计算）。

【例 8】（对外经贸 2019 年）某公司债券面值 100 元，票面利率为 5%，4 年到期，当前价格为 96 元。请回答以下问题：（保留一位小数）

（1）当期收益率为多少？

（2）假设你持有该债券 2 年后以 106 元卖出，则实际收益率是多少？

（3）假设你持有该债券到期，则到期期收益率为多少？（单利计算）

答案：（1）当期收益率是债券的年息除以债券当前的市场价格所计算出的收益率，其计算公式为：

$$y = \frac{C}{P_b} = \frac{100 \times 5\%}{96} \approx 5.2\%$$

（2）实际收益率，即持有期收益率，是指从购入到卖出这段特有的期限里所能得到的收益率，其计算公式为：

$$y = \frac{\frac{P_n - P_0}{T} + C}{P_0} = \frac{\frac{106 - 96}{2} + 5}{96} \approx 10.4\%$$

（3）到期收益率是使得某一债务工具所有未来偿付额的现值等于它今天的价值的价值的利率，其单利计算公式为：

$$y = \frac{\frac{A - P_0}{T} + C}{P_0} = \frac{\frac{100 - 96}{4} + 5}{96} \approx 6.25\%$$

当然，本题用复利也可以计算：

$$P = \frac{C}{1 + y} + \frac{C}{(1 + y)^2} + \cdots + \frac{C}{(1 + y)^T} + \frac{A}{(1 + y)^T} \Rightarrow$$

$$96 = \frac{5}{1 + y} + \frac{5}{(1 + y)^2} + \frac{5}{(1 + y)^3} + \frac{5}{(1 + y)^4} + \frac{100}{(1 + y)^4} \Rightarrow y \approx 6.25\%$$

（三）利率的分类

利率按照不同的标准，可以划分为不同的种类，常见的利率类别主要有以下几种。

1. 按照利率的表示方法可划分为：年利率、月利率与日利率

根据计算利息的不同期限单位，利息率有不同的表示方法。年利率是以年为单位计算利息；月利率是以月为单位计算利息；日利率，以日为单位计算利息，又称为拆息率。通常，年利率以本金的百分之几表示，月利率按本金的千分之几表示，日利率按本金的万分之几表示。

2. 按照利率的决定方式可划分为：官方利率、公定利率与市场利率

官方利率是一国金融管理部门或中央银行所规定的利率；公定利率是由金融机构同业公会确定的利率，如香港银行公会定期公布并要求会员银行执行的存贷款利率。官方利率和公定利率一定程度上反映了非市场的强制力量对利率形成的干预。市场利率是指由市场因素决定的利率，通常由借贷资本的供求关系直接决定并由借贷双方自由议定的利率。

3. 按照借贷期内利率是否浮动可划分为：固定利率与浮动利率

固定利率是指在整个借贷期限内，利息按借贷双方事先约定的利率计算，而不随市场上货币资金供求状况而变化。实行固定利率对于借贷双方准确计算成本与收益十分方便，适用于借贷期限较短或市场利率变化不大的情况。但当借贷期限较长、市场利率波动较大的时期，则不宜采用固定利率。因为固定利率只要双方协定后，就不能单方面变更。在此期间，通货膨胀的作用和市场上借贷资本供求状况的变化，会使借贷双方都可能承担利率波动的风险。因此，在借贷期限较长、市场利率波动频繁的时期，借贷双方往往倾向于采用浮动利率。

浮动利率是指借贷期限内，随市场利率的变化情况而定期进行调整的利率，多用于较长期的借贷及国际金融市场。浮动利率能够灵活反映市场上资金供求状况，更好地发挥利率的调节作用；同时，由于浮动利率可以随时予以调整，有利于减少利率波动所造成的风险，从而克服了固定利率的缺陷。但由于浮动利率变化不定，使得借贷成本的计算和考核相对复杂，并且可能加重贷款人的负担。

【知识拓展】SHIBOR

SHIBOR，即上海银行间同业拆放利率，于2007年1月正式推出，成为中国金融市场重要的基准利率。SHIBOR是由信用等级较高的银行自主报出的人民币同业拆出利率计算确定的算术平均利率，是单利、无担保、批发性利率。目前，对社会公布的SHIBOR品种包括隔夜、1周、2周、1个月、3个月、6个月、9个月及1年。

SHIBOR报价银行团现由18家商业银行组成。报价银行是公开市场一级交易商或外汇市场做市商，在中国货币市场上人民币交易相对活跃、信息披露比较充分的银行。中国人民银行成立SHIBOR工作小组，依据《上海银行间同业拆放利率(SHIBOR)实施准则》确定和调整报价银行团成员、监督和管理SHIBOR运行、规范报价行与指定发布人行为。全国银行间同业拆借中心授权SHIBOR的报价计算和信息发布。每个交易日根据各报价行的报价，剔除最高、最低4家报价，对其余报价进行算术平均计算后，得出每一期限品种的SHIBOR，并于11：30对外发布。

【例9】(上海财大2015)关于上海银行间同业拆放利率，不正确的表述是(　　)。

A. 是一种算数平均利率　　B. 由公开市场一级交易商之间通过交易形成

C. 由报价行提供报价　　D. 是一种批发性利率

答案：B。上海银行间同业拆放利率是由SHIBOR小组根据各报价行的报价，剔除最高、最低4家报价，对其余报价进行算术平均计算后得出。

4. 按照利率的作用可划分为：基准利率与差别利率

基准利率是指在多种利率并存的条件下起决定性作用的利率，当它变动时，其他利率也会相应发生变化。因此，了解这种关键性利率的变动趋势，有利于把握各种利率的变化趋势。基准利率在西方国家通常是指中央银行的再贴现率或影响最大的短期资金市场利率，如美国的联邦基金利率。在我国，主要是中央银行对各金融机构的贷款利率。

差别利率，是指银行等金融机构对不同部门、不同期限、不同种类、不同用途和不同借贷能力的客户的存、贷款制定的不同利率。例如我国实行的差别利率主要有存贷差别利率、期限差别利率和行业差别利率。

【例10】(中央财大2001年)在多种利率并存的条件下起决定作用的利率是(　　)。

A. 基准利率　　B. 差别利率　　C. 实际利率　　D. 公定利率

答案：A。基准利率是金融市场上具有普遍参照作用的利率，其他利率水平或金融资产价格均可根据这一基准利率水平来确定。

5. 按照信用行为的期限长短可分为：长期利率和短期利率

一般来说，一年期以内的信用行为被称为短期信用，相应的利率即为短期利率；一年期以上的信用行为通常称之为长期信用，相应的利率则是长期利率。短期利率与长期利率之中又有各档不同期限的利率。总的来说，在其他条件相同的情况下，较长期的利率一般高于较短期的利率。但在各种信用行为之间由于信用条件的差异，对利率水平的高低则不能简单地用期限长短进行比较。

6. 按照利率的真实水平可划分为：名义利率与实际利率

在借贷过程中，债权人不仅要承担债务人到期无法归还本金的信用风险，而且还要承担货币贬值的通货膨胀风险。实际利率与名义利率的划分，主要是考虑了通货膨胀的因素。实际利率是指扣除了通货膨胀因素的利率；而名义利率则没有扣除通货膨胀因素的利率。实际利率、名义利率、通货膨胀率的关系如下：

$$1 + r^* = \frac{1 + r}{1 + p}$$

其中，r 为名义利率，r^* 为实际利率，p 为通货膨胀率。

则

$$r^* = \frac{1 + r}{1 + p} - 1 = \frac{r - p}{1 + p} \approx r - p$$

这就是著名的费雪效应：实际利率=名义利率-预期通货膨胀率。

当名义利率高于通货膨胀率时，实际利率为正利率；当名义利率等于通货膨胀率时，实际利率为零；当名义利率低于通货膨胀率时，实际利率为负利率。

【例 11】某年物价指数为 97，银行一年期利率为 1.08%，实际利率是多少？

答案：根据公式利率 $r^* = [(1+r)/(1+p)-1]\times100\%$，其中 r 为名义利率，p 为通货膨胀率。在本题中，$r=1.08\%$，$p=-3\%$，代入可知 $r^* = (1+1.08\%)/(1-0.03)-1=4.21\%$。

【科兴提示】通常情况下，通货膨胀率可用 CPI 增长率来度量。

【例 12】(上海财大 2011 年) A 国和 B 国名义利率均为 15%，但 A 国通货膨胀率严重，为 100%，B 国则为 5%，请计算：

(1) A 国的实际利率为多少？

(2) B 国的实际利率为多少？

(3) 如果要用费雪效应简单估算名义利率和实际利率的关系，应当满足什么条件？

答案：名义利率和实际利率的关系：(1+名义利率)=(1+实际利率)×(1+通货膨胀率)

(1) (1+15%)/(1+100%)-1=-42. 5%

(2) (1+15%)/(1+5%)-1=9. 52%

(3) 费雪效应的简单公式为：名义利率=实际利率+通货膨胀率，其前提条件是实际利率和通货膨胀率均较小，以前面的两个国家为例。

B 国的近似实际利率=15%-5%=10%，与真实情况相差不大。

A 国的近似实际利率=15%-100%=-85%，与真实情况的误差较大。

【科兴提示】当通货膨胀率大于 10%时，用费雪效应近似计算误差会很大。同理，相对购买平价公式的使用也是这样。

【知识拓展】负利率

经济理论和经济实践曾经一直让我们坚信：经济体系都建立在正的名义利率之上。而负利率通常是指通货膨胀率高过名义利率的状态，即实际利率为负。如今，负利率的含义发生了变化。2016 年 1 月 29 日，日本央行决定对超额准备金账户采取-0.1%的利率，为亚洲首个实施负利率的国家。此消息一经公布即引发外汇市场剧震，日元对美元快速下跌 200 多点，跌破 121。日经 225 指数大涨逾 3%，日本 10 年期国债收益率将至记录低点 0.185%。

事实上，此前已有 4 家央行实施负利率。2012 年 7 月，丹麦最早开始负利率实验；2014 年 6 月，欧洲央行开启负利率，将隔夜存款利率将至-0.1%；2014 年 12 月，瑞士央行将央行活期存款年利率定为-0.25%；2015 年 2 月，瑞典正式开始负利率，将基准利率下调至-0.1%。

【例 13】(上海财大 2015) 我们通常所说的负利率是指(　　)。

A. 名义利率为负　　B. 名义利率低于实际利率

C. 实际利率为负　　D. 存款利率低于贷款利率

答案：C。根据费雪效应可知，通常所说的负利率指剔除通货膨胀率后的实际利率为负。

7. 按利率是否带有优惠性质划分为：一般利率与优惠利率

一般利率是提供给普通借款者使用的利率，优惠利率稍低于一般利率，一般提供给信誉好、经营状况良好且有发展前景的借款者，有时国家为了扶持某些行业的发展也会向一些企业提供政策性优惠利率贷款。

8. 按信用的方向划分：存款利率和贷款利率

存款利率是公众和企业将资金存入银行计算利息时使用的利率，贷款利率是公众和企业从银行借出资金计算利息时使用的利率，贷款利率高于存款利率，二者之间的利差构成银行利润的一大来源。

（四）利率的作用

在现代经济中，利率的杠杆作用体现在宏观与微观两个层次。

(1) 从宏观角度来看，利率的经济杠杆功能主要表现在以下几个方面：

① 积累资金。利息是使用资金的报酬，通过调整利率，可以吸引社会上的闲散资本投入生产，以满足经济发展的需求。

② 调整信贷规模。当银行体系的贷款利率、贴现利率上升时，有利于缩小信贷规模；反之，当贷款利率、贴现利率下降时，有利于扩大信贷规模。

③ 调节国民经济结构。通过利率的高低差别与升降，可以直接影响资金的流向，从而有目的地进行产业结构的调整，使国民经济结构更加合理。

④ 合理分配资源。利息作为使用资金的成本，可以通过成本效应使资源在经济各部门间得到合理配置，一定的利率水平，总是促使资源向使用效率高的部门流动，从而改善了资源配置。

⑤ 抑制通货膨胀。通过提高贷款利率，可以收缩信贷规模，减少货币供应量，使社会需求趋于稳定，从而有助于抑制通货膨胀。

⑥ 平衡国际收支。当国际收支发生严重逆差时，可以调高本国的利率水平，从而减少资金外流，吸引资金内流，使国际收支趋于平衡。

(2) 从微观的角度看，利率的杠杆功能主要表现在：

① 提高企业资金使用效率。利息是企业使用资金的成本，是利润的抵减因素，为了自身利益，企业必须加强经营管理，提高资金使用效率，以减少利息的支出。

② 影响家庭和个人的金融资产投资。各种金融资产的收益与利率密切相关，通过调整利率，可以影响人们选择不同的金融资产。

③ 作为租金的计算基础。现实生活中，租金的度量受到各种因素的影响，但通常是参照利率来确定的。

知识点三　利率的决定理论

1. 古典学派的储蓄-投资理论

古典学派认为货币是蒙在实体经济表面的一层面纱，货币数量的变化不影响实体经济运行，因此从实体经济角度出发讨论利率的决定。他们认为储蓄代表着实际资本的供给，与人们的偏好有关，是利率的增函数，投资代表着实际资本的需求，与投资的收益率有关，是利率的减函数，利率就是在供求力量平衡时决定的。根据对供给和需求的不同解释，分为以下几种理论：

（1）庞巴维克的时差论

从需求角度看，同样的资本品现在比未来更有价值，因此为了现在就获取该资本品，人们愿意支付一定利息。从供给角度看，利息来源于迂回生产的多产性。即先生产资本品，然后利用资本品再生产消费品，这样虽然耗时长，但最终消费品产量高于直接生产消费品的产量，而利息就是对这段时间的补偿。

（2）马歇尔的等待说与资本收益说

马歇尔将均衡价格分析方法运用于利息理论。他认为，资本的需求取决于资本的边际生产力，是利率的减函数，表现为资本需求曲线向右下方倾斜。资本的供给取决于人们抑制现在的消费、“等待”未来的报酬，是利率的增函数，表现为资本供给曲线向右上方倾斜。当资本供给和资本需求的均衡决定了利率水平，利息是人们等待的报酬。

（3）魏克塞尔的自然利率说

魏克塞尔运用一般均衡方法提出了自然利率理论。他认为，资本供给和资本需求所决定的利率是自然利率。所谓自然利率是对物价完全保持中立，既不使物价下落，也不会使物价上涨的利率。在自然利率的基础上，他进一步提出货币利率(指现金资金市场上的利率)是由资金供求均衡决定的。

魏克塞尔的自然利率说最伟大的创造是，将实物市场和货币市场中的资金价格结合起来考虑。均衡的自然利率相当于实物投资的预期收益率，反映实物投资市场中的均衡关系。而均衡的货币利率是货币市场中资金的均衡价格，反映货币市场中的均衡关系。当二者相等时，企业家既不扩大也不会缩小生产规模，经济达到均衡，物价保持稳定。

【科兴提示】自然利率

自然利率是指假设所有价格具有充分弹性，使总需求与总供给永远相等时的利率水平。该概念是19世纪末瑞典经济学家魏克塞尔提出来的，但它长期以来没有受到重视，其有用性被人们重新认识还是在大约10年以前，这是通过现哥伦比亚大学教授伍德福德等人的研究而实现的。该概念假设各种各样的价格可以反映供求关系而在瞬时被调整，所谓自然利率是指在这个假设中成立的实质的利率。在这种假想经济中，由于各商品的供求一致，就实现了有效率的资源分配。这样，自然利率也就可以说是为实现理想的资源分配所要求的实质利率。

（4）费雪的时间偏好与投资机会说

费雪认为，利率是由主观因素和客观因素共同决定的。主观因素是指社会公众对现在物品的时间偏好，即在其他条件相同时，相对于将来物品，人们更偏好现在物品，因此要使人们提供现在的物品给企业家进行投资，必须给予利息作为补偿。客观因素是指企业家的投资机会，当企业家遇到好的投资机会时，就会产生对资本的需求。如果人们对现在物品的偏好较强，愿意以较少的现在收益来换取较多的未来收益，这就需要较多的利息补偿，利率水平相应较高；反之，利率水平也就比较低。如果企业家的投资机会增加，则对资本的需求增加，利率水平相应提高；反之，利率水平相应降低。

2. 凯恩斯的流动性偏好理论

流动性偏好理论是由凯恩斯提出的。凯恩斯否认储蓄和投资决定利率的古典理论，认为储蓄和投资都是由利率决定的而不是来确定利率的，从储蓄和投资推导利率犯了循环推理的错误。他主张利率属于货币经济范畴，而不属于实物经济范畴，利率是在货币市场中由货币需求和货币供给决定的。

（1）理论内容

凯恩斯学派认为货币的需求是一个内生变量，取决于人们的流动性偏好，利息是对放弃流动性的补偿，因此利率就是对人们的流动性偏好的衡量指标。所谓的流动性偏好就是指人们持有货币以获得流动性的意愿程度。人们的流动性偏好的动机有三个：交易动机、谨慎动机和投机动机。其中，因交易动机和谨慎动机带来的货币需求与利率没有直接关系，它是收入的函数，并且与收入成正比；而投机带来的货币需求与利率成反比，因为利率越高人们持有货币进行投机的机会成本也就越高。如图 2-1，用 L_1 表示交易动机和谨慎动机带来的货币需求，$L_1(y)$ 是收入 y 的增函数；L_2 表示投机动机带来的货币需求，$L_2(r)$ 是利率的减函数；而货币总需求为：$L = L_1(y) + L_2(r)$ 。

相对而言，货币的供给则是外生变量，它是由中央银行控制的一个常量。如图 2-2，如果用 M_1 表示满足 L_1 的货币需求的货币供给量；用 M_2 表示满足 L_2 的货币供给量；那么总的货币供给量为 $M=M_1+M_2$，M 与 L 两条曲线共同相交于一点，也就是货币供给和货币需求达到均衡的那一点，实现均衡利率 r_1。

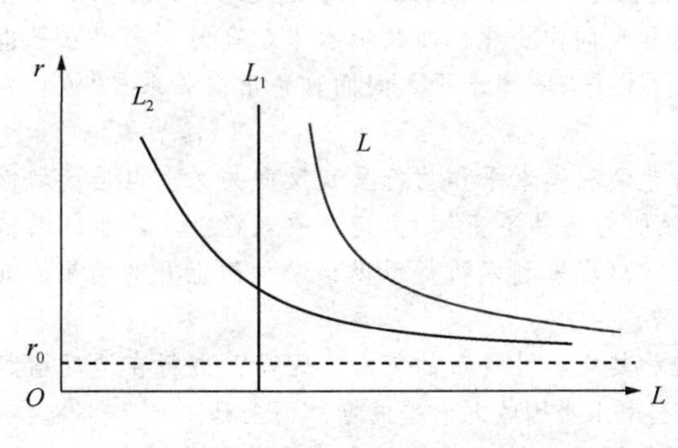

图 2-1　凯恩斯学派的货币需求曲线

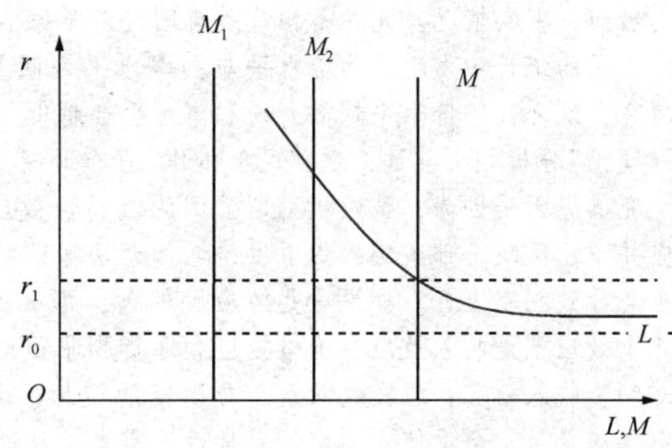

图 2-2　凯恩斯学派的流动性偏好理论

流动性偏好理论中还有一种特殊的极端情况，就是流动性陷阱。流动性陷阱产生的原因是人们认为利率只有可能上升而不会下降，因此他们将只持有货币，对货币的需求就会无限大。而这种情况下，即使是货币供给增加，也不会导致利率的下降。如图 2-2 所示，当利率降到一定水平 r_0时，投资者对货币的需求趋向于无限大，会吸收所有增加的货币供给，货币需求曲线的尾端水平直线，无论货币供给如何增加，利率水平都不可能再继续下跌。

(2) 理论评价

① 理论贡献主要表现为：从新的视角(货币因素)研究利率的决定规律，突破和发展了古典利率决定理论。

② 理论缺陷主要表现为：

(a) 凯恩斯利率决定理论最大的缺陷在于把利率仅看作为一种货币现象，忽视了实际因素的影响。

(b) 凯恩斯将金融资产仅看作为货币和债券，显然脱离了金融市场的实际情况。

(c) 与古典利率决定理论一样，未明确指出利率水平的高低。因为利率取决于货币需求，货币需求取决于收入，收入取决于投资，投资又取决于利率，也形成一个循环推理，无法确定利率水平。

(3) 货币供应对利率的影响

① 流动性效应，又称"资产调整效应"，即在均衡利率的条件下，货币供给增加，人们用多余的货币购买债券，使得债券价格上升，导致利率下降。

② 收入效应。货币供给增加将对经济产生扩张性影响，导致国民收入增加，从而货币需求也相应增加，导致利率上升。

③ 价格水平效应。货币供给增加扩张了总需求，导致价格水平上升，从而货币需求增加，导致利率上升。

④ 通货膨胀预期效应。货币供给增加，形成通货膨胀预期，根据费雪方程，人们对未来利率的预期也上升，从而推动利率水平上升。

因此，货币供给量增加的最终效果取决于以上四种效应的大小关系。

【知识拓展】吉布逊谜团

凯恩斯提出的"流动性偏好理论"认为，利率水平是由货币的供给曲线与需求曲线的交叉点决定的。货币供给的增加一定会导致利率水平的下降，反之则会导致利率水平的上升。同时，又因为货币供给的增加会使物价水平上升，货币供给的减少会使物价水平减少。所以，按照这样的逻辑，物价水平与利率之间应该会存在反向关系，即物价水平越高，利率会越低；反之，如果物价水平越低，则利率水平会越高。然而，事实情况与此并不相符。英国经济学家吉布逊在对1791年至1928年长达137年的名义利率与物价水平的统计中发现，物价水平与利率水平之间基本呈现同向变化，即物价水平越高时，利率水平也会越高，反之，物价水平越低，则利率水平会越低。物价水平与利率水平之间的这种正向关系与"流动性偏好理论"分析相去甚远，这种现象叫作"吉布逊谜团"。

究其原因是因为，虽然凯恩斯强调的流动性效应会导致利率水平和物价呈现反向关系，但是流动性效应并不能反映全部事实，货币供给增加无法保证"其他所有条件不变"的假定，它对经济所产生的其他效应会导致利率上升。如果这些效应足够大，那么就可能出现来利率随货币供给增加而上升的结果。其他几个效应就是收入效应、价格效应和通货膨胀预期效应。

(1) 收入效应：居民收入水平与财富的增加，会增加其交易性货币的需求。因而，央行在适度增加货币供应量时，会促使人们增加对货币的需求，从而使利率水平因收入水平的增加而上升。

(2) 价格水平效应：一般而言，当中央银行增加了货币供应量，社会总产出和价格水平都会上升，人们投入生产或消费商品需要花费更多的钱，因此对货币的需求也会增加，而对货币需求的增加又会使得利率上升。这一点也正是流动性偏好理论所强调的，物价水平的上升会导致利率的上升。

(3) 通货膨胀预期效应：货币供给的增加也可能使人们预期未来价格水平会更高，预期通货膨胀率的上升也会提高人们对货币的需求，从而导致利率水平的上升。

3. 可贷资金理论

这是新古典学派的利率决定理论。由新剑桥学派的罗伯逊首先提出，经瑞典学派的俄林、林达尔、米尔达尔补充，后由英国经济学家勒纳将其公式化而形成。它综合了古典学派和凯恩斯的观点，同时考虑了实际因素与货币因素。

(1) 基本观点

利率是借贷资金的价格，借贷资金的价格取决于金融市场上的资金供求关系。由此，可贷资金理论认为利率是由可贷资金市场中的供求关系决定的，任何使供给曲线或需求曲线产生移动的因素都将改变均衡利率水平。需求增加(需求曲线向右移动)或供给减少(曲线向左移动)将使均衡利率升高；而供给增加(曲线向右移动)或需求减少(曲线向左移动)将使均衡利率下降。

在现代社会，可贷资金的需求可以表现为债券的供给，可贷资金的供给可以表现为债券的需求，利率与债券价格负相关。由此，任何说明债券价格变动的原因，也可以用于解释利率变动的原因，均衡利率的决定也可以用债券市场上债券供求均衡时所决定价格对应来表示。由于利率决定理论只关心利率水平的决定，而非债券价格，所以，只需将图 2-3(a)从右往左，从上往下翻个面，便得到了图 2-3(b)，即可贷资金模型。

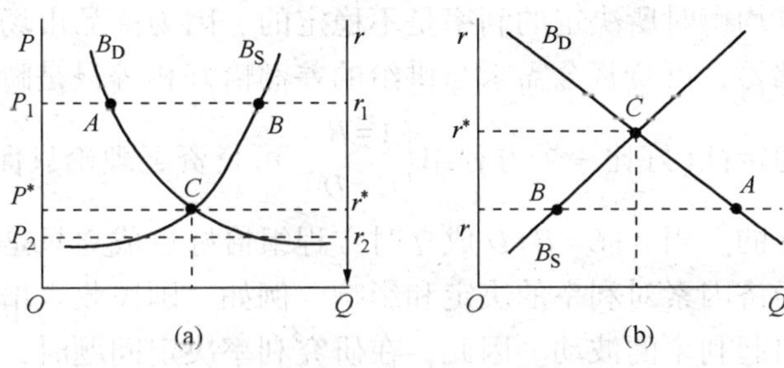

图 2-3　可贷资金模型

该理论还认为，影响可贷资金需求的因素，有实际因素(包括消费者对可贷资金的需求、企业的可贷资金需求、政府对可贷资金的需求、外国对可贷资金的需求)和货币因素(货币的窖藏，即保留一部分现金在手中，不用于消费和储蓄)。影响可贷资金供给的因素，也有实际因素(国内储蓄、向国外借款)和货币因素(国内货币供给量增加、国内银行体系的信用创造)。

(2) 可贷资金供求分析

以下分析都是在“其他因素不变”的前提下展开的：

① 可贷资金需求的动态分析

(a)投资机会预期回报率↑⇒债券供给↑⇒可贷资金需求↑⇒利率↑

(b)预期利率(预期通胀)↑⇒债券供给↑⇒可贷资金需求↑⇒利率↑

(c)政府赤字↑⇒债券供给↑⇒可贷资金需求↑⇒利率↑

(d)货币窖藏↑⇒可贷资金需求↑⇒利率↑

②可贷资金供给的动态分析

(a)财富↑⇒债券需求↑⇒可贷资金供给↑⇒利率↓

(b)风险↑⇒债券需求↓⇒可贷资金供给↓⇒利率↑

(c)债券流动性↑⇒债券需求↑⇒可贷资金供给↑⇒利率↓

(d)货币供给↑⇒可贷资金供给↑⇒利率↓

(e)外国资本流入↑⇒可贷资金供给↑⇒利率↓

【例 14】(金融联考 2007 年)下列因素中(　　)不影响可贷资金的供给。

A. 政府财政赤字　　B. 家庭储蓄

C. 中央银行的货币供给量　　D. 利用外资

答案：A。可贷资金模型分别从可贷资金的供给和需求两方面研究长期实际经济因素(储蓄、投资流量)和短期货币因素(货币供求流量)对利率的决定。在本题中，B、C、D 选项属于可贷资金的供给，而政府财政赤字则属于可贷资金的需求因素。

(3) 理论评述

① 理论贡献

可贷资金理论在利率决定问题上，一方面肯定古典利率决定理论认为实物因素对利率决定影响的基本观点，但是也批评其完全忽略货币因素的影响；另一方面，肯定凯恩斯认为货币因素对利率决定影响的基本观点，同样也批评其完全否定实物因素作用的缺陷。总的来说，可贷资金理论综合考虑了实物因素和货币因素对利率决定的影响，将社会经济的实体经济层面和虚拟经济层面有机结合起来，合理的解释了利率的决定过程。

② 理论缺陷

(a) 借贷资金供求均衡时所决定的利率是不稳定的。因为商品市场和货币市场没有同时达到均衡时，投资与储蓄、可贷资金需求与供给的差额恰好相等只是瞬时或偶然的情况，此时所决定的利率缺乏稳定性(好比一个方程组$\begin{cases}A=B\\C=D\end{cases}$，可贷资金理论只保证了 $A+C=B+D$，而没有保证方程组是成立的。当 $A+C=B+D$ 成立时方程组恰好也成立只是偶然的情况)。

(b) 忽略了宏观经济因素对利率的决定和影响。例如，国民收入增加时，储蓄和货币需求量都会增加，进而引起利率的波动。因此，在研究利率决定问题时，还必须同时考虑国民收入，只有把国民收入调整到使货币市场与商品市场同时均衡时，才能建立一个稳定的均衡利率。

4. *IS-LM* 模型

该理论认为，古典利率决定理论和凯恩斯利率决定理论都未考虑收入水平，从而并不能得出均衡利率水平，在现实社会中，收入水平和利率水平必须同时决定，即利率水平是由商品市场和货币市场同时达到均衡时决定的。

IS-LM 模型同时考虑了收入因素和利率水平，并将商品市场和货币市场结合起来共同考虑。

在商品市场中，只有当投资等于储蓄的时候，收入水平才是确定的，否则收入必然发生相应的变动。这样，在储蓄等于投资的条件下得到一条利率-收入曲线，这条曲线就是 *IS* 曲线，其意义是在商品市场均衡情况 $I=S$ 时，各种利率与收入的组合。在这条曲线上，利率决定收入，较低的利率导致投资的增加，为了保证投资和储蓄相等，收入必须增加，这样 *IS* 曲线是向下倾斜的。

在货币市场中，当货币需求和货币供给相等的时候，可以得到 *LM* 曲线，它表示在货币市场均衡的条件下，收入对利率的决定作用。收入水平越高，货币的交易需求和谨慎需求就越大，在货币供给一定的情况下，为使货币的投机需求减少，利率势必上升，因此 *LM* 曲线是向上倾斜的。

IS 曲线与 *LM* 曲线的交点决定了市场的均衡利率水平，*IS-LM* 模型既克服了古典学派的利率理论只考虑了商品市场的均衡的缺陷，又克服了凯恩斯学派的利率理论只考虑了

货币市场均衡的缺陷，同时还克服了新古典学派的利率理论在兼顾商品市场和货币市场时忽略了两个市场各自的均衡的缺陷，因而该模型被认为是解释名义利率决定过程的最成功的理论。

【归纳总结】古典利率决定理论从实物角度即投资和储蓄去考虑利率的决定，流动性偏好理论则从货币角度即货币供求去考虑利率的决定，这两个理论各有道理，但都不全面；可贷资金理论综合考虑了实物因素和货币因素，但它所决定的利率并没有同时满足商品市场和货币市场的同时均衡，是不稳定的；IS-LM模型则进一步改善了可贷资金理论的缺陷。

【例 15】下面说法中，错误的是(　　)。

A. 凯恩斯的流动性偏好理论是从货币因素角度研究利率是如何决定的。

B. 古典利率理论是从实物因素角度研究利率是如何决定的。

C. IS-LM 是从货币因素角度研究利率是如何决定的。

D. 可贷资金理论是综合实物因素和货币因素两个角度研究利率是如何决定的。

答案：C。*IS-LM* 模型从商品市场和货币市场的同时均衡研究均衡利率的决定，综合了货币因素和实物因素。

知识点四　利率的结构理论

（一）利率的风险结构

1. 利率风险结构的含义

利率的风险结构是指相同期限的债券具有不同的利率，反映债券所承担的风险大小对其收益率的影响。

实践中，通常采用信用评级来确定不同债券的违约风险大小，不同信用等级债券之间的收益率差(Yield Spread)则反映了不同违约风险的风险溢价，因此也称为“信用利差”。由于国债经常被视为无违约风险债券(简称“无风险债券”)，我们只要知道不同期限国债的收益率，再加上适度的收益率差，就可以得出公司债券等风险债券的收益率，并进而作为贴现率为风险债券进行估值。

在经济繁荣时期，低等级债券与无风险债券之间的收益率差通常比较小；而一旦进入衰退或者萧条，信用利差就会急剧扩大，导致低等级债券价格暴跌。

【例 16】(上海财大 2012 年)同期限公司债券与政府债券相比，票面利率一般比较高，这是对(　　)的补偿。

A. 赎回风险　　B. 政策风险　　C. 投机风险　　D. 利率风险

答案：A。赎回风险通常称为违约风险，是影响各种债券票面利率的因素。

【知识拓展】TED 利差

TED 利差是伦敦银行间同业拆借美元利率与美国国债短期利率之差。长期以来，美国国债被认为是有美国国家信用作为担保发行的。美国是目前世界第一大经济体，并掌握了世界上最主要的国际货币——美元的货币发行权，投资者倾向于认为美国国债发生信用违约风险的可能性极小。因此，美国国债利率特别是短期国债利率，在国际金融市场被近似地作为无风险利率。正因如此，三个月伦敦银行间同业拆借美元利率与三个月美国国债利率之间的差额通常被用作衡量国际金融市场上市场利率与无风险利率之间的差距。目前国际金融市场上主要有一个月和三个月两种不同期限的TED 利差，其中 TED 三个月利差运用比较普遍。通常情况下，当国际金融市场投资者避险情绪上升时，对于市场借贷活动往往要求更高的回报，从而使市场资金供给趋于紧张，造成 TED 利差扩大。反之，当市场参与者冒险意愿提高时，投资者愿意以较低的利率出借资金，则该利差收窄。可见，利差越大，表明市场资金流动性状况就越紧张。

【例 17】(中国人大 2012 年)TED 利差(欧洲美元的 LIBOR 利率与同期限的国债利率之差)在金融危机时期会变得更大。( )

答案：正确。通常认为在金融危机时期，借款者的还款能力将受到影响，即违约风险加大。贷款或是购买债券就需要获得更高的风险补偿，从而加大了欧洲美元的 LIBOR 利率同无风险利率也就是国债利率的利差。

2. 决定因素

(1) 违约风险

违约风险是指金融工具的发行也许不能履行其承诺的支付本金和利息的义务。在到期期限相同的情况下，有违约风险的债券与无违约风险的债券之间的利差被称为风险溢价，它是指人们为持有风险债券所必须赚取的额外利息。

(2) 流动性

具有流动性的资产可以在必要时以较低的成本迅速转换为现金。资产的流动性越强(在其他条件相同的情况下)，在市场上受欢迎的程度就越高。相对于企业债券，国债的流动性显然更强。

(3) 税收差别

具有相同到期期限的债券收益率不同的另一个原因是一国的税法规定对于某些债券与其他债券不同。例如，很多国家发行的国债都不用缴纳利息所得税，这样使得国债的税前收益率与税后收益率是一样的。由于不同债券的税收政策不一样导致投资者根据自己的资产组合配置不同的债券。

(二) 利率的期限结构

1. 利率期限结构的含义

利率期限结构是指风险相同，期限不同的债券与其收益率之间的关系，它可以用债券的收益率曲线来表示。债券的收益率曲线是指在一个以利率为纵轴，期限为横轴的坐标系中，把期限不同、但风险、流动性和税收等其他因素都相同的债券的收益率连成的一条曲线。收益率曲线可以分为向上倾斜的、平坦的和向下倾斜的(即翻转的收益率曲线)。

2. 解释利率期限结构的三个理论

一般收益率曲线有三个特点：①长期利率会随短期利率变动而变动。②当收益率曲线向上倾斜时，长期利率高于短期利率；当收益率曲线平缓时，长期利率等于短期利率；当收益率曲线向下倾斜时，短期利率高于长期利率。③一般来讲，收益率曲线大多是向上倾斜的。

目前，主要有三种理论解释利率的期限结构，它们是预期理论、分割市场理论和流动性溢价理论。预期理论是可以解释上述三个特点中的前两个，但对第三个特点却难以作出解释；分割市场理论可以解释第三个特点，但对预期理论所能解释的前两个特点却无能为力；流动性溢价理论综合了预期理论和分割市场理论的特点，很好地解释了有关期限结构的三个特点，因此成为被最广泛接受的利率期限结构理论。

(1) 预期理论

期限结构的预期理论认为：长期债券的利率等于在其有效期内人们所预期的短期利率的平均值。这一理论的关键假设是，投资者对于到期期限不同的债券没有特别的偏好，因此如果某债券的预期回报率低于到期期限不同的其他债券，投资者就不会持有该种债券。具有这种特点的债券被称为完全替代品。在实践中，这意味着如果期限不同的债券是完全替代品，这些债券的预期回报率必须相等。

预期理论用数学公式可以表述为：

$$r_{nt} = \frac{r_t + r_{t+1}^e + r_{t+2}^e + \cdots + r_{t+(n-1)}^e}{n}$$

其中，r_{nt} 表示 n 年期债券的年利率；$r_{t+(n-1)}^e$ 表示第 $t+n$ 年的一年期预期利率。

预期理论可以解释收益率曲线的前两个特点：

① 随着时间的推移，到期期限不同的债券的利率有同向运动的趋势。从历史上看，短期利率具有如果它在今天上升，则未来将趋于更高的特征。因此短期利率的上升会提高人们对未来短期利率的预期。由于长期利率是未来短期利率预期的平均值，短期利率的上升会提高长期利率，短期利率和长期利率出现了同向运动的趋势。

② 如果短期利率较低，收益率曲线倾向于向上倾斜；如果短期利率较高，收益率曲线通常是翻转的。一般来说，当短期利率较低时，人们通常预期未来短期利率将上升到其正常水平，未来短期利率预期的平均值高于当前的短期利率。因此，长期利率会大大高于当前的短期利率，收益率曲线向上倾斜。相反，如果短期利率较高，人们通常预期它会回落。由于未来短期利率预期的平均值低于当前的短期利率，长期利率会低于短期利率的水平，收益率曲线向下倾斜，呈现出翻转的形状。

预期理论为期限结构的行为提供了简明的解释，是一种十分具有吸引力的理论。然而遗憾的是，预期理论有着致命的缺陷：它无法解释后一个特点，即收益率曲线通常是向上倾斜的。典型的向上倾斜的收益率曲线意味着预期未来短期利率将上升。事实上，未来短期利率可能上升，也可能下降，因此根据预期理论，典型的收益率曲线应当是平坦的，而非向上倾斜的。

(2) 分割市场理论

期限结构的分割市场理论将到期期限不同的债券市场看作完全独立和相互分割的。到期期限不同的每种债券的利率取决于该债券的供给和需求，具有其他到期期限的债券的预期回报率对此毫无影响。分割市场理论关键性的假设条件是，到期期限不同的债券根本无法相互替代，因此，持有某一到期期限的债券的预期回报率对于具有其他到期期限的债券需求不产生任何影响。这种期限结构理论与假定到期期限不同的债券是完全替代品的预期理论完全相反。之所以认为到期期限不同的债券无法替代的，原因在于投资者对于具有某一到期期限的债券有着强烈的偏好，因此他们关心的只是具有所偏好期限的债券的预期回报率。

根据分割市场理论，收益率曲线不同的形状可以由到期期限不同的债券的供求因素解释。如果风险厌恶型投资者的持有期较短，愿意持有风险较小的短期债券，分割市场理论就可以说明典型的收益率曲线是向上倾斜的。由于在通常情况下，长期债券相对于短期债券的需求较少，因此其价格较低，利率较高，所以典型的收益率曲线是向上倾斜的。

虽然分割市场理论可以解释为什么收益率曲线通常向上倾斜，但它却无法解释收益率曲线的前两个特点。首先，该理论将到期期限不同的债券市场看作是完全分割的，那么某一到期期限债券的利率上升也就没理由影响其他到期期限债券的利率。因此，它无法解释到期期限不同的债券倾向于同向运动的原因。其次，由于该理论并不清楚短期利率水平的变化会对短期债券和长期债券的供求产生什么影响，它也就无法解释为什么短期利率较低时，收益率曲线倾向于向上倾斜，而短期利率较高时，收益率曲线又会变成翻转的形状。

(3) 流动性溢价理论

期限结构的流动性溢价理论认为，长期债券的利率应当等于两项之和，第一项是长期债券到期之前预期短期利率的平均值；第二项是随债券供求变动而变动的流动性溢价。流动性溢价理论的关键假设是，到期期限不同的债券是可以相互替代的，这意味着某一债券的预期回报率的确会影响其他到期期限债券的预期回报率，但是，该理论承认投资者对不同期限债券的偏好。换句话讲，到期期限不同的债券可以相互替代，但并非完全替代品。投资者倾向于偏好期限较短的债券，因为这些债券的利率风险较小。所以，只有当正的流动性溢价存在时，投资者才愿意持有期限较长的债券。通过在描述长期利率与短期利率联系的等式中添加正的流动性溢价，可以实现对预期理论的修正。流动性溢价理论可以被写作：

$$r_{nt} = \frac{r_t + r_{t+1}^e + r_{t+2}^e + \cdots + r_{t+(n-1)}^e}{n} + l_{nt}$$

式中，l_{nt} 为 n 阶段债券在时间 t 的流动性溢价，它总是正的，并且随着债券到期期限 n 的延长而上升。

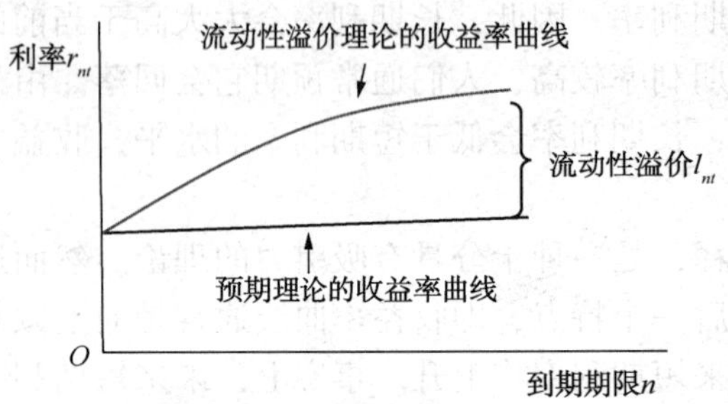

图 2-4　流动性溢价理论与预期理论的关系

流动性溢价理论与期限理论之间的关系可以用图 2-4 来表示。我们可以看出，由于流动性溢价总是正的，且随着债券到期期限的延长而上升，因此流动性溢价理论所得出的收益率曲线总是高于预期理论，且形状更为陡峭。

流动性溢价理论可以解释收益率曲线的三个特点：

① 随着时间的推移，到期期限不同的债券的利率有同向运动的趋势。短期利率上升意味着未来短期利率的平均值更高，因此上面的公式的第一项表明长期利率将随着短期利率的上升而上升。

② 如果短期利率较低，收益率曲线倾向于向上倾斜；如果短期利率较高，收益率曲线通常是翻转的。一般来说，当短期利率较低时，人们通常预期未来短期利率将上升到其正常水平，未来短期利率预期的平均值高于当前的短期利率。此外加入正的流动性溢价，长期利率会大大高于当前的短期利率，收益率曲线呈现陡峭的向上倾斜的形状。相反，如果短期利率较高，投资者通常预期短期利率未来将回落。由于未来短期利率的平均值会远远低于当前的短期利率，虽然存在正的流动性溢价，但长期利率仍然会低于短期利率，收益率曲线向下倾斜。

③一般来讲，收益率曲线大多是向上倾斜的。由于投资者更偏好短期债券，因此流动性溢价随着到期期限的延长而上升，即使预期未来短期利率的平均值不变，长期利率也仍然高于短期利率，因此，典型的收益率曲线是向上倾斜的。当预期未来短期利率的下降幅度非常大，以至于预期未来短期利率的平均值远远低于目前的短期利率水平时，即使正的流动性溢价增加到这个平均值中，所得到的长期利率仍然低于目前的短期利率。

【知识拓展】利率倒挂

利率倒挂是指利率期限结构中出现长期利率水平低于中短期利率水平的现象。流动性偏好理论认为在正常的市场中，由于人们偏好中短期流动性的资金，因此中短期利率水平会低于长期利率水平。但是，在 2008 年金融危机中，出现了长期利率水平低于中短期的情况，并且这种现象持续存在，也被称为“格林斯潘长期利率之谜”问题。一种可能的解释是人们预期长期经济疲软，央行会维持低利率政策，因此长期利率更低；而中短期危机局面中，资金紧张，流动性紧张，引发中短期利率上升，出现利率倒挂的情况。

【例 18】(中央财大 2012 年)以下关于利率的期限结构说法错误的是(　　)。

A. 利率期限结构通常表现出短期利率波动大，长期利率波动小的特征

B. 市场分割理论不能解释收益率曲线通常向上倾斜的特征

C. 预期理论能够解释短期利率和长期利率的联动关系

D. 流动性升水理论假设不同期限的债券之间存在不完全的替代性

答案：B。B 项，市场分割理论认为资金在不同期限市场之间基本是不流动的。当长期市场上资金供不应求，导致利率上升的同时，短期市场资金供过于求，导致利率下降，就会形成向上倾斜的收益率曲线。A 项，一般来说，利率波动可能随期限增加而递减，也可能以 1 年左右为拐点，先随期限递增而后随期限递减。但总体而言短期利率的波动大于长期利率。C 项，预期理论认为，长期债券的现期利率是短期债券的预期利率的函数，长期利率与短期利率之间的关系取决于现期短期利率与未来预期短期利率之间的关系。D 项，流动性偏好认为不同期限债券的风险程度与利率结构的关系，较为完整地建立了流动性偏好理论。根据流动性偏好理论，不同期限的债券之间存在不完全的替代性。

习题精编

一、选择题

1. (中央财大 2017 年)关于商业信用以下描述正确的是(　　)。

A. 商业票据可以发挥价值尺度的职能　　B. 商业信用属于间接融资形式

C. 商业信用规模大，是长期融资形式　　D. 商业信用一般由卖方企业向买方企业提供

2. 下面观点不属于凯恩斯流动性偏好理论的是(　　)。

A. 货币需求取决于人们的流动性偏好

B. 在充分就业的条件下，储蓄和投资均是利率的函数

C. 货币供给是由央行决定，属于外生变量

D. 货币的供给与需求是决定利率的因素

3. 假如贷款者和存款者收到的利息都是按照名义利率计算而得的，如果当预期通货膨胀率为正，则(　　)。

A. 贷款者受益，存款者损失　　B. 贷款者损失，存款者受益

C. 贷款者和存款者都既未损失也未受益　　D. 借款者和存款者都受益

4. 根据凯恩斯利率决定理论，当市场上货币供给大于需求时，利率会(　　)。

A. 下降　　B. 上升　　C. 不变　　D. 无法确定

5. (上海财大 2017)货币政策在以下哪个条件时效果最好？(　　)

A. 资本供给缺乏利率弹性　　B. 货币供给缺乏利率弹性

C. 消费需求缺乏利率弹性　　D. 货币需求缺乏利率弹性

6. 凯恩斯的流动偏好利率理论认为(　　)。

A. 利率取决于货币的供求，而货币的供给量取决于货币当局；货币的需求量取决于人们对现金的流动偏好。

B. 凯恩斯认为手持现金是利息的递增函数

C. 利息是放弃流动偏好的报酬，如果人们对流动性的偏好转弱，愿意持有货币的数量就增加，当货币的需求大于货币的供给时，利率下降

D. 如果人们对流动性的偏好强烈，货币的需求下降，利率也下降。

7. (对外经贸 2007 年)如果存在通货膨胀预期，通常会造成(　　)。

A. 名义利率上升　　B. 名义利率下降　　C. 实际利率上升　　D. 实际利率不变

8. (南京大学 2015 年)收益率曲线有多种状态(　　)。

A. 为下倾或水平状态时一般预示经济将进入衰退期

B. 为下倾或水平状态时一般预示经济将进入扩张期

C. 其变化完全由债券的市场风险决定

D. 其变化反映了市场信用风险的变化

9. 根据流动性溢价理论，以下说法错误的是(　　)。

A. 当收益率曲线陡峭上升时，预期短期利率在未来将上升

B. 当收益率曲线向下倾斜时，预期未来短期利率将下降

C. 当收益率曲线水平时，预期未来短期利率保持不变

D. 在收益率曲线陡峭上升时，市场预期未来可能会有通货膨胀

10. 假定流动性溢价理论是合理的，已知下列条件：未来 3 年内的一年期利率分别为 5%、6%、7%，未来 1 到 3 年的流动性补偿率分别是 0%、0.25%、0.5%，则 3 年期的利率是(　　)。

A. 5.75%　　B. 6.5%　　C. 7.0%　　D. 7.4%

11. (南京大学 2015)银行的短期存款利率(　　)。

A. 不可能低于零，否则就没有人愿意存款

B. 在特殊时期对特殊存款人可能低于零，因为存在货币保管费

C. 长期利率很低时可能等于零，因为存在期限溢价

D. 在通货紧缩时可能低于零，因为物价很低

12. 如果人们预期利率上升，则会(　　)。

A. 多买债券、少存货币　　B. 少存货币、多买债券

C. 卖出债券、多存货币　　D. 少买债券、少存货币

二、简答题

13. 名词解释：流动性陷阱

14. (中央财大 2018 年)简述信用消费的内涵、形式与作用。

15. (中科大 2019 年)简述利率决定的五个理论。

16. 简述利率决定的流动性偏好理论与可贷资金理论的主要差异。

17. 纯粹预期假说是如何解释利率期限结构的?

18. 分割市场假说是如何解释利率期限结构的?

19. 2019 年 8 月 17 日，中国人民银行发布公告，决定改革完善贷款市场报价利率(LPR)形成机制。与原有的 LPR 形成机制相比，新的 LPR 主要有什么变化?

三、计算题

20. (华东师大 2013 年)浮动利率安排是一种规避利率风险的手段。设现在需要筹措资金 100 万元，期限为一年，有两种方案：

(1) 以 10%固定利率借入资金；

(2) 以 LIBOR 利率借入资金，LIBOR 利率变动如下：

时间	当前	3 个月后	6 个月后	9 个月后
LIBOR	12%	10%	9%	8%

求两种方案各支付的利息(设利息每 3 个月支付一次)。

21. 张某于 2014 年 1 月 2 日存入一年定期存款 10000 元，9 月 30 日取出。已知一年定期存款利率为 3%，活期存款利率为 0.35%，9 个月的居民消费指数为 2.1%。试求张某取出存款时的本息和以及实际利率。

22. 某投资者于 2016 年 5 月 4 日买入一张面值 1000 元三年期的企业债券，支出 980 元，该债券票面利率 8%，每半年付息一次(6 月 30 日和 12 月 31 日)，该投资者在 2016 年 11 月 4 日以 990 元将该债券售出，问其得到的收益为多少? 持有期收益率为多少?

23. 某金融市场名义利率为 3.5%，若通货膨胀率为 5.5%，则：

（1）实际利率为多少？

（2）如果同时国家对该金融市场的利息征收10%的利息税，此时实际利率为多少？

24.（浙工商2012年）假设当前1年期零息债券的到期收益率为5%，2年期零息债券的到期收益率为8%，请根据下列要求计算零息债券的到期收益率：

（1）如果利率期限结构的预期理论是正确的，则市场预期明年的1年期零息债券的到期收益率为多少？

（2）如果你认为流动性偏好理论是正确的，且流动性溢价为1%，则市场预期明年的1年期零息债券的到期收益率为多少？

25. 某公司债券面值100元，票面利率为6%，5年到期。当前价格为115元。如果张某购买了该债券并持有2年，2年后以112元卖出该债券。

（1）计算当期收益率。

（2）计算到期收益率。

（3）计算张某的实际收益率。

四、论述题

26.（中国人大2011）2008年10月，中国《21世纪经济报道》曾经有一篇报道："……衡量3个月期限欧洲美元（ED）的伦敦同业拆借利率（LIBOR）与3个月美国国债（T-BILL）利率差距的TED利差在早盘达到了3.95%，这是在上周五达到了3.88%历史高位之后，该利率标准创下的另一历史最高纪记录，TED利差上升之快令人猝不及防，在9月5日的时候，该利差标准仅仅为1.04%。"请解释欧洲美元是什么，并说明这篇报道中的TED利差增大的原因和涵义是什么？

27.（上海财大2012）2011年9月20日至21日，美联储公开市场委员会以7票赞成，3票反对结果通过了一项政策决议：在2012年6月前，卖出剩余期限在3年以下的4000亿短期国债，同时购买相同金额的期限在6年至30年的中长期，以延长国债平均期限，历史上称"扭曲操作"。宣布当天，纽约股市三大股指下跌。

（1）什么是债务收益率曲线，形状有哪些？

（2）货币政策为何要关注该曲线，美联储通过"扭曲操作"希望对债券收益曲线形状有何影响？

（3）如果"扭曲操作"成功，对经济有何影响，会帮美联储实现何种政策意图？

（4）在对利率期限结构分析上有哪些代表性理论，主要观点分别是什么？你认为"扭曲操作"会达到目的吗？为什么？

习题参考答案

一、选择题

1. D。商业票据通过"背书"可以流通转让，因而可以发挥货币流通手段的职能，A选项错误；商业信用是指工商企业之间相互提供的、与商品交易相联系的信用形式，属于直接融资形式，B选项错误；商业信用是短期融资形式，C选项错误；商业信用一般是由卖方提供给买方，受商品流转方向的限制，D选项正确。

2. B。B选项属于古典利率理论的观点。所以错误。

3. A。该题考查名义利率和实际利率的关系。在名义利率一定时，若预期通胀率为正，则实际利率<名义利率，存款者将受损，而贷款者将受益。

4. A。当市场货币供给大于需求时，利率下降；反之，利率上升。

5. D。货币需求缺乏利率弹性时，LM处于古典区域，斜率接近垂直，此时使用货币政策移动LM曲线效果最好。

6. A。凯恩斯的流动偏好利率理论认为利率取决于货币的需求，货币供应是由中央银行决定的外生变量，货币需求是内生变量，取决于人们的流动性偏好。

7. A。根据费雪效应表现的名义利率，实际利率，通货膨胀率三者的关系：名义利率＝实际利率+预期的通货膨胀率(其中实际利率在某一特定经济体中通常为固定值)可以得到在通货膨胀预期条件下，名义利率会上升。

8. A。利率上升对应经济繁荣，利率下跌对应经济萧条。如果收益率曲线是平坦的或者向下倾斜的，就意味着预期未来短期利率下跌，因而经济很快步入萧条期。

9. C。由于流动性偏好理论是在预期理论的基础上增加了风险溢价补偿，当收益率曲线水平时，说明风险溢价补偿正好抵消了短期利率下降的水平，即未来短期利率下降。

10. B。根据流动性溢价理论的公式可知，$r_3=(5\%+6\%+7\%)/3+0.5\%=6.5\%$。

11. B。当其他投资工具收益率低时，而通胀率相对较低时，人们愿意把钱存入银行，保证钱的安全。而此时银行的名义负利率相当于存款人向银行支付了一笔保管费。

12. C。在利率上升时卖出债券，可获得更高的收益。所以当前应当卖出债券。

二、简答题

13. 流动性陷阱是凯恩斯提出的一种假说，指当一定时期的利率水平降低到不能再低的时候，人们就会产生利率上升而债券价格下降的预期，货币需求弹性就会变得无限大，即无论增加多少货币，都会被人们储存起来。当发生流动性陷阱时，再宽松的货币政策也无法改变市场利率，从而使货币政策失效。

14. (1) 消费信用是由商业企业、商业银行以及其他信用机构以商品形态向消费者个人提供的信用。它旨在解决消费者支付能力不足的问题，通过提供消费信用使消费者提前实现需求，达到推销商品的目的。

(2) 消费信用的方式有：

① 赊销。工商企业对消费者提供的短期信用，即延期付款方式销售，到期一次付清货款。

② 分期付款。购买消费品或取得劳务时，消费者只支付一部分贷款，然后按合同分期加息支付其余货款，多用于购买高档耐用消费品或房屋、汽车等，属中长期消费信用。

③ 消费贷款。银行及其他金融机构采用信用放款或抵押放款方式，对消费者发放贷款，按规定期限偿还本息，有的时间可长达20~30年，属长期消费信用。

(3) 消费信用的作用

① 积极作用：在宏观层面，消费信用是扩大有效需求，促进商品销售的一种有效手段，通过调整消费信用的规模和投向，能够在一定程度上调节消费需求的总量和结构，有利于市场供求在总量和结构上的平衡；在微观层面，消费信用则是帮助个人实现生命周期内财务安排的最有效途径。

② 消极影响：第一，消费信用的过度发展，容易产生虚假需求，向生产者传递错误讯号，导致某些消费品的盲目生产，严重时可能导致产能过剩和产品的大量积压；第二，过量发展消费信用很容易导致信用膨胀；第三，如果消费信贷的借款人对未来预期收入发生严重的误判，则会使得借款人的债务负担过重，导致其生活水平下降，从而增加社会的不稳定因素。

15. (1)马克思对利率决定因素的分析是以其对在资本主义制度下利息本质认识为基础的。马克思认为，资本主义利息是利润的一部分，是剩余价值的一种转化形态。因此，正常情况下，利率水平应介于零和平均利润率之间。

(2)古典利率学派认为货币是蒙在实体经济表面的一层面纱，货币数量的变化不影响实体经济运行，因此从实体经济角度出发讨论利率的决定。他们认为储蓄代表着实际资本的供给，与人们的偏好有关，是利率的增函数；投资代表着对实际资本的需求，与投资的收益率有关，是利率的减函数；利率就是在供求力量平衡时决定的。

(3)凯恩斯学派的利率理论是一种货币理论。流动性偏好利率理论认为，利率决定于货币数量和一般人的流动性偏好两个因素。凯恩斯认为，货币的供应量由中央银行直接控制，货币的需求量起因于三种动机，即交易动机、预防动机和投机动机。

(4)可贷资金理论综合了古典学派和凯恩斯的观点，同时考虑了实际因素与货币因素。可贷资金理论认为，利率应由可用于贷放的资金的供求来决定。可贷资金需求来自某期间投资流量和该期间人们希望保有的货币余额；可贷资金供给则来自同一期间的储蓄流量和该期间货币供给量的变动。

(5)*IS-LM*模型从商品市场和货币市场全面均衡的角度来阐述利率的决定机制。仅商品市场和货币市场同时达到均衡，即同时满足储蓄等于投资、货币供应量等于货币需求量时，均衡收入和均衡利率才能确定。

16. 流动偏好利率理论与可贷资金理论是两大主流的利率决定理论，二者在以下方面存在着差异：

① 在利率决定因素上的区别。流动性偏好理论强调货币因素，认为货币的供求决定利率水平，与储蓄、投资等实际因素无关。可贷资金利率理论则认为不仅货币供求决定利率水平，储蓄、投资等实际因素也对利率起决定作用。

② 在分析方法上的区别。流动性偏好理论采取存量分析方法，其货币供给是指在某时点经济中的货币存量，货币需求是指同一时点人们希望持有的货币数量。可贷资金理论则采用流量分析方法，注重对某一时期储蓄流量、投资流量和货币供求的增量变化的分析。

③ 在分析时期上的区别。流动性偏好理论是短期货币利率理论，它强调短期货币供求因素的决定作用。可贷资金理论则注重长期的利率水平的决定，它强调借助货币分析实际经济变量的决定作用，认为在长期分析中，短期货币因素的作用是微不足道的。

④ 对利率的自发调节作用理解不同。流动性偏好理论认为，利率难以发挥自动调节经济的作用，因为，货币可以影响实际经济活动水平，只是在它首先影响利率这一限度之内。即货币供求的变化引起利率的变动，再由利率的变动影响投资，从而影响国民经济。如果货币供给曲线与货币需求曲线的平坦部分(即"流动性陷阱")相交，则利率不受任何影响。可贷资金理论则认为，利率会随着储蓄的增加而下降，从而刺激投资。利率的调整活动要到资本的增加与储蓄的增加量相等时为止。因此，储蓄、投资等实际变量的变化会决定市场利率，再通过利率的波动来调整整个经济的消费和投资，最终必将使趋于均衡。

17. (1) 利率的期限结构，是指具有相同违约风险、流动性、税收待遇的债券，其利率随到期期限不同所形成的到期期限与到期收益率或利率之间的关系。或者说，在一个时点上，因期限差异而产生的不同的利率组合。表示到期期限与利率关系的曲线称为收益曲线。在一定时期内收益曲线可能呈向上倾斜、向下倾斜和水平状三种情况。

(2) 纯粹预期假说是解释利率期限结构最为"纯粹"的一种假说。称其"纯粹"，是因为，它假定投资者仅仅关心债务工具的预期收益，而对投资期限没有任何特别的偏好。即，强调不同期限证券间的完全替代性。只要某种债券的预期收益率高，投资者就会持有该债券，而不管其是长期或短期的。

(3) 在上述假定的前提下，运用跨期套利的基本思路，推导出"长期债券的利率等于债券生命期内短期利率的平均值"的结论：

$$r_{nt} = \frac{r_t + r^e_{t+1} + \cdots + r^e_{t+(n+1)}}{n}$$

(4) 并以此得出他们对收益曲线形状的解释：如果预期未来短期利率上升，那么，当前的长期利率就会高于短期利率，则收益率曲线向右上方倾斜；如果预期未来短期利率下降，那么，当前的长期利率就会低于短期利率，则收益率曲线向右下方倾斜；如果预期未来短期利率不变，那么，当前的长期利率就会等于短期利率，则收益率曲线呈水平状。

(5) 该理论的不足表现在：①其假定显然过于"纯粹"了，这直接影响了其应用价值。比如，事先无法保证市场参与者能够确知未来长期内每年的短期利率，也没有考虑未来可能出现的不稳定性；又如，不同期限债券之间的转换成本有可能不会低到可以忽略。②其结论"如果预期未来短期利率不变，那么，当前的长期利率就会等于短期利率，则收益率曲线呈水平状。"与现实不符。因为，现实中不难看到，即使人们预期未来短期利率不变，仍然可以看到长期利率高于短期利率。纯粹预期假说对此无法解释。

18. (1) 利率的期限结构，是指具有相同违约风险、流动性、税收待遇的债券，其利率随到期期限不同所形成的到期期限与到期收益率或利率之间的关系。或者说，在一个时点上，因期限差异而产生的不同的利率组合。表示到期期限与利率关系的曲线称为收益曲线。在一定时期内收益曲线可能呈向上倾斜、向下倾斜和水平状三种情况。

(2) 分割市场假说假定：人们对特定期限的债券有着特别的偏爱，并且不可改变，亦即不受其他期限债券预期收益率的影响，从而不同期限的债券之间完全没有替代性。所以，不同期限的债券各有自己的市场，相互之间是完全分割的。不同期限债券的利率由各自市场上的债券的供给和需求决定。

(3) 分割市场假说对于收益曲线的解释是：当短期债券市场的供求所形成的利率高于长期债券市场供求所形成的利率时，收益率曲线向右上倾斜；当短期债券市场的供求所形成的利率高于长期债券市场供求所形成的利率时，收益率曲线向右下倾斜；当短期债券市场的供求所形成的利率等于长期债券市场供求所形成的利率时，收益率曲线呈水平状。同时，它认为，收益曲线向右上倾斜较为典型。因为，在短期债券市场上，人们的需求较多，供给较少，因此，价格较高，利率较低。即使债券发行者只能提供较低的利率，也有人购买。但在长期债券市场上，人们需求较少，供给较多，因此，价格较低，利率较高。债券发行者只有提高利率才可以顺利融资。

(4) 考虑到未来的不确定性，假设个人是风险厌恶者，分割市场假说假定的对特定期限的偏爱有着其合理性。个人或机构为避免未来不确定性带来的风险，不会选择偏离自己未来用款计划的期限。

(5) 但是，假定投资者对特定期限有着绝对的偏爱仍然过于极端和绝对了。实际上，如果某种期限(特别是相邻期限)的债券在预期收益率上有相当的吸引力时，在经济人假设条件下，人们没有理由毫不动心，还是会进行期限转换的选择的。

19. 与原有的 LPR 形成机制相比，新的 LPR 主要有以下几点变化：

(1) 新的报价原则。要求各报价行真正按照自身对最优质客户执行的贷款利率报价，充分体现市场化报价形成原则。

(2) 新的形成方式。LPR 改按公开市场操作利率加点形成的方式报价，其中公开市场操作利率主要指中期借贷便利(MLF)利率，LPR 报价的市场化和灵活性明显提高。

(3) 新的期限品种。在原有 1 年期一个期限品种基础上，增加了 5 年期以上的期限品种，为银行发放住房抵押贷款等长期贷款的利率定价提供参考。

(4) 新的报价行。在原有 10 家全国性银行基础上，增加城市商业银行、农村商业银行、外资银行和民营银行各 2 家，扩大到 18 家，有效增强了 LPR 报价的代表性。

(5) 新的报价频率。将原来的 LPR 每日报价改为每月报价一次，提高报价行的重视程度，提升 LPR 的报价质量。

(6) 新的运用要求。要求各银行尽快在新发放的贷款中主要参考 LPR 定价，同时坚决打破过去部分银行协同设定的贷款利率隐性下限，并将 LPR 运用情况纳入宏观审慎评估(MPA)和自律机制管理中。

三、计算题

20. (1)固定利率时：每个季度支付利息 = 100×10%/4 = 2.5 万元。

(2)浮动利率时：

3 月时，支付利息 = 100×12%/4 = 3 万元

6 月时，支付利息 = 100×10%/4 = 2.5 万元

9 月时，支付利息 = 100×9%/4 = 2.25 万元

12 月时，支付利息 = 100×8%/4 = 2 万元

21. 根据题意可得本息和为：$10000 \times \left(1 + \frac{9}{12} \times 0.35\%\right) = 10026.25$ 元

根据费雪效应公式可得实际利率为：

$$r^{*} = \frac{12}{9} \times \left(\frac{1 + \frac{9}{12} \times 0.35\%}{1 + 2.1\%} - 1\right) = -2.40\%$$

22. (1)该投资者持有债券半年的收益率包括资本利得和转卖收益，即：

$$(1000 \times 8\% \div 2) + (990 - 980) = 50 \text{元}$$

(2) 故该债券的持有期收益率为：

$$y = \frac{\frac{P_n - P_0}{T} + C}{P_0} = \frac{\frac{990 - 980}{1/2} + 80}{980} \approx 10.20\%$$

23.（1）征收利息税前实际利率为：

$$r^{*} = \frac{1+r}{1+p} - 1 = \frac{1+3.5\%}{1+5.5\%} - 1 \approx -1.9\%$$

（2）征收利息税后，实际利率为：

$$r^{*} = \frac{1+r(1-t)}{1+p} - 1 = \frac{1+3.5\% \times (1-10\%)}{1+5.5\%} - 1 \approx -2.2\%$$

24.（1）根据预期理论，长期利率是未来预期的各期短期利率的平均值，由此可得明年 1 年期零息票债券的到期收益率为：$r_2 = 2 \times 8\% - 5\% = 11\%$。

（2）根据流动性偏好理论，长期利率是在未来预期的短期利率平均值的基础上加上流动性溢价，由此可得明年 1 年期零息票债券的到期收益率为：$r_2 = 2 \times (8\% - 1\%) - 5\% = 9\%$。

25.（1）$当期收益率 = \frac{利息}{当期价格} = \frac{100 \times 6\%}{115} = 5.2\%$

（2）$到期收益率 = \frac{利息 + \frac{面值-买价}{到期期限}}{当期价格} = \frac{100 \times 6\% + \frac{100-115}{2}}{115} = 2.6\%$

（3）$实际收益率 = \frac{利息 + \frac{卖价-买价}{持有期限}}{当期价格} = \frac{100 \times 6\% + \frac{112-115}{2}}{115} = 3.9\%$

四、论述题

26.（1）欧洲美元是指储蓄在美国境外的银行而不受美国联邦储备系统监管的美元。历史上，这样储蓄主要由欧洲的银行和财政机关持有因而命名为“欧洲美元”。

（2）TED 利差是伦敦银行间同业拆借美元利率与美国国债短期利率之差。长期以来，美国国债被认为是有美国国家信用作为担保发行的。美国是目前世界第一大经济体，并掌握了世界上最主要的国际货币-美元的货币发行权，投资者倾向于认为美国国债发生信用违约风险的可能性极小。因此，美国国债利率特别是短期国债利率，在国际金融市场被近似地作为无风险利率。正因如此，三个月伦敦银行间同业拆借美元利率与三个月美国国债利率之间的差额通常被用作衡量国际金融市场上市场利率与无风险利率之间的差距。通常情况下，当国际金融市场投资者避险情绪上升时，对于市场借贷活动往往要求更高的回报，从而使市场资金供给趋于紧张，造成 TED 利差扩大。反之，当市场参与者冒险意愿提高时，投资者愿意以较低的利率出借资金，则该利差收窄。可见，利差越大，表明市场资金流动性状况就越紧张。

（3）本次 TED 利差扩大，反映了在金融危机期间国际市场的恐慌程度。这主要是因为投资者对未来经济发展预期表示悲观。相对于投资，他们更愿意持有现金。因此他们对于出借资金、进行投资时所要求的风险溢价大大提升。

27.（1）债务收益率曲线是描述在某一时点上一组可交易债券的收益率与其剩余到期期限之间数量关系的一条曲线，即在直角坐标系中，以债券剩余到期期限为横坐标、债券收益率为纵坐标而绘制的曲线。这种曲线有平坦型、递增型、递减型等三种形状。

（2）国债的收益率曲线的形状在一定程度上可以预测经济的走势。收益率曲线斜率变大，很可能意味着经济向好；收益率曲线的斜率变小，则在未来经济增长速度很可能要减慢。美联储的扭曲操作，实际上是卖出短期国债并买入等值的长期国债，这减少了对于短期债券的需求同时增加了对于长期债券的需求。需求减少将使得短期债券价格下跌，从而短期利率上升；需求增加将促使长期债券价格上升，从而长期利率下跌。表现在收益率曲线中就是使其按顺时针旋转，这就是“扭曲”这个词的意思。

（3）美联储这样做有两方面的考虑。一方面，美联储希望抑制通货膨胀，因此卖出短期国债，使得短期利率上升，这有助于抑制通货膨胀。另一方面，美联储又希望提振经济，增加就业，因此买入长期国债，使得长期利率下降，这有助于创造更为宽松的经济环境，促进经济增长。

（4）经济学家在解释长短期利率不同结构时形成了以下几种理论：

① 预期假说理论：认为利率期限结构差异是由人们对未来利率的预期差异造成的。

② 市场分割理论：认为各种期限的证券市场是彼此分隔、相互独立的，长期利率和短期利率由各市场供求关系决定。一般来说，投资者偏好利率期限较短、风险较小的债券，债券回报率曲线大多呈递增状。

③ 流动性报酬理论：认为长期债券比短期债券有更多的市场风险，即价格波动更大，流动性又较差。投资者在作出投资决策时，首先根据期限偏好选择债券，只有在能获得更高回报率时，才会选择非偏好期限的债券。

扭曲操作可能不会达到目的，因为该操作若能生效，需要一个前提，即短期资金市场和长期资金市场必须是相互割裂的。否则，短期投资者和长期投资者在两个期限的市场上套利，将会削弱扭曲操作的政策效果，使之最终无法实现。

第三章　外汇与汇率

作为国际金融学的核心概念，汇率是金融学研究生入学考试中的重要知识点。本章内容中，“外汇”属于基础知识点，一般考查外汇的基本概念与基本特征，判断某项资产是否是外汇。“汇率”与“汇率制度”属于重要知识点，主要考查外汇的直接标价法和间接标价法的区别，影响汇率的主要因素有哪些，汇率对进出口、物价及资本流动的影响，不同的货币体系下汇率制度的特点，我国实行的汇率制度等。其中，对于我国实行的汇率制度，易结合近期人民币贬值等热点问题以论述题的形式出现。“外汇交易”属于难点知识点，考生务必要弄清楚三角套汇的计算原则。“汇率决定理论”中比较重要的是购买力平价说与利率平价理论，常考查对各理论的特征、主要观点和评价的异同辨析，不少高校也会命制相关的计算题。

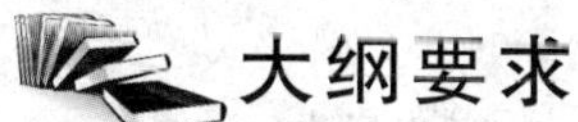

大纲要求

外汇

汇率与汇率制度

币值、利率与汇率

汇率决定理论

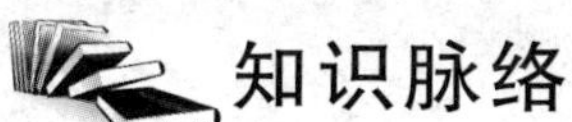

知识脉络

- **外汇与汇率**
  - **外汇的概念和种类**
  - **汇率**
    - **汇率的表示**
    - **汇率的分类**
    - **汇率的变动**
  - **汇率制度**
    - **固定汇率制度**
    - **中间汇率制度**
    - **浮动汇率制度**
    - **最优货币区理论**
  - **外汇交易**
    - **即期外汇交易**
    - **远期外汇交易**
  - **汇率决定理论**
    - **金本位下汇率的决定**
    - **购买力平价说**
    - **利率平价说**
    - **汇率决定的国际收支论**
    - **汇兑心理说**
    - **汇率决定的资产市场论**

知识点一　外汇的概念和种类

1. 外汇的概念

外汇是指外国货币或以外国货币表示的、能用来清算国际收支差额的资产。但是，并不是所有的外国货币都能成为外汇。一种外币能成为外汇有三个前提：第一，自由兑换性，即这种外币能自由地兑换成本币；第二，普遍接受性，即这种外币在国际经济往来中被各国普遍接受和使用；第三，可偿性，即这种外币资产是可以保证得到偿付的。

根据这三个标准，我国规定外汇的具体范围包括：(1)外国货币，包括纸币、铸币；(2)外币支付凭证，包括票据、银行存款凭证、邮政储蓄凭证等；(3)外币有价证券，包括政府债券、公司债券、股票等；(4)特别提款权；(5)其他外汇资产。

【知识拓展】货币自由兑换的定义和“第8条款国”

货币可兑换是指一国货币持有者可以为任何目的而将所持有的货币按市场汇率兑换成另一国货币的权利。货币可兑换包括经常项目下可兑换和资本项目下可兑换。按照IMF的定义，一国若能实现经常账户下的货币自由兑换，该国的货币就被列为可兑换货币。由于自由兑换的条款集中出现在基金组织协定的第8条，所以货币自由兑换的国家又被称为“第8条款国”。人民币目前已经实现了经常项目下的可兑换，因此我国也是“第8条款国”。

具体而言，自由兑换的要求集中出现在基金组织协定第8条的2、3、4条款。其内容为：

(1) 避免对经常性支付或转移的限制。各会员国未经IMF的同意，不得对国际经常往来的付款和资金转移实施汇兑限制。

(2) 不得实行歧视性货币措施或多重汇率措施。

(3) 兑付外国持有的本国货币。任何一个成员国均有义务购回其他成员国所持有的本国货币结存，只需兑换的国家能证明这种结存是由最近的经常性交易所获得的，或者这种兑换是为了支付经常性交易所需要的。

2. 外汇的种类

(1) 根据是否可自由兑换，分为自由外汇和记账外汇

自由外汇是指无须货币发行国批准便可以随时动用，或可以自由兑换为其他货币，向第三国办理支付的外汇。自由外汇的根本特征是可兑换货币，我们一般意义上所指的外汇都是自由外汇。

与自由外汇相对的是记账外汇，也称协定外汇或者清算外汇，是指未经货币发行国批准不能自由兑换成其他货币或者对第三国进行支付的外汇。这种外汇的产生，是由于两个友好国家为了节省自由外汇(如美元)的使用，在双边贸易中签订协议，开设账户彼此记录债权债务，并在一定时期内冲销。如当年的顺差可以在以后的双边贸易中被当作“货币”来使用，购买对方的产品。因此这种外汇是支付协定的产物，只能用于协定国之间，不能兑换成其他货币，也不能向第三方支付。

(2) 根据外汇的来源不同，分为贸易外汇和非贸易外汇

贸易外汇指通过商品进出口取得的外汇，非贸易外汇指通过对外提供劳务(运输、保险、旅游等)、汇回投资收益(利息、股息、利润等)和侨汇等途径取得的外汇。

(3) 根据外汇交割日期不同，分为即期外汇(现汇)和远期外汇(期汇)

即期外汇是指买卖成交后两个营业日内办理交割手续的外汇。远期外汇是指买卖双方先按协定的汇率和数量签订协议，约定到将来办理交割手续的外汇。

知识点二　汇率

汇率是指两种不同货币之间的折算比价，也就是以一国货币表示的另一国货币的价格，也称汇价、外汇牌价或外汇行市。

1. 汇率的表示

习惯上，人们将各种标价法下数量固定不变(即取作一定单位)的货币称为基准货币，把数量(随外汇行市)变化的货币叫作标价货币。

(1) 直接标价法和间接标价法

直接标价法以外国货币作为基准货币，本国货币作为标价货币，即用一定单位的外国货币折算应付若干单位的本国货币的汇率标价法，又称应付标价法。间接标价法以本国货币作为基准货币，外国货币作为标价货币，即用一定单位的本国货币折算应收若干单位的外国货币的标价法，又称应收标价法。世界上大多数国家的货币以 1 作为基本单位，而日元和欧元一般以 100 作为基本单位。

例如，现在外汇市场中1USD 可以兑换 6.9RMB，则在直接标价法下，我们称 RMB 的汇率为 6.9，即为取得 1USD，需要支付 6.9RMB；而在间接标价法下，我们称 RMB 汇率为 $\frac{1}{6.9}=0.1449$，即支付 1RMB，可以取得 0.1449USD。

目前世界上除英国和美国外，各国都采用直接标价法表示自己货币的汇率，当美元兑英镑时，仍对英镑采用直接标价法。一般情况下，不作特殊说明而单独提到汇率的上升和下降，指的都是直接标价法汇率的上升和下降。

在直接标价法下，汇率的数值越大，意味着一定单位的外国货币可以兑换越多的本国货币，也就是本国货币的币值越低；在间接标价法下，与此相反。

(2) 美元标价法

美元标价法以美元作为基准货币，其他货币作为标价货币，即用 1 单位美元折算成若干其他货币的标价法。由于美元在国际贸易中应用广泛，在外汇市场交易量大，因此外汇市场中各种货币一般都采用美元标价法。

2. 汇率的种类

(1) 按制定汇率的方法不同，划分为基本汇率和套算汇率

外国货币种类很多，标出本币与每种货币的汇率以及各种外国货币之间的货币非常的不方便。因此一般选择出一种与本国对外往来最为密切的货币，作为“关键货币”，以关键货币为基准货币，本国货币为标价货币报出汇率，这样得到的汇率称为基本汇率，显然对每个国家基本汇率只有一种。大多数国家将美元作为关键货币，由此形成了外汇市场中的美元标价法。

通过各种基本汇率，我们可以套算出本币与非关键货币之间的汇率，以及各种外国货币之间的汇率，这种汇率称为套算汇率或交叉汇率。

(2) 从银行买卖外汇的角度，划分为买入汇率，卖出汇率和中间汇率

站在银行的角度，银行用本币从客户手中买入外汇时银行报出的汇率称为买入汇率，银行卖出外汇换取客户手中的本币时报出的汇率称为卖出汇率。卖出汇率要高于买入汇率，差价一般为 1‰~5‰，作为银行从事货币兑换业务的报酬。将买入汇率和卖出汇率取算术平均，得到中间汇率，一般用于经济报道和理论研究。

银行在报出外汇汇率时，一般都采用双向报价法，即同时报出买入价和卖出价。在书写方式上，无论直接标价法还是间接标价法，都是前小后大。例如，在巴黎的外汇银行，直接标价法 USD1＝FRF7.2785～7.2895，则根据定义和银行要取得报酬的原则，前面的数字是银行买入价，后面的数字是卖出价。而在伦敦的外汇银行，间接标价法 GBP1＝USD1.4405～1.4420，根据定义和银行要取得报酬的原则，前面的数字是银行卖出价，后面的数字是银行买入价。

【例 1】（浙江大学 2012 年）有如下 IBJ 银行即期汇率报价（全球银行间市场报价）：GBP/USD 1.5485/90；USD/JPY 78.26/34；AUD/USD 0.9940/50。求：

（1）JPY（日元）买入价（BID）和 GBP（英镑）的卖出价（ASK）是多少？

（2）有 ABC 银行向 IBJ 银行买入澳元 500 万，按上述报出的价格成交，需付给对方多少美元？

（3）另有 XYZ 银行同时报价 GBP/USD1.5483/92，与 IBJ 银行的报价相比较，XYZ 银行有什么企图？

答案：（1）美元标价法又称纽约标价法，是指在纽约国际金融市场上，除对英镑用直接标价法外，对其他外国货币用间接标价法的标价方法。1 英镑＝1.5485 美元－1.5490 美元，可见对美元来说，这是直接标价法，英镑的卖出价为 1.5490。美元与日元之间是间接标价法，日元的买入价是 78.34。

（2）根据题意可知，澳元与美元之间是直接标价法，则澳元的买入价是 0.9940 美元，则买入 500 万澳元需支付：500×0.9950＝497.5 万美元。

（3）XYZ 银行扩大了英镑买卖价之间的差额，说明 XYZ 银行不想进行英镑买卖交易。

（3）按照外汇付汇方式不同，划分为电汇汇率、信汇汇率和票汇汇率

电汇汇率（T/T）是汇款人在本国银行支付本币后，银行以电讯方式通知外国分行或代理行付外汇给收款人的汇款方式。由于付款速度快，银行不能占用客户的资金，而且电讯方式成本较高，因此电汇汇率较高。但由于电汇能够尽可能减少汇率波动的风险，因此在国际支付中最经常使用，外汇市场中公布的一般都是电汇汇率

信汇汇率（M/T）是汇款人在本国银行支付本币后，银行以信函方式通知外国分行或代理行付外汇给收款人的汇款方式。由于从汇款到收款有一段时间间隔，银行可以占用客户资金，而且信汇成本低，因此信汇汇率要低于电汇汇率。

票汇汇率（Draft）是汇款人在本国银行支付本币后，银行开具一张命令其外国分行或代理行付外汇给收款人的汇票，将其交给汇款人自行带或寄往国外的汇款方式。与信汇汇率类似，银行可以占用客户资金，且成本较低，因此票汇汇率也要低于电汇汇率。

（4）按外汇交割日不同，划分为即期汇率和远期汇率（现汇汇率和期汇汇率）

即期汇率（现汇汇率）是交易现汇时使用的汇率，远期汇率（期汇汇率）是交易期汇时使用的汇率。

银行一般直接报出即期汇率，而远期汇率的报价则有两种方式。一是直接报价，即直接将各种不同期限的远期汇率买入价和卖出价表示出来，与现汇表示方法相同，如日本、瑞士等国采用这种方法。二是采用远期差价法。远期差价指远期汇率与即期汇率的汇价之差，分为升水（该货币远期升值）、贴水（该货币远期贬值）和平价（远期汇率和即期汇率相同）。银行报出的差价一般用点数表示，1 点表示 0.0001。无论采用直接标价法还是使用间接标价法，升水、贴水、平价表示的含义相同，而且由远期差价换算远期汇率的方法也相同。远期差价一般用两个数字分别表示买入价的差价和卖出价的差价，分别对应即期汇率的买入价和卖出价。

如何区分远期升水还是贴水，可按照远期买卖差价大于即期买卖差价的原则，因为远期交易的风险更大，远期买卖差价高于即期买卖差价的部分是对银行承担风险的一种补偿。例

如，即期汇率 USD1＝DEM1.8410～1.8420，三个月 200～300 点，即表示 0.02～0.03，因为即期汇率前小后大，远期差价也是前小后大，我们用加，因为小数加小数，大数加大数，才能使差价更大，表示德国马克远期贴水，远期汇率为 USD1＝DEM1.8410+0.02～1.8420+0.03＝ DEM1.8610～1.8720。再例如，即期汇率 USD1＝FRF7.2220～7.2240，三个月 200～140 点，即表示 0.02～0.014，因为即期汇率前小后大，远期差价前大后小，我们用减，因为小数减大数，大数减小数，才能使差价更大，表示法国法郎远期升水，远期汇率为 USD1＝FRF7.2220-0.02～7.2240-0.014＝ FRF7.2020～7.2100。

【例 2】某日，法兰克福外汇市场银行报价，即期汇率：EUR/USD129.25—30，1、2、3 个月的远期汇率差价分别为 10—15，20—28，30—40。问：

（1）美元是升水还是贴水？升水或贴水多少点？

（2）该日某德国商人与宁波某服装出口商之间签订了从中国进口价值 100 万美元的合约，付款期为 3 个月。为了规避风险，该商人当即在外汇市场以上述汇率卖出 3 个月远期美元 100 万，问到时能收到多少欧元？

（3）如果该德国商人的这笔美元支出的期限在 2～3 个月之间的任何一天，那么适用的远期汇率又是多少？

答案：（1）根据远期汇率的计算公式知道，前小后大应该用加，于是我们可以知道，欧元是升值，美元是贬值，所以美元是贴水，分别贴水 10—15，20—28，30—40。

（2）由（1）的分析可以知 3 个月远期汇率 EUR/USD：129.55～70，所以三个月过后德国商人可以得到：100/129.70×100＝77.1010 万欧元。

（3）如果该德国商人的这笔美元支出在期限 2～3 个月之间的任何一天，那么应选择 2 个月的远期汇率，即 EUR/USD：129.45～129.58，此时，该商人得到 100/129.58×100＝77.1724 万欧元。

【知识拓展】升贴水百分比计算公式，远期升水或远期贴水通常用年率表示。

在直接标价法下：

$$年升贴水率=\frac{远期汇率-即期汇率}{即期汇率}\times\frac{12}{月份}$$

在间接标价法下：

$$年升贴水率=\frac{即期汇率-远期汇率}{远期汇率}\times\frac{12}{月份}$$

（5）按照汇率决定方式，划分为固定汇率和浮动汇率

固定汇率指一国央行通过买卖外汇，干预外汇市场，使汇率始终保持在一个特定范围内。浮动汇率指一国央行不干预外汇市场，任由外汇供求自动平衡，汇率随之变化。

（6）按照汇率管制情况，划分为单一汇率和复汇率

单一汇率指在一国只存在一种汇率，进出口贸易结算及资本输出入的结算全部采用这一汇率。复汇率是外汇管制的结果，指一国存在多种不同的汇率，如对外贸易中使用贸易汇率，资本输出入采用金融汇率，甚至进口与出口的汇率、不同部门的出口汇率也可以不相同，以实现一国政府管理经济的目的。

（7）按计算方式不同，划分为实际汇率、名义汇率和有效汇率

名义汇率就是现实中两国货币兑换的比率，可以由市场决定，也可以由官方制定。实际汇率是将名义汇率用价格水平调整后得到的汇率，反映了两国商品的兑换比率，如表示一个外国面包可以换多少个本国面包，因此实际汇率可以表示商品的国际竞争力，实际汇率越高，则产品竞争力越强。用 P_d 和 P_f 分别表示本国和外国的物价水平，e 为直接标价法下的名义汇率，则实际汇率 $E=e\cdot\frac{P_f}{P_d}$。

有效汇率是一种加权平均汇率。将本币与其他货币的直接标价法汇率，以本国与该国经济往来的密切程度(如本国与该国贸易额占本国对外贸易总额的比例)为权重，进行加权平均，又称为汇率指数，可以综合反映本国货币汇率的基本走势。常见的有效汇率有美元指数和人民币指数。

【例3】(上海财大2018年)对于一家某上海出口企业，下列(　　)指标最具参考价值。

A. 有效汇率　　B. 实际汇率　　C. 实际有效汇率　　D. 名义汇率

答案：C。实际有效汇率不仅考虑了所有双边名义汇率的相对变动情况，而且还剔除了通货膨胀对货币本身价值变动的影响，能够综合地反映本国货币的对外价值和相对购买力。

(8) 按外币种类的不同，划分为现钞汇率和现汇汇率

银行从客户手中买入外币存款、支票等形式的狭义外汇时，可以直接用于国际支付，此时的买入汇率称为现汇汇率，也叫汇买入价。而银行从客户手中买入外币钞票时，由于外币钞票既不能在本国流通，也不能直接对外支付，必须积攒到一定数量后统一运往发行国转换为存款才能使用，这要花费保险费、运输费等费用及途中的利息损失，因此这种买入汇率较现汇汇率要低，称为现钞汇率，也叫钞买入价。需要注意的是，只有买入价有现汇、现钞之分，银行向客户卖出外汇时的价格只有一个，即卖出价。

3. 汇率的变动

(1) 影响汇率变动的主要因素

① 国际收支。国际收支状况是影响汇率变化的一个最直接最主要的因素，顺差时外汇供大于求，本币有升值趋势；反之，逆差时本币有贬值趋势。官方储备是维持固定汇率制的保证，如果一国国际收支逆差过大，官方储备损失严重，则政府可能被迫放弃固定汇率制，本币大幅贬值，产生货币危机。

② 相对通货膨胀率。通货膨胀率的大小反映了货币对内价值的大小，而汇率是货币对外价值的度量。在其他情况不变时，货币对内贬值必然引起对外贬值。然而，通货膨胀率的差异对汇率的影响不是直接表现出来的，而是通过影响实际汇率从而影响产品竞争力，通过影响人们预期从而产生跨国资本流动，这样从经常账户和资本账户两方面表现出来的，其作用需要一段时间。

③ 相对利率。利率是资本的价格，其高低直接决定金融资产的供求。如果一国利率升高，就会刺激国外资金流入增加，本国资金流出减少，资本账户顺差，本国货币有升值趋势；反之如果一国利率降低，本国货币有贬值趋势。由于许多发达国家资本项目已开放，资本在国际间转移已比较方便、迅速，因此利率对汇率的影响快速而直接，往往是决定汇率短期趋势的主要因素。

④ 总需求与总供给。总需求和总供给增长中的结构不一致和数量不一致，也会影响汇率。如果总需求中进口的需求增长快于总供给中出口供给的增长，本币将贬值。如果总需求的整体增长快于总供给的整体增长，满足不了的那部分总需求将转向国外，引起进口增长，从而导致本国货币贬值。当总需求的增长快于总供给的增长时，还会导致货币超额发行和财政赤字的增加，从而间接导致本国货币贬值。

⑤ 预期。预期有时候能对汇率造成重大影响。预期包括对经济的、政治的和社会的。预期通常是以捕捉刚刚出现的某些信号来进行的，因此，有意地或者无意地发出一些与之相对冲的信号，有时可以改变预期的方向。

⑥ 财政赤字。财政赤字的增加或者减少，往往导致货币供应量增加和需求增加，因此，赤字的增加将导致本国货币贬值。但犹如国际收支等其他因素一样，赤字增加对汇率的影响

并非绝对的，如果赤字增加的同时伴随着利率上升，那么它对汇率的影响就很难说了。

⑦ 外汇市场投机。外汇投机者总是按照自己对汇率的预期进行低买高卖，希望赚取差价。全球各外汇市场投机者的不间断买入卖出是导致汇率随时波动的重要因素。

⑧ 中央银行干预。各国央行出于各种政策目的，可能进入外汇市场买卖外汇，影响外汇市场供求，从而干预汇率，这虽然无法改变汇率变动的长期趋势，但是却对汇率短期走势产生了重大影响。20 世纪 80 年代以来，西方各国货币当局对外汇市场联合干预已成为影响汇率的一个不可忽视的因素。

(2) 本币贬值对实际经济的影响

汇率不但受到其他经济因素的影响和决定，而且汇率变动本身也会影响其他各种变量，从而影响宏观经济的运行。以本币贬值为例，一般能够改善国际收支、扩大总需求、促进就业，并对民族工业、劳动生产率和经济结构有复杂的影响。汇率水平是否合适的关键，在于汇率水平是否有助于使物价、就业等变量达到理想状态。

① 本币贬值与国际贸易交换条件

国际贸易交换条件(简称贸易条件)是指出口商品单位价格指数与进口商品单位价格指数之间的比率，公式为：

$$T = P_x / P_m$$

其中，T 为贸易条件，P_x 为出口商品单位价格指数，P_m 为进口商品单位价格指数。当比率上升，称为贸易条件改善，它表示由于进出口相对价格的有利变动使相同数量的出口能够换回较多数量的进口；反之，这一比率下降，表示贸易条件恶化，它表示由于进出口相对价格的不利变动使得相同数量的出口只能换回较少数量的进口，这意味着实际资源的损失。汇率的变动会引起进出口商品价格的变化，从而对贸易条件发生影响。

汇率变动对贸易条件的影响与本国在世界经济体系中属于大国经济还是小国经济有关。所谓大国经济，就是本国是价格的定制者；所谓小国经济，就是本国是价格的接受者。在这里，假设本国在出口品方面是大国经济，在进口品方面是小国经济，也就是说，本国出口品的国际价格，随着本国国内价格变动而变动，本国进口品的国际价格不变。由于本国在进口品方面是小国经济，故进口品的国际价格由国际市场上的供需决定，本国仅是价格的接受者。当本币贬值时，以外币计价的进口价格不变。在出口方面，本国是出口品国际价格的制定者。当本币贬值时，在出口品国内价格不变的情况下，出口品的外币价格会下降。这样，以外币计，本国的贸易条件会恶化。类似的，在不同的大、小国经济假设下，会得出不同的结论，请读者自己推导。

② 本币贬值与物价水平

本币贬值会直接影响物价水平。贬值通过货币工资机制、生产成本机制、货币供应机制和收入机制，有可能导致国内工资和物价水平的循环上升。

(a) 货币工资机制。本币贬值，造成进口物价的上升，推动生活费用上涨，从而导致工资收入者要求更高的名义工资。更高的名义工资又会推动货币生产成本和生活费用的上升，如此循环不已，最终使出口商品和进口替代品乃至整个经济的一般物价水平上升。

(b) 生产成本机制。当进口商品是本国产品的重要原料或者中间品时，本币贬值会直接导致进口原料或中间品的本币价格上升，从而造成生产成本上升，本国商品价格上升。

(c) 货币供应机制。本币贬值，由于货币工资机制和生产成本机制的作用，货币供应量有可能增加。另外在外汇市场上，本币贬值后政府在等量外汇的结算方面，必须支付更多的本国货币，也会导致本国货币供应的增加。

(d) 收入机制。如果国内对进口商品的需求弹性较低，本币贬值不能减少进口总量或者减少的总量不足以抵消价格的上升，外国对本国出口产品的需求弹性较低从而本币贬值不能增加本国的出口总量或者增加的总量不足以抵消价格的下降，在这种情况下，本国的收入会减少，支出会增加，并导致贸易收支恶化和物价水平的上涨。

③ 本币贬值与总需求

本币贬值对总需求的影响和扩张是扩张性的还是收缩性的，一直是个有争议的问题。传统的理论认为，成功的货币贬值对经济的影响是扩张性的。在乘数作用下，它通过增加出口，增加进口替代品的生产，使国民收入得到多倍增长。

总的来说，货币贬值要带来总需求的扩张，至少需要满足三个前提：第一，出口商品的需求弹性较大；第二，贬值伴随着货币供应量的增加；第三，贬值之后，生产随着总需求扩张而扩张，也就是要存在可用于扩张的劳动力、土地、技术等闲置生产要素。贬值虽然能带来总需求扩张，但生产效率不能在短期内提高，生产的扩大就只能来源于新投入的劳动力、土地和其他资源，从而，贬值所带来的经济扩张只是一种外延性的扩张。

④ 本币贬值与就业和民族工业

上面我们提到，成功的货币贬值会使总需求扩张，而总需求扩张时，企业就会通过增加生产要素投入和增加雇员来扩大生产规模，社会就业率就能提高。就业的提高不仅反映在和对外经济交往直接相关的行业，如生产出口商品的行业，也反映在为企业经营提供服务的行业，如流通、金融等行业，还反映在为企业经营提供基本装备的行业，如基础设备制造业等。

本币贬值对民族工业的影响与一国民族工业的发展战略有关。本币贬值可以看成是一种赋税行为，它是对出口的一种补贴，对进口的一种征税。当一国采取进口替代型战略，希望从国外进口基础设备，迅速建立起本国的工业体系时，本币贬值就会增加建设工业体系的进口成本，不利于民族工业发展。当一国希望发挥本国比较优势，采取出口导向型战略时，本币贬值就能降低本国出口产品的价格，提高本国出口商品的竞争力，有利于民族工业的发展，但也会造成本国工业偏消费品生产的结构。

⑤ 本币贬值与劳动生产率和经济结构

从短期来说，本币贬值对企业经营一般是有利的。一方面，本币贬值时出口企业产品的外币价格下降，出口企业销售增加；另一方面，进口产品的本币价格上升，从而在国内市场上处于价格劣势，为本国进口替代品留下了生存和发展的空间。但是，本币贬值引发的企业经营状况提升未必就会带来劳动生产率的提高和经济结构的改善。

如果本币贬值后，企业利用销售增加获得的资金来改善生产技术，更新生产装备，研发新产品和向新产业转移，那么从长期来看，本国的劳动生产率和经济结构都会改善。否则，贬值就会在客观上保护那些以高成本低效率生产出口产品和进口替代产品的落后企业，甚至使落后企业仍然有能力扩大生产规模，重复原来的生产方式。这样的话，贬值就会不利于本国劳动生产率的提高和经济结构的改善。

知识点三　汇率制度

汇率制度，又称汇率安排，是指一国货币当局对本国汇率水平的确定，汇率变动方式等问题作出的一系列安排和决定。最主要的汇率制度是固定汇率制和浮动汇率制，二者之间还存在一些中间汇率制度。

1. 固定汇率制度

(1) 固定汇率制度的概念

固定汇率制度是以某些相对稳定的标准和尺度，如货币的含金量作为依据，以确定汇率水平的一种制度。固定汇率制度可以分为1880~1914年金本位体系下的固定汇率制和1944~1973年布雷顿森林体系下的固定汇率制两个阶段。

在当前国际性的浮动汇率制度下，某些国家的汇率制度依然具有浓厚的固定汇率特征，其中，货币局制度和美元化就是典型的代表。

① 货币局制度

货币局制度是一种关于货币发行和兑换的制度安排，这种制度通过法律的形式规定货币当局发行的货币必须以等额的外汇储备作为支持。货币局制度的运行机制是：货币发行机构按照法定汇率以100%的外汇储备作为保证发行货币，当市场汇率高于法定汇率时，货币发行机构卖出外汇回笼本币；当市场汇率低于法定汇率时，货币发行机构买进外汇从而发行本币，以保证市场汇率的稳定。

货币局制度肇始于1849年毛里求斯，后来大约70多个国家采取过类似的制度，其中多数是受英国殖民统治的国家和地区。我国香港特别行政区的联系汇率制度属于货币局制度。

货币局制度优点在于操作简单，同时，其相对稳定的汇率有助于稳定投资者的信心，保持国际贸易的稳定发展。货币局制度的缺点是：货币局制度不易隔离外来冲击的影响；实行货币局制度的国家完全丧失了其货币政策的独立性；货币局制度下的固定汇率容易导致投机攻击。

【知识拓展】香港的联系汇率制度

香港的联系汇率制是一种典型的货币局制度。我国香港地区没有中央银行，也没有货币局，货币发行的职能是由三家商业银行承担的(汇丰银行、渣打银行和中银集团)。发钞银行在发行钞票时，以百分之百的外汇资产向外汇基金缴纳保证金，换取无息的“负债证明书”，以作为发行钞票的依据。持牌银行要获得港币也要有等值的美元存入发钞银行。根据货币发行局制度的规定，货币基础的流量和存量都必须得到外汇储备的十足支持。换言之，货币基础的任何变动必须与外汇储备的相应变动一致。

(1) 香港联系汇率制的特点主要表现在：

① 发钞银行换取负债证明书时，无论是白银、银元以及实行联系汇率后规定必须用的美元，都必须是足值的。这是港币发行机制的一大特点，实行联系汇率制则依然沿袭。

② 发钞银行增发港币时，须按7.8港币等于1美元的汇价以百分之百的美元向外汇基金换取发钞负债证明书，若要换回美元则可以凭负债证明书和相同比例的港币与外汇基金兑换。其他持牌银行向发钞银行取得港币现钞时，也要以百分之百的美元向发钞银行进行兑换，而其他持牌银行把港币现钞存入发钞银行时，发钞银行也要以等值的美元付给它们。

③ 香港联系汇率制拥有两个内在的自我调节机制，一个是国际收支的自动调节机制，若香港出现国际收支盈余，则外汇储备增加，货币供应量随之增加，从而引起物价上升、利率下降，这将导致贸易收支恶化、资本流出增加，最终使国际收支盈余减少直至其恢复均衡。若出现赤字，则反之；另一个是套利机制。当美元对港币的汇率大于7.8时，发钞银行会用负债证明书和港币去兑换美元，从中换取利差。同理，美元对港币的汇率低于一定幅度时，发钞银行就会增发港币。

(2) 香港联系汇率制的弊端主要体现在以下三个方面：

① 联系汇率制限制了港币利率调节经济的功能。由于港币与美元挂钩，香港丧失了货币政策的自主性，把利率政策的制定权交给了美联储。为了维持USD1=HKD8这一联系汇率，当美联储提高(降低)利率水平时，香港也必须紧随其后提高(降低)港币的利率水平，其结果是香港金融当局利用利率杠杆调节经济的可能性被大大削弱。

② 为维持联系汇率制的稳定性所采取的一些措施对香港经济的发展也产生了一些负效应，香港的联

系汇率制的自动调节机制通常需要较长时间才能发挥作用。在短期内遇到对港币的投机时，香港金融管理局通常采取干预外汇市场的方式来维持港币的稳定。惯常的做法是，金融管理局在市场上回笼港币现金，降低银行体系中港币的流动性，引起银行同业拆借利率的上升来维护港币汇率并打击投机商。在提高利率维护联系汇率制的同时，高企的利率也损害了香港三大支柱产业——地产业、金融业和旅游业，从而引发了1997年后香港经济发展的困难。

③ 信心危机是对联系汇率制最为严峻的考验。联系汇率制本身即是1983年那场严重的信心危机的产物，其经受冲击的耐力至今还是一个未知数。一旦香港出现金融危机或其他原因引发的信心危机，人们纷纷将港币兑换外币，加之国际游资联手投机港币，1000多亿美元的外汇储备将无疑是杯水车薪，难解燃眉之急，联系汇率制将面临能否继续存在下去的严峻考验。

② 美元化

美元化是指一国居民在其资产中持有相当大一部分外币资产，外币资产大量进入流通领域，具备货币的全部或部分职能，并具有逐步取代本国货币、成为该国经济活动的主要媒介的趋势，因而美元化实质上是一种狭义或程度较深的货币替代现象。这里的“美元”泛指一切被选择作为替代货币的强势货币，其中主要是美元。

美元化的优势主要体现在以下几个方面：

第一，完全美元化有助于消除外汇风险，降低交易成本，促进贸易和投资的发展，促进本国经济与国际市场的融合。

第二，完全美元化有助于避免国际投机攻击。

第三，完全美元化有助于约束政府行为，避免恶性通货膨胀的发生。

第四，完全美元化有助于提高货币的可信度，为长期融资提供保障。

美元化的缺陷主要体现在以下几个方面：

第一，实行美元化的国家会损失大量货币发行收益。

第二，实行美元化的国家会丧失货币政策的独立性，使本国的宏观经济政策受制于他国的货币政策。

第三，实行美元化的国家，其中央银行的最后贷款人功能也会受到削弱。

(2) 固定汇率制度的利弊

在固定汇率制度下，汇率具有相对稳定性，汇率的波动范围或自发地维持、或人为地维持，这使进出口商品的价格确定、国际贸易成本计算和控制、国际债权债务的清偿都能比较稳定地进行，减少了汇率波动带来的风险。此外，汇率比较稳定，也在一定程度上抑制了外汇投机活动。因此固定汇率制度对世界经济发展起到一定促进作用。

但是，在外汇市场动荡时期，固定汇率制度也易于招致国际游资的冲击，引起国际外汇制度的动荡与混乱。当一国国际收支恶化，国际游资突然从该国转移，换取外国货币时，该国为了维持汇率的界限，不得不拿出黄金外汇储备在市场供应，从而引起黄金的大量流失和外汇储备的急剧减少。如果黄金储备急剧流失后仍不能平抑汇价，该国最后有可能采取法定贬值的措施，从而使整个汇率制度与资本体系的极度混乱与动荡。

2. 浮动汇率制度

(1) 浮动汇率制度的概念

浮动汇率制度是一种汇率的变动主要由外汇市场上的外汇供求决定，因而不受任何指标、标准和准则限制的汇率制度。以美元为中心的固定汇率制度崩溃后，西方各国普遍实行了浮动汇率，因此形成了国际性的浮动汇率制度。

（2）浮动汇率制度的分类

① 按政府是否干预来划分

自由浮动指汇率完全由外汇市场上的供求状况决定，自由涨落、自由调节，政府不加干预。

管理浮动指一国货币当局为使本国货币对外的汇率不致波动过大、或使汇率向着有利于本国经济发展的方向变动，通过各种方式，或明或暗地对外汇市场进行干预。

② 按是否与他国货币建立稳定关系进行划分

单独浮动是指一国货币的汇率不与其他任何国家货币发生固定关系，其汇率根据外汇市场的供求变化而自动调整。

钉住浮动指一国货币与另一种货币（他国货币或一篮子货币）保持固定汇率，随后者的浮动而浮动。

联合浮动指当一些经济关系密切的国家组成集团，在成员国货币之间进行固定汇率制的同时，对非成员国货币实行共升共降的浮动汇率。比较典型的例子是欧元区。

（3）浮动汇率制度的利弊

① 浮动汇率制度的优点

（a）可以防止国际金融市场上大量游资对硬货币的冲击。各国国际收支状况不同，逆差国货币往往趋于疲软，称为软货币；顺差国货币往往坚挺，称为硬货币。在固定汇率制度下，国际金融市场上的游资，为了保持币值或谋求汇率变动收益，纷纷抢购硬货币、抛售软货币，这样软、硬货币都受到冲击。在浮动汇率制度下，汇率基本上由外汇市场供求关系决定，与固定汇率制度下通过政府干预而形成的汇率相比更符合货币的实际价值，因此哪种货币软与硬不再十分确定，可以减少货币受冲击的可能性。

（b）可以防止某些国家的外汇储备和黄金流失。浮动汇率制度下，各国无义务维持其汇率稳定，因而不会出现由于被迫干预汇率形成的外汇黄金储备大量流失问题。

（c）有利于国内经济政策的独立。在浮动汇率制度下，通过汇率杠杆对国际收支进行自动调节，在一国发生暂时性或周期性失衡时，一定时期内的汇率波动不会立即影响国内的货币流通，一国政府不必急于使用破坏国内经济平衡的货币政策和财政政策来调节国际收支。

② 浮动汇率制的弊端是：

（a）不利于国际贸易和国际投资，使进出口贸易不易准确核算成本或使成本增加，因此影响长期贸易合同的签订。

（b）助长了国际金融市场上投机活动，使国际金融局势更加动荡。由于汇率波动频繁、幅度较大，投机者便有机可乘，通过一系列外汇交易牟取暴利。

（c）可能导致竞争性货币贬值。各国采取以邻为壑政策，实行贬值，在损害别国利益前提下改善本国国际收支逆差状况。这种做法不利于正常贸易活动，也不利于国际经济合作。

（4）我国目前的汇率制度

自 2005 年 7 月 21 日以来，我国宣布使用以市场供求为基础，参考一篮子货币进行调节，有管理的单独浮动汇率制度。

3. 中间汇率制度

中间汇率制度是介于完全固定汇率和完全的浮动汇率之间的汇率制度，如上述的管理浮动以及汇率目标制、爬行钉住、BBC 安排等。

（1）汇率目标制是指政府设定本国货币对其他货币的中心汇率并规定汇率的上下浮动幅度的汇率制度，同时，政府对中心汇率按照固定的、预先宣布的比率或对选取的定量指标的变化作定期调整。

（2）爬行钉住是指本币钉住外币，同时政府按预先宣布的固定范围对汇率作较小的定期调整或对选取的定量指标的变化作定期的调整，使汇率逐步趋向于目标水平的汇率制度安排。

（3）BBC 规则是 basket、band 和 crawling 三个英文单词的首字母缩写。BBC 制度是由以下三种汇率制度，即一篮子货币盯住汇率制、爬行盯住汇率制和限幅浮动汇率制组合而成的复合汇率制度。一篮子货币盯住汇率制用于确定中心汇率，其作用是保持有效汇率的稳定。盯住一篮子货币可防止主要国际货币之间汇率变化引起的负面影响。爬行汇率制的作用是调整物价变化对实际汇率的影响。

4. 最适通货区理论

（1）最适通货区理论的概念

所谓通货区，指区域内各成员国货币相互间保持钉住汇率制，对区外各种货币实行联合浮动。最适度通货区理论又可以叫作最适度货币区理论。最早于 1961 年提出最适货币区理论的罗伯特·蒙代尔主张生产要素流动性准则，“货币区”内的汇率必须被固定；“最优”的标志就是有能力稳定区内就业和价格水平。最优货币区不是按国家边界划定的，而是由地理区域限定的。他认为生产要素流动性与汇率的弹性具有相互替代的作用，这是因为，需求从一国转移到另一国所造成的国际收支调整要求，既可以通过两国汇率调整，也可以通过生产要素在两国间的移动来解决。在他看来，生产要素流动性越高的国家之间，越适宜于组成货币区；而与国外生产要素市场隔绝越大的国家，则越适宜于组成单独的货币区，实行浮动汇率制。

罗纳德·麦京农则强调以一国的经济开放程度作为最适货币区的确定标准。他以贸易品部门相对于非贸易品部门的生产比重作为衡量开放程度的指标，并认为如果一国的开放程度越高，越应实行固定汇率制，反之则实行浮动汇率制。在开放程度高的情况下，如果实行浮动汇率制，国际收支赤字所造成的本币汇率下浮将会带来较大幅度的物价上升，抵消本币汇率下浮对贸易收支的作用。

继此之后，还有一些学者提出了不同的最适货币区的确定准则。如彼得·凯南主张采用出口商品多样化准则，詹姆斯·英格拉姆强调国内外金融市场一体化准则，等等。

（2）最适通货区理论的意义

① 有利于促进本区经济一体化，并极大地提高区内总的经济福利

区域货币一体化的前提之一，就是实现人力、资本及商品等要素在区内的自由流动与统一共享。区内要素的自由流动，不仅有利于促进区内贸易自由化，从而极大地提高区内贸易效率，而且它还有利于充分利用区内人力、物力及财力，实现资源整合与优化配置，进而在宏观经济政策制定上易于达成一致，并直接推进本区经济一体化进程的发展。

② 有利于降低货币汇兑成本，规避区内货币之间的汇率风险

区域货币一体化的初级形式是：区内成员间货币实现可自由兑换，且比价固定。这一规则无疑将会锁定区内成员间的汇率风险，并大大便利区内成员国之间的贸易结算。当区域货币一体化走向其最高形式——单一货币时，则区内各成员国货币退出，取而代之的是“大一统”的单一货币，这样，区内成员国之间的国际贸易就变成了“内贸”，也就没有了所谓的成员国之间的货币“兑换成本”。

③ 有利于整合区内金融资源，降低投融资成本与风险

国际投融资不但成本高，而且风险大。区域货币一体化则有利于区内金融资源共享，而且在固定汇率下锁定汇率风险，在共同货币政策下，还可以锁定利率风险。在此条件下，各成员国也无须保留太多的国际储备，从而减少总的资源闲置成本。应该说，在人力、商品及资本等要素的整合上，金融资源的整合处于核心地位，因此说，区域内实现单一货币是区域经济一体化的最高形式。

④ 有利于加强区内一体化协作，并一致对外抵御竞争风险

区域经济一体化是一股强大的国际力量，它不仅有利于经济上的联盟，而且还有利于区内成员国之间结成政治上和军事上的强大联盟，它们一致对外，采用“一个声音说话”，往往能获得一种“放大”的效果。

知识点四　外汇市场交易

外汇市场是指在国际间从事外汇买卖，调剂外汇供求的交易场所。它的职能是经营货币商品，即不同国家的货币。按合同的交割期限或交易形式特征来区分，可以分为即期外汇交易和远期外汇交易两种。

1. 即期外汇交易

（1）即期外汇交易的概念

即期外汇交易又称现汇买卖，是交易双方以当时外汇市场的价格成交，并在成交后的两个营业日内办理有关货币收付交割的外汇交易。

按照即期外汇市场的报价惯例，通常用五位数字来表示买卖价，同时报出买入价和卖出价。报价的最小单位(市场称基本点)是标价货币的最小价值单位的1%。如纽约市场2000年6月30日的汇价为：USD1 = DEM1. 8778—1. 8788。此外，各银行的交易员在报价时通常只取最末两位数，因为前面几位数只有在外汇市场发生剧烈动荡时才会变化，一般情况下，频繁变动的只是最末两位数，如汇率为138. 60—138. 80时，他就报60/80。

（2）即期外汇市场上的套汇交易

套汇交易是指利用两个或两个以上不同市场的汇率差价，在低价市场买入某种货币，同时在高价市场卖出该种货币，以赚取利润的活动。根据是否涉及多个外汇市场，套汇交易一般可分为直接套汇和间接套汇。

① 直接套汇。直接套汇，是指利用同一时间两个外汇市场的汇率差异，进行贱买贵卖，以赚取汇率差额的外汇买卖活动。直接套汇机会的判断比较简单，只要同一种货币在两个外汇市场的汇率不同，就存在直接套汇机会，进行低买高卖即可。例如，在伦敦市场上，汇率为GBP1 = USD1. 9460—1. 9480，同时，纽约外汇市场上汇率为GBP1 = USD1. 9500—1. 9540，因为英镑在纽约市场上的汇率高于伦敦市场上的汇率，所以，存在套汇机会。套汇者可在伦敦市场上用194. 8万美元买入100万英镑，同时在纽约市场上卖出100万英镑，收入195万美元，最终可获得2000美元的收益。

② 间接套汇。间接套汇又称三角套汇或多角套汇，是指利用三个或多个不同地点的外汇市场中三种或多种货币之间的汇率差异，同时在这三个或多个外汇市场上进行外汇买卖，以赚取汇率差额的一种外汇交易。

对于三角套汇机会的判断稍微复杂，可依据下述原则：将三个或更多个市场的汇率(如果有买入价、卖出价两个汇率，先计算出各个市场的中间汇率)转换为同一标价法(间接标

价法或直接标价法）表示，然后将得到的各个汇率值相乘。如果乘积为1，说明没有套汇的机会；如果乘积不为1，则存在套汇机会。

三个市场间接标价法的汇率乘积如果大于1，则在三个市场上卖本币（高卖）买外币（贱买）；如果乘积小于1，则卖外币买本币。

如果三个市场的汇率都统一为直接标价法，则与套汇顺序与间接标价法的情况完全相反。就是三个市场直接标价法的汇率乘积如果小于1，则在按个市场上卖本币（高卖）买外币（贱买）；如果乘积大于1，则卖外币买本币。

【例4】（湖南大学2013年）某一时点外汇市场行情如下：纽约：USD1＝CHF1.1900/10；苏黎世：GBP1＝CHF3.7790/00；伦敦：GBP1＝USD2.0040/50。

（1）判断有无套利机会；（2）某机构有USD10万，如何套汇？

答案：（1）为了对接应试，本书在没有特殊说明的情况下，一律使用直接标价法进行说明。先把三个外汇市场的汇率转化为直接标价法：

纽约市场：CHF1＝1/1.1910～1/1.1900

苏黎世市场：GBP1＝CHF3.7790～3.7800

伦敦市场：USD1＝GBP1/2.0050～1/2.0040

连乘三个市场的汇率（就买价来看）：1/1.1910×3.7790×1/2.0050＝1.5825≠1，说明市场存在汇差，可以套汇。

（2）由于在直接标价法下，连乘汇率大于1，所以按照相反的顺序操作即可。首先，在伦敦市场买入10/2.0050万英镑，然后在苏黎世市场兑换3.7790×10/2.0050万瑞士法郎，最后在纽约市场兑换1/1.1910×3.7790×10/2.0050＝15.82526万美元。对比可知，此次套汇所得为5.82526万美元。

2. 远期外汇交易

（1）远期外汇交易的概念

远期外汇交易，又称期汇交易，是指买卖外汇双方先签订合同，规定买卖外汇的数量、汇率和未来交割外汇的时间，到了规定的交割日期买卖双方再按合同规定办理货币收付的外汇交易。

（2）远期外汇交易的分类

① 固定交割日的远期交易是指交易双方事先约定在未来某个确定的日期办理货币收付的远期外汇交易。

② 选择交割日的远期交易是指主动请求交易的一方可在成交日的第三天起至约定的期限内的任何一个营业日，要求交易的另一方，按照双方事先约定的远期汇率办理货币收付的远期外汇交易，又称择期交易。由于客户有权利选择交易的日期，因此银行在设计择期交易的远期汇率时必须假设客户将在最不利于银行的一天进行交易，即选择一定期限内最低的买入价作为择期交易买入价，最高的卖出价作为择期交易卖出价。例如，即期汇率DEM1＝USD1.8100/10，三个月为590/580，六个月为340/360，得到三个德国马克买入价1.8100、1.7510、1.8440，选择1.7510作为择期买入价，得到三个德国马克卖出价，1.8010、1.7430、1.8370，选择1.8370作为择期卖出价。择期交易汇率DEM1＝USD1.7150～1.8370。

【例5】（湖南大学2013年）已知某日巴黎外汇市场欧元兑美元的报价为：即期汇率：1.2810/40；3个月掉期率：60/10；6个月掉期率：120/50。求：

（1）客户买入美元，择期从即期到6个月时的择期汇率；

（2）客户卖出美元，择期从3个月到6个月时的择期汇率。

答案：（1）掉期率指某一特定的货币，其远期汇率与即期汇率的差异。第一天的远期汇率是即期汇率EUR1＝USD1.2810～1.2840；3个月的远期汇率为1.2810－0.0060～1.2840－0.0010，即EUR1＝USD1.2750～1.2830；最后一天的预期汇率，即6个月交割的远期汇率为1.2810－0.0120～1.2840－

0.0050，即 EUR1=USD1.2690~1.2790。由于买入美元，卖出欧元，站在银行的角度是卖出美元，买入欧元。银行买入欧元可供选择的汇率有 1.2810，1.2750 和 1.2690，根据银行利益最大化的原则，1.2690 显然对银行更有利。

（2）第一天的远期汇率，即 3 个月的远期汇率为 1.2810 － 0.0060 ～ 1.2840 － 0.0010，即 EUR1=USD1.2750~1.2830；最后一天的预期汇率，即 6 个月交割的远期汇率为 EUR1=USD1.2690~1.2790。由于客户卖出美元，买入欧元，站在银行的角度上来看，是买入美元，卖出欧元。银行卖出欧元可供选择的汇率有 1.2830 和 1.2790，根据银行利益最大化的原则，显然 1.2830 更有利。

（3）外汇掉期

外汇掉期是指在进行一笔外汇交易的同时，进行另一笔币种相同、金额相同，而方向相反、交割期限不同的交易。根据第一笔交易的交割时间，掉期可以分为即期对远期和远期对远期。

即期对远期是指在买入或卖出一笔现汇的同时，卖出或买入一笔期汇。例如，美国 ABC 公司准备在法国证券市场投资 1000 万欧元，预计 3 个月后收回，该公司可以在即期买入 1000 万欧元的同时，卖出 1000 万 3 月期远期欧元以规避汇率风险。

远期对远期是指交易者在买入或卖出一笔期汇的同时，卖出或买进另一笔交割时间不同的期汇。例如，若 ABC 公司准备 3 个月后在法国证券市场投资 1000 万欧元，6 个月后收回，该公司可以在买入 1000 万 3 个月期远期欧元的同时，卖出 1000 万 6 月期远期欧元以规避汇率风险。

（4）套期保值

套期保值是当事人为了避免已有的外币资产（债权）或负债（债务）在到期时因汇率的变动而面临风险，因而在外汇市场卖出或买进未来日期办理交割的外汇，使外汇头寸实现平衡的交易。

从原理上看，掉期交易实质上也是一种套期保值，但与一般的套期保值又有所不同。从时间上看，掉期交易是两笔交易同时进行，而套期保值可能只发生一笔交易，即使有两笔交易，也未必同时发生。

套期保值可以有不同的情况：如果是在外汇市场上通过买进外汇的方式进行套期保值，这就是多头套期保值，反之就是空头套期保值；如果买卖外汇的数量与已有的头寸在数量上完全相等，这就是完全套期保值，否则就是部分套期保值。

【知识拓展】几种套期保值方法的比较

假设 2011 年 6 月 1 日，美国农机公司和西班牙赛特公司签订了一份买卖合同，由农机公司向赛特公司提供价值 1500 万欧元的农业机械设备，合同约定赛特公司需在签约之日起的 6 个月内付款。又假设在两家公司签订合同时，欧元与美元的即期汇率为 S=1.2640 美元/欧元，美元与欧元 6 个月的远期汇率 F=1.2450 美元/欧元，西班牙的年贷款利率为 10%（半年利率为 5%），西班牙的年投资回报率为 8%（半年利率 4%），美国的年贷款利率为 8%（半年利率为 4%），美国的年投资回报率为 6%（半年利率 3%）；美国芝加哥商业交易所 6 月份看跌期权的合约金额为每份 125000 欧元，执行价格为 1.25 美元/欧元，期权费为每欧元 2.5 美分；场外交易（银行）市场上 6 月份的看跌期权，100 万欧元合约的执行价格为 1.25 美元/欧元，期权费为 1.5%。美国农机公司汇率咨询服务部门提供的美元与欧元的走势预测是 6 个月后即期汇率为 1.2600 美元/欧元。

根据以上已知的信息，农机公司有以下几项选择：

（1）不进行套期保值

农机公司不进行套期保值而准备承担交易风险。如果公司相信汇率咨询服务部门的预测，则公司预期在 6 个月后会收到 1500 万×1.2600=1890 万美元。如果汇率咨询服务部门的预测不准确，6 个月后即期汇率变为 1.2450 美元/欧元，则农机公司只能收到 1500 万×1.2450=1867.5 万美元。当然，如果 6 个月后的即期汇率高于汇率咨询部门预测的水平，则农机公司的收入会超过 1890 万美元。

（2）利用远期市场套期保值

如果农机公司利用远期市场进行套期保值，则需在签订销售合同的同时卖出一份 6 个月后到期的、价值 1500 万欧元的远期合约，远期汇率为 1.2450 美元/欧元，这样 6 个月后，农机公司将从赛特公司收到 1500 万欧元，并将这些资金存入银行以履行其远期合约，可以兑换成 1500 万×1.2450＝1867.5 万美元。利用远期合约套期保值后，不管将来的即期汇率如何变化，农机公司将收到确定的 1867.5 万美元，从而锁定未来的本币现金流。

（3）利用货币市场套期保值

货币市场套期保值的基本思路是：先借入外币兑换成本币进行投资，然后用将来收到的外币偿还外币借款或应付账款。如果美国农机公司采用货币市场进行套期保值，则公司应该在销售合约签收后立即借入一笔欧元，然后将其转换成美元进行投资，6 个月后赛特公司偿还的货款正好用来归还借入的欧元。

西班牙市场年贷款利率为 10%，农机公司借款半年需要支付的半年利率为 5%，因此农机公司从西班牙市场借入欧元的金额为 1500 万/（1+5%）＝14285714.3 欧元，然后在即期市场上按即期汇率 S＝1.2640 美元/欧元兑换成 14285714.3×1.2640＝18057142.9 美元，再将这笔美元投资到美国市场，年投资回报率为 6%，6 个月后在美国市场上的投资本金和利息为 18057142.9×（1+3%）＝18598857.2 美元，同时将从赛特公司收到的应收账款 1500 万欧元偿还西班牙市场的借款。

（4）利用期权市场进行套期保值

如果农机公司对未来欧元价值变化不太明了，公司希望确保有一个收入下限，但又希望在欧元升值时仍可受益，在这种情况下，可利用期权市场进行套期保值。

根据报价，农机公司可在芝加哥商业交易所购买 6 月份到期的欧元看跌期权，每份合约金额为 125000 欧元，执行价格为 1.25 美元/欧元，期权费为 0.025 美元/欧元，则期权成本为 125000×0.025×1500 万/125000＝375000 美元。

农机公司也可以从一家提供货币期权业务的银行购买 6 个月的看跌期权，则其成本为：100 万×1.25×1.5%×1500 万/100 万＝281250 美元。

与芝加哥商业交易所购买的期权成本相比，柜台市场交易成本较少，两者相差 93750 美元。因此，农机公司选择在场外期权市场进行套期保值。

农机公司 6 个月后从赛特公司收到 1500 万欧元的应收账款，可以兑换的美元数量取决于当时美元与欧元的即期汇率。其上限可以无限大，同未做套期保值的头寸一样。只要即期汇率高于 1.25 美元/欧元，农机公司就不会执行看跌期权，而是将收回的应收账款在现汇市场上兑换成美元。假设 6 个月后的即期汇率为 1.26 美元/欧元，农机公司将收到的 1500 万欧元在现汇市场上兑换成 1500×1.26＝1890 万美元，扣除在柜台市场上购买看跌齐全的期权费 281250 美元，农机公司可以得到 18618750 美元的净收入。

如果 6 个月后欧元即期汇率低于 1.25 美元/欧元，农机公司将执行看跌期权，以 1.25 美元/欧元的执行价格卖出 1500 万美元，得到 1500 万×1.25＝1875 万美元，扣除 281250 美元的期权后得到 18468750 美元。

知识点五　汇率决定理论

（一）金本位下汇率的决定

1. 金币本位制度下汇率的决定

不同货币制度下汇率的决定基础是不一样的。在金币本位制度下，各国规定单位金币的法定含金量，可以自由铸造和融化，黄金是国际结算的手段，可以自由地输入、输出国境。这样，两种货币的比价，就由他们各自的含金量对比来决定。例如，1925～1931 年，1 英镑的含金量为 7.3224 克，一美元的含金量为 1.504656 克，则 1 英镑等于 4.8665 美元（7.3224/1.504656）。这种以两种金属铸币含金量之比得到的汇率被称为铸币平价。铸币平价是金平价的一种表现形式。所谓金平价，就是两种货币含金量或者所代表金量的对比。

在金币本位制度下，外汇市场上的货币价格就受制于铸币平价，但又不直接就是铸币平价。假如在英国和美国之间运送 7.3224 克黄金的费用为 0.02 美元，那么如果外汇市场 1 英镑的价格高于 4.8865(4.8665+0.02)美元，那么美国债务人就不会在外汇市场上购买英镑，而会用 4.8665 美元的价格向联储兑换黄金并运送到英国，用黄金向英格兰银行兑换英镑以支付国际债务。这样，美国的黄金就会输送到英国，4.8865 就是美国对英国的黄金输送点。与此同时，外汇市场上英镑的需求就会下降，英镑的价格也就下降，直到低于 4.8865 美元。反之，可以得知美国对英国的黄金输入点为 4.8465(4.8665-0.02)。汇率会在黄金输入点和黄金输出点之间，随着外汇的供求而波动。

2. 金块本位和金汇兑本位制度下汇率的决定

在金块本位和金汇兑本位制度下，黄金不再充当流通手段和支付手段的作用，政府掌握了大部分的黄金，并且发行纸币代替黄金流通，黄金的输出输入受到了极大的限制。在这样的制度下，货币之间的汇率由政府公布的纸币所代表的含金量之比决定，称为法定平价。法定平价也是金平价的一种表现形式，汇率因供求关系围绕法定平价上下波动。但这时汇率波动的幅度不再受制于黄金输送点，这是因为黄金的输出输入受到了限制，实际上黄金输送点已不复存在。相比金币本位制度，这样的货币制度下，汇率的稳定性已经大大降低了。

（二）购买力平价说（Theory of Purchasing Power Parity， PPP）

（1）理论背景

购买力平价说是国际金融理论中历史最悠久的汇率决定理论，它的出现可以追溯到 16 世纪的西班牙。然而，最初的研究缺乏系统性，讨论的重点不是汇率，且不注重以统计资料来检验汇率的均衡值。两次世界大战期间瑞典经济学家卡塞尔系统地提出了该理论及一些相应的经验检验方法，并区分了购买力平价的绝对形式和相对形式。因此，人们公认购买力平价理论是由卡塞尔于 1916 年提出并于 1922 年完善的。

（2）基本思想

购买力平价理论的基本思想是，人们之所以需要某一种货币，是因为它具有购买力。当一国向国外提供自己的货币时，外国居民取得了这一国的货币，同时也就拥有了对该国商品及劳务的购买权利，所以货币的转移体现的是购买力的转移。一个国家的货币价值，由其在该国国内所购得商品及劳务的量，即购买力来决定，因此，人们对本国和外国货币比价的衡量主要取决于两种货币的购买力。

（3）基本假设

① 市场是完全竞争的，商品价格呈完全弹性，市场一切要素的变化均能及时反映到商品价格的变化之中。

② 本国和外国的价格体系完全相同，这样两国的物价指数才有比较的意义。

③ 不考虑运输成本、关税和保险费等交易费用，一价定律成立。

④ 开放经济中的一价定律。一价定律是指在没有运输费用和官方贸易壁垒（例如关税）的自由竞争市场上，同样货物在不同国家出售，按同一货币计量的价格应该是相同的。一价定律实现的机制是商品套购，即如果相同商品在不同的两个市场上价格不相同，则可以在价格低的市场上买入该商品，然后在价格高的市场上卖出，以获取无风险利润。由于套购资金无限大，最终会促使该商品在两个市场上的价格相等。

(4) 两种基本形式

该理论有两种形式，即绝对购买力平价和相对购买力平价，前者说明在某一时点上汇率的决定，后者说明区间内汇率变动的决定因素。

① 绝对购买力平价

如果对于两国的任何一种可贸易品，一价定律都成立，并且在两国物价指数的编制中，各种可贸易品所占的权重相等，那么两国由可贸易商品构成的物价水平之间存在着下列关系：

$$\sum_{i=1}^{n} \alpha^i P_{\mathrm{d}}^i = e \sum_{i=1}^{n} \alpha^i P_{\mathrm{f}}^i$$

其中，e 是直接标价法下的汇率；P_{d}^i 和 P_{f}^i 是第 i 种可贸易品的本国和外国价格水平；α^i 表示第 i 种可贸易品在物价指数中的权重。尽管一国的商品可以分为贸易品和不可贸易品，但主张购买力平价的学者们认为一国的可贸易品和不可贸易品之间，以及各国不可贸易品之间存在着种种联系，这些联系使得一价定律对于不可贸易品也成立。也就是说，所有国家的一般物价水平以同一种货币计算时是相等的，汇率取决于两国一般物价水平之比。如果将两国一般物价水平直接用 P_{d}^i 和 P_{f}^i 分别来表示，则上式可以写成：

$$P_{\mathrm{d}} = e P_{\mathrm{f}}$$

这就是绝对购买力平价的一般形式。它意味着汇率取决于以不同货币衡量的两国一般物价水平之比，即不同货币购买力之比。

② 相对购买力平价

在实际生活中，由于各国间的贸易存在交易成本，各国物价水平的计算中，不同商品的权重有所不同，各国物价水平中可贸易品和不可贸易品的口径和权重有所不同，所以各国的物价水平很难用同一种方法来比较，从而汇率水平的绝对值也就缺少比较的基础。于是，经济学家又提出，把汇率变动的幅度和物价变动的幅度联系起来，这就是相对购买力平价，其公式为：

$$e_{\mathrm{t}} = \frac{P_{\mathrm{d}}^1 / P_{\mathrm{d}}^0}{P_{\mathrm{f}}^1 / P_{\mathrm{f}}^0} \cdot e_0 = \frac{PI_{\mathrm{dt}}}{PI_{\mathrm{ft}}} \cdot e_0 \tag{1}$$

其中，PI_{dt}、PI_{ft} 分别是本国和外国在 t 期的物价指数的变动，e_0 是基期的汇率，e_{t} 是计算期的汇率，P_{d}^1 和 P_{d}^0 分别表示本国报告期和基期的价格水平，P_{f}^1 和 P_{f}^0 分别表示外国报告期和基期的价格水平。相对购买力平价并不要求基期的汇率完全符合两国基期的物价水平对比，从而，也并不要求计算期的汇率完全符合两国计算期的物价对比，但在基期之后，汇率水平应当反映两国物价的相对变动。物价上升速度较快(物价指数相对基期提高较快)的国家，其货币就会贬值。我们对式(1)进行简单变形可以得到：

$$\frac{e_{\mathrm{t}}}{e_0} = \frac{PI_{\mathrm{dt}}}{PI_{\mathrm{ft}}} \Rightarrow \frac{e_{\mathrm{t}}}{e_0} = \frac{1+\pi_{\mathrm{d}}}{1+\pi_{\mathrm{f}}} \tag{2}$$

当通货膨胀率小于 10%的时候，式(2)可以近似写为：

$$\Delta e = \frac{e_{\mathrm{t}} - e_0}{e_0} \approx \pi_{\mathrm{d}} - \pi_{\mathrm{f}} \tag{3}$$

其中，Δe、π_{d}、π_{f} 分别是汇率的变动率(直接标价法)、本国的通货膨胀率和外国的通货膨胀率，式(3)表明，货币的升值与贬值是由两国通胀率的差异决定的。如果本国通胀率超过外国，则本币将贬值，由于物价指数和通货膨胀率比较容易得到，因而计算相对购买力平价也就容易得多，其实用性比绝对购买力平价大大提高。

【例 6】（浙江工商 2015 年）假定美国年期间通货膨胀率达到 6%，而英国同期的通货膨胀率是 13%。请根据相对购买力平价理论计算汇率（英镑/美元）的变化。

答案：根据相对购买力平价可知，在直接标价法下：

$$\frac{e_t - e_0}{e_0} \approx \pi_d - \pi_f$$

其中假定英镑为本币，则 $\pi_d = 13\%$，$\pi_f = 6\%$。一国货币对内贬值，最终表现为对外贬值，即英镑远期贬值，贬值比率约为 7%。

严格地说，只有在通货膨胀率小于 10%的情况下，才能使用上面的近似计算，因此我们采用：

$$\frac{e_t}{e_0} = \frac{1+\pi_d}{1+\pi_f} \Rightarrow \frac{e_t - e_0}{e_0} = \frac{\pi_d - \pi_f}{1+\pi_f} = \frac{7\%}{1+6\%} \approx 6.6\%$$

通过分析可以发现，绝对购买力平价的成立，要求两国间贸易不存在交易成本，并且各国物价水平的计算采取完全相同的权重，这些条件较为苛刻。相对购买力平价放松了绝对购买力平价的苛刻要求，主要关注的是汇率的相对水平和变化。相对购买力平价减小了一篮子商品服务选择不同的影响，解决了两国价格水平可比性差的问题。同时，相对购买力平价减小了影响一价定律成立的不利因素的影响。

【例 7】（上海财大 2019 年）下列哪个表述最为正确？（　　）

A. 如果 PPP 成立，那么只要各国用以计算物价水平的商品篮子是相同的话，一价定律对于任何商品都是成立的

B. 如果一价定律对于任何商品都是成立的话，那么 PPP 将自动成立

C. 如果一价定律对于任何商品都是成立，那么只要各国用以计算物价水平的商品篮子是相同的话，PPP 将自动成立

D. 如果一价定律不能对于任何商品都成立，那么只要各国用以计算物价水平的商品篮子是相同的话，PPP 将不成立

答案：C。购买力平价的成立也并不意味着一价定律必定成立，因为至少一揽子商品以外的其他商品不一定满足一价定律。所以选项 A 不成立。如果一价定律对于任何商品都成立，那么 PPP 不一定自动成立，因为各国用以计算物价水平的商品篮子不一定相同（至少样本的权重可能不同）。所以选项 B 不成立。如果一价定律对于任何商品都成立，那么只要各国用以计算物价水平的商品篮子相同，则 PPP 将自动成立。所以选项 C 成立。如果一价定律不是对于所有商品都成立，那么只要各国用以计算物价水平的商品篮子相同，PPP 也可能成立。因为篮子中的商品可能满足一价定律。所以选项 D 不成立。

【知识拓展】一价定律与购买力平价的关系

一价定律简而言之就是指在自由贸易条件下，世界上商品无论在什么地方出售，扣除运输费用后，价格都相同。一价定律一开始是通过国内一价定律来体现的，一旦贸易的进行超过了一国的范畴，贸易的主体变成了几个国家，这个时候一价定律就可以表现为绝对购买力平价了。绝对购买力平价说的是某一时点上汇率的决定。应该说，绝对购买力平价就是一价定律的国际表现。绝对购买力平价数学表达式是：$e=p/p^*$。

相对购买力平价指两国货币间汇率在两个时期的变化，反映着两国在两个时期物价指数的变化。相对购买力平价认为各国间存在交易成本，同时各国的贸易商品和不可贸易商品的权重存在差异，因此各国的一般物价水平以同一种货币计算时并不完全相等，而是存在一定的偏离，即：

$$e=\theta p/p^*$$

对上式取变动率，即可得到下式：

$$\Delta e = \Delta p - \Delta p^*$$

上式就是相对购买力平价的公式。从上面的公式可以看出，它与一价定律的关系。如果 $\theta=1$ 的时候，则相对购买力平价就是通过绝对购买力平价推导出来的，因此，相对购买力平价就是一价定律的变形。但是如果 θ 不等于 1 的时候，则此时一价定律与相对购买力平价就没有任何的关系。只能说如果一价定律能够成立的话，相对购买力平价就能成立；相对购买力平价成立的话，则不能保证一价定律是一定成立的。

(5) 购买力平价与实际汇率的关系

在直接标价法下，绝对购买力平价的公式为：$P_{\mathrm{d}} = e\ P_{\mathrm{f}}$，而实际汇率的公式为：$E = e \cdot \dfrac{P_{\mathrm{f}}}{P_{\mathrm{d}}}$，联立可得：

$$E = \frac{P_{\mathrm{d}}}{P_{\mathrm{f}}} \cdot \frac{P_{\mathrm{f}}}{P_{\mathrm{d}}} = 1$$

可见，在绝对购买力平价下，实际汇率是定值1。联立相对购买力平价公式和实际汇率公式，我们发现实际汇率是一个定值，但不一定等于1。因此，如果购买力平价成立，那么实际汇率就固定不变，即汇率政策无效，汇率的名义升值和名义贬值不能带来实际汇率的变化。

(6) 对购买力平价说的评论

购买力平价说提出已有80多年了，到目前为止，它仍然有相当强的生命力。它的重要之处在于揭示了汇率变动的长期原因，认为一国货币对内价值的变化必然引起对外价值的变化，并以国内外物价对比作为汇率决定的依据。对内贬值必然引起对外贬值，有其合理性。但是，购买力平价说也存在一定缺陷，主要表现为：

① 购买力平价并不是一个完整的汇率决定理论，并未对汇率与价格水平之间的因果关系进行明确的分析，即究竟是相对价格水平决定了汇率，还是汇率决定了相对价格水平，或两者同时被其他变量所外生决定。

② 绝对购买力平价说是建立在一价定律的基础之上的，而一价定律本身也存在着巨大争议。

③ 购买力平价说认为汇率变动完全取决于两国货币的购买力，只有物价影响汇率，其他因素的变化对汇率没有直接影响，而实际情况并非如此。许多宏观经济因素的变化都将导致汇率波动，如货币供给、利率、财政政策、国际收支等。因此，将物价作为决定汇率的唯一因素是不完整的。

④ 商品价格对外部冲击的反应程度，相对于金融市场价格来说要慢得多。因此，实际中经常出现汇率和价格变化方向相背离的现象。

(7) 巴拉萨-萨缪尔森理论

购买力平价理论用价格来解释汇率的变动和确定，但价格又受什么因素影响呢？贝拉·巴拉萨和保罗·萨缪尔森对此进行了研究，并分别发表了相关研究文献，将影响价格的因素归结为劳动生产率和工资水平，在此基础上形成了巴拉萨-萨缪尔森理论。按照这一理论，汇率取决于两国的相对价格，而相对价格则取决于两国的相对劳动生产率和相对工资。一国劳动生产率的提高，可使该国的单位产品的生产成本下降，国际竞争力相应上升。而工资水平的提高则会增加生产成本，进而削弱其国际竞争力。所以，当一国的工资水平相对上升或劳动生产率相对下降时，其价格水平会相对上升，本币将趋于贬值。反之，则本币升值。这种情况表明，即使一国货币的汇率出现大幅度上升，如果其劳动生产率的上升速度高于工资水平的上升速度，则该国的相对价格仍然可能保持不变，甚至还会相对下降，其国际竞争力也仍然能够得到维持。

巴拉萨-萨缪尔森理论还可用以解释发达国家的价格水平，尤其是非贸易品价格经汇率折算后普遍高于发展中国家。一般而言，发达国家的贸易品生产部门的劳动生产率较高，虽然工资水平也较高，但上升速度低于劳动生产率的提高，因此其货币汇率相应较高，因为汇率主要与贸易品相关。此外，发达国家的非贸易品生产部门的劳动生产率却与发展中国家差异不大。

【例 8】(复旦大学 2017)根据巴拉萨–萨缪尔森效应，下列说法正确的是(　　)。

A. 贸易部门劳动生产率较低的国家，实际货币升值

B. 贸易部门劳动生产率较高的国家，物价较低

C. 贸易部门劳动生产率提高相对较快的国家，实际汇率上升

D. 贸易部门劳动生产率提高相对较慢的国家，实际汇率上升

答案：C。巴拉萨–萨缪尔森效应(简称巴萨效应)是指在经济增长率越高的国家，工资实际增长率也越高，实际汇率的上升也越快的现象。当贸易产品部门(制造业)生产效率迅速提高时，该部门的工资增长率也会提高。国内无论哪个产业，工资水平都有平均化的趋势，所以尽管非贸易部门(服务业)生产效率提高并不大，但是其他行业工资也会以大致相同的比例上涨。这会引起非贸易产品对贸易产品的相对价格上升。我们假定贸易产品(按外汇计算)的价格水平是一定的话，这种相对价格的变化在固定汇率的条件下，会引起非贸易产品价格的上涨，进而引起总体物价水平(贸易产品与非贸易产品的加权平均)的上涨。如果为了稳定国内物价而采取浮动汇率的话，则会引起汇率的上升。无论哪种情况都会使实际汇率上升。

(三) 利率平价说(Theory of Interest Rate Parity)

(1) 理论背景

利率平价理论是一种认为汇率是由两国不同利率水平决定的理论。这一理论是由英国著名经济学家凯恩斯首先提出的。1923 年，凯恩斯在《货币改革论》中初步建立起了古典利率平价理论框架。继凯恩斯之后，各国经济学家都相继对远期外汇汇率进行过研究，但都未提出较完整的理论。1937 年，英国经济学家艾因齐格在《远期外汇理论》一书中才真正完成了古典利率平价理论体系，并为现代利率平价理论开辟了新的道路。

(2) 基本思想

利率平价说认为，一笔资金可以投资于国内，也可以投资于国外，对外币的需求是为了对外进行投资。国内投资取决于国内利率及收益，国外投资则取决于国外利率及收益，因此汇率决定于不同国家不同时期的利率及收益的比较。利率平价说突破了传统的汇率决定研究方式，即不从金银数量与价格，也不从国际贸易的角度来研究汇率的决定，而从国际资本流动的角度进行研究。

> **【科兴提示】**与购买力平价说相比，利率平价说是一种短期的分析。二者的关系可以表述为：
> (1) 中长期：货币供应数量⟶购买力(商品价格)⟶汇率
> (2) 短期：货币(资金)供求数量⟶利率(资产价格)⟶汇率

(3) 两种基本形式

利率平价说的实质是考察外汇市场的套利行为。一般将利率平价分为抛补利率平价和非抛补利率平价。

I. 抛补利率平价

① 一般形式

所谓抛补套利是指套利者在将低利率国家货币兑换成高利率国家货币，以转移到高利率国家进行金融投资获取利差的同时，在远期进行方向相反的外汇交易，即卖出高利率国家货币买入低利率国家货币，以规避汇率风险。

f 表示远期汇率；e 表示即期汇率；r_d 表示本国利率；r_f 表示外国利率。则如果将资金投

资本币资产，收益为 $1+r_d$，如果将同样一笔资金投资于外币资产，到期后按远期汇率再转换成本币，收益为 $f\cdot\frac{1+r_f}{e}$。这种两投资的收益应该相等，否则就存在套利机会。

即：

$$1+r_d=f\cdot\frac{1+r_f}{e}\Rightarrow\frac{f-e}{e}=\frac{r_d-r_f}{1+r_f}$$

因为利率 r_f 较低的情况下，$1+r_f\approx1$，于是有：

$$\frac{f-e}{e}\approx r_d-r_f$$

这就是抛补利率平价的基本公式。

② 经济含义

抛补利率平价的经济含义是：外币汇率的远期升(贴)水率等于两国利率之差。如果本国利率高于外国利率，则外币远期汇率必将升水，这意味着本币在远期贬值；如果本国利率低于外国利率，则外币远期汇率将贴水而本币在远期将升值。也就是说，汇率的变动会抵消两国间的利率差异，从而使金融市场处于平衡状态。

③ 成立条件

(a)投资者都采用抛补套利的方式；(b)套利的交易成本为0，否则套利活动会在 $1+r_d=f\cdot\frac{1+r_f}{e}$ 之前停止；(c)国家之间资本可以自由流动，不存在资本项目管制，利率的微小差异就会引起大量资本流动；(d)套利资金的供给无限。

④ 评价

抛补利率平价说对我们理解各国利率、即期汇率和远期汇率之间的逻辑关系有着重要指导意义。但这一理论的主要缺陷表现在以下几个方面：

(a) 忽略了交易成本的存在。现实中，交易成本是影响套利收益的一个重要因素。如果考虑各种交易成本，国际间的抛补套利活动在达到利率平价之间就会停止。

(b) 假定资本在国际范围内能够自由流动。在现实中，还有不少国家还对国际资本流动施行着严格管制，比如中国。

(c) 假定套利资本规模无限大，套利者能不断地进行抛补套利，直到恢复利率平价为止。而现实中，投资者的资金规模是有限的。

【例 9】假定某日市场上美元对人民币的即期汇率为 1 美元=8.2 人民币，美元 6 个月利率为年利 4%，12 个月利率为 4.5%；人民币 6 个月利率为年利 1.5%，12 个月利率为 2%。请根据上述资料计算美元对人民币 6 个月和 12 个月的远期汇率。

答案：根据远期汇率计算公式，将相应值代入得：

6 个月远期汇率=8.2×[(1+1.5%×0.5)/(1+4%×0.5)]=8.10；

12 个月远期汇率=8.2×[(1+2%)/(1+4.5%)]=8.00。

Ⅱ. 无抛补利率平价

① 一般形式

所谓无抛补套利是指套利者在将低利率国家货币兑换成高利率国家货币，以转移到高利率国家进行金融投资获取利差时，并不在远期进行方向相反的外汇交易。

以 r_d 和 r_f 分别表示在 t 到 $t+1$ 时期本国货币和外国货币的利率，e 代表外汇市场上的即期汇率(直接标价法)，用 E_e^f 表示投资者在 t 期预期 $t+1$ 期的即期汇率。如果将资金投资于国内，收益为 $1+r$，如果投资于国外，预期收益为 $E_e^f \cdot \frac{1+r_f}{e}$。那么在均衡的时，这种收益必须相等，否则产生套利，因此有下面等式成立：

$$E_e^f \cdot \frac{1+r_f}{e} = 1 + r_d$$

该式的含义是：本国货币无论是投资在国内还是国外的金融资产上，未来所获得的收益相等。对上式简单变形后，还可得下式：

$$\frac{E_e^f - e}{e} = \frac{r_d - r_f}{1 + r_f}$$

在 r_f 较小的情况下，$1 + r_f \approx 1$，于是得到：

$$\frac{E_e^f - e}{e} = r_d - r_f$$

这就是无抛补利率平价的基本公式。

② 经济含义

无抛补利率平价的经济含义是：预期汇率不变时，两国货币的即期汇率由两国利率差异决定，高利率国货币即期汇率必将升水，低利率国货币即期汇率必将贴水。汇率预期贴水率近似地等于两国间的利差。

③ 成立条件

(a) 投资者风险中立。一般来说，投资决定取决于两个变量预期收益和风险。但对于风险中立者，投资决定只取决于预期收益，对风险持无所谓的态度。因此无抛补套利将预期汇率的大小作为套利决策的唯一变量，意味着投资者都是风险中立的；(b)套利的交易成本为0；(c)资本自由流动；(d)套利资金的供给无限。

④ 评价

无抛补利率平价除了具有抛补利率平价的缺陷外，还多了一个严格的假设，投资者都是风险中立的，这与实际情况不符。因为投资国内资产，可以获得确定的 $1 + r$ 的收益，而投资国外资产的收益 $E_e^f \cdot \frac{1+r_f}{e}$ 只是一个预期值，是一个数学期望。实际收益与到期时的即期汇率有关，可能比 $E_e^f \cdot \frac{1+r_f}{e}$ 多一些也可能少一些，因此是具有风险的。一般情况下，投资者都厌恶风险，在收益率相同的情况下会选择风险小的投资项目，因此都会选择投资国内，于是国内利率下降，使得均衡时 $E_e^f \cdot \frac{1+r_f}{e} > 1 + r_d$，国外预期收益高于国内的部分就是对投资者承担风险的补偿。

然而，在实行浮动汇率的今天，由于外汇投机量远远超过抛补套利量，无抛补套利平价受到了相对较大的重视。正如我们将要看到的，在汇率的国际收支说和货币分析法中使用的都是无抛补套利平价的条件。

Ⅲ. 两种利率平价的关系

如果投资者属于风险中立的，则抛补利率平价与非抛补利率平价同时成立，从两者的基本表达式中我们可以得到：

$$f = E_e^f$$

该式表明，远期汇率是未来即期汇率的无偏预期。投资者对未来汇率的预期值是一个主观指标，不容易被察觉到，但是远期汇率却是一个客观指标，可以作为投资者预期汇率的替代物。于是从远期汇率的变化中我们就可以大致了解投资者预期的变化。

同时该式也是投机者进行远期投机的均衡条件，如果$f > E_e^f$，投机者将卖出远期外汇，如果$f < E_e^f$，投机者将买入远期外汇，即低买高卖。

(4)利率平价理论的应用：即期汇率的决定

通过无抛补利率平价的表达式，可以求得即期利率(e)的决定式为：

$$e = \frac{E_e^f}{1 + r_d - r_f}$$

该式揭示了即期汇率与预期未来汇率和国外利率成正向关系，而与国内利率成反向关系。如果国外利率上升，则即期汇率上升。如果本国利率上升，则即期汇率下降。如果投资者预期未来汇率上升，则将直接导致即期汇率上升，这一点符合“预期自我实现”的原理。

【例 10】(浙江工商 2011 年)关于无抛补的利率平价理论，下列说法正确的是(　　)。

A. 给定外国利率和对未来汇率的预期，本国利率上升将导致本币即期贬值

B. 给定本国利率和对未来汇率的预期，外国利率上升将导致本币即期升值

C. 给定本国和外国利率，预期本币升值将导致本币即期升值

D. 以上说法都正确

答案：C。根据无抛补利率平价理论，即期利率(e)的决定式为：

$$e=\frac{E_e^f}{1+r_d-r_f}$$

可见，当r_d和r_f给定时，E_e^f与e是成正比例关系。在直接标价法下，E_e^f下降，则e下降。

(5)对利率平价说的评价

利率平价说阐明了外汇市场上即期汇率、远期汇率以及相关国家利率变动之间的相互关系，把汇率决定因素扩展到了货币资本领域，从而填补了 20 世纪 30 年代以来传统的购买力平价说衰落后的汇率决定理论的空白，反映了 20 世纪 70 年代以后货币资产因素在国际金融领域内起着日益重要的作用的必然趋势。但是，利率平价说也存在缺陷，主要表现在以下几个方面：

① 从实际的角度来看，远期汇率的决定除了取决于利差外，还受到预期通货膨胀率、货币供给量、国民收入水平、国际储备水平、资本流动、进出口贸易、心理预期等因素的影响。单纯从利差角度讨论汇率决定的利率平价说是无法为错综复杂的远期汇率决定机制提供了完美解释。

② 依据利率平价说的观点，外汇市场上的汇率波动与各国货币市场上的利差有密切的关系，因此要实现汇率稳定，应依靠各国中央银行进行相互配合的公开市场业务操作或采取协调的利率政策。而现实中，各国经济利益、发展水平上的差距，必然导致其政策上的差异，协调的货币政策难以付诸实践。所以利率平价说在其政策含义上也存在着难以克服的局限性。

③ 在利率平价关系式中，并没有能够说明到底是利率决定汇率，还是远期汇率和即期汇率决定利率。也就是说，在利率平价关系式中，并没有说明即期汇率、远期汇率和利率三个变量谁是内生的，谁是外生的，利率平价说是一个汇率决定理论还是一个利率决定理论。虽然大多数人认为利差是引起资本流动和外汇供求的重要原因，所以利差决定远期汇率。但

是，当发生货币危机时，货币的预期贬值反过来就决定了本国金融资产的收益率。

④ 忽略了利率结构问题。一国的利率是多样的且错综复杂。如果两国之间的金融资产不具有完全替代性，利率结构就会出现差异，利率平价就不可能成立。而且人们很难凭借名义利率变动来迅速判断市场利率的变动是由实际利率的变化引起的，还是由通货膨胀预期因素引起的。

【知识拓展】国际费雪效应

费雪效应（Fisher Effect）指的是预期通货膨胀变化引起利率水平发生变动的效应，其表达公式为：实际利率=名义利率−通货膨胀率。国家间的利率差异为即期汇率的未来变化提供了一个无偏预测。拥有相对较高利率国家的货币将相对于具有较低利率国家的货币贬值。假设资本可以自由流动，则各国实际利率最终会相等。因此两国名义利率之差就等于两国通货膨胀率之差，再结合购买力平价理论，即可得到国际费雪效应。它认为，即期汇率的变动幅度与两国利率之差相等，但方向相反。用公式表达则是：

$$\frac{S_2 - S_1}{S_1} = r_d - r_f$$

其中 S_1 是当前即期汇率，S_2 是一定时间结束后的即期汇率，r_d 是国内资本市场利率，r_f 为国外资本市场利率。

（四）国际收支说（Balance of Payment Theory of Exchange Rate）

（1）国际收支说的渊源：国际借贷说

国际收支说，又称外汇供求论，由英国经济学家戈逊 1861 年在其出版的《外汇理论》一书中提出。这一理论在第一次世界大战前较为流行，在汇率理论史上也占据重要的地位。

国际收支说认为：一国汇率的变化是由外汇供求决定，而外汇供求取决于由国际收支所引起的国际债权债务关系。不过国际借贷分为固定借贷（尚未进入实际支付阶段的国际收支）和流动借贷（已经进入支付阶段的国际收支），只有流动借贷才会影响现实的外汇供求，进而影响汇率。当流动债权大于流动债务时，外汇供给大于外汇需求，外汇汇率会下跌；当流动债务大于流动债权时，外汇需求大于外汇供给，外汇汇率会上升。当流动债权与债务相等时，外汇供求平衡，外汇汇率不变。

国际收支说发挥作用需要两个前提条件：一是要有发达的外汇市场，使外汇供求关系能在外汇市场上得到真实反映。二是政府不干预或较少干预外汇市场，使外汇供求关系能够调节汇率。否则，汇率对外汇供求反映失真。

（2）国际收支说的原理

实行浮动汇率制度后，一些西方经济学家把凯恩斯主张的国际收支均衡条件的分析应用于汇率决定分析，即提出国际收支论。1981 年，美国学者阿尔盖系统总结了这一理论。

I. 基本思想和基本模型

国际收支说认为，汇率是由外汇供求决定的，而外汇供求又由国际收支来决定，外汇供求平衡是国际收支均衡的一种表现。凡是影响国际收支均衡的因素都会影响汇率变动。当一国国际收支处于均衡状态时，由此决定的汇率水平也就是均衡汇率。均衡汇率用公式表示为：

$$e = f(y_d, y_f, p_d, p_f, r_d, r_f, \hat{e})$$

式中，e，y，p，r，$\hat{e}$ 分别表示外汇汇率、国民收入、物价水平、利率水平和预期未来汇率，下标为 d 表示本国，下标为 f 表示外国。

Ⅱ. 影响均衡汇率变动的因素

① 如果本国国民收入上升(下降)时，本国进口增加(下降)，对外汇需求增加(下降)，则汇率上升(下降)，即本国国民收入与汇率成正向关系。

② 如果外国国民收入上升(下降)时，外国进口增加(下降)，本国出口增加(下降)，即外国国民收入与汇率成反向关系。

③ 如果本国物价相对外国物价水平下降时，意味着本国商品具有价格优势，则出口增加，进口减少，因而对外汇需求减少，汇率下降，即本国物价水平与汇率成正向关系。

④ 如果外国物价相对本国物价水平下降时，意味着外国商品具有价格优势，则出口减少，进口增加，因而对外汇需求增加，汇率上升，即外国物价水平与汇率成反向关系。

⑤ 如果本国利率相对外国利率下降时，意味着本币投资价值下降，国内资本外流，汇率上升，即本国利率与汇率成反向关系。

⑥ 如果外国利率相对本国利率下降时，意味着外币投资价值下降，国外资本内流，汇率下降，即外国利率与汇率成正向关系。

⑦ 如果预期汇率上升，意味着外汇未来的价格上涨，此时，人们会在即期市场购买外汇，对外汇需求增加，从而即期汇率上升，即预期汇率与即期汇率成正向关系。

【例 11】根据凯恩斯主义汇率理论，下面哪一个经济事件可能导致美元对日元升值？(　　)

A. 美联储降低利率，实行扩张性货币政策　　B. 日本发生严重通货紧缩

C. 美国国民收入呈下降趋势　　D. 美国降低对日本进口品的关税

答案：C。国民收入下降，进口需求下降，根据国际收支说，本币升值。

(3) 对国际收支说的评价

I. 理论贡献

① 国际收支说具有浓厚的凯恩斯主义色彩，是凯恩斯主义的国际收支理论在浮动汇率制度下的表现形式。它指出了汇率与国际收支的密切关系，有利于全面分析短期内汇率的变动与决定。

② 由于国际收支说将国际收支所引起的外汇供求流量当成了决定短期汇率水平及其变动的主要因素，因此，该理论是一个关于汇率决定的流量理论。

③ 尽管国际收支说不能称之为完整的汇率决定理论，但是它在进行更深入的分析时是可以利用的一种工具。

Ⅱ. 理论缺陷

① 国际收支说对各变量如何影响汇率的分析是在其他变量不变的条件下进行的，而实际这些变量之间存在着复杂的关系，从而它们对汇率的影响是难以简单确定的。

② 基本公式中的汇率预期是难以估计的，导致国际收支说的实际应用价值受影响。

③ 国际收支说没有形成完整的理论体系，它只是揭示汇率与其他经济变量存在的联系。从国际收支说来看，影响国际收支众多变量之间的关系，这些变量与汇率之间的关系都是错综复杂的，国际收支说并没有对此进行深入分析，得出具有明确因果关系的结论。

④ 国际收支说核心基础是要求国际收支平衡，但实际经济中，经常是出于国际收支不均衡的状态，因而该理论的适用性受到限制。

(五) 汇兑心理说(Psychological Theory of Exchange)

汇兑心理说是法国学者阿夫达里昂(A. Af-Talion)于 1927 年提出的。他认为，人们之所

以需要外币，是为了满足某种欲望，如支付、投资、投机等。这种主观欲望是使外国货币具有价值的基础。人们依据自己的主观欲望来判断外币价值的高低。根据边际效用理论，外汇供应增加，单位外币的边际效用就递减，外汇汇率就下降。这种主观判断下外汇供求相等时所达到的汇率，就是外汇市场上交易的汇率。

（六）资产市场论

资产市场论是20世纪70年代中期以后发展起来的一种重要的汇率理论。20世纪70年代以来，国际资本流动迅速发展，不仅规模迅速扩大，方向也呈多样化，这对汇率的变动产生了重大影响。而20世纪70年代中期固定汇率制度的崩溃更使资本流动对汇率的影响加大，汇率与证券等金融资产的价格变动具有了关联性，于是一些学者将汇率作为一种资产价格放在资产市场上来研究，被称为汇率决定的资产市场论。

依据对本币资产和外币资产可替代性的不同假定，资产市场说可以分为货币分析法和资产组合分析法。货币分析法假定本币资产和外币资产可完全替代，即非抛补的利率平价成立，两个市场的供求平衡可以同时达到。资产组合分析法在认为本币资产和外币资产不可完全替代，即非抛补的利率平价不成立，两个市场的供求平衡需要分别予以考察。在货币分析法内部，又依对价格弹性的假定不同，分为弹性价格货币分析法和黏性价格货币分析法。

1. 弹性价格货币分析法

汇率的弹性价格货币分析法可简称为汇率的货币模型。它是由美国经济学家弗兰克和比尔森等人首先提出的。在这一模型中，由于本外币资产是完全可替代的，因此这两种资产市场是统一的市场。根据一般均衡的原理，只要本国货币市场达到均衡，外币市场就必然平衡。因此，货币模型把重点放在分析货币市场上货币供求的变动对汇率的影响上。

货币模型的数学表达式是：

$$e = (m_d^s - m_f^s) - \alpha(y_d - y_f) + \beta(r_d - r_f) \tag{4}$$

第一项表示本国和外国货币供给变动的差额，第二项表示本国和外国实际国民收入变动的差额，第三项表示本国和外国利率变动地差额。

除了货币供应量、产出、利率等“客观”因素外，货币模型还十分重视“主观”因素即预期的作用。根据我们已经学过的利率平价理论可知，预期的汇率 E_e^f 满足以下公式：

$$E_e^f - e = r_d - r_f \tag{5}$$

将式(5)代入式(4)，并令代表经济基本面的 $(m_d^s - m_f^s) - \alpha(y_d - y_f)$ 等于 z，得：

$$e = \frac{z + \beta E_e^f}{1 + \beta}$$

2. 黏性价格货币分析法(汇率超调模型)

黏性价格货币模型由美国经济学家多恩布什提出。他认为，商品市场价格具有黏性，短期内购买力平价不成立。当货币市场出现失衡时，商品价格在短期内难以做出反应，调整货币供求失衡的任务完全由资产市场来承担，通过国际间套利活动，引起利率和汇率水平的超调(大幅度上升或大幅度下降)。而在长期中，商品价格水平可以调整，购买力平价成立，这时利率和汇率水平的超调现象得以纠正，资产市场达到长期均衡。

假设货币市场出现失衡(货币供应量突然增加)。由于短期内商品价格黏性不变，实际货币供应量增加，要使货币市场恢复均衡，则实际货币需求必须增加，在短期内国民收入难以增加，基本保持不变利率必需下降，即投机性货币需求增加，利率下降会引起本国资本外流，导致汇率上升，(本币贬值)这时商品市场存在超额需求。原因有二，其一，利率下降会刺激总需求；其二，本币贬值导致出口增加，总需求增加，最终导致商品价格而同比例上升。在价格上升过程中，实际货币供应量相应地，逐渐下降，带来利率的回升，引起国际资本内流，汇率下降，本币升值，因此在价格、利率和汇率的相互作用下，直到汇率达到弹性价格货币模型所确定的长期均衡水平上。最终来看，货币扩张仅使价格、汇率等名义变量同幅度上升，实际汇率、实际货币供应量并没发生变化。

【科兴提示】刚性和黏性之间还是有细微差别的，虽然经常被混作一谈。刚性的含义是能升不易降，很难有较明显的变动。而黏性就是说可以变化，但是变化的速度比较缓慢。这也是凯恩斯的观点与新凯恩斯主义的一点不同，由刚性变为黏性，是一种让步，承认价格、工资还是可以变化的。

【例 12】在汇率超调模型中，从长期看购买力平价是成立的，这是因为(　　)。

A. 长期货币中性成立　　B. 长期货币中性不成立

C. 长期商品价格具有黏性　　D. 国外产品作为变量

答案：A。多恩布什认为，在长期内，货币扩张引起的仅仅是价格、汇率等名义变量的同幅度上升，而实际变量如实际汇率、实际货币供应量等则恢复到最初的水平。

3. 资产组合分析法

资产组合分析法放松了货币分析法对资产替代性的假设，认为各种资产之间并不具备完全的可替代性，至少存在资产收益的差别。资产组合分析法认为，在本国货币市场、本国债券市场和外币资产市场上，不同资产供求的不平衡都会带来相应变量，主要是本国利率与汇率的调整。由于各个市场是相互关联的，因此只有当三个市场都处于平衡状态时，该国的资产市场才处于平衡状态。这样，在短期内各种资产的供给量既定的情况下，资产市场的平衡会确定本国的利率和汇率水平。在长期内，对于既定的货币供给和本国债券供给，经常账户的失衡会带来本国持有的外币资产总量变动，这一变动又会引起资产市场的调整。因此，在长期内，本国资产市场的平衡还要求经常账户处于平衡状态。这样，本国的资产总量就不会发生变化，由此确定的本国利率和汇率水平亦将保持稳定。

习题精编

一、选择题

1.(对外经贸 2008 年)2005 年 7 月 21 日，中国人民银行宣布人民币对美元的汇率从 8.2765 一次性调整到 8.11。这意味着人民币汇率(　　)。

A. 升值 2.01%　　B. 贬值 2.01%　　C. 升值 2.05%　　D. 贬值 2.05%

2.(上海财大 2013 年)美元指数是综合反映美元在国际外汇市场汇率情况的指标，用来衡量美元兑一揽子货币的汇率变化程度。据此判断美元指数是(　　)。

A. 双边汇率　　B. 实际汇率　　C. 有效汇率　　D. 基础汇率

3. 采用间接标价法下，A 国选择 C 国货币为关键货币，汇率水平设置为 2.1，已知 B 国在直接标价法下，与 C 国货币的汇率水平为 3.5，则 A 国货币和 B 国货币的汇率水平是(　　)。

A. 1A=7.35B　　B. 1A=3.5B　　C. 1A=7B　　D. 1A=4.6B

4.(中央财大 2012 年)假设 2012 年 1 月 8 日外汇市场汇率行情如下：伦敦市场 1 英镑=1.42 美元，纽约市场 1 美元=1.58 加元，多伦多市场 100 英镑=220 加元，如果一个投机者投入 100 万英镑套汇，那么(　　)。

A. 有套汇机会，获利 1.98 万英镑　　B. 有套汇机会，获利 1.98 万美元

C. 有套汇机会，获利 1.98 万加元　　D. 无套汇机会，获利为零

5. 2015 年澳大利亚消费物价指数为 111. 43，2016 年为 115. 22。2015 年英国消费物价指数为 112. 37，2016 年为 115. 63。2015 年澳元/英镑汇率为 1 英镑 = 1. 639 澳元，根据相对购买力平价理论，2016 年澳元/英镑的汇率为(　　)。

A. 1. 627　　B. 1. 637　　C. 1. 647　　D. 1. 657

6. (中央财大 2018 年) 关于目前的国际货币制度的阐述正确的是(　　)。

A. 由于国际储备多元化，会产生"劣币驱逐良币"现象

B. 美元与黄金保持固定比价，因此产生了"特里芬难题"

C. 从汇率制度角度看，欧元区属于固定汇率制

D. 目前人民币汇率制度属于有管理的独立浮动汇率制

7. (中央财大 2016 年) 国际收支出现大量顺差时会引起的经济现象是(　　)。

A. 本币汇率上浮，出口增加　　B. 本币汇率上浮，出口减少

C. 本币汇率下浮，出口增加　　D. 本币汇率下浮，出口减少

8. (暨南大学 2016 年) 英镑的年利率为 27%，美元的年利率为 9%，假如一家美国公司投资英镑 1 年，为符合利率平价，英镑应相对美元(　　)。

A. 升值 18%　　B. 贬值 36%　　C. 贬值 14%　　D. 升值 14%

9. (复旦大学 2020 年) 如果绝对购买力平价成立，下列说法错误的是(　　)。

A. 实际汇率为 1　　B. 一单位本币和一单位外币购买力相同

C. 本币在本国和外国的购买力相同　　D. 外币在本国和外国的购买力相同

10. (上海财大 2020 年) 根据费雪效应的观点，如果英国利率高于美国利率，则(　　)。

A. 英镑相对于美元的未来即期汇率将贬值　　B. 英镑相对于美元而言将有远期贴水

C. 英国的通货膨胀率将下降　　D. 英镑的价值将保持不变

11. (中央财大 2017 年) 关于汇率理论以下描述正确的是(　　)。

A. 购买力平价学说是以一价定律为假设前提的

B. 汇兑心理学说侧重于分析长期汇率水平的决定因素

C. 利率平价理论认为利率高的国家其货币的远期汇率会升水

D. 换汇成本学说是以国际借贷理论为基础发展起来的

12. (中山大学 2014 年) "不可能三角"定理指出，一国不可能同时实现三个目标，只能选择其中两者而舍弃余下的第三个目标，以下不属于该定理所提出的三个目标的是(　　)。

A. 货币政策独立性　　B. 财政政策独立性　　C. 资本自由流动　　D. 汇率稳定

二、简答题

13. (华东师大 2019 年) 名词解释：美元指数

14. (复旦大学 2015 年) 名词解释：有效汇率

15. (浙江大学 2019 年) 简述美元化的利弊。

16. 论述绝对购买力平价和相对购买力平价的异同。

17. 请指出弹性价格货币分析法和购买力平价理论之间的联系和区别。

三、计算题

18. (复旦大学 2012 年) 1 英镑的含金量为 113. 0016 格令，1 美元的含金量为 23. 22 格令，黄金的运输费用为每英镑 0. 025 美元。计算：(1) 金铸币平价；(2) 黄金输入点；(3) 黄金输出点。

19. (浙工商 2016) 假设人民币存款利率为 3%，美元存款利率为 1. 5%，纽约外汇市场即期汇率为：6. 800 人民币/美元，3 个月远期汇率为：6. 820 人民币/美元。请计算美元的年升贴水率？选择在美国存款还是在中国存款？为什么？

20. (复旦大学 2017) 中国的一家人想去美国旅游，去银行看到牌价：

银行	现金买入	现汇买入	现汇卖出
A 银行	608.02	611.39	613.84
B 银行	606.90	611.80	614.26
C 银行	606.77	611.67	614.13

（1）如果你有 5 万元人民币要兑换成美元，你会兑换哪个银行？最后能换到多少美元？

（2）旅游回来，你要把剩余的 1000 美元换成人民币，你会选择哪个银行？能换到多少人民币？

（3）是否有套利机会？如果存在，请说明存在操作方法。如果不存在，请说明判断方法。

21.（武汉大学 2014 年）某美国投资者以 6%的年利率借入 10 万美元，期限 6 个月。然后，该投资者将美元兑换成英镑投资于年利率为 8%的债券。纽约外汇市场的行市如下：£ /US＄ = 1.7651/62，6 个月远期差价为 80/50。问：£ /US＄六个月的远期汇率是多少？如何利用远期外汇交易进行套期保值？试计算套期保值的收益。

22.（武汉大学 2013 年）美国某公司在英国承揽一个项目，3 个月后可以收到项目工程费用£ 1800 万，该公司一般性经营的年收益率 12%，各种套期保值交易相应的报价如下：

即期汇率为：£ 1= ＄ 1.7552—1.7587；3 个月的远期汇率：282—252 点；英国年存款利率 5%，年贷款利率 7%；美国年存款利率 4.5%，年贷款利率 6.5%。

要求：计算分析公司可供选择的套期保值方案。

（1）远期市场套期保值；

（2）货币市场套期保值；

（3）假设在货币市场套期保值中，借款所得的资金有两种投资选择：投放美元货币市场或投资于公司自己的一般经营，什么情况下应采用货币市场套期保值方法。

23.（暨南大学 2016）假定某日市场上美元对人民币即期汇率为 1 美元=6.3 人民币元，美元 6 个月的利率为年利 3.5%，人民币 6 个月的利率为年利 2.0%，试根据上述材料计算美元兑人民币 6 个月的远期汇率？

24. 当前的即期汇率为 1 英镑=1.50 美元，3 个月远期汇率是 1 英镑=1.52 美元。美国 3 个月的年利率是 8%，英国 3 个月的年利率是 5.8%。假设你能够贷款 1500000 美元或者 1000000 英镑。

（1）判断利率平价现在是否成立。

（2）如果利率平价不成立，如何进行抛补套利？列出所有步骤，并计算套利收益。

（3）解释作为抛补套利的结果，利率平价是如何重建的？

25. 假设今年美国的通货膨胀率为 3%，同期泰国的通货膨胀率为 15%，6 月底泰铢对美元汇率为 38.40。问：

（1）如果购买力平价能成立，则到今年年底泰铢的汇率为多少？

（2）如果泰铢市场汇率到年底仍然保持 38.40，请问为什么？

（3）如果将购买力平价汇率作为基准汇率，那么年底 38.40 的汇率是高估还是低估？

26. 美元兑日元的即期汇率为 106.40，美元利率为 4.75%，同期日元利率为 0.75%，如果市场预期未来美元汇率将要下跌，三个月后市场汇率将变为 105.60。问：

（1）投资者该如何进行投资？

（2）国际资本流向？

（3）资本投资收益率？

27.（清华大学 2014 年）假定基期时加拿大的即期汇率为 1 加元=1.01 美元，现在的即期汇率为 1 加元=0.95 美元。根据下表进行计算：

	基期物价水平	现期物价水平	预期年通货膨胀率	预期年利率
加拿大	100	102	2	3
美国	100	105	3	5

（1）假定绝对购买力平价成立，计算现在的加元对美元的购买力平价汇率，题中的数据支持绝对购买力平价吗？

（2）如果国际费雪效应成立，预测1年后加元兑美元的即期汇率。

（3）如果相对购买力平价成立，预测4年后加元兑美元的即期汇率。

四、论述题

28. 何为最优货币区理论？它所提出的建立最优通货区重要标准是什么？为什么依据最优货币区理论建立的欧元区在2008年发生了欧债危机？

29.（对外经贸大学2018年）2017年5月26日，外汇市场自律机制秘书处宣布，人民币汇率中间价的报价模型由原来的“收盘价+一篮子货币汇率变化”调整为“收盘价+一篮子货币汇率变化+逆周期因子”。自律机制秘书处在答记者问中指出：“当前我国外汇市场可能仍存在一定的顺周期性，容易受到非理性预期的惯性驱使，放大单边市场预期，进而导致市场供求出现一定程度的“失真”，增大市场汇率超调的风险。”

另据中国人民银行公布的2017年第二季度货币政策执行报告：“在计算逆周期因子时，可先从上一日收盘价较中间价的波幅中剔除篮子货币变动的影响，由此得到主要反映市场供求的汇率变化，再通过逆周期系数调整到“逆周期因子”。逆周期系数由各报价行根据经济基本面变化、外汇市场周期程度等自行设定”。请回答以下问题：

（1）举例说明，汇率的逆周期性指是什么？

（2）为什么说我国外汇市场存在“顺周期性”？

（3）材料中所称的“汇率超调”指的是什么？

（4）结合所学知识，中央银行可采取哪些措施避免该种“汇率超调”？

习题参考答案

一、选择题

1. C。人民币汇率变化率：$\rho=\dfrac{\dfrac{1}{8.11}-\dfrac{1}{8.2765}}{\dfrac{1}{8.2765}}=2.05\%$，所以人民币汇率升值2.05%。

2. C。根据题意可知美元汇率是多边汇率平均值，因而是有效汇率。其他几个汇率均为双边汇率。

3. A。根据交叉汇率概念可知1A＝2.1C，1C＝3.5B，1A＝2.1×3.5＝7.35B。

4. A。这是一道典型的三角套汇题目。我们先把三个汇率都转换为间接标价法，连乘可得$1.42\times1.58\times\dfrac{100}{220}\approx1.0198\neq1$，因此存在套汇机会。由于连乘结果大于1，所以我们按照连乘的方向进行套汇。先在伦敦市场上把100万英镑兑换为1.42×100万美元，然后在纽约市场上把1.42×100万美元兑换为1.42×100×1.58万加元，最后在多伦多市场上把1.42×100×1.58万加元兑换为$1.42\times100\times1.58\times\dfrac{100}{220}\approx101.98$万英镑。对比可知套汇收益1.98万英镑。

5. C。依据相对购买力平价理论，不同国家的货币购买力之间的相对变化，是汇率变动的决定因素。根据题意可知，在直接标价法下澳元是本币。本国货币新汇率 ＝ 本国货币旧汇率 × $\left(\dfrac{\text{本国物价指数}}{\text{外国物价指数}}\right)$ ＝ $1.639\times\dfrac{115.22/111.43}{115.63/112.37}\approx1.647$。

【科兴点评】国内教材中，关于汇率的公式都是按照直接标价法进行表述的，因此考生在做题的过程中，务必要弄清楚哪一种货币是本币，哪一种货币是外币，然后才能代入数字进行计算。

6. D。在国际储备货币多元的牙买加体系下，会产生货币替代现象，即所谓“良币替代劣币”，A 选项错误；特里芬难题是指国际储备货币国在对外输出流动性和汇率稳定之间存在不可调和的矛盾，B 选项错误；欧元区对外采用联合浮动汇率制度，C 选项错误。

7. B。本币汇率就是以外国货币为单位衡量本国货币的价格。本币汇率相当于是汇率标价法中的“间接标价法”。间接标价法(Indirect Quotation Method)，又称应收标价法。是指以一定单位的本国货币为基准，将其折合为一定数额的外国货币的标价方法。国际收支大量顺差，意味着一单位本币，可以兑换更多的外币，即本币升值，外汇汇率贬值，出口减少。

8. C。根据利率平价理论，外币汇率的升(贴)水率等于两国利率之差。英国利率高于美国利率，英镑远期将会贬值。无论投资哪国收益率最终相等，即 1×(1+27%)×(1-贬值率)= 1×(1+9%)，可得贬值率为 14%。

9. B。根据实际汇率的计算公式，绝对购买力平价成立的实际汇率为 1，A 选项正确；一单位本币和一单位外币所能购买到的商品存在明显差异，这种差异就是汇率的体现，B 选项错误；在特定汇率水平下，无论本币还是外币，其购买力不会随着在国内还是在国外而发生变化，C、D 选项正确。

10. A。国际费雪效应认为，即期汇率的变动幅度与两国利率之差相等，但方向相反。英国利率高于美国利率，则意味着英镑即期汇率相对于美元将会贬值。选项 B 是利率平价理论的观点。只有在无偏预期理论下，远期利率才能等价于未来即期利率。

11. A。购买力平价说是以一价定律为假设前提的，用同一货币衡量的不同国家的同质可贸易品价格相同，A 选项正确。汇兑心理说侧重于分析短期汇率水平的决定因素，B 选项错误。利率平价理论认为利率水平高的国家货币远期贬值，C 选项错误。换汇成本说是在购买力平价理论基础上发展起来的，它把非贸易商品加以剔除，而用国际贸易商品的价格来考察汇率的决定，D 选项错误。

12. B。“不可能三角”定理的三个目标是指资本完全自由流动、固定汇率制和独立的货币政策。

二、简答题

13. 美元指数，是综合反映美元在国际外汇市场的汇率情况的指标，用来衡量美元对一揽子货币的汇率变化程度。它通过计算美元和对选定的一揽子货币的综合的变化率，来衡量美元的强弱程度，从而间接反映美国的出口竞争能力和进口成本的变动情况。美元指数上涨，说明美元与其他货币的比价上涨，也就是说美元升值。

14. 有效汇率是一国货币对一篮子货币经过加权平均计算后得出的汇率。因此，有效汇率不是反应两种货币之间的汇率，即双边汇率的指标，而是综合反映一种货币兑多种货币的多边汇率平均值，利用有效汇率指数，即不同时期的有效汇率比值，还可以考察一国货币在不同时期地变动幅度。

根据有效汇率是否反映了价格变动的情况，可以将其分为名义有效汇率和实际有效汇率，前者是不考虑价格对比的多边汇率，后者是纳入了相对价格变动因素的多边汇率，也就是多边实际汇率。

15. 美元化是指一国居民在其资产中持有相当大一部分外币资产，外币大量进入流通领域，具备货币的全部或部分职能，并具有逐步取代本国货币、成为该国经济活动的主要媒介的趋势，因而美元化实质上是一种狭义或程度较深的货币替代现象。这里的“美元”泛指一切被选择作为替代货币的强势货币，其中主要是美元。

(1) 美元化的优势主要体现在以下几个方面：

① 完全美元化有助于消除外汇风险，降低交易成本，促进贸易和投资的发展，促进本国经济与国际市场的融合。

② 完全美元化有助于避免国际投机攻击。

③ 完全美元化有助于约束政府行为，避免恶性通货膨胀的发生。

④ 完全美元化有助于提高货币的可信度，为长期融资提供保障。

(2) 美元化的缺陷主要体现在以下几个方面：

① 实行美元化的国家会损失大量货币发行收益。

② 实行美元化的国家会丧失货币政策的独立性，使本国的宏观经济政策受制于他国的货币政策。

③ 实行美元化的国家，其中央银行的最后贷款人功能也会受到削弱。

16. 绝对购买力平价和相对购买力平价都从货币作为流通手段和价值尺度的功能出发，研究汇率水平的决定问题；两者的分析都以不同国家或地区间可贸易品的一价定律为基础，计算所得的汇率都可以用两个经济体之间物价水平的关系来表示，这些都是它们相同的地方。

绝对购买力平价所得到的基本结论是：汇率的绝对水平是两国物价绝对水平的对比，即：

$$e = \frac{P_d}{P_f} \tag{1}$$

绝对购买力平价的成立，要求两国间贸易不存在交易成本，并且各国物价水平的计算采取完全相同的权重，这些条件较为苛刻。

相对购买力平价放松了绝对购买力平价的苛刻要求，主要关注的是汇率的相对水平和变化。其基本公式为：

$$e_t = \frac{PI_{dt}}{PI_{ft}} \cdot e_0 \tag{2}$$

其中，PI_{dt}、PI_{ft} 分别是本国和外国在 t 期的物价指数，e_0 是基期的汇率，e_t 是计算期的汇率。相对购买力平价并不要求基期的汇率完全符合两国基期的物价水平对比，从而，也并不要求计算期的汇率完全符合两国计算期的物价对比，但在基期之后，汇率水平应当反映两国物价的相对变动。物价上升速度较快（物价指数相对基期提高较快）的国家，其货币就会贬值。将式(2)变形后可得：

$$\Delta e = \pi_d - \pi_f \tag{3}$$

其中，Δe、π_d、π_f 分别是汇率的变动率（直接标价法）、本国的通货膨胀率和外国的通货膨胀率，式(3)表明，货币的升值与贬值是由两国通胀率的差异决定的。如果本国通胀率超过外国，则本币将贬值，由于物价指数和通货膨胀率比较容易得到，因而计算相对购买力平价也就容易得多，其实用性比绝对购买力平价大大提高。

17. 弹性价格货币分析法是以购买力平价成立为条件的。其基本思路是找到本国和外国货币市场平衡的条件：

$$p_d = m_d^i - ay_d + \beta i_d \tag{1}$$

$$p_f = m_f^i - a\,y_f + \beta_{if} \tag{2}$$

并利用绝对购买力平价的公式：

$$e = p_d - p_f \tag{3}$$

将汇率水平表示成为两国货币供给、国民收入和利率水平的函数。

$$e = (m_d^i - m_f^i) - a(y_d - y_f) + \beta(i_d - i_f) \tag{4}$$

在弹性价格货币分析法中，本国与外国之间的实际国民收入水平、利率水平以及货币供给水平通过影响各自的物价水平，决定了两国各自货币市场的平衡。而两国之间的联系则是绝对购买力平价，因此，购买力平价是弹性价格货币分析法推导的重要步骤和前提。

但是，弹性价格货币分析法的内容比购买力平价更为复杂和丰富。首先，购买力平价是基于商品市场均衡所提出的理论，而弹性价格货币分析法则还引入了货币市场和外汇市场的均衡，具备了一般均衡分析的特征；其次，购买力平价理论只描述了两国物价水平之间的关系，却没有进一步讨论决定物价水平的是哪些因素，而弹性价格货币分析法所使用的货币供给、国民收入、利率等变量则更具有可操作性；最后，弹性价格货币分析法进一步假设了非套补的利率平价成立，从而成功地将预期因素引入了汇率水平的决定中。

三、计算题

18. (1) 根据题意可知金铸币平价为：113.0016/23.33 = 4.8666，即 1 英镑 = 4.8666 美元。在直接标价法下，美元是本币，英镑是外币。因此(2)和(3)的黄金输入点、黄金输出点均是站在美国外汇市场来阐述的。

(2) 如果外汇市场 1 英镑的价格高于 4.8666+0.025 = 4.8916 美元，那么美国债务人就不会在外汇市场上购买英镑，而会用 4.8916 美元的价格向美联储兑换黄金并运送到英国，用黄金向英国央行兑换英镑以支付国际债务。这样，美国的黄金就会输送到英国。4.8916 就是美国对英国的黄金输出点。

(3) 同理，美国对英国的黄金输入点是 4.8666−0.025 = 4.8416。

19. 年升贴水率 $= \dfrac{\text{期汇汇率}-\text{现汇汇率}}{\text{现汇汇率}} \times \dfrac{12}{\text{远期月数}} \times 100\%$

美元年升贴水率$=\frac{6.820-6.800}{6.800}\times\frac{12}{3}\times 100\%=1.18\%>0$

所以美元年升贴水率为 1.18%。

假设在中国存款，本金为 1000 人民币。则三个月后本息和为 $1000\times(1+3\%\times\frac{3}{12})=1007.5$(人民币)，若在美国存款，则三个月后本息和为$\frac{1000}{6.800}\times\left(1+1.5\%\times\frac{3}{12}\right)\times 6.820=1006.7$(人民币)

因此应该选择在中国存款。

20.(1) A。人民币换美元应使用现汇卖出价作比较，选择现汇卖出价最低的，即 A 银行，可换回 50000/6.1384=8145.45 美元。

(2) A。美元现金换成人民币应使用现金买入价作比较，选择现金买入价最高的，即 A 银行，可换回 1000×6.0802=6080.2 元人民币。

(3) 由于卖出价均高于买入价，因此不存在套利机会。

21. 由题意可知，英镑远期贴水，因此远期汇率为 1.7651/62−80/50=1.7571/1.7612。

利用远期外汇交易套期保值的具体流程为：

① 该投资者以 6%的年利率借入 10 万美元，并按即期汇率将美元兑换成英镑，可兑换的英镑数为：10/1.7662 万英镑。

② 将兑换的英镑投资于年利率 8%的债券，6 个月后的本息和为：10/1.7662×(1+8%×6/12)=5.89 万英镑。

③ 6 个月后将英镑兑换为美元：5.89×1.7571=10.35 万美元，然后偿还借款 10×(1+6%×6/12)=10.3 万美元。

④ 计算可知利用远期交易进行套期保值的收益为 0.05 万美元。

22.(1)根据题意可知，3 个月的远期汇率为：1.7552/1.7587−282/252=1.7270−1.7335。若运用远期市场进行套期保值，卖出远期 1800 万英镑合约，3 个月到期后可以确定收到 1800×1.7270=3108.6 万美元。

(2) 若美国公司运用货币市场进行套期保值：

① 美国公司在英国市场借入 1800/(1+7%/4)=1769 万英镑，期限为 3 个月。

② 将 1769 万英镑兑换成美元，即 1769×1.7552=3105 万美元，再将其投资于美国市场，3 个月后本利和为 3105×(1+4.5%/4)=3139.93 万美元。同时，将 3 个月后收到的应收账款 1800 万英镑用于偿还贷款。

(3) 由题意可知，该公司的一般性经营的年收益率为 12%，远远大于美国年存款利率 4.5%。由于银行存款利率相当于无风险利率，可知风险补偿收益率为 7.5%。即在风险补偿收益率≥7.5%时，该公司才会采用货币市场套期保值方法。

23. 设在直接标价法下即期汇率为 e，远期汇率为 f，根据利率平价理论：

$$\frac{f}{e}=\frac{1+r_d}{1+r_f}$$

变形可得 $f=e\cdot\frac{1+r_d}{1+r_f}$，代入数据可得：$f=6.3\times\frac{1+0.5\times 2.0\%}{1+0.5\times 3.5\%}\approx 6.25\%$

即美元兑人民币 6 个月的远期汇率为 6.25。

24.(1)当前的 GBP/USD 即期汇率是 1.5，3 个月远期汇率是 1.52。根据利率平价原理，期初金额等价的两个币种，按各自的利率投资后，到期时的本息也等价，两个货币的本息比价就是对应期限的远期汇率。

假设起初 10000 英镑，对应的美元是 15000 美元。

三个月后，英镑存款可得本息=10000×(1+5.8%/4)=10145 英镑

三个月后，美元存款可得本息=15000×(1+8%/4)=15300 美元

利率平价下对应的远期汇率=15300/10145=1.5081

市场给出的 3 个月远期利率高于即期汇率，远期卖出英镑有利可图。

因此，市场远期汇率不满足利率平价，存在套利空间。

(2) ①借入 1500000 美元，到期归还 1500000×(1+2%)=1530000 美元。

② 把所借的 1500000 美元在即期市场上兑换成 1500000/1.5=1000000 英镑。

③ 在英国市场上投资 1000000 英镑，到期值为 1000000×(1+1.45%)=1014500 英镑。

④ 在远期市场上卖出 1014500 英镑，得到 1014500×1.52=1542040 美元。

于是，1542040−1530000＝12040美元。

(3) 套利后，客户即期买入英镑和远期卖出英镑的交易都会增加，会导致汇率增加，远期汇率下降，即远期价差缩小，直至到达平价水平。

25. (1)根据相对购买力平价理论，有：

$$\frac{e_1}{e_0}=\frac{P_1/P_0}{P_1^*/P_0^*}=\frac{1+\pi}{1+\pi^*}$$

则：

$$e_1=\frac{1+\pi}{1+\pi^*}e_0=\frac{107.5\%}{101.5\%}\times 38.40\approx 40.67$$

故年底泰铢兑美元的汇率为40.67。

(2) 40.67是根据购买力平价理论计算出的汇率，即年底泰铢兑美元的理论汇率，可作为评价汇率的基础。而影响市场汇率变动的因素很多，物价只是因素之一，因此，市场汇率可能不等于购买力平价计算而得的理论值。

(3) 如果将购买力平价汇率作为基准汇率，那么年底38.40的汇率说明泰铢被高估了。

26. (1)根据题干，汇率为直接标价法，所以日元是本币。根据抛补利率平价理论：

$$\frac{f-e}{e}=r_d-r_f\Rightarrow\frac{f-106.4}{106.4}=\frac{0.75\%-4.75\%}{4}\Rightarrow f=105.336$$

判断：即，理论上美元三个月后应贬值到105.336时就没有套利的可能了，而三个月后市场汇率变为105.6>105.336。(什么意思?)美元贬值未到位(贬得轻，只贬到105.336)，赚取的利差收益>汇差的损失，故存在套利的机会。

结论：投资者会将日元兑换成美元(或持有美元)投放到美元市场(利率高)而获取利差收益。

(2) 国际资本流向美国。

(3) 投资收益率＝投资收益/投资成本×100%或者这样理解：投资收益率为美元利息−美元贴水率，即投资美国市场获利利息，但美元贬值在汇率上会有损失。分两种情况：

① 持有美元的投资者，即

$$\frac{4.75\%}{4}+\frac{105.6-106.4}{106.4}\times 100\%\approx 0.44\%$$

②持有日元的投资者，假设x日元，则投资收益率为：

$$\frac{\frac{x}{106.4}\times\left(1+\frac{4.75\%}{4}\right)\times 105.6-x}{x}\times 100\%=\frac{105.6}{106.4}\times\frac{4.75\%}{4}+\frac{105.6-106.4}{106.4}\times 100\%\approx 0.43\%$$

27. (1)绝对购买力平价的公式：$e=\frac{P}{P^*}=\frac{105}{102}=1.03$，即1加元＝1.03美元。而在现实中1加元＝0.95美元，可见表中数据不支持购买力平价理论。根据购买力平价理论，加元被低估了。

(2) 国际费雪效应认为，即期汇率的变动幅度与两国利率之差相等，但方向相反。题干中的汇率为间接标价法，因此美元为本币，可得：$\frac{S_2-0.95}{0.95}=5\%-3\%$，计算可得$s_2\approx 0.97$，即1年后1加元＝0.97美元。

(3) 在间接标价法下，根据相对购买力平价的公式：$e_t=\frac{PI_A}{PI_C}\times e_0=\frac{(1+3\%)^4}{(1+2\%)^4}\times 0.95\approx 0.99$，即4年后加元兑换美元的即期汇率为1加元＝0.99美元。

四、论述题

28. (1) 最优货币区是一个经济地理概念，是指最符合经济金融上的某些条件的国家或者地区，相互之间建立紧密联系的货币制度，如固定汇率制度，甚至使用统一货币的区域。在此区域内，一般性的支付手段或是一种单一的共同货币，或是几种货币，这几种货币之间具有无限可兑换性，其汇率在进行经常交易和资本交易时相互盯住，保持不变，但是区域内国家和区域外国家的汇率保持浮动。

(2) 最优货币区理论最早由罗伯特·蒙代尔于1961年提出，其后麦金农、德拉姆、哈伯勒和弗莱明等经济学家对其理论从不同侧面修正补充和完善，但在关于最优货币区的标准上仍缺乏一个强有力的解释，主要的衡量标准有要素流动性标准、经济开放性标准、产品多样化标准、国际金融一体化标准、通货膨胀相似性标准等。

（3）欧元区的建立是最优货币区理论的最佳实践。欧元区的建立促进了国家间的贸易往来，降低了交易成本，为要素流动、产品和服务流通、建立开放型经济体都具有重大意义。虽然欧元区是建立在最优货币区理论的基础之上，但是2008年的欧债危机并不能看成是最优货币区理论的失败。当前欧洲债务危机发生的根源不在于最优货币区理论本身，而在于该理论在实践过程中出现了偏差。因为从最优货币区理论的几个主要衡量标准来看，欧元区从来都没有建成一个完整的最优货币区。

① 货币制度与财政制度不能统一，协调成本过高。根据有效市场分配原则，货币政策服务于外部目标，主要维持低通胀，保持对内币值稳定，财政政策服务于内部目标，主要着力于促进经济增长，解决失业问题，从而实现内外均衡。欧元区一直以来都是世界上区域货币合作最成功的案例，然而美国次贷危机的爆发使得欧元区长期被隐藏的问题凸现出来。

② 欧盟各国劳动力无法自由流动，各国不同的公司税税率导致资本的流入，从而造成经济的泡沫化。最初蒙代尔的最优货币区理论是以生产要素完全自由流动为前提，并以要素的自由流动来代替汇率的浮动。欧元体系只是在制度上放松了人员流动的管制，而由于语言、文化、生活习惯、社会保障等因素的存在，欧盟内部劳动力并不能完全自由流动。

③ 欧元区设计上没有退出机制，出现问题后协商成本很高。由于在欧元区建立的时候没有充分考虑退出机制，这给以后欧元区危机处理提出了难题。目前个别成员国在遇到问题后，就只能通过欧盟的内部开会讨论，来解决成员国出现的问题，市场也随着一次次的讨论而跌宕起伏，也正是一次次的讨论使得危机不能得到及时解决。欧元区银行体系互相持有债务令危机牵一发动全身。近年来，欧洲银行业信贷扩张非常疯狂，致使其经营风险不断加大，其总资产与核心资本的比例甚至超过受次贷冲击的美国同行。

29.（1）周期性，是描述一个经济量与经济波动之间呈正（负）反馈关系的概念，在经济出现增长或衰退时，强化趋势的经济变量具有顺周期性，反之则是逆周期性。人民币汇率实际上是逆周期变量。人民币汇率应该由基本面决定，反映国内外经济形势，经济数据超出预期，人民币汇率会升值，反之则相反。汇率升值会抑制出口，贬值会促进出口，均与经济周期方向相反，所以汇率本身是逆周期变量。

（2）近期，全球外汇市场形势和我国宏观经济运行出现了一些新的变化，美元整体走弱，同时我国主要经济指标总体向好，出口同比增速明显加快，经济保持中高速增长态势。汇率根本上应由经济基本面决定，但在美元指数出现较大幅度回落的情况下，人民币对美元市场汇率多数时间都在按照“收盘价+一篮子”机制确定的中间价的贬值方向运行。分析显示，当前我国外汇市场可能仍存在一定的顺周期性，容易受到非理性预期的惯性驱使，放大单边市场预期，进而导致市场供求出现一定程度的“失真”，增大市场汇率超调的风险。

（3）“汇率超调”是由美国经济学家多恩布什于20世纪70年代提出的，该理论认为商品市场价格与资产市场价格的调整速度是不同的，商品市场上的价格水平具有黏性的特点，而资产市场的价格则没有黏性，这就使得购买力平价在短期内不能成立，经济存在着由短期不平衡向长期平衡的过渡过程。

材料中的汇率超调主要指由于汇率存在顺周期性，并且容易受到市场单边情绪的影响，导致汇率变化的幅度大于其原本应该变化的幅度。经济繁荣时汇率过度升值，经济衰退时汇率过度贬值。尽管汇率贬值有助于促进出口，但是过度贬值可能会引发大规模资本外流，不利于经济增长。

（4）央行避免汇率超调的措施有：

① 通过控制离岸的拆借利率来影响汇率，提高做空成本，降低套利动机；

② 直接提高外汇做空成本，增加外汇衍生交易合约的保证金；

③ 开启或关闭逆周期因子，加强对中间价报价的掌控力，有效管理汇率预期；

④ 主动运用外汇储备来投放或收回美元，管理汇率走势；

⑤ 通过远期合约做空掉期点，管理汇率预期，并根据汇率波动合理展期；

⑥ 央行通过和商业银行进行掉期交易，将美元释放给商业银行，后者在即期市场抛售。

第四章　金融市场与机构

本章内容中，“金融市场概述”与“金融机构”属于基础知识点，常考查不同的划分标准下金融市场的分类、金融机构的种类与功能等。“货币市场、资本市场、衍生工具市场”属于重要的知识点，在各个院校的真题中经常出现，一般从市场工具的种类、特征和基本原理三个角度考查考生对货币市场、资本市场及衍生工具市场有关知识点的掌握，除掌握基础知识外，考生还要加强对不同市场工具、同一市场工具概念之间的区别比较。“欧洲货币市场”相对而言没那么重要，考生能弄懂欧洲货币、欧洲美元等概念就可以了。“金融机构”属于基础知识点，各高校一般会考查其种类和功能，命题也多以选择和名词解释形式出现。

大纲要求

金融市场及其要素
货币市场
资本市场
衍生工具市场
金融机构(种类、功能)

知识脉络

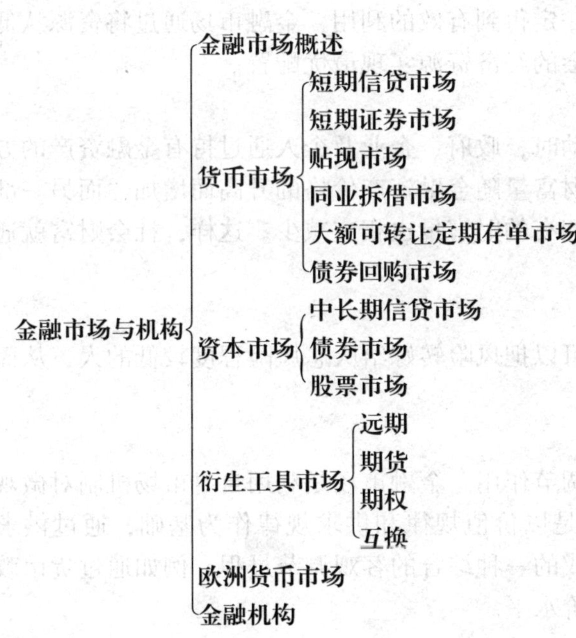

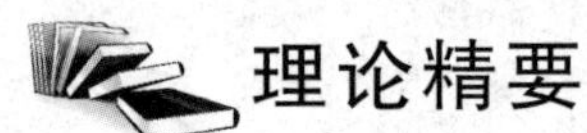

理论精要

知识点一　金融市场概述

1. 定义及内涵

金融市场是指以金融资产为交易对象而形成的供求关系及其机制的总和。其内涵包括：①它是金融资产进行交易的一个有形或无形的场所；②它反映了金融资产的供应者和需求者之间所形成的供求关系；③它包含了金融资产交易过程中所产生的运行机制，其中最主要的是价格（包括利率、汇率及各种证券的价格）决定机制。

2. 金融市场的功能

具体而言，金融市场的功能主要有：聚敛功能、配置功能、调节功能和反映功能。

（1）聚敛功能

金融市场的聚敛功能是指金融市场引导众多分散的小额资金汇聚成为可以投入社会再生产的资金集合功能。

金融市场之所以具有资金的聚敛功能，一是由于金融市场创造了金融资产的流动性，增加了金融资产的吸引力。另一个原因是金融市场的多样化金融工具为资金供应者提供了丰富的投资渠道。资金供应者可以依据自己的收益风险偏好和流动性要求选择其满意的投资工具，实现资金收益的最大化。

（2）配置功能

金融市场的配置功能集中表现在以下三个方面：

① 资源的配置

在经济的运行过程中，拥有多余资产的盈余部门并不一定是最有能力和机会做最有利投资的部门，现有的财产在这些盈余部门不一定得到有效的利用，金融市场通过将资源从低效率部门转移到高效率部门，从而使一个社会的经济资源实现最优配置。

② 财富的再分配

当金融市场上的金融资产价格发生波动时，政府、企业及个人通过持有金融资产的方式所持有的财富也将随之变化。一部分人的财富量随金融资产价格的升高而增加，而另一部分人则由于其持有的金融资产价格下跌，所拥有的财富量也相应减少。这样，社会财富就通过金融市场价格波动实现了财富的再分配。

③ 风险的再分配

利用各种金融工具，较厌恶风险的人可以把风险转嫁给厌恶风险程度较低的人，从而实现风险的再分配，提高整个社会的效用。

（3）调节功能

调节功能是指金融市场对宏观经济的调节作用。金融市场是利用自身市场机制对微观主体影响而发挥调节功能。完善的市场机制是以价值规律和供求规律作为基础，通过供求变动、价格变动、资金融通等要素作用而形成的一种综合的客观调节过程。例如通过货币政策可以影响总需求，进而影响国民收入和物价水平。

（4）反映功能

金融市场的反映功能表现在以下四个方面：

① 由于证券买卖大部分都在证券交易所进行，人们可以随时通过这个有形的市场了解到各种上市证券的交易行情，并据以判断投资机会。证券价格的涨跌在一个有效的市场中实际上是反映着其背后企业的经营管理情况及发展前景。此外，一个有组织的市场，一般也要求上市公司定期或不定期的公布其经营信息和财务报表，这也有助于人们了解及推断上市公司及相关企业、行业的发展前景。所以，金融市场首先是反映微观经济运行状况的指示器。

② 金融市场交易直接和间接地反映国家货币供应量的变动。货币的紧缩和放松均是通过金融市场进行的，货币政策实施时，金融市场会出现波动表示出紧缩和放松的程度。因此，金融市场所反馈的宏观经济运行方面的信息，有利于政府部门及时制定和调整宏观经济政策。

③ 由于证券交易的需要，金融市场专门有大量研究人员长期从事商情研究和分析，并且他们每日与各类工商企业直接接触，能及时了解企业的发展动态。

④ 金融市场有着广泛而及时的收集和传播信息的通信网络，整个世界金融市场已联成一体，四通八达，从而使人们可以及时了解世界经济发展变化情况。

3. 金融市场的基本分类

（1）货币市场和资本市场

根据市场上交易的金融资产的期限长短，可以分为货币市场和资本市场。货币市场是期限在 1 年以内的短期金融工具的交易市场，其交易者主要是资金的临时闲置者和资金的暂时需求者，国库券、商业票据、银行承兑票据是市场上的主要交易对象。而资本市场是期限在 1 年以上的长期金融工具的交易市场，其交易对象包括公司债券、股票等。可见，货币市场比资本市场具有更大的流动性。

（2）债务市场和股权市场

政府、企业和个人在金融市场上取得资金的方法有两种。最普通的方法是发行一种债务工具，例如债券和抵押票据。这是一种契约协定，借款者承诺按期向此项债务工具的持有者支付固定金额(包括利息支付)。债务工具的期限就是到该项工具最终偿还日的时间期限。如果一种债务工具的期限是 1 年以下，它就是短期的；如果期限是 10 年或 10 年以上，它就是长期的；期限为 1 年至 10 年之间的债务工具则为中期的。

筹措资金的第二种方法是发行股票。由于股票没有到期期限，因此被看作是长期证券。

（3）一级市场和二级市场

一级市场是公司或政府机构向最初购买者出售新发行的债券或股票等证券进行筹资的金融市场，又称发行市场。在一级市场上协助销售证券的最重要的金融机构是投资银行，我国称之为证券公司。其销售方法是代销或包销。

二级市场是再出售已发行的证券的市场，又称流通市场。纽约股票交易所、伦敦股票交易所就是著名的股票二级市场。而债券二级市场，即已发行的公司债券和政府债券的交易市场，交易规模更大。其他二级市场还有外汇市场、期货市场、期权市场等。

【知识拓展】科创板

科创板，2019 年 6 月 13 日正式开板。科创板是独立于主板市场的一个全新板块，专为科技型和创新型中小企业服务，并在该板块内进行注册制试点。设立科创板并试点注册制是提升服务科技创新企业能力、增强市场包容性、强化市场功能的一项资本市场重大改革举措。

(1) 科创板的特点

① 科创版将先于主板市场实施股份发行注册制，将会建立以信息披露为中心的挂牌审核机制，由挂牌企业和中介机构保证信息的真实性、准确性和完整性。

② 科创版的合格投资者制度：科创版是有一定门槛的，科创版对个人投资者要求必须有金融资产 50 万元以上，这其中包含了投资者的银行存款、投资的股票、理财产品的总和。

③ 涨跌幅限制放宽：新股上市初期不设涨停幅，上市五个交易日后每日的涨跌幅限制为 20%。

④ 科创版主要是中小企业的专业化市场，科创版重点面向没有进入成熟期但具有成长潜力，且满足有关规范性及科技型、创新型特征的中小企业。

(2) 科创板推出的意义

① 加速科创企业发展。科创板的创立初衷是为了扶持国家的科技创新型产业，为企业上市发展进行融资，尤其是初创阶段的中小型科创公司，科创板的推出将为它们的高技术、高创新带来更多展示的机会，也为它们快捷募集资金、快速推进科研成果资本化带来便利，加速科创企业发展。

② 推动市场制度优化。科创板旨在扶持科创型企业，为盈利和规模都在初创阶段的中小型科创公司提供更加方便的上市渠道，所以不同于传统板块，它的上市制度为注册制，无须证监会审批，没有盈利标准和资产规模方面的要求，但规定注册信息必须全面、真实、准确、完整，它的真实性和公平性可以起到优胜劣汰的作用，推动市场制度优化。

③ 推进国际金融接轨。科创板的创立对标国际金融市场，允许红筹架构的公司(也就是海外控股公司)在科创板上市，推进了中国证券市场与标准化国际市场的接轨，在技术经济上的精进，在市场制度上的趋同，都进一步地提升了中国资本市场的国际竞争力。

(4) 交易所和场外市场

二级市场的组织形态有两种。一种是交易所，证券的买卖双方(或他们的经纪人和代理人)在交易所的一个中心地点见面并进行交易。随着交易技术手段电子化的发展，传统的“有形席位”的交易方式逐渐为由计算机系统撮合买卖的“无形席位”方式所取代。另一种是场外市场(OTC)，它无固定场所，交易商们通过计算机、电话和传真等通信手段向与他们联系并愿意接受他们报价的任何人买卖证券。

(5) 现货市场和期货市场

按照金融交易的交割期限，可以把金融市场划分为现货市场与期货市场。现货市场上，一般在成交后的 1-3 日内立即付款交割；期货市场上，交割则是在成交日之后合约所规定的日期如几周、几日之后进行。证券、外汇、黄金等市场较多采用期货交易的形式。

(6) 其他金融工具市场

① 外汇市场。由于世界上大多数国家都拥有自己的通货，那么国际往来就涉及不同货币间的相互兑换。外汇市场是一个有组织的场外交易市场，交易商主要是银行。

② 黄金市场。黄金市场既是一种金融市场，又是一种商品市场，这是黄金市场的突出特征。由于黄金曾被广泛用作货币材料，至今在某种程度上仍保留世界货币的功能，因此，黄金市场被列入金融市场范畴之内。

【例 1】(中央财大 2018 年)关于金融市场的阐述正确的是(　　)。

A. 期货市场属于场外交易　　B. 黄金市场属于离岸金融市场

C. 外汇市场是外汇买卖和借贷的市场　　D. 中央银行参与资本市场交易活动

答案：C。期货交易属于场内交易，A 选项错误；黄金市场属于在岸金融市场，B 选项错误；中央银行不能参与资本市场交易活动，D 选项错误。

知识点二　货币市场

（一）货币市场概述

1. 货币市场的概念和特征

货币市场是指一年期以内的短期金融工具交易所形成的供求关系及其运行机制的总和。其主要特征包括：

(1) 期限短，一般为3~6个月，最长不超过1年。

(2) 交易目的是解决短期资金周转。用途一般是弥补流动资本的临时不足。

(3) 流动性强、价格平稳、风险较小等特性。

2. 货币市场的主要功能

货币市场的活动主要是为了保持资金的流动性，以便随时可以获得现实的货币。它既满足了资金需求者的短期资金需求，又为资金盈余者的暂时闲置资金提供了获取盈利的机会。更为重要的是货币市场是中央银行增减基础货币、调控货币流通量的重要场所，货币市场的完善程度直接影响了中央银行货币政策实施的效果。

（二）货币市场的划分及其主要工具

1. 短期信贷市场

短期信贷市场主要指商业票据市场。商业票据是大公司为了筹措资金，以贴现方式出售给投资者的一种短期无担保承诺凭证。美国的商业票据属本票性质，英国的商业票据则属汇票性质。由于商业票据没有担保，仅以信用作保证，且企业发行的商业票据一般被商业银行、金融公司、保险公司等机构投资者所购买，相当于这些机构为企业发放了短期信贷，因此这个市场称为短期信贷市场。商业票据面额较大，个人投资者一般无力购买。

对于企业来说，发行商业票据相对于银行贷款是一种低成本融资。对于票据购买者来说，商业票据利率高于存款，而且可以在二级市场转让，是一个良好的投资渠道。

商业票据的发行分为直接发行和间接发行。前者指企业自己销售商业票据，省去了承销商的佣金，适合于信誉卓著的大企业；后者指企业雇佣投资银行等金融中介代为销售，需要支付佣金，但发行过程简单，适合于急需资金的企业。

商业票据一般采用贴现方式发行，在票面标明贴现率，注意在这里贴现率表示面值的一定折扣，并不表示实际的收益率。

2. 短期证券市场

短期证券市场主要指国库券市场。国库券是政府部门以债务人身份承担到期偿付本息责任的期限在一年以内的债务凭证。

国库券具有以下特征：

① 违约风险小。由于国库券是国家的债务，因而它被认为是没有违约风险的。相反，即使是信用等级最高的其他货币市场票据，如商业票据、可转让存单等，都存在一定的风险。

② 流动性强。国库券市场属于一种在高组织性、高效率和竞争市场上交易的短期同质工具，因此它的流动性较强。这一特征使得国库券能在交易成本较低及价格风险较低的情况下迅速变现。

③ 面额小。面额小意味着投资者进入的门槛低。对许多小投资者来说，他们能直接从货币市场购买政府短期债券。在美国，1970年以前，国库券的最小面额为1000美元。1970

年初，国库券的最小面额升至1万美元，目前仍为1万美元。其面额远远低于其他货币市场票据的面额(大多为10万美元)。

④ 收入免税。当税率越高，国库券的吸引力越大。当市场利率水平越高，国库券的吸引力也越大。

⑤ 此外，由于各种法令和条例赋予了国库券在投资者中的特殊地位。对商业银行和地方政府来说，利用国库券可以解决其他形式的货币市场票据如商业票据和银行承兑票据所无法解决的问题。例如，银行利用国库券可以很容易地与企业及地方政府等部门进行回购协议交易。

国库券的发行采用拍卖方式，分为荷兰式竞标与美国式竞标。前者指中标者统一按照最低中标价格购买，后者指中标者按照各自的中标价格购买。投标者又分为竞争性的和非竞争性的，其中竞争性投标者参与竞标过程，非竞争性投标者则按照中标价格(荷兰式)或者平均中标价格(美国式)购买。

国库券采取贴现方式发行，不表明收益率，以低于票面价值的价格卖给投资者，其收益率计算如下：

$$r = \frac{\text{面值} - \text{发行价}}{\text{发行价}} \times \frac{12}{\text{到期月份}}$$

3. 贴现市场

票据贴现是指持票人将未到期的票据(主要是银行承兑汇票)向银行申请贴现，银行按票面金额扣除贴现利息后将余额支付给持票人的一种银行授信业务。贴现市场与短期信贷市场的区别在于，贴现市场相当于票据的流通市场，而短期信贷市场相当于票据的发行市场。

银行承兑票据是指出票人开立的远期票据，它以银行为付款人，命令其在未来的某一确定时刻付一定金额给收款人。当这张票据经过付款银行承兑后，承兑银行就承担了到期付款的不可撤销的责任，即第一付款人责任，银行承兑汇票的持有人可以将票据背书转让(背书指原票据持有人转让票据时必须在票据背面签名，由于背书人拿到了票据中的款项，因此一旦票据发生违约，票据的最终持有人拥有对背书人的追索权，背书人承担第二付款人责任)，或者向银行申请贴现。出票人在票据到期时才付款给银行，银行也在票据到期时才付款给持票人(提前贴现的除外)，这样，银行承兑汇票实质上利用银行的信誉为应收账款创造了流动性，使得持票人可以将银行承兑汇票转让或者贴现，将应收账款立即转化为现金。

对于借款人，利用银行承兑汇票进行融资的成本低于传统银行贷款和发行商业票据。对于银行，通过创造银行承兑汇票，不必动用自己的资金就可以赚取手续费，而且银行法规定出售合格的银行承兑汇票所得资金不缴纳存款准备金，为银行提供了一条低成本筹资渠道。

银行收到票据后可以作为持票人再向其他银行申请贴现，这一过程称为转贴现；也可以作为持票人向中央银行申请贴现，这一过程称为再贴现，是中央银行实施货币政策的工具之一。

一般而言，贴现利息的计算公式为：

$$\text{贴现利息} = \text{票据票面金额} \times \text{贴现率} \times \frac{\text{未到期天数}}{360}$$

则，

$$\text{贴现金额} = \text{票据票面金额} - \text{贴现利息}$$

【例 2】商业银行将贴现收到的未到期票据向其他商业银行或贴现机构贴现所进行的融资行为被称为(　　)。

A. 再贴现　　B. 转贴现　　C. 背书转让　　D. 承兑

答案：B。票据贴现、转贴现和再贴现虽然本质上都是将未到期承兑汇票，转让以获取资金，但对象上还是有差异的。贴现是银行对客户，转贴现是银行对银行，再贴现则是银行对央行。

4. 同业拆借市场

(1) 形成与发展

同业拆借市场，又称为同业拆放市场，是指金融机构之间以货币借贷方式进行短期资金融通活动的市场。同业拆借市场产生于存款准备金政策的实施，伴随着中央银行业务和商业银行业务的发展而发展。

银行等金融机构通过同业拆借市场相互借贷在中央银行存款账户上的准备金余额，用于调剂准备金头寸的余缺。随着市场的发展和市场容量的扩大，交易对象已不仅限于商业银行的存款准备了，还包括商业银行之间的存款以及证券交易商和政府拥有的活期存款。拆借的资金除了满足准备金外，还用于轧平票据清算差额，解决短期资金需求等。

因为银行集中了社会中大量的资金供求，因而银行间资金借贷的利率全面反映了社会中资金的供求状况，同业拆借利率成为金融市场上最重要的参考利率。在国际货币市场上，有代表性的同业拆借利率有三种，即伦敦银行同业拆放利率(LIBOR)，新加坡银行同业拆借利率(SIBOR)和香港银行同业拆借利率(HIBOR)。目前，伦敦银行同业拆放利率已成为国际金融市场上的一种关键利率，一些浮动利率的融资工具在发行时，也以该利率作为浮动的依据和参照物。

【知识拓展】关于 LIBOR

LIBOR 全称 London inter-bank offered rate，即伦敦银行同业拆借利率，是指伦敦金融市场上银行间相互拆借英镑、欧洲美元及其他欧洲货币时所采用的利率。由报价银行在每个营业日的上午 11 时对外报出，分为存款利率和贷款利率两种报价。资金拆借的期限为 1、3、6 个月和 1 年等几个档次。

【例 3】(中国人大 2013 年)计算并公布 LIBOR 利率的组织是(　　)。

A. 国际货币基金组织　　B. 国际清算银行　　C. 英国银行家协会　　D. 世界银行家协会

答案：C。LIBOR 是伦敦同业拆借利率，由英国银行家协会公布。这道题目命制的背景是发生在 2012 年的 LIBOR 操纵丑闻。美国联邦储蓄保险公司(FDIC)4 月起诉全球 16 家最大的银行，指控它们涉嫌 LIBOR 利率操纵，欺骗数十家现已破产的银行。根据现行的 LIBOR 定价机制，20 家大型银行在每天伦敦时间上午 11 点向英国银行家协会提交借贷利率估值，后者去除占报价行总数 1/4 的最高利率和 1/4 的最低利率得出的算术平均值，即为当天的 LIBOR 利率。这种定价机制明显存在两个问题：一是无法保证银行报价的真实性。二是易被操纵。由于 LIBOR 选取的统计样本行只有 20 家，如果几家银行串谋，或者一两家银行持续压低或抬高报价，都可能对最终结果产生影响。由于 LIBOR 利率信誉受损，且银行间无须担保的同业拆借越来越少，美联储计划采用 SOFR(有抵押隔夜融资利率)代替 LIBOR。

(2) 主要功能

同业拆借的资金主要用于轧平票据清算的差额。此外，小银行由于缺乏投资机会经常将同业拆借市场作为闲置资金的投资场所，而大银行则经常从同业拆借市场拆入资金满足其短期资金需求。

5. 大额可转让定期存单市场

(1) 产生背景

大额可转让定期存单(简称 CDs)，是 20 世纪 60 年代以来金融环境变革的产物。由于

20世纪60年代市场利率上升而美国的商业银行受Q条例的存款利率上限的限制，不能支付较高的市场利率，大公司的财务主管为了增加临时闲置资金的利息收益，纷纷将资金投资于安全性较好，又具有收益的货币市场工具，如国库券、商业票据等等。这样，以企业为主要客户的银行存款急剧下降。为了阻止存款外流，银行设计了大额可转让定期存单这种短期的有收益证券来吸引企业的短期资金。这种存单形式的最先发明者应归功于美国花旗银行。

（2）概念

大额定期可转让存单是指银行发行的有固定面额、可转让流通的存款凭证，这种存单中的存款不可提前支取，但可以将存单在二级市场转让。大额定期存单一般由较大的商业银行发行，主要是由于这些机构信誉较高，可以相对降低筹资成本，且发行规模大，容易在二级市场流通。

【知识拓展】个人投资人认购大额存单起点金额不低于20万

我国大额存单于2015年6月15日正式推出，以人民币计价。作为一般性存款，大额存单比同期限定期存款有更高的利率，大多在基准利率基础上上浮40%，少部分银行上浮45%，而定期存款一般最高上浮在30%左右。2016年6月6日，央行官网发布消息：为推进大额存单业务发展，拓宽个人金融资产投资渠道，增强商业银行主动负债能力，中国人民银行决定将《大额存单管理暂行办法》第六条“个人投资人认购大额存单起点金额不低于30万元”的内容，修改为“个人投资人认购大额存单起点金额不低于20万元”。

（3）大额可转让定期存单的价格决定

① 大额可转让定期存单的到期日价格决定。大额可转让定期存单的发行价格与面额相等，即按面额平价发行，则其到期日价格决定公式为：

$$\text{到期大额存单的价格} = \text{存单的面额} \times (1 + \text{存单利率} \times \frac{\text{从发行日到到期日的天数}}{360})$$

② 二级市场上大额可转让定期存单的转让价格

$$\text{存单转让价格} = \text{存单的面额} \times \frac{1 + \text{存单利率} \times \dfrac{\text{存单发行日至到期日的天数}}{360}}{1 + \text{市场利率} \times \dfrac{\text{存单买入日至到期日的天数}}{360}}$$

$$\text{存单持有到期收益} = \left[\frac{\text{存单的面额} \times (1 + \text{存单利率} \times \dfrac{\text{存单发行日至到期日的天数}}{360})}{\text{存单购买价格}} - 1\right] \times \frac{360}{\text{存单买入日至到期日的天数}}$$

6. 债券回购市场

（1）概念

回购市场是指通过回购协议进行短期资金融通交易的市场。所谓回购协议是指在出售证券的同时，和证券的购买商签订协议，约定在一定期限后按原定价格或约定价格购回所卖证券，从而获取即时可用资金的一种交易行为。从本质上说，回购协议是一种质押贷款，其抵押品为证券。一般地，回购协议中所交易的证券主要是政府债券。

（2）交易原理

当回购协议签订后，资金获得者同意向资金供应者出售政府债券和政府代理机构债券以及其他债券以换取即时可用的资金。回购协议期满时，再用即时可用资金作相反的交易。从表面上看，资金需求者通过出售债券获得了资金，而实际上，资金需求者是从短期金融市场上借入一笔资金。对于资金借出者来说，它获得了一笔短期内有权支配的债券，但这笔债券到时候要按约定的数量如数交回。所以，出售债券的人实际上是借入资金的人，购入债券的人实际上是借出资金的人。出售一方允许在约定的日期，以原来买卖的价格再加若干利息、购回该证券。这时，不论该证券的价格是升还是降，均要按约定价格购回。

【例 4】从本质上说，回购协议是一种(　　)协议。

A. 担保贷款　　B. 信用贷款　　C. 抵押贷款　　D. 质押贷款

答案：D。回购协议的抵押物是有价证券，从本质上来说，是一种质押贷款协议。抵押贷款就是用房子、车子等有一定价值的固定资产作为担保措施向银行借款，而质押贷款是用存单、国债、股票的股权等流动性较强的资产作为担保措施向银行借款。两者的区别在于用于担保的资产是否发生转移。用房子抵押贷款，你仍然可以住在房子里，质押贷款，你的存单或股权在贷款期限内要交给银行，你不再拥有(虽然所有权仍是你的)。

知识点三　资本市场

（一）资本市场概述

1. 资本市场及其特征

资本市场是指期限在一年以上的中长期金融市场。按市场工具来划分，资本市场通常由股票市场、债券市场和投资基金构成。

资本市场的主要特征表现为：期限长、流动性弱、风险大且收益高。

2. 资本市场的主要功能

资本市场的基本功能是促进资本的形成，它有效地动员民众的储蓄，将其合理地分配于经济部门。资本市场的完善与否，影响到一国的投资水平、资源的合理分配和使用，从而影响到国民经济的协调发展。

（二）资本市场的划分及主要工具

1. 中长期信贷市场

通常，中长期信贷市场是指银行直接向借款人发放期限在一年以上的贷款，以解决借款人的中长期资金需求。它通常分为中长期企业信贷和中长期消费信贷。

2. 债券市场

(1) 基本概念

债券是投资者向政府、公司或金融机构提供资金的债权债务合同，该合同载明发行者在指定日期支付利息并在到期日偿还本金的承诺，其要素包括期限、面值与利息、税前支付利息、求偿等级、限制性条款、抵押与担保及选择权(如赎回与转换条款)。

(2) 基本分类

① 根据发行主体不同，债券可以分为政府债券、公司债券和金融债券。

政府债券是指中央政府、政府机构和地方政府发行的债券，它以政府的信誉作保证，因而通常无须抵押品，其风险在各种投资工具中是最小的。

公司债券是公司为筹措营运资本而发行的债券，该合同要求不管公司业绩如何都应优先偿还其债务，否则将在相应破产法的裁决下寻求解决，因而其风险小于股票，但比政府债券高。

金融债券是银行等金融机构为筹集信贷资金而发行的债券。与银行吸收存款筹资不同，由于金融债券有明确的期限规定，不能提前兑现，所以筹集的资金要比存款稳定得多。

② 按抵押担保条件不同，公司债券可分为信用债券、抵押债券、担保信托债券和设备信托证。

信用债券是指完全凭公司信誉，不提供任何抵押品而发行的债券。其持有者的求偿权排名于有抵押债权人对抵押物的求偿权之后，对未抵押的公司资产有一般求偿权。

抵押债券，也称固定抵押公司债，是以土地、房屋等不动产作为抵押品而发行的一种公司债。如果公司不能按期还本付息，债权人有权处理抵押品以资抵偿。

担保信托债券，也称流动抵押公司债，是以公司特有的各种动产或有价证券作为抵押品而发行的公司债券。用作抵押品的证券必须交由受托人保管，但公司仍保留股票表决及接受股息的权利。

设备信托证是指公司为了筹资购买设备并以该设备为抵押品而发行的公司债券。这种债券常用于铁路、航空或其他大型制造业企业等。

③ 根据利率设定不同，公司债券可分为固定利率债券、浮动利率债券、指数债券和零息债券。

固定利率债券是指事先确定利率，每半年或一年付息一次，或一次还本付息的公司债券。

浮动利率债券是在某一基础利率（例如同期限的政府债券收益率、优惠利率、LIBOR等）之上增加一个固定的溢价的公司债券。

指数债券是通过将利率与通货膨胀率挂钩来保证债权人不致因物价上涨而遭受损失的公司债券，挂钩办法通常为：债券利率=固定利率+通胀率+固定利率×通胀率。也有些与大宗商品挂钩，如石油、铜、铝等。

零息债券是指以低于面值的贴现方式发行，到期按面值兑现，不再另付利息的债券。其区别于贴现债券的特点是，零息债券可以是一年以上的长期债券，而贴现债券仅指一年以内的短期债券。

④ 按内含选择权不同，公司债券可分成可赎回债券、偿还基金债券、可转换债券和带认股权证的债券。

可赎回债券是指公司债券附加早赎和以新偿旧条款，允许发行公司选择于到期日之前购回全部或部分债券。当市场利率降至债券利率之下时，债券发行公司可能会行使赎回权。

偿还基金债券是要求发行公司每年从盈利中提存一定比例存入信托基金，定期偿还本金，即从债券持有人手中购回一定量的债券。

可转换债券是指公司债券附加可转换条款，赋予债券持有人按预先确定的比例（转换比率）转换为该公司普通股的选择权。

带认股证的债券是指公司债券发行的同时，附带发送公司认股权证。

（3）债券的信用等级

债券信用评级是指对债券的质量进行评价和分类。债券发行之前，都需要进行信用评级。信用评级的主要目的在于保护投资者的利益。通过信用评级，将债券发行人的信用状况和偿债能力进行分析、评估，并将其结果公之于众，可以作为投资者进行投资决策的重要参考依据。通常信用评级包括以下方面内容：①债券发行公司的偿债能力，即考察公司能否按期还本付息。②债券公司的资信，即考察公司在金融市场上的声誉、历次偿债记录、历史上是否有过违约情况。③投资者承担的风险，主要是分析公司破产的可能性大小，另外要预计公司一旦破产或发生其他意外的情况下，债权人根据《破产法》和《公司法》所能得到的法律保护程度和所得到的投资补偿程度。

目前，国际上最具影响力的信用评级机构主要有穆迪投资服务公司和标准普尔公司。前者创办于1900年，评级对象主要有工业企业、公用事业部门、金融机构、国际性组织、政府机构等。后者分别由普尔公司(1922年成立)和标准公司(1923年成立)于1941年合并而成，主要评级对象有市政债券、公司债券等。这两个公司的评定等级都分为三等9级，其中标准普尔公司的AAA、AA、A、BBB级债券和穆迪公司的Aaa、Aa、A、Baa级债券称为投资级债券，风险较小；而标准普尔公司的BBB级以下的债券和穆迪公司的Baa级以下的债券称为投机级债券，风险较大。有时候人们将投机级的债券称为"垃圾债券(junk bounds)"，将由发行时的投资级变为投机级的债券称为"失落的天使(fallen angels)"。

(4) 国际债券

国际债券(International bonds)是一国政府、金融机构、工商企业或国家组织为筹措和融通资金，在国外金融市场上发行的，以外国货币为面值的债券。

按照是否以发行地当地货币为面值划分，国际债券有两种形式：外国债券和欧洲债券。

① 外国债券

外国债券(foreign bonds)是在借款者的国外发行并以发行地所在国的货币标价的债券。根据债券发行的市场的和发行币种的不同，外国债券可以分为扬基债券、武士债券和猛犬债券等。

【知识拓展】熊猫债券

"熊猫债券"是指国际多边金融机构在华发行的人民币债券。根据国际惯例，国外金融机构在一国发行债券时，一般以该国最具特征的吉祥物命名。据此，财政部部长金人庆将国际多边金融机构首次在华发行的人民币债券命名为"熊猫债券"。

② 欧洲债券

欧洲债券(Eurobonds)通常由国际银团承销，在标价货币国之外的其他国家发行。欧洲债券的发行人、发行地以及面值货币分别属于三个不同的国家。欧洲债券一般由跨国公司、大型的国内公司、享有主权的政府以及国际机构等发行。它们通常在几个国家的资本市场上同时发售，而不是在标价货币国的资本市场上发售，对象也不是标价货币国的投资者。在历史上，欧洲债券的发行量在国际债券市场上占有最大的比重，但这种地位正在被外国债券所取代。

【知识拓展】全球债券

全球债券(Global Bonds)全球债券是指在全世界的主要国际金融市场(主要是美、日、欧)上同时发行，并在全球多个证交所上市，进行24小时交易的债券。全球债券在美国证券交易委员会(SEC)登记，以记名形式发行。这种新型债券为欧洲借款人接近美国投资者提供了工具，同时其全球24小时交易也使全球债券具有了高度流动性。

3. 股票市场

股票是投资者向公司提供资本的权益合同，是公司的所有权凭证。股东的权益在利润和资产分配上表现为索取公司对债务还本付息后的剩余收益，或者公司清算时索取公司对债务还本付息后的剩余资产，即剩余索取权。同时，股东有权投票决定公司的重大经营决策，即股东对公司的控制表现为合同所规定的经理职责范围之外的决策权，称之为剩余控制权。

【知识拓展】同股不同权

"同股不同权"，又称"双层股权结构"，是指资本结构中包含两类或多类不同投票权的普通股架构。同股不同权为"AB股结构"，B类股一般由管理层持有，而管理层普遍为始创股东及其团队，A类股一般为外围股东持有，此类股东看好公司前景，因此甘愿牺牲一定的表决权作为入股筹码。这种结构有利于成长性企业直接利用股权融资，同时又能避免股权过度稀释，造成创始团队丧失公司话语权，保障此类成长性企业能够稳定发展。类似百度、阿里、京东等均为"AB股结构"。2018年4月30日，港交所发布文件支持同股不同权，7月9日，小米公司成为第一家在港交所上市的采取同股不同权的公司。

(1) 债券与股票的区别

① 股票是无期限，而债券是有期限的。

② 股票持有者是从公司税后利润中分享股利，而债券持有者则从公司税前利润中得到固定利息收入。相比而言，股票收益的风险较债券大。

③ 在求偿等级上，股东的排列次序在债权人之后，当公司由于经营不善等原因破产时，债权人有优先取得公司财产的权利，其次是优先股股东，最后才是普通股股东。

④ 一般地，股票可以通过投票行使剩余控制权，而债权人没有投票权。但是债券投资者对变更债券融资使用用途的决策有投票权。

⑤ 权益资本是一种风险资本，不涉及抵押担保问题，而债务资本可要求以某一或某些特定资产作为保证偿还的抵押。

⑥ 在选择权方面，股票主要表现为可转换优先股和可赎回优先股，而债券则更为普遍，比如可转换债券、可赎回债券、可延期债券等。

(2) 股票的种类

① 按剩余索取权和剩余控制权的不同组合，将股票划分为普通股和优先股

普通股是在优先股要求权得到满足之后才参与公司利润和资产分配的股票，它代表着最终的剩余索取权，其股息收益上不封顶，下不保底，每一阶段的红利数额也是不确定的。普通股股东一般有出席股东大会的会议权、表决权和选举权、被选举权等，他们通过投票来行使剩余控制权。

优先股是指在剩余索取权方面较普通股优先的股票，这种优先性表现在分得固定股息并且在普通股之前收取股息。但是，优先股的剩余控制权方面劣于普通股，优先股股东通常是没有投票权的。除了在一些特殊情况下，当公司发生变更支付股息的次数、公司发行新的优先股等影响优先股股东投资利益等情况，优先股股东才具有临时投票表决权。

根据剩余索取权是否可以跨时期累积，优先股可以进一步划分为：累积优先股和非累积优先股。累积优先股，是指如果公司在某个时期内所获盈利不足以支付优先股股息时，则累积于次年或以后某一年盈利时，在普通股的红利发放之前，连同本年优先股的股息一并发放。非累积优先股，是指当公司盈利不足以支付优先股的全部股息时，其所欠部分，非累积优先股股东不能要求公司在以后年度补发。

根据剩余索取权是不是股息和红利的复合，优先股可以进一步划分为：参加优先股和非参加优先股。参加优先股，又称参与分红优先股，是指除了可按规定的股息率优先获得股息外，还可以与普通股分享公司的剩余收益。非参加优先股，是指只能获取固定股息不能参加公司额外分红的优先股。

根据附属权利不同，优先股进一步可以划分为：可转换优先股和可赎回优先股。可转换

优先股，是指在规定的时间内，优先股股东可以按一定的转换比率把优先股换成普通股。可赎回优先股，是指允许公司按发行价格加上一定比例的补偿收益予以赎回的优先股。

② 按投资主体不同，将股票划分为 A 股、B 股、H 股、S 股、N 股等

A 股指内地企业在中国内地上市，仅限于中国内地居民以人民币买卖，又称为人民币普通股票。B 股指内地企业在中国内地上市，原只限于外国投资者以外币买卖，目前已开放至境内外投资者都可以以外币买卖，又称为人民币特种股票。H 股指内地企业在香港上市，限于投资者以港币买卖。同理，S 股和 N 股分别指内地企业在新加坡和纽约上市。

（3）国际股票

国际股票是指在股票的发行和交易过程，不是只发生在一国内，而通常是跨国进行的，即股票的发行者和交易者，发行地和交易地，发行币种和发行者所属本币等有至少一种和其他的不属于同一国度内。这个概念揭示了国际股票的本质特征，即它的整个融资过程的跨国性。国际股票有以下几种类型：

① 在外国发行的直接以当地货币为面值并在当地上市交易的股票。如我国在香港发行上市交易的 H 股，在新加坡发行的 S 股，在纽约发行上市的 N 股。

② 以外国货币为面值发行的，但却在国内上市流通的，以供境内外国投资者以外币交易买卖的股票。我国上市公司发行上市的 B 股就是这类股票。

③ 存托凭证（DR）是指在一国证券市场流通的代表外国公司有价证券的可转让凭证。主要以美国存托凭证（ADR）形式存在。

【知识拓展】中国存托凭证（CDR）

DR，即 Depository Receipts，存托凭证，是指在一国流通的代表外国公司有价证券的可转让凭证。按其发行或交易地点之不同，被冠以不同的名称，比如美国（America）的存托凭证就叫 ADR，欧洲（European）的叫 EDR，中国（Chinese）的叫 CDR。

CDR 比较学术的定义是：中国存托凭证（Chinese Depository Receipt，CDR），是指在境外（和中国香港）上市公司将部分已发行上市的股票托管在当地保管银行，由中国境内的存托银行发行、在境内 A 股市场上市、以人民币交易结算、供国内投资者买卖的投资凭证，从而实现股票的异地买卖。

CDR 可以在基本不改变现行法律框架的基础上，实现境外上市公司回归 A 股。第一批入围 CDR 名单已出炉，共有 8 家企业，除了 BAT，还有京东、携程、微博、网易以及香港上市的舜宇光学。

④ 欧洲股票是指在股票面值货币所在国以外的国家发行上市交易的股票。欧洲股票是 20 世纪 80 年代产生于欧洲的国际股票形式。与直接海外上市的国际股票相比，欧洲股票的发行具有自己的特点：直接海外上市的企业往往先在国内上市；欧洲股票则是在多个国家市场上同时发行。另外，它采用国际市场竞价发行的方式。

【知识拓展】债转股

所谓债转股，是指国家组建金融资产管理公司，收购银行的不良资产，把原来银行与企业间的债权、债务关系，转变为金融资产管理公司与企业间的股权、产权关系。

根据债转股实施机构不同，理论上可以分成三种运作模式：

（1）银行对企业债权直接转化为银行对企业股权。但是现行法令明确禁止银行持有企业股权，且银行持有企业股权对银行自身资本消耗很大，所以这个方式不可行。

（2）银行将其对企业的债权，打包出售给第三方，债权随之转移给第三方，再由第三方将这笔债权转化为其对企业的股权。

（3）银行成立子公司，由子公司承接债权并转化为对企业股权。

在当前形势下，债转股作为企业债务重组的重要手段，具有重要的实践意义。

首先，债转股有利于改善企业资产负债表，降低企业的财务成本压力。通过将银行贷款置换成权益融资，企业的资产负债率可以得到有效降低，这不仅有利于减轻企业当期的债务偿还压力，促进账面业绩的改善，也有利于改善企业的市场融资能力，增强造血机制。对于本身具备核心市场竞争力和持续发展能力的企业而言，债转股有助于企业在逆境中卸下包袱，渡过难关，待市场环境好转后，再度焕发活力，创造新的价值。

其次，债转股有利于缓解商业银行资产质量恶化的压力，提升支持实体经济的能力。对于那些短期因素造成还款能力下降而陷入偿付困难的企业，银行通过债转股方式不仅可以暂时缓解优质资产劣变的压力，而且还能获得分享企业未来市场价值上升收益的权利。通过债转股，银行得以解放一部分信贷资源，降低拨备计提需求，有利于提升放款能力，增加对投入产出效率更高的企业和项目的支持。

最后，债转股有利于改善我国社会融资结构，降低国民经济的整体杠杆率。企业部门杠杆率过高是当前我国经济体系的重要风险因素。债转股提供了一种对存量社会融资结构进行优化调整的重要途径。如果标的资产转换方式选择得当，债转股将有助于提升社会融资中股本融资的占比，降低债务占 GDP 的比重，缓解金融体系的总体风险水平。

然而，以上积极作用的发挥都是基于一个共同的前提条件，就是债转股之后，企业能够成功走出经营困境，实现市场价值的有效提升。债转股并不能消除资产风险，而是将当下的贷款信用风险转换为更长期限内的股权投资风险。无论是对于银行，还是宏观经济体系而言，这个转换的过程本身可能引入新的风险因素。

对于商业银行而言，当企业的贷款债权被转换成股权之后，主要面临两类新的风险。一类是股权投资风险。若企业经营状况并未好转，甚至进一步恶化，银行必须按照市场公允价值变动确认投资损失。这时银行如果继续持有股权，可能面临盈利和资本的双重压力，如果选择转让股权，则可能遭受进一步的折价交易损失。更极端的情况下，如果企业最终走向破产清算，银行作为股东的偿付顺序将明显后置。最终的资产损失可能较不实施债转股的情况下更大。这种情况下，债转股非但不能缓解银行资产质量压力，反而将进一步拉低整体资产质量。

另一类风险是流动性风险。股权投资现金流不稳定、不确定性强，如果商业银行在获得股权的同时，不能在公司的利润分配等重大事项决策中拥有足够的话语权，则可能失去对投资回报现金流的控制权。若涉及债转股的资产规模较小，银行尚能通过内部调剂保持整体流动性平衡；若债转股规模占比较大，股权投资流动性不足的问题可能引发银行整体流动性风险的上升，严重影响银行经营的稳定性。

鉴于商业银行在我国金融体系中的重要作用，债转股的潜在风险可能经由银行向整个金融体系传导。如果债转股整体规模过大，银行整体资产质量的下降和流动性状况的恶化可能对客户存款资金的安全性造成不利影响，从而引起系统性风险上升，金融体系优化资源配置的作用和效率也将因此大打折扣。

4. 投资基金市场

(1) 投资基金的概念和特点

投资基金是通过发行基金券(基金股份或收益凭证)将投资者分散的资金集中起来，由专业管理人员分散投资于股票、债券或其他金融资产，并将投资收益分配给基金持有者的一种投资制度。投资基金一般具有规模经营、分散投资、专家管理和专业服务等几个特点。

(2) 投资基金的主要分类

① 按组织形态划分：公司型基金和契约型基金

公司型基金，指基金本身为一家股份有限公司，公司通过发行股票或受益凭证的方式来筹集资金。投资者购买了该家公司的股票，就成为该公司的股东，凭股票领取股息或红利、分享投资所获得的收益。

契约型基金，指专门的投资机构(银行和企业)共同出资组建一家基金管理公司，基金管理公司作为委托人通过与受托人签订“信托契约”的形式发行受益凭证——"基金单位持有证"来募集社会上的闲散资金。契约型基金由基金投资者、基金管理人、基金托管人之间所签署的基金合同而设立，基金投资者的权利主要体现在基金合同的条款上，而基金合同条款的主要方面通常由基金法律所规范。我国目前设立的基金均为契约型基金。

② 按交易机制划分：封闭式基金和开放式基金

封闭式基金的基金单位总数是确定的，一旦发行完成，就不能再接受新的投资申购，投资者也不得要求赎回投资。但是，投资者可以在证券交易所买卖封闭式基金，其价格完全由买卖双方决定，可能与基金净值(即每一单位基金的实际价值)相差很大。投资者在证券交易所买卖封闭式基金，只需要向证券经纪商支付佣金，不需要向基金经理支付费用。

开放式基金可以在证券市场每个交易日收盘之后，根据投资者的需要发行新的基金单位(对于投资者来说，这种行为叫作申购)，也可以根据投资者的请求，把自己管理的资金交还给投资者(对于投资者来说，这种行为叫作赎回)。由于申购和赎回的发生，开放式基金的资产总额是不稳定的，基金经理必须随时调整投资组合，以应对新的申购或赎回的影响。为了减少这种影响，开放式基金一般规定投资者在申购和赎回的时候支付一定比例的费用。某些基金为了招徕投资者，特地取消了这一费用，这种基金又被称为不收费基金。

③ 按募集方式划分：公募基金和私募基金

公募基金，是指以公开方式向社会公众投资者募集资金并以证券为投资对象的证券投资基金。公募基金是以大众传播手段招募，发起人集合公众资金设立投资基金，进行证券投资。这些基金在法律的严格监管下，有着信息披露，利润分配，运行限制等行业规范。

私募基金，是指以非公开方式向特定投资者募集资金并以证券为投资对象的证券投资基金。私募基金是以大众传播以外的手段招募，发起人集合非公众性多元主体的资金设立投资基金，进行证券投资。

(3) 与股票、债券的区别

① 反映的经济关系不同。股票反映的是一种所有权关系，是一种所有权凭证，投资者购买股票后就成为公司的股东；债券反映的是债权债务关系，是一种债权凭证，投资者购买债券后就成为公司的债权人；基金反映的则是一种信托关系，是一种受益凭证，投资者购买基金份额就成为基金的受益人。

② 所筹资金的投向不同。股票和债券是直接投资工具，筹集的资金主要投向实业领域；基金是种间接投资工具，所筹集的资金主要投向有价证券等金融工具或产品。

③ 投资收益与风险大小不同。通常情况下，股票价格的波动性较大，是一种高风险、高收益的投资品种；债券可以给投资者带来较为确定的利息收入，波动性也较股票要小，是一种低风险、低收益的投资品种；基金投资于众多股票，能有效分散风险，是一种风险相对适中、收益相对稳健的投资品种。

知识点四　金融衍生工具市场

金融衍生工具是指以另一种(或另一些)“标的物”的存在为前提，以这些“标的物”为买卖对象，价值也由这些“标的物”决定的金融工具。而这里的标的物可以是某种商品，也可以是某种金融资产，也可以是某种指数。我国银保监会对衍生品的定义是：衍生产品是一种金融合约，其价值取决于一种或多种基础资产或指数，合约的基本类型包括远期、期货、互换和期权。

1. 远期合约(Forward)

(1) 概念

远期合约是指双方约定在未来的某一确定时间，按确定的价格买卖一定数量的某种金融资产的协定。多头是指在中规定在将来买入标的物的一方。空头是指在未来卖出标的物的一方。中规定的未来买卖标的物的价格称为交割价格。

远期合约的优点在于：它是由交易双方通过谈判后签署的非标准化，因此中的交割地点、交割时间、交割价格，以及的规模、标的物的品质等细节都可由双方协商决定，具有很大的灵活性，可以尽可能地满足双方的需要。远期的缺点在于：①不利于形成统一的市场价格，市场效率较低。②流动性较差。③违约风险较高。

(2) 远期利率协议(Forward Rate Agreement)

最常见的远期合约是远期利率协议。远期利率协议是指交易双方约定在未来某一日期，交换协议期间内一定名义本金基础上分别以合同利率和参考利率计算的利息的金融合约。远期利率协议是防止国际金融市场上利率变动风险的一种保值方法。远期利率协议保值产生于伦敦金融市场，并迅速被世界各大金融中心接受。随着远期利率协议的广泛应用，1984 年 6 月在伦敦形成了“远期利率协议”市场。远期利率协议保值，是在借贷关系确立以后，由借贷双方签订一项“远期利率协议”，约定起算利息的日期，并在起算利息之日，将签约时约定的利率与伦敦银行同业拆放利率（LIBOR）比较。倘若协议约定利率低于 LIBOR 利率，所发生的差额由借方付给贷方。如果协议约定利率高于 LIBOR 利率，则由贷方将超过部分付给借方。运用远期利率协议进行保值，既可以避免借贷双方远期外汇申请的繁琐，又可以达到避免利率变动风险的目的。而这种业务本身并不是一种借贷行为，不出现在银行的资产负债表上，因此不必受到政府管制条例的约束。

【知识拓展】远期利率

即期利率是债券票面所标明的利息收益或购买债券时所获得的折价收益与债券当前价格的比率，是某一给定时点上零息债券的到期收益率。

如果第 n 期的远期利率为 f_n，我们可以用下式定义 f_n：

$$(1+f_n)=\frac{(1+y_n)^n}{(1+y_{n-1})^{n-1}}$$

远期利率被定义为“损益平衡”的利率，它相当于一个 n 期零息债券的收益率等于$(n-1)$期零息债券在第 n 期再投资所得到的总收益率。如果第 n 期的短期利率等于 f_n，两种 n 年期投资策略的总收益将会是相等的。

【例 5】公司有三种零息债券，剩余期限 1 年期的到期收益率为 10%，剩余期限 2 年期的到期收益率为 11%，剩余期限 3 年期的到期收益率为 12%，求：

(1) 隐含的 1 年以后的 1 年远期利率及 2 年以后的 1 年期远期利率是多少?

(2) 若无偏预期理论证券，市场预期正确，求下一期的利率期限结构(1 年期零息债券与 2 年期债券的到期收益率)

(3) 若购入了 3 年期的零息债券，则下一年的预期收益率为?(提示：从当前价格与未来价格考虑)

答案：(1) 则根据题意可得：

$$(1+10\%)(1+f_{1,2})=(1+11\%)^2$$

$$(1+11\%)^2(1+f_{2,3})=(1+12\%)^3$$

得出：$f_{1,2}=12.01\%$，$f_{2,3}=14.03\%$。

(2) 如果无偏预期理论成立且市场预期准确，则下一期的 1 年期和 2 年期零息债券的到期收益率分别是现在时刻计算的 $f_{1,2}$ 和 $f_{1,3}$。

由 $(1+10\%)(1+f_{1,3})^2=(1+12\%)^3$，得出 $f_{1,3}=13.01\%$。

因此，下一期的利率期限结构为，1 年期零息债券到期收益率为 12.01%，2 年期零息债券的到期收益率为 13.01%。

(3) 对于 3 年期零息债券，现在的价格 $P=100/(1+12\%)^3=71.18$ 元，1 年之后的价格 $=100/(1+13.01)^2=78.30$ 元，到期收益率 $=(78.30-71.18)/71.18=10\%$。

2. 期货

(1) 概念和特征

期货(Futures)是指协议双方同意在约定的将来某个日期按约定的条件(包括价格、交割地点、交割方式)买入或卖出一定标准数量的某种金融工具的标准化协议。期货与现货完全不同，现货是实实在在可以交易的货(商品)，期货主要不是货，而是以某种大众产品如棉花、大豆、石油等及金融资产如股票、债券等为标的标准化可交易合约。因此，这个标的物可以是某种商品，也可以是金融工具。期货交易有如下特点：

① 期货合约交易均在交易所进行，交易双方不直接接触，而是各自与交易所的清算部或专设的清算公司结算。

② 期货合约的买者和卖者可在交割日之前采取对冲交易以结束其期货头寸(即平仓)，而无须进行最后的实物交割。尽管如此，也不应该忽视交割的重要性。正是因为具有最后交割的可能性，期货价格与标的物的现货价格之间才具有内在联系。随着期货交割月份的逼近，期货价格收敛于标的资产的现货价格。当到达交割期限时，期货的价格等于或非常接近于现货的价格，不然的话，就存在无风险套利机会。

③ 期货合约的合约规模、交割日期、交割地点都是标准化的，即在合约上有明确的规定，无须双方再商定。

④ 期货交易结算是每天进行的，而不是到期一次性进行的，买卖双方在交易之前都必须在经纪公司开立专门的保证金账户。经纪公司通常要求交易者在交易之前必须存入一定数量的保证金，这个保证金叫初始保证金。在每天交易结束时，保证金账户都要根据期货价格的涨跌而进行调整，以反映交易者的浮动盈亏，这就是所谓的盯市。浮动盈亏是根据结算价格计算的。结算价格的确定是由交易所规定。当天结算价格高于昨天结算价格时，高出部分就是多头的浮动盈利和空头的浮动亏损。这些浮动盈利和亏损就在当天晚上分别加入多头的保证金账户和从空头的保证金账户中扣除。当保证金账户的余额超过初始保证金水平时，交易者可随时提取现金或用于开新仓；而当保证金账户的余额低于交易所规定的维持保证金水平时，经纪公司就会通知交易者限期把保证金水平补足到初始保证金水平，否则就会被强制平仓。

【例 6】某投资者参与保证金买空交易，有本金 1 万元，按每股 10 元的市价买入股票，假设法定保证金率为 50%，保证金最低维持率为 20%，则当股票价格跌破每股(　　)时，该投资者必须追加保证金。

A. 6.25 元　　B. 7.50 元　　C. 5 元　　D. 8 元

答案：A。本金有 10000 元，法定保证金比率是 50%，则可以借入 10000 元，则共可买入 20000/10=2000 股股票。假设价格为 P 时，达到维持保证金比率，则有：

$$\frac{10000+2000P-20000}{2000P}=20\%\Rightarrow P=6.25\text{ 元}$$

(2) 基本功能

① 转移价格风险的功能

在日常金融活动中，市场主体常面临利率、汇率和证券价格风险(通称价格风险)。有了期货交易后，他们就可利用期货多头或空头把价格风险转移出去，从而实现避险目的。这是期货市场最主要的功能，也是期货市场产生的最根本原因。

② 价格发现功能

期货价格是所有参与期货交易的人，对未来某一特定时间的现货价格的期望或预期。不论期货的多头还是空头，都会依其个人所持立场或所掌握的市场资讯，并对过去的价格表现加以研究后，做出买卖委托。而交易所通过电脑撮合公开竞价出来的价格即为此瞬间市场对未来某一特定时间现货价格的平均看法。这就是期货市场的价格发现功能。

(3) 期货的种类

① 利率期货。利率期货一般包括短期利率期货和长期利率期货。前者一般是指期限 3 个月以内的利率期货，如 3 个月欧洲美元利率期货、美国短期国债期货等；而后者一般指的是期限较长的债券期货，如联邦长期公债、市政公债等。

与远期合约相同，投资者可以通过购买利率期货来锁定未来的利率水平。但与远期合约不同的是，期货的结算是通过其保证金账户进行日结算，因此期货的违约风险相对于远期合约而言就更小。

② 外汇期货。外汇期货合约是一种在未来某特定日期为持有者提供一定数量货币的标准化合约。外汇期货只提供一些主要货币的交易，而外汇远期合约可以进行任何货币的交易。相比外汇远期，外汇期货存在佣金成本和保证金占用的成本，但由于期货合约的标准化使得它们相对远期合约流动性更好。

③ 股票指数期货。是指以股价指数为标的物的标准化期货合约，双方约定在未来的某个特定日期，可以按照事先确定的股价指数的大小，进行标的指数的买卖，到期后通过现金结算差价来进行交割。如标准普尔 500 指数、日经 225 股票指数期货。

(4) 期货与远期的区别

期货与远期的区别如表 4-1 所示。

表 4-1 期货与远期的区别

	远期(Forward)	期货(Future)
交易地点	分散，多为场外(OTC)交易	集中于交易所
合同形式、内容	交易双方协定	标准化
交易形式	按时	经常对冲、较少实物交割
保证金	一般无	需要
交易目的	锁定现金流	套期保值或是投机居多
交易商品	一切商品	规格统一，标准交易，有限种类的商品和金融工具
交易方式	一对一	集中交易
保证手段	合同条款、法规	保证金制度

3. 期权

（1）概念

期权是赋予其购买者在规定期限内按双方约定的价格购买或出售一定数量某种金融资产的权利的合约。与期货相比，期权的主要特征在于它仅仅是买卖双方权利的交换。期权的买方在支付了期权费后，就获得了期权合约所赋予的权利，即在期权合约规定的时间内，以事先确定的价格向期权的卖方买进或卖出某种金融工具的权利，但并没有必须履行该期权合约的义务。期权的买方可以选择行使他所拥有的权利；期权的卖方在收取期权费后就承担着在规定时间内履行该期权合约的义务。即当期权的买方选择行使权利时，卖方必须无条件地履行合约规定的义务，而没有选择的权利。

（2）基本类型

① 按期权买者的权利划分，期权可分为看涨期权和看跌期权。

看涨期权（Call Options）是指期权的买方向期权的卖方支付一定数额的权利金后，即拥有在期权合约的有效期内，按事先约定的价格向期权卖方买入一定数量的期权合约规定的特定商品的权利，但不负有必须买进的义务。而期权卖方有义务在期权规定的有效期内，应期权买方的要求，以期权合约事先规定的价格卖出期权合约规定的特定商品。

看跌期权（Put Options）：期权买方按事先约定的价格向期权卖方卖出一定数量的期权合约规定的特定商品的权利，但不负有必须卖出的义务。而期权卖方有义务在期权规定的有效期内，应期权买方的要求，以期权合约事先规定的价格买入期权合约规定的特定商品。

② 按期权买者执行期权的时限划分，期权可分为欧式期权（是指期权持有者只能在期权到期日才能执行期权）、美式期权（是指允许买者在期权到期前的任何时间执行期权）和百慕大期权（一种可以在到期日前所规定的一系列时间行权的期权。介于欧式期权与美式期权之间，百慕大期权允许持有人在期权有效期内某几个特定日期执行期权。比如，期权可以有3年的到期时间，但只有在3年中每一年的最后一个月才能被执行，它的应用常常与固定收益市场有关。）

（3）期权的损益

如果我们记 S_T 为期权合约到期日的期权合约标的资产价格，T 为期权合约到期时间，X 为期权的执行价格，则欧式期权合约在到期日的损益表为：

	看涨期权	看跌期权
多头	$\max(S_T-X,\ 0)$	$\max(X-S_T,\ 0)$
空头	$-\max(S_T-X,\ 0)=\min(X-S_T,\ 0)$	$-\max(X-S_T,\ 0)=\min(S_T-X,\ 0)$

期权的内在价值是期权标的资产的市场价格与标的资产执行价格之间的差额。对于看涨期权，当标的资产的市场价格高于执行价格时，内在价值为正，反之为负。对于看跌期权，当标的资产的市场价格低于执行价格时，内在价值为正，反之为负。如图4-1所示内在价值为正的期权称为实值期权，内在价值为负的期权则是虚值期权。期权除了内在价值之外，还有一个时间价值，期权的内在价值和时间价值之和构成了期权的价值，也是期权公平的期权费。

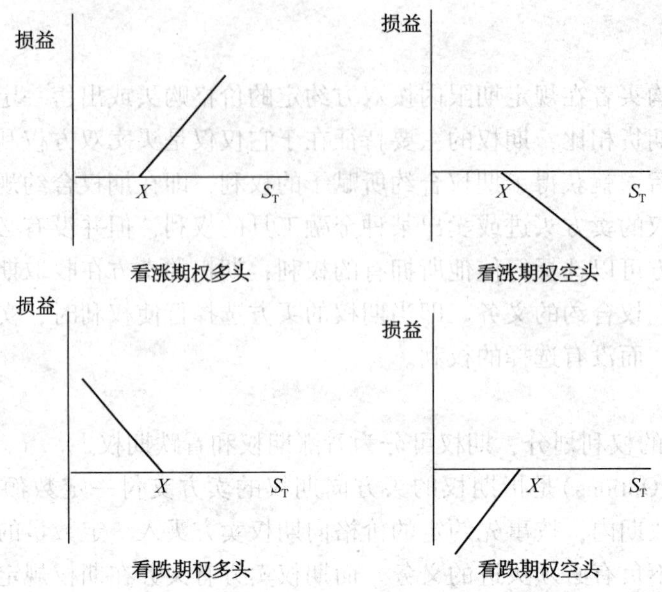

图 4-1　看涨期权和看跌期权到期日的损益

【例 7】(复旦大学 2020 年)股票看跌期权卖方承担的最大损失是(　)。

A. 看跌期权价格　　B. 执行价格

C. 股价减去看跌期权价格　　D. 执行价格减去看跌期权价格

答案：D。当股票价格下降到 0 时，看跌期权空头损失最大，为执行价格–期权价格。

(4) 期权与期货的区别

① 权利和义务。期货的双方都被赋予相应的权利和义务，而期权赋予买方只有权利、没有任何义务(除购买期权时交纳期权费外)，卖方则只有义务、无任何权利。

② 标准化。期货都是标准化，而期权既有标准化，也有非标准化。

③ 盈亏风险。期货交易双方所承担的盈亏风险都是无限的。而期权交易买方盈利无限，而亏损有限。

④ 保证金。期货交易的买卖双方都须交纳保证金。期权的买者则无须交纳保证金，但是期权卖方仍需交纳保证金。

⑤ 买卖匹配。期货的卖方到期必须卖出标的资产或到期前对冲掉所持有的头寸，而期权的卖方在到期日或到期前则有根据买方意愿相应卖出或买入标的资产的义务，即期权买方可以执行，也可以不执行期权。

⑥ 风险管理。运用期货进行的风险管理，除了把不利风险转移出去，也将有利风险转移出去。而运用期权进行风险管理，只把不利风险转移出去而把有利风险留给自己。

4. 金融互换

(1) 概念和功能

金融互换是约定两个或两个以上当事人按照商定条件，在约定的时间内交换一系列现金流的合约。互换产生的动因是互换双方存在比较优势。

金融互换的主要功能有：

第一，通过金融互换可在全球市场之间进行套利，从而一方面降低筹资者的融资成本或提高投资者的资产收益，另一方面促进全球金融市场的一体化。

第二，利用金融互换，可以管理资产负债组合中的利率风险和汇率风险。

第三，金融互换为表外业务，可以逃避外汇管制、利率管制及税收限制。

（2）基本类型

互换也分为商品互换和金融互换，而金融互换又主要有利率互换和货币互换两类。

① 利率互换。利率互换是指双方同意在未来的一定期限内根据同种货币的同样的名义本金交换现金流，其中一方的现金流根据浮动利率计算，而另一方的现金流根据固定利率计算。双方进行利率互换的主要原因是双方在固定利率和浮动利率市场上具有比较优势。

利率互换的两个现金流都是基于本金的利息支付，双方使用同一种货币，各自按不同的利率水平支付确定的利息，没有本金的交换。

【例 8】A 公司需要浮动利率资金，它可以在信贷市场上以半年 LIBOR 加上 30 个基点或在债券市场上以 11.15%的年利率筹措长期资金，与此同时，B 公司需要固定利率资金，它能够在信贷市场上以半年 LIBOR 加上 50 个基点或在债券市场上以 11.95%的年利率筹措长期资金。试分析：

（1）这两家公司是否存在利率互换交易的动机？

（2）如何互换？

（3）这笔互换交易的总成本节约是多少？

答案：（1）根据已知对两个公司的贷款利率情况进行分析：

	固定利率	浮动利率
A 公司	11.15%	半年期 LIBOR+0.3%
B 公司	11.95%	半年期 LIBOR+0.5%
绝对优势	A 公司：0.8%	A 公司：0.2%
相对优势	A 公司	B 公司

从表中数据知，A 的借款利率均比 B 低，即 A 在两个市场都具有绝对优势，但是在固定利率市场上，A 比 B 的绝对优势为 0.8%，而在浮动利率市场上，A 比 B 的绝对优势为 0.2%，这就是说，A 在固定利率市场上有比较优势，而 B 在浮动利率市场上有比较优势，这样，双方就可以利用各自的比较优势为对方借款，然后互换，从而达到共同降低筹资成本的目的。

（2）通过发挥各自的比较优势，双方总的筹资成本降低了 0.6%（即 11.95%+半年期 LIBOR+0.3%-11.15%-LIBOR-0.5%=0.6%），这就是互换的利益，互换利益时双方合作的结果，理应由双方分享，具体分享比例由双方谈判决定，我们假定双方各享受一半，则双方都将使筹资成本降低 0.3%，具体互换过程是：A 以 11.15%的固定利率借款，B 以 LIBOR+0.5%的利率借款，然后 A 向 B 支付浮动利率 LIBOR，B 向 A 支付固定利率 11.15%，双方最终实际筹资成本分别为：A 支付 LIBOR 浮动利率，B 支付 11.65%的固定利率，如图 4-2 所示。

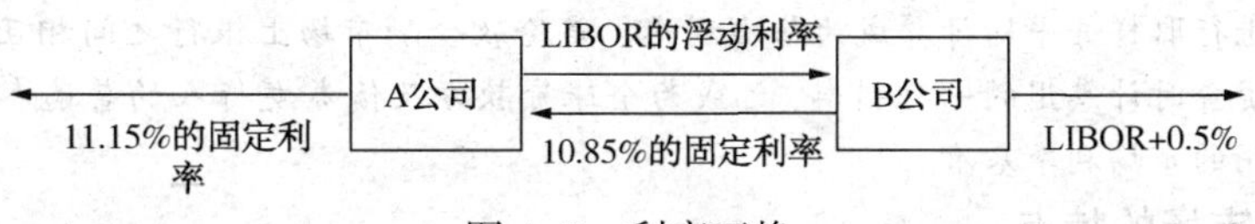

图 4-2 利率互换

（3）互换交易的总成本节约是 0.6%。

② 货币互换。货币互换是将一种货币的本金和固定利息与另一货币的等价本金和固定利息进行交换。货币互换不同于利率互换，它既交换本金也交换利息；本金通常为两种不同的币种。货币互换的主要原因是双方在各自国家中的金融市场上具有比较优势。

【例 9】公司 A 希望按固定利率借入美元，公司 B 希望按固定利率借入日元。按目前的汇率计算，两公司借款金额相等。两公司面临的借款利率如下：

	日元	美元
A 公司	5.0%	9.6%
B 公司	6.5%	10.0%

请为银行设计一个互换协议，使银行可以每年赚 0.5%，同时对 A、B 双方同样有吸引力，汇率风险由银行承担。

答案：(1) 根据题意可知：

	日元	美元
A 公司	5.0%	9.6%
B 公司	6.5%	10.0%
绝对优势	A 公司(-1.5%)	A 公司(-0.4%)
比较优势	A 公司	B 公司

(2) A 公司在日元市场有比较优势，但要借美元。B 公司在美元市场有比较优势，但要借日元。这构成了双方互换的基础。双方日元借款利差为 1.5%，美元借款利差为 0.4%，互换的总收益为 1.5%-0.4%=1.1%。由于银行要求 0.5%的收益，留给 A、B 的只有各 0.3%的收益。这意味着互换应使 A 按 9.3%的年利率借入美元，而 B 按 6.2%的年利率借入日元。因此互换安排应如图 4-3 所示。

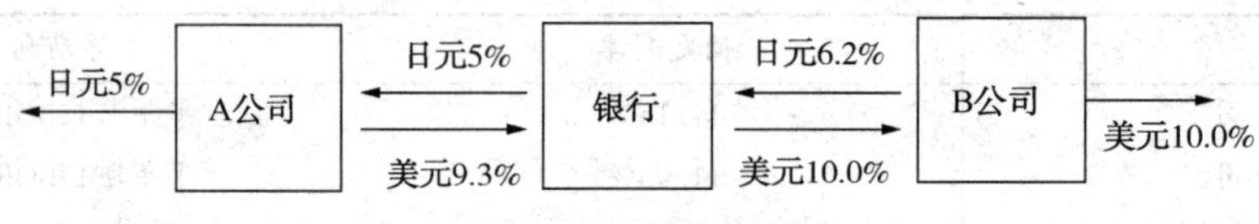

图 4-3　货币互换

知识点五　欧洲货币市场

1. 欧洲货币市场的概念

欧洲货币市场(Eurocurrency Market)是指非居民之间以银行等金融机构为中介，在货币发行国国境之外进行的该国货币借贷的短期资金市场。

欧洲货币(Eurocurrency)是指存放在发行国境外银行的任何一种货币。对于国际商务来说，欧洲货币市场是一个重要的、成本相对较低的资金来源。这里的“欧洲”，是指“非国内的”“境外的”“离岸的”，并非地理上的意义。

【例 10】在欧洲货币市场上，银行同业拆借的基准利率是(　　)。

A. EURIBOR　　B. NIBOR　　C. LIBOR　　D. SHIBOR

答案：C。伦敦银行同业拆借利率(LIBOR)是英国银行家协会根据其选定的银行在伦敦市场报出的银行同业拆借利率，进行取样并平均计算成为基准利率，是伦敦金融市场上银行之间相互拆借英镑、欧洲美元及其他欧洲货币资金时计息用的一种利率，已成为全球贷款方及债券发行人的普遍参考利率，是目前国际间最重要和最常用的市场利率基准。

2. 欧洲货币市场的特点

欧洲货币市场是一个真正的完全自由的国际资金市场，它与传统的国际金融市场相比，具有许多突出的特点：

(1) 摆脱了任何国家或地区政府法令的管理约束

传统的国际金融市场，必须受所在地政府的政策法令的约束，而欧洲货币市场则不受国家政府管制与税收限制。因为一方面，这个市场本质上是一个为了避免主权国家干预而形成的“超国家”的资金市场，它在货币发行国境外，货币发行国无权施以管制；另一方面，市场所在地的政府为了吸引更多的欧洲货币资金，扩大借贷业务，则采取种种优惠措施。因此，这个市场经营非常自由，不受任何管制。

(2) 突破了国际贸易与国际金融业务汇集地的限制

传统的国际金融市场，通常是在国际贸易和金融业务极其发达的中心城市，而且必须是国内资金供应中心，但欧洲货币市场则超越了这一限制，只要某个地方管制较松、税收优惠或地理位置优越，能够吸引投资者和筹资者，即使其本身并没有巨量的资金积累，也能成为一个离岸的金融中心。

(3) 建立了独特的利率体系

欧洲货币市场利率较之国内金融市场独特，表现在其存款利率略高于国内金融市场，而放款利率略低于国内金融市场，如图 4-4 所示。存款利率较高，是因为一方面国外存款的风险比国内大，另一方面不受法定准备金和存款利率最高额限制。而贷款利率略低，是因为欧洲银行享有所在国的免税和免缴存款准备金等优惠条件，贷款成本相对较低，故以降低贷款利率来吸引顾客。因此，欧洲货币市场对资金存款人和资金借款人都极具吸引力。

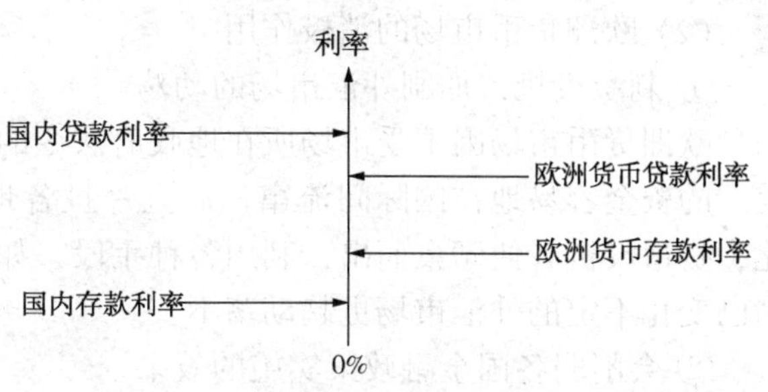

图 4-4　国内市场和欧洲货币市场的利差

(4) 完全由非居民交易形成的借贷关系

欧洲货币市场的借贷关系，是外国投资者与外国筹资者的关系，亦即非居民之间的借贷关系。

(5) 拥有广泛的银行网络与庞大的资金规模

欧洲货币市场是银行间的市场，具有广泛的经营欧洲货币业务的银行网络，它的业务一般都是在银行间、银行与客户之间进行；欧洲货币市场是以批发交易为主的市场，该市场的资金来自世界各地，数额极其庞大，各种主要可兑换货币应有尽有，充分满足了各国不同类型的银行和企业对不同期限和不同用途的资金的需求。

(6) 具有信贷创造机制

欧洲货币市场不仅是信贷中介机制，而且是信贷创造机制。进入该市场的存款，经过银行之间的辗转贷放使信用得到扩大，这些贷款如果存回欧洲货币市场，便构成了货币市场派生的资金来源，把其再贷放出去则形成了欧洲货币市场派生的信用创造。

3. 欧洲货币市场的利弊

(1) 欧洲货币市场的积极作用

① 为各国经济发展提供资金便利

由于缺乏政府管制，欧洲货币市场对存款人和借款人有极大的吸引力。缺乏管制使得各银行能对欧洲货币存款提供比国内货币存款更高的利率，使得欧洲货币存款对那些拥有可作存款的现金的人来说更有吸引力。缺乏管制同时也使得银行能够向欧洲货币的借款者收取比本币借款更低的利息，使得欧洲货币贷款对那些希望借款的人来说更有吸引力。换句话说，欧洲货币存款利率和贷款利率之间的利差比国内存款和贷款利率之间的利差要小。

② 有利于平衡国际收支

欧洲货币市场的发展，拓展了金融市场的空间范围，也丰富了国际结算的支付手段。如果一国在国际贸易上出现了逆差，就可以从欧洲货币市场上直接借入欧洲美元或其他欧洲货币来弥补，从而缓和了逆差压力；反之，一国出现贸易顺差，过多的外汇储备也可投入该市场。这样，就达到了平衡国际收支的目的。

③ 推动了跨国公司国际业务的发展

欧洲货币市场作为离岸金融市场，不受各国法律制度的约束，它既可为跨国公司的国际投资提供大量的资金来源，又可为这些资金在国际间进行转移提供便利，从而推动跨国公司的国际经营和业务的国际化。

(2) 欧洲货币市场的消极作用

① 刺激投机，加剧外汇市场的动荡

欧洲货币市场因不受市场所在地政府法令的管理，具有极强的流动性，有可能使上万亿美元的资金容易地在国际间流窜，而且一旦各地信贷市场和外汇市场的利率和汇率稍有变化，货币投机者便倾巢而出，利用各种手段，如套利、套汇或进行黄金投机牟取暴利，使本来已变化不定的外汇市场更趋动荡不安。

② 会削弱各国金融政策实施的效果

当一些国家为了遏制通胀实施紧缩政策时，商业银行仍可以从欧洲货币市场上借入大批资金；反之，当一些国家为了刺激经济改行宽松的政策时，各国银行也可能把资金调往国外。这样就使政府的宏观金融政策效果被削弱，预期的目标也难以实现。

③ 增加了经营欧洲货币业务的银行所承担的风险

欧洲货币市场经常是国际信贷领域“超级风险”的根源。在欧洲货币市场上，首先，银行发放的长期信贷资金，大部分是从客户那里吸收来的短期存款，一旦银行信用出现问题而引起客户大量挤提，银行就会陷入困境；其次，欧洲货币的贷款，是由许多家银行组成银团联合贷出的，贷款对象又难以集中在一个国家或政府机构，万一贷款对象到期无力偿还，这些银行就会遭受损失；再次，欧洲货币市场没有一个中央机构，使其缺乏最后融资的支持者，且该市场也没有存款保险制度；最后，该市场本身就是一个信用创造机制。因此，在欧洲货币市场上操作，风险是很大的。

④ 增加了在欧洲货币市场中的存款者和贷款者的风险

当存款者使用一个受监管的银行业体系时，银行倒闭从而导致其存款损失的可能性是很小的。政府监管维持着银行系统的流动性。而在一个欧洲货币市场那样无监管的体系中，银行倒闭导致存款者存款损失的可能性就较大。因此，接受本国存款的较低利率反映了确保银行不会倒闭的代价。

借入国际贷款会使一家公司暴露于外汇风险之下。因此，许多公司以本币借入资金以避免外汇风险，尽管欧洲货币市场可以提供更加有吸引力的利率。

知识点六　金融机构

金融机构是指从事金融服务业有关的金融中介机构，为金融体系的一部分，金融服务业包括银行、证券、保险、信托、基金等行业，与此相应，金融中介机构也包括银行、证券公司、保险公司、信托投资公司和基金管理公司等。

（一）西方国家的金融机构体系

西方国家的金融机构体系比较复杂，每个国家具体设置形式不尽相同，但主要包括中央银行、存款货币银行、政策性银行、投资银行、金融公司、保险公司等。下面重点讲解几种常用的金融机构。

（1）中央银行

中央银行，是国家最高的货币金融管理组织机构，在各国金融体系中居于主导地位。国家赋予其制定和执行货币政策，对国民经济进行宏观调控，对其他金融机构乃至金融业进行监督管理权限，地位非常特殊。

（2）存款货币银行

存款货币银行，习惯上又称为商业银行，是以盈利为目的、主要以吸收存款和发放贷款形式为工商企业提供融资服务并办理结算业务的金融企业。研究存款货币银行的本质特征，需要讨论它与其他企业、其他银行和非银行金融机构的异同。

① 存款货币银行与一般工商企业比较。与一般工商企业相同，存款货币银行必须依法设立、依法经营、照章纳税、自担风险、自负盈亏。然而，存款货币银行又与一般工商企业不同，存款货币银行是金融企业，是承担着资金融通职能的企业。

② 存款货币银行与中央银行及政策性银行的比较。它们都是从事银行业务，具备银行业的基本特征。所不同的是，存款货币银行是以盈利为目的的企业，它的经营目标是利润最大化。而中央银行和政策性银行一般不以盈利为目的。

③ 存款货币银行与非银行金融机构的比较。非银行金融机构的经营范围很窄，经营不完全的信用业务，或不以银行信用方式融通资金。而存款货币银行的经营范围广泛、业务种类齐全，它是唯一能够吸收活期存款的金融机构，业务包括各种期限和不同种类的存、贷款业务，还包括证券投资、进出口信贷、国际结算以及其他多种金融服务。

（3）政策性银行

政策性银行是指由政府创立，以贯彻政府的经济政策为目标，在特定领域开展金融业务的不以营利为目的的专业性金融机构。政策性银行主要依靠财政拨款、发行政策性金融债券等方式获得资金，而且各自有特定的服务领域，不与商业银行竞争。政策性银行一般不普遍设立分支机构，其业务通常由商业银行代理。

（4）投资银行

投资银行是与商业银行相对应的一类金融机构，主要从事证券发行、承销、交易、企业重组、兼并与收购、投资分析、风险投资、项目融资等业务的非银行金融机构，是资本市场上的主要金融中介。投资银行是美国和欧洲大陆的称谓，英国称之为商人银行，在日本则指证券公司。

投资银行的组织形态主要有四种：一是独立型的专业性投资银行，这种类型的机构比较多，遍布世界各地，他们有各自擅长的业务方向，比如美国的高盛、摩根士丹利；二是商业银行拥有的投资银行，主要是商业银行通过兼并收购其他投资银行，参股或建立附属公司从事投资银行业务，这种形式在英德等国非常典型，比如汇丰集团、瑞银集团；三是全能型银行直接经营投资银行业务，这种形式主要出现在欧洲，银行在从事投资银行业务的同时也从事商业银行业务，比如德意志银行；四是一些大型跨国公司兴办的财务公司。

（5）金融公司

金融公司在西方国家是一类极其重要的金融机构，其资金的筹集主要依靠在货币市场上发行商业票据，在资本市场上发行股票、债券；也从银行借款，但比重很小。汇聚的资金主要用于贷放给购买耐用消费品、修葺房屋的消费者以及小企业。

(6) 保险公司

西方国家的保险业务十分发达，各类保险公司是各国最重要的非银行类金融机构。由于保险公司获得的保费收入经常远远超过它的保费支付，因而聚集起大量的货币资本。这些货币资本往往比银行存款更为稳定，是西方国家金融体系长期资本的重要来源。

（二）我国的金融机构体系

我国金融机构体系是以中央银行为核心，政策性银行与商业性银行相分离，国有商业银行为主体，多种金融机构并存的现代金融体系，且形成了严格分工，相互协作的格局。具体构成是：中央银行，政策性银行，国有商业银行，其他商业银行，投资银行，农村和城市信用合作社，其他非银行金融机构，保险公司，在华外资金融机构。下面重点讲解几种常用的金融机构。

(1) 中国人民银行

中国人民银行是新中国的中央银行，1948 年 12 月 1 日在华北银行、北海银行和西北农民银行的基础上合并组成的。总行设在石家庄，全国解放后迁至北京。

从新中国成立到 1978 年的 30 年间，我国实行的是“大一统”银行体制。在这一体制下，中国人民银行既行使中央银行职能，又办理具体银行业务。1979~1983 年，随着经济体制和金融体制改革的深入，中央银行体制也发生了深刻的变化。首先，陆续恢复和建立了中国农业银行、中国银行、中国人民建设银行(后改名中国建设银行)、中国人民保险公司等专业银行和金融机构，分担了中国人民银行承担的部分金融业务。但此时中国人民银行仍然兼办工商信贷和储蓄业务，这就不可避免地削弱了对金融的宏观调控和管理。同时，我国在参加货币基金组织和世界银行等国际金融机构后，国际金融活动日益频繁，需要一个名副其实的中央银行代表政府参加国际金融活动。

为适应形势发展的需要，国务院于 1983 年 9 月 17 日决定，从 1984 年 1 月 1 日起，中国人民银行专门行使中央银行职能。中国人民银行此时才成为真正的中央银行，在我国金融体系中处于核心地位。1993 年，按照国务院《关于金融体制改革的决定》，中国人民银行进一步强化金融调控、金融监管和金融服务职责，划转政策性业务和商业银行业务。1995 年 3 月 18 日，全国人民代表大会通过《中华人民共和国中国人民银行法》，首次以国家立法形式确立了其作为中央银行的地位，标志着中央银行体制走向了法制化、规范化的轨道，是中国中央银行制度建设的重要里程碑。

(2) 政策性银行

1994 年中国政府设立了国家开发银行、中国进出口银行、中国农业发展银行三大政策性银行，均直属国务院领导。

【例 11】(中国人大 2012) 下列关于政策性银行法正确的是(　　)。

A. 发达国家也有政策性银行　　B. 中国农业银行是针对农业发展的政策性银行

C. 我国目前有一家政策性银行　　D. 盈利性只是政策性银行经营目标之一

答案：A。政策性银行是指由政府创立，以贯彻政府的经济政策为目标，在特定领域开展金融业务的不以营利为目的的专业性金融机构。1994 年中国政府设立了国家开发银行、中国进出口银行、中国农业发展银行三大政策性银行，均直属国务院领导。

(3) 国有商业银行

处于我国金融中介体系中主体地位的是五家国有商业银行，即中国工商银行、中国农业银行、中国银行、中国建设银行和交通银行。

(4) 金融资产管理公司

1993 年 3—10 月，我国先后建立了四家由国家投资的特定政策性金融资产管理公司—华融、长城、东方、信达，分别收购、管理和处置从工、农、中、建四家国有商业银行剥离出来的不良资产。

(5) 投资银行、券商

在我国，投资银行一般称呼为证券公司。1995 年 8 月，依据《中外合资投资银行类机构管理办法》，中国建设银行与美国摩根士丹利公司等五家金融机构合资组建了中国第一家中外合资投资银行—中国国际金融有限公司。此外，为剥离不良债权而成立的四家金融资产管理公司也准许经营投资银行业务。

(6) 财务公司

我国的财务公司是由企业集团组建的，主要特点就是为集团内部成员提供金融服务，其业务范围、主要资金来源和资金运用都限定在企业内部，而不能像其他金融机构一样到社会上去开拓生存空间。这和西方的金融公司很不一样。

财务公司在业务上受中国人民银行领导、管理、监督和稽核，在行政上则隶属于各企业集团，是实行自主经营、自负盈亏的独立企业法人。

(三) 国际金融机构体系

国际金融机构体系是指从事国际金融管理和国际金融活动的超国家性质的组织机构，按地区可分为全球性国际金融机构和地区性国际金融机构。

(1) 国际清算银行(BIS)

国际清算银行是英、法、德、意、比、日等国的中央银行与代表美国银行界利益的摩根银行、纽约和芝加哥的花旗银行组成的银团，根据海牙国际协定成立于 1930 年，最初为处理第一次世界大战后德国战争赔款问题而设立，后演变为一家各国中央银行合作的国际金融机构，是世界上历史最悠久的国际金融组织，总部设在瑞士巴塞尔。这个银行在当前依旧相当活跃，对银行实施国际监管的著名的《巴塞尔协议》及随后的相关文件就是出自于这个银行。

国际清算银行的宗旨是“促进各国中央银行之间的合作并为国际金融业务提供便利”，其业务主要有：

① 处理国际清算事务。二战后，国际清算银行先后成为欧洲经济合作组织、欧洲支付同盟、欧洲煤钢联营、黄金总库、欧洲货币合作基金等国际机构的金融业务代理人，承担着大量的国际结算业务。

② 办理或代理有关银行业务。二战后，国际清算银行业务不断拓展，可从事的业务主要有：接受成员国中央银行的黄金或货币存款，买卖黄金和货币，买卖可供上市的证券，向成员国中央银行贷款或存款，也可与商业银行和国际机构进行类似业务，但不得向政府提供贷款或以其名义开设往来账户。世界上很多中央银行在国际清算银行存有黄金和硬通货，并获取相应的利息。

③ 定期举办中央银行行长会议。国际清算银行于每月的第一个周末在巴塞尔举行西方主要国家中央银行的行长会议，商讨有关国际金融问题，协调有关国家的金融政策，促进各国中央银行的合作。

(2) 国际货币基金组织(IMF)

国际货币基金组织是根据 1944 年 7 月在布雷顿森林会议签订的《国际货币基金协定》，

于1945年12月27日在华盛顿成立的。我们常听到的“特别提款权”就是该组织于1969年创设的。该组织宗旨是通过一个常设机构来促进国际货币合作，为国际货币问题的磋商和协作提供方法；通过国际贸易的扩大和平衡发展，把促进和保持成员国的就业、生产资源的发展、实际收入的高低水平，作为经济政策的首要目标；稳定国际汇率，在成员国之间保持有秩序的汇价安排，避免竞争性的汇价贬值；协助成员国建立经常性交易的多边支付制度，消除妨碍世界贸易的外汇管制；协助会员国克服国际收支困难。

(3) 世界银行(WB)

世界银行是与国际货币基金组织同时组建的国际金融机构，它有两个附属机构：国际开发协会和国际金融公司，三者统称世界银行集团。世界银行的宗旨是向成员国提供贷款和投资，推进国际贸易均衡发展。

世界银行在成立之初，主要是资助西欧国家恢复被战争破坏了的经济，但在1948年后，欧洲各国开始主要依赖美国的“马歇尔计划”来恢复战后的经济，世界银行于是主要转向向发展中国家提供中长期贷款与投资，促进发展中国家经济和社会发展。世界银行在努力缩小这种差距，把富国的资源转化成穷国的经济增长。作为世界上提供发展援助最多的机构之一，世界银行支持发展中国家政府建造学校和医院、供水供电、防病治病和保护环境的各项努力。

【例12】(江西财大2017)主要从事国际金融事务的协调和监管，并促进成员国货币合作和汇率稳定的国际金融机构是(　　)。

A. 国际金融公司　　B. 世界银行　　C. 国际清算银行　　D. 国际货币基金组织

答案：D。IMF的工作主要是解决成员国的国际收支问题，包括国际收支行为准则的制定、监督及为国际收支不平衡提供融资。世界银行的主要任务是为发展中国家提供援助。国际金融公司是世界银行的一个附属机构，主要是向成员国的私人部门提供贷款。国际清算银行的主要任务是促进各国中央银行之间的合作并为国际金融业务提供便利。

(4) 亚投行(AIIB)

亚洲基础设施投资银行是一个政府间性质的亚洲区域多边开发机构。AIIB重点支持基础设施建设，成立宗旨是为了促进亚洲区域的建设互联互通化和经济一体化的进程，并且加强中国及其他亚洲国家和地区的合作，是首个由中国倡议设立的多边金融机构，总部设在北京，法定资本1000亿美元。截至2017年5月13日，亚投行有77个正式成员国。

习题精编

一、选择题(＊表示多选题，否则为单选题)

1. 下列不属于间接融资的是(　　)。

A. 银行贷款　　B. 银团贷款　　C. 信用贷款　　D. 债券融资

2. 发行者在外国金融市场上，通过所在国金融机构发行的，以发行地所在国货币为面值的债券为(　　)。

A. 欧洲债券　　B. 外国债券　　C. 武士债券　　D. 国内一般债券

3. 非居民与非居民之间进行金融资产交易的市场称为(　　)。

A. 离岸金融市场　　B. 在岸金融市场　　C. 国内金融市场　　D. 国际债券市场

4. (金融联考2009年)对于可转换债券，下面描述错误的是(　　)。

A. 可转换债券是指公司债券附加可转换条款，赋予债券持有人按事先约定的比例(转化比率)转换公

司普通股的选择权

B. 大部分可转换债券都是没有抵押的低等级债券，并且是由风险较大的小型公司发行的

C. 发行可转换债券的公司筹措债务资本的能力比较低，使用可转换债券的方式将增强对投资者的吸引力

D. 可转换债券不能被发行公司提前赎回

5. (金融联考 2007 年)可转债实际上是一种普通股票的(　　)。

A. 长期看涨期权　　B. 长期看跌期权　　C. 短期看涨期权　　D. 短期看跌期权

6. (中国人大 2011)下列关于票据说法正确的是(　　)。

A. 汇票又称为期票，是一种无条件的偿还的保证

B. 银行本票是一种无条件的支付承诺

C. 商业汇票和银行汇票都是由收款人签发的票据

D. 商业承兑汇票与银行承兑汇票只能由债务人付款

7. (江西财大 2017)即期外汇交易的标准交割日是指外汇(　　)。

A. 成交的当天　　B. 成交后的第一个营业日

C. 成交后的第二个营业日　　D. 成交后的第三个营业日

8. (华中科大 2017)以下哪一个市场不属于货币市场？(　　)

A. 同业拆借市场　　B. 大额定期存单　　C. 股票市场　　D. 商业票据

9. (清华大学 2017)能在货币市场中交易的金融工具是(　　)。

A. 英镑　　B. 超短期融资券　　C. 中期票据　　D. 优先股

10. 货币市场相对于资本市场而言，其突出特点是(　　)。

A. 安全性高，流动性低　　B. 流动性高，收益高

C. 收益高，风险性低　　D. 风险性低，流动性高

11. 在我国，负责管理和处置中国工商银行不良资产的资产管理公司是(　　)。

A. 信达资产管理公司　　B. 华融资产管理公司

C. 东方资产管理公司　　D. 长城资产管理公司

12. 投资银行最基本的传统业务是(　　)。

A. 证券承销　　B. 证券交易　　C. 证券私募　　D. 资产证券化

13. 下列不属于存款型金融机构的是(　　)。

A. 商业银行　　B. 储蓄银行　　C. 信用社　　D. 投资银行

14. 下列属于契约型金融机构的是(　　)。

A. 金融公司　　B. 封闭型基金　　C. 保险公司　　D. 信用社

15. (中国人大 2014)下列哪个国家的中央银行没有参与国际清算银行的组建？(　　)

A. 英国　　B. 美国　　C. 德国　　D. 日本

16. 下列关于亚投行的说法中，错误的是(　　)。

A. 亚投行全称是亚洲基础设施投资银行

B. 印度已成为亚投行最大借款国

C. 亚投行的创始成员国包括德国、英国等欧洲国家

D. 截至 2017 年 5 月 13 日，亚投行有 57 个正式成员国

17. (中央财大 2017)关于衍生金融工具市场描述正确的是(　　)。

A. 远期交易合约的交易单位是交易所规定的标准化单位

B. 期货交易既可以在场内市场也可以在场外市场进行

C. 期权交易中看跌期权的买方具有决定是否买入合同标的物的权利

D. 期货是在远期的基础上产生的，期权是在期货的基础上产生的

18. (清华大学 2017)一个面值 1000 元的债券，一年期利率为 5.5%，一年后的远期利率为 7.63%，两

年后期限为1年的远期利率为12.18%，三年后期限为1年的远期利率为15.5%，那么三年期的零息债券的价格为(　　)元。

A. 785　　B. 852　　C. 948　　D. 1000

19. 如果以 X 表示执行价格，S_T 代表标的资产的到期日价格，那么欧式看跌期权多头的损益为(　　)。

A. $\max(S_T-X,\ 0)$　　B. $\min(X-S_T,\ 0)$　　C. $\max(X-S_T,\ 0)$　　D. $\min(S_T-X,\ 0)$

20. (上海财大2020)金融期货与金融期权的区别主要表现在(　)。

A. 收费不同　　B. 收益不同

C. 权利和义务的对称性不同　　D. 交易方式不同

21. (湖南大学2014)如果A、B两公司都想从金融市场上借入3年期价值1000万元的借款，但两家公司的信用级别不同，因而融资成本也不同，如下表所示：

	固定利率	浮动利率
A公司	10.00%	LIBOR+0.30%
B公司	12.00%	LIBOR+1.20%

假设两公司分别在自己的优势市场进行融资，然后进行互换。如果固定利率融资方向对方支付LIBOR+0.25%利率，应该换取(　　)的固定利率，才能使互换双方可以各享一半的互换利益。

A. 9%　　B. 10.50%　　C. 11%　　D. 12.5%

二、简答题

22. (华东师大2018年)扬基债券

23. (中山大学2018年)可交换债券

24. (上外2020)欧洲货币市场

25. (浙江财经2016)简述利用期货进行套期保值的基本原则。

三、计算题

26. (华东师大2012)一张面额为100万元，利率为10%的存单，于2012年1月1日发行，应于2012年2月29日到期。某中央银行在发行日购入后，又于2012年1月31日转卖给某商业银行，假设市场利率为9%，问转卖时存单价格为多少？该商业银行持有存单的收益率为多少？

27. (南京大学2014)3月15日，某公司预计6月15日将有一笔10000000美元收入，该公司打算将其投资于美国30年期国债。3月15日，30年期国债的利率为9.00%，该公司担心到6月15时利率会下跌，故在芝加哥期货交易所进行期货套期保值交易。具体操作过程如下表所示，请计算下表问号“?”处的盈亏数据。

日　期	现货市场	期货市场
3月15日	利率为9.00%	买入100张6月期的30年期国债期货合约，价格为91-05
6月15日	利率为7.00%	卖出100张6月期的30年期国债期货合约，价格为92-15
盈亏	问号“?”	问号“?”

28. 已知市场上期限为1年期和2年期的零息债券(面值均为100元)，其价格分别是96元和91元。

(1) 求1年期和2年期的即期收益率；

(2) 求1年后的远期利率；

(3) 如果利率期限结构的预期理论成立，那么明年的1年期短期利率是多少？

(4) 如果流动性偏好理论成立，且风险溢价为0.5%，请计算明年的1年期短期利率。

四、论述题

29. 2018年3月26日，原油期货将在上海期货交易所上海国际能源交易中心正式挂牌交易。原油期货上市，无论对于中国期货市场还是石油业来说都意义重大、影响深远，是里程碑式的事件。

回答以下问题：

(1) 我国原油期货上市的背景是什么？

(2) 我国原油期货合约设计需要考虑哪些因素？

(3) 我国原油期货上市有什么意义？

习题参考答案

一、选择题

1. D。直接融资和间接融资的区别：直接融资是指政府、企业等主体直接从社会上(如企事业单位、居民等)筹资。一般来说，是通过发行债券、股票及商业信用等形式融通所需资金。间接融资是指以金融部门为中介，由金融部门(如商业银行、信用中介、储蓄机构)通过吸收存款、存单等形式积聚社会闲散资金，然后以贷款等形式向非金融部门(如企业等)提供资金。

2. B。外国债券是指外国借款人(政府、私人公司或国际金融机构)所在国与发行市场所在国具有不同的国籍并以发行市场所在国的货币为面值货币发行的债券。例如，扬基债券(Yankee Bond)是非美国主体在美国市场上发行的以美元为面值的债券，武士债券(Samurai Bond)是非日本主体在日本市场上发行的以日元为面值的债券，同样，还有英国的猛犬债券(Bull-dog Bond)、西班牙的斗牛士债券、荷兰的伦勃朗债券，都是非本国主体在该国发行的以该国货币为面值的债券。

【科兴点评】欧洲债券和外国债券是一对比较容易混淆的概念。欧洲债券是一国政府、金融机构、工商企业或国际组织在国外债券市场上以第三国货币为面值发行的债券。例如，法国一家机构在英国债券市场上发行的以美元为面值的债券即是欧洲债券。

3. A。除了非居民与非居民之间金融资产交易场所是离岸市场外，其他的都可以称作是在岸市场。

4. D。可转换债券(Convertible bond)一种复合债券，它赋予持有者在一定的时间内按约定的转换比率将债券转换为公司的股票，可转换债券实际上是一个普通债券嵌入一个公司股票的看涨期权，大部分可转换债券都是没有抵押的低等级债券，并且是由风险较大的小型公司发行的，嵌入期权可以增加债券对投资者的吸引力。可转换债券持有人还享有在一定条件下将债券回购给发行人的权利，同时发行人也享有在一定条件下提前赎回的权利。所以 D 中说法是不准确的。

5. A。可转换公司债券是一种被赋予了股票转换权的公司债券。也称“可转换债券”。发行公司事先规定债权人可以选择有利时机，按发行时规定的条件把其债券转换成发行公司的等值股票(普通股票)。待发行公司经营实绩显著，经营前景乐观，其股票行市看涨时，则可将债券转换为股票，以受益于公司的发展。可转换公司债券在某种程度上相当于普通股票的长期看涨期权。

6. B。商业本票又称为期票，本票是债务人向债权人发出的支付承诺书，承诺在约定期限内支付一定的款项给债权人。A 选项错误，B 选项正确。商业汇票是出票人签发的，委托付款人在指定日期无条件支付确定的金额给收款人或者持票人的票据。商业汇票分为商业承兑汇票和银行承兑汇票。商业承兑汇票由银行以外的付款人承兑(付款人为承兑人)，银行承兑汇票由银行承兑。C 和 D 选项错误。

7. C。大多数的外汇交易都是即时完成交易，即在 2 个营业日后完成交割。这是给予交易双方最短的时间，可以让他们完成交割细节的准备，以及因应时差问题等等。

8. C。货币市场是短期资金市场，是指融资期限在一年以下的金融市场，是金融市场的重要组成部分。货币市场由同行业拆借市场、票据市场、大额可转让定期存单市场(CD 市场)、国库券市场、消费信贷市场和回购协议市场六个子市场构成。股票市场是资本市场的重要组成部分。

9. B。SCP 是指企业在银行间市场发行的、期限 270 天之内的短期债券，属于货币市场金融工具。英镑算是一种流动性极强的金融工具，但只能在外汇市场中交易。

10. D。一般而言，金融资产的流动性与风险性、收益性之间存在负相关的关系。相比资本市场，货币市场上的金融工具期限更短，流动性更强，故风险更低，收益更低。

11. B。1999 年，东方、信达、华融、长城四大 AMC 在国务院借鉴国际经验的基础上相继成立，并规定存续期为 10 年，分别负责收购、管理、处置相对应的中国银行、中国建设银行和国家开发银行、中国工商银行、中国农业银行所剥离的不良资产。成立之初，除信达的人员较为整齐之外，其余三家均临时从对应的国有银行抽调。

12. A。证券承销是投资银行最本源、最基础的业务。通常的承销方式有包销，余额包销和代销三种。

13. D。投资银行是直接融资机构，属于投资型金融机构，属于非存款性金融机构。

14. C。契约型金融机构是指与投资者签订契约，并根据契约进行风险和利润分配的金融机构，主要有养老基金和保险公司。

15. B。代表美国政府参与国际清算银行筹建的是以摩根银行为首的一些美国银行(另外还有纽约花旗银行、芝加哥花旗银行)，而不是美联储。

16. D。2017 年 5 月 13 日，亚洲基础设施投资银行宣布批准 7 个新成员加入亚投行，成员总数达到了 77 个。在新成员名单中，有三个亚太区域内国家和四个亚太区域外国家，他们分别是巴林、塞浦路斯、萨摩亚、玻利维亚、智利、希腊和罗马尼亚。

17. D。远期交易没有固定的场所，A 选项错误。期货交易必须在场内进行，B 选项错误。期权交易中看跌期权的买方没有决定是否买入合同标的物的权利，C 选项错误。

18. A。根据题意可知：$(1+y_3)^3=(1+f_{01})(1+f_{11})(1+f_{12})=(1+5.5\%)(1+7.63\%)(1+12.18\%)\approx 1.2738$，则三年期的零息债券的价格为 1000/1.2738=785 元。

19. C。A 项是欧式看涨期权多头的损益，错误。B 项是欧式看涨期权空头的损益，错误。C 项是欧式看跌期权多头的损益，正确。D 项是欧式看跌期权空头的损益，错误。

20. C。金融期货与金融期权的区别主要表现在权利和义务的对称性不同。期货的双方都被赋予相应的权利和义务，而期权赋予买方只有权利、没有任何义务，卖方则只有义务、没有权利。

21. B。(LIBOR+0.3%+12%)-(LIBOR+1.2%+10%)=1.1%，平分收益，双方各优惠 0.55%。固定利率方可借的浮动利率为 LIBOR+0.3%，实际支付的浮动利率为 LIBOR+0.25%，实际支付的固定利率是 10%，因此其收取的固定利率应满足 $10\%-X+\text{LIBOR}+0.25\%=\text{LIBOR}+0.3\%-0.55\%$，解得 $X=10.50\%$。

二、简答题

22. 扬基债券是在美国债券市场上发行的外国债券，即美国以外的政府、金融机构、工商企业和国际组织在美国国内市场发行的、以美元为计值货币的债券。“扬基”一词英文为“Yankee”，意为美利坚合众国(“美国佬”)。由于在美国发行和交易的外国债券都是同“美国佬”打交道，故名扬基债券。

23. 可交换债券全称为“可交换他公司股票的债券”，是指上市公司股份的持有者通过抵押其持有的股票给托管机构进而发行的公司债券，该债券的持有人在将来的某个时期内，能按照债券发行时约定的条件用持有的债券换取发债人抵押的上市公司股权。可交换债券是一种内嵌期权的金融衍生品。

24. 欧洲货币市场是指非居民之间以银行等金融机构为中介，在货币发行国国境之外进行的该国货币借贷的短期资金市场。其特点是：经营自由，资金规模庞大，资金周转极快，调度灵便，有独特的利率体系，其经营以银行间交易为主。欧洲货币市场使得国际金融市场的联系更加密切，促进了一些国家的经济发展，加速了国际贸易的发展，帮助一些国家解决了国际收支逆差问题。但是，欧洲货币市场也给世界经济带来了不可低估的不稳定性，经营欧洲货币业务的银行风险增大，影响各国金融政策的实施，加剧外汇证券市场的动荡。

25. 期货套期保值是指把期货市场当作转移价格风险的场所，利用期货合约作为将来在现货市场上买卖商品的临时替代物，对其现在买进准备以后售出商品或对将来需要买进商品的价格进行保险的交易活动。

一般认为，套期保值操作应该遵循以下四项基本原则：

(1) 品种相同或相近原则

该原则要求投资者在进行套期保值操作时，所选择的期货品种与要进行套期保值的现货品种相同或尽可能相近。只有如此，才能最大程度地保证两者在现货市场和期货市场上价格走势基本一致。

（2）月份相同或相近原则

该原则要求投资者在进行套期保值操作时，所选用期货合约的交割月份与现货市场的计划交易时间尽可能一致或接近，这样，在套期保值到期时，期货价格与现货价格才会尽可能趋于一致。

（3）方向相反原则

该原则要求投资者在实施套期保值操作时，在现货市场和期货市场的买卖方向必须相反。由于同种（相近）商品在两个市场上的价格走势方向一致，因此必然会在一个市场上亏损而在另外一个市场盈利，盈亏相抵从而达到保值的目的。

（4）数量相当原则

该原则要求投资者在进行套期保值操作时，所选用的期货合约上所载明的商品数量必须与现货市场上要保值的商品数量相当；只有如此，才能使一个市场上的盈利（亏损）与另一市场的亏损（盈利）相等或接近，从而提高套期保值的效果。

三、计算题

26. $$\text{存单转让价格}=\text{本金}\times\frac{1+\text{存单利率}\times\frac{\text{存单发行日至到期日的天数}}{360}}{1+\text{市场利率}\times\frac{\text{存单买入日至到期日的天数}}{360}}=100\times\frac{1+10\%\times\frac{60}{360}}{1+9\%\times\frac{30}{360}}=100.91$$

$$\text{存单持有到期收益}=\left[\frac{\text{本金}\times(1+\text{存单利率}\times\frac{\text{存单发行日至到期日的天数}}{360})}{\text{存单购买价格}}-1\right]$$

$$\times\frac{360}{\text{存单买入日至到期日的天数}}=\left[\frac{100\times(1+10\%\times\frac{60}{360})}{100.91}-1\right]\times\frac{360}{30}$$

$$=9\%$$

27. 中长期国债的报价方式，“-”号前面的数字代表多少个点，“-”号后面的数字代表多少个 1/32 点。所以，91-05 对应的价格：91+5/32=91.15625，92-15 对应的价格：92+15/32=92.46875。则：

现货市场亏损=10000000×（7%-9%）×90/360=-50000（美元）

期货市场盈利=（92.46875-91.15625）100×1000=131250（美元）

28.（1）根据概念可知，即期利率为零息债券的到期收益率，则

1 年期即期利率是：$\frac{100}{96}-1\approx4.17\%$，2 年期即期利率是：$\sqrt{\frac{100}{91}}-1\approx4.83\%$。

（2）由远期利率和即期利率的关系可知：

$$(1+f_1)=\frac{(1+y_2)^2}{(1+y_1)^1}\Rightarrow f_1=\frac{1.0483^2}{1.0417}-1\approx5.49\%$$

（3）根据预期理论，远期利率是未来即期利率的无偏估计，因此明年的一年期短期利率等于 1 年后的远期利率=5.49%。

（4）根据流动性偏好理论，远期利率等于未来的即期利率加上风险溢价，即明年的一年期短期利率等于 1 年后的远期利率减去风险溢价，为：5.49%-0.5%=4.99%。

四、论述题

29.（1）石油是世界的主导性能源，在世界一次能源消费中占比 1/3 左右。进入 21 世纪以来，世界石油生产西移、消费东移的趋势逐渐形成。从 2004 年开始，亚太地区的石油消费量超过北美和欧洲，成为世界上最大的石油消费市场。2017 年，中国原油表观消费量 6.1 亿吨，进口量 4.2 亿吨，超过美国首次成为全球第一大原油进口国。

全球原油贸易定价主要按照期货市场发现的价格作为基准。目前，国际上有 10 多家期货交易所都推出了各自的原油期货，其中芝加哥商业交易所集团旗下的纽约商业交易所、伦敦洲际交易所是世界两大原油期货交易中心，它们的西得克萨斯中质（WTI）原油期货、布伦特原油期货分别扮演着北美和欧洲基准原油

合约的角色。

尽管亚太地区的原油消费量和进口量大，但在该时区内还没有一个成熟的期货市场为原油贸易提供定价基准和规避风险的工具。日本、新加坡、印度等国都在建立原油期货市场方面进行了探索和尝试，但影响力都不大，没有形成原油贸易定价基准。由于没有一个充分反映亚太地区原油实际供求情况的定价基准，因此亚太国家只能被动接受新加坡普氏报价、迪拜商品交易所的阿曼原油期货价格等作为原油贸易定价基准。但这些价格并没有反映中国及亚太地区其他主要原油进口国的真实情况。目前，包括中国在内的亚太国家从中东地区进口原油的价格，比欧美国家在同地区购买同品质原油要高，这对亚太国家及人民都是一件很吃亏的事情。

(2) 上海期货交易所在设计原油期货合约时主要考虑了以下几个方面的因素：

一是期货合约标的物——选什么油的问题。2017 年，我国原油对外依存度超过 68%。进口的原油中 43%来自中东地区，是我国原油进口最主要的来源。综合考虑我国进口原油品种结构和实体经济需求，上海期货交易所原油期货合约以区别于 WTI 和布伦特的中质含硫原油作为标的。

二是计价和结算货币——用什么货币定价的问题。国际原油现货贸易大多用美元计价和结算，主要的原油期货合约 WTI、布伦特以及阿曼原油期货等，也都是用美元计价和结算。印度、日本等国推出的原油期货合约在用本国货币计价和结算上进行了探索。我国原油期货合约采用人民币计价和结算，但外币可以作为保证金使用，平衡兼顾了国内投资者和国际投资者的需求。

三是可交割油种——哪些油可以交割的问题。我国原油期货采用实物交割的方式，面临的最大风险就是交割风险，因此，确定哪些油作为可交割油种非常关键。综合考虑各种因素，上海期货交易所公布的原油期货可交割油种一共有 7 种，以中东原油为主，包括阿联酋的迪拜原油和上扎库姆原油、阿曼原油、卡塔尔海洋油、也门马西拉原油以及伊拉克巴士拉轻油等 6 种。同时，胜利原油作为唯一的国产原油被纳入可交割油种。

四是指定交割仓库——运油和交油的问题。与国际原油贸易 90%靠海运相同，我国进口原油也主要靠海路运输。原油期货上市初期启用的 6 家指定交割仓库 8 个存放点，主要分布在长三角地区、珠三角地区、胶东半岛和辽东半岛，充分考虑了沿海海运方便、靠近大型炼油厂和原油集散地、南方和北方兼顾等因素。下一步，随着我国原油进口来源和运输渠道的多元化，上海期货交易所将及时优化指定交割仓库布局，以更好地服务实体经济和国家战略。

此外，原油期货将依托保税油库实行“保税交割”，主要是考虑保税现货贸易的计价为不含关税、增值税的净价，方便与国际市场的不含税价格直接对比，同时避免国内税收政策变化对交易价格的影响；保税贸易对参与主体的限制少，保税油库可以作为联系国内外原油市场的纽带，有利于境外投资者参与交易和交割。

(3) 原油期货上市，对我国来说主要有以下几个方面的意义：

其一，方便我国广大企业利用本土原油期货市场套期保值管理风险，同时把宝贵的投资者资源留在国内。

其二，弥补现有国际原油定价体系的缺口，建立反映中国及亚太市场供求关系的原油定价基准。这不仅对中国，对亚太地区乃至对全球都是一件好事。

其三，人民币计价和结算的原油期货市场的逐步成熟、吸引力的增加，将促进人民币在国际上的使用，有利于推动人民币国际化进程。

其四，做商品期货对外开放的探路者。商品的同质性、现货市场的自由贸易和大宗商品贸易适用“一价定律”，决定了商品期货市场具有国际化、全球化的天然属性，对外开放更加紧迫。原油期货在开放路径、税收管理、外汇管理、保税交割及跨境监管合作等方面积累的经验可逐步拓展到铁矿石、有色金属等其他成熟的商品期货品种，进而推动我国商品期货市场的全面开放。

第五章　商业银行

商业银行是一种特殊的企业，在一国金融乃至经济体系中的地位是非常重要的。从金融体系来说，商业银行是中央银行货币政策的首要传递者。从经济体系来看，商业银行是现代社会经济运转的枢纽之一。本章内容中，“商业银行概述”属于基础知识点，主要考查商业银行的组织形式和商业银行的职能。“商业银行的业务”属于重要知识点，主要考查给定某种业务，辨别其属于商业银行的哪种业务类型。“商业银行的经营与管理”需掌握商业银行经营的原则和资产负债管理理论中的相关结论。

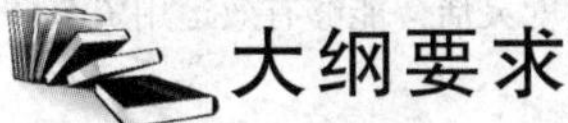

大纲要求

商业银行的负债业务
商业银行的资产业务
商业银行的中间业务和表外业务
商业银行的风险特征

知识脉络

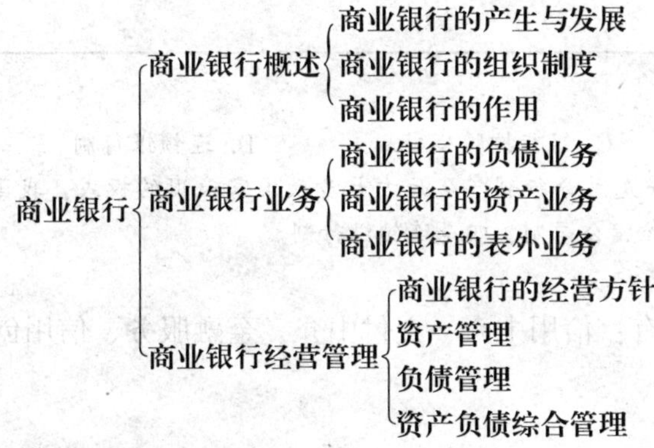

理论精要

知识点一　商业银行概述

1. 商业银行的产生与发展

商业银行起源于意大利，1580 年建立的威尼斯银行是最早的近代银行。1694 年，英国成立了第一家股份制商业银行——英格兰银行，标志着现代银行制度的建立。

商业银行是商品经济发展到一定阶段的必然产物，并随着商品经济的发展不断完善。商业银行主要通过三种途径产生：

(1) 从旧式高利贷银行转变而来的；

(2) 以股份制公司形式组建起来的；

(3) 由国家(政府)作为主要出资者组建的。

中国自办的第一家银行是1897年成立的中国通商银行，它的成立标志着中国现代银行事业的创始。

2. 商业银行的组织形式

商业银行的组织形式可分为总分行制、单一银行制、持股公司制、连锁银行制等，具体如表5-1所示。

表5-1 商业银行的组织形式

组织形式	说 明
总分行制	① 银行在大城市设立总行，在各地普遍设立分支行并形成庞大银行网络的制度。 ② 优点：经营范围广、规模大；分工细，专业化程度较高；资金调度灵活，能够有效运用资金并分散风险；信息充分、服务种类多，具有较强的市场竞争力。 ③ 缺点：经营成本高、管理不灵活、效率不高
单一银行制	① 也称单元制，是不设任何分支机构的银行制度，主要在美国采用。 ② 推行的理由是地方性强，经营自主灵活，便于鼓励竞争，限制银行垄断。但其在业务经营与发展方面受限较多，整体实力相对薄弱，在同业竞争中常会处于不利的地位
持股公司制	① 由一家控股公司持有一家或多家银行的股份，或者控股公司下设多个子公司的组织形式。 ② 是美国银行业规避管制的一种创新
连锁银行制	由某一个人或某一个集团购买若干家独立银行的多数股票，从而控制这些银行的组织形式，与持股公司制的区别是不必成立控股公司

【例1】我国商业银行实行的组织形式是(　　)。

A. 总分行制　　B. 单一银行制　　C. 银行控股公司制　　D. 连锁银行制

答案：A。商业银行的组织形式大致有四种：一是总分行制，是西方大多数国家采用的模式，我国也是；二是单一银行制，主要存在于美国，三是银行控股公司制，四是连锁银行制。

3. 商业银行的作用

商业银行在现代经济活动中的主要作用有：信用中介、支付中介、金融服务、信用创造和调节经济。

(1) 信用中介

信用中介是指商业银行通过负债业务，把社会上的各种闲散货币资金集中到银行，通过资产业务，把它投向需要资金的各部门，充当资金闲置者和资金短缺者之间的中介人，实现资金的融通。信用中介是商业银行的基本功能。

(2) 支付中介

支付中介是指商业银行利用活期存款账户，为客户办理各种货币结算、货币收付、货币兑换和转移存款等业务活动。它是商业银行的传统功能。

(3) 金融服务

金融服务是指商业银行利用其在国民经济活动中的特殊地位，及其在提供信用中介和支付中介业务过程中所得的大量信息，运用电子计算机等先进技术手段和工具，为客户提供其他服务(财务咨询、代理融通、信托、租赁、计算机服务、现金管理等)。

（4）信用创造

信用创造是指商业银行利用其可以吸收活期存款的有利条件，通过发放贷款，而衍生出更多存款，从而扩大社会货币供给量。它是在信用中介职能和支付中介职能的基础上派生出来的功能。长期以来，商业银行是唯一能够吸收活期存款并开设支票存款账户的金融机构。

（5）调节经济

调节经济是指商业银行通过其信用中介活动，调节社会各部门的资金余缺，同时在中央银行货币政策指引下，在国家其他宏观政策的影响下，实现调节经济结构，调节投资与消费比例关系，引导资金流向，实现产业结构调整，发挥消费对生产的引导作用。

知识点二 商业银行的主要业务

尽管各国商业银行的组织形式、名称、经营内容各异，但就其经营的主要业务来说，一般分为负债业务、资产业务以及表外业务。

1. 负债业务

负债业务是构成商业银行资金来源的业务，是商业银行资产业务的前提和条件。商业银行的全部资金来源包括自有资金和负债两部分。与一般工商企业不同的是，商业银行的自有资金在其全部资金来源中只占很小的比重，负债的规模大体决定了商业银行开展资产业务、获得利润的能力，因此是商业银行最基本的、最主要的业务。商业银行的负债业务主要包括：

（1）资本金业务

银行的资本与一般工商企业有所区别，不仅包括实收股本等股权资本，还可以包括一些满足条件的债务资本。

（2）存款业务

① 活期存款。活期存款是指由存款户随时存取和转让的存款，它没有确切的期限规定，银行也无权要求客户取款时做事先的书面通知。在国外，持有活期存款账户的存款者可以用各种方法提取存款，如可开出支票、本票、汇票、电话转账等，所以有时又称之为“交易账户”。活期存款是流动性最强的一种负债，可以直接起到交易媒介的作用，所以一般把它看作是货币的一个组成部分。其特点如下：具有较强的派生能力；流动性大，存取频繁，风险较大；活期存款中相对稳定部分可以用于贷款；活期存款是银行与客户关系的桥梁。

在美国，活期存款有以下四种不同的形式：①不付息的活期存款；②付息的可转让提款单存款（*NOWs*）；③超级可转让支付凭证账户（*S-NOWs*）；④货币市场存款账户。其中第二种、第三种账户只能由个人和非营利性机构持有。

② 定期存款。定期存款是客户与银行预先约定存款期限的存款。存款期限在美国最短为7天，在我国通常为3个月、6个月或一年不等，期限最长可达5年或10年，不可使用支票。存款利率根据期限的长短不同而不同，但都要高于活期存款。定期存款的存单可以作为抵押品取得银行贷款。对于到期未提取的存单，按惯例不对到期后的时间段支付利息，我国目前则以活期利率对其计息。其特点是：定期存款带有投资性；定期存款所要求的存款准备金率低于活期存款；手续简单，费用较低，风险性小。

③ 储蓄存款。储蓄存款是个人为积蓄货币和取得利息收入而开立的存款账户。储蓄存款不可使用支票，利率较高。储蓄存款分为活期和定期两种。传统的储蓄存款是存折储蓄，它凭存折存取。随着科技的发展，银行为争取客户，纷纷将储蓄存款改为使用提款卡的形

式，即银行在公共场所以及银行内安装“自动柜员机”，客户可在24小时内方便地存款和取款。在美国，居民个人、政府和企业都可以合法地持有储蓄存款。我国的储蓄存款则专指居民个人在银行的存款，政府机关、单位的所有存款都不能成为储蓄存款，公款私存被认定为违法现象。

【科兴点评】需要提出的是，以上有活期存款、定期存款，而储蓄存款又分活期和定期，容易让人迷惑。其实，以上的①活期存款②定期存款，都是针对企业存款的，而③储蓄存款才是针对自然人，考生要分别清楚。

（3）借款业务

① 中央银行借款。中央银行是银行的最后贷款人，当商业银行资金不足时，可以向中央银行借款。西方国家中央银行向商业银行所提供的贷款一般是短期性的。中央银行对商业银行提供信贷多采用两种形式，即再贴现和抵押贷款。再贴现是商业银行把自己办理贴现业务所买进的未到期票据，再转卖给中央银行。抵押贷款则是商业银行用自己持有的有价证券作为抵押品向中央银行取得借款。

② 银行同业拆借。银行同业拆借是指商业银行之间以及商业银行与其他金融机构之间相互提供的短期资金融通。在这种拆借业务中，借入资金的银行主要是用以解决本身临时性的资金周转需要，期限较短，多为1~7个营业日。同业拆借一般都通过商业银行在中央银行的存款准备金账户，由拆入银行与拆出银行之间用电话或电传通过专门的短期资金公司或经纪人来安排等方式进行。

③ 发行金融债券。银行发行资本债券可以获得长期、稳定的资金来源，有利于改善负债结构，并且根据《巴塞尔协议》的规定，长期次级债券可以计入附属资本之内。

④ 回购协议。银行持有大量的政府债券，可以在回购市场通过回购协议筹集短期资金。回购协议的期限从1天到数月不等，期限为一天的又称为隔夜回购。

2. 资产业务

商业银行的资产业务是指商业银行将吸收的资金加以运用的业务，这是商业银行取得收入的主要途径。由于商业银行资金来源的特殊性，所以，银行的资金运用要把盈利性和流动性有机结合。商业银行的资金运用主要包括现金资产、贷款和证券投资。

（1）现金业务

现金资产指商业银行的一线准备。一线准备是满足银行流动性需要的第一道防线，包括库存现金、存放在中央银行的存款准备金、同业存款和托收过程中的资金。作为一线准备的现金资产具有流动性最强、非盈利性的特点。商业银行从其经营目标出发，通常尽可能把一线准备降到法律所允许的最低限度。

① 准备金。商业银行必须持有一定的准备金，以满足支付的需要。准备金包括库存现金和中央银行存款两部分。由于在中央银行的存款是准备金的主要部分，所以准备金主要不是由银行自己保留，而是由中央银行统一保留。银行的准备金一般是不付利息的。一般来说，流动性越强的存款，法定准备金率也越高。商业银行并不需要在所有时间都符合法定准备金的要求，而只需要在一段时间内的平均数额达到规定标准即可。

② 应收现金。在结算过程中，如果收款方在银行开户，而资金尚未收到，这项资金就成为该银行的资产。

③ 存放同业。它是银行存放其他金融机构的存款。在其他金融机构（主要是银行）保持存款的目的，是为了便于同业之间的结算收付及开展代理业务。

【例 2】下列商业银行资产中，有流动性强、安全性高特点的是(　　)。

A. 固定资产　　B. 贷款资产　　C. 现金资产　　D. 或有资产

答案：C。现金资产是指金融企业持有的库存现金以及与现金等同的可随时用于支付的资产，是金融资产中最富有流动性的部分，是维护金融业支付能力的第一道防线，也称为一级准备。现金资产具有流动性强，安全性高、交易成本低的特点。

(2) 贷款业务

贷款是商业银行最基本的资产业务。银行发放的贷款流动性比较差，因为贷款一般不能提前收回，也难以转让。并且，银行贷款还要承担客户的违约风险，故此银行贷款利率通常比较高。贷款是商业银行最重要的资金运用业务，其在总资产的比重一般占首位。贷款在资产组合中对银行风险结构和收益结构影响很大，贷款比重的提高会增加银行预期盈利，但同时也增加了银行的风险。所以，盈利与风险是贷款业务中考虑的核心。贷款一般可以分为批发贷款、零售贷款和贴现业务。

(3) 证券投资

它是指商业银行将资金用于购买有价证券，如政府债券、企业债券和股票，以获得利息或股息收入。证券投资是商业银行重要的资产业务，也是收入的主要来源之一。与贷款业务相比，证券具有更高的流动性，可以作为银行的“二线准备”。但是，出于防范风险的考虑，各国政府对银行的证券投资活动进行了一定管制，包括种类管制和数量管制。在我国，法律禁止银行从事股票投资活动。

具体来说，商业银行证券投资业务的金融工具主要有以下几类：①货币市场投资工具，包括所有期限在 1 年以内的金融工具与证券。②资本市场证券，包括所有期限在 1 年以上的证券。③创新的投资工具，主要包括资产担保证券(*ABS*)、共同基金股份。

【例 3】(华东师大 2018 年)可以用来当作商业银行二级准备的资产有(　　)。

A. 在中央银行的存款　　B. 国库券　　C. 同业拆借资金　　D. 定期存款

答案：B。现金具有最强的流动性，能够随时满足流动性需要，因而现金资产又被称作商业银行的第一准备或一级准备。商业银行的现金资产包括库存现金、同业存款和在中央银行的超额准备金存款。二级准备在收益性，流动性方面介于贷款资产和现金资产之间，其组成构筑了银行证券投资流动性准备方法的核心，它强调短期证券在作为一级准备的补充，满足流动性需要的同时，还要为银行带来一定利息收入。可以用来充当商业银行二线准备的资产有 Cds 和国库券。

3. 商业银行的表外业务

广义的表外业务指影响银行利润和风险但不反映在资产负债表上的业务，可以分为无风险和有风险的表外业务两类。

(1) 无风险的表外业务

亦称中间业务，指商业银行以中间人的身份，不运用或较少运用自己的资金，替客户承办收付和其他委托事项，从中收取手续费的业务。无风险的表外业务主要包括转账结算业务、代理业务、信托业务、租赁业务和财务顾问业务。

① 转账结算业务指不使用现金，通过银行将款项从付款单位(或个人)的银行账户直接划转到收款单位(或个人)的银行账户的货币资金结算方式。由于转账结算不动用现金，所以又称为非现金结算或划拨结算。

② 代理业务指商业银行接受客户的委托、代为办理客户指定的经济事务、提供金融服务并收取一定费用的业务，包括代理证券业务、代理保险业务、代理商业银行业务、代理中央银行业务和其他代理业务。代理业务是典型的中间业务。银行充分利用自身的信誉、技能、信息等资源代客户行使监督管理权、提供各项金融服务。

③ 信托业务是指商业银行接受个人、机构或政府的委托，代为管理、运用和处理所托管的资金或资产并为受益人谋利的活动。信托不同于简单的代理活动。在代理关系中，代理人只以委托人的名义、按委托人制定的权限范围办事，在法律上委托人对委托财产的所有权没有改变；而在信托关系中，信托资产的所有权则从委托人转移到了受托人手中，受托人以自己的名义的管理和处理信托资产。

④ 银行租赁业务指商业银行作为出租人，向客户提供租赁形式的融资业务，包括融资性和经营性租赁。融资性租赁，又称金融租赁。它是指承租人选定机器设备后，出租人先购置，然后再出租给承租人使用，承租人按期交付租金的一种融资与融物相结合的经济活动。租赁期满后，租赁设备可以通过退租、续租或转移给承租人三种方法进行处理。融资性租赁是现代租赁中影响最大、应用最广、成交额最多的一种形式。经营性租赁，又称服务性租赁。它是指出租人向承租人提供设备及使用权的同时，还提供设备的维修、保养等其他专门的服务，并承担设备过时风险的一种中短期融资与融物相结合的经济活动。经营性租赁的租期较短，且可以经过一定的预约期而中途解约。由于租赁物一般为需要高度保养、管理技术的，或技术进步较快的，或广泛运用的设备与机械。

⑤ 财务顾问业务指商业银行根据客户的需求，利用自身的产品和服务及其他社会资源，为客户的财务管理、投融资、兼并与收购、资产重组及债务重组等活动提供的咨询、分析、方案设计等。

（2）有风险的表外业务

这类业务的开展将引起银行资产、负债的增减变化，带来银行损失的可能性，是狭义的表外业务。有风险的表外业务包括担保业务、票据发行便利、金融衍生工具交易、贷款承诺和贷款出售。

① 担保业务，指银行应交易中一方的申请，承诺当申请人不能履约时由银行承担对另一方的全部义务的行为，银行从中收取手续费。

② 票据发行便利，指借款人事先与银行签订一系列协议，借款人在一个时期内以自己的名义周转发行短期票据，取得以低成本获得长期资金的效果，如果某一期票据没有全部发行出去，银行要购买剩余票据或提供相应数额的贷款，从而保障了借款人获得资金的连续性。

③ 金融衍生工具交易，指银行为进行套期保值或者投机而在衍生品市场进行远期、期权、期货、互换等金融工具的交易。

④ 贷款承诺，是银行与借款客户之间达成的一种契约。银行承诺在一定期限内，按照双方约定的金额、利率，随时准备应客户的要求向其提供信贷服务，并收取一定的承诺佣金。贷款承诺的类型有很多，通常包括定期贷款承诺、备用承诺和循环承诺等。

⑤ 贷款出售，指银行将类似贷款打包出售给其他投资者，提前收回资金，相当于投资者通过银行这个中介，间接向借款人发放了贷款，银行从中收取手续费。

【例 4】商业银行表外业务包括中间业务和创新的表外业务。下列属于创新的表外业务的是（　　）。

A. 货币兑换、保管、汇兑业务　　B. 结算、代理、信息咨询业务

C. 信托、理财、银行卡业务　　D. 票据发行便利、回购协议

答案：D。中间业务和创新的表外业务的区别是：中间业务更多的表现为传统的业务，而且风险较小，主要有货币兑换、保管、结算、代理、信托、理财等；表外业务则更多的表现为创新的业务，风险较大，这些业务与表内的业务一般有密切的联系，在一定的条件下还可以转化表内的业务，主要有备用信用证、银行保函、票据发行便利、回购协议，故 D 项正确。

【专家观点】盛松成：余额宝投资存款应受存款准备金管理（具体内容，请扫描本书前言中的二维码进行下载。）

知识点三　商业银行经营管理

1. 商业银行经营的原则

无论各国商业银行在制度上存在怎样的差异，但是在业务经营上，各国商业银行通常都遵循盈利性、安全性和流动性原则。

(1) 盈利性原则

盈利性，是商业银行的基本方针，是银行从事各种活动的动因。充足的盈利可以扩充银行资本、扩大经营、增强银行信誉以及提高银行的竞争实力。如果银行无法盈利，投资者将丧失信心，银行的信誉将下降，可能引发银行的信用危机，导致客户挤兑，危及银行的生存。银行的盈利是放款利息收入、投资收入以及各种服务收入，扣除付给存款人的利息、银行自身的运营成本和费用所得的差额。商业银行盈利性的衡量指标有：

① 资产收益率(ROA)：又称投资报酬率，是银行纯利润与全部资产净值之比，其计算公式为：

$$资产收益率=\frac{纯利润}{资产总额}\times 100\%$$

② 银行利差率：利息收入一直是银行的主要收入来源，利息支出是其主要成本支出项目，利差收入是影响商业银行经营业绩的关键因素，银行利差率的主要计算公式为：

$$银行利差率=\frac{利息收入-利息支出}{盈利资产}\times 100\%$$

盈利资产指那些能带来利息收入的资产。银行总资产中，除去现金资产、固定资产外，均可看作盈利资产，在计算中分母也应采取平均值。

③ 非利息净收入率：非利息净收入率不只是银行获利能力的标志，同时也反映出银行的经营管理效率，计算公式为：

$$非利息净收入率=\frac{非利息收入-非利息支出}{资产总额}\times 100\%$$

④ 银行利润率：该指标相当于一般企业的营业利润率，计算公式为：

$$银行利润率=\frac{纯利润}{总收入}\times 100\%$$

⑤ 权益报酬率(ROE)：又称净值收益率、股东投资收益报酬率等，计算公式为：

$$权益报酬率=\frac{纯利润}{资本总额}\times 100\%$$

> **【科兴点评】**资产总额和资本总额并不是一个概念。资产总额=资本总额+负债。资本总额，又称资本金总额，指银行各种投资主体注册的全部资本金，即所有者权益。

(2) 安全性原则

安全性，是指银行的资产、收入、信誉以及所有经营生存发展条件免遭损失的可靠性程度。银行的特点在于极其依赖于从外部借入资金经营，因此安全性对于银行非常重要。它既体现在全部资产负债的总体经营上，也体现在每项个别业务上。安全性不仅关系到银行的盈利，而且关系到银行的存亡。银行倒闭往往不是因为盈利不足，而是因为其安全性遭到破坏。

安全性的反面就是风险性。商业银行风险是指商业银行在经营活动中，因不确定因素使商业银行资产遭受损失或获取额外收益的可能性。商业银行风险主要受客观经济环境、经营决策和管理水平决定。商业银行风险的主要类型有：

① 流动性风险：它是指商业银行没有足够的现金来弥补客户取款需要和未能满足客户合理的贷款需求，或其他即时的现金需求而引起的风险。该风险将导致银行出现财务危机，甚至破产。满足银行流动性需求有两条途径：一是商业银行在其资产负债表中“储备”流动性，即持有一定量的现金性资产；二是商业银行在金融市场上“买入”流动性，即通过在金融市场上买入短期资产增加其流动性。评判商业银行流动性风险及其程度的指标主要有存贷比率、流动比率、大面额负债率和存贷变动率等。

② 利率风险：它是指由于市场利率波动造成商业银行持有资产的资本损失或收益和对银行收支净差额产生影响的金融风险。该风险因市场利率的不确定性而使银行的盈利或内在价值与预期值不一致。市场利率波动是造成银行利率风险的主要因素，而市场利率的波动受一国货币供求的影响。商业银行利率风险的衡量指标是利率风险敞口和利率的变动。

③ 信用风险：它是指贷款者不能按合约要求偿还贷款的可能性。信用风险是商业银行的传统风险，严重影响银行资产质量，形成呆账，过度信用风险可能致使银行倒闭。信用风险对银行的影响往往不是单一的。信用风险常常是流动性危机的起因，贷款不能按时收回将直接影响银行的流动性。同时，利率风险会波及信用风险，当利率大幅度上升时，借款人的偿债力下降，银行信用风险加大，信用风险与利率风险和流动性风险之间有着内在联系，具有互动效应。

④ 投资风险：它是指商业银行因受未来不确定的变动而使其投入的本金和预期收益产生损失的可能性。按商业银行投资内容分，投资风险可以分为证券投资风险、信托投资风险和租赁投资风险等。具体而言，商业银行投资风险由主要来自于经济风险、政治风险、道德风险和法律风险决定。

⑤ 汇率风险：它是指商业银行在进行国际业务时，其持有的外汇资产或负债因汇率波动而造成价值增减的不确定性。汇率风险源于国际货币制度，国际货币制度包括固定汇率制和浮动汇率制两大类。在固定汇率制度下，汇率风险较小，在浮动汇率制度下，汇率波动的空间增大，汇率风险较大。汇率风险的衡量指标主要有汇率风险敞口和汇率的变动等。

⑥ 政策风险：政府的宏观政策可能对银行经营的环境造成影响，由此带来的不确定性称为政策风险。

⑦ 操作风险：指由于金融机构内部程序、人员、系统的不完善或失误，或突发事件而导致的金融机构直接或间接损失的风险。

衡量商业银行安全性的指标有：

① 贷款/存款(存贷比)：该指标衡量了银行贷款资产的质量状况，比值越大，说明银行偿债能力越差，信用风险程度越高。

【科兴点评】“存贷比”应该称为“贷存比”，是银行贷款总额与存款总额的比率。从银行盈利的角度讲，贷存比越高越好，因为存款是要付息的，即所谓的资金成本，如果一家银行的存款很多，贷款很少，就意味着它成本高，而收入少，银行的盈利能力就较差。从银行抵抗风险的角度讲，存贷比例不宜过高，因为银行还要应付广大客户日常现金支取和日常结算，这就需要银行留有一定的库存现金存款准备金(就是银行在央行或商业银行的存款)，如存贷比过高，这部分资金就会不足，会导致银行的支付危机，如支付危机扩散，有可能导致金融危机，对地区或国家经济的危害极大。

② 资产/资本(杠杆乘数)：资本是银行的自有资金，资产/资本比率越高，银行资产中

自有资本的比重越小，银行经营的风险越小。

③ 有问题贷款/全部贷款(不良贷款率)：贷款按照违约程度划分质量可分为正常、关注、次级、可疑和损失。前两类属于质量较好的贷款，后三部分属于不良贷款或低质量贷款。该比值越高，银行贷款总量中的信用风险越大，未来可能发生的贷款损失越大。

【知识拓展】不良贷款的拨备覆盖率

拨备覆盖率(也称为“拨备充足率”)，是指贷款损失准备对不良贷款的比率，主要反映商业银行对贷款损失的弥补能力和对贷款风险的防范能力。如我国现行上市公司的应收账款坏账准备金的提取比率为9%，按应收账款余额的9%计提坏账准备金，提取的准备金进入当期损益。即银行对上市公司100万元的应收账款应当计提9万元作为坏账准备金。如果银行对该上市公司的贷款产生了9万元坏账，拨备覆盖率就是100%；如果产生18万元坏账，拨备覆盖率就是50%。

【例5】(湖南大学2013年)下列贷款中不能依靠正常经营收入归还贷款本息但注定要发生损失的贷款是(　　)。

A. 关注类贷款　　B. 可疑类贷款　　C. 次级类贷款　　D. 正常类贷款

答案：C。1998年5月，中国人民银行参照国际惯例，结合中国国情，制定了《贷款分类指导原则》，要求商业银行依据借款人的实际还款能力进行贷款质量的五级分类，即按风险程度将贷款划分为五类：正常、关注、次级、可疑、损失，后三种为不良贷款。借款人的还款能力出现明显问题，完全依靠其正常营业收入无法足额偿还贷款本息，即使执行担保也可能会造成一定损失的贷款应归为次级类贷款。

④ 负债/流动资产：流动资产包括现金、存放央行、存放同业、短期证券等，它们可以迅速用来偿还债务。这一比率越高，风险越大。

(3) 流动性原则

流动性，是指一种在不损失价值情况下的变现能力，一种足以应付各种支付的、充分的资金可用能力。银行的流动性体现在资产和负债两个方面，其中资产的流动性指银行持有的资产能够随时得以偿付或在不贬值的条件下确有销路；负债的流动性指银行能够轻易地以较低成本随时获得所需要的资金。商业银行流动性的衡量指标有：

① 现金资产比例：该指标是银行所持现金资产与全部资产之比。该比例高反映出银行流动性状况较好，抗流动性风险能力较强。

② 短期国库券持有比例：短期国库券是银行二级准备资产的重要组成部分，对银行流动性供给有较大作用。该比例越高，银行的流动性越好。

③ 持有证券比例：商业银行资产组合中很大部分是所投资的各类证券，这些证券一般均可在二级市场上变现，为银行带来一定流动性供给。

④ 贷款资产比例：该指标是银行贷款资产与全部资产的比值。贷款是银行的主要盈利资产，流动性较差。该比值较高，反映银行资产结构中流动性较差部分所占比例较大，流动性相对不足。

⑤ 易变负债比例：该指标是易变负债与全部负债之比。易变负债包括银行吸收的经纪人存款、可转让定期存单及各类借入的短期资产，这类负债受资金供求关系、市场利率、银行信誉等多种因素影响，其融资成本、规模均难以为银行所控制，是银行最不稳定的资金来源。该指标反映了银行负债方面的流动性风险情况，比值越高，说明银行面临的潜在流动性需求规模越大且不稳定。

⑥ 短期资产/易变负债：银行短期资产包括出售联邦基金、存放同业、回购协议下的

证券持有、交易账户证券资产、一年内到期的贷款等。该指标衡量了银行最可靠的流动性供给和最不稳定的流动性需求之间的对比关系，该比值越高，说明银行的流动性状况越好。

⑦ 预计现金流量比：该指标是预计现金流入与流出的比值，设计时考虑了一些表外项目的影响，可以弥补其他指标的不足，对银行未来流动性状况进行估计。

(4) 商业银行三性的对立统一

盈利性、安全性和流动性之间是既相互矛盾又相互统一的。

① 盈利性和后二性呈反向变动，流动性强、安全性好，盈利率一般较低；盈利性较高的资产，往往流动性较差、风险较大。

② 盈利性和后二性也存在统一性，一是在某个范围内，三性可以达到某种可被接受的程度。在保本和资产较小可能损失的区间之内，三性可以都令人满意。二是在一定条件下，盈利性和后二性可以同向变化。例如，得到政府担保或可靠保险的项目，盈利性和安全性都很高；对于行政干预要求支持，但经营管理水平又很低的企业贷款，其盈利性和后二性都很低。

③ 安全性和流动性通常是统一的，安全性越高，流动性越大。不过在一定条件下，它们也会有反向变动的可能。例如，由政府担保的长期贷款，虽然安全性较高，但流动性不足。

对于三性的矛盾和统一，银行经营的总原则就是谋求三性的尽可能合理的搭配协调。三性的相对地位是：盈利性为银行的目标，安全性是一种前提要求，而流动性是银行的操作性或工具性的要求。银行经营的总原则，就是在保证安全性的前提下，通过灵活调整流动性来致力于提高盈利性。

2. 资产管理

(1) 贷款的"6C"原则

为控制风险，商业银行在贷款发放前主要评估借款申请人还款意愿和还款能力。在长期经营实践中，商业银行总结出信用分析集中在以下几个方面，通常称为"6C"原则。

① 品德(Character)，主要考查借款人是否具有清偿债务的意愿以及是否能够严格履行合同条件，还款的愿望是否强烈，是否能够正当经营。

② 能力(Capacity)，主要指借款人的偿还能力。偿还能力用借款者的预期现金流量来测定。能力不仅反映预期的现金收入，而且反映建立在这些收入之上的其他需求。如果其他的承付款项，债务或优先索赔款有可能消耗掉预期的收入，那么也就没有资金来偿还贷款了。

③ 资本(Capital)，即借款者的货币价值，通常用净值来衡量。资本反映借款者的财富积累，并在某种程度上表明了借款者的成就，需要注意的是有些时候，账面价值不能准确反映市场价值。

④ 担保或抵押(Collateral)，指贷款申请者可以用作担保贷款抵押品的任何资产。有时候由保证人联署，保证贷款归还，作为资产抵押的补充，或替代资产抵押，在这种情况下，还要考虑保证人的信誉。

⑤ 环境(Condition)，指厂商得以在其中运营的经济环境或贷款申请者的就业环境。必

须把厂商经营所面临的经济环境，整个信贷试用期内的经济规划，以及借款者对经济波动特别敏感的任何特征都包括在信用评估分析内。

⑥ 连续性(Continuity)，指借款企业持续经营的前景。企业只有适应经济形势以及市场行情的变化，才能继续生存发展下去。只有这样，银行的贷款才能如愿收回。

（2）资产管理理论

资产管理理论将银行的负债视为既定，在此基础上研究如何用既定的负债去购买资产以实现三性协调，具体可以分为真实票据理论、可转换理论和预期收入理论。

① 真实票据理论是早期的资产管理理论，源于亚当·斯密的《国民财富性质及原因的研究》一书，也称生产性贷款理论。该理论认为，存款是银行贷款资金的主要来源，而银行存款的大多数是活期存款，这种存款随时可能被提取。为保证资金的流动性，商业银行只能发放短期的、与商业周转有关的、与生产物资储备相适应的自偿性贷款，而不能发放不动产等长期贷款。这类贷款用于生产和流通过程中的短期资金融通，一般以3个月为限，它以商业行为为基础，以商业票据为凭证，随着商品周转的完结而自动清偿，不会引起通货膨胀和信用膨胀。故此，称之为“真实票据理论”。该理论在相当长的时期内受到重视，对商业银行的经营管理起着支配和指导性作用。但是，由于这一理论形成于银行经营的初期，随着商品经济和现代银行业的发展，其局限性越来越明显。

② 可转换理论是由美国的莫尔顿于1918年在《政治经济学杂志》上发表的一篇论文中提出。该理论认为，为了保持足够的流动性，商业银行最好将资金用于购买变现能力强的资产，而无论这种资产是否有真实票据对应，是长期的还是短期的。这类资产一般具有以下条件：信誉高，如国债或政府担保债券以及大公司发行的债券；期限短，流通能力强；易于出售。该理论在一段时期内成为商业银行信贷管理的精神支柱，使得二战后银行有价证券的持有量超过贷款，同时带动了证券业的发展。

③ 预期收入理论最早由美国的普鲁克诺于1949年在《定期放款与银行流动性理论》一书中提出的。该理论认为，银行的流动性应着眼于贷款的按期偿还或资产的顺利变现。无论是短期商业贷款还是可转让资产，其偿还或变现能力都以未来收入为基础。如果某项贷款的未来收入有保证，即使期限长，也可以保证其流动性；反之，如果某项贷款的未来收入没有保证，即使期限短，也可能出现到期无法偿还的情况。预期收入理论为银行进一步扩大业务经营范围和丰富资产结构提供了理论依据，也是商业银行业务综合化的理论依据。

【例6】银行可以通过项目评估依据借款人投资的未来现金流状况发放中长期贷款的资产管理理论是(　　)。

A. 可转换理论　　B. 预期收入理论　　C. 真实票据理论　　D. 可贷资金论

答案：B。预期收入理论强调借款人的预期收入是银行选择资产投向的主要标准之一，即商业银行不仅根据短期商业性需要发放贷款和投资于有价证券，而且只要借款人具有可靠的预期收入用于归还款，银行就可以对其发放贷款。

（3）资产管理方法

① 资金汇集法。这种方法将所有资金汇集到同一个“资金池”中，再按流动性的先后顺序分配资金运用：先保证足够的一线准备，其次满足二线准备，之后是长期证券投资和贷款，最后是固定资产投资。

② 资金转化法。这种方法根据资金来源的法定准备金率来确定其流动性。一般而言，

法定准备金率越高，说明资金周转速度越快，即这种资金来源的流动性越大。资金转换法按照资金来源和资金使用的流动性不同进行匹配，如将活期存款用于一线、二线准备，将储蓄存款用于贷款和证券投资，将定期存款和资本金用于固定资产投资和长期项目投资等。

③ 线性规划法。线性规划方法主要用于解决在一定约束条件下，线性函数如何取得最优的问题。线性规划方法在银行资金管理中的运用主要包括四个步骤：建立目标函数、选择模型中的变量、确定约束条件(一般为流动性限制和法律限制)和求解线性规划模型。

3. 负债管理

(1) 负债管理理论

与资产管理理论相对应，负债管理理论将资产视为既定的，认为银行的负债是可以变化的，银行应该根据贷款和投资的需求，主动的管理负债，为资产业务融资，分为以下几种理论：

① 购买理论。该理论认为，商业银行对存款不是消极被动，而是可以主动出击，购买外界资金，如发行金融债券、同业拆借、回购协议、向欧洲货币市场借款、向中央银行借款等。商业银行购买资金的基本目的是为了增强其流动性。商业银行吸收资金的适宜时机是在通货膨胀的情况下，此时，实际利率较低甚至为负数，意味着银行的资金成本较低。

购买理论产生于西方发达国家经济滞胀时代，对促进商业银行更加主动吸收存款、刺激信用扩张和经济增长，以及增强商业银行的竞争力具有积极的意义。但是，其缺陷在于：助长了商业银行片面扩大负债，加重了负债危机，导致了银行业的恶性竞争，加重经济通货膨胀的负担。

② 销售理论。该理论认为，商业银行是金融产品的制造企业，银行负债管理的中心任务就是迎合顾客的需求，努力推销金融产品，扩大商业银行的资金来源和收益水平。

该理论是金融改革和金融创新的产物，它给银行负债管理注入现代企业的营销观念，即围绕客户需求来设计资产类或负债类产品及金融服务，并通过不断改善金融产品的销售方式来完善服务。它贯穿着市场观念，标志着金融机构正朝着多元化和综合化发展。

(2) 负债管理方法

① 储备头寸负债管理。通过增加短期负债向银行有计划地提供流动性，一般依靠借入短期资金来弥补二线准备，提高了资金利用效率，减缓了银行体系由于储备突然减少而带来的震动。

② 贷款头寸负债管理。通过借入资金持续扩大银行资产负债规模，又称为真实负债管理。其方法主要是，通过不同利率购入资金扩大负债总量来满足银行贷款的需求，或者通过发行 CDs 等工具延长银行负债的平均期限来减少银行负债的不确定性。

4. 资产负债管理

20 世纪 70 年代末 80 年代初，金融管制逐渐放松，银行的业务范围越来越大，同业竞争加剧，使银行在安排资金结构和保证获取盈利方面困难增加，客观上要求商业银行进行资产负债综合管理，由此产生了均衡管理的资产负债管理理论。资产负债管理理论，又称相机抉择资金管理理论，认为在融资计划和决策中，银行主动地利用对利率变化敏感的资金，协调和控制资金配置状态，同时调整银行的资产和负债，使银行维持一个正的净利息差额或正的资本净值。

常用的资产负债管理方法是缺口管理法。缺口管理法是 20 世纪 70 年代以来美国商业银行资产负债综合管理中常用的方法，又进一步分为利率敏感性缺口管理和持续期缺口管理。

① 利率敏感性缺口管理是指银行可以根据对利率变动的预测，通过扩大和缩小缺口的幅度，来调整资产和负债的组合及规模，以达到盈利的最大化。其中浮动利率资产(负债)的收入(支出)对利率的变化敏感，固定利率资产(负债)对利率的变化不敏感，将浮动利率资产总额与浮动利率负债总额之差称为利率敏感性缺口。当利率上升时，正缺口使得资产收入的增加大于负债支出的增加，从而银行利润增加，同理负缺口导致银行利润减少；当利率下降时，正缺口使得资产收入的增加小于负债支出的增加，从而银行利润减少，同理负缺口导致银行利润增加。

在利率敏感性缺口分析中，利率风险暴露可表示为：

$$C_{\mathrm{GAP}}=RSA-RSL$$

其中，C_{GAP}为融资缺口；RSA 为利率敏感性资产；RSL 为利率敏感性负债。

银行净利息收入(Net Interest Income，NII)是银行资产利息收入与负债利息支付之差。当利率变动时，银行 NII 变动与缺口之间的关系可以用下式表示：

$$\Delta NII=RSA\times\Delta r-RSL\times\Delta r \text{ 或 } \Delta NII=C_{\mathrm{GAP}}\times\Delta r$$

【例 7】假设某金融机构的 1 年期利率敏感性资产为 20 万元，利率敏感性负债为 15 万元，则利用重定价模型，该金融机构在利率上升 1 个百分点后(假设资产与负债利率变化相同)，其净利息收入的变化为(　　)。

A. 净利息收入减少 0.05 万元　　B. 净利息收入增加 0.05 万元

C. 净利息收入减少 0.01 万元　　D. 净利息收入增加 0.01 万元

答案：B。根据利率敏感性缺口分析可知：

$$\Delta NII=\Delta r\times GAP=\Delta r\times(RSA-RSL)=1\%\times(20-15)=+0.05(\text{万元})$$

② 持续期缺口(又称久期缺口)管理是指在任何一个既定时期，加权计算资产和负债的平均到期日，资产加权平均到期日减负债加权平均到期日的差额，即为持续期缺口。如果该缺口为正，则说明资产的持续期大于负债的持续期，则利率上升将使资产价值的下降大于负债价值的下降，使净值下降，同理，利率下降使净值上升；反之，如果该缺口为负，则说明资产的持续期小于负债的持续期，则利率上升将使资产价值的下降小于负债价值的下降，使净值上升，同理，利率下降使净值下降。

持续期缺口分析考虑了金融机构资产负债表的杠杆程度，也考虑了资产和负债现金流的支付时间，是一种更全面测量利率风险的模型。持续期缺口计算公式为：

$$D_{\mathrm{GAP}}=D_{\mathrm{A}}-D_{\mathrm{L}}k$$

即，持续期缺口=资产加权平均持续期-(总负债/总资产)×负债加权平均持续期。

利率变化对商业银行股权资本的市值或净值 ΔE 的影响，可以用以下公式表示：

$$\Delta E=-D_{\mathrm{GAP}}\cdot A\cdot\frac{\Delta r}{1+r}$$

式中，A 表示商业银行的规模。

【例 8】如果一家商业银行的总资产为 10 亿元，总负债为 7 亿元，资产加权平均久期为 2 年，负债加权平均久期为 3 年，那么久期缺口等于(　　)。

A. -1　　B. 1　　C. -0.1　　D. 0.1

答案：C。根据久期缺口计算公式可知：

$$D_{\mathrm{GAP}}=D_{\mathrm{A}}-D_{\mathrm{L}}k=2-3\times\frac{7}{10}=-0.1$$

习题精编

一、选择题

1.（南京航空航天 2017）（　　）是商业银行最基本也是最能反映其经营活动特征的职能。

A. 信用中介　　B. 支付中介　　C. 清算中介　　D. 调节经济的功能

2. 商业银行与其他金融机构的重要区别之一在于它能接受（　　）。

A. 活期存款　　B. 定期存款　　C. 储蓄存款　　D. 原始存款

3.（上海财大 2012）信托和租赁属于商业银行的（　　）。

A. 资产业务　　B. 负债业务　　C. 中间业务　　D. 表外业务

4.（上海财大 2018）下列哪个不是商业银行的表外业务？（　　）

A. 贷款承诺　　B. 备用信用证　　C. 票据发行便利　　D. 保本理财

5. 具有“先存款后消费”特点的银行卡是（　　）。

A. 贷记卡　　B. 准贷记卡　　C. 借记卡　　D. 信用卡

6. 商业银行经营与管理三大原则的首要原则是（　　）。

A. 安全性原则　　B. 盈利性原则　　C. 流动性原则　　D. 效益性原则

7. 分析商业银行盈利性的指标不包括（　　）。

A. 股本收益率　　B. 资本收益率　　C. 净利息收益率　　D. 贷存比

8.（浙江财经 2016）20 世纪 50 年代中后期至 60 年代初，金融市场出现“脱媒”现象，商业银行经营管理的重点转向（　　）。

A. 资产管理　　B. 负债管理

C. 资产负债综合管理　　D. 资产负债表内外统一管理

9.（清华大学 2017）银行监管指标不能反映银行流动性风险状况的是（　　）。

A. 流动性覆盖率　　B. 流动性比例　　C. 拨备覆盖率　　D. 存贷款比例

10.（对外经贸 2012）如果某商业银行存在一个 20 亿元的正缺口，则 5%的利率下降将导致其利润（　　）。

A. 增加 10 亿元　　B. 增加 1 亿元　　C. 减少 10 亿元　　D. 减少 1 亿元

二、简答题

11. 什么是商业银行的中间业务？有哪些中间业务？商业银行为什么要开展中间业务？

12. 什么是商业银行的表外业务？有哪些表外业务？表外业务与中间业务有何异同？

13.（上海交大 2011）简述商业银行经营的基本原则和相互关系。

三、计算题

14. 阿尔美得银行在其最新财务报表中报告其净利息收益率为 3.25%，利息收入总额为 8800 万元，利息成本总额为 7200 万元，则银行收益资产为多少？假设该银行利息收入上升 8%，其利息成本和收益资产上升 10%，则其净利息收益率为多少？

15. 已知某商业银行的简化资产负债表：

	资　产	负　债
利率敏感性	20 亿元	50 亿元
固定利率	80 亿元	50 亿元

请计算：

（1）如果利率上升 5%，即从 10%上升到 15%，那么银行利润将如何变化？

（2）假定银行资产的平均持续期为 5 年，而负债的平均持续期为 3 年，则当利率上升 5%时，将导致银行净财富如何变化？该变化相当于原始资产总额的百分比是多少？

(3) 该银行应如何避免利率风险？

16.(中山大学 2013)某银行的资产负债表如下，其中，BL、Ml 分别是 2.5 年和 30 年期、按月偿还的商业抵押贷款 CD1 是 1 年期一次性偿付的存单，CD5 是 5 年期一次性偿付的存单，D 是存续期。

资产负债表

资产(A)	美元(亿)	D(年)	负债	美元(亿)	D(年)
现金	200	0	CD1	450	1.0
BL	400	1.25	CD5	450	5.0
ML	400	7.0	净价值(K)	100	
总计	1000			1000	

(1) 如果该行管理层的目标项目是资本(净价值)，其存续期缺口是多少？

(2) 如果利率上升了 150 个基点，该银行的资本(净价值)将上升还是下降？约为多少？

(3) 假设资本项目是银行管理层的目标项目，当前的资产负债结构能令他实现目标项目的免疫吗？如果能，请说明原因；如果不能，请说明原因，并给出一个能实现免疫目标的方案。

(4) 紧接第(2)问，假定在本轮金融危机冲击下，该银行两类贷款均因违约率上升而减值 50%，同时两类存款各流失 150 亿元。此时银行净价值将变为多少？资本项目存续期缺口是多少？如果该国没有存款保险，此时该银行会面临什么问题？如何解决？

四、论述题

17.(对外经贸 2016 年)面对国内经济步入“新常态”，以及利率市场化改革，汇率形成机制改革，人民币国际化，新资本管理办法实施和互联网金融的兴起，创新驱动已经成为商业银行面对市场竞争的新常态。面对经济转型升级，商业银行要创新经营方式，从主要发行信贷资产迈向全资产经营，经营方式也将更加多样化。全资产经营强调各类资产的组合配置，注重发挥资产负债管理作为盈利性风险管理工具的作用。

请回答以下问题：

(1) 商业银行资产管理理论经历了哪些发展阶段，其主要观点是什么？

(2) 资产管理理论如何推进商业银行资产业务的多样化？

习题参考答案

一、选择题

1. A。信用中介职能是商业银行最基本，也是最能反映其经营活动特征的职能。这一职能的实质是通过商业银行的负债业务，把社会上的各种闲散资金集中到银行，再通过商业银行的资产业务，把它投向社会经济各部门。

2. A。在金融体系中，商业银行最重要的特征是，商业银行能以派生存款的形式创造和收缩货币，从而非常强烈地影响货币供应量。因为商业银行是唯一可以经营活期存款(支票存款)的金融中介机构，而活期存款是货币的组成部分。商业银行通过其经营活期存款的机制，创造出活期存款，从而创造了货币，这个特征也是商业银行与其他金融机构最大的区别。

3. C。中间业务又称无风险的表外业务，常见的类型有结算业务、信托业务、代理业务和租赁业务。

4. D。表外业务是指商业银行从事的不列入资产负债表，但能影响银行当期损益的经营活动。狭义的表外业务会带来或有负债。商业银行的贷款承诺、备用信用证、票据发行便利等业务，都承担着一定的风险。

5. C。借记卡是指银行发行的一种要求先存款后消费的银行卡，不具备透支功能；贷记卡和准贷记卡都属于信用卡，信用卡具有透支功能。

6. A。商业银行经营与管理的原则包括：安全性原则、流动性原则、盈利性原则。安全性原则被视为三大原则的首要原则。

7. D。A 项，股本收益率反映的是银行股东的收益率，是银行资金运用效率和财务管理能力的综合体现；B 项，资本收益率反映企业运用资本获得收益的能力，资本收益率越高，说明企业自有投资的经济效益越好；C 项，净利息收益率又称净息差，是利息净收入与总生息资产平均余额的比率，它是反映银行盈利能力的最重要指标，也是市场对银行估值的重要依据；D 项，贷存比是银行资产负债表中的贷款资产占存款负债的比例，它是衡量银行流动性和安全性的指标。

8. B。"脱媒"现象是指资金不通过商业银行这一传统的信用中介直接进入金融市场的现象，它的出现对商业银行吸收存款的业务构成了较大的冲击。在这种状况下，商业银行若不调整资产负债管理的策略，一味地强调从资产方考察资金配置组合，必将使银行陷入严重的困境，银行负债管理思想源于利率管制下的金融创新。

9. C。拨备覆盖率=贷款损失准备/不良贷款，是一个衡量商业银行信用风险的指标。

10. D。根据再定价模型可知：

$$\Delta NII=\Delta r\times GAP=\Delta r\times(RSA-RSL)=-5\%\times20=-1\text{ 亿元}$$

二、简答题

11.（1）商业银行的中间业务是银行不需动用自己的资金，而利用银行设置的机构网点、技术手段和信息网络，代理客户承办收付和委托事项，收取手续费的业务。这些业务主要有：

① 汇兑业务。这是一种非现金结算方式。客户将一定款项交付银行（承兑行），再由银行代客户将现款至异地指定的收款人。

② 租赁业务。银行租赁业务是指银行垫付资金购买商品再出租给承租人，并以租金的形式收回资金的业务。它可以分为金融租赁与经营租赁两种形式。

③ 信托业务。信托是指接受他人委托与信任，代为管理营运、处理有关钱财的业务活动。银行的信托业务包括个人信托、法人信托以及保管业务。

④ 信息咨询。银行利用的自身的设备、人员、信息优势，可以向顾客提供有关财务、金融、经济等方面的信息咨询。

（2）商业银行开展中间业务，有以下几个原因：

① 是为了适应银行发展的需要。商业银行的业务不能局限于传统资产负债业务，随着经济发展，银行必须拓宽自身的业务领域。

② 是为了提高商业银行的盈利水平。据统计，20 世纪 90 年代以来，西方国家商业银行中间业务盈利一般可达到总利润的 60%~70%。开展中间业务，提高盈利水平，使盈利结构多样化，又成为现代商业银行发展的一大趋势。

③ 有利于扩展资产负债业务。中间业务的开展便利了客户，有利于扩大传统业务，例如发行信用卡，既有手续费收入，又可以增加低成本的活期存款。

④ 是为了适应同业竞争的需要。面对日益激烈的银行同业竞争，商业银行需要进行金融创新，而许多金融创新工具属于中间业务的范畴。

⑤ 有利于提高银行的知名度，从而有利于吸引更多的客户。

⑥ 是走向国际金融市场，参与国际竞争的需要。发展中间业务可以提高自身竞争能力，顺应国际银行业发展的潮流，使自身在变幻莫测的国际金融市场上占有一席之地。

12.（1）表外业务，是指商业银行从事的，按通行会计准则不列入资产负债表内，不影响其资产负债总额，但能影响银行当期损益的经营活动。这些业务虽然不出现在资产负债表中，但却同表内的资产业务和负债业务关系密切，并在一定条件下会转为表内资产业务和负债业务，因此我们也称其为或有资产或有负债。对银行来说，它们是有风险的经营活动，应当在会计报表的附注中予以提示。广义的表外业务则除了包括狭义的表外业务，还包括结算、代理、咨询等无风险的经营活动，所以广义的表外业务是指商业银行从事的所有不在资产负债表内反映的业务。通常我们所说的表外业务，主要指的是狭义的表外业务。近年来，随着金融自由化的推进，商业银行的表外业务获得了长足的发展，并逐渐成为银行的主要盈利来源。

(2) 通常的表外业务(狭义的表外业务)包括以下五种：

① 担保业务。是指银行应某一交易中的一方申请，承诺当申请人不能履约时由银行承担对另一方的全部义务的行为。担保业务不占用银行的资金，但形成银行的或有负债，当申请人(被担保人)不能及时完成其应尽的义务时，银行就必须代为履行付款等职责。银行在提供担保时，要承担违约、汇率等多项风险，因此是一项风险较大的表外业务。常见的担保业务主要有：备用信用证、商业信用证等。

② 票据发行便利。是一种具有法律约束力的中期周转性票据发行融资的承诺。根据事先与商业银行签订的一系列协议，借款人可以在一个中期内(一般期限为 5 年至 7 年)，以自己的名义周转性发行短期票据，从而以较低的成本取得中长期的资金融通效果。承诺包销的商业银行依照协议负责承购借款人未能按期售出的全部票据，或承担提供备用信贷的责任。包销承诺为票据发行人提供了转期的机会.从而有力地保障了企业获得资金的连续性。

③ 金融衍生工具交易。主要有远期利率协议、互换、期货、期权等。

④ 贷款承诺是银行与借款客户之间达成的一种契约。银行承诺在一定期限内，按照双方约定的金额、利率，随时准备应客户的要求向其提供信贷服务，并收取一定的承诺佣金。贷款承诺的类型有很多，通常包括：定期贷款承诺，备用承诺、循环承诺等。

⑤ 贷款出售。贷款出售(loan sales)是指商业银行一反形成和持有贷款的传统经营哲学，开始视贷款为可销售的资产，在贷款形成以后，进一步采取各种方式出售贷款债权给其他投资者，出售贷款的银行将从中获得手续费收入。

(3) 银行的中间业务是银行利用自身在机构网点、技术手段和信息处理等方面的优势，代理客户承办收付和委托事项，并收取手续费的业务：它不需要动用银行自己的资金，且具有收入稳定、风险度低的特点，集中体现了商业银行的服务性功能。商业银行的中间业务和表外业务之间既有联系，又有区别。

它们的联系主要有两点：①两者都不在商业银行的资产负债表中反映，两者的业务也大多不占用银行的资金，银行在当中充当代理人、客户委托人的身份；②收入来源主要是服务费、手续费、管理费等。

它们的区别主要也有两点：①中间业务更多地表现为传统业务，而且风险较小；表外业务则更多地表现为创新的业务，风险较大，这些业务与表内的业务一般有密切的联系，在一定的条件下还可以转化表内的业务，所以也称或有资产、或有负债。表外业务有时也会占用银行的资金，其最大的特点是该业务的收益可能很大，而风险也可能很大。②银行对两者所承担的风险不同。在中间业务中，银行一般仅处在中间人或服务者的地位，不承担任何产负债方面的风险；而表外业务虽然不直接反映在资产、负债各方，即不直接形成资产或负债，但却是一种潜在的资产或负债，在一定条件下，表外业务可以转化为表内业务，因此，银行要承担一定的风险。

13. 无论各国商业银行在制度上存在怎样的差异，但是在业务经营上，各国商业银行通常都遵循盈利性、安全性和流动性原则。

(1) 盈利性原则

盈利性，是商业银行的基本方针，是银行从事各种活动的动因。充足的盈利可以扩充银行资本、扩大经营、增强银行信誉以及提高银行的竞争实力。如果银行无法盈利，投资者将丧失信心，银行的信誉将下降，可能引发银行的信用危机，导致客户挤兑，危及银行的生存。银行的盈利是放款利息收入、投资收入以及各种服务收入，扣除付给存款人的利息、银行自身的运营成本和费用所得的差额。

(2) 安全性原则

安全性，是指银行的资产、收入、信誉以及所有经营生存发展条件免遭损失的可靠性程度。银行的特点在于极其依赖于从外部借入资金经营，因此安全性对于银行非常重要。它既体现在全部资产负债的总体经营上，也体现在每项个别业务上。安全性不仅关系到银行的盈利，而且关系到银行的存亡。银行倒闭往往不是因为盈利不足，而是因为其安全性遭到破坏。

(3) 流动性原则

流动性，是指一种在不损失价值情况下的变现能力，一种足以应付各种支付的、充分的资金可用能力。银行的流动性体现在资产和负债两个方面，其中资产的流动性指银行持有的资产能够随时得以偿付或在不贬值的条件下确有销路；负债的流动性指银行能够轻易地以较低成本随时获得所需要的资金。

（4）商业银行三性的对立统一

盈利性、安全性和流动性之间是既相互矛盾又相互统一的。

① 盈利性和后二性呈反向变动，流动性强、安全性好，盈利率一般较低；盈利性较高的资产，往往流动性较差、风险较大。

② 盈利性和后二性也存在统一性，一是在某个范围内，三性可以达到某种可被接受的程度。在保本和资产较小可能损失的区间之内，三性可以都令人满意。二是在一定条件下，盈利性和后二性可以同向变化。例如，得到政府担保或可靠保险的项目，盈利性和安全性都很高；对于行政干预要求支持，但经营管理水平又很低的企业贷款，其盈利性和后二性都很低。

③ 安全性和流动性通常是统一的，安全性越高，流动性越大。不过在一定条件下，它们也会有反向变动的可能。例如，由政府担保的长期贷款，虽然安全性较高，但流动性不足。

对于三性的矛盾和统一，银行经营的总原则就是谋求三性的尽可能合理的搭配协调。三性的相对地位是：盈利性为银行的目标，安全性是一种前提要求，而流动性是银行的操作性或工具性的要求。银行经营的总原则，就是在保证安全性的前提下，通过灵活调整流动性来致力于提高盈利性。

三、计算题

14.（1）银行收益资产＝（利息收入－利息成本）/净利息收益率

$$=(8800-7200)/3.25\%=49230.769（万元）$$

（2）净利息收益率＝$(8800\times1.08-7200\times1.1)/(49230.769\times1.1)=2.93\%$

15.（1）根据利率敏感性缺口分析可知：

$$C_{GAP}=RSA-RSL=20-50=-30（亿元）$$

所以，当利率上升5%后，银行净利润变化为：

$$\Delta NII=\Delta r\times GAP=\Delta r\times(RSA-RSL)=5\%\times(-30)=-1.5（亿元）$$

（2）根据持续期缺口模型分析可知：

$$\Delta E=-D_{GAP}\cdot A\cdot\frac{\Delta r}{1+r}=-(D_A-D_Lk)\cdot A\cdot\frac{\Delta r}{1+r}=-(5-1\times3)\times100\times5\%=-10（亿元）$$

所以，银行净财富将会下降10亿元，该损失相当于原始资产总额的10%。

（3）观察可知，只有当$(D_A-D_Lk)=0$时，ΔE才能为0。即为了避免利率风险，银行可以缩短资产的持续期至3年，或者延长负债的持续期至5年，以实现资产与负债持续期的匹配。

16.（1）存续期缺口（久期缺口）指商业银行的资产和负债存续期按各自比例调整后所得的差额，等于商业银行净值存续期按照其在总资产中比例调整后的结果。记$\{A, L, N\}$＝{商业银行资产，负债，净值}，$\{D_A, D_L, D_N\}$＝{资产存续期，负债存续期，净值存续期}，则存续期缺口DGAP定义为：

$$DGAP=\frac{A-L}{L}\times D_N=D_A-\frac{L}{A}\times D_L$$

根据题意可知：$D_A=(400\times1.25+400\times7.0)/1000=3.3$，$D_L=(450\times1+450\times5)/900=3$，则：

$$DGAP=D_A-D_L\times k=3.3-3\times900/1000=0.6$$

（2）设$k=L/A$，则利率变化对金融机构股权资本的市值或净值的影响公式表示为：

$$\Delta E=-(D_A-D_L\times k)\times A\times\frac{\Delta r}{1+r}=-(3.3-3\times0.9)\times1000\times(-0.015)=9亿$$

由于杠杆调整有效期限缺口大于零，所以当利率下降时，资产净值会增加。

（3）不能，因为此时存在正的存续期缺口。该银行可以用D_A和D_L变量来免除其资产负债表的利率风险。当DGAP＝0时，则$D_A=k\times D_L=0.9\times3=2.7<3.3$年。所以该银行可以通过多持有短期国债和发放浮动利率贷款，以降低资产的平均久期，同时通过发行CDs延长存款期限，以增加负债的久期，综合运用这两个变量使有限期限缺口为零。

（4）此时资本存续期缺口为(200×1.25+200×7.0)/600-(300×1+300×5)/600×600/600=-0.25年，银行的净价值=200+400×50%+400×50%-(450-150)-(450-150)=0。由于存续期缺口为负值，该银行面临利率下行风险，甚至会存在破产的可能。若没有存款保险，此时将面临储户集中挤兑的现象。该银行需要减少负债，使资本存续期缺口为0，实现资本项目免疫。

四、论述题

17.(1)资产管理理论又称流动性管理理论，是最传统的商业银行管理理论。早期商业银行家认为银行的负债主要取决于客户的存款，银行对此没有决定权，是被动的。而商业银行可以主动安排自己的资金运用，合理安排资产结构，通过资产业务获得尽可能高的利润，并保证资产的流动性和安全性。银行管理关键在资产管理，在既定负债所决定的资产规模前提下，实现资产结构的最优化。

根据资产管理理论的分类，主要可以分为商业贷款理论、可转换理论和预期收入理论三个发展阶段：

① 商业贷款理论又叫真实票据理论。该理论认为，银行的资金，来源于客户的存款，而这些存款是要经常提取的。银行只能将资金短期使用，而不能发放长期贷款或进行长期投资。只有商业贷款能满足银行的既能保持安全性，又有收益，并具有短期贷款性质的要求。

② 可转换理论认为：银行的贷款不能仅依赖于短期和自偿性。只要银行的资产能在存款人提现时随时转换为现金，维持银行的流动性，就是安全的，这样的资产不管是短期还是长期，不管是否有自偿性，都可以持有。

③ 预期收入理论认为：商业银行的贷款，应当根据借款人的预期收入或现金而制定的还款计划为基础。只要借款人的预期收入有保证，即使它是长期贷款，或是不能很快转换的资产，也不会给银行带来流动性问题。

（2）三种资产管理理论，分别反映了商业银行在不同发展阶段经营管理的特点，不论商业银行以什么样的经营理论为指导，短期放款仍然是商业银行的重要资产业务，三种理论都反映了商业银行资产业务不断完善和发展的演进过程，都为银行的资产管理提供了新的思路，推动了资产业务的不断拓展。

① 商业贷款理论的思想为早期商业银行进行合理的资金配置与稳健经营提供了理论基础。它提出银行资金的运用受制于其资金来源的性质和结构，并强调银行应保持其资金来源的高度流动性，以确保银行经营的安全性。

② 可转换理论的产生，使商业银行资产的范围扩大，业务经营更加灵活多样。但在人们竞相抛售证券的时候，银行也很难不受损失地将所持证券顺利转让以达到保持流动性的预期目的。

③ 预期收入理论为银行拓展盈利性的新业务提供了理论依据，使银行资产运用的范围更为广泛，巩固了商业银行在金融业中的地位。预期收入理论依据借款人的预期收入来判断资金投向，突破了传统的资产管理理论依据资产的期限和可转换性来决定资金御用的做法，丰富了银行的经营管理思想。

第六章　现代货币创造机制

一般而言，在金融体系当中，中央银行处于核心地位，商业银行是整个金融体系的主体。二者在现代货币创造过程中发挥着重要的作用。本章内容中，“存款货币的创造机制”属于基础知识点，主要考查形式为给定原始存款的条件下要求计算派生存款的数量。“中央银行”是本章重要的基础知识点，在各个院校的真题中经常出现，主要考查中央银行职能的基本内涵及其辨析、中央银行的业务类型、对中央银行独立性的理解。“中央银行体制下的货币创造过程”主要考查基础货币和货币乘数的概念、货币乘数的影响因素、各种货币政策工具对货币供给总量的影响等。

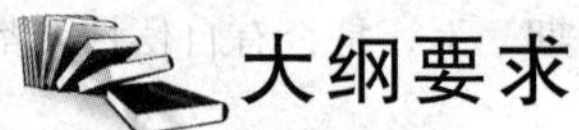

大纲要求

存款货币的创造机制
中央银行的职能
中央银行体制下的货币创造过程

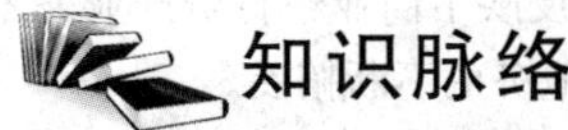

知识脉络

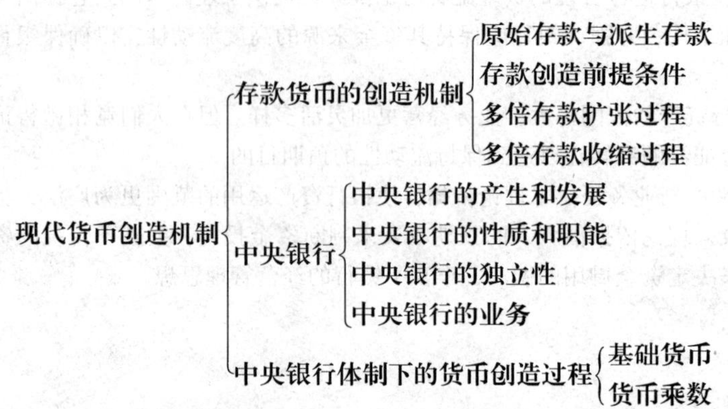

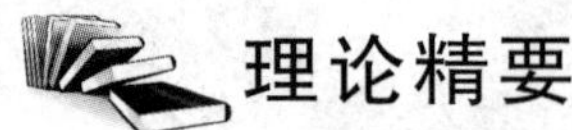

理论精要

知识点一　存款货币的创造机制

1. 原始存款和派生存款

原始存款是指银行吸收的现金存款或中央银行对商业银行贷款所形成的存款。它包括商业银行吸收到的、增加其准备金的存款。商业银行的准备金以两种具体形式存在：①商业银行持有的应付日常业务需要的库存现金；②商业银行在中央银行的存款。

派生存款指由商业银行发放贷款、办理贴现或投资等业务活动引申出来的存款，又称为衍生存款。派生存款在原始存款基础上产生。派生存款的产生过程，就是商业银行吸收存款、发放贷款、形成新的存款额……这一过程循环不断地在各家商业银行存款客户之间转移、最终使银行体系的存款总量增加的过程。

2. 存款创造前提条件

现代银行采用部分准备金制度和非现金结算制度，它构成商业银行创造信用的基础，也是商业银行存款创造的前提条件。

① 部分准备金制度又称存款法定准备金制度，是指国家以法律形式规定存款机构的存款必须按一定比例，以现金和在中央银行存款形式留有准备的制度。对于吸收进来的存款，银行必须按一定比例提留存款准备，其余部分可以用于放款。若是在100%的全额准备金制度下，则根本排斥银行用所吸收的存款去发放贷款的可能性，银行就没有创造存款的可能。部分准备金的建立，是银行信用创造能力的基础。对一定数量的存款来说，准备比例越大，银行可用于贷款的资金就越少；准备比例越小，银行可用于贷款的资金就越多。所以，部分准备金制度是银行创造信用的基本前提条件。

② 非现金结算制度使人们能够通过开出支票进行货币支付，银行之间的往来进行转账结算，无需用现金。如果不存在非现金结算，银行不能够用转账方式去发放贷款，一切贷款都必须付现，则无从派生存款，银行就没有创造信用的可能。非现金结算制度也是商业银行创造信用的前提条件。

3. 多倍存款扩张过程

为了便于说明商业银行体系是如何创造信用的，我们假定：(1)银行体系由中央银行和多家商业银行组成；(2)活期存款的法定准备金率为20%；(3)准备金由库存现金及在中央银行的存款组成；(4)公众不保留现金，并将一切货币收入都存入银行体系；(5)各商业银行都只保留法定准备金而不持有超额准备，其余均用于贷款或投资。

假设某人A向中央银行出售证券获得10000美元，并以活期存款的形式存入甲银行。由于法定准备金率为20%，甲银行只需以2000美元作为准备金，其余的8000美元全部贷出。经过接受存款和发放贷款这两次交易后，甲银行的T型资产负债表见表6-1。

表6-1　甲银行

资　产		负　债	
准备金	2000美元	客户A活期存款	10000美元
未偿贷款	8000美元		
总计	10000美元	总计	10000美元

假定甲银行将8000美元贷给客户B，B以借到的8000美元全部用来向C购买商品，C将收到的8000美元存入乙银行。乙银行在接受C的8000美元活期存款后，依20%的比率保留1600美元准备金，而将其余的6400美元悉数贷出去。乙银行的资产负债表见表6-2。

表6-2　乙银行

资　产		负　债	
准备金	1600美元	客户C活期存款	8000美元
未偿贷款	6400美元		
总计	8000美元	总计	8000美元

假定乙银行将6400美元贷给客户D，而客户D又全部用来购买E的商品，E将收到的6400美元存入丙银行。丙银行依20%的比率保留1280美元准备金，而将其余的5120美元悉数贷出去。丙银行的资产负债表见表6-3。

表6-3　丙银行

资　产		负　债	
准备金	1280美元	客户E活期存款	6400美元
未偿贷款	5120美元		
总计	6400美元	总计	6400美元

丙银行将5120美元贷给F，F又用于购买……，这个过程可以无限继续下去。在这个过程中，每一家银行都在创造存款(见表6-4)。

表6-4　商业银行系统创造存款过程

n	活期存款	法定准备金	贷款
1	ΔB	$r_d\Delta B$	$\Delta B\,(1-r_d)^1$
2	$\Delta B\,(1-r_d)^1$	$r_d\Delta B\,(1-r_d)^1$	$\Delta B\,(1-r_d)^2$
3	$\Delta B\,(1-r_d)^2$	$r_d\Delta B\,(1-r_d)^2$	$\Delta B\,(1-r_d)^3$
…	…	…	…
n	$\Delta B\,(1-r_d)^{n-1}$	$r_d\Delta B\,(1-r_d)^{n-1}$	$\Delta B\,(1-r_d)^n$
…	…	…	…
总计	$\Delta D=\Delta B\sum_{n=1}^{\infty}(1-r_d)^{n-1}$	$\Delta R=r_d\Delta B\sum_{n=1}^{\infty}(1-r_d)^{n-1}$	$\Delta L=\Delta B\sum_{n=1}^{\infty}(1-r_d)^n$

由表6-4可知，若活期存款增加ΔB，经过商业银行系统的扩张以后，其活期存款增加到：

$$\Delta D=\Delta B\sum_{n=1}^{\infty}(1-r_d)^{n-1}$$

由于法定存款准备金率一般都小于1，所以$1-r_d<1$，因此

$$\Delta D=\Delta B\sum_{n=1}^{\infty}(1-r_d)^{n-1}=\Delta B\frac{1}{1-(1-r_d)}=\frac{1}{r_d}\Delta B$$

同样，准备金总额ΔR也是公比小于1的几何级数。

$$\Delta R=r_d\Delta B\sum_{n=1}^{\infty}(1-r_d)^{n-1}=r_d\Delta B\frac{1}{1-(1-r_d)}=\Delta B$$

可见，法定准备金总额的增加等于最初的原始存款增加额。这也意味着由原始存款增加引发的存款扩张过程实际也是这笔原始存款全部转化为法定准备金的过程。我们可以得到：

$$\Delta D=\frac{1}{r_d}\Delta R$$

上式可以变形为：

$$K=\frac{\Delta D}{\Delta R}=\frac{1}{r_d}$$

其中，K表示简单存款创造乘数，ΔD表示存款货币最大扩张额的变动量，ΔR表示原

始存款的变动量，r_d表示法定准备金率。可见，简单存款创造乘数是法定准备率的倒数。

除了法定准备金率(r_d)，超额准备金率(e)、现金漏损率(k)、定期存款与活期存款的比(t)、定期存款准备金率(r_t)也会影响存款货币创造乘数，在考虑了这些因素之后，存款货币创造乘数可表示为：

$$K=\frac{\Delta D}{\Delta R}=\frac{1}{r_d+t\cdot r_t+k+e}$$

【例 1】(南京大学 2014 年)假定同一资金 100 万元货币，在一定期限内进行了 5 次商品交易，其中 3 次卖家将收入全部存入了银行，银行留下准备金后又将余额贷出(存款准备金率为 10%)，则下列说法正确的是(　　)。

A. 这 100 万元现金总共创造了 300 万元的存款　　B. 这 100 万元现金总共创造了 271 万元的存款

C. 这 100 万元现金总共创造了 270 万元的存款　　D. 这 100 万元现金总共创造了 190 万元的存款

答案：B。第一次 100 万元全部存入银行，第二次银行贷出 90 万元，又全部存入银行，第三次银行贷出 81 万元，也全部存入银行，第四次银行贷出 72.9 万元，不再存入银行。所以总共创造的存款＝100+90+81＝271(万元)。

4. 多倍存款收缩过程

现在考虑相反的情况。假定法定存款准备金还是 20%，并假设银行系统没有超额准备金。甲银行的客户 A 向央行购买了一张 10000 美元的证券。甲银行原来的资产负债表见表 6–5。

表 6–5　甲银行

资　产		负　债	
准备金	20000 美元	A 的活期存款	10000 美元
未偿贷款	80000 美元	其他活期存款	90000 美元
总计	100000 美元	总计	100000 美元

客户 A 动用在甲银行的 10000 美元存款，结果甲银行的准备金和活期存款各减少 10000 美元，使得其准备金率下降到r^1＝10000/90000＝11.1%，低于法定存款准备金率，为此，甲银行必须设法收缩贷款来恢复到原来的法定准备金率。由于甲银行对 A 的 10000 美元仅仅保留了 2000 美元准备金，所以现在缺少准备 8000 美元。假定甲银行向客户 B 收回贷款 8000 美元，这样资产方面贷款减少了 8000 美元，而准备金增加了 8000 美元，准备金比率恢复到 20%的法定准备金率。其资产负债表如表 6–6 所示。

表 6–6　甲银行

资　产		负　债	
准备金	18000 美元	活期存款	90000 美元
未偿贷款	72000 美元		
总计	90000 美元	总计	90000 美元

如果甲银行准备金所增加的 8000 美元是客户 B 从乙银行提款偿还甲银行贷款所造成的，并且乙银行也没有超额准备金，那么乙银行也将减少贷款来达到法定准备金率要求。这样，与存款创造过程相对称，经过各银行的辗转提存后，存款将以几何级数减少。具体过程不再赘述。这样，最初存款和准备金的减少额，将最终导致存款减少 50000 美元，相当于最初减少额的 5 倍。

知识点二　中央银行

（一）中央银行的产生和发展

1. 中央银行产生的背景

中央银行是商品信用经济发展到一定阶段的产物，是社会经济发展的必然产物，是在商业银行的基础上发展演变而来的。其中，下面四方面经济背景是中央银行产生的主要原因：

① 银行券的发行问题。由于小银行受到地域限制、规模较小和信用能力不强等自身的缺陷，无法保证发行银行券的信誉及其流通的稳定性。因此，从客观上要求有一个资力雄厚并在全国范围内具有权威的集中货币发行的银行，便对中央银行产生需求。

② 票据交换问题。随着信用经济的发展，银行业务不断扩大，银行间的结算日益复杂。因此，从客观上要求建立一个全社会统一而有权威、公正的清算中心，便对中央银行产生需求。

③ 最后贷款人问题。随着资本主义生产的发展和流通的扩大，对贷款的要求不仅数量增多，而且期限延长了。商业银行如果仅用自己吸收的存款来提供放款，就远远不能满足社会经济发展的需要，如果将吸收的存款过多地发放贷款，又会削弱银行的清偿能力，有使银行发生挤兑和破产的可能。因此，从客观上要求有一个银行的“银行”，能够在商业银行资金发生困难时，提供贷款支持，便对中央银行产生需求。

④ 金融监管问题。随着经济的发展，统一市场的逐步形成和扩大，政府对金融业和统一市场的规范管理和调节产生需求。因此，从客观上要求有一个货币政策执行者的存在。

2. 中央银行的发展

中央银行的发展历史大体可分为三个阶段：

(1) 中央银行初创期(17 世纪中叶~1843 年)

① 中央银行雏形。最早设立的中央银行是 1656 年设立的瑞典里克斯银行。它原是私人资本创办的银行，最先发行银行券，但未独占发行权，1668 年改组为国家银行，它是现代中央银行的萌芽。

② 公认的最早的中央银行是英格兰银行。英格兰银行是在政府帮助下设立的一家私人股份银行，其成立初衷是为政府筹集和提供资金，而政府以授权该银行发行银行券作为报酬。1833 年，英国国会通过法案，规定英格兰银行发行的货币作为全国唯一的法偿货币。随后法国、荷兰、奥地利、挪威、丹麦等西方国家纷纷设立了中央银行。

③“非完全垄断货币发行权”、“私人商业银行与中央银行相结合”成为这一时期中央银行的主要特征。

(2) 中央银行发展期(1844 年~20 世纪 30 年代)

① 1844 年，英国国会通过《皮尔条例》，规定英格兰银行作为唯一的货币发行银行，将英格兰银行分成发行部和银行部两个部分，发行纸币与银行业务相分离，从此奠定了现代中央银行组织的模式。

② 1854 年起，英格兰银行成为银行业的票据交换中心。

③ 在英国几次经济危机中，英格兰银行为商业银行提供贷款援助，体现了“最后贷款人”的角色。

④ 1863 年以前，美国尚无联邦的银行立法，各州都有自己的银行立法，也可以发行钞票。1913 年 12 月国会通过了《联邦储备条例》的改革方案，正式成立联邦储备体系，美国历史上第一次创建了中央银行制度。

⑤ 进入 20 世纪之后，特别是第一次世界大战后，为了稳定战后币制、汇率和消除金融混乱的局面，各国纷纷建立中央银行制度。1930 年，在瑞士巴塞尔成立国际清算银行，各国中央银行作为本国金融机构的代表，加强国际合作，中央银行制度又进一步得到强化和完善。

(3) 中央银行国有化(二战以后)

国家利用中央银行来推行财政金融政策，干预国民经济，稳定货币，因而各国纷纷加强了对中央银行的控制。许多国家的中央银行都先后实行了国有化。1945 年 12 月，法国中央银行国有化。1946 年，英国中央银行(英格兰银行)国有化。

3. 我国中央银行的发展

我国中央银行最早可以追溯到 20 世纪初清政府建立的户部银行。当时主要是为了解决因战争赔款所带来的财政困难，统一币制，推行纸币。而以法律形式正式成立的中央银行是 1928 年成立的国民政府中央银行。此时的中央银行为国家银行，享有经理国库、发行兑换券、铸发国币、经理国债等特权。在成立之初，中央银行尚未完全独占货币发行权，当时中国银行、交通银行和中国农民银行也具有发行银行券的权利。到 1942 年 7 月 1 日，根据《钞票统一发行办法》，收回三家银行的货币发行权，由中央银行独占货币发行权，同时还统一管理国家外汇。

中国人民银行作为新中国的银行于 1948 年 12 月 1 日成立。早期中国人民银行既行使货币发行和金融管理职能，又从事信贷、储蓄、结算、外汇等业务经营活动，是典型的“一身二任”的金融机构。直到 1983 年，国务院决定中国人民银行专门行使中央银行的职能，不再对企业、个人直接办理存贷业务，中国人民银行成为负责“管理全国金融行业的国家机关”，其三项根本任务是：“集中力量研究和做好全国金融的宏观决策，加强信贷资金管理，保持货币稳定。”中国人民银行行使中央银行的职能，标志着我国现代中央银行制度的确立。

4. 美国联邦储备体系的建立

美国联邦储备体系成立于 1913 年。此前曾两次试图建立中央银行，即美国第一银行和美国第二银行，但每次所组建的银行均在其章程规定的 20 年有效期届满时宣告停业。

美国联邦储备体系的建立是北部工业区和各州自治势力妥协的结果，在全国划分为 12 个联邦储备区，每个区设立 1 家联邦储备银行，联邦储备体系的活动通过这 12 家联邦储备银行进行，其组织结构由三部分构成。

(1) 联邦储备委员会

联邦储备委员会，是该体系的最高权力机构，设在首都华盛顿，由 7 名理事组成理事会。联邦储备委员会的主要职责是：制定货币政策和各项规章制度，对成员商业银行和联邦储备银行的业务活动进行管理和监督。

(2) 联邦公开市场委员会，由 12 名委员组成，其中 7 人为理事会成员。其主要职责是：决定联储公开市场活动的政策，进行公开市场业务。联邦公开市场委员会通常每年举行 8 次会议，制定有关公开市场操作的决策，以及确定作为利率政策的联邦基金利率。

(3) 各区的联邦储备银行

目前12个联邦储备银行的总部分别位于波士顿、纽约、费城、克里夫兰、里士满、亚特兰大、芝加哥、圣路易斯、明尼阿波利斯、堪萨斯城、达拉斯和旧金山。而每个联邦储备银行在辖区内又设有分支机构。比如达拉斯联储总部在达拉斯，但同时在休斯敦、圣安东尼奥和艾尔帕所设有分部。

很显然，多数联邦储备银行分布在美国的东北部地区。这主要是由于美联储1913年成立时，美国的经济重心主要集中于东北部。每一个联邦储备银行的代号由一个英文字母和一个数字组成。比如波士顿联储是第一个成立的联邦储备银行，代号为1A。第二个成立的是纽约联储，代号是2B，依此类推。达拉斯联储是第11个成立的，因此代号为11K。在1美元的钞票上，印着不同联邦储备银行的名称和代号，表明这些1美元纸钞是从哪个地区流向市场的。

（二） 中央银行的性质和职能

1. 中央银行的性质

中央银行是一国金融体系的核心，负责金融管理和金融调节的特殊金融机构，是政府的金融管理机构。

中央银行是从普通的商业银行演变而来的，从性质上看它不再是以营利为目的的商业银行，而是唯一代表政府进行金融调控和金融管理的金融行政管理部门，是政府行政管理机构的重要组成部分。这一性质决定了中央银行具有四个显著的业务活动原则。

① 相对独立性。中央银行在执行经济政策和管理经济活动时，应在本国法律框架下处于超然地位，其正常决策不应受到行政和其他部门的干预，以保持其独立性。

② 非营利性。中央银行是国家金融系统的管理者，出于公平、公正的考虑，应避免与商业银行争夺利益，以保持其控制金融市场的力量。

③ 不兼营一般商业银行业务。中央银行为保持其作为管理者的权威，应避免在一般业务中与商业银行进行不合理竞争从而威胁到其他金融机构的生存，以领导其他金融机构。

④ 公开性。中央银行作为政府的金融管理机构，应定期公布业务状况，使社会公众及时了解货币政策，并分析了解政策实施后所产生的经济后果。

2. 中央银行的职能

中央银行的职能主要表现为发行的银行、政府的银行、银行的银行。

(1) 发行的银行

所谓发行的银行是指中央银行垄断货币发行权。在现代中央银行制度下，拥有垄断的货币发行权是中央银行最根本、最重要的标志。中央银行垄断货币发行权是中央银行的基础职能。这是因为：

① 只有垄断货币发行权，才能统一国内的通货形式，避免由于多头发行货币造成货币流通的混乱。

② 只有垄断货币发行权，才能根据经济形势的客观需要，灵活调控货币流通量。

③ 只有垄断货币发行权，才能有效地制定和执行货币政策。一部中央银行史，首先是一部垄断货币发行权的历史，如果没有对货币发行权的垄断，就不是真正意义上的中央银行。

（2）政府的银行

所谓政府的银行并不一定是指中央银行的所有权属于国家，而是说中央银行代表政府执行货币政策、为政府提供金融服务。作为政府的银行，中央银行主要职责包括：

① 代理国库及政府债券的发行

通常，政府把货币收入存入中央银行，而中央银行则代理国库执行国家财政预算收支方面的业务，主要包括办理政府预算收入的缴纳、划分和预算支出的拨付、向财政反映预算收支情况、协助财政收缴库款等。此外，中央银行还代理政府债券的发行、办理政府债券到期还本付息等事宜。

② 代管国家的外汇和黄金管理

国际储备是一国所拥有可以直接干预外汇市场、调节国际收支平衡的资产，主要是由外汇、黄金、已分配的特别提款权以及在国际货币基金组织中的储备头寸构成。中央银行对国际储备的管理主要涉及国际储备的数量管理、储备资产的结构管理以及国际收支与汇率稳定的调节等内容。

③ 代表政府参加国际金融活动，进行国际金融事务的协调、磋商

随着经济一体化和全球化进程深入，世界各国之间的经济贸易往来日益密切，金融国际化趋势日益突出，中央银行的特殊地位和作用决定了代表政府参加国际金融组织、签订国际金融协定、参与国际金融事务的谈判与磋商以及办理政府之间的金融事务往来与清算等相关事宜，以此推动国际金融活动的顺利开展和国际金融合作的进一步加强。

④ 为政府融通资金，提供特定信贷支持

方式有两种：一是在法律允许限度内，直接向政府提供透支或贷款；二是直接或间接购买政府债券。中央银行在法律允许的范围内只为政府提供一定限额的短期性融资以弥补财政收支的暂时性平衡。因此，中央银行主要是通过在一级市场直接购买政府债券或二级市场间接购买政府债券方式为政府融通资金提供支持。

⑤ 制定与实施货币政策，调节宏观经济运行

货币政策是中央银行为实现预期的宏观经济目标，运用各种政策工具调节与控制货币供给量与利率水平，调节宏观经济运行的方针与措施的总称。货币政策的重要性在于货币政策的变动将会引起总需求和总供给的变动，从而引起一般物价水平、经济增长速度、就业水平以及国际收支发生相应的变动，故而货币政策在国民经济宏观调控中居于十分重要的地位，制定与实施货币政策由此成为中央银行最为重要的基本职能之一。

⑥ 组织和实施金融监督管理

政府对金融业的监督管理，一般是由中央银行或其他专业性的金融监督管理机构负责组织实施。中央银行对金融业的监督管理是从市场进入、市场运行与市场退出等三方面组织实施，主要包括制定和实施有关金融法规制度与金融业务活动准则、监督管理金融机构的业务活动以及管理与规范金融市场等内容。

⑦ 为政府提供经济金融情报和决策建议，向社会公众发布经济金融信息

由于中央银行处于社会资金运动的中心环节，是货币、信用的调剂中心、社会资金清算中心和金融业管理中心，因此中央银行能够掌握全国经济金融活动的基本资料信息，能够比较及时地反映整个经济金融运行状况。在政府的经济决策中，中央银行一般都扮演重要角

色，发挥重要的甚至主导的作用。

(3) 银行的银行

所谓银行的银行是指中央银行向商业银行和其他金融机构提供的金融服务。具体包括：

① 吸收与保管存款准备金，以确保存款机构的清偿能力。商业银行将准备金存放在中央银行，需要提取现金时，中央银行就会派一辆运钞车将现金送到商业银行营业网点，同时借记准备金账户，反过来商业银行也可以将现金存入中央银行，同时中央银行贷记准备金账户。这样，正如社会公众去商业银行存提款一样，商业银行可以去中央银行存提款，因此中央银行被称为银行的银行。中央银行可通过存款准备金率的变动来调节一国的货币供应量。

② 充当最后贷款人，对商业银行提供信贷，这是最能体现中央银行作为"银行的银行"职能的一种功能。当商业银行和其他金融机构发生资金短缺或周转不灵时，可以向中央银行要求资金融通。中央银行一般通过票据的再贴现向商业银行提供抵押贷款，而贴现率的高低也就成了中央银行调控货币供应量的重要杠杆。

③ 作为全国票据清算中心，组织全国票据清算事宜。中央银行作为清算银行可为各商业银行和其他金融机构间货币的收付转账提供快捷便利的服务，解决单个银行清算的困难。

（三）中央银行体制

1. 中央银行的所有制形式

世界上多个国家的中央银行按其所有制形式划分，大体可以分为三类：

(1) 政府拥有中央银行的全部资本，即完全由政府出资的中央银行，如英格兰银行、法兰西银行、德意志联邦银行和中国人民银行。

(2) 公私混合持有中央银行的股份，即公私合股的中央银行，如日本银行、墨西哥银行、比利时国家银行。

(3) 完全为私人资本的中央银行，如美联储、意大利银行、瑞士国家银行、西班牙中央银行。

2. 中央银行的组织结构

(1) 单一中央银行制

它是指在国家内只建立统一的中央银行，使之全面、纯粹地行使中央银行职能并领导全部金融事业的制度，在机构设置上采取总分行制。这类中央银行制度的特点是：权力集中，职能齐全，根据需要在全国各地建立分支机构。

这一制度又分为两种形式：

① 一元式中央银行制度。这种体制是指在一个国家内只建立一家统一的中央银行，机构设置一般采取总分行制。目前世界上绝大部分国家，如英国、日本的中央银行都实行这种体制。我国自 1984 年之后也是实行这种中央银行制度。

② 二元式中央银行制度。这种体制是在一国国内建立中央和地方两极中央银行机构，中央级机构是最高权力或管理机构，地方级机构受中央级机构的监督管理，但它们在各自的辖区内有较大的独立性。实行联邦制的国家多采用这种中央银行制度，如美国、德国等。

(2) 复合中央银行制度

复合中央银行制度，是指在一个国家不设立专门的中央银行机构，而是由一家大银行集中中央银行职能和一般存款货币银行职能于一身的银行体制。这种体制主要存在于过去的苏联和东欧等国。我国在 1983 年以前也实行这种中央银行制度。

（3）跨国中央银行制度

跨国中央银行制度，是指由参加货币联盟的所有成员国联合组成的中央银行制度。1998 年 7 月成立的欧洲中央银行，是一家由欧洲经济货币联盟的成员国共同设立的中央银行，框架结构采用德国中央银行的二元制模式，其主要职责是发行统一的货币——欧元，并制定和实施欧元区的货币政策。

（4）准中央银行制度

准中央银行制度，是指某些国家或地区只设立类似中央银行的机构，或由政府授权某个或某几个商业银行，行使部分中央银行职能的体制。例如，新加坡设有金融管理局与货币发行局两个机构来行使中央银行的职能。中国香港实行的也是准中央银行制度，金融管理局（1993 年 4 月 1 日由香港外汇管理基金和银行监管处合并而成）是香港的金融监管机构，但不拥有发钞权，发钞权掌握在汇丰、渣打、中国银行手中。

【例 2】美国联邦储备体系属于（　　）。

A. 单一制中央银行　　B. 复合制中央银行　　C. 准中央银行　　D. 跨国中央银行

答案：A。单一中央银行制是指国家单独建立中央银行机构，使之全面、纯粹地行使中央银行的制度，包括一元式中央银行制度和二元式中央行制度。美国实行的是二元式中央银行制度。

3. 中央银行的独立性

中央银行的独立性是指中央银行在制定和实施货币政策时，不受政府干预的权利，一般包括两个方面：第一，中央银行有必要对政府保持一定的独立性；第二，中央银行的独立性是一种相对独立性。中央银行拥有不接受政府命令的权力，在制定或者更改货币政策时，不必与政府交涉。但事实上，哪怕是最为独立的中央银行也不可能在完全没有政府干预的情况下自行运作，换而言之，银行的独立性其实是一种相对的独立，其多多少少都会受到政府制约的地方。所以，衡量央行的独立性关键在于看央行的活动在多大程度上要受政府的干预。

（1）中央银行对政府保持独立的必要性

① 中央银行与政府关心的重点不同

政府更多地关注就业、社会稳定和经济增长等问题，因而往往偏重于采用扩张性宏观经济政策来刺激需求，拉动经济增长，从而造成通货膨胀。中央银行则更关心币值的稳定，以维护正常的金融秩序，防止通货膨胀。

② 中央银行与政府所代表的对象不同

政府代表一定的党派和社会集团，偏重于政治需要，因而往往过于注重短期利益。中央银行则代表社会公众的利益，货币政策不应受到党派和政治的干扰。

③ 中央银行的货币政策和金融监管具有较强的专业性和技术性

政治家并不具备这方面的专业知识，如果政府过多地干预中央银行的业务活动，会使中央银行无所适从，造成许多不利的结果。

④ 中央银行是一个社会化的服务机构，而不是一个纯政府的服务机构

中央银行不仅对政府提供经理国库的服务职能，而且对整个银行体系提供资金融通、清算划拨和信息咨询等各项服务。

(2) 中央银行对政府的独立性是相对的

① 中央银行是政府的重要机构之一，业务活动是在国家法律授权下进行的。在现代金融体系中，中央银行作为国家的金融管理当局，是政府的重要部门之一。

② 中央银行的货币政策是国家宏观经济政策的一部分。政府的宏观经济政策包括财政政策和货币政策，货币政策只有与财政政策协调配合，才能发挥最大的效果。

③ 中央银行货币政策和财政政策的基本目标是一致的。虽然中央银行的货币政策目标侧重于物价稳定，而政府财政政策的目标则侧重于经济增长和充分就业，但归根结底，国家经济的发展是其最基本的、共同的目标。

④ 在遇到经济状况(如战争、自然灾害、意外事故)时，中央银行必须服从政府的领导和指挥，为政府提供急需的资金。

(3) 中央银行独立性的衡量标准

著名经济学家斯坦利提出将中央银行的独立性分为两种类型：工具独立性和目标独立性。

所谓“目标独立”，指的是中央银行能够不受政府或其他政治、经济势力的干扰，具有独立制定货币政策目标的权力。满足这一条件的中央银行具有很高的独立性，能够自主地决定货币政策的目标。目标独立的央行在现实世界非常罕见，仅有欧洲中央银行、瑞士中央银行以及德国中央银行等少数中央银行可属此例。

所谓“工具独立”，指的是中央银行的政策目标由议会、政府或其他政治主体决定或与中央银行协商决定；一旦货币政策目标确定下来以后，为了实现这些目标，中央银行有权独立决定动用哪些货币政策工具。

总体来说，中央银行的独立性标准主要有四点：

① 组织机构和人事的独立性，主要表现为中央银行的组织机构的设立和主管人员的提名和任免是否由行政机关或政府部门决定。

② 制定和执行政策的独立性，主要表现在中央银行制定和执行财政政策和货币政策的自主程度。

③ 经济的独立性，主要表现为中央银行的财政的独立性，即其是否依赖于政府的拨款和财政的支持。

④ 业务的独立性，主要指中央银行是否可以自主决定其业务的实施，办理业务是否受政府机关的干预。

(4) 主要国家中央银行独立性比较

各国中央银行的独立性可以从它们的有关立法、组织形式、资本所有权、资金关系和财务管理等角度进行分析。我们按中央银行独立于政府的不同程度，将中央银行分为三大类：第一类，直接向国会负责，独立性较大的中央银行，如德国、美国、瑞典和瑞士等国的中央银行。第二类，名义上归财政部领导，实际上有相当独立性的中央银行，如日本、英国等国的中央银行。第三类，归财政部领导，独立性较小的中央银行，如意大利中央银行。

【例 3】下列中央银行的独立性，按照由高到低排列，顺序正确的是(　　)。

A. 美联储　欧洲中央银行　日本央行　中国人民银行

B. 欧洲中央银行　美联储　日本央行　中国人民银行

C. 美联储　欧洲中央银行　中国人民银行　日本央行

D. 欧洲中央银行　美联储　中国人民银行　日本央行

答案：B。央行的独立性，一般是指相对于政府的独立性。欧洲中央银行属于跨主权央行，独立性肯定是最强的；美联储直接向国会负责，独立性其次；日本央行名义上归财政部，但实际上权力仍然很大；中国人民银行归财政部领导，独立性最小。

（四）中央银行的业务

1. 中央银行的资产负债表

（1）中央银行资产负债表及其主要内容

中央银行的资产负债表是关于其资产负债业务的综合会计记录，表 6-7 是一张简化的中央银行资产负债表。

表 6-7　中央银行的资产负债表

资　产	负　债
国外资产	储备货币
对中央政府的债权	定期储备和外币存款
对各级地方政府的债权	发行债券
对存款货币银行的债权	进出口抵押和限制存款
对非货币金融机构的债权	对外负债
对非金融政府企业的债权	中央政府存款
对特定机构的债权	对等基金
对私人部门的债权	政府贷款基金
外汇和黄金储备	资本项目
	其他项目

一般来说，央行负债项目中最主要的是流通中的现金货币。对于发达国家来说，央行资产项目中比重最大的是政府债券和特别提款权，反映了这些国家金融市场发达，公开市场业务操作充分运用的特点；而在我国，由于金融市场尚不完善，政府债券发行量较小，央行资产项目中占大多数的还是对各种金融机构的贷款，政府债券所占比重相对较小。

（2）中央银行资产负债表的基本关系式

① 资产=负债+自有资本。该式表明，中央银行的资产持有额的增减取决于负债与自有资本的总和，在自有资本一定的情况下，负债增加(减少)，必然导致其资产的相应增加(减少)。

② 负债=资产-自有资本。该式表明，中央银行的负债的多少，取决于其资产与自有资本的差额。在自有资本一定的情况，如果中央银行的资产总额增加(减少)，则必然扩大了等额负债增加(减少)。

③ 自有资本=资产-负债。该式表明，自有资本取决于资产与负债的差额。如果仅有负债增加(减少)，则自有资本减少(增加)；如果仅有资产增加(减少)，则自有资本增加(减少)。现实中，在一段时间内，中央银行资本金相对较稳定，通常视为不变的常数。

上述三个公式的政策含义为：①中央银行的资产业务对货币供给有着决定性作用；②中央银行货币政策的扩张或收缩与中央银行自身的收支差额无关，货币政策的扩张能力从理论上说不受中央银行自身均衡机制的制约；③由中央银行自有资本增加而相应扩大的资产业务，不会导致货币发行的增加。

（3）中央银行资产负债表分析

基础货币是中央银行负债的一部分，根据资产负债恒等关系，基础货币=现金+商业银行准备金存款=资产总额-除现金和准备金外其他负债=（对金融机构债权+对政府债权+国外资产+外汇和黄金储备）-（政府部门存款+国外机构存款+国内金融机构存款+央行资本金）。

① 中央银行的资产项目增加，将导致准备金和基础货币的增加。这一点可以从上述等式中得出。

（a）购买政府债券。中央银行进行公开市场操作购买政府债券时，如果直接从商业银行手中购买，则直接贷记准备金账户；如果从公众手中购买，公众卖出证券收到支票后将支票存入商业银行，商业银行的准备金也会增加。同理，中央银行卖出政府债券将导致准备金和基础货币减少。

（b）贷款和贴现。中央银行对商业银行进行再贷款和再贴现，直接贷记准备金账户，导致准备金和基础货币增加。

（c）黄金和外汇储备。假设中央银行代表财政部从公众手中购买价值100万元的黄金（这一过程称为黄金的货币化），黄金成为财政部的资产，财政部为支付给客户相应款项需要发行100万元的黄金证券交给中央银行，中央银行将黄金证券作为自己的资产并增发100万元的货币加到财政部在央行的存款账户上，财政部用这100万元支付给客户，客户拿到100万元支票后存入商业银行，于是商业银行准备金增加。最后的结果，相当于客户拿黄金向中央银行换取了等值的货币（这些货币是中央银行为收购黄金新发行的），由于作为货币的黄金储备量增加，因此基础货币增加。同理可以分析中央银行卖出黄金的过程（称为黄金的非货币化）。外汇储备的运作过程与黄金类似，不再赘述。

（d）中央银行其他资产。当中央银行增加其他资产，如购买办公设备等，将发行货币开出支票，售货人收到支票后存入银行，于是使准备金和基础货币相应增加。

② 中央银行除准备金外其他负债增加，将导致准备金减少。这一点同样可以从上述等式中得出。

（a）现金。这是中央银行最大的负债项目。当公众需要现金时，将从商业银行账户上提取，于是商业银行就要动用准备金以满足客户的提现要求，流通中的现金增加，导致准备金减少。同理，如果公众把现金存入商业银行，流通中的现金减少，准备金增加。

（b）财政部存款。当企业或个人向财政部缴税时，利用银行转账，使得财政存款增加，相应商业银行在央行的准备金会减少。由于缴税会使基础货币减少，从而货币供给量减少，对经济产生一定的紧缩性影响，因此政府应将各单位的缴税时间错开，以免对货币供给量短时间内产生重大波动。

（c）外国存款。外国中央银行在本国中央银行的存款增加，表明本国企业或公众向外国签发的支票数额高于外国企业或公众向本国签发的支票，本国商业银行的存款和准备金将减少，外国银行的存款和准备金相应增加。

【例4】在下列针对中央银行资产项目的变动中，导致准备金减少的是（　　）。

A. 中央银行给存款机构贷款增加　　B. 中央银行出售证券

C. 向其他中央银行购买外国通货　　D. 中央银行代表财政部购买黄金，增加储备

答案：B。根据中央银行资产负债表，基础货币等于现金和商业银行存放中央银行款项之和，A中，当中央银行给存款机构贷款增加时，商业银行存放中央银行的款项也会增加，因而基础货币会增加，准备金增加。C中央银行向其他中央银行购买外国通货，会导致中央银行资产的增加，因而也会导致准备金增

加，D 中央银行购买黄金增加储备，不管是向公众购买黄金还是向商业银行购买黄金都会增加基础货币 B。B 是正确答案，中央银行出售证券，无论购买证券的是公众还是商业银行，都会降低基础货币，导致准备金减少。熟悉中央银行资产负债项目是正确解答本题的关键，考生需要花点时间搞清楚中央银行的主要的资产负债项目，以及它们的变化如何引起基础货币的变化。

【知识拓展】中美央行资产负债表对比

从资产看，中国人民银行与美联储的结构截然不同。首先，美联储最主要的资产是政府债券。而中国人民银行的政府债券占比较少，说明中国人民银行通过公开市场操作国债的规模和影响力都较小。其次，美联储没有储备较多的外汇资产。美元是世界货币，可以随时发行，美联储没有必要购买和储备较多的外汇，量化宽松和零利率政策意味着美国将危机转嫁到海外美元和金融工具持有者身上。我国的外汇资产规模巨大，这既是人民币没有国际化的必然，也是宏观经济和货币政策的各种约束因素导致被动积累的结果。再次，美联储货币政策的调控主要是依赖创新的非常规方法。不仅借入资金的结构呈现多元化特征，而且借贷对象的范围大面积放宽，即由原来单一的存款机构放宽到初级证券交易商、私人部门(包括公司、合格投资者和投资银行等)、官方资产管理公司和联邦房屋抵押贷款机构等。

从负债结构看，美联储资金来源与中国人民银行相似，主要为基础货币。流通中货币的数量取决于市场的需求，这里的市场包括非美国居民。超过一半的美国货币被国外持有，这也是美联储“通货”占比比中国人民银行高的原因之一。两国基础货币的构成存在差异，中国人民银行更多地倚重“其他存款性公司存款”部分。此外，美联储国库现金管理效率较高，可充分利用金融市场进行保值增值，而中国人民银行国库资金的运用有严格限制，导致中国政府存款余额较高。

总之，美联储资产方最重要的资产是政府债券，最重要的负债是通货。而中国人民银行正好相反，是高外汇资产和低通货负债。资产负债结构的明显不同反映了中国经济制度和金融发展与成熟市场经济国家的差异，也折射出中国人民银行基础货币投放主动权不够的弱点。

2. 中央银行的负债业务

中央银行的负债业务是指中央银行在执行国家金融政策、履行金融调控过程中对中央银行体系以外的一种债务活动，是中央银行的资金来源。它主要有：货币发行业务、存款业务、代理国库业务等。

(1) 货币发行

货币发行是中央银行对货币持有者的一种负债，而且是中央银行主要的负债业务。通常，货币发行具有双重含义：一是指货币从中央银行的发行库，通过各家银行的业务库流到社会，二是指货币从中央银行流出的数量大于从流通中回笼的数量。这两方面都属于中央银行货币发行业务范畴。

中央银行通过货币发行业务，一方面满足了社会商品流通扩大和商品经济发展的需要，另一方面筹集了资金，满足其履行中央银行各项职能的需要。

根据货币发行的性质划分，一般可分为：①经济发行是指中央银行根据国民经济发展及商品流通的实际需要而进行的货币发行。在货币经济发行的条件下，货币投放要满足流通中货币需要量增长，实现币值稳定和货币流通正常。②财政发行是指为弥补财政赤字而进行的货币发行。这种发行不是以经济增长为基础，而纯粹是为了弥补政府财政赤字，因此，这样发行的货币就会形成超过经济需要的过多货币量，导致市场供求紧张和物价上涨，货币贬值。

【知识拓展】财政赤字货币化

财政赤字货币化又称政府债务货币化，意指以增发国债为核心的积极财政政策导致经济体系中货币供量的增加。财政赤字货币化下中央银行通过发行货币的方式为财政融资，其结果导致货币供给量的增加。美联储量化宽松实际上就是一种财政赤字货币化，而人民币贬值是对赤字货币化的战略对冲。

（2）存款业务

存款业务是中央银行的主要负债业务之一，主要吸收国内金融机构的准备金存款、财政存款和国外存款。然而中央银行作为一个金融机构，其存款业务与一般的金融机构的存款业务区别在于：

首先，吸收存款的目的与一般的金融机构不同，商业银行大力吸收存款来扩大资金来源，利用规模效应降低存款成本，从而扩大资金运用，争取盈利，其最终目标是利润最大化，中央银行吸收存款的目的主要是为了维护金融业的安全，调节、控制贷款规模和货币供应量以实现货币政策稳定币值的最终目标。

然后，中央银行吸收存款业务具有强制性。一般商业银行在吸收存款时应遵循"存款自愿、取款自由、存款有息、为存款人保密"的原则，而中央银行在吸收存款时一般都有金融法规支持，具有一定强制性。最典型的就是存款准备金的缴存，世界上绝大多数国家都有专门法律规定商业银行缴存中央银行的存款准备金比率，商业银行必须严格按其规定进行缴付。而且，一般国家都对存款准备金不支付利息。

最后，中央银行吸收存款的对象与一般机构是不同的，一般金融机构吸收存款的对象主要是各企业和个人，而中央银行的业务对象则主要是商业银行和财政等部门。

3. 中央银行的资产业务

中央银行资产指中央银行在一定时期所拥有的各种债权。中央银行的资产业务是指中央银行运用其货币资金的业务。主要有：贷款业务、再贴现业务、证券买卖业务、黄金和外汇储备业务。

（1）贷款业务

贷款业务是中央银行的主要资产业务之一。中央银行的贷款，又称为再贷款，其贷款主要贷给政府和金融机构。中央银行贷款业务的主要特点：

① 中央银行的放贷应以短期为主。这是由中央银行的性质和职能所决定。由于中央银行负有调节全国金融的职责，其资产必须有极强的变现力，具有最大的清偿性。因为中央银行对金融的调节，主要是通过货币政策来进行的，无论使用哪种货币政策工具，其最终结果是由中央银行资产的变动而引起社会货币供应量的变动，以达到所要求的政策效果。如果中央银行过多进行长期贷款，资产变现力差，就不能使政策工具及时顺利地发挥作用。

② 贷款不以盈利为目的。这也是由中央银行的性质所决定的。因为：一方面，中央银行独享货币发行权，使得任何一家商业银行在竞争中都无法与之相匹敌；另一方面，中央银行负有调节经济金融的特殊使命，而其调节机能大多要以雄厚的资金力量做后盾。如果中央银行以盈利为目的，则可能会因过分膨胀其资产业务而削弱对金融市场的控制能力，不能有效地执行对经济金融的调节。同时，追逐利润还会与货币政策的事实相冲突。

③ 中央银行应控制对财政的放款，这是中央银行保持其相对独立性的客观需要。如果不控制对财政的放款，势必使中央银行丧失其应有的独立性，成为财政的出纳和弥补赤字的工具，造成货币的财政性发行。

④ 中央银行一般不直接对工商企业和个人发放贷款。这是中央银行与商业银行的主要区别之一。如果中央银行对一般企业和个人发放贷款，则商业银行很难与之竞争，不利于金融秩序的稳定。

（2）再贴现业务

再贴现是指商业银行为弥补营运资金的不足，将其由贴现取得的商业票据提交中央银行，请求中央银行以一定的贴现率对商业票据进行二次买进的经济行为。中央银行通过调整再贴现率，调节信用规模，对中央银行有效实施宏观金融调控具有突出意义。在我国，由于商业信用不发达，加上中央银行再贷款的大量运用，使银行贴现和再贴现业务受到一定限制。

（3）证券买卖业务

中央银行买卖证券一般都是通过其公开市场业务进行的。其目的是为了调节货币供给，维护金融秩序。在需要银根紧缩时，中央银行就可以在公开市场上抛售有价证券，以便达到回笼货币的目的；在信用需要扩张时期，则中央银行可通过在公开市场上收购有价证券，投放货币，增加货币供给。中央银行在公开市场上买卖的证券主要是政府债券、国库券以及其他市场性非常高的有价证券。

（4）黄金、外汇储备业务

由于黄金、白银和外汇是国际间进行清算的支付手段，各国都把它作为储备资产，由中央银行保管。一方面作为稳定币值所必需的国际准备金，当国内物价上涨时，就利用储备从国外进口商品或直接向社会出售上述通货，以回笼货币，维护币值稳定；另一方面，当一国汇率发生不利于本国经济发展的变动时，中央银行通过在国际市场上买进或抛售黄金、外汇储备，维持汇率水平；再一方面，当一国国际收支出现不平衡时，也可以通过增加或减少黄金、外汇储备来保持国际收支的平衡。

4. 中央银行的其他业务

（1）资金清算业务

中央银行的支付清算体系主要是由清算机构、支付系统、支付结算制度以及同业间清算制度构成。

① 清算机构。它是拥有并经营支付系统，为金融机构提供清算服务的中介组织。

② 支付系统。它是清算机构赖以快速、有序、完全地实施金融机构债权债务清偿及资金转移的一种制度安排。支付系统是一国金融基础设施的核心部分。

③ 支付结算制度。它是关于结算活动的规章政策、操作程序、实施范围等的规定与安排，一般由中央银行同有关部门共同制定。

④ 同业间清算制度。它是为实现金融机构间资金清算而制定的规则、程序和清算安排。

（2）代理国库业务

中央银行代理国库和财政收支，使国库（财政预算）存款和行政事业单位的经费存款均存入中央银行，同时政府、事业单位与金融机构之间的相互划拨转账也通过在中央银行的存款账户进行，这就向中央银行为政府融资提供了条件。对这种国库存款和行政事业单位的经费存款，中央银行一般不予支付利息。

世界上经济发达国家多采用委托国库制。如同中国通过法律规定了由中国人民银行履行经理国库的职责一样，各国也均以相应法律规定了中央银行对其国库的代理关系，如美国、瑞士、德国等。这主要是因为中央银行在经理国库方面具有其他机构所无法比拟的优势。首先，中央银行经理国库业务这本身就是其重要职能之一“政府的银行”职能的具体体现；其次，这还为中央银行提供了大量低成本的资金来源，为其开展金融宏观调控等提供了资金；另外，通过中央银行实现财政资金的调拨既方便又灵活，同时还便于中央银行对财政支出的拨付使用实行有效的监督约束。

知识点三　中央银行体制下的货币创造过程

1. 基础货币

基础货币，又称高能货币，是指中央银行创造的债务凭证，区别于商业银行创造的存款，前者的1元可以通过存款扩张过程变成多倍的购买力，后者的1元只能形成1元的购买力。基础货币由两个部分组成：一是非银行公众持有的通货；二是商业银行及其他存款机构的存款准备金，包括法定准备金和超额准备金。基础货币的概念可以用下列公式表示：

$$B=R+C$$

其中，B 表示基础货币；R 表示银行准备金，也可细分为商业银行和其他存款机构在中央银行的存款和库存现金；C 表示非银行公众持有的通货，等于货币当局发行的通货减去货币当局、商业银行和其他存款机构持有的通货。

基础货币由现金和存款准备金两部分构成，其增减变化，通常取决于以下四个因素：

① 中央银行对商业银行等金融机构债权的变动。这是影响基础货币的最主要因素。一般来说，中央银行的这一债权增加，意味着中央银行对商业银行再贴现或再贷款资产增加，同时也说明通过商业银行注入流通的基础货币增加，这必然引起商业银行超额准备金增加，使货币供给量得以多倍扩张。相反，如果中央银行对金融机构的债权减少，就会使货币供应量大幅收缩。通常认为，在市场经济条件下，中央银行对这部分债权有较强的控制力。

② 国外净资产数额。国外净资产由外汇、黄金占款和中央银行在国际金融机构的净资产构成。其中外汇、黄金占款是中央银行用基础货币来收购的。一般情况下，若中央银行不把稳定汇率作为政策目标的话，则对通过该项资产业务投放的基础货币有较大的主动权；否则，中央银行就会因为要维持汇率的稳定而被动进入外汇市场进行干预，以平抑汇率，这样外汇市场的供求状况对中央银行的外汇占款有很大影响，造成通过该渠道投放的基础货币具有相当的被动性。

③ 对政府债权净额。中央银行对政府债权净额增加通常由两条渠道形成：一是直接认购政府债券；二是贷款给财政以弥补财政赤字。无论哪条渠道都意味着中央银行通过财政部门把基础货币注入了流通领域。例如，我国1995年的财政借款存量为1600多亿元，对近几年的基础货币量产生了一定影响。

④ 其他项目(净额)。这主要是指固定资产的增减变化以及中央银行在资金清算过程中应收应付款的增减变化。它们都会对基础货币量产生影响。

2. 货币乘数

基础货币供应增加后，货币供应量并不是简单地以1∶1的比例增加。由于存款机构的信用创造，货币供应量的增加会以基础货币增量的若干倍数扩张。反映货币供应量与基础货币之间关系的量，称之为货币乘数，即

$$m=M/B$$

基础货币虽然是由通货，也即处于流通中的现金 C 和准备金 R 这两者构成，但在货币乘数中的作用并不一样。通货 C 虽然是创造存款货币不可或缺的根据，但它本身的量，中

央银行发行多少就是多少，不可能有倍数的增加。引起倍数增加的只是准备存款 R。因此，基础货币 B 与货币供应量 M 的关系的关系可以用图 6-1 表示。

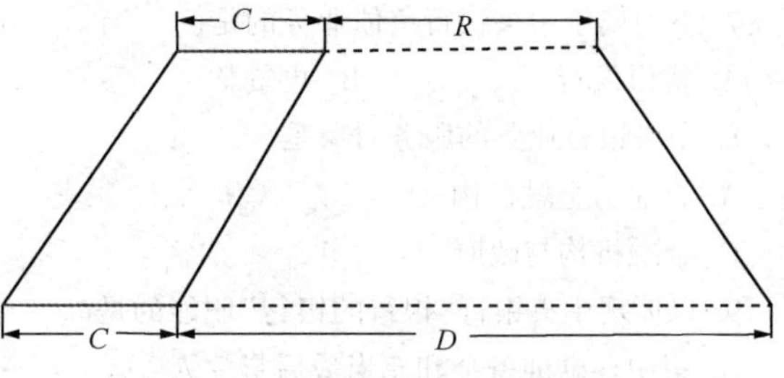

图 6-1　基础货币与货币供应量

$C+R=B$ 是基础货币量，$C+D=M$ 是货币供应量，所以货币乘数可以写为：

$$m=\frac{C+D}{C+R}$$

如果把这个式子中分子、分母的各项均除以 D，则成为：

$$m=\frac{\frac{C}{D}+1}{\frac{C}{C}+\frac{R}{D}}$$

也可以把上面的式子分子、分母各项均乘以 D/CR，则成为：

$$m=\frac{\frac{D}{R}+\frac{D^2}{CR}}{\frac{D}{R}+\frac{D}{C}}=\frac{\frac{D}{R}\left(1+\frac{D}{C}\right)}{\frac{D}{R}+\frac{D}{C}}$$

式中，C/D 或 D/C，即 C 与 D 的比，称为通货-存款比，这个比率的大小取决于私人部门行为——包括个人和公司的行为。R/D 或 D/R，即 R 与 D 的比，称为准备-存款比，这个比率的大小取决于存款货币银行的行为。

【例 5】（中国人大 2017 年）从货币供给公式看，（　　）影响通货存款比。

A. 中央银行　　B. 商业银行　　C. 企业　　D. 居民

答案：D。影响通货—存款比的主体是非银行公众。选项 C 企业也包括商业银行。

习题精编

一、选择题

1. 一般而言，在金融体系中处于核心地位的金融机构是（　　）。

A. 商业银行　　B. 专业银行　　C. 投资银行　　D. 中央银行

2. 标志着现代中央银行制度产生的重要事件发生在（　　）。

A. 意大利　　B. 瑞典　　C. 英国　　D. 美国

3. 新加坡实行的是（　　）。

A. 准中央银行制度　　B. 单一型中央银行制度

C. 复合型中央银行制度　　D. 高度集中的中央银行制度

4. 中央银行的独立性集中反映在中央银行与（　　）的关系上。

A. 财政　　B. 政府　　C. 商业银行　　D. 其他监管部门

5.（上海财大 2016 年）下列中央银行中，独立性最大的是（　　）。

A. 英格兰银行　　B. 美联储　　C. 中国人民银行　　D. 欧洲中央银行

6. 再贴现属于中央银行的（　　）。

A. 负债业务　　B. 资产业务　　C. 中间业务　　D. 表外业务

7. 下列属于中央银行负债业务的是(　　)。

A. 货币发行　　B. 再贷款　　C. 再贴现　　D. 证券买卖

8. 中央银行业务的服务对象是(　　)。

A. 企业与金融机构　　B. 居民与金融机构

C. 金融机构与政府　　D. 政府与居民

9. 以体现中央银行“银行的银行”职能的是(　　)。

A. 集中存款准备金和充当最后贷款人　　B. 充当最后贷款人和制定货币政策

C. 监督管理金融业和垄断货币发行　　D. 组织管理清算业务和为政府提供融资

10. 作为国家的银行，下列不属于中央银行的职责范围是(　　)。

A. 垄断货币发行权　　B. 向政府提供信用

C. 充当政府金融政策的顾问和参谋　　D. 代理国库

11. 下面属于中央银行的基础职能是(　　)。

A. 政府的银行　　B. 发行的银行　　C. 银行的银行　　D. 监管的银行

12. 美国联邦储备体系由下列三个实体组成(　　)。

A. 联邦储备银行，联邦储备委员会和美国财政部

B. 联邦储备银行，理事会和美国财政部

C. 联邦储备银行，商务部和联邦公开市场委员会

D. 联邦储备银行，联邦储备委员会和联邦公开市场委员会

13. 我国货币当局资产负债中的“储备货币”就是指(　　)。

A. 外汇储备　　B. 基础货币　　C. 法定准备存款　　D. 超额准备存款

14. (中国人大 2018 年)中国人民银行买入美国国债，其资产负债表两端的变化是(　)。

A. 国外资产增加，货币发行增加　　B. 国外资产增加，储备货币增加

C. 对政府的债权增加，货币发行增加　　D. 对政府的债权增加，储备货币增加

15. (中国人大 2017 年)扩大资产业务并不以负债增加为前提是(　　)特有的权利。

A. 商业银行　　B. 投资银行　　C. 政策性银行　　D. 中央银行

16. (浙江工商 2012 年)存款货币创造中的“存款货币”，一般指的是(　　)。

A. 定期存款　　B. 储蓄存款　　C. 现金存款　　D. 活期存款

17. (清华大学 2015 年)下列关于法定准备金的说法错误的是(　　)。

A. 法定准备金是银行根据其存款应该持有的最低准备金

B. 法定准备金影响银行体系可以用一美元准备金创造出多少货币

C. 当美联储提高法定准备金时，意味着银行必须持有更多准备金

D. 当美联储提高法定准备金时，增加了货币乘数，并增加了货币供给

18. (四川大学 2016 年)在影响基础货币增减变动的因素中，(　　)的影响最为重要。

A. 国外净资产　　B. 中央银行对政府的债权

C. 固定资产的增减变化　　D. 中央银行对商业银行的债权

二、简答题

19. (人民银行 2007 年)为什么要强调中央银行的独立性?

三、计算题

20. 假设某银行吸收到一笔 200 万元的活期存款，除按规定比例上存央行 6%的法定存款准备金外，银行还多上存了 4%的准备金。此外，在这笔存款中，最终会被存款人取走 30 万元的现金用以发放工资。试计算这笔存款最多能派生出多少派生存款。

21. 假设某商业银行的资产负债表如下表所示。

某商业银行资产负债表　　　　单位：亿元

资　产		负　债	
在央行存款	500	活期存款-现金	2000
贷款	1500		

假定该存款为原始存款，客户不提现，也不转为定期存款，其他因素不予以考虑，若活期款法定准备率为10%，则：

（1）该商业银行现在的超额准备金是多少亿元？

（2）该商业银行最大可能创造出的派生存款是多少亿元？

四、论述题

22. 简要分析我国中国人民银行的独立性。

23. 如果中央银行规定的法定存款准备金比率为20%，有人将1000元现金存入一家商业银行，在没有任何“漏损”的假设下，试说明存款货币的多倍扩张与多倍收缩(包括过程与结果)。

24. (江西财大2017年)假定某存款人从甲银行提款10000元，法定准备金率为10%，现金比率和超额准备金率都是0，请用T账户表明多倍存款消减过程，并说明存款收缩总额。

习题参考答案

一、选择题

1. D。一般而言，在金融体系当中，中央银行处于核心地位，商业银行是整个金融体系的主体。

2. C。英格兰银是世界上最早形成的中央银行，为各国中央银行体制的鼻祖。1694年根据英王特许成立，股本120万镑，向社会募集。成立之初即取得不超过资本总额的钞票发行权，主要目的是为政府垫款。到1833年英格兰银行取得钞票无限法偿的资格。1844年，英国国会通过《银行特许条例》，规定英格兰银行分为发行部与银行部；发行部负责以1400万镑的证券及营业上不必要的金属贮藏的总和发行等额的银行券；其他已取得发行权的银行的发行定额也规定下来。此后，英格兰银行逐渐垄断了全国的货币发行权，至1928年成为英国唯一的发行银行。

3. A。准中央银行制度是指国家不设通常完整意义上的中央银行，而设立类似中央银行的金融管理机构执行部分中央银行的职能，并授权若干商业银行也执行部分中央银行职能的中央银行制度。采取这种中央银行组织形式的国家有新加坡、马尔代夫、斐济、沙特阿拉伯、阿拉伯联合酋长国、塞舌尔等。

4. B。“中央银行独立性”是指中央银行履行自身职责时法律赋予或实际拥有的权力、决策与行动的自主程度，反映在中央银行与政府的关系。中央银行的独立性集中反映为：在中央银行和政府的关系上，两者的宏观经济目标是一致的，但又存在分工和协作，在实际目标的措施选择上有所不同。

5. D。欧洲中央银行是世界上第一个管理超国家货币的中央银行。独立性是其一个显著特点。它不接受欧盟领导机构的指令，不接受各国政府的监督。它是唯一有资格允许在欧盟内部发行欧元的机构。1999年1月1日欧元正式启动后欧元国政府失去制定货币政策的权力，必须实行欧洲中央银行制定的货币政策。

6. B。再贴现指商业银行或其他金融机构将贴现所获得的未到期票据，向中央银行作的票据转让。再贴现是中央银行向商业银行提供资金的一种方式，是一种资产业务。

7. A。中央银行的负债业务是指金融机构、政府、特定部门持有的中央银行的债券。中央银行负债业务主要包括货币发行、代理国库、集中存款准备金、占用清算资金、其他负债业务等。

8. C。中央银行是银行的银行，是指中央银行充当一国(地区)金融体系的核心，为银行及其他金融机构提供金融服务、支付保证，并监督管理各金融机构与金融市场业务动态的职能。中央银行作为银行的银行，它只与商业银行和其他金融机构发生业务往来，并不与工商企业和个人发生直接的信用关系。

9. A。银行的银行指中央银行的地位处于商业银行和其他金融机构质上，即中央银行代表政府管理和监督商业银行以及其他金融机构的货币信用业务。主要职责包括：①吸收与保管存款准备金，以确保存款机构的清偿能力；②充当最后贷款人，对商业银行提供信贷；③作为全国票据清算中心，组织全国票据清算事宜。

10. A。所谓国家的银行，是指中央银行代表国家贯彻执行财政金融政策，代理国库收支以及为国家提供各种金融服务。作为国家银行的职能，主要体现在：代理国库、代理国家债券的发行、对国家财政给予信贷支持、保管外汇和黄金储备、制定和实施货币政策、制定并监督执行有关金融管理法规。选项A属于发行银行的职能。

11. B。央银行垄断货币发行权即发行的银行是中央银行的基础职能。这是因为：①只有垄断货币发行权，才能统一国内的通货形式，避免由于多头发行货币造成货币流通的混乱。②只有垄断货币发行权，才能根据经济形式的客观需要，灵活调控货币流通量。③只有垄断货币发行权，才能有效地制定和执行货币政策。

12. D。美联储独立性相对较高，直接对国会负责。美联储系统主要由联邦储备理事会、联邦公开市场委员会和地方级的12家联邦储备银行三个部分组成，还包括3000家会员银行和3个咨询委员会。

13. B。央行资产负债表中的储备货币，即基础货币，包括货币发行和其他存款性公司存款。其中货币发行由金融机构库存现金和流通中的货币两部分组成。

14. B。中国人民银行买入美国国债，资产端是国外资产增加，负债端则是储备货币增加。储备货币包括货币发行、非金融机构存款和流通中的货币三部分，因此货币发行未必会增加。

15. D。在中央银行体制下，所有存款货币银行资产业务的开展都是以负债业务开展为原则。但中央银行不受这一原则约束。中央银行没有准备存款，也没有任何一个机构可以保存它的存款。中央银行也不需要通货库存，通货就是由中央银行印刷和铸造的。中央银行扩大了资产业务，必然相应地形成存款货币银行的准备存款和货币发行——资产负债表必然平衡。

16. D。存款货币是指能够发挥货币作用的银行存款，主要是指能够通过签发支票办理转账结算的活期存款。从商业银行总体而言，活期存款余额应视同货币，通常被视为“存款货币”。

17. D。法定存款准备金是商业银行等金融机构根据央行规定的准备金比率提取部分存款存入央行的金额，这是银行应该持有的最低准备金。法定存款准备金率的大小可以影响货币扩张倍数，当法定存款准备金率增加时，货币乘数减小，货币供给减少。

18. D。央行对商行等金融机构债权的变动是影响基础货币的最主要因素。一般来说，中央银行的这一债权增加，意味着中央银行对商业银行再贴现或再贷款资产增加，同时也说明通过商业银行注入流通的基础货币增加，这必然引起商业银行超额准备金增加，使货币供给量得以多倍扩张。相反，如果中央银行对金融机构的债权减少，就会使货币供应量大幅收缩。通常认为，在市场经济条件下，中央银行对这部分债权有较强的控制力。

二、简答题

19. 中央银行的独立性是指中央银行在制定和实施货币政策时，不受政府干预的权利。强调中央银行独立性的原因有：

① 中央银行与政府关心的重点不同。政府更多地关注就业、社会稳定和经济增长等问题，因而往往偏重于采用扩张性宏观经济政策来刺激需求，拉动经济增长，从而造成通货膨胀。中央银行则更关心币值的稳定，以维护正常的金融秩序，防止通货膨胀。

② 中央银行与政府所代表的对象不同。政府代表一定的党派和社会集团，偏重于政治需要，因而往往过于注重短期利益。中央银行则代表社会公众的利益，货币政策不应受到党派和政治的干扰。

③ 中央银行的货币政策和金融监管具有较强的专业性和技术性。政治家并不具备这方面的专业知识，如果政府过多地干预中央银行的业务活动，会使中央银行无所适从，造成许多不利的结果。

④ 中央银行是一个社会化的服务机构，而不是一个纯政府的服务机构。中央银行不仅对政府提供经理国库的服务职能，而且对整个银行体系提供资金融通、清算划拨和信息咨询等各项服务。

三、计算题

20. $存款总额=原始存款\times\frac{1}{法定存款准备金率+超额存款准备金率+提现率}$

$存款总额=200\times\frac{1}{6\%+4\%+15\%}=800$(万元)

派生存款$=800-200=600$(万元)

21.（1）超额准备金 = 500−2000×10% = 300（亿元）

（2）派生存款 = 2000×1/（10%）−2000 = 18000（亿元）

四、论述题

22. 中央银行的独立性是指中央银行在法律授权的范围内制定和执行货币政策的自主程度。中央银行的独立性包括三个方面，即目标独立性、经济独立性和政治独立性。

当前在大一统的银行体制下，中国人民银行也只是国家和财政部门的出纳机关，谈不上独立地位，但具有相对的独立性，具体体现在：

（1）中国人民银行在国务院领导下依法独立执行货币政策，履行职责，开展业务，不受地方政府、各级政府部门、社会团体和个人的干涉。

（2）中国人民银行除年度货币供应量、利率、汇率和国务院规定的其他重要事项以外的有关货币政策事项做出的决定，报国务院备案即可。

（3）中国人民银行不得对政府财政透支，不得直接认购、包销国债和其他政府债券。

（4）中国人民银行不得向地方政府、各级政府部门提供贷款，不得向非银行金融机构以及其他单位和个人提供贷款，但国务院决定中国人民银行可以向特定的非银行金融机构提供贷款的除外。

（5）中国人民银行根据履行职责的需要设立分支机构，中国人民银行对分支机构实行集中统一领导和管理。中国人民银行的分支机构根据中国人民银行的授权，负责本辖区的金融工作，承办有关业务，其职责履行不受地方政府的干预。

（6）中国人民银行应向全国人民代表大会常务委员会报告有关货币政策情况和金融管理情况。

从以上规定可以看出，中国人民银行作为中央银行，在法律地位上既具有行政隶属性，又具有相对独立性，体现了它与政府其他部门的区别。

23. 存款货币的多倍扩张过程是商业银行通过贷款、贴现和投资等行为引起成倍的派生存款的过程。

（1）假设商业银行只有活期存款，没有定期存款，且不保留超额准备金，存款货币多倍扩张如下：

商业银行接受这1000元现金原始存款后提取其中的20%即200元作为法定存款准备金，剩余的800元发放贷款，由于不考虑现金漏损，贷款客户必将全部贷款用于支付，而收款人又将把这笔款存入另一家银行，这将使另一家银行获得存款800元，另一家银行在提取20%准备金后将剩余的640元作为贷款发放，这又将使第三家银行获得存款640元……通过整个银行体系的连锁反应，一笔原始存款将形成存款货币的多倍扩张，一直到全部原始存款都已成为整个银行体系的存款准备金为止，如表6-8所示。

表 6-8　　单位：元

银行	存款增加额 D	按20%提取的法定准备金 r_d	贷款增加额
	①	②=①×20%	③=①−②
第一银行	1000	200	800
第二银行	800	160	640
第三银行	640	128	512
…	…	…	…
合计	5000	1000	4000

把表中存款增加额相加，整个银行体系的存款增加额 D 为：

$$D = 1000+1000(1-20\%)+1000(1-20\%)^2+1000(1-20\%)^3+\cdots$$

$$\approx 1000\times\frac{1}{1-(1-20\%)} = 5000(\text{元})$$

如果以 D 表示存款总额，A 表示原始存款，r 表示法定存款准备金率，则存款货币的多倍扩张可用 $D=A\times\frac{1}{r}$ 表示，而 $\frac{1}{r}=\frac{D}{A}$ 就是我们通常所说的存款乘数，即法定存款准备金率的倒数，全部银行存款货币为 $D=1000/20\%=5000$ 元，故存款货币乘数为5倍。

（2）修正：如果考虑“漏损”、定期存款比率和超额准备率，则存款乘数 $=1/k+r_d+t\times r_t+e$。其中 k 是通货比率，r_d是法定活期存款准备金率，r_t是法定定期存款准备金率，t是定期存款比率，e是超额准备金率。

(3) 存款货币多倍收缩过程与多倍扩张过程正好相反，在银行没有剩余准备金时，如某存款人以现金形式提取其存款 1000 元，将使该银行的准备金减少 1000 元，但由于 20%的法定存款准备金率，它只能减少 200 元准备金，此时它就发生准备金短缺 200 元，必须通过收回贷款 800 元予以弥补，这样将使其他银行因此而减少存款 800 元进而准备金短缺 160 元，并同样通过收回贷款予以弥补，如此将在部分准备金制度下引发一系列连锁反应，存款总额将成倍减少。减少的倍数与存款扩张的倍数是一致的。

24. 假设商业银行只有活期存款，没有定期存款，且不保留超额准备金，存款货币多倍收缩如下：客户从甲银行提款 10000 元以后，甲银行 T 型账户如下：

甲银行资产负债表 单位：元

资产		负债	
现金准备	-1000	现金存款	-10000
贷款与投资	-9000		
总额	-10000	总额	-10000

甲银行获取短缺的 9000 元的过程，可以看作是乙银行通过某些业务渠道提供的，甲银行由此减少 9000 元存款。乙银行为 9000 元仅持有 900 元的准备金，余缺的 8100 元则通过其收回贷款或投资等渠道取得。

乙银行资产负债表 单位：元

资产		负债	
现金准备	-900	现金存款	-9000
贷款与投资	-8100		
总额	-9000	总额	-9000

同样，乙银行获取短缺的 8100 元的过程，可以看作是丙银行通过某些业务渠道提供的，丙银行由此减少 8100 元存款。丙银行为 8100 元仅持有 810 元的准备金，余缺的 7290 元则通过其收回贷款或投资等渠道取得。

丙银行资产负债表 单位：元

资产		负债	
现金准备	-810	现金存款	-8100
贷款与投资	-7290		
总额	-8100	总额	-8100

再类推到丁、戊……银行，最后获得以下结果。

存款货币的收缩过程 单位：元

银行	存款	现金准备	贷款
甲	-10000	-1000	-9000
乙	-9000	-900	-8100
丙	-8100	-810	-7290
丁	-7290	-729	-6561
…	…	…	…
合计	-100000	-10000	-90000

原始存款减少 10000 元，会使总存款减少 100000 元。在该过程中，存款再次以等比级数形式减小，同样适用公式 $D=R/r$。所以多倍存款紧缩与多倍存款创造的原理一样，总存款与原始存款以法定存款准备金比率的倒数为倍数紧密地联系在一起。

第七章　货币供求与均衡

本章内容中，“货币需求理论”属于基础知识点，一般从各学派货币需求理论的内容和不同理论下货币需求函数形式的辨析两个角度进行考查。“货币供给”和“货币均衡”属于基础知识点，常考查货币的不同层次划分、影响货币供给的基本因素、央行运用货币政策工具对货币供给量的影响、货币均衡的含义等。“通货膨胀与通货紧缩”是重要知识点。通货膨胀一般从不同通货膨胀类型之间的辨析、成因及应对措施三个角度来考查，通货紧缩一般会考查各种紧缩理论之间的辨析。

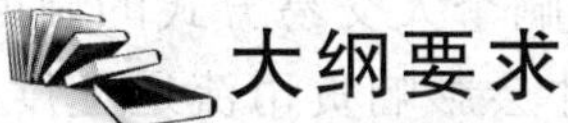

大纲要求

货币需求理论
货币供给
货币均衡
通货膨胀与通货紧缩

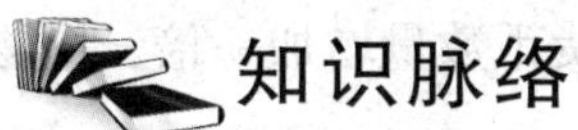

知识脉络

- 货币供求与均衡
  - 货币需求理论
    - 传统的货币数量论
    - 凯恩斯的货币需求理论及其拓展
    - 弗里德曼的货币需求理论
  - 货币供给
    - 货币层次的划分
    - 乔顿货币乘数模型
    - 货币供给与经济的关系
  - 货币均衡
  - 货币失衡
    - 通货膨胀
    - 通货紧缩

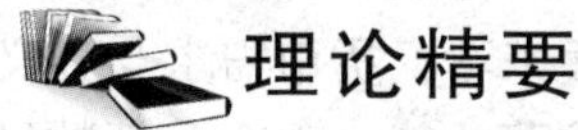

理论精要

知识点一　货币需求理论

（一）传统的货币数量论

传统货币数量论以古典学派的经济理论为前提，认为经济的运行只与实际因素有关，而与货币因素无关。即实际变量(包括实际收入、实际工资、实际利率、实际货币供给量、就业率等)由实际因素(例如技术、资源)决定，名义变量(包括名义收入、名义工资、价格水平、名义利率、名义货币供给量等)由货币因素(主要指货币发行量)决定，二者之间没有联系，货币好像蒙在实体经济表面的一层“面纱”，不对经济产生影响，即货币中性，所有名义量与实际量之间都保持稳定的倍数关系。古典学派的这种分析经济的方法称为“两分法”。

【科兴点评】“货币面纱观”这个基本观点即为古典学派所提出。

1. 现金交易数量说(又称“费雪方程”)

(1) 主要观点

美国经济学家欧文·费雪在1911年出版的《货币的购买力》一书中提出了著名的现金交易数量说(又称“费雪方程”),它是对传统货币数量论做了系统清晰的阐述,揭示了交易总量 T,价格水平 P 与货币数量 M,以及货币流通速度 V 之间的关系,即:

$$M \cdot V = P \cdot T$$

变形上式得:

$$M = \frac{P \cdot T}{V}$$

V 表示货币流通速度。费雪认为,货币流通速度是由经济中影响个人交易方式的制度所决定的。由于制度和技术的变革相对缓慢,只有在较长时间中才会影响货币流通速度,所以在短期内,V 为一常数。如果人们进行转账结算或信用卡交易,则货币流通速度加快,从而货币需求量减少。如果交易时使用现金,则货币流通速度减慢,从而货币需求量增加。

T 表示经济体的交易总量。费雪认为,T 取决于人口、资源、技术条件及其社会因素,在短期内保持不变,视为常数。

这样,现金交易数量说认为:货币数量决定着物价水平。如果货币数量增加一倍,则物价水平也应该增加一倍。

(2) 理论评价

现金交易数量说最大的缺陷在于只考虑了货币交易媒介功能,即只考查了人们为了完成交易,需要多少货币,而忽略了货币的价值贮藏功能。这点成为现金余额数量说对其拓展的主要内容。

【科兴提示】在第二章“利息和利率”中,讨论名义利率、实际利率和通货膨胀率的关系时,有“费雪效应”这一概念,考生须和“费雪方程式”区分开来。

2. 现金余额数量说(又称“剑桥方程式”)

(1) 主要观点

庇古和马歇尔等新古典学派经济学家是现金余额数量说的创始人。他们认为,人们持有货币的原因在于货币的以下两个功能:①交易媒介功能。从交易层面来看,货币需求与名义收入成比例关系。这点与现金交易数量说的观点基本一致。②财富贮藏功能。现金余额数量说认为货币的财富贮藏功能关系到人们的财富水平,也影响到人们的货币需求。由于名义财富与名义收入成比例,所以货币需求中由财富引起的部分也与名义收入成比例。

庇古率先将现金余额理论用数学方程式的形式予以解释,在1917年他发表的《货币的价值》一文中,提出了著名的剑桥方程式:

$$M = k \cdot P \cdot Y$$

式中,Y 表示总收入,k 表示以货币形式持有的财富占名义总收入的比率,P 表示价格水平。从公式中我们同样可以得出货币数量决定物价水平的结论。

现金余额数量说是从货币存量方面分析,说明人们以不同形式资产保存财富时,希望货币在里面占有多少。马歇尔为代表的新古典学派一大理论贡献就是提出“边际相等”原理，比例系数 k 的确定就是人们根据这一原理进行资产选择的结果。这样，与费雪方程只提出了物价水平和货币的数量关系不同，剑桥方程式为物价水平的调整提出了一种动态机制。假设原来经济处于均衡，由于货币供给量增加一倍，货币在人们的资产中占的比例增大，偏离了最佳比例 k，于是按照“边际相等”原理人们要减少货币持有量，增加对商品等实际资产的需求，物价水平随之上涨，直到货币重新在总资产中占有 k 的比例，此时物价正好也增加一倍。

（2）理论评价

① 剑桥学派的现金余额数量说的首要贡献是，开创了货币需求微观分析的先河。此前，所有的货币需求理论均从宏观层面探索货币的最佳需求量，旨在满足宏观经济的发展需要。现金余额数量说率先从人们持有货币的动机出发，探索货币的最佳需求量。此后，著名的凯恩斯货币理论也坚持了这种分析方法。

② 现金余额数量说克服了现金交易数量说忽视对货币财富贮藏功能的考虑，综合货币的交易媒介功能和财富贮藏功能对货币需求进行分析。

3. 现金交易数量说与现金余额数量说之比较

现金交易数量说和现金余额数量说是古典学派中两个经典的货币需求理论，二者分析的角度存在着显著差异，现金交易说侧重货币流量分析，分析的是“飞翔的货币”，现金余额说侧重货币存量分析，分析的是“栖止的货币”。但是，二者所得结论基本一致：

（1）从方程式形式上看，剑桥方程式用收入 Y 替代了交易方程式中的 T，用 k 替代了$1/V$。

（2）现金交易数量说是从社会总交易量与货币流通速度角度来考察货币需求决定问题，仅考虑到货币作为交易媒介的职能，而忽略货币作为财富贮藏的职能。而现金余额数量说从货币对微观个体的综合职能角度出发，通过分析微观个体如何权衡不同货币职能来提出货币需求理论，既考虑到了货币的交易媒介职能，还考虑到了货币的财富贮藏职能。

（3）现金交易数量说属于宏观货币需求理论范畴，而现金余额数量说属于微观货币需求理论范畴。

【例 1】如何理解古典学派的两分法？

答案：由于古典学派将统一的经济整体机械地分为实物方面和货币方面，并将经济理论与货币理论截然分开，因而形成了传统的两分法。古典学派认为货币只是便利商品交换的工具，是实际经济的外生变量，具有中性特质，即货币量并不影响就业、产出等实际变量。据此而论，个别商品的相对价格决定于该商品的供求关系，绝对物价则决定于货币的数量，所以货币只不过是覆盖在经济之上的一层面纱。古典学派认为，货币对实际经济活动完全不起作用。货币供给只影响价格水平等名义变量，不影响实际产出和就业量等实际变量。因此，货币政策对经济是不起作用的。由此看来，经济的长期发展完全是由实物部门决定，因而政府任何积极的货币政策都是多余的，甚至是有害的，货币政策的任务只是在于控制货币数量，稳定物价水平，维持货币的购买力。

【例 2】下列关于交易说和现金余额说的区别不正确的是(　　)。

A. 交易说更重视货币作为媒介的功能

B. 交易说重视影响交易的金融及经济制度因素，而余额说重视持有货币的成本

C. 交易说没有明确区分名义货币与实际货币的需求，而余额说的货币需求是实际货币需求

D. 交易说属于古典的货币需求理论，而余额说属于现代货币需求理论

答案：D。交易说和余额说都是古典货币需求理论。

（二）凯恩斯流动性偏好理论——基本模型

1. 主要内容

(1) 凯恩斯的货币需求动机

凯恩斯认为，人们之所以持有货币，主要是因为人们普遍存在流动性偏好的心理倾向，而这种偏好主要来自于：

① 交易动机。人们为了应付日常的商品交易而必须持有一定数量的货币。凯恩斯认为货币的交易需求主要由人们的交易水平决定，而交易水平与收入成正比关系，所以由交易动机所产生的货币需求与收入成正比关系，其函数形式为 $L_1 = f(\overset{+}{y})$ 。

② 谨慎动机。人们为了应付不测之需而持有货币。凯恩斯认为人们持有的谨慎性货币余额主要取决于人们对未来交易水平的预期。因而，由谨慎动机所产生的货币需求也与收入成正比关系，其函数形式为 $L'_1 = f(\overset{+}{y})$。

③ 投机动机。人们为了投机而持有货币。凯恩斯认为，除了交易动机和谨慎动机外，人们还为了将来在债券市场投机而持有货币。人们总是希望在债券价格低时买入，在债券价格高时卖出，利率的变化将引起债券价格的变化，进而传导影响人们持有货币的需求。凯恩斯得出由投机动机所产生的货币需求与利率成反比关系，其函数形式为 $L_2 = f(\overset{-}{r})$。

关于利率与投机动机所产生的货币需求之间的关系，凯恩斯的推导过程如下：凯恩斯假设经济体系中只有货币和债券两种资产。货币具有流动性，但是没有收益或收益很少。而债券则缺乏流动性，但是收益高于货币资产。由于债券的收益具有两个基本特性：①债券收益由利息收入和预期资本利得构成；②债券的价格与利率成反向关系。在此基础上，如果预期利率上升，则债券预期价格下跌，从而导致债券投资者的资本利得为负，如果利率上升幅度超过一定量，资本损失将超过利息收入，债券的预期回报率将为负，则人们减少对债券资产的需求，而增加货币资产的需求。反之亦然。

在上述分析利率水平与货币需求的关系的基础上，我们可以得出当前利率水平与货币需求的关系结论：①如果当前利率水平低于正常值，则投资者便会预期利率会上升，债券价格将要下跌，人们更愿意持有货币，即当前利率水平越低，货币需求量越大；②如果当前利率水平高于正常，则投资者便会预期利率会下跌，债券价格将要上升，人们会将手中货币资产转换成债券资产，即当前利率水平越高，货币需求量越小。概括之，当前利率水平与货币需求量成反向关系。

(2) 凯恩斯的货币需求函数

凯恩斯在持币动机分析的基础之上，提出了凯恩斯货币需求函数：

$$M = L_1(y) + L_2(r)$$

L_1表示货币的交易和预防需求，L_2表示货币的投机需求。

2. 理论评价

(1) 凯恩斯流动性偏好理论的首要贡献是，他将利率引入货币需求函数，从而拓展并丰富了货币需求函数的形式和内容。

(2) 坚持新古典学派的分析思路，更深入地归纳出人们持有货币的三个动机。其中，交易动机和谨慎动机是对剑桥学派货币理论（现金交易余额数量说）的坚持，投机动机是凯恩斯的独创。

(3) 凯恩斯货币需求理论揭示了货币非中性的特征。而此前，古典学派（费雪方程式和剑桥学派等）由于未认识到货币的投机功能，而认为货币只是覆盖在经济上的一层面纱，即货币中性论。凯恩斯正是认识到货币供给可以通过投机动机影响利率，进而影响投资需求，影响国民收入，因此认为货币具有非中性特征，即货币政策对实体经济有影响作用。

（4）凯恩斯货币需求理论的缺陷主要在于：他认为由交易动机和谨慎动机导致的货币需求仅由收入决定，而与利率无关。这点遭受到了鲍莫尔、惠伦、托宾等新古典综合派的质疑。

【科兴提示】在宏观经济学中，关于货币市场均衡的 LM 曲线的推导就是根据人们的货币需求得来的。可结合 LM 曲线形状，和 IS-LM 曲线的移动，来更好地理解凯恩斯货币需求理论的政策含义。

【例 3】（中央财大 2018 年）凯恩斯的货币需求理论认为（　　）。

A. 市场利率越低，交易动机的货币需求越大　　B. 市场利率越低，投机动机的货币需求越大

C. 收入水平越低，交易动机的货币需求越大　　D. 市场利率越低，预防动机的货币需求越大

答案：B。凯恩斯的货币需求函数为：$L=L_1(y)+L_2(r)$，交易性货币需求和预防性货币需求L_1与收入水平 y 呈正比，投机性货币需求L_2与利率 r 呈反比。

（三）凯恩斯流动性偏好理论——拓展模型

凯恩斯流动性偏好理论的拓展模型主要包括鲍莫尔模型、惠伦模型和托宾模型。它们的拓展动机是：解决凯恩斯流动性偏好理论的三方面缺陷：（1）交易性货币需求函数忽略了利率因素；（2）谨慎性货币需求函数忽略了利率因素；（3）凯恩斯流动性偏好理论不能解释人们为何同时持有债券和货币的现实现象。

1. 鲍莫尔模型

1952 年，鲍莫尔在其《现金的交易需求：一种存货的理论分析》一文中，认为交易性货币需求也受利率的影响，首次将利率因素引入交易性货币需求函数中。

（1）基本思想

鲍莫尔利用最优存货理论对交易性货币持有量进行分析，因此这一模型又称为货币需求存货理论。他认为，企业和个人都是为了追求收益最大化目标。现实中，由于货币收入的取得和支出存在时间间隔，且货币又不具有收益，所以没必要将日常开支都以货币形式持有，可以将部分货币转换为生息资产（如债券），当需要支出时再转换为货币。当然将生息资产转换成货币，需要一定的手续费，只要利息收入超过手续费就有利可图。利率越高，利息收入超过手续费的可能性就越大，平均货币需求量就越少。反之亦然。

（2）基本假定

① 人们有规律地每隔一段时间获得一定量收入，而支出则是连续和均匀的。

② 生息资产假定为政府短期债券，属于高流动性的安全资产。

③ 每次出售债券的时间间隔及每次出售的数量都相等，设为 K。这样，转换次数为 Y/K。

④ 每次手续费均相等，设为 b。

⑤ 假设收入也均相等，设为 y。

（3）模型推导

持有货币的成本由两部分组成：一是短期债券转换为货币的手续费，等于每次手续费乘以转换次数，即为 $b\cdot\dfrac{y}{K}$；二是持有货币的机会成本，即利息损失。由于支出是连续和均匀的，每次出售债券数量为 K，因此根据积分知识，平均货币余额为 $K/2$，所以持有货币的机会成本等于 $r\cdot\dfrac{K}{2}$。若以 C 表示持有货币的总成本，则：

$$C = b \cdot \frac{y}{K} + r \cdot \frac{K}{2}$$

求上式最小值，得：

$$K = \sqrt{\frac{2by}{r}}$$

由此，交易性货币需求函数(又称“平方根公式”)为：

$$M = \frac{1}{2} \cdot \sqrt{\frac{2by}{r}}$$

（4）主要结论

① 当交易量或手续费增加时，最适度的交易性货币需求将增加。

② 当利率上升时，最适度的交易性货币需求将下降。

③ 利率变动与交易性货币需求量变动不是等比例的，而是利率上升1%，交易性货币需求量下降0.5%。

（5）理论评价

鲍莫尔模型的主要贡献在于：

① 它修正了凯恩斯关于交易性货币需求不受利率影响的结论，进一步证明了凯恩斯主义以利率作为货币政策中介目标的正确性。

② 它发现了利率和收入的变动快于交易性的货币需求变动，所以为了使公众能吸收增加的货币供给，收入的增加必须要大于货币供给的增加。即货币具有规模经济的特征，货币存量越多，每一单位货币所能支撑的国民收入越多。

③ 鲍莫尔模型还被运用在国际金融领域，认为贸易量的增加速度要快于国家外汇储备的增加。这里“贸易量”相当于“收入”，而“国家外汇储备”相当于“交易性货币”。即外汇储备越多，每一单位外汇储备所能支撑的贸易量越大。

【例4】(上海财大2015年)把凯恩斯的货币需求公式改为$M=L(y, r)+L(r)$的是(　　)。

A. 托宾　　B. 弗里德曼　　C. 鲍莫尔　　D. 卢卡斯

答案：C。凯恩斯货币需求理论认为人们持有货币的动机有交易动机、谨慎动机和投机动机，其中交易动机和谨慎动机与收入成正比，与利率无关。鲍莫尔拓展了凯恩斯货币需求利率中的交易动机，他认为交易性货币需求也受利率的影响。

2. 惠伦模型

在鲍莫尔模型证明交易性动机的货币需求受利率影响之后，美国经济学家惠伦也进一步论证了预防性动机的货币需求也是利率的递减函数。

（1）基本思想

关于谨慎性货币需求的产生是惠伦模型的第一前提。惠伦认为，人们无法保证他们在某一时期的货币收入和货币支出与事前预料的完全一致，这就不能排除实际支出超过实际收入，临时需要现金的可能。因此，人们实际保持的货币往往比预期需求要多一些，其中超额部分就属于预防性的货币需求。

（2）模型推导

惠伦认为，影响适度谨慎性货币需求的因素主要有三个：

① 非流动性成本。非流动性成本是指因为低估了某一时期内的货币需求，而导致可能损失的成本。由于出现流动性不足时人们一般会选择卖出债券等资产以换取货币，因此非流

动性成本可以用交易手续费表示。

【例 5】假设王先生持有某种票据，该票据的属性为：期限 6 个月，面值 10000 元，利率为 10%，贴现手续费为 1%，票据还剩下 3 个月到期。由于王先生低估了其货币支付需求，故需要提前贴现该票据，则非流动性成本为(　　)。

A. 100　　B. 500　　C. 600　　D. 1000

答案：A。非流动性成本可以用交易手续费来表示，此时的贴现手续费为 1%，面值为 10000，故非流动性成本为 10000×1%＝100，故选 A。

② 持有现金的机会成本。持有现金的机会成本是指为持有这些现金而需放弃的一定利息收益。

③ 收入和支出平均值和变化的状况。可以用支出变化的方差 Q^2 表示。

惠伦还认为，谨慎性货币余额的总成本就是非流动性成本与持有现金的机会成本之和。由此，货币持有者将会权衡持币的收益和成本来选择最适度的谨慎性货币余额量，即谨慎性货币需求。

$$C=M\cdot r+P\cdot b$$

其中，r 表示利率，M 表示谨慎性余额的平均数，则第一项的经济含义是持有谨慎性货币余额的机会成本；b 表示每次将非货币资产转换成货币的手续费率，P 表示一定时期内发生转换的概率，即支出超出收入的概率，则第二项的经济含义是非流动性成本的数学期望。

在惠伦模型中，对 P 做了最保守估计，即通过切比雪夫不等式来确定概率 P。设一定时期内净支出为 N(N 是一个随机变量)，N 的数学期望为 0，即一般情况下收入等于支出，N 的方差为 Q^2，则根据切比雪夫不等式，$P(|N-EN|>M)=P(|N|>M)\leqslant\frac{Q^2}{M^2}$。因此设定 P 为 $P=Q^2/M^2$。这样，持有谨慎性货币的总成本进一步写成：

$$C=M\cdot r+\left(\frac{Q^2}{M^2}\right)\cdot b$$

对上式求最小值，得到最优预防性货币需求量为：

$$M=\sqrt[3]{\frac{2Q^2b}{r}}$$

从惠伦模型中可得到结论：最适度谨慎性货币需求与利率负相关，并且预防性货币需求的弹性为-1/3，即利率上升(下降)1%，而谨慎性货币需求下降(上升)0.333%。此外，从惠伦模型中还可以得出两个结论：①最适度谨慎性货币需求与净支出分布的方差正相关，即净支出的波动越大，则谨慎性货币需求也就越大。②最适度谨慎性货币需求同非流动性成本正相关。

(3) 理论评价

惠伦模型的最大贡献是将利率引入了谨慎性货币需求函数中，丰富并拓展了凯恩斯的货币需求函数。在分析方法上，与鲍莫尔模型的建模思想相同，都是将货币持有的机会成本和变现的成本加总求最小值。西方经济学家认为惠伦模型的结论比较符合现实经济中的一般情况，但是该模型将预防性货币需求看作是固定的，这点存在缺陷，一些学者认为谨慎性货币需求具有一定的随机性更符合实际经济情况。

3. 托宾模型

凯恩斯学派的货币需求理论只是说明了人们在货币和债券之间做出选择，当利率较高时，人们应该持有更多的债券，而减少货币持有，因为这个时候持币的机会成本越高。反之亦然。因此，人们要么全部持有货币，要么全部持有债券。这点与“现实中，人们同时持有债券和货币”的现象相悖。托宾运用资产组合理论(联系投资学部分投资组合管理的相关内容)提出了拓展模型，即托宾模型。托宾认为，投资者是风险规避者，人们在综合收益与风险的基础上持有资产组合来实现预期收益最大化目标。他还认为，资产的效用水平与资产组合的预期收益正相关，与资产组合的风险负相关。假定投资者资产组合中包括两种资产：货币和债券。货币无收益也没有风险，债券的未来收益是不确定的，在资产组合中债券的投资比例越高，投资者的预期收益也就越高，但同时风险也就越大。假设原来处于均衡状况，投资者持有一定比例的货币和债券，使得货币和债券给投资者带来的边际效用相等。当市场利率升高时，债券的收益率提高，但风险并没有增大，因此债券相对于货币来说变得更具有吸引力，投资者将增加对债券的持有量，减少对货币的持有量，即用货币买入债券，因此货币的投机需求随之下降。反之当市场利率下降时，货币的投机需求上升。这样一来，托宾就从更为微观的层面详细阐述了利率与投机性货币需求之间的反向关系。

（四）货币主义的现代货币数量论

1. 基本思想

(1) 货币主义的货币需求函数

1956年，芝加哥学派的代表人物弗里德曼发表了著名的《货币数量论：一种新的阐释》，文中提出了现代货币数量说，以及货币主义的货币需求函数：

$$M=f\left(\overset{+}{P},\ \overset{-}{r_b},\ \overset{-}{r_e},\ \overline{\frac{1}{P}\cdot\frac{\mathrm{d}P}{\mathrm{d}t}},\ \overset{+}{Y},\ \overline{W},\ U\right)$$

其中，P表示物价水平，r_b表示固定收益证券(如债券)的利率，r_e表示非固定收益证券(如股票)的利率，$\frac{1}{P}\cdot\frac{\mathrm{d}P}{\mathrm{d}t}$表示物价变动率，$Y$表示恒久性收入，$W$表示非人力资本对人力资本的比率，$U$表示其他因素，如主观偏好和制度性因素。

可见，弗里德曼的货币需求函数是一个多因素的函数形式，弗里德曼将影响货币需求的因素归纳为以下几个方面：

① 恒久性收入

弗里德曼认为总财富是决定货币需求的重要因素。由于总财富很难直接计算，进而用收入取而代之。在弗里德曼以前的经济学家主要采用现期收入分析货币需求，但是现期收入受各种因素的影响而经常变化，存在明显缺陷。弗里德曼则提出恒久性收入概念，克服现期收入分析的缺陷。所谓恒久性收入就是所有未来预期收入的贴现值，即收入的资本化价值。恒久性收入在短期内波动较小，具有稳定性，从而表明货币需求很大程度上并不随产业周期的波动而波动。弗里德曼还认为，货币需求与恒久性收入正相关。

弗里德曼关于财富资产与货币需求的分析另一个特点是，将财富资产分为人力资本和非人力资本。人力资本指的是人创造财富的能力，非人力资本指的是物质财富。弗里德曼认为人力资本缺乏流动性，转化为非人力资本需要一定过程，给人们带来的收入具有不稳定性，而非人力资本能带来较稳定的收入。故此，如果非人力资本占整个财富资产的比重越大，则人们需要持有货币的量就越小，反之则越大。例如，对于非人力资本较少的人，如果遇到意外情况如失业，使得人力资本不能立即转化为非人力资本，则在此期间，他必须持有较多的货币才能正常生活；对于非人力资本较多的人，他可以随时将非人力资本在各种金融市场出售以换取货币来应付日常生活开支，因此他所需要的货币就较少。

② 持有货币的机会成本

同凯恩斯学派的货币需求理论分析一样，弗里德曼也认为各种资产的预期收益率对货币需求具有重要影响，并且由于各种资产的预期收益率不同，决定了这些资产之间存在相互替代的关系。但是，弗里德曼对持有货币的机会成本的界定范围比凯恩斯学派的界定范围要广泛，他认为这种机会成本包括预期通货膨胀率 $\frac{1}{P}\cdot\frac{\mathrm{d}P}{\mathrm{d}t}$、固定收益证券收益率 r_b 和非固定证券收益率 r_e，这些机会成本可以大于零、小于零或等于零。而在凯恩斯学派的货币需求理论，货币的机会成本仅为债券的利率。如果持有货币的机会成本上升，将减少对货币的需求，反之将增加对货币的需求。

③ 持有货币给人们带来的效用

持有货币可以给人们带来流动性效用，决定此效用的大小及影响因素(个人风险偏好、兴趣、交易制度等)同样也会影响货币的需求。

(2) 核心观点

弗里德曼为代表的货币主义所强调的是实际货币需求函数，而非名义货币需求函数。实际货币需求主要取决于总财富代表的持久性收入，在长期内主要由实际生产因素的状况(如人口、生产技术和资源利用等)决定，而与物价水平(背后是货币供给量)无关。由于人的持久性收入是相对稳定的，由此就决定了货币需求函数也是稳定的。

影响货币需求和货币供给的因素是相互独立的。货币供给量完全取决于货币当局的决策及银行制度，而货币主义的货币需求函数则表明，影响货币供给的因素与影响实际货币需求的因素完全无关。这样名义收入的变化和经济的波动主要取决于货币供给，如果要保持经济稳定，则中央银行必须要保持货币供给的稳定。

【例 6】(金融联考 2007 年)弗里德曼的货币需求函数非常强调(　　)对货币需求的重要影响作用。

A. 货币数量　　B. 恒久性收入

C. 期物价变动率　　D. 固定收益的债券利息

答案：B。弗里德曼的货币需求理论最大的创新之一，就在于其提出了“恒久性收入”这一概念，指出消费者并不是根据当前收入决定消费，而是根据更加长期的“恒久性收入”选择消费水平，从而影响到了其货币需求。

【例 7】(金融联考 2003 年)货币主义者为什么认为货币需求的利率弹性很低?

答案：货币主义认为，资产包括金融资产和实物资产，货币是一种代表一般购买力的资产，和其他资产一样，货币也有其外在的或隐含的收益率。服务和收入的现值也可以按一个适当的利率进行折现。

当货币量增加时，货币的购买力下降，资产持有者会把货币转化为其他资产，直到各项资产的利率相等。

当货币供应量增加时，投资者除购买金融资产，使其价格上升，利率降低外，还可以购买各种消费品和资本品，促使价格上升，生产扩张，从而产出和收入上升，因此，货币在金融领域内的替代程度很低。因而，货币需求的利率弹性很低。

【例 8】(中央财大 2001 年)弗里德曼的货币需求理论认为，货币需求函数具有(　　)。

A. 不稳定　　B. 不确定　　C. 相对稳定　　D. 相对不稳定

答案：C。弗里德曼并不像新古典学派那样认为货币需求函数是一个常数，而是认为它是众多变量的函数，但是具有相对稳定性。

2. 货币主义的政策主张

(1) 货币政策应以稳定物价为目标

货币主义者认为应该以稳定物价(即控制通货膨胀)作为首要目标的，同时应该抛弃财政政策，而应为市场经济的正常运行提供稳定的货币体系。所谓稳定的货币体系是指币值稳定、处于良好运转状态的货币体系，即能保证物价稳定的货币体系。由此，在货币主义的观点下，货币政策既不能钉住利率以推动经济增长，也无法降低失业率以推进充分就业，只能通过货币供给量的变动直接影响物价水平。货币政策唯一必要且可行的长期目标就是保持物价稳定，追求没有通胀的经济繁荣。

(2) 单一规则的货币政策

货币主义认为，要抑制通胀、稳定物价，最根本的措施就是要控制货币供应量增长，使它与经济增长大致相适应，并且中央银行在确定货币供给量增长率应该采取“单一规则”。所谓“单一规则”包括两层含义：一是以货币供应量作为唯一的货币政策中介目标，而不主张凯恩斯主义提出的以利率、信贷流量和存款准备金率作为货币政策中介目标的观点。二是主张以既定的数量法则来防止货币政策的摇摆性，而反对凯恩斯主义的相机抉择的货币政策。

(3) “收入指数化”方案

在反通胀政策方面，弗里德曼提出“收入指数化”方案，以治理通胀。其做法是将工资、政府债券收益及其他收入等与生活费用(如消费物价指数)紧密联系起来。即对各种不同的收入实行“指数化”。使其按照物价指数的变动而得到调整。这样就能抵消物价波动给收入带来的影响，消除通胀所带来的收入不公平现象。而与弗里德曼“收入指数化”方案相对应的是英美等发达国家早期提出的“收入政策”，即对工资、物价实施管制政策。弗里德曼认为对工资和物价的管制不是治理通货膨胀的根本办法，个别物价上涨对通胀没有决定性影响，因为在货币供应量不变的条件下，个别商品价格上涨，必然导致其他商品的需求减少和价格下降。而只有货币流通量过多才会引起普遍性的物价上涨，最终导致通货膨胀。

3. 理论评价

以弗里德曼为代表的货币主义学派对传统货币数量论作了一些补充与修正，分析了资本主义国家的通胀和失业问题。20 世纪 70 年代中期后，货币主义在英美等国开始逐渐取代了后凯恩斯主流经济学的地位，成为西方发达国家制定经济政策的理论依据。其主要贡献主要体现在以下几个方面：

(1) 发展了凯恩斯学派的货币需求理论。

从弗里德曼对其货币需求函数的解释来看，他确实把凯恩斯的货币需求理论往前推进了一些。凯恩斯把人们对货币需求动机归结为三方面因素，而弗里德曼将货币看作是一种资产，与证券、不动产和耐用消费品等资产相似，由于不同资产的收益率差异，导致货币同其他资产之间的替代。因此，在他的理论中不需要具体知道人们的持币动机，一切影响货币和其他资产收益率的因素，都是影响货币需求的因素。

(2) 发现预期物价变动率对货币需求的影响。

货币主义的货币需求函数的另一个创新就是，发现预期物价变动率与货币需求的负相关关系。而古典的货币数量论和凯恩斯学派的货币需求理论都忽略了这点。这点的发现，打通了货币需求理论与通货膨胀理论之间的联系。

(3) 揭示货币需求函数的稳定性。

在弗里德曼以前，经济学家都用当前收入来分析货币需求函数，由于当前收入的易变性，从而导致货币需求函数的非稳定性。弗里德曼引入了恒久性收入概念对此问题有了新的突破。货币需求的稳定性特征说明了货币对经济的影响主要来自货币供给方面，欲要实现稳定经济，则必然需要稳定的货币供给。

也正是因为货币主义的货币需求理论强调货币需求的稳定性，从而导致了许多经济学家对此质疑。在政策实践方面，也并没有消除西方发达国家中的通胀和失业，反而使大部分国家在1980~1981年“感染了货币主义的病症”——失业增加和经济增长放慢。

（五）凯恩斯理论与弗里德曼理论的区别

凯恩斯主义和弗里德曼货币主义的货币需求理论是西方两大主流的货币理论。它们在理论内容和政策主张上差异很大，这种差异也构成了两大学派的长期争论。其异同点主要表现在以下几个方面：

(1) 从货币需求的表达形式来看，凯恩斯主义和货币主义的货币需求理论存在相似之处，都认为收入和利率是影响货币需求的因素。但两者的目的不同，凯恩斯主义的目的在于要说明货币固然重要，但是支出却是就业和收入的决定因素，货币对经济具有间接影响。而货币主义的目的在于要说明货币在经济中的极端重要性，强调货币存量对产出和价格起着决定性作用，对经济具有直接影响。

(2) 货币主义吸收了凯恩斯重视货币的价值贮藏职能的观点，认为货币是“购买力的暂栖所”，但他却摒弃了凯恩斯的持币动机分析。

(3) 货币主义吸收了凯恩斯把货币看作可相互替代的多种资产之一的基本观点，因而用人们选择资产的一般理论来解释货币的需求，但他没有局限于凯恩斯的两分法(资产仅分为货币和债券)，而包括了更丰富多样的资产(如股票、实物资产等)。

(4) 尽管货币需求函数形式相似，但是两者得出的结论却不同。凯恩斯认为，货币需求取决于当前收入和市场利率。而货币主义认为，人们对货币的需求主要取决于恒久性收入和货币相对其他资产的预期收益。根据货币主义的分析，由于货币的预期回报率不是常量，而是随市场利率作同向变动，因此利率的变动对货币相对其他资产的预期收益率影响甚微，货币需求对利率并不敏感。

(5) 与凯恩斯相反，货币主义认为，由于“永恒性收入”具有稳定性，货币需求是稳定的。因此，经济波动和收入变动是由货币供给决定的。

(6) 凯恩斯主义主张“相机抉择”的政策规则，而货币主义主张“单一规则”的政策规则，反对货币政策的波动。

(7) 与凯恩斯的货币需求相比，货币主义的货币需求函数的内容更为丰富，是一个多因素的货币需求函数。而凯恩斯的货币需求函数只是包括利率和收入的双因素货币需求函数。

知识点二　货币供给

1. 货币层次的划分

目前，大多数经济学家都认为应根据金融资产的流动性来定义货币，确定货币供应量的范围。金融资产的流动性指金融资产能迅速转换成现金而对持有人不造成损失的能力，也就是变为现实的流通手段和支付手段的能力。

(1) 狭义货币：

M_1 = 流通中的现金+商业银行中的活期存款(实际购买力)

（2）广义货币：

$M_2=M_1$+商业银行的定期存款和储蓄存款（潜在购买力）

$M_3=M_2$+其他金融机构的定期存款和储蓄存款（专业银行和接受存款的金融机构）

$M_4=M_3$+其他短期流动资产（如国库券、银行承兑汇票、商业票据等）

（3）准货币

在金融市场高度发达的情况下，各种短期的流动资产，如国库券、承兑票据等，它们在金融市场上贴现和变现的机会很多，都具有相当程度的流动性，与 M_1 只在程度上并无本质上的区别，因此被称为准货币，根据 IMF 的划分，M_1 以外的短期金融资产都是准货币。

（4）中国货币层次的划分

M_0=流通中的货币

$M_1=M_0$+活期存款

$M_2=M_1$+定期存款+储蓄存款+其他存款

其中，M_1 为狭义货币，M_2 为广义货币，M_2-M_1 为准货币。目前，中国人民银行统计和公布只到 M2。

【知识拓展】中国货币层次划分变迁

我国对货币供应量的层次划分在 1980 年的时候非常简单，包括 M_1 和 M_2，其中 M_1=现金+企业存款；M_2=现金+企业存款+储蓄存款+农村存款+其他存款。由于过于简单，不能准确反映各层次的货币差异，1994 年《中国人民银行货币供应量统计和公布暂行办法》发布，将货币根据流动性强弱划分为四个层次，其中 M_1、M_2 的基本内涵和发达国家相似，但结合国情进行了调整，并提出了 M_0 的概念，也就是流通中的现金。具体划分方法如下：M_0=流通中的现金；$M_1=M_0$+企业存款（企业存款扣除单位定期存款和自筹基建存款）+机关团体部队存款+农村存款+信用卡存款（个人持有）；$M_2=M_1$+城乡居民储蓄存款+企业存款中具有定期性质的存款（单位定期存款和自筹基建存款）+外币存款+信托类存款；$M_3=M_2$+金融债券+商业票据+大额可转让定期存单等。在实践中，货币层次的划分也进一步调整。1994 年第三季度起，正式定期向社会公布货币供应量数据。自 2011 年 10 月起，货币供应量已包括住房公积金中心存款和非存款类金融机构在存款类金融机构的存款。2018 年 1 月，中国人民银行正式将非存款机构的货币市场基金纳入 M_2 的统计口径。此次 M_2 口径调整，央行首次纳入银行存款以外的项目，体现了监管层面对表外信用派生机制的重视。

【例 9】（复旦大学 2018 年）根据中国人民银行对货币的定义口径，个人到银行将现金转为活期存款，直接影响到（　　）。

A. M_0 下降，M_1 上升　　B. M_1 下降，M_2 不变

C. M_1 不变，M_2 不变　　D. M_0 下降，M_2 下降

答案：B。在我国的货币层次划分中，活期存款和定期存款默认的行为主体是企业。而本题的行为主体是个人，因此活期存款可以理解为居民储蓄存款中的活期存款。

【专家观点】盛松成：社融与 M_2 增速为何背离？（具体内容，请扫描本书前言中的二维码进行下载）

2. 货币供给模型

通过前面章节的学习，我们知道货币供应量与基础货币之间存在倍数关系，即货币乘数。

（1）活期存款乘数的推导

在进行货币乘数推导之前，首先推导出存款乘数，考虑之前分析的各个因素。根据之前的条件，可以得到：

$$\begin{cases} C=k\cdot D \\ R_d=r_d\cdot D \\ R_t=r_t\cdot T=r_t\cdot t\cdot D \\ R_e=e\cdot D \end{cases} \tag{1}$$

由于基础货币为：$B=C+R=C+R_d+R_t+R_e$，代入式(1)可得：

$$B=kD+r_dD+r_ttD+eD=(k+r_d+r_t\cdot t+e)D \tag{2}$$

变形式(2)，得到银行系统的活期存款货币：

$$D=\frac{1}{k+r_d+r_t\cdot t+e}B \tag{3}$$

根据存款乘数的定义得到活期存款乘数 d 为：

$$d=\frac{1}{k+r_d+r_t\cdot t+e}$$

(2) 货币乘数的推导

① 狭义货币乘数

根据货币层次的定义，狭义货币存量为：

$$M_1=C+D$$

将之前的条件代入，得到：

$$M_1=kD+D=(k+1)D \tag{4}$$

将式(3)代入式(4)，得到：

$$M_1=\frac{k+1}{k+r_d+r_t\cdot t+e}B \tag{5}$$

根据狭义货币乘数的定义，将式(5)变形，得到：

$$m_1=\frac{M_1}{B}=\frac{k+1}{k+r_d+r_t\cdot t+e} \tag{6}$$

这就是所谓的货币供给的乔顿模型。

【例 10】某商业银行体系持有准备金 300 亿元，公众持有通货 100 亿元，中央银行对活期存款和非个人定期存款规定的法定准备率分别为 15%和 10%，据测算，流通中现金漏损率为 25%，商业银行超额准备率为 5%，非个人定期存款比率为 50%，试求：

(1) 活期存款乘数；

(2) 货币乘数；

(3) 狭义货币供给量 M_1。

答案：(1) 活期存款乘数

$$d=\frac{1}{k+r_d+r_tt+e}=\frac{1}{0.15+0.05+0.25+0.5\times0.1}=2$$

(2) 货币乘数

$$m_1=\frac{M_1}{B}=\frac{k+1}{k+r_d+r_tt+e}=\frac{1+0.25}{0.15+0.05+0.25+0.5\times0.1}=2.5$$

(3) 货币供给量 $M_1=B\cdot m_1=(R+C)\cdot m_1=(300+100)\times2.5=1000$(亿元)

② 广义货币乘数

根据货币层次的定义，广义货币存量为：

$$M_2=C+D+T$$

以与狭义货币乘数类似的推导方式可以得到广义货币乘数的结论：

$$m_2=\frac{M_2}{B}=\frac{k+t+1}{k+r_d+r_t\cdot t+e}$$

(3) 货币乘数的决定因素

我们对狭义货币乘数进行分析，$m_1=\frac{M_1}{B}=\frac{k+1}{k+r_d+r_t\cdot t+e}$。

通过上式可以发现，货币乘数由五个变量决定：通货比率(k)，定期存款与活期存款比例(t)，活期存款法定准备金率(r_d)，定期存款法定准备金率(r_t)和超额准备金率(e)。k 和 t 由公众决定，r_d 和 r_t 由中央银行决定，e 由存款机构决定。

① 通货比率(现金漏损率)(k)对货币乘数的影响

通货比率与公众对流动性的偏好程度、持有现金的机会成本以及信用发展情况和支付习惯有关。由于分子和分母均含有 k，因而，对 m 和 k 关系的分析较为复杂，我们对 k 求偏导：

$$\frac{\partial m_1}{\partial k}=\frac{r_d+r_t\cdot t+e-1}{(k+r_d+r_t\cdot t+e)^2}$$

由于货币乘数$m_1>1$，即货币供应量大于基础货币，所以根据式(6)有：

$$k+1>k+r_d+r_t\cdot t+e\Rightarrow r_d+r_t\cdot t+e<1$$

所以偏导数是负值，也就意味着货币乘数与现金漏损率之间是反相关关系。

那么影响现金漏损率的因素有哪些呢？我们主要从以下几个方面分析。

(a) 公众的流动性偏好程度。现金(通货)是流动性最高的保存财富的一种形式。人们对流动性偏好程度如果发生改变，就会导致现金漏损率发生变化。

(b) 持有通货的机会成本。现金是无收益资产，活期存款以及其他的金融资产的相对预期收益就是持有通货的机会成本。如果活期存款利率上升，公众就会减少持有通货的意愿，现金漏损率就会下降；相反则会增大。如果其他金融资产的预期收益率上升，可能会出现通货以及活期存款存量均下降的现象，但活期存款下降更多，导致现金漏损率反而上升。

(c) 其他因素如税率、地下非法经济活动、支付习惯等。这些因素的影响可能不是很明显，但的确存在。比如说，当税率发生变动，有些人可能会有逃税的行为，那么他们就会倾向于使用通货而非活期存款。因为使用活期存款会留下证据。同样的情况也会发生在地下非法活动中，这些活动为了不留下记录，往往会采取使用通货交易。当然，人们自身的支付习惯也会对现金漏损率造成影响。

【例 11】一般情况下，通货比率越高，则货币乘数将(　　)。

A. 越大　　B. 越小　　C. 不变　　D. 不一定

答案：B。乔顿的货币乘数公式是：$m_1=\frac{k+1}{k+r_d+r_t\cdot t+e}$，其中 k 为通货比率也即现金漏损率，一般在基础货币不变的情况下，通货比率越高，也即现金漏损率越高，可以用来扩张的银行存款数量就越少，因而货币乘数就会越小。

② 定期存款与活期存款比例(t)对货币乘数影响

定期存款与活期存款比例与定期存款和活期存款相对利率大小有关，有些银行将企业的贷款额与活期存款联系起来，甚至要求一定比例的活期存款，这也将对 t 产生影响。

$$\frac{\partial m_1}{\partial t}=\frac{-(1+k)r_t}{(k+r_d+r_t\cdot t+e)^2}$$

很明显，上式中的偏导数为负值，这就说明：货币乘数与定期对活期存款的比例有反相关的关系。

我们主要从以下两个方面分析影响这一比例的因素。

(a) 存款利率。如果定期存款的利率上升，人们会倾向于将更多的财富以定期存款的形式保存，定期存款与活期存款的比率也会上升；相反的情况则会下降

(b) 收入和财富。当收入和财富增长时，各项资产将会同时增加。如果定期存款比活期存款对财富变化的弹性更大，则定期存款和活期存款的比例会上升。

③活期存款法定准备金率(r_d)和定期存款法定准备金率(r_t)对货币乘数的影响

法定准备金率是由中央银行规定的，是中央银行执行货币政策的一种手段。一般来说活期存款易变性大于定期存款，即活期存款被存款人提取的可能性更大，因此活期存款法定准备金率要大于定期存款法定准备金率。

$$\frac{\partial m_1}{\partial r_d}=\frac{-(1+k)}{(k+r_d+r_t\cdot t+e)^2}$$

$$\frac{\partial m_1}{\partial r_t}=\frac{-(1+k)t}{(k+r_d+r_t\cdot t+e)^2}$$

很明显，两个偏导数均为负值，意味着狭义货币乘数与法定存款准备金率有反向关系。

④ 超额准备金率(e)对货币乘数的影响

当商业银行持有的超额存款准备金的比率上升时，银行体系可以发放的贷款减少，这就会导致银行体系的存款创造能力减弱，从而降低货币乘数。通过对狭义货币乘数公式对超额准备金率求偏导可得：

$$\frac{\partial m_1}{\partial e}=\frac{-(1+k)}{(k+r_d+r_t\cdot t+e)^2}$$

因为得到的偏导数是负值，说明货币乘数与超额准备金率成反向关系。

影响超额准备金率的因素有：

(a) 市场利率。市场利率是持有超额准备金的机会成本。如果市场利率上升，商业银行就可以通过发放贷款等方式获取更多收益，超额准备金率也会下降；如果市场利率下降，商业银行发放贷款的收益可能不能弥补成本，这就导致银行会持有更多地超额准备金。所以超额准备金率与市场利率成反向关系。

(b) 借入资金的便利程度以及借入成本。银行持有超额准备金的目的就是为了满足流动性需求。如果现在银行借入资金比较便利，且成本相对较低的话，银行获得资金融通的成本就会较低，这会导致银行不愿意持有过多的超额准备金，因为银行可以发放贷款获得更多的收益。如果商业银行从中央银行或其他金融机构获取资金比较不便，且成本较高，银行就会超额存款准备金以备不时之需。所以，超额准备金率与借入资金的便利程度以及借入成本有关。当借入资金便利，成本较低时，超额准备金率较低；反之较高。

(c) 贷款需求。如果市场的贷款需求较高，银行就会增加贷款的发放量，导致银行的超额准备金减少。如果市场低迷，贷款的需求减少，银行就会减少放贷规模，从而增大超额存款准备金的存量。所以，超额准备金率与贷款需求负相关。

我们已经对狭义货币乘数表达式中的各个变量进行分析：在假设其他变量保持不变的前提下，该变量的变化对货币乘数的影响。为了使结果更加明晰，我们可以将所有的变量汇总成一张表格。

变　量	变量的影响因素	变量的变动	货币乘数的变动	变量的影响主体
超额准备金率 r_e	① 市场利率； ② 借入资金的便利程度和成本； ③贷款需求	↑	↓	商业银行
现金漏损率 k	① 公众的流动性偏好程度； ② 持有通货的机会成本； ③ 其他因素（税率、地下非法经济活动、支付习惯等）	↑	↓	非银行公众
定期与活期存款比率 t	① 存款利率； ② 收入和财富	↑	↓	非银行公众
法定存款准备金率 r_d，r_t	中央银行货币政策	↑	↓	中央银行

【知识总结】货币供给方程式

在分析基础货币时，我们主要从公开市场操作和中央银行与商业银行之间的再贴现贷款来分析基础货币的投放渠道；分析货币乘数时，主要从货币乘数中各个变量对货币乘数的影响来分析，主要有超额准备金率、现金漏损率、定期存款与活期存款比率、法定准备金率等变量。这些变量的影响主体主要是中央银行、商业银行和非银行公众。我们可以简单地进行划分，如图 7-1 所示。

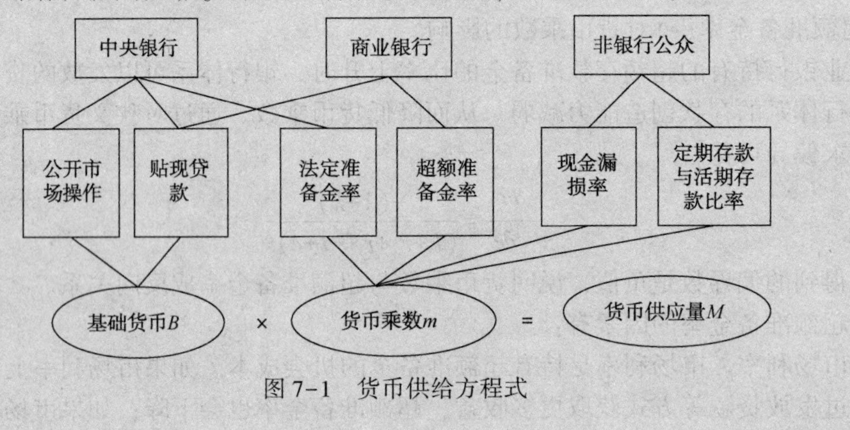

图 7-1　货币供给方程式

【例 12】如果商业银行向中央银行申请 100 亿元的再贷款，并同时降低超额准备金率，假设公众的偏好行为未发生变化，则会导致货币供给(　　)。

A. 减少 100 亿　　　　B. 增加 100 亿

C. 增加超过 100 亿　　　　D. 增加 100 亿，也有可能超过 100 亿

答案：C。商业银行向央行贷款 100 亿，即央行在商业银行的准备金账户上增加 100 亿。这时货币供给就增加了 100 亿，同时商业银行降低了超额准备金率也就是增大了货币乘数。因此，货币供给的增加必然超过 100 亿。

3. 货币供给与经济的关系

(1) 货币的中性与非中性

如果货币供应量的变化仅影响一般物价水平等名义变量，而不影响实际利率、产出水平等实际经济变量，则称货币是中性的；反之，如果货币供应量的变化不仅影响一般价格水平，还会引起实际经济变量的变化和调整，则称货币是非中性的。货币中性与非中性是极具现实意义的，它与货币政策有效与否密切相关。

货币是中性还是非中性，存在很大的争议。古典学派关于货币作用的基本命题是“货币

中性”和“古典两分法”。他们认为，货币对实际经济活动完全不起作用。货币供给只影响价格水平等名义变量，不影响实际产出和就业量等实际变量。因此，货币政策对经济也是不起作用的。

魏克塞尔在其《利息与价格》(1898年)中，批判了“古典两分法”，将货币与实际经济结合起来。他认为，由于自然利息率(实物资本收益率)和货币利率(货币收益率)的相互偏离，致使经济活动与价值水平两者之间发生波动。当货币利率=自然利息率时，经济处于均衡状态，货币不影响价格水平和其他经济变量，货币是中性的。否则，货币利率低于或者高于自然利息率，累积性经济扩张或者收缩过程就将出现，经济处于失衡状态，货币数量的变化将会影响价格水平和其他经济变量，货币是非中性的。

凯恩斯在《货币论》(1930年)中使用了魏克塞尔的自然利息率理论，将“市场利率=自然利息率”作为经济均衡的条件之一。在《就业、利息和货币通论》(1936年)中，凯恩斯强调货币是通过利率变动对经济产生实质性影响的，强调可以通过财政和货币政策克服经济危机。凯恩斯的分析是假定短期内价格水平为既定，增加的货币量全部被实际产出的增加所吸收。因此，体现了货币短期非中性。

货币主义认为，货币供给量的变化无须经过利率的中介传导就会直接影响经济，货币变动与名义收入之间存在着密切关系。但货币政策只是在短期内有效，而在长期内无效。因为，在长期中，所有实际变量都是由非货币的因素或者实际因素决定的。这样，货币的作用就只是决定价格水平，以及以货币表示的名义收入和名义利率等名义变量。货币主义使用适应性预期机制，解释货币政策出现变化之后的过渡阶段货币的非中性。在适应性预期下货币供给增长率的一次增加，会导致GDP增长率的增加，反之，会导致GDP增长率的下降。因此，货币政策在短期内是“重要的”。

早期(20世纪50、60年代)的菲利普斯曲线是对货币中性理论的否定。菲利普斯曲线揭示了失业率与通货膨胀率之间存在着的替代关系，通过提高通货膨胀率能够降低失业率，表明了货币非中性。

由于20世纪70年代“滞胀”的出现，货币主义批评早期的菲利普斯曲线表示的替代关系，指出，这种替代关系只在短期内存在，而在长期不成立。弗里德曼认为，一个经济不可能长期偏离其“自然率”。由于自然失业率的存在，扩张的货币政策不但不能消除失业，反而会因货币供给量的增加引起通货膨胀。“自然率假说”表明，货币长期中性。

理性预期学派在其“政策无效性”命题中提出，货币供给中的可预期部分，对产出和就业等实际变量没有影响，未被预期的部分，虽然对实际变量产生一定影响，但其作用只会引起经济的波动。因此，经济政策在短期和长期都是无效的。

(2) 货币的外生性与内生性

货币外生性指货币供给由货币当局决定，并非决定于经济运行中的经济变量的变化。如果认为货币供给是外生变量，那么货币当局就能够有效地通过对货币供给的调节影响经济过程。货币内生性是指货币供给的变动，受经济体中的实际变量(如收入、投资、消费等因素)以及微观经济主体的经济行为的影响。如果货币供给是内生变量，那么货币供给总是要被动地决定于客观经济过程，货币当局并不能按照自己的意愿有效地控制其变动。

货币供给是外生还是内生，存在很大的争议。古典经济学家实际上都认为货币供给是外生的，因为，他们的货币是金币，黄金的生产与经济的运行没有直接的内在联系，按照费雪和庇古的货币数量说公式，都是货币的数量决定商品的价格，而不是商品的价格决定货币的供给。

产出的多少为制度和技术因素所决定，既不受货币数量的影响，也不影响货币的数量。

凯恩斯明确地认为货币供给是外生的，因为中央银行可以根据经济运行的状况自主地变动货币供给量，调节利率。没有中央银行的决策，流通中的货币供给量不会增加。在凯恩斯的货币供给图形中，货币供给曲线是一条垂线，它与利率和实际经济运行之间没有直接的内在关系。

弗里德曼认为，货币供给方程中的三个主要因素——基础货币 B、存款与准备金比率 D/R 及存款与通货比率 D/C，虽然分别决定于货币当局的行为、商业银行的行为和公众的行为。但其中，货币当局能够直接决定 B，而 B 对 D/R 和 D/C 有决定性影响。

货币供给新论是托宾在 1963 年首次提出的，它形成于 20 世纪 50 年代中期到 60 年代中期，是相对于传统的货币基数-货币乘数分析法而言的。新论强调商业银行与其他金融机构的同一性，以及货币与其他金融资产的同一性，主张货币供给的内生性。托宾认为，货币当局与一般银行不是可以任意创造货币与信用，也不是每新增一笔准备金就得增加一笔或一连串的贷款，一切都得依据成本与收益的比较来决定，其信用创造受其贷款边际收益与存款边际成本相等的制约。货币同其他金融资产一样，其供给和需求不仅取决于这种资产本身的价格和收益，且决定于其他所有资产的价格和收益。在托宾看来，若是各经济主体根据收入、利息率、风险等选择资产结构的结果使货币需求增加，则利率会提高，银行会千方百计解决准备金问题（如压缩超额准备、提高定期存款减少活期存款以释放部分准备金、借款等），从而以更多的货币供给来满足这一需求；若货币需求缩减，银行就无法强迫公众接受货币供给，多余的货币供给会被公众以还债等方式退回来。因此，货币供给与其他金融资产的供给一样，决定于商品生产和商品流通过程本身，货币供给因受到货币需求的制约而内生。托宾虽然力主货币供给的内生性，但他并不因此否认货币当局控制货币供应量的有效性。

后凯恩斯货币经济学家的代表人物温特劳布和卡尔多在 20 世纪 70 年代提出的内生货币理论是从另外一个角度进行论证的，即中央银行不得不迁就市场的需要而使货币有所增加。

知识点三　货币均衡

货币均衡是指一国在一定时期内，在货币流通的过程中，货币供给与货币需求基本相适应的货币流通状态。反之，则为货币失衡。若以 M_d 表示货币需求量，M_s 表示货币供给量，则货币均衡可表示为：

$$M_d = M_s$$

货币均衡是一个由均衡到失衡，再调整恢复到均衡的动态调整的过程。货币均衡的实现是相对的。货币均衡并不是要求货币供给量与货币需求量完全相等，而是一定程度上可以允许货币供求之间不一致。货币均衡实际上是一种在经常发生的货币失衡中暂时达到的均衡状态。

货币失衡的表现形式主要有两种类型：$M_s > M_d$，若这种状态持续发展，往往会出现通货膨胀；$M_s < M_d$，若这种状态持续发展，往往会出现通货紧缩。

知识点四　通货膨胀

1. 通货膨胀的概念

通货膨胀是指在纸币流通条件下，流通中的货币量超过实际需要量所引起的货币贬值，商品和劳务的货币价格总水平普遍、持续、明显上涨的经济现象。

2. 通货膨胀的度量

(1) 消费价格指数(CPI)

消费者物价指数(CPI)亦称生活费用指数，它反映与居民生活有关的商品和劳务价格变动的幅度。该指数一般由各国政府或私人机构根据本国若干主要食品、衣着或其他消费品的零售价格以及水、电、住房、交通、医疗、文娱等费用加权平均而成，商品和劳务的价格通常通过抽样调查方式得到，其权数为该商品或劳务在消费者支出中所占的比重。因为消费者物价指数用以测量一定时期商品和劳务价格变动对消费者(居民)生活费用的影响程度，所以，常常作为劳资协议调整工资的尺度。其公式为：

$$CPI = \frac{本期价格指数}{基期价格指数} \times 100 = \frac{\sum 本期价格 \times 数量}{\sum 基期价格 \times 数量} \times 100$$

优点：资料比较容易获取，便于及时公布，能够较为迅捷地反映公众生活费用的变化。由于它与社会公众的生活密切相关，所以深受关注。

缺点：指标包括的范围较窄，不能反映各种资本品及中间产品的价格变动情况。

(2) 生产价格指数(PPI)(工业品出厂价格)

生产者物价指数(PPI)是最古老的价格指数，根据企业所购买商品的价格变化状况编制，反映了包括原材料、中间产品及最终产品在内的各种商品批发价格的变动，可以衡量各种商品在不同生产阶段的价格变化情形，由于交易量大，供需变动都易引起价格的波动，故具有敏感反映价格变化的优点，在商业领域广为使用。

优点：由于生产者价格指数反映了企业经营成本的变动，所以为企业所广泛关注；由于企业生产经营成本上升的传递效应最终往往要在消费品的零售价格中反映出来，所以生产者价格指数在一定程度上预示着消费者价格指数的变化。

缺点：指标没有包括劳务价格的变化。

(3) GNP 平减指数(GNPdeflator)

反映一国生产的各种最终产品(包括消费品、资本品、劳务)价格水平的变化状况。它等于按当期价格计算的国民生产总值(即名义值)与按基期计算的国民生产总值(即实际值)的比率。

例如：某国 2007 年的国民生产总值为 3.3 万亿美元，而按 2005 年价格计算则为 3 万亿美元；如果以 2005 年的价格指数为 100，则 2007 年的 GNP 平减指数即为 110。表示与 2005 年相比，2007 年的物价水平上涨了 10%。

优点：涵盖范围面更广，能够较为全面地反映总体价格水平变化趋势。

缺点：大量数据不易搜集，难以经常性地统计公布，一般只能一年公布一次；不利于观察通货膨胀的变化程度和趋势。

【知识拓展】核心通货膨胀率

传统的衡量通货膨胀率的指标存在不少弊端。为了货币政策的需要，各国央行推出了核心通货膨胀率指标。按照西方经济学理论，核心通货膨胀率是指实际通胀率中扣除食品价格波动和能源价格波动后的通货膨胀率。因为食品价格波动由自然条件和外部需求变化决定，而能源价格波动是一国货币当局无法控制的。

3. 通货膨胀的成因

通货膨胀的成因包括需求拉上、成本推动、供求混合推动以及结构性变化。

(1) 需求拉上引起的通货膨胀

需求拉上型通货膨胀，是一种比较古老的思路。其基本观点是当总需求与总供给的对比处于供不应求状态时，过多的需求拉动价格水平上涨。由于现实生活中，供给表现为市场上的商品和服务，而需求则体现在用于购买和支付的货币上，所以对这种通货膨胀也有种通俗的说法："过多的货币追求过少的商品。"对于引起总需求过大的原因又有两种解释：一是凯恩斯主义的解释，强调实际因素对总需求的影响；二是货币主义的解释，强调货币因素对总需求的影响。与此相应，也就有两种需求拉上的通货膨胀理论。

(2) 成本推进引起的通货膨胀

这是从总供给的角度来分析通货膨胀的原因。供给就是生产，根据生产函数，生产取决于成本。因此，从总供给的角度看，引起通货膨胀的原因在于成本的增加。成本增加意味着只有在高于从前的价格水平时，才能达到与以前一样的产量水平，即总供给曲线向左上方移动使国民收入减少，价格水平上升，这种价格上升就是成本推动的通货膨胀。

引起成本增加的原因并不相同，因此，成本推动的通货膨胀又可以根据其成因分为以下几种：

① 工资成本推动的通货膨胀

经济学家认为，工资是成本中的主要部分。工资的提高会使生产成本增加，从而价格水平上升。在劳动市场存在工会的卖方垄断的情况下，工会利用其垄断地位要求提高工资，雇主迫于压力提高了工资之后，就把提高的工资加入成本，提高产品的价格，从而引起通货膨胀。

工资的增加往往是从个别部门开始的，但由于各部门之间工资的攀比行为，个别部门工资的增加往往会导致整个社会的工资水平上升，从而引起普遍的通货膨胀。而且，这种通货膨胀一旦开始，还会形成"工资——物价螺旋式上升"。这样工资与物价不断互相推动，形成严重的通货膨胀。

② 利润推动的通货膨胀

又称价格推动的通货膨胀，指市场上具有垄断地位的厂商为了增加利润而提高价格所引起的通货膨胀。在不完全竞争市场上，具有垄断地位的厂商控制了产品的销售价格，从而就可以提高价格以增加利润。通货膨胀是由于利润的推动而产生的。尤其是工资增加时，垄断厂商以工资的增加为借口，更大幅度地提高物价，使物价的上升幅度大于工资的上升幅度，其差额就是利润的增加。这种利润增加使物价上升，形成通货膨胀。

③ 进口成本推动的通货膨胀

这是指在开放经济中，由于进口的原材料价格上升而引起的通货膨胀。在这种情况下，一国的通货膨胀通过国际贸易渠道而影响到其他国家。这种通货膨胀时，物价的上升会导致生产减少，从而引起萧条。

与这种通货膨胀相对应的是出口性通货膨胀，即由于出口迅速增加，以致出口生产部门成本增加，国内产品供给不足，引起通货膨胀。

(3) 供求混合推动的通货膨胀

这种理论把总需求与总供给结合起来分析通货膨胀的原因。经济学家认为，通货膨胀的根源不是单一的总需求或总供给，而是这两者共同的作用的结果。

如果通货膨胀是由需求拉动开始的，即过度需求的存在引起物价上升，这种物价上升会使工资增加，从而供给成本的增加又引起成本推动的通货膨胀。如果通货膨胀是由成本推动开始的，即成本增加引起物价上升，这时如果没有总需求的相应增加，工资上升最终会使减少生产，增加失业，从而使成本推动引起的通货膨胀停止。只有在成本推动的同时，又有总需求的增加，这种通货膨胀才能持续下去。

（4）结构性通货膨胀

结构性通货膨胀是指由于一国经济结构发生变化而引起的通货膨胀。在整体经济中不同的部门有不同的劳动生产率增长率，但却有相同的货币工资增长率。因此，当劳动生产率增长率较高的部门货币工资增长时，就给劳动生产率增长率较低的部门形成了一种增加工资成本的压力，因为尽管这些部门劳动生产率的增长率较低，但各部门的货币工资增长率却是一致的，在成本加成的定价规则下，这一现象必然使整个经济产生一种由工资成本推进的通货膨胀。

4. 通货膨胀效应

（1）通胀与再分配的关系

① 对浮动收入者有利，对固定收入者不利。影响最为明显的是那些领取救济金、退休金的人，靠福利和其他转移支付维持生活的人以及工薪阶层、公共部门雇员等。

② 对实际财富持有者有利，对货币持有者不利。实际财富包括不动产、贵金属、珠宝、古董、艺术品，股票代表实际财富的所有权，有时和实际财富一样，在通货膨胀时期价格上涨；而货币财富包括现金、银行存款、债券，其实际价值因物价上涨而下降。因此通货膨胀会降低储蓄倾向。

③ 对债务人有利，对债权人不利。在通常情况下，借贷的债务契约都是根据签约时的通货膨胀率来确定名义利率，所以当发生了未预期的通货膨胀之后，债务契约无法更改，从而就使实际利率下降，债务人受益，而债权人受损。其结果是对贷款，特别是长期贷款带来不利的影响，使债权人不愿意发放贷款。贷款的减少会影响投资，最后使投资减少。

④ 对政府有利，对公众不利。过多的货币供应引起货币贬值、物价上涨，这实质上是政府对所有货币持有人的一种隐性征税，即通货膨胀税。同时，政府通过发行公债和采取累进税制来降低实际债务、增加收入。

【例 13】通货膨胀时期从利息和租金取得收入的人将（　　）。

A. 增加收益　　B. 损失严重　　C. 不受影响　　D. 短期损失长期收益更大

答案：B。因为租金和利息是按照没有发生通货膨胀的情况来征收的，当发生未预期的通货膨胀的情况，虽然名义租金和利息还是那么多，但是由于通货膨胀率的上升，实际收益明显下降了。

（2）通胀的产出效应

通货膨胀作为一种复杂的经济现象，其产出效应反映的是通货膨胀与经济增长之间的关系，主要有以下三种不同的观点：

① 促进论。所谓促进论，就是认为通货膨胀具有正的产出效应，能促进经济增长。理由如下：

（a）在通货膨胀中，政府作为最大的债务人可以减轻一定的债务负担。此外，通过大量增发货币，政府也可以获得追加的财政收入。如果政府将通过通货膨胀获得的收入全部用于实际投资，并采取相应措施保证民间投资不因政府投资的增加而减少，那么，这种通货膨胀性的政策就会因增加总投资而增加产出，促进经济增长。

（b）在通货膨胀的情况下，产品价格的上涨速度一般快于名义工资的提高速度，因此，企业的利润就会增加，而这又会刺激企业扩大投资，从而促进经济。

（c）通货膨胀通常是一种有利于债务人的收入再分配。通货膨胀会降低真实利率，使得收入和财富发生有利于债务人的分配，而债务人的边际支出倾向比较高，因此，通货膨胀会通过增加债务人的支出而促进经济增长。

（d）通货膨胀有利于产业结构的调整。通货膨胀的情况下，短线产业的投资规模比长线产业的增长速度快，从而全社会的产业结构可以得到局部调整。

正是由于以上原因，促进论者认为，当经济处于有效需求不足、实际经济增长率低于潜在经济增长率的状态时，政府可以通过实施适度的通货膨胀政策来实现经济增长。

② 促退论。绝大多数学者认为通货膨胀具有负的产出效应，会降低效率，阻碍经济增长。理由如下：

（a）通货膨胀会促使生产领域中的部分资本流向非生产领域，从而导致生产萎缩、经济衰退。在通货膨胀情况下，生产性投资的风险和经营成本增加，使投资不如投机、生产囤积的现象普遍出现。结果，一部分工业资本从生产领域转向流通领域，服务于投机活动，生产资本减少，经济衰退。

（b）在通货膨胀环境下，货币购买力下降，持有货币的机会成本大大上升，同时，又由于通货膨胀对债务人有利，对债权人不利，因此，社会公众都会减少储蓄，尽力把现金转化为实物资产或增加目前的消费，致使社会储蓄率下降，从而使投资和经济增长率下降。

（c）持续的通货膨胀增加了相对价格和未来价格水平的不确定性，价格信号的准确性降低，市场的价格机制遭到严重破坏，正常的生产秩序被打乱，从而使资源配置效率降低，影响经济增长。

（d）如果通货膨胀超过一定时间，企业和居民便会产生预期，从而造成物价和生产成本的螺旋式上升，形成恶性通货膨胀，并可能导致经济的崩溃。

③ 中性论。如果预期是理性的和完全的，价格是灵活的和有弹性的，则通货膨胀率的高低对经济活动并没有任何实质性的影响，因为社会公众可以及时、准确地调整其行为，使得所有真实变量都不发生任何实际影响，从而对经济活动不发生作用。

（3）通货膨胀与失业的关系

① 菲利普斯曲线的由来及含义

1958 年，新西兰经济学家菲利普斯（A. W. Phillips）根据英国 1861～1957 年失业率和工资变动情况的统计资料，利用数理统计方法计算出一条货币工资变动率与失业率的依存关系曲线，这就是后来被西方经济学家奉为替政府提供了"一张政策选择的菜单"的著名的菲利普斯曲线。菲利普斯在他的文章中说明了失业率与通货膨胀率之间的负相关关系，低失业的年份往往有高通货膨胀，而高失业的年份往往有低通货膨胀。

② 菲利普斯曲线的发展和政策含义

（a）以索洛和萨缪尔森为代表的凯恩斯学派的菲利普斯曲线

凯恩斯学派认为通货膨胀率与失业率之间存在替代关系，菲利普斯曲线为一条斜率为负的曲线，用公式可以表述为：

$$\pi=-\varepsilon(u-u^*)$$

式中，π 为通货膨胀率，ε 为价格对失业率的反应程度，u 为失业率，u^* 为自然失业率。

(b) 以弗里德曼为代表的货币学派的菲利普斯曲线

货币学派认为，在短期，失业率和通货膨胀率存在替代关系；在长期，菲利普斯曲线是一条垂线，失业率和通货膨胀率不存在替代关系。弗里德曼在解释菲利普斯曲线时使用了适应性预期的概念。货币学派的菲利普斯曲线用公式可以表述为：

$$\pi-\pi^{e}=-\varepsilon(u-u^{*})$$

式中，π^{e}为预期的通货膨胀率。

在短期，从预期到需要调整的时间很短，人们来不及调整通胀预期，预期通胀率是既定的，通货膨胀率与失业率之间仍然存在交替变化关系。

在长期，人们会有足够的时间去调整自己的通货膨胀预期，最终预期的通货膨胀率与实际的通货膨胀率相等。当实际通货膨胀等于预期通货膨胀时，$\pi-\pi^{e}=0$，则 $u-u^{*}=0$，即自然失业率等于实际失业率。

【例 14】弗里德曼的研究表明，当预期通货膨胀率与实际通货膨胀率处于什么关系时，失业率等于自然失业率？(　　)

A. 大于　　B. 等于　　C. 小于　　D. 不确定

答案：B。现代菲利普斯曲线或附加预期的菲利普斯曲线方程为：$\pi=\pi_{e}-\varepsilon(u-u^{*})$。

其中，π 表示实际通货膨胀率，π_{e}表示预期通货膨胀率，ε 表示通胀率对失业率的敏感度，u 表示失业率，u^{*}表示自然失业率。根据公式可知，要使 $u-u^{*}=0$，则 $\pi=\pi_{e}$。

(c) 以卢卡斯为代表的理性预期学派的菲利普斯曲线

理性预期学派进一步以理性预期为依据解释了菲利普斯曲线。他们认为，由于人们的预期是理性的，人们能正确判断政府将要采取的政策，并采取有效的对策抵消这种政策的效果。

预期的通货膨胀率与以后实际发生的通货膨胀率总是一致的，不会出现短期内实际通货膨胀率大于预期通货膨胀率的情况，因此，当货币供给变化以后，价格和工资会立刻发生同步变化，进而不会影响到就业的数量。无论在短期或长期中，菲利普斯曲线都是一条垂线，菲利普斯曲线所表示的失业与通货膨胀的关系都不存在，即货币政策根本无效。

【知识拓展】卢卡斯批判

卢卡斯批判是卢卡斯提出的一种认为传统政策分析没有充分考虑到政策变动对人们预期影响的观点。卢卡斯指出，由于人们在将来的事态做出预期时，不但要考虑过去，还要估计现在的事件对将来的影响，并且根据他们所得到的结果而改变他们的行为。这就是说，他们要估计当前的经济政策对将来事态的影响，并且按照估计的影响来采取政策，即改变他们的行为，以便取得最大的利益。行为的改变会使经济模型的参数发生变化，而参数的变化又是难以衡量的，因此经济学者用经济模型很难评价经济政策的效果。

在 70 年代经济滞胀时期，以凯恩斯主义为基础的经济计量模型得预测性和解释力崩溃了，它们的表现很令人失望，原因在于模型中控制结构方程的参数发生了变化。于是这种局面使经济计量模型的建立者面临多元困境，因为本质上，计量模型的任务是从认为描述了经济稳定结构的时间序列数据和回归分析中得出系数值，而事实上模拟操作的目的，在于参照不变参数来比较可供选择的政策措施，然而，这种理论受到理性预期理论的挑战，因为它认为政策制度的改变会改变个人对政策的反应方式，同时改变了的反应方式又与基础参数的改变结合一起。给那些对应于政策制度并非不变的系数强加一个系数值，使很多早期的经济计量模拟变得无效。这种深刻的洞察就是以卢卡斯(Lucas 1976)命名的所谓的卢卡斯批判，它是理性预期革命理论较为持久的贡献之一。

5. 通货膨胀治理

应对通货膨胀的对策如表 7-1 所示。

表 7-1　通货膨胀的对策

<table>
<tr><th></th><th>政策</th><th>具体手段</th></tr>
<tr><td rowspan="3">宏观性的紧缩政策</td><td>紧缩性货币政策</td><td>中央银行通过减少货币发行，降低流通中的货币量来抑制通货膨胀：
① 通过公开市场业务出售政府债券，以减少经济体系中的货币存量；
② 提高再贴现率，以影响市场利率；
③ 提高商业银行的法定准备率，以缩小货币扩张乘数</td></tr>
<tr><td>紧缩性财政政策</td><td>通过削减政府支出和增加财政收入来抑制通货膨胀：
① 增加税收，以减少投资和消费支出；
② 削减政府的财政支出，以消除财政赤字、平衡预算；
③ 减少政府转移支付、社会福利开支，以抑制个人收入增加</td></tr>
<tr><td>紧缩性收入政策</td><td>通过限制工资的提高和垄断利润的获取，控制一般物价的上涨幅度：
① 确定工资-物价指导线；
② 管制或冻结工资；
③ 运用税收手段，通过对过多增加工资的企业按工资超额增长比率征收特别税等办法来抑制收入增长速度</td></tr>
<tr><td rowspan="2">其他政策</td><td>价格政策</td><td>主要针对垄断高价在通货膨胀形成过程中的推波助澜作用，具体措施有通过制定反托拉斯法限制垄断高价、冻结物价、同企业签订反涨价合同等</td></tr>
<tr><td>增加有效供给政策</td><td>减税，如降低边际税率以刺激投资进而刺激产出等</td></tr>
</table>

知识点五　通货紧缩

1. 通货紧缩的概念

通货紧缩是指经济中货币供给量少于客观需要量，社会总需求小于总供给，一般物价水平普遍而持续下跌、币值不断上升的经济现象。根据通货紧缩对经济的影响，我们一般将通货紧缩分为良性通货紧缩和恶性通货紧缩。良性通货紧缩是指由于技术进步、国际大宗商品价格下降以及贸易自由化等原因引起总供给超过总需求。此时，由于资本的边际收益将会增加，导致实际利率升高、价格水平下降和产出增加。恶性通货紧缩是指由于消费不足、投资不足、政府支出下降或者国外需求下降等原因引起总需求低于总供给，在其他条件不变的情况下，经济同时表现为价格水平下降和产出下降。

2. 通货紧缩理论

（1）凯恩斯有效需求不足理论

凯恩斯在《就业、利息和货币通论》中使用“有效需求不足”来描述通货紧缩。依凯恩斯的观点，通货紧缩是指实际有效需求与充分就业时的有效需求之间的差额。

在封闭经济中，有效需求包括消费、投资和政府支出三部分。在有效需求不足的情况下，有效需求决定了社会的产出水平。由于消费较为稳定，经济波动主要源于企业投资的不稳定。而投资需求取决于企业的利润预期。因此，经济衰退的原因在于企业家利润预期的突然下降，投资的不稳定对经济总量的影响又会因乘数效应而加剧。

凯恩斯还认为，不论通胀还是通缩，都会产生巨大的损害。通胀的损害主要体现在财富的再分配上。而在对生产财富的影响上，通胀对财富生产有刺激作用，通缩则有阻碍作用，因此相比之下通缩且更具有危害性。这是因为通缩加重了债务人的负担，导致人们把资产转变为现金，以摆脱风险，导致生产过程的低落，从而造成失业的增多。

（2）奥地利学派经济周期理论

米塞斯和哈耶克认为，通货紧缩并不是独立形成的，而是由促成经济萧条的生产结构失调所引起的，因此通缩是一种派生的过程。

从充分就业开始，银行系统派生的信贷增加将促使市场利率下降，低于自然利率（指使经济体系保持均衡的利率）。企业家因此重新配置资源，从消费品生产转向投资品生产。在一段时间后，消费品价格相对于投资品就会上涨，这标志着生产的时间结构需要重新配置。为使经济体系重新向均衡方向调整，有必要提高利率，这会使那些在低市场利率时有利可图的投资变得无利可图，银行坏账增加，危机随之出现。

假如银行信贷能够继续增加下去，就可能避免危机的发生。但问题是随着银行信贷的扩张，货币流向投资品部门，而过度投资使得投资品部门的预期收益不能实现，银行贷款质量相应恶化，银行体系为防范自身的风险被迫收缩信贷，这就会导致通货紧缩的发生。

因此，通货紧缩是繁荣过度的必然后果，应通过市场机制自发治愈。抑制衰退的最佳行动就是防患于未然，防止繁荣的过度发展。该理论还认为，公共工程和政府投资项目是有害的，因为它们会导致进一步的扭曲，阻碍资本结构的进一步调整。

（3）费雪的债务–通货紧缩理论

费雪在其1933年的论文《大萧条中的“债务–通货紧缩”理论》中，从某个时点经济体系中存在过度负债这一假设开始，费雪认为，新发明、新产业的出现或新资源的开发等导致利润前景看好，企业因此过度投资，而债权人一旦注意到这种过度借债的危险就会趋于债务清算。这种清算会导致以下因果链：债务清算→企业销售困难→存款货币收缩（因为归还银行贷款和货币周转速度下降）→价格水平下降→净经营资产更大幅度下降→利润下降→产量、就业下降→悲观情绪、信心丧失→窖藏货币，伴随以上过程的是利率的复杂扰动，尤其是会出现名义利率下降及实际利率上升。

债务是初始原因，债务利息是最终结果，而所有波动都是由于价格下降而发生的。过度负债和通货紧缩两者会相互作用和反作用，两者的结合会导致很大的危害。而且，即使价格水平是稳定的，仍然有可能出现过度负债问题。因此，控制价格水平非常重要。

（4）货币主义的分析

货币主义的核心观点是：货币对于经济活动是非常重要的，货币存量的大幅度变动是一般价格水平大幅度变动的必要且充分条件，即通货紧缩完全是一种货币现象。

当货币供给量减少时，货币的边际收益上升，人们就会将非货币金融资产和实物资产转换成货币资产，直到重新构成的资产组合使得各资产的边际收益率相等。这就可能导致金融资产和实物价格的降低。但是，货币存量的变动与价格变动之间的关系并非机械不变，产量的变动与公众希望持有的货币数量的变动会造成货币存量变动与价格变动之间的不一致。一种情况是尽管货币供应量还在增长，但由于货币供应的增长慢于经济的增长，价格总水平仍会出现明显下降。

货币存量的变动与价格水平变动不仅在幅度上存在不一致，而且由于从货币存量的变动到价格水平变动之间的传递存在时滞，并且这种时滞的长短难以把握，因此相机抉择的货币政策不仅无助于经济的稳定，往往还加剧经济波动。所以，必须使货币供给的增长率保持在适当的水平上，这就是货币主义一贯倡导的“单一规则”。

习题精编

一、选择题

1.（上海财大 2019 年）以下哪一个是费雪方程式？（　　）

A. $MV=PT$　　B. $M=kPY$　　C. $M=\sqrt{\frac{2bT}{r}}$　　D. $M=L_1(y)+L_2(r)$

2.（南京航空航天 2018 年）剑桥方程式中的 M 研究的是（　　）。

A. 执行价值尺度职能的货币　　B. 执行流通手段职能的货币

C. 执行支付手段职能的货币　　D. 执行价值贮藏职能的货币

3.（中山大学 2014 年）货币数量论认为，物价水平变动的唯一原因是货币数量的变动，原因是（　　）。

A. 在短期内，流通速度与实际总产出被假定为常量

B. 在短期内，流通速度被假定为常量

C. 物价水平的变动十分缓慢

D. 货币供给在长期内是常量

4. 根据传统货币数量论，货币供应增加 50%，则（　　）。

A. 短期产出增加 50%，物价水平在长期上涨 50%

B. 短期产出增加 50%，物价水平在长期下降 50%

C. 物价上涨 50%

D. 产出增加 50%

5.（中央财大 2017 年）凯恩斯的货币需求理论认为（　　）。

A. 商品价格取决于商品价值和黄金的价值

B. 货币需求仅指作为交易媒介的流通中货币的需求

C. 交易动机的货币需求与收入水平存在正相关关系

D. 货币需求具有稳定性的特点

6. 凯恩斯认为交易动机的货币需求主要取决于（　　）。

A. 收入水平　　B. 利率水平　　C. 人们的预期　　D. 制度因素

7. 凯恩斯认为在极端情形下，当利率低到一定程度时（　　）。

A. 交易动机的货币需求将趋于无穷大　　B. 预防动机的货币需求将趋于无穷小

C. 投机动机的货币需求将趋于无穷大　　D. 投机动机的货币需求将趋于无穷小

8. 托宾资产选择理论对凯恩斯的货币需求理论做了（　　）发展。

A. 将利率因素引入了交易性需求函数中

B. 将利率因素引入了预防性需求函数中

C. 证明了货币需求函数的稳定性

D. 解释了现实中人们为什么同时货币和债券

9. 弗里德曼货币需求理论具有一个显著的特征是（　　）。

A. 强调恒久性收入对货币需求的重大影响　　B. 强调货币需求的动机

C. 强调人们的流动性偏好　　D. 强调资产的多样性组合

10.（华东师大 2018 年）在我国的货币层次划分中，一般将住房公积金存款划为（　　）。

A. M_0　　B. M_1　　C. M_2　　D. M_3

11. 我国货币层次划分，个人活期储蓄存款被划入（　　）。

A. M_0　　B. M_1　　C. M_2　　D. M_3

12.（清华大学 2018 年）如果存款准备金率增加，货币乘数将会（　　）。

A. 增加　　B. 减少　　C. 不变　　D. 不确定

13. 下列各项中，(　　)会导致现实购买力增加。

①活期存款增加；②定期存款增加；③储蓄存款增加；④现金增加；⑤支票存款增加

A. ④⑤　　B. ③④⑤　　C. ①④　　D. ①④⑤

14. 下面哪项措施是中央银行调控货币乘数进而调控货币供给的办法？(　　)

A. 再贴现率　　B. 法定准备金率　　C. 超额准备金率　　D. 存贷款基准利率

15.(上海财大 2016 年)货币中性是指货币数量变动只会影响(　　)。

A. 实际工资　　B. 物价水平　　C. 就业水平　　D. 商品的相对价格

16. 所谓货币供给的内生性，是指货币供给由(　　)决定。

A. 中央银行　　B. 经济因素　　C. 人为因素　　D. 政策因素

17.(南京航空航天 2017 年)通货膨胀时期从利息和租金取得收入的人将(　　)。

A. 增加收益　　B. 损失严重

C. 不受影响　　D. 短期损失长期收益更大

18.(中科大 2016 年)在通货膨胀预期的作用下，菲利普斯曲线发生整体向(　　)移动。

A. 左上方　　B. 右上方　　C. 左下方　　D. 右下方

19.(对外经贸 2019 年)经济学家(　　)在 1933 年提出“债务-通货紧缩”理论。他认为，经济主体的过度负债是导致通货紧缩的主要原因。

A. 丁伯根　　B. 多恩布什　　C. 保罗·克鲁格曼　　D. 欧文·费雪

二、简答题

20.(深圳大学 2011 年)什么是微观货币需求和宏观货币需求？两者的差异性如何？

21. 简述利率对于货币需求的替代效应和收入效应。

22. 请证明鲍莫尔·托宾的平方根公式，并说明其政策意义。

23. 简述存款扩张倍数与货币乘数的区别及联系。

24. 如果中央银行要降低货币乘数，应该怎么操作？

25. 何谓通货比率？它主要决定于哪些因素？它对货币供给有何影响？

26.(上海财大 2019 年)已知一国法定存款准备金率为 10%，流通中现金 4000 亿元，活期存款 8000 亿元，超额准备金 200 亿元。央行新增基础货币 100 亿元，问狭义货币供应量 M1 如何变化？

三、计算题

27.(中山大学 2011 年)已知法定存款准备金率为 $r=15\%$，商业银行超额准备金率为 $e=5\%$，流通中的现金为 $C=\$40$ billion，活期或支票账户存款总量为 $D=\$160$ billion。

(1) 请计算基础货币数量(MB)，货币乘数(m)；

(2) 如果保持基础货币数量(MB)，公众持有现金比率(C/D)和法定准备金率($r=15\%$)不变，银行超额准备金率从 5%降到 3%，则 M_1 将比原先增加多少？

(3) 活期或支票账户存款总量将增加多少？

28.(上海财大 2011 年)某国家共有基础货币 400 亿元，中央银行对活期存款和定期存款规定的法定存款准备金率分别为 15%和 10%。据测算，流通中的现金漏损率为 25%，商业银行的超额准备金率为 5%，而定期存款比率为 50%。试计算：该国银行体系共持有多少准备金？

29. 设统计部门选用 A、B、C 三种商品来计算消费者价格指数，所获数据如下表：

品　种	数　量	基期价格	本期价格
A	365	0.30	0.50
B	500	1.00	1.50
C	12	20.00	25.00

(1) 试计算当年 CPI；

(2) CPI 能否真实度量物价水平变化？为什么？

(3) CPI 往往会高估还是低估实际的通货膨胀率？为什么？

四、论述题

30. 试述西方货币需求理论发展的内在逻辑。

31. 试述凯恩斯主义和货币主义的货币需求理论的异同点。

32. 阅读材料，回答下列问题。

继 2016 年的 M_1、M_2 增速“剪刀差”引发热议后，今年下半年，这一话题再度受到关注。不同的是，2016 年的“剪刀差”是 M_1-M_2 的“正剪刀差”，当年 7 月扩大到 15.4%，创历史新高，民间投资下降、企业流动性陷阱等等备受关注；而如今，“剪刀差”则是 M_1-M_2 的“负剪刀差”，截至 11 月，已连续第 10 个月为负。2018 年 11 月，M_1 创下了 1.5%的同比低增速，直追 2014 年 1 月的 1.2%。问题：

(1) 简述我国现行货币层次的划分。

(2) M_1、M_2 增速“剪刀差”由正转负，意味着什么？

33.（东北财大 2014 年）试论通货膨胀的原因及其治理措施。

习题参考答案

一、选择题

1. A。费雪方程式认为：货币需求数量决定着物价水平。其用公式可以表述为：$M \cdot V=P \cdot T$，其中 T 为交易总量，P 为价格水平，M 为货币需求数量，V 为货币流通速度。

2. D。现金余额论认为，货币流通速度决定于人们的持币时间和持币量，而人们的持币时间和持币量又决定于人们的财产和收入中有多少部分以货币形态贮存起来。人们以货币形态贮存起来的财产和收入是“人们愿意保持的备用购买力”，这部分购买力的高低决定于以货币形态保存的实物价值。

3. A。根据货币数量论的交易方程式：$MV=PT$。由于经济体中的制度和技术特征只有在较长时间里才会对流通速度产生影响，所以在短期，货币流通速度 V 是稳定的。由于整个经济体的总产出 T 总是维持在充分就业水平上，故在短期内可以认为 T 是稳定的。当 V 和 T 都是常量，物价水平变动的唯一原因就是货币数量的变动。

4. C。传统货币数量论认为货币是中性的，货币供给的增加不会引起实际产出的增加，只会带来物价的增长。

5. C。凯恩斯的货币需求理论认为，人们之所以需要持有货币，是因为存在流动性偏好这种普遍的心理倾向，而人们偏好货币的流动性是出于交易动机、预防动机和投机动机。其中，由交易动机和预防动机引起的货币需求与收入水平存在稳定的关系，是收入的递增函数；投机性货币需求主要受利率影响，是利率的递减函数。

6. A。凯恩斯货币需求理论由下列两个部分组成：$M=M_1+M_2=L_1(y)+L_2(r)$，式中 $L_1(y)$ 代表与收入 y 相关的交易需求和谨慎需求，$L_2(r)$ 代表与利率 r 相关的投机性货币需求。

7. C。在极端情形下，当利率低到一定程度时，所有经济主体都预期利率将上升，从而所有的人都希望持有货币而不愿持有债券。在这种情况下，投机动机的货币需求将趋于无穷大，此时，若继续增加货币供给，将被无穷大的投机动机货币需求全部吸收，从而利率不再下降。这种极端的情形，就是所谓的“流动性陷阱”。

8. D。托宾资产选择理论对凯恩斯的货币需求理论的发展是解释了现实中人们为什么会同时持有货币和证券而不是像凯恩斯说的那样，只能持有货币和债券中的一种。

9. A。恒久性收入是指人们在较长时期内取得的平均收入，它区别于带有偶然性的即时性收入，是一种比较稳定的收入。由于“恒久性收入”易于计算且具有稳定性，因而可以避免即时性收入受偶然因素影响而使货币需求函数出现不稳定的现象。在弗里德曼的货币理论当中，他不使用当前收入作为财富的代表，而采用他在消费理论中提出的“恒久性收入”的概念代替，弗里德曼认为，货币需求解释变量中的四种资产：货币、债券、股票和非人力财富的总和即是人们持有的财富总额，其数值大致可以用恒久性收入 Y 作为代表性指标。因此，强调恒久性收入对货币需求的重要影响作用是弗里德曼货币需求理论的一个特点。对于货币需求，他最有概括性的论断是：由于恒久性收入的波动幅度比现期收入小得多，且货币流通速度(恒久性收入除以货币存量)也相对稳定，货币需求因而也是比较稳定的。

10. C。2011 年 10 月，中国人民银行修订货币供应量口径，在货币供应量(M2)中加入了住房公积金中心存款和非存款类金融机构在存款类金融机构的存款。

11. C。M_1 反映着经济中的现实购买力；M_2 不仅反映现实的购买力，还反映潜在的购买力，居民存款的大多用途不是消费，也不是现实购买，是做保值升值的需要，而企业基本上是周转生产使用，这是不同的。

12. B。根据狭义货币乘数公式可知，货币乘数与存款准备金率成反比。

13. D。在货币层次划分中，M_1属于现实购买力，M_2属于潜在购买力。很明显，企业活期存款、支票存款和现金都属于 M_1。

14. B。对于 A 选项而言，通过货币供给的乘数模型，易发现它是影响基础货币的因素，而不是影响货币乘数的因素。所以 A 错误。对于 B 选项而言，法定准备金率影响商货币乘数中的分母。对于 C 而言，超额准备金是商业银行确定的，并不是中央银行调控的。所以 C 错误。对于 D 选项而言，通过货币供给的乘数模型，存贷基准利率并不是中央银行直接的调控货币供给的措施。它只是通过影响银行和个人调整资产选择来影响货币供给，所以 D 错误。

15. B。货币中性是指名义货币存量的改变不会影响消费、产出、投资等实际变量，从选项中可以看出 A、C、D 均为实际变量，只有物价水平是名义变量。

16. B。货币内生性是指货币供给的变动，受经济体中的实际变量(如收入、投资、消费等因素)以及微观经济主体的经济行为的影响。如果货币供给是内生变量，那么货币供给总是要被动地决定于客观经济过程，货币当局并不能按照自己的意愿有效地控制其变动。

17. B。因为租金和利息是按照没有发生通货膨胀的情况来征收的，当发生未预期的通货膨胀的情况，虽然名义租金和利息还是那么多，但是实际上由于通货膨胀率的上升，实际收益明显下降了。

18. B。无通货膨胀预期的菲利普斯曲线的方程形式：$\pi=-\varepsilon(u-u^*)$，加上通货膨胀预期时候的方程形式是：$\pi-\pi^e=-\varepsilon(u-u^*)$，所以应该向右上方移动。

19. D。1932 年欧文·费雪(Irving Fisher)在《繁荣与萧条》一书中，首次提出了“债务-通货紧缩”理论来解释大萧条，认为大萧条是由企业过度负债所导致的。该理论提出以后并没有受到业界的重视，直到 2008 年金融危机后，伯南克将其发扬光大。

二、简答题

20. (1)货币需求分析的微观角度，就是从微观主体的持币动机、持币行为考察货币需求变动的规律性。货币需求方程和货币需求函数中，剑桥方程式、凯恩斯货币需求模型、弗里德曼货币需求函数，都是从微观角度分析货币需求的典型。

货币需求的研究任务首先是识别货币需求的决定因素并分辨清楚各因素对货币需求量的影响。对于货币需求的决定因素，通常划分为三类：一类为规模变量，如收入和财富；一类为机会成本变量，如利息、物价变动率；余下的则称为其他变量，如制度因素等。将机会成本变量引入货币需求模型或函数，是从微观角度考察货币需求问题的典型表现。其目的在于说明利率和价格变动这类因素对货币持有主体可能造成的潜在收益或损失，以及这种潜在收益或损失对微观主体货币需求行为的影响。

(2) 货币需求的宏观分析，是货币当局决策者为实现一定时期的经济发展目标，确定合理的货币供给增长率，从总体上考察货币需求的方法。判断总体货币需求的变动是决定货币供给的关键。

从宏观角度估算货币需求，需要利用货币需求的宏观模型。马克思的货币必要量公式、费雪的交易方程式都直接是宏观模型。这些模型的共同特点是都没有反映微观主体的心理、预期等因素，不考察各种机会成本变量对货币需求的影响，而主要是关心市场供给、收入这类指标的变化。也可这样理解：机会成本因素及微观主体行为对货币需求的影响都已纳入货币流通速度这一吸纳性极强的变量之中。

(3) 对货币需求的微观分析，其着力点在于建立可以更充分反映客观实际的模型并据以剖析货币需求变化的原因；对货币需求的宏观分析则在于根据可以解释货币需求的变量，其中包括国民经济总量指标和一些重要机会成本变量，来估算总体货币需求作为货币供给决策的依据。

21. 货币需求指人们在不同条件下出于各种考虑对持有货币的需求。根据凯恩斯的货币需求理论，货币需求主要受收入和利率等因素的影响。其中利率是影响货币需求的一个非常重要的因素。利率对货币需求的影响可分为替代效应和收入效应两方面。具体表现如下：

(1) 替代效应：如果当前的利率水平提高，则预期利率水平将下降从而债券价格将提高，即债券相对于货币的收益上升。这就会鼓励财富保有者冒较大的风险——少持有货币，多持有债券。这是利率提高产生的“替代效应”。

(2) 收入效应：由于利率提高意味着财富保有者收入的增加，收入效应会使他们持有较多的货币；反之，如果利率下降，财富保有者收入减少，收入效应则会使他们持有较少的货币。以上分析表明，收入效应使货币需求与利率朝相同的方向变化，而替代效应则使货币需求与利率朝相反的方向变化。故利率对货币需求的影响取决于两种效应的相对大小。但在一般情况下，替代效应要大于收入效应，因此，货币需求总是同市场利率呈反方向变化。

22. (1) 鲍莫尔-托宾模型的公式是：

$$M=\frac{C}{2}=\frac{1}{2}\sqrt{\frac{2by}{r}}$$

推导过程如下：

假设：①人们有规律地每隔一段时间获得一定量的收入，而支出是连续的和均匀的；

② 人们将预期收入的大部分先投资于债券以获取收益，然后每隔一段时间卖出一部分债券收回现金以应付日常交易；

③ 每次出售债券与前一次的时间间隔及变现量相等。

设 y 为交易者收入，每次支取数量 C，从而总共将支取的次数为 y/C。每期持有现金来满足交易货币需求会发生两类成本：一是机会损失，为 $(C/2)r$；二是转换成本，为 $(y/C)b$，其中 b 为每次转换现金时发生的经纪人费用。设总成本为 TC，有 $TC=(C/2)r+(Y/C)b$。

交易者将通过选择 C 来使上式最小化。为此，我们求上式关于 C 的一阶导数，并令其等于零：可得：$\frac{\partial TC}{\partial C}=-\frac{by}{C^2}+\frac{r}{2}=0$，解此式得：$C=\sqrt{\frac{2by}{r}}$。

由于人们在整个支出期间的平均交易余额为 $C/2$。若将物价因素考虑在内，实际平均交易余额为：$\frac{M}{P}=\frac{1}{2}\sqrt{\frac{2by}{r}}$，或改写为：$M=2^{-0.5}b^{0.5}y^{0.5}r^{-0.5}P$。

这就是著名的“平方根公式”。

(2) 政策意义在于：第一，它论证了交易货币需求也在很大程度上受到利率变动的影响。这一论证不仅进一步证明了凯恩斯主义以利率作为货币政策的传导路径的合理性，而且，向货币政策的制定者们表明，不能影响利率的货币政策，其作用是有限的。第二，根据平方根公式，假定利率和其他因素不变，收入增长要快于货币供给量的增长。反过来说，一定比例的货币供应量会导致收入的更高比例的增长。鲍莫尔模型因此强调了货币政策的重要性。

23. (1) 货币乘数是指货币供给量对基础货币的倍数关系，亦即基础货币每增加或减少一个单位所引起的货币供给量增加或减少的倍数；存款扩张倍数又称存款乘数，是指总存款(或银行资产总额)与原始存款之间的比率。

(2) 货币乘数和存款货币扩张倍数的相同点为：二者都是用以阐明现代信用货币具有扩张性的特点。

(3) 二者的差别主要在于两点：

一是货币乘数和存款货币扩张倍数的分子分母构成不同，货币乘数是以货币供应量为分子、以基础货币为分母的比值；存款货币扩张倍数是以总存款为分子、以原始存款为分母的比值。

二是分析的角度和着力说明的问题不同，货币乘数是从中央银行的角度进行的宏观分析，关注的是中央银行提供的基础货币与全社会货币供应量之间的倍数关系；而存款货币扩张倍数是从商业银行的角度进行的微观分析，主要揭示了银行体系是如何通过吸收原始存款、发放贷款和办理转账结算等信用活动创造出数倍原始存款货币的。

24. 货币乘数是指货币供给量对基础货币的倍数关系，简单地说，货币乘数是一单位准备金所产生的货币量。在货币供给过程中，中央银行的初始货币提供量与社会货币最终形成量之间客观存在着数倍扩张(或收缩)的效果或反应，这即所谓的乘数效应。货币乘数主要由通货-存款比率(C/D)和准备金-存款(R/D)比率决定。通货-存款比率是流通中的现金与商业银行活期存款的比率。它的变化反向作用于货币供给量的变动，通货-存款比率越高，货币乘数越小；通货-存款比率越低，货币乘数越大。准备金-存款比率是商业银行持有的总准备金与存款之比，准备-存款比率也与货币乘数有反方向变动的关系。

完整的货币乘数的计算公式是：$m=\dfrac{1+k}{r_d+r_t\cdot t+e+k}$。

其中，r_d、r_t、t、e、k 分别代表活期存款法定准备金率、定期存款法定准备金率、定期存款与活期存款间的比率、超额准备率和现金在存款中的比率。而货币(政策)乘数的基本计算公式是：货币供给/基础货币。货币供给等于通货(即流通中的现金)和活期存款的总和；而基础货币等于通货和准备金的总和。

货币乘数的大小由以下四个因素决定：

(1) 法定存款准备金率。定期存款与活期存款的法定准备金率均由中央银行直接决定。通常，法定准备金率越高，货币乘数越小；反之，货币乘数越大。

(2) 超额准备金率。商业银行保有的超过法定准备金的准备金与存款总额之比，称为超额准备金率。显而易见，超额准备金的存在相应减少了银行创造派生存款的能力，因此，超额准备金率与货币乘数之间也呈反方向变动关系，超额准备金率越高，货币乘数越小；反之，货币乘数就越大。超额存款准备金率的影响因素主要有：①持有超额准备金的机会成本大小，即生息资本收益率的高低。②借入准备金的成本大小，主要是中央银行再贴现率的高低。如果再贴现率高，意味着借入准备金成本高，商业银行就会保留较多超额准备金，以备不时之需；反之，就没有必要保留较多的超额准备金。③经营风险和资产的流动性。如果经营风险较大，而现有资产的流动性又较差，商业银行就有必要保留一定的超额准备金，以备应付各种风险。

(3) 现金比率。现金比率是指流通中的现金与商业银行活期存款的比率。现金比率的高低与货币需求的大小正相关。因此，凡影响货币需求的因素，都可以影响现金比率。例如银行存款利息率下降，导致生息资产收益减少，人们就会减少在银行的存款而宁愿多持有现金，这样就加大了现金比率。现金比率与货币乘数负相关，现金比率越高，说明现金退出存款货币的扩张过程而流入日常流通的量越多，因而直接减少了银行的可贷资金量，制约了存款派生能力，货币乘数就越小。

(4) 定期存款与活期存款间的比率。由于定期存款的派生能力高于活期存款，各国中央银行都针对商业银行存款的不同种类规定不同的法定准备金率，通常定期存款的法定准备金率要比活期存款的低。这样即便在法定准备金率不变的情况下，定期存款与活期存款间的比率改变也会引起实际的平均法定存款准备金率改变，最终影响货币乘数的大小。一般来说，在其他因素不变的情况下，定期存款对活期存款比率上升，货币乘数就会变大；反之，货币乘数会变小。总之，货币乘数的大小主要由法定存款准备金率、超额准备金率、现金比率及定期存款与活期存款间的比率等因素决定。而影响我国货币乘数的因素除了上述四个因素之外，还有财政性存款、信贷计划管理两个特殊因素。

因此，如果央行要降低货币乘数，可以做的是：提高法定存款准备金率、提高超额准备金率、提高现金比率，降低定期存款与活期存款的比率。

25. (1)通货比率是指社会公众持有的现金对商业银行活期存款的比率。这一比率的变动主要决定于社会公众的资产选择行为。

(2) 影响通货比率的因素主要有三个：

① 公众的流动性偏好程度。现金(通货)是流动性最高的保存财富的一种形式。人们对流动性偏好程度如果发生改变，就会导致现金漏损率发生变化。

② 持有通货的机会成本。现金是无收益资产，活期存款以及其他的金融资产的相对预期收益就是持有通货的机会成本。如果活期存款利率上升，公众就会减少持有通货的意愿，现金漏损率就会下降；相反则会增大。如果其他金融资产的预期收益率上升，可能会出现通货以及活期存款存量均下降的现象，但活期存款下降更多，导致现金漏损率反而上升。

③ 其他因素如税率、地下非法经济活动、支付习惯等。这些因素的影响可能不是很明显，但的确存在。比如说，当税率发生变动，有些人可能会有逃税的行为，那么他们就会倾向于使用通货而非活期存款。因为使用活期存款会留下证据。同样的情况也会发生在地下非法活动中，这些活动为了不留下记录，往往会采取使用通货交易。当然，人们自身的支付习惯也会对现金漏损率造成影响。

(3) 由于分子和分母均含有 k，因而，对 m 和 k 关系的分析较为复杂，我们对 k 求偏导：

$$\frac{\partial m_1}{\partial k}=\frac{r_d+r_t\cdot t+e-1}{(k+r_d+r_t\cdot t+e)^2}$$

由于货币乘数 $m_1>1$，即货币供应量大于基础货币，所以根据狭义货币乘数公式 $m_1=\frac{M_1}{B}=\frac{k+1}{k+r_d+r_t\cdot t+e}$，有：

$$k+1>k+r_d+r_t\cdot t+e\Rightarrow r_d+r_t\cdot t+e<1$$

所以偏导数是负值，也就意味着货币乘数与现金漏损率之间是负相关关系。

26. 根据货币乘数计算公式可知：

$$m=\frac{M_S}{B}=\frac{C+D}{C+ER+RR}=\frac{4000+8000}{4000+200+800}=2.4$$

央行新增基础货币 100 亿元，则：

$$\Delta M_1=\Delta B\cdot m=100\times2.4=240(\text{亿元})$$

所以狭义货币 M_1 会增加 240 亿元。

三、计算题

27. (1) 根据题意可知通货比率 $k=\frac{C}{D}=\frac{40}{160}=0.25$。则货币乘数为：

$$m=\frac{1+k}{r+e+k}=\frac{1+0.25}{0.25+0.05+0.15}\approx2.78$$

基础货币：$MB=C+R=40+160\times(0.15+0.05)=$ \$72 billion

(2) 新的货币乘数为：

$$m'=\frac{1+k}{r+e'+k}=\frac{1+0.25}{0.25+0.03+0.15}\approx2.91$$

货币总量：$MB'=B\times m'=72\times2.91=$ \$209.52billion

则货币供给量比原先增加 $209.52-200=$ \$9.52billion

(3) 在新的情况下，由于通货比率不变，则 $MB'=C'+D'=D'(1+k)$，即

$$D'=\frac{MB'}{1+k}=\frac{209.52}{1+0.25}\approx \$167.62\text{billion}$$

则活期或支票账户存款总量将增加 $\Delta D=167.62-160=$ \$7.62billion

28. 根据货币乘数的计算公式：$m=\frac{1+k}{r_d+t\times r_t+e+k}$，可知该国家的货币乘数为：

$$m=\frac{1+25\%}{15\%+50\%\times10\%+5\%+25\%}=2.5$$

因此，该国的货币供给总量为：$M=m\times B=2.5\times400=1000$(亿元)。

由于 $M=C+D=0.25D+D=1.25D=1000$ 亿元，计算可知 $D=800$ 亿元，$C=200$ 亿元。因此，$B=C+R=200+R=400$ 亿元，则 $R=200$ 亿元。

29. (1) 当年 CPI：$CPI=\frac{365\times 0.5+500\times 1.5+12\times 25}{365\times 0.3+500\times 1.0+12\times 20}\times 100=145.09$

(2) CPI 并不能准确真实度量物价水平的变化。

CPI 是统计部门选择一定数量的有代表性的货物和服务项目即经济学家所说的“消费篮子”，追踪并记录它们的价格变化。统计部门还要根据大多数居民的消费结构，确定消费篮子里各大类货物和服务的比重，即权重。根据每样商品和服务的价格变动幅度，并根据权重，加权计算初人们生活费用价格的综合变化。这就是 CPI 如何衡量物价水平的原理。

事实上，没有哪个物价指数能够完全准确衡量通货膨胀水平，CPI 也一样，它并非包罗万象，对于住房之类投资品的价格它就不能及时反映。研究表明，它还有偏高的倾向，一般会高估通胀率一个百分点。而且，CPI 不一定能反映未来价格走势。因此，考察物价走势还要看其他物价指数，比如生产价格指数。生产价格指数可以帮助人们预测不久的将来消费物价指数将会发生的情况。从离最终消费更远的生产环节看，原材料、燃料和动力购进价格和农业生产资料价格的变化对几个月后的 CPI 也有重要影响，这类价格指数被称为“先行指标”。

(3) CPI 会高估通货膨胀，原因在于：

① 替代偏差。由于 CPI 衡量固定的一篮子产品的价格，所以，它没有放映出消费者用相对价格下降的产品进行替代的能力，所以相对价格变动时，其真是生活费用的上升比 CPI 慢。

② 新产品的引进。当一种新产品进入市场时，消费者的状况变好了，因为消费者有了更多可供选择的产品。实际上，新产品的引进提高了本币的实际价值，但本币购买力的提高并没有体现在 CPI 的下降上。

③ 无法衡量的质量变化。当一个企业改变自己出售的产品质量时，产品的价格全部变化并不是对生活费用变化的反应，如果无法衡量的质量改变是有代表性的，衡量的 CPI 的上升就比事实上快。

四、论述题

30. 西方货币需求理论沿着货币持有动机和货币需求决定因素这一脉络，经历了传统货币数量论、凯恩斯学派货币需求理论和现代货币主义货币需求理论的主流发展。

(1) 传统的货币数量论。传统的货币数量论分为早期货币数量论和近代货币数量论。由现金交易说和现金余额说构成的近代货币数量论对货币需求理论的影响更为深远。

① 美国经济学家欧文·费雪(Irving Fisher)在 1911 年出版的《货币的购买力》一书中，对古典的货币数量论进行了最好的概括，建立了著名的费雪交易方程式，揭示了名义收入(T)与货币数量(M)、物价水平(P)以及货币流通速度(V)之间的关系：

$$MV=PT\text{ 或者 }P=MV/T$$

费雪虽然关注的是 M 对 P 的影响，但是反过来，从这一方程式中也能导出一定价格水平之下的名义货币需求量。即：

$$M=\frac{PT}{V}=\frac{1}{V}\times PT$$

上式是由传统货币数量论导出的货币需求函数，它表明人们持有货币仅为了满足交易之需要，货币需求量取决于货币流通速度和名义国民收入。而根据其假设，货币流通速度是一个相对固定的量，所以货币需求取决于名义国民收入。

一般认为，费雪方程式的错误在于：把货币只当成一种交易媒介，假定货币流通速度和商品交易量在长期内不受货币量变动的影响，以及没有考虑微观主体动机对货币需求的影响，而是注重制度因素对货币需求量的作用。

② 由剑桥学派经济学家马歇尔和庇古等人发展起来的现金余额数量论也得出了与现金交易说完全相同的结论，但分析的出发点却完全不同，并提出了现金余额方程式：$M=kPY$，其中 k 代表持币比例，即以货币形态保有的财富占名义总收入的比例。

现金余额方程式相对于现金交易方程式而言，其进步之处在于：第一，重视货币作为一种资产或储藏的功能。第二，它是真正地研究货币需求，认为货币需求取决于三个变量，即 k、P、Y。第三，它特别重视人的持币动机和判断的作用。

(2) 凯恩斯的货币需求理论。凯恩斯对货币需求理论的突出贡献在于货币需求动机的分析。他认为，人们的货币需求行为是由三种动机决定的，即交易动机、预防动机和投机动机。

其中，交易动机与预防动机的货币需求是收入的函数，可把这两种需求合二为一，即第一类货币需求，$M_1=L_1(y)$，其中，M_1代表为满足交易动机和预防动机而持有的货币量，y代表收入水平。L_1代表M_1与y之间的函数关系。而投机动机的货币需求是当前利率水平的减函数，称为第二类货币需求，即$M_2=L_2(r)$，其中，M_2代表为满足投机动机而持有的货币量，r代表市场利率水平，L_2代表M_2与r之间的函数关系。因此，凯恩斯货币需求函数可表示为：$M=M_1+M_2=L_1(y)+L_2(r)$。

凯恩斯认为货币需求函数受未来利率不确定性的影响，因而是不稳定的。

(3) 对凯恩斯货币需求理论的发展。20世纪50年代后期，一些后凯恩斯学派深入研究和扩展了凯恩斯的货币需求理论。

① 鲍莫尔—托宾模型发展了凯恩斯的交易货币需求理论。他们认为，即使交易货币需求同样对利率敏感，交易货币需求的收入弹性和利率弹性分别为0.5和-0.5，而不是凯恩斯所说的一比一的关系。也就是说，交易货币需求与收入的平方根成正比，与利率的平方根成反比，即交易性货币需求具有规模节约的特点。

② 惠伦模型发展了凯恩斯的预防货币需求理论。他们发现，预防货币需求也与利率相关，并且与利率成反向变化关系。预防性货币需求的利率弹性为-1/3。利率越高，此项货币需求越小；利率越低，此项货币需求越大。而收入对预防性货币需求的影响是通过净支出的方差间接表现出来的。

③ 托宾的"资产选择理论"对凯恩斯投机货币需求的发展。凯恩斯在货币投机需求理论中认为，人们对未来利率变化的预计是自信的，并在自信的基础上决定自己持有货币还是保持债券，由于各人预计不同，因此总是有一部分人持有货币，另一部分人保持债券，二者择其一而不是两者兼有。然而现实情况却与凯恩斯的理论不相吻合，投资者对自己预计往往是犹豫不定的。一般人往往既持有货币，同时又持有债券。托宾认为，人们选择财富持有形式的主要依据是各种资产的预期报酬率和风险。因此，人们会选择货币和债券的不同组合来持有其财富。

(4) 弗里德曼的现代货币数量论。弗里德曼认为以货币这种资产持有其财富主要受以下因素的影响：恒久收入(Y_P)、非人力财富占总财富的比率(W)、持有货币的预期报酬率(r_m)、其他资产的预期报酬率(债券的预期报酬率r_b、股票的预期报酬率r_e、商品价格的预期变动率$\frac{1}{P}\frac{dP}{dt}$)。据此，弗里德曼的货币需求函数是：$\frac{M_d}{p}=f(Y_p, W, r_b, r_e, \frac{1}{P}\cdot\frac{dP}{dt}, U)$，$U$代表其他因素。

弗里德曼认为，由于作为财富代表的恒久收入在长期内取决于真实生产因素的状况，其变动是相对稳定的；银行竞争使利率变化对货币需求的影响很少，货币需求对利率不敏感。因而，货币需求函数是稳定的，是可以预测的。

31. 英国经济学家凯恩斯在货币需求理论的突出贡献是关于货币需求动机的分析。他将人们持币的动机归纳为交易动机、预防动机和投机动机。其中，交易动机与预防动机的货币需求是收入的函数，可把这两种需求合二为一，即第一类货币需求，$M_1=L_1(Y)$，其中，M_1代表为满足交易动机和预防动机而持有的货币量，Y代表收入水平。L_1代表M_1与Y之间的函数关系。而投机动机的货币需求是当前利率水平的减函数，称为第二类货币需求，即$M_2=L_2(r)$，其中，M_2代表为满足投机动机而持有的货币量，r代表市场利率水平，L_2代表M_2与r之间的函数关系。因此，凯恩斯货币需求函数可表示为：$M=M_1+M_2=L_1(Y)+L_2(r)$。

现代货币主义的代表人物弗里德曼创立了现代货币数量论。他认为以货币这种资产持有其财富主要受以下因素的影响：恒久收入(Y_P)、非人力财富占总财富的比率(W)、持有货币的预期报酬率(r_m)、其他资产的预期报酬率(债券的预期报酬率r_b、股票的预期报酬率r_e、商品价格的预期变动率$\frac{1}{P}\frac{dP}{dt}$)。据此，弗里德曼的货币需求函数是：$\frac{M_d}{p}=f(Y_p, W, r_b, r_e, \frac{1}{P}\cdot\frac{dP}{dt}, U)$，$U$代表其他因素。

虽然凯恩斯和弗里德曼都是从资产选择的角度来讨论货币需求的，弗里德曼与凯恩斯一样，也看重流动偏好，如其引入非人力财富概念后指出的，为避免其滞销而需要增加货币需求。

但是，弗里德曼的现代货币数量论与凯恩斯的货币需求理论还是有着明显的不同。主要表现在以下几点：

① 关于“资产”的范围不同。弗里德曼的“资产”概念要宽泛得多。凯恩斯所考虑的仅仅是货币与作为债券的生息资产之间的选择；而弗里德曼关注的资产除货币以外还有股票、债券和实物资产。与凯恩斯不同，弗里德曼认为货币与实物是相互替代的，因此，他将实物资产的预期收益率作为影响货币需求的一个因素。这暗示着货币供给量的变化会直接地影响社会总支出的变化。

② 对于货币的预期收益率的看法不同。凯恩斯认为，货币的预期收益率为零，而弗里德曼则把它当作一个会随着其他资产预期报酬率的变化而变化的量。

③ 关于“收入”的内涵不同。凯恩斯货币需求函数中的收入，是指“实际收入水平”。而弗里德曼货币需求函数中的收入是指“恒久收入水平”，即一定时间内的平均收入水平。

④ 货币需求函数的性质不同。凯恩斯认为货币需求函数受未来利率不确定性的影响，因而是不稳定的，而弗里德曼认为，由于作为财富代表的恒久收入在长期内取决于真实生产因素的状况，其变动是相对稳定的；银行竞争使利率变化对货币需求的影响很少，货币需求对利率不敏感。因而，货币需求函数是稳定的，是可以预测的。

⑤ 影响货币需求的侧重点不同。凯恩斯的货币需求理论非常强调利率的主导作用，认为，利率的变动会直接影响到就业和国民收入的变动，最终必然影响到货币需求量。而弗里德曼则强调恒久收入对货币需求的重要性，认为利率对货币需求的影响是微不足道的。

⑥ 关于货币流通速度稳定与否的看法不同。凯恩斯的货币需求函数 $M_d/P=f(y, r)$ 可以进行转换：$P/M_d=1/f(y, r)$，进一步地：$V=PY/M=y/f(y, r)$。因此，由于货币需求与利率是负相关关系，当利率 r 上升时，$f(y, r)$ 下降，进而货币流通速度上升。而利率是经常波动的，因此，凯恩斯的货币需求理论认为，货币流通速度也是经常波动的。弗里德曼货币需求理论隐含的货币流通速度公式是 $V=y/f(Y_P)$，由于 y 与 Y_P 之间的关系通常是相对可预测的，所以 V 也是很好预测的。

32.（1）一般而言，中国将货币供应量划分为三个层次：M_0、M_1、M_2。M_0=流通中的货币，$M_1=M_0$+单位活期存款，$M_2=M_1$+准货币（单位定期存款+个人储蓄存款+其他存款）。

（2）M_1 的构成是企业活期存款和流通中的现金，由于可以随时支取，相对来说是流动性更强的货币供应。如果货币供应结构中，M_1 的占比更高，可以反映出货币在实体的潜在流通速度越快，对实体的促进作用就会更强。如果企业对未来预期谨慎，企业会更倾向于金融投资，将存款定期化，或者买货币基金、银行理财、大额存单等，这时 M_1 会向 M_2 转化，M_1 下降。相反，如果企业对未来增长前景乐观，准备补库存或者扩大资本开支，企业会选择将存款活期化，以随时应对补库存和扩大资本开支所需要的现金，这时企业账户上活期存款的部分占比会相对较高，M_1 上升。2018 年以来出现的 M_1、M_2 增速“剪刀差”由正转负，一方面因为 M_1 增速持续下行，另一方面因为 M_2 增速持续上行。这背后可能隐含着企业对于中长期增长前景的悲观。

33. 通货膨胀是指在纸币流通条件下，经济中货币供应量超过了客观需要量，社会总需求大于总供给导致单位货币贬值（货币代表的价值量减少或购买力下降），物价上涨的经济现象。

（1）导致通货膨胀的原因主要包括以下几个方面：

① 需求拉上，是指经济体系中存在对产品和劳务的过度需求，即总需求超过总供给，在社会总供求不平衡的状态下，过多的需求拉动价格水平上涨。由于总需求是由有购买和支付能力的货币量构成的，总供给则表现为市场上的商品和劳务，因此，“需求拉上”可以通俗地说成是“太多的货币追求太少的商品”。由于投资扩大、消费支出和政府支出扩大、货币信贷规模扩大等各种原因，会引起社会总需求扩大，从而打破已有的总供求均衡，导致物价总水平上涨。

② 成本推动，是将通货膨胀的成因归结为供给因素，认为通货膨胀的根源在于总供给的变化，是由于供给过程中的成本提高而导致了物价水平上升。成本上升的主要因素有：工资成本上升；垄断性企业利润

要求提高，垄断产品价格提高；进口成本、间接成本等各种成本上升。

③ 供求混合推动，是将供求两个方面的因素综合起来，认为通货膨胀是由需求拉上和成本推进共同起作用而引发的。“成本推进”只有加上“需求拉上”才有可能产生一个持续性的通货膨胀。

关于通货膨胀还有其他多种成因。如输入型通货膨胀、结构性通货膨胀，财政赤字，信用膨胀，本币贬值过度，国际收支顺差过大，固定资产投资过度，经济增长速度过快，经济体制不健全，缺乏一整套管理市场的手段和法律体系等等。

（2）从国际国内治理通货膨胀的一般经验来看，主要的治理措施有：

① 紧缩的货币政策，其主要措施，一是减少货币供应量，具体操作手段是中央银行提高法定存款准备金率、减少基础货币的投放；二是提高利率，具体操作手段是中央银行提高对商业银行的再贴现率、抵押贷款利率和信用贷款利率，同时这也会使得存款利率、债券利率相应提高。

② 紧缩的财政政策，主要是指增加收支、减少赤字。其中增收的措施主要是增加赋税；节支的措施主要是压缩政府机构费用开支甚至精简机构、减少军费开支，控制公共事业投资，减少各种补贴和救济等福利性支出。

③ 紧缩的收入政策，主要用于治理成本推动型的通货膨胀，是指政府对工资和物价进行管制，具体措施是确定工资—物价指导线，即政府当局规定允许货币总收入在一定年份增长的目标数值线，并据此相应地采取使每个部门的工资和价格的增长收敛于指导线的措施。

④ 积极的供给政策，是指以积极刺激生产的办法增加供给，同时压缩总需求来抑制通货膨胀的政策，其主要措施包括：大幅度降低税率；减少国家对经济的干预和对企业经营活动的限制；在采取上述措施的同时，也要减少政府支出。

⑤ 货币改革，是指政府下令废除旧币，发行新币，变更钞票面值，对货币流通秩序采取一系列强硬的保障性措施等。这种强有力的货币改革措施，一般是针对恶性通货膨胀的。当物价上涨已经显示出不可抑制的状态，货币制度和银行体系已经濒临崩溃时，才会迫使政府进行货币改革。

除了上述治理通货膨胀的一般主要措施外，还存在一些比较特殊的政策主张或做法，如推行指数化政策。所谓指数化，简单说就是收入指数化。它是将主要经济变量如工资收入、利率等与物价指数挂钩，当物价指数上升时，这些经济变量自动随之调整。制定反托拉斯法限制垄断高价，不少发达的工业国家将其作为价格政策的基本内容。

现今通货膨胀原因是多层面的，应该在实际中结合上面的措施综合运用。

第八章　货币政策

货币政策是前面章节货币理论的运用，因此是整个货币银行学的核心章节。本章内容中，“货币政策及其目标”属于基础知识点，一般考查货币政策最终目标的内容及各目标之间的关系。“货币政策规则”是新增的知识点，比较重要。“货币政策工具”属于基础知识点，难度不大，却是常考考点，需掌握一般性货币政策工具和选择性货币政策工具的种类。“货币政策的传导机制”常考查各种中介指标的含义和优劣，同时不同货币政策传导理论也是考查的重点。“货币政策效果”属于基础知识点，并非命题重点。

“我国货币政策工具的创新”是比较重要的知识点，考生务必明确新型货币政策工具与传统政策工具的区别。

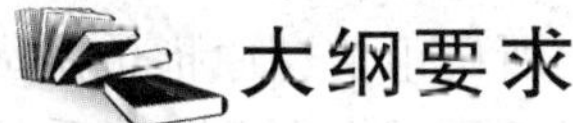

大纲要求

货币政策及其目标

货币政策工具

货币政策的传导机制和中介目标

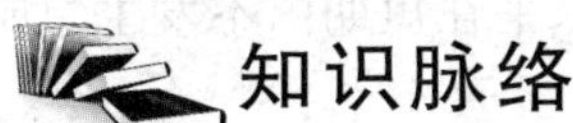

知识脉络

- 货币政策
  - 货币政策及其目标
  - 货币政策规则
    - 单一规则
    - 泰勒规则
    - 麦科勒姆规则
    - 利率走廊
    - 通货膨胀目标制
  - 货币政策工具
    - 一般性货币政策工具
      - 再贴现政策
      - 存款准备金政策
      - 公开市场操作
    - 选择性货币政策工具
    - 其他货币政策工具
  - 货币政策的传导
    - 货币政策的中间目标
    - 货币政策的传导机制
  - 货币政策的效果
  - 我国货币政策工具的创新

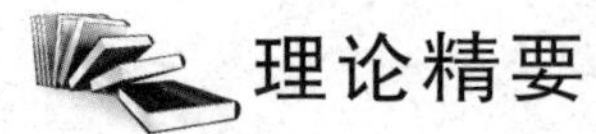

理论精要

知识点一　货币政策及其目标

1. 货币政策的概念

货币政策指货币当局为实现一定的宏观经济目标而采取的各种有关控制和调节货币供应量或信用的方针、政策和措施，包括宏观经济最终目标、政策工具、操作指标、中间目标及操作效果的总和。

2. 货币政策的最终目标

最终目标是货币政策运行的宏观经济总体目标。一般包括充分就业、稳定物价、经济增长和国际收支平衡四项内容。

（1）稳定物价

所谓稳定物价，就是指在某一时期，设法使一般物价水平保持大体稳定。稳定物价目标是中央银行货币政策的首要目标，而物价稳定的实质是币值的稳定。所谓币值，原指单位货币的含金量，在现代信用货币流通条件下，衡量币值稳定与否，已经不再是根据单位货币的含金量；而是根据单位货币的购买力，即在一定条件下单位货币购买商品的能力。它通常以一揽子商品的物价指数，或综合物价指数来表示。目前各国政府和经济学家通常采用综合物价指数来衡量币值是否稳定。物价指数上升，表示货币贬值；物价指数下降，则表示货币升值。稳定物价是一个相对概念，就是要控制通货膨胀，使一般物价水平在短期内不发生急剧的波动。

（2）充分就业

所谓充分就业目标，就是要保持一个较高的、稳定的水平。在充分就业的情况下，凡是有能力并自愿参加工作者，都能在较合理的条件下随时找到适当的工作。

充分就业，是针对所有可利用资源的利用程度而言的。但要测定各种经济资源的利用程度是非常困难的，一般以劳动力的就业程度为基准，即以失业率指标来衡量劳动力的就业程度。所谓失业率，指社会的失业人数与愿意就业的劳动力之比，失业率的大小，也就代表了社会的充分就业程度。失业，理论上讲，表示了生产资源的一种浪费，失业率越高，对社会经济增长越是不利，因此，各国都力图把失业率降到最低的水平，以实现其经济增长的目标。

（3）经济增长

所谓经济增长就是指国民生产总值的增长必须保持合理的、较高的速度。目前各国衡量经济增长的指标一般采用人均实际国民生产总值的年增长率，即用人均名义国民生产总值年增长率剔除物价上涨率后的人均实际国民生产总值年增长率来衡量。政府一般对计划期的实际 GNP 增长幅度定出指标，用百分比表示，中央银行即以此作为货币政策的目标。

（4）国际收支平衡

所谓平衡国际收支目标，简言之，就是采取各种措施纠正国际收支差额，使其趋于平衡。因为一国国际收支出现失衡，无论是顺差或逆差，都会对本国经济造成不利影响，长时期的巨额逆差会使本国外汇储备急剧下降，并承受沉重的债务和利息负担；而长时期的巨额顺差，又会造成本国资源使用上的浪费，使一部分外汇闲置，特别是如果因大量购进外汇而增发本国货币，则可能引起或加剧国内通货膨胀。当然，相比之下，逆差的危害尤甚，因此各国调节国际收支失衡一般着力于减少以致消除逆差。

3. 最终目标的冲突与协调

货币政策之间的关系较复杂，有的一定程度上具有一致性，如充分就业与经济增长(奥肯定律)；有的相对独立，如充分就业与国际收支平衡；更多表现为目标间的冲突性。各目标之间的矛盾表现为：物价稳定与充分就业之间存在一种此高彼低的交替关系(菲利普斯曲线)。当失业过多时货币政策要实现充分就业的目标，就需要扩张信用和增加货币供应量，以刺激投资需求和消费需求，扩大生产规模，增加就业人数；同时由于需求的大幅增加，会带来一定程度的物价上升。反之，如果货币政策要实现物价稳定，又会带来就业人数的减少。所以，中央银行只有根据具体的社会经济条件，寻求物价上涨率和失业率之间某一适当的组合点。

物价稳定与经济增长也存在矛盾。要刺激经济增长，就应促进信贷和货币发行的扩张，结果会带来物价上涨；为了防止通货膨胀，就要采取信用收缩的措施，这又会对经济增长产生不利的影响。

物价稳定与国际收支平衡存在矛盾。若其他国家发生通货膨胀，本国物价稳定，则会造成本国输出增加、输入减少，国际收支发生顺差；反之，则出现逆差，是国际收支恶化。

经济增长与国际收支平衡的矛盾。随着经济增长，对进口商品的需求通常也会增加，结果会出现贸易逆差；反之，为消除逆差，平衡国际收支，需要紧缩信用，减少货币供给，从而导致经济增长速度放慢。

综上所述，由于各目标间存在的矛盾性，中央银行应根据不同的情况选择具体的政策目标。

【知识拓展】奥肯定律

美国著名经济学家阿瑟．奥肯根据美国的统计资料，发现失业率与经济增长率之间有着密切的联系。奥肯在对美国经济增长率与失业率之间的关系进行研究之后，揭示出如下经验规律：

$$\text{实际 } GDP \text{ 变化率} = 3\% - 2 \times \text{失业率的变化率}$$

奥肯定律表明，失业率每上升一个百分点，实际国内生产总值的增长就下降两个百分点。奥肯定律说明，经济增长与充分就业是趋于一致的。

【例 1】货币政策四大目标之间存在矛盾，任何一个国家要想同时实现是很困难的，但其中(　　)是一致的。

A. 充分就业与经济增长　　B. 经济增长与国际收支平衡

C. 物价稳定与经济增长　　D. 物价稳定与充分就业

答案：A。货币政策最终之间的关系较复杂，有的一定程度上具有一致性，如充分就业与经济增长；有的相对独立，如充分就业与国际收支平衡；更多表现为目标间的冲突性。

4. 我国货币政策的目标

1995 年 3 月 18 日，全国人民代表大会通过法律形式将我国中央银行的货币政策的最终目标确定为“保持货币币值稳定，并以此促进经济增长。”

【知识拓展】美联储的货币政策最终目标

1913 年，美联储成立的时候，没有规定目标，只说它的作用是维持货币弹性。1946 年《就业法》规定美联储的货币政策目标是促进最大就业。1977 年和 1978 年的《全面就业和预算平衡法》规定，货币政策有三个：“完全就业，价格稳定，中长期利率平稳”。现在，正在争论是否将货币政策目标只减为保持价格稳定这一项。欧洲央行已经这样做了。

知识点二　货币政策规则

货币政策规则是指中央银行基于宏观经济和金融调控的要求，运用货币政策工具和手段，来有效达到或实现货币政策目标的行为共识。中央银行制定货币政策时关注的一个重要问题是，哪一个变量可以恰当地符合这种政策制定的需要，即规则变量。由于规则变量反映经济状况，所以如果政策改变了经济状况，规则变量的值也会改变，因此规则变量是货币工具的直接或间接函数。

【科兴点评】货币政策规则为了克服货币政策的动态不一致性而提出的。货币政策的动态不一致性，又称为货币政策时间上的不连贯性，是指一个货币政策在制定时对政府而言是最优的，但在执行阶段往往不是最优的，当私人部门相信政府会实施这一政策时，政府就会没有积极性去真正实施这一政策，即政策制定者最终没有兑现自己的承诺。

1. 单一规则

弗里德曼是20世纪60年代货币单一规则的主要倡导者。他通过对美国货币增长与通货膨胀率、经济增长的相互关联及时滞特征的实证分析，认为货币数量变化是导致经济波动的关键因素。因此，他建议货币当局只需要实行“单一规则”的货币政策，把控制货币供应量作为唯一的货币政策工具。

弗里德曼的分析逻辑是这样的：货币供给要与货币需求相适应，从货币需求角度出发，货币需求主要由恒久性收入决定。由于恒久性收入具有高度的稳定性，所以受恒久性收入支配的货币需求也是稳定的，货币流通速度变化也是不大的。既然如此，就必须以稳定的货币需求函数为基础，所以货币供给也应该是稳定增长的。货币当局将货币供应量作为货币政策的目标，货币供应量始终不变地以一种固定的比率增加，并大致与经济增长率相适应的政策，就称为“单一规则”的货币政策。

2. 泰勒规则

泰勒规则也称利率规则，是由泰勒经过长期的研究和实证分析，于1993年提出的一条货币政策调整规则，该规则表明了中央银行的短期利率工具依经济状态而进行调整的方法。以泰勒规则的方程为代表，其基本公式为：

$$i_0=r_f+\pi_t+\alpha(\pi_t-\pi^*)+\beta\Delta y_t$$

其中，i_0为名义利率，r_f为均衡实际利率(长期内和充分就业相适应的利率)，π_t为t期实际通货膨胀率，π^*为目标通货膨胀率，$\pi_t-\pi^*$为通货膨胀缺口，Δy_t为产出缺口，即实际GDP与潜在充分就业水平下的GDP估计值的百分率偏差，α和β为管理层分别对通货膨胀、产出调控目标重视程度的权重，且$0\leqslant\alpha\leqslant1$，$0\leqslant\beta\leqslant1$。

根据这个公式，央行进行利率调控。如果实际通货膨胀率超过目标通货膨胀率，银行相应提高利率；如果实际经济增长超过目标经济增长，央行也只能提高利率；如果两种情况反过来，央行相应调低利率。如果两者同方向变动，利率变动的幅度就比较大；如果两者变动幅度、方向不一致，央行的利率变动根据此两者变动互相抵消的净额进行。此外，两者提高的幅度由α和β的值所决定。为简化分析，有时候进一步假设$\alpha+\beta=1$，则：如果央行把经济增长和它背后的就业看得比通货膨胀更重，α接近于0，央行调控主要根据经济情况运行状况，而不怎么在乎通胀的实际变化；反之，如果央行把通胀看得比就业更重要，α接近于1，它就可能为稳定物价，而听任就业有较大幅度的变动。当然，在更多的情况下，央行对两者都不敢掉以轻心，所以 α 和 β 的值可能都在 0.5 左右。

根据泰勒的研究，在美国，联邦基金名义利率对 $\pi_t-\pi^*$ 的反映系数为 0.5，对产出缺口为 Δy_t 的调整系数也为 0.5。因此泰勒规则运用于美国的表达形式为：

$$\text{联邦基金利率指标}=\text{通货膨胀率}+\text{均衡实际联邦基金利率}+\frac{1}{2}\times\text{通货膨胀缺口}+\frac{1}{2}\times\text{产出缺口}$$

3. 麦克勒姆规则

麦克勒姆规则又被称为基础货币-名义 GDP 目标规则。与泰勒规则一样，它也是一个适应性政策方程，但具有不同的政策工具及其背后的不同的货币政策传导机制。麦克勒姆规则的政策工具是基础货币而不是联邦基金名义利率。根据这一规则，基础货币增长率依名义 GDP 增长率(或水平值)与设定的目标之间的离差而变动。这一规则中也包含了基础货币增长率的变化，在基础货币增长率变化不是很大时，名义 GDP 目标和基础货币目标可以说是等同的。麦克勒姆规则包含三个主要部分：①名义 GDP 增长目标；②货币流通速度变化的移动平均值(即，相对于名义 GDP 的货币需求的变化)；③名义与实际 GDP 之差。

4. 利率走廊机制

(1) 利率走廊的原理

利率走廊是中央银行设定和变动自己的存贷款利率，构建形似“走廊”的利率操作空间，将同业拆借利率限定在利率区间的一种新型货币政策。其中，走廊上限为中央银行对商业银行的贷款利率，商业银行以此利率申请抵押贷款补充流动性；下限为中央银行对商业银行的存款利率。

商业银行同业拆借利率之所以会被限定在走廊之中，并不是政策强制的结果，而是利率走廊机制本身所具有的“自动稳定器”的功能，这种功能来自金融机构的套利行为。例如当存在套利机会时，商业银行可以从央行贷款，然后放贷，从中套利，而且这种套利没有风险，最终银行间拆借利率会被市场均衡至央行存、贷款利率所形成的利率区间之内，并且央行可以通过预期引导，自动稳定短期利率。可以看出，在利率走廊的上下限的决定上具有直接管制的色彩，而在中间利率的决定上又具有市场机制的色彩，因此利率走廊机制将直接管制与市场机制相结合，使得同业拆借利率被控制在央行的意愿水平之内。

在利率走廊机制下，央行可以实行零准备金制度。央行可以直接规定：每个交易日结束时，各商业银行在央行的储备金账户直接为零，如果存在超额/透支，就自动转录入其在央行的存/贷款账户。结果商业银行只能在利率走廊所设定的利率区间内完成同业拆借。这样可以提高资金使用效率，而且有利于市场利率稳定。

(2) 利率走廊的优势

相对于传统的货币政策，在利率走廊机制中，央行无须依赖传统的公开市场操作来调控利率。央行可以直接设定并公布存(存款准备金利率)和贷(再贴现率)两个利率，从而影响市场预期，最终将市场利率控制在目标水平。其优势主要体现在以下几个方面：

① 降低市场利率波动。央行以政策利率为中心，借、贷利率形成了一条“走廊”，使得市场利率保持在政策利率附近，并在利率区间内稳定波动。利率走廊机制可以使央行严格地将拆借市场利率控制在走廊内目标利率附近，拆借市场利率波动较小。

② 稳定银行负债预期，利于信用派生。稳定银行负债端的预期主要体现在两个方面：一是银行对于资金可得性的预期稳定；二是银行对于自身的融资成本有预期。从而使得银行的贷款政策比较稳定，有利于信用的派生和货币政策的传导。

③ 降低公开市场操作的成本。不需要频繁使用公开市场操作来调节市场流动性，只需调节利率走廊的上下限就可以稳定市场的利率预期，这不仅简化了中央银行的利率调控过程，而且降低了调控成本。

5. 通货膨胀目标制

(1) 通货膨胀目标制的含义

通货膨胀目标制的基本含义是：货币当局明确以物价稳定为首要目标，并将当局在未来一段时间所要达到的目标通货膨胀率向外界公布，同时，通过一定的预测方法对目标期的通货膨胀率进行预测得到目标期通货膨胀率的预测值，然后根据预测结果和目标通货膨胀率之间的差距来决定货币政策的调整和操作，使得实际通货膨胀率接近目标通货膨胀率。如果预测结果高于目标通货膨胀率，则采取紧缩性货币政策；如果预测结果低于目标通货膨胀率，则采取扩张性货币政策；如果预测结果接近于目标通货膨胀率，则保持货币政策不变。

在通货膨胀目标制下，传统的货币政策体系发生了重大变化，在政策工具与最终目标之间不再设立中间目标，货币政策的决策依据主要依靠定期对通货膨胀的预测。由政府或中央银行根据预测提前确定本国未来一段时期内的中长期通货膨胀目标，中央银行在公众的监督下运用相应的货币政策工具使通货膨胀的实际值和预测目标相吻合。

(2) 通货膨胀目标制的优势

与利率、货币供应量、汇率等货币政策中介目标相比，采用通货膨胀目标制的优越性是显而易见的：

① 通货膨胀目标制克服了传统货币政策框架下单纯盯住某种经济、金融变量的弊端，实现了规则性和灵活性的高度统一。通货膨胀目标制是建立在一定的规则之上的，货币当局一旦公布了通货膨胀目标，中央银行就要在政策连贯性方面做出承诺，维持实际通货膨胀率和目标通货膨胀率的基本一致；与此同时，中央银行有权自主决定使用何种货币政策工具来实现通货膨胀目标，并且这个目标是一个区间值，当发生无法预见的经济危机的时候，通货膨胀率允许超出这个区间范围。这样，通货膨胀目标制就实现了规则性和灵活性的高度统一。

② 通货膨胀目标制提高了货币政策的透明度。实行通货膨胀目标制国家的中央银行不但预先公布明确的通货膨胀目标或目标区间，而且还定期向政府和公众解释当前的通货膨胀状况和应对措施。这样，中央银行、政府和公众之间就形成了一个开放、透明的沟通机制与监督机制。通过与公众的交流，一方面有利于增强公众对货币政策的信心，另一方面也有利于公众评估中央银行货币政策的实绩。

③ 通货膨胀目标制有助于经济的稳定。盯住汇率的货币制度往往为了实现外部均衡而放弃内部均衡。而直接盯住通货膨胀目标的货币制度是以国内经济均衡作为首要目标的货币政策制度。它可以直接缓和经济的波动，有利于经济的稳定。

(3) 通货膨胀目标制的缺陷

在实行通货膨胀目标制的国家，失业的增加并不是偶然的现象。通货膨胀目标制过分重视来自需求方面的扰动，而在处理供给方面的因素的时候缺乏必要的弹性；同时完全忽视了货币政策对就业的影响以及频繁变动政策工具对实体经济的不利影响。

① 实行通货膨胀目标制可能会导致失业的增加。在通货膨胀目标制下。中央银行只对通货膨胀率负责而不需要考虑其他变量。当通货膨胀率的预测结果高于目标通货膨胀率，则采取紧缩性货币政策。根据传统的凯恩斯主义理论，如果这种价格的上涨是由过度需求引起

的，那么紧缩性货币政策就是正确的；如果这种价格的上涨是由供给冲击条件恶化的结果，那么紧缩性货币政策就是错误的，它将进一步减少产出，增加失业。1991 年加拿大经济的严重衰退证实了这一结论。当时，加拿大保守党实行了通货膨胀目标制，恰好遇上世界石油价格的上涨和国内税收政策引起的供给冲击，中央银行为了尽快实现通货膨胀目标，实行提高利率等紧缩性货币政策，结果使得产出减少，失业激增，导致加拿大经济的严重衰退。

② 通货膨胀目标制容易导致货币政策工具的过度波动。当货币政策工具对货币政策目标的影响随着时间的推移而逐渐增强时，不顾经济条件变化而长期盯住一个具体的政策目标会增加政策工具的波动性。货币政策时滞的存在，使得政策变量对政策目标的当期影响较小而滞后影响较大由于当今各国均以利率为货币政策的主要工具，因而实行通货膨胀目标制必然造成利率水平的过度波动。利率的频繁变化，不但增加了公众对未来的不确定性预期，提高了金融中介的成本，而且还降低了产出的增长率，使得这些国家的失业率长期居高不下，阻碍了经济的进一步繁荣。

【科兴点评】在很多学者看来，通货膨胀目标制应当是货币政策框架，而不仅仅是一个货币规则。货币政策框架主要包括货币政策目标及实现这一目标的一系列制度安排。具体来说包括货币政策目标、政策工具和政策传导机制三个方面。

知识点三　货币政策工具

1. 一般性政策工具

一般性政策工具，是指对金融活动的影响是普遍的，总体的，没有特殊的针对性和选择性。一般性货币政策工具的实施对象，是整体经济，而非个别部门或个别企业。主要包括：

（1）再贴现政策

再贴现政策是央行传统的货币政策工具，指中央银行直接调整或制定对合格票据的贴现利率，来干预和影响市场利率以及货币市场的供给和需求，从而对市场货币供应量进行调节的一种货币政策。贴现率实质上就是中央银行向商业银行的放款利率。贴现率的改变可以改变商业银行的融资决策，从而实现自己的政策目标。同时贴现率的调整还具有一种所谓的“告示性效应”，即贴现率的变动，可以作为央行向银行和公众宣布其政策意向的有效方法。

但是贴现率政策具有一定的局限性。一方面，中央银行处于被动的地位，往往不能达到预期的效果，因为贴现率的调整不能强迫或阻止商业银行向中央银行申请再贴现，商业银行还是可以通过其他渠道获取资金。另一方面，由于货币市场的发展和效率提高，商业银行对中央银行贴现窗口的依赖性大大降低，再贴现政策只能影响来贴现的银行，而对于其他银行只是间接地发生作用。另外，再贴现政策缺乏弹性，中央银行若经常调整再贴现率，会引起市场利率的经常性波动，使企业和商业银行无所适从。

【例 2】关于中央银行再贴现政策描述正确的是(　　)。

A. 中央银行可以自主决定再贴现率，因此具有充分的主动性

B. 再贴现政策调控效果和缓，对市场震动小

C. 再贴现政策既可用于结构调整也可用于规模调整

D. 再贴现政策实施效果不受经济周期的影响

答案：C。再贴现政策已经不再是一个理想的货币政策工具。因为尽管中央银行可以通过变动贴现率使商业银行的融资成本发生变化，并影响其准备金数量，但不能强制或阻止商业银行向中央银行申请再贴现，商业银行还可以通过其他渠道获得资金。A 选项错误。选项 B 是公开市场操作的特点，所以错误。再

贴现不但能调控货币总量，还能调整结构。央行可以规定哪些票据可以被再贴现，哪些机构可以申请再贴现，由于具有针对性，可以使得政策效果更加精确。C选项正确。再贴现政策受经济周期影响很大，在经济繁荣或经济萧条时期，再贴现率无论高低，都无法限制或阻止商业银行向中央银行再贴现或借款。D选项错误。

(2) 存款准备金政策

存款准备金政策指的是中央银行在法律赋予的权力范围内，通过调整商业银行交存中央银行的存款准备金比例，以改变货币乘数，控制商业银行的信用创造能力，间接地控制社会货币供应量的活动。

存款准备金政策是威力较大的政策工具，其一般会产生较大的影响：一是对货币乘数的影响，存款准备金率与货币乘数存在负相关关系；二是对超额准备金的影响，表现为决定超额准备的多少，影响商业银行创造信用的基础。调整准备金率，若基础货币和准备金总额不变，则超额准备金发生变化，货币乘数扩张或缩小。

但是这一工具也有负面的影响，一方面，中央银行难以确定调整准备金率的时机和调整幅度；另一方面，许多商业银行也难以迅速地调整准备金以符合变动了的法定限额。由于法定存款准备金这一政策工具的巨大冲击力，所以一般只在少数场合下才会使用。

(3) 公开市场操作

所谓的公开市场操作指的是中央银行在证券市场上公开买卖各种政府证券以控制货币供给量及影响利率水平的行为。公开市场操作主要是通过影响商业银行体系中的实有准备金来进一步影响商业银行信贷量的扩大和收缩，进而影响货币供应量的变动。同时，通过影响证券市场价格的变动，来影响市场利率水平。公开市场操作也可以用来调整长期证券市场和短期证券市场的利率结构和水平。

公开市场操作的优点在于：①通过公开市场操作可以左右整个银行体系的基础货币量，使它符合政策目标的需要。②中央银行的公开市场操作具有主动权，可以根据不同情况和需要，主动出击，这比贴现率政策优越。③公开市场操作可以适时适量的进行调节，比存款准备金工具更为灵活。④央行可以根据金融市场的信息不断调整其业务，万一经济形势发生改变，可以迅速地反方向操作，还可以及时改正在货币政策执行过程中可能发生的错误，因而能够产生一种连续性的效果。

公开市场操作需要注意的是：①公开市场操作对货币供应量和利率的影响，应视其买卖净值决定。②央行在购入证券以后，固然增加商业银行的准备金，但此举只是为银行体系的信贷扩张奠定条件，并不能迫使商业银行扩大其信贷量。③采用公开市场操作若产生预期的效果，前提条件是必须具有一个高度发达的证券市场，并且是具有相当的深度，广度和弹性的市场。

【例3】我国央行在公开市场操作中选定的一级交易商(　　)。

A. 全部是商业银行　　B. 少数是投资银行　　C. 多数是投资银行　　D. 全部是投资银行

答案：B。一级交易商是指具备一定资格、可以直接向国库券发行部门承销和投标国库券的交易商团体。自2004年起，除商业银行外，中国人民银行增加部分证券公司、保险公司及农村信用合作联社作为公开市场业务一级交易商。

2. 选择性政策工具

选择性政策工具是央行针对个别企业，部门或特殊用途的信贷而采用的政策工具，这些政策工具可以影响商业银行体系的资金运用方向以及不同信用方式的资金利率。央行的选择性政策工具主要有以下几种：

（1）消费者信用控制，是指中央银行对不动产以外的各种耐用消费品的销售融资予以控制，其主要内容包括：规定用分期付款购买耐用消费品时第一次付款的最低金额；规定应消费信贷购买商品的最长期限；规定可用消费信贷购买的耐用消费品种类，对不同的消费品规定不同的信贷条件等等。在通货膨胀时期，中央银行采取消费信用控制，能起到抑制消费需求和物价上涨的作用。

（2）证券市场信用控制，是指中央银行对有关证券交易的各种贷款进行限制，目的在于抑制过度的投机。如规定一定比例的证券保证金率，并随时根据证券市场的状况加以调整。

（3）不动产信用控制，是指中央银行对金融机构在房地产方面的限制措施，以抑制房地产的过度投机。如对金融机构的房地产贷款规定最高限额、最长期限以及首次付款和分摊还款的最低金额等。

（4）优惠利率，是中央银行对国家重点发展的经济部门或产业，如出口产业、农业等，所采取的鼓励措施。

（5）预交进口保证金，即中央银行要求进口商预交相当于进口商品总值一定比例的存款，以抑制进口的过快增长。预交进口保证金多为国际收支经常出现赤字的国家所采用。

3. 其他政策工具

其他货币政策工具，是指除常规性、选择性货币政策工具外，中央银行有时还运用一些补充性货币政策工具，对信用进行直接控制和间接控制。主要包括：

① 信用直接控制工具，指中央银行依法对商业银行创造信用的业务进行直接干预而采取的各种措施，主要有信用分配、直接干预、流动性比率、利率限制、特种贷款；

② 信用间接控制工具，指中央银行凭借其在金融体制中的特殊地位，通过与金融机构之间的磋商、宣传等，指导其信用活动，以控制信用，其方式主要有窗口指导、道义劝告。

知识点四　货币政策的传导

1. 货币政策的中间目标

（1）中间目标的选择

中间目标指中央银行为了实现货币政策最终目标而设置的可供观测和调整的指标，中央银行在货币政策实施的过程中可据以衡量对最终目标所产生的初步影响。一般货币政策的中间目标具有可测性、可控性、相关性和抗干扰性的特征。

可控性指的是银行通过各种货币政策工具的作用，能对货币政策中间目标进行有效的控制和调节，能够较准确地控制中间目标的变动状况和变动趋势。

可测性指的是中央银行选择的中间目标对货币政策能够做出反应。这些金融变量应明确清晰，央行能够迅速而准确的收集到有关指标的数据资料，并且进行定量分析。

相关性指的是中央银行选择的中间目标，必须与货币政策的最终目标有密切的联动关系，央行能够通过对中间目标的控制和调节，促使货币政策最终目标的实现。

抗干扰性指的是，货币政策在实施过程中会遇到许多外来因素和非政策因素的干扰。中央银行所选择这些中间目标必须不受因素的影响，使货币政策能在干扰度较低的情况下，对社会经济发生影响，避免货币当局错误的判断经济形势，造成决策失误。

（2）中间目标体系

货币政策的中间目标往往是由几个金融变量组成的中间目标体系。在这些体系中，中间目标可以分为两类：一类为操作目标，指的是在货币政策实施过程中，为中央银行提供直接的和连续的反馈信息，借以衡量货币政策的初步影响，也称为近期目标；另一类是效果指标，指的是在货币政策实施的后期，为中央银行进一步地提供反馈信息，衡量货币政策最终目标的效果，也称远期目标。

① 操作目标，操作目标主要包括超额准备金和基础货币。

超额准备金可以反映银行体系扩大放款和投资的能力，也是预测未来货币供应量和利率运用效果的良好的预测器。央行一般通过调节银行系统的超额准备金来实现对货币信贷的调控，但是这往往受制于商业银行体系的放款意愿和财务状况。

基础货币是流通中的现金和银行的存款准备金的总和，是中央银行可直接控制的金融变量，也是银行体系的存款扩张和货币创造的基础，与货币政策目标有密切的联系，其数额的变化也会影响货币供应量的增减。

② 效果目标，效果目标主要包括利率和货币供应量。

利率作为中间目标，其可控性，可测性和相关性均比较理想，但抗干扰性不理想，这是因为作为内生经济变量，利率的变动具有亲周期性。同时，作为政策变量，利率与总需求也是沿同一方向变动，繁荣时，为防止经济过热应提高利率；萧条时，为刺激经济复苏应降低利率。这样，货币政策和市场因素对利率的作用效果是叠加的，当利率发生变动时，中央银行往往难以量化货币政策和市场因素的作用的效果，对货币政策的松紧也难以掌握。

货币供应量作为中间目标，其可测性，可控性均可满足要求。就抗干扰性来说，货币供应量的变动性作为内生变量是顺循环的，而作为政策变量则是逆循环的，因此，政策性影响和非政策性影响，不会相互混淆，抗干扰性也符合要求。

【例 4】在货币政策的传导机制中，既可以作为操作目标，又可以是中介目标的是(　　)。

A. 基础货币　　B. 货币供应量　　C. 短期利率　　D. 长期利率

答案：C。短期利率既是一个操作目标，又是一个中介目标：①作为操作目标，短期利率的可控性较强，且与长期利率有着高度的相关性；②作为中介目标，是因为有些投资是由短期利率决定的。同时在开放经济中，短期利率的变动还将引起国际资本的流动，从而影响国际收支。

2. 货币政策的传导机制

由图 8-1 可知，货币政策的过程大致可分为三个步骤：第一步，货币政策工具的运用直接作用于货币政策的操作目标；第二步，货币政策操作目标的变动影响货币政策的中介目标；第三步，货币政策中介目标的变动影响实际经济活动，从而到达货币政策的最终目标。

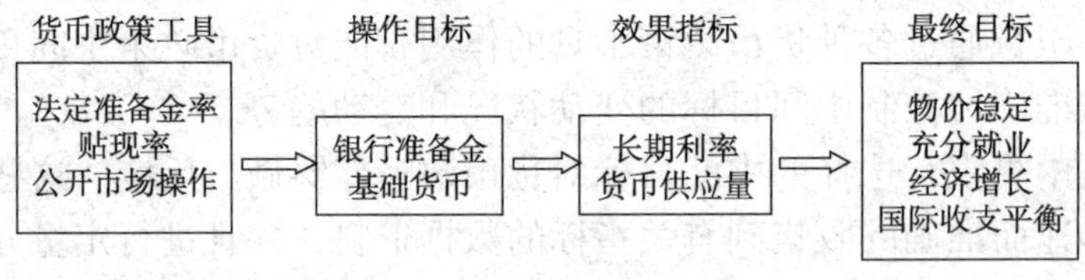

图 8-1　货币政策传导过程

(1) 凯恩斯学派的传导机制理论

根据凯恩斯的理论，增加货币供应量，即可降低利率。在资本边际效率一定时可增加投资，从而使收入成倍增加。凯恩斯的传导机制：$M\uparrow\rightarrow r\downarrow\rightarrow I\uparrow\rightarrow Y\uparrow$。

凯恩斯的这一货币政策传导机制实际上暗含着两个重要条件：一是货币供应量的变动必须有效地影响长期实际利率；二是投资对利率必须具有高度的敏感性。根据凯恩斯的理论，利率是由货币的供求关系所决定的。这种利率显然是名义利率，而且是短期利率；然而，决定投资的又显然是长期的实际利率。凯恩斯认为，在价格黏性或刚性的条件下，短期名义利率与长期实际利率的变动方向是一致的或基本一致的。

根据对货币政策传导机制的分析，凯恩斯学派提出如下几个基本观点：

① 货币政策必须通过利率来加以传导，因此，货币政策的中介目标是利率。

② 从货币政策传导机制来看，货币政策的作用是间接的，它必须经过两个中间环节，如果这两个中间环节或其中的一个中间环节出现问题，则货币政策将无效。所以，凯恩斯学派强调财政政策的有效性，而认为货币政策是不可靠的。

凯恩斯的货币政策传导机制理论只强调了货币和利率对金融因素的变动对实际经济活动的影响，而没有考虑实际经济活动的变动，如产量、收入等实际变量的变动也将对货币和利率产生相应的反作用。

（2）货币学派的传导机制理论

货币学派认为，货币需求是稳定的，若货币供给增加，则人们实际持有的货币余额将多于他们愿意持有的货币余额。为了消除过多持有的货币余额，他们将增加支出，从而通过整个经济的连锁反应而使整个经济增加名义收入。

货币主义的传导机制：$M\uparrow \rightarrow Y\uparrow$。

货币学派的货币政策传导机制理论以弗里德曼的分析最为典型。弗里德曼认为，中央银行通过货币政策的操作只能控制货币供应量，而不能控制利率。货币供应量的变动将直接导致名义收入的变动。按照弗里德曼的分析，人们的货币需求是相对稳定的，所以，当货币供应量增加时，他们实际持有的货币余额将多于其意愿持有的货币余额，于是，人们将通过增加支出而消除这一过多持有的货币余额。但是，从整个经济来看，一个人的支出必然形成其他人的收入，而其他人的收入增加后也会增加支出，因此整个经济的名义收入也将随之增加。名义收入是实际产出与物价水平的乘积，其增加既可能是实际产出增加的结果，也可能是物价上涨的结果，还可能是共同发生的结果。

根据弗里德曼的分析，在短期内，货币供应量增加将引起实际产出的增加和物价水平的上涨，因为在短期内人们还来不及调整其通货膨胀预期，从而预期通货膨胀率低于实际发生的通货膨胀率；在长期中，随着人们通货膨胀预期的调整，这一在短期内未预期到的通货膨胀必将被人们所预期到，也就是不存在货币幻觉，因此，货币供应量的增加不会引起实际产出的增加，而只能导致物价水平的上涨。

（3）托宾的 q 理论

托宾发展了一种货币政策通过影响股票价格而影响投资支出的理论，通常被称为托宾的 q 理论。这里的 q 被定义为企业的市场价值除以其资本的重置成本。若 $q>1$，那么企业的市场价值要高于资本的重置成本，新厂房和设备的要低于企业的市场价值。公司可发行股票，而且能在股票上得到一个比他们正在购买的设备和设施要高一些的价格。由于厂商可以发行较少的股票而买到较多的新的投资品，投资支出便会增加。当 $q<1$，结果正好相反。

托宾 q 传导机制：$M\uparrow \rightarrow i\downarrow \rightarrow P_s\uparrow \rightarrow q\uparrow \rightarrow I\uparrow \rightarrow Y\uparrow$。

【科兴点评】q 值，也称为 Tobin's q。q 值反映的是一个企业两种不同价值估计的比值。分子上的价值是金融市场上所说的公司值多少钱，分母中的价值是企业的“基本价值”——重置成本。公司的金融市场价值包括公司股票的市值和债务资本的市场价值。重置成本是指今天要用多少钱才能买下所有上市公司的资产，也就是指如果我们不得不从零开始再来一遍，创建该公司需要花费多少钱。

(4) 莫迪利安尼的财富效应理论

根据莫迪利安尼的理论，消费者的消费支出要取决于其一生的财富，而他所谓的财富包括人力资本、真实资本和金融财富。其中，金融财富的主要形式是普通股票。如果中央银行的货币政策影响股票的价格，就会导致经济主体财富的增加或减少，于是，他们将增加或减少意愿的支出，从而引起国民收入的变动。如以扩张性货币政策为例，则其传导过程为：货币供应量增加，股票价格上升，金融财富增加，毕生财富增加，消费支出增加，国民收入增加。

财富传导机制：$M\uparrow \rightarrow P_s\uparrow \rightarrow W\uparrow \rightarrow C\uparrow \rightarrow Y\uparrow$。

(5) 汇率渠道理论

外汇也是一种资产，而汇率就是这种资产的价格。如果中央银行的货币政策引起汇率的变动，则会影响一国的净出口，从而影响国内的产出水平。

在开放经济条件下，如果资本可以在国际间自由流动，则资本总是从利率相对较低的国家或地区流向利率相对较高的国家或地区。因此，如果一个国家通过实行一定的货币政策而使利率发生变动，则对这个国家而言，就将发生资本的流入或流出。资本的流动会改变本币与外币的供求关系，从而使汇率发生相应的变动。汇率的变动将引起商品进出口的变动，进而引起一国进出口的增加或减少。

汇率机制：$M\uparrow \rightarrow r\downarrow \rightarrow e\uparrow \rightarrow NX\uparrow \rightarrow Y\uparrow$。

【专家观点】盛松成：社会融资规模与货币政策传导(具体内容，请扫描本书前言中的二维码进行下载)

知识点五　货币政策效果

1. 影响货币政策效果的因素

(1) 货币政策的时滞

货币政策从制订到最终目标的实现，必须经过一段时间，这段时间称为货币政策的时滞。时滞是影响货币政策效果的重要因素，通常货币政策的时滞大致有三种：第一种是认识时滞，即从需要采取货币政策行动的经济形势出现到中央银行认识到必须采取行动所需要的时间；第二种为决策时滞，即从央行认识到必须采取行动到实际行动所需的时间，上述两种通称为货币政策的内在时滞。第三种为货币政策的外在时滞，即从央行采取货币政策措施到经济活动发生影响取得效果的时间。

(2) 合理预期因素的影响

合理预期对货币政策的影响，是指社会经济单位和个人根据货币政策工具的变化对未来经济形势进行预测，并对经济形势的变化做出反应。这可能使货币政策归于无效。

(3) 其他因素的影响

除上述因素外，货币政策的效果也受到其他外来因素或体制因素的影响，例如客观经济条件的变化等。一项既定的货币政策出台后总要持续一段时期。在这一段时期内，如果经济发生某些始料不及的变化，而货币政策又难以作出相应的调整时，就可能出现货币政策效果下降甚至失效的情况。政治因素对货币政策效果的影响也是巨大的。当政治压力足够大时，就会迫使中央银行对其货币政策进行调整。

2. 货币政策的执行

凯恩斯学派主张实行相机抉择的货币政策，而货币学派主张实行单一规则的货币政策。这就是著名的“规则与权变之争”。所谓“相机抉择”，是指在不同的时期，根据不同的经济形势，灵活机动地选择不同的货币政策。即在通货膨胀时实行紧缩性的货币政策，而在经济萧条时实行扩张性的货币政策。所谓“单一规则”的货币政策，是指中央银行按照一个固定的年增长比率来增加货币供应量。

3. 货币政策与财政政策的配合

中央银行的货币政策若想取得最大效果，则必须与政府其他部门特别是财政部进行充分合作和协调。货币政策和财政政策的共同点在于通过影响总需求影响总产出。货币政策是通过调节利率或货币供应量来调节货币需求，进而影响总需求；财政政策是政府通过对其支出和税收进行控制而影响总需求。在调控经济活动时，为了避免相互抵消作用，增强控制力度，这就需要财政政策与货币正相互协调配合。

财政政策与货币政策的配合使用，一般有四种模式：

（1）扩张性的财政政策和扩张性的货币政策，即“双松”政策。“松”的财政政策是指通过减少税收和扩大政府支出规模来增加社会的总需求。“松”的货币政策是指通过降低法定准备金率、降低利息率而扩大货币供给。“双松”政策积极效应是在社会总需求严重不足，生产能力和社会资源未得到充分利用的情况下，可以刺激经济的增长，扩大就业，但却会带来通货膨胀的风险。这种配合模式适用于经济严重萧条时，用扩张财政增加总需求。

（2）紧缩性的财政政策和紧缩性的货币政策，即“双紧”政策。紧的财政政策是指通过增加税收、削减政府支出规模来限制消费与投资，抑制社会的总需求。紧的货币政策是指通过提高法定准备率、提高利率来压缩货币供给量。这种组合适用经济处于严重通货膨胀和经济过热。

（3）扩张性的财政政策和紧缩性的货币政策。在经济增长减缓以至于停滞而通货膨胀压力很大的情况下或者经济结构失调与严重通货膨胀并存的情况下，采用这种政策搭配模式较好。“松”的财政政策在于刺激需求，对克服经济萧条较为有效。“紧”的货币政策可以避免过高的通货膨胀率。因此，这种政策组合的效应是在保持经济适度增长的同时，尽可能地避免通货膨胀。但长期运用这种政策组合，会积累巨额的财政赤字。

（4）紧缩性的财政政策和扩张性的货币政策。当经济中出现货币发行过多但还未演变为通货膨胀时，为了经济的稳定发展，不应急于收紧银根，回笼货币，应选择“紧”财政与“松”货币的搭配组合，紧的财政政策可以抑制社会总需求，防止经济过旺和通货膨胀。松的货币政策在于保持经济的适度增长。因此，这种政策组合的效应就是在控制通货膨胀的同时，保持适度的经济增长，但货币政策过松，也难以制止通货膨胀。

知识点六　我国货币政策工具的创新

随着我国经济发展进入新常态，人民银行货币政策调控主动作出调整，创新推出了一系列货币政策工具。这些工具创新较好地适应了新常态下经济运行的特点，提高了货币政策调控的前瞻性、灵活性和有效性。

1. 经济新常态对货币政策调控提出了新要求

习近平总书记总结中国经济新常态的三个特点：一是从高速增长转为中高速增长；二是经济结构不断优化升级；三是从要素驱动、投资驱动转向创新驱动。2014 年 12 月中央经济工作会议就提出，认识新常态、适应新常态、引领新常态是当前和今后一个时期我国经济发展的大逻辑。新常态下经济转型的核心是经济发展方式和经济结构的改变。在这样的宏观经济大背景下，必须处理好经济结构调整和宏观总量政策之间的关系。2015 年 5 月，周小川行长在中国人民银行“三严三实”专题党课的讲话中提出，要深刻认识和主动适应经济发展新常态，坚持稳中求进工作总基调，不断完善货币政策调控框架，创新调控方式和政策工具。经济发展新常态对货币政策调控和工具创新提出的新要求主要体现在以下五个方面。

一是要求货币政策提供中性适度的货币金融环境。在经济转型的过程中，宏观总量政策要把握好取向和力度，提高调控的灵活性。一方面，为实现“两个一百年”战略目标，中国经济需要保持中高速增长，因此在基础条件出现较大变化时货币政策需要适时适度调整，防止经济出现惯性下滑；另一方面，在经济结构转型的过程中以及杠杆率已经较高的情况下，也要注意防止过度“放水”固化结构扭曲、推升债务和杠杆水平，防范系统性金融风险。

二是要求中央银行通过多种渠道提供流动性。21 世纪以来，我国长期面临国际收支双顺差局面，外汇储备迅速增长，外汇占款渠道被动投放的基础货币大量增加，中央银行通过提高法定准备金率和发行中央银行票据等多种方式回收流动性，以防止银行体系流动性过剩。近年来，随着人民币汇率形成机制改革与结构性改革组成的一揽子政策的实施，中国国际收支渐趋平衡，经常项目顺差与 GDP 之比在 2%左右，处于国际公认的合理区间，中央银行通过外汇占款渠道投放的基础货币减少甚至为负。2014 年，中央银行外汇占款增加 6400 亿元，同比少增 2.1 万亿元。2015 年和 2016 年，中央银行外汇占款分别减少约 3000 亿元和约 2.9 万亿元。为保持中性适度的货币金融环境，中央银行需要对外汇占款渠道少增的流动性予以填补。在经济新常态下，我国经济结构优化升级，国际收支保持平衡，外汇大量流入的格局发生了根本性变化，中央银行提供流动性的传统渠道减少，需要创新货币政策工具以主动管理流动性。

三是要求货币政策促进经济结构优化升级。我国经济可能在较长时期内经历转型和调整过程，传统增长引擎减弱与新兴产业发展并存，面临淘汰过剩产能与扶助新兴产业发展的双重任务。在保持总量稳定的同时，要进一步促进结构优化，用调结构的方式有针对性地解决经济运行中的突出问题。货币政策主要作为总量政策，同时也可以在支持经济结构调整和转型升级方面发挥边际和辅助性的作用，为此需要补充和丰富货币政策工具以有效引导流动性的投向和结构。

四是要求增强中央银行的逆周期调节能力。在我国经济结构调整过程中难免出现一定的风险暴露，对此，既要看到其中有市场出清、结构调整的积极信号，也要建立健全化解各类风险的体制机制，特别是完善宏观审慎政策框架，在经济金融运行中加入负反馈因素，抑制个别风险在金融加速器的作用下导致的银行信贷行为变化等顺周期行为。本轮国际金融危机以来，发达经济体货币当局创新了信贷宽松(Credit Easing)货币政策工具，如美联储的扭转操作(TWIST)、欧央行的定向长期再融资(TLTRO)、日本央行刺激银行信贷工具(SBLF)和英国央行融资换贷款计划(FLS)等，这些货币政策工具都带有宏观审慎政策的逆周期特征，通过引入激励相容机制刺激银行在经济下行期提供信贷支持，并且注重将银行信贷资金引入实体经济部门，这些做法值得我们借鉴。为此需要健全宏观审慎政策框架，发挥其逆周期调节与结构引导功能。

五是要求货币政策调控从直接调控向间接调控转变，从数量型为主向价格型为主转变。当前结构调整和改革的任务更加紧迫和艰巨，必须在提升生产效率和经济活力上下功夫，从要素驱动、投资驱动转向创新驱动，通过深化改革解决经济运行中存在的深层次问题。对金融领域来说，需要通过深化金融改革为经济发展和结构调整注入新的动力，为此要推进利率、汇率市场化改革。伴随金融改革的逐步推进，中央银行将主要通过市场化的利率调控机制来实现货币政策目标，为此需要创新货币政策工具，使得中央银行有能力调节市场利率并使之有效传导到实体经济。

2. 创新货币政策工具的着力点

为适应新常态，提高货币政策调控的前瞻性、灵活性和有效性，中央银行在创新货币政策工具时需要从以下三个方面入手。

一是完善中央银行流动性供给机制。创新提供流动性货币政策工具以满足支持经济增长的合理流动性需求，为经济增长和结构调整提供稳定的货币信贷环境。为此，首先，需要考虑流动性期限种类要比较丰富。流动性供给有一定的期限可以保证充分的灵活性，以及时应对资本流动易变性带来的冲击，同时通过自然到期收回流动性以平稳解决因货币政策传导时滞导致流动性过多的风险，起到“自动稳定器”的作用，还可以为形成央行政策利率创造条件。在流动性的期限安排中除了预调微调银行体系流动性的短期操作外，应注重提供中长期的流动性供给以支持银行体系对实体经济的信贷投放。其次，考虑将流动性供给与金融机构信贷投放相联系，以建立激励相容机制，引导金融机构加大国民经济重点领域、薄弱环节和社会事业信贷投放，发挥货币政策在促进结构调整方面的积极作用。最后，在提供流动性的过程中，为保障央行资产安全和防范金融机构道德风险，注重完善中央银行抵押品框架，可以借鉴国际经验扩展中央银行合格抵押品范围。

二是建立政策利率体系。在利率市场化改革的三部分“放得开、形得成、调得了”中，“调得了”至关重要。随着利率市场化的推进，中央银行将通过市场化方式调控金融机构存贷款利率，这要求中央银行通过政策利率引导货币市场、债券市场和信贷市场利率。中央银行的政策利率是包括短期政策利率和利率走廊以及中期政策利率在内的完整体系。一方面，中央银行需要通过操作释放短期政策利率信号，同时探索构建利率走廊机制，防范货币市场利率过度波动；另一方面，考虑到在我国经济结构调整和金融市场发展过程中，短期利率向中长期利率的传导以及货币市场和债券市场利率向信贷市场的传导在不同程度上存在障碍，有必要探索中央银行的中期政策利率，以更有力地影响商业银行资产负债表和预期，从而间接影响贷款利率。

三是拓展宏观审慎政策框架。为更好地发挥宏观审慎政策的逆周期调节作用，需要在货币政策工具设计中加入更多负反馈因素，避免短期内金融条件的过度变化对经济发展形成不利影响。同时，拓展宏观审慎管理的范围，将金融机构的资产扩张行为和短期资本流动等作为其作用的重点领域。

3. 货币政策工具创新及其效果

近年来，人民银行着眼于完善流动性供给机制、建立政策利率体系和拓展宏观审慎政策框架，对于货币政策工具中的法定准备金率、公开市场操作、中央银行借贷便利、宏观审慎管理和预期管理等都分别进行了创新。

(1) 短期流动性调节工具

短期流动性调节工具(Short-term Liquidity Operations，SLO)是中国人民银行在2013年初创设的新政策工具，作为公开市场常规操作的必要补充，通常在非公开市场例行交易日操作，以7天期内短期回购为主。人民银行根据货币调控需要，综合考虑银行体系流动性供求状况、货币市场利率水平等因素，灵活决定操作时机、操作规模及期限品种等。

(2) 常备借贷便利

常备借贷便利(Standing Lending Facility，SLF)是中国人民银行在2013年初创设的中央银行借贷便利类工具，用以满足金融机构短期的临时性流动性需求。SLF期限以隔夜和7天为主。人民银行根据需要适时调整SLF利率水平，探索常备借贷便利利率发挥货币市场利率走廊上限的功能。2014年，人民银行在10省(市)试点分支行常备借贷便利操作，2015年，在全国范围推广分支行常备借贷便利操作。分支行常备借贷便利试点以来，货币市场利率波动明显减小。

(3) 中期借贷便利

中期借贷便利(Medium-term Lending Facility，MLF)于2014年9月创设，是提供中期基础货币的中央银行借贷便利类工具。MLF利率发挥中期政策利率作用，通过调节向金融机构中期融资的成本影响其贷款利率，促进降低社会融资成本，同时引导金融向符合国家政策导向的实体经济部门提供资金支持。

(4) 抵押补充贷款

为贯彻落实国务院第43次常务会议精神，支持国家开发银行加大对“棚户区改造”重点项目的信贷支持力度，2014年4月，中国人民银行创设抵押补充贷款(Pledged Supplemental Lending，PSL)为开发性金融支持棚改提供长期稳定、成本适当的资金来源。PSL是中央银行借贷便利类工具。为适时发挥价格杠杆的作用，以及适应存贷款基准利率的调整，中国人民银行多次降低PSL利率，以引导国家开发银行降低棚改贷款利率，加大对棚户区改造的支持力度，促进降低社会融资成本。2016年将PSL的机构范围扩展至中国进出口银行和中国农业发展银行，将支持领域扩展至重大水利工程贷款、人民币“走出去”项目贷款等。

(5) 调整再贷款分类

再贷款是传统的中央银行借贷便利类工具。人民银行于2014年1月调整了再贷款分类，将原流动性再贷款进一步细分为流动性再贷款和信贷政策支持再贷款，金融稳定再贷款和专项政策性再贷款分类不变。流动性再贷款和2013年创新的常备借贷便利工具一起，用于向符合宏观审慎要求的金融机构按需提供流动性支持。信贷政策支持再贷款则包括支农再贷款和新创设的支小再贷款，2016年又创新了扶贫再贷款。这有助于进一步改善宏观调控，规范再贷款的功能定位，充分发挥中央银行流动性管理和引导金融机构优化信贷结构的功能，更好地服务于中央银行履职。

(6) 定向降准

定向降准政策通过建立促进信贷结构优化的正向激励机制，引导商业银行把增量中的更高比例和收回再贷中的更高比例投向“三农”和小微企业领域。中国人民银行多次实施“定向降准”，在不大幅增加贷款总量的同时，使“三农”和小微企业获得了更多信贷资源。

【例5】(上海财大2018年)2017年10月央行对普惠金融、小微小农等中小企业进行定向降准，该政策的影响有(　　)。

A. 影响货币乘数　　　　B. 是结构性政策，不影响总量

C. 影响基础货币　　　　　　　　　　　　　D. 不是货币政策，是扶助政策

答案：B。定向降准是央行在货币供应总量不变的前提下实施的一种结构性货币政策工具，并不影响基础货币和货币乘数。

（7）完善央行抵押品管理框架

为解决地方法人金融机构合格抵押品相对不足的问题，2014 年人民银行在山东、广东开展信贷资产质押再贷款和央行内部评级试点，人民银行对地方法人金融机构的部分贷款企业进行央行内部评级，将评级符合标准的信贷资产纳入央行可接受合格抵押品范围，2015 年进一步在 11 个省(市)推广试点。在保障央行债权安全的同时，引导地方法人金融机构扩大“三农”、小微信贷投放，支持实体经济。

（8）完善宏观审慎政策框架

国际金融危机爆发后，汲取危机教训，人民银行从 2009 年中即开始研究有关宏观审慎政策措施，2011 年正式引入了差别准备金动态调整工具。在总结前期工作经验的基础上，针对金融创新和金融业务的快速发展，人民银行于 2016 年将差别准备金动态调整机制“升级”为宏观审慎评估体系(MPA)，将更多金融活动和资产扩张行为纳入宏观审慎管理，从资本和杠杆、资产负债、流动性、定价行为、资产质量、跨境业务风险、信贷政策执行七大方面对金融机构的行为进行多维度引导。同时加强了针对资本流动的宏观审慎管理，通过引入远期售汇风险准备金、提高个别银行人民币购售平盘交易手续费率等方式对外汇流动性进行逆周期动态调节，以上海自贸区模式为基础构建本外币一体化管理的全口径跨境融资宏观审慎管理框架并扩展至全国，核心是控制杠杆率，以此抑制市场主体顺周期行为。

（9）加强预期管理

人民银行近年来注重通过及时有效的公众沟通引导公众预期。一是多渠道发声。开通央行微博和央行微信，当政策变化时，及时通过人民银行网站、微博、微信等渠道发布声明。二是逐步提高货币政策操作透明度。按月公布 SLF、MLF、PSL 操作的数量和利率信息。“收盘汇率+一篮子货币汇率变化”的人民币兑美元汇率中间价形成机制有序运行，汇率政策的规则性、透明度和市场化水平进一步提高，保持了外汇市场预期总体稳定。三是加强与金融机构、经济学家、社会公众的沟通，合理引导预期。

以上各类创新相互配合，促进形成更加市场化的货币政策工具体系，实现了多重目的。各类期限的流动性供给工具，如公开市场操作、常备借贷便利(SLF)、中期借贷便利(MLF)等促进了央行政策利率体系的形成；定向降准政策在提供流动性供给的同时，还发挥了对金融机构信贷投放的宏观审慎逆周期调节功能；加强预期管理增强了其他各类工具的有效性。

总的来看，上述多种货币政策工具创新取得了较好效果。一是基础货币供给渠道发生了明显变化，外汇占款在新增基础货币中来源的占比下降，中期借贷便利和补充抵押贷款等创新的货币政策工具在新增基础货币来源中的占比上升，保持了银行体系流动性适度，反映央行对基础货币的调控能力显著增强。二是央行的短期和中期操作利率对债券市场利率和贷款利率的传导效应总体趋于上升，说明中央银行政策利率体系发挥了引导市场利率的重要作用。三是信贷结构持续改善，经济结构的转型升级特征明显，创新货币政策工具的结构性功能效果逐渐体现。四是货币信贷平稳增长，主要经济指标企稳向好，创新货币政策工具的逆周期调节作用有效发挥。

【专家观点】温信祥、张双长：非常规货币政策的国际实践及其启示(具体内容，请扫描本书前言中的二维码进行下载。)

习题精编

一、选择题

1. 传统的货币政策工具不包括(　　)。

A. 再贴现政策　B. 公开市场操作　C. 量化宽松　D. 存款准备金政策

2. 美联储的主要货币政策工具是(　　)。

A. 货币供应增长率　B. 联邦基金利率

C. 再贴现率　D. 银行法定存款准备率

3. 在以下货币政策工具中，属于一般性货币政策工具的是(　　)。

A. 信贷配给　B. 消费信用控制　C. 公开市场业务　D. 窗口指导

4. 在下列货币政策工具之中，由于(　　)对经济具有巨大的冲击力，中央银行在使用时一般比较谨慎。

A. 公开市场操作　B. 窗口指导

C. 再贴现率政策　D. 法定存款准备金政策

5.(中央财大 2018 年)再贴现政策的优点是(　　)。

A. 中央银行主动性强，不受其他因素干扰　B. 直接影响货币乘数，调控效果猛烈

C. 调控的灵活性强，可用于日常的微调　D. 具有告示效应，引导市场利率变化

6. 下列货币政策操作中，可以增加货币供给的是(　　)。

A. 增加法定存款准备金率　B. 提高再贴现率

C. 提高超额存款准备金率　D. 央票回购

7. 以下属于货币政策中间目标的是(　　)。

A. 基础货币　B. 经济增长　C. 充分就业　D. 物价稳定

8. 菲利普斯曲线说明(　　)之间存在矛盾。

A. 经济增长与充分就业　B. 经济增长与稳定物价

C. 稳定物价与充分就业　D. 经济增长与国际收支平衡

9. 货币学派认为(　　)在货币政策传导机制中起主要作用。

A. 货币供应量　B. 基础货币　C. 利率　D. 超额准备

10.(清华大学 2015 年)扩张性货币政策通常会导致(　　)。

A. 产出增加和利率下降　B. 产出不变和利率下降

C. 通货膨胀和利率上升　D. 通货紧缩和利率上升

11.(对外经贸 2018 年)根据泰勒规则的思想，当出现(　　)时，中央银行应提高短期利率。

A. 产出缺口为负　B. 产出缺口为正

C. 通货膨胀缺口为零　D. 通货膨胀缺口为负

12.(中国人大 2018 年)中国人民银行近年来推出了不少新型货币政策工具，其中期限最长的是(　　)。

A. SLO　B. SLF　C. PSL　D. MLF

二、简答题

13.(对外经贸 2019 年)名词解释：前瞻性指引

14.(武汉大学 2015 年)名词解释：货币政策名义锚

15.(东北财大 2014 年)利率作为货币政策中介指标有何优缺点？

16. 什么是动态不一致？简述在货币政策的制定过程中遵循单一规则的重要性。

17. 什么是通货膨胀目标制？通货膨胀目标制相对于其他货币政策中介，有什么优点？

18. 简述法定存款准备金政策的作用机制及特点。

19. 简述再贴现政策的作用机制及特点。

20. 简述公开市场业务的作用机制及特点。

三、论述题

21.（上海财大 2013 年）仔细阅读下列材料，并回答相关问题。

材料 1：美联储的量化宽松政策

自 2008 年 11 月至今，美联储为缓解次贷危机对实体经济的不利影响，共实施了三轮量化宽松货币政策，以下为主要内容：

2008 年 9 月，雷曼兄弟倒闭时，美国银行体制的基础货币为 8750 亿美元。

QE1：2008 年 11 月 24 日，美联储宣布购买房地美、房利美、联邦住宅存款银行发行的价值 1000 亿美元债券及其担保的 5000 亿美元的资产支持证券。

QE2：2010 年 11 月 3 日，美联储宣布买入 6000 亿美元政府长期债券。

QE3：2012 年 9 月 13 日，美联储决定每月购买 400 亿美元抵押支持证券。

材料 2：美国基础货币及宏观经济指标（2008 年 6 月~2012 年 6 月）

时间	基础货币（亿美元）	M2（亿美元）	CPI	失业率
2008.6	8331	77511	4.8%	5.8%
2008.12	16541	83416	0.1%	7.4%
2009.12	20177	85244	2.7%	9.3%
2010.12	20085	88170	1.5%	9.6%
2011.12	26107	96177	2.8%	8.9%
2012.6	26150	99189	1.6%	8.2%

根据以上材料 1 和材料 2 回答下列问题：

（1）为什么在 QE2 中，美联储选择购买的金融资产与 QE1 和 QE3 完全不同？

（2）在 2008 年 6 月~2012 年 6 月期间，美国的货币政策有何变化？可能是什么原因造成的？对货币政策的效果有什么影响？

（3）QE3 要实现刺激实体经济、降低失业水平的目标，其可能的货币政策传导机制是什么？试写出 3 种不同的货币政策传导机制。

（4）量化宽松政策作为非传统的货币政策，受到很大质疑，它有哪些负面影响？你是如何看待美联储一再采用这一政策的？

22.（对外经贸 2016 年）什么是“稳健的货币政策”？为什么在经济下行的新常态下央行继续实施稳健的货币政策？

23.（复旦大学 2018 年）金融危机以来，我国央行创设了 SLF、MLF 等多种新型货币政策工具。试比较这些新型货币政策工具与传统货币政策工具有什么不同。并就其产生的原因以及作用效果进行分析。

24.（上海财大 2018 年）2009 年至今，先后有五个经济体实施了负利率政策，分别是瑞典、丹麦、瑞士、欧元区和日本。所谓负利率政策，并不是说银行对普通储户会收取利息费用，而是指央行对银行存放在央行的准备金征收负利率。例如，丹麦对金融机构在丹麦央行的 7 天存单征收负利率。欧央行是对商业银行的超额准备金征收负利率，日本采用三级利率体系，对金融机构未来新增的超额准备金征收负利率。从政策力度来看，欧央行的负利率政策力度最大，直接影响银行短期资金调配成本，日本央行的负利率政策相对保守，尚处于货币政策信号阶段。请回答：

（1）简述各国政府实施该政策的意图。

（2）简述负利率政策的作用和可能的传导机制。

（3）简述负利率政策可能带来的负面影响。

25.（复旦大学 2020 年）M_2作为近些年来中国央行货币政策的中介目标，效果逐年下降，因此一些学者希望用社会融资规模来替代 M_2作为货币政策中介目标，请你根据货币政策的中介目标的选择标准来分析将货币供应量指标或者社会融资规模作为货币政策中介目标的优缺点，并且请你简单分析一下你对这些学者观点的看法。

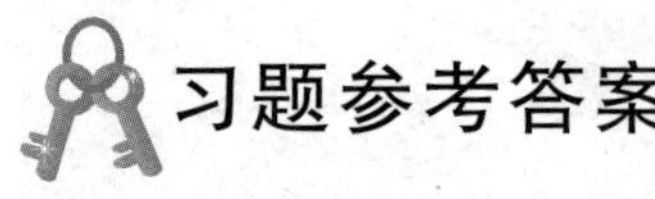

习题参考答案

一、选择题

1. C。量化宽松主要是指中央银行在实行零利率或近似零利率政策后，通过购买国债等中长期债券，增加基础货币供给，向市场注入大量流动性资金的干预方式，以鼓励开支和借贷，也被简化地形容为间接增印钞票。一般来说，只有在利率等常规工具不再有效的情况下，货币当局才会采取这种极端做法。我们一般称其为非常规性货币政策工具。

2. B。美国联邦基金利率是指美国同业拆借市场的利率，这种利率的变动能够敏感地反映银行之间资金的余缺，美联储瞄准并调节同业拆借利率就能直接影响商业银行的资金成本，并且将同业拆借市场的资金余缺传递给工商企业，进而影响消费、投资和国民经济。

3. C。一般性的货币政策工具包括法定存款准备金、再贴现率和公开市场操作。而选择性的货币政策工具主要包括消费信用控制、证券市场信用控制、不动产信用控制、信贷配给、道义劝告、窗口指导。

4. D。通过调整存款准备金率，影响货币乘数，从而间接调控货币供应量，因此即使法定准备金率调整很小，也会引起货币供应量的巨大波动。

5. D。再贴现政策的优点是具有告示效应，引导市场利率变化；缺点是央行主动性差。选项 B 是法定存款准备金率政策的优点，选项 C 是公开市场操作的优点。

6. D。根据货币乘数公式可知，法定存款准备金率和超额存款准备金率与货币乘数呈反比例关系。再贴现率是商业银行将其贴现的未到期票据向中央银行申请再贴现时的预扣利率。提高再贴现率，会增加商业银行的申请贴现时的成本，所以会减少货币供给。央票回购是央行公开市场操作的常用手段，用来增加市场上的流动性。

7. A。货币政策中介目标的选择主要是依据一国经济金融条件和货币政策操作对经济活动的最终影响确定的。远期中介目标包含：货币供应量、长期利率；近期中介目标包含基础货币、短期利率。

8. C。菲利普斯曲线是用来表示失业与通货膨胀之间交替关系的曲线，反映的是稳定物价与充分就业之间的矛盾。

9. A。货币学派的货币政策传导机制理论认为，货币供应量在货币政策传导机制中起主要作用，其传导机制为：$M\uparrow \rightarrow Y\uparrow$。

10. A。当社会尚未达到充分就业状态时，扩张性货币政策通过增加货币供应量刺激社会总需求，使闲置的生产要素得到利用，利率下降，总产出增加，而物价水平并不上升。当社会达到充分就业状态时，扩大货币供应并不能刺激经济增长，只会使物价上升，引发通货膨胀。

11. B。根据美国经验，联邦基金利率指标=通货膨胀率+均衡实际联邦基金利率+1/2×通货膨胀缺口+1/2×产出缺口，可见当产出缺口和通胀缺口为正时，美联储应提高短期利率。

12. C。SLO(短期流动性借贷便利)期限最短，是 7 天逆回购工具的补充；SLF(常备借贷便利)主要期限为 1~3 个月；MLF(中期借贷便利)期限为 3 个月、6 个月或一年；PSL(抵押补充贷款)的期限为 3—5 年。

二、简答题

13. 前瞻性指引是管理市场预期的一种非常规货币政策，央行通过与市场沟通货币政策意图影响市场对短期利率途径的预期，并进一步加强对中长期利率的控制，提高货币政策有效性。从历史来看，前瞻性指引的广泛兴起主要是为了应对“零利率下限”约束。具体来看，前瞻性指引可以分为开放式指引、时间指引和状态指引三类，状态指引一般优于其他两类指引。

14. 锚的本义是轮船停泊后用来固定自身方位的工具，一个巨大的叉形物掉入海中，让轮船不会随意漂泊。货币政策的“名义锚”，就是货币政策的目标规则，用来对一国货币对内价值或对外价值进行限定，货币政策都围绕着这个名义锚来实行，从而实现物价稳定的目标，让整体经济不会失去控制。钉着这个锚，保证确立的名义变量在一个狭小的区间内活动，促使实际物价水平达到设定的通货膨胀预期。名义锚可以看成是一套行为规范，央行必须长期关注的行为准则从而达到自己定下的目标。这会让货币政策不会因为短期的需要而使得整体经济失去方向，到处漂泊。为了实现物价稳定的目标，一般有三种名义锚的货币政策：货币指标制、通货膨胀指标制、带有隐性名义锚的政策。

15.（1）利率作为货币政策中介指标的优点

① 可控性强。中央银行可直接控制对金融机构融资的利率，而通过公开市场业务或再贴现政策，也能调节市场利率的走向。

② 可测性强。中央银行在任何时候都能观察到市场利率的水平及结构。

③ 货币当局能够通过利率影响投资和消费支出，从而调节总供求。

（2）利率作为货币政策中介指标的缺点

作为内生经济变量，利率的变动是顺循环的：经济繁荣时，利率因信贷需求增加而上升；经济停滞时，利率随信贷需求减少而下降。然而，作为政策变量，利率与总需求也应沿同一方向变动：经济过热，应提高利率；经济疲软，应降低利率。也就是，利率作为内生变量和作为政策变量往往很难区分。在这种情况下，中央银行很难判明自己的政策操作是否已经达到了预期目的。

16.（1）动态不一致是指一项起初适合于今天的政策，随着时间的推移，就可能不再适合于明天。货币政策的动态不一致性，又称为货币政策时间上的不连贯性，是指一个货币政策在制定时对政府而言是最优的，但在执行阶段往往不是最优的，当私人部门相信政府会实施这一政策时，政府就会没有积极性去真正实施这一政策，即政策制定者最终没有兑现自己的承诺。

（2）动态不一致性产生的原因是政府目标多样化，政府往往面临通货膨胀目标和失业率目标之间的两难选择。根据菲利普斯曲线，失业率与未预期到的通货膨胀率之间在短期内存在此消彼长的关系，当政府宣布要降低通货膨胀率而公众又相信政府会将通货膨胀率降下来的时候，较低的通货膨胀预期就会反映到工资和物价合同中，使物价和通货膨胀相应地下降，这就是通货膨胀的自我实现原理。但这时政府又会反悔，转而采取扩张性货币政策，产生未预期到的通货膨胀，从而刺激经济增长，同时降低失业率。

当政府更关心失业问题时，它往往会牺牲降低通货膨胀率的目标而采取扩张性的货币政策来增加就业，从而违背其最初的降低通货膨胀率的承诺。由于货币政策的动态不一致性，政府有违背降低通货膨胀的承诺而扩张货币政策的潜在动机。未预期到的通货膨胀会降低公众的实际收入，理性的公众因为了解货币政策的动态不一致性，对政府降低通货膨胀的信任总是有限的。在公众不信任的情况下，预期通货膨胀降不下来，政府的机会主义行为不能增加就业，反而会使通货膨胀率进一步升高。

由此可见，政府要想实现其承诺可信，只通过口头承诺是不能建立货币政策的信誉的，最有效的方法是通过设计出捆住政府进行货币扩张的“手脚”——单一货币规则，从而克服货币政策的动态不一致性，即让货币政策在时间上有连贯性，最终使货币政策制定者获得信誉。

17.（1）通货膨胀目标制的基本含义是：货币当局明确以物价稳定为首要目标，并将当局在未来一段时间所要达到的目标通货膨胀率向外界公布，同时，通过一定的预测方法对目标期的通货膨胀率进行预测得到目标期通货膨胀率的预测值，然后根据预测结果和目标通货膨胀率之间的差距来决定货币政策的调整和操作，使得实际通货膨胀率接近目标通货膨胀率。如果预测结果高于目标通货膨胀率，则采取紧缩性货币政策；如果预测结果低于目标通货膨胀率，则采取扩张性货币政策；如果预测结果接近于目标通货膨胀率，则保持货币政策不变。在通货膨胀目标制下，传统的货币政策体系发生了重大变化，在政策工具与最终目标之间不再设立中间目标，货币政策的决策依据主要依靠定期对通货膨胀的预测。由政府或中央银行根据预测提前确定本国未来一段时期内的中长期通货膨胀目标，中央银行在公众的监督下运用相应的货币政策工具使通货膨胀的实际值和预测目标相吻合。

（2）与利率、货币供应量、汇率等货币政策中介目标相比，采用通货膨胀目标制的优越性是显而易见的：

① 通货膨胀目标制克服了传统货币政策框架下单纯盯住某种经济、金融变量的弊端，实现了规则性和灵活性的高度统一。通货膨胀目标制是建立在一定的规则之上的，货币当局一旦公布了通货膨胀目标，中央银行就要在政策连贯性方面做出承诺，维持实际通货膨胀率和目标通货膨胀率的基本一致；与此同时，

中央银行有权自主决定使用何种货币政策工具来实现通货膨胀目标，并且这个目标是一个区间值，当发生无法预见的经济危机的时候，通货膨胀率允许超出这个区间范围。这样，通货膨胀目标制就实现了规则性和灵活性的高度统一。

② 通货膨胀目标制提高了货币政策的透明度。实行通货膨胀目标制国家的中央银行不但预先公布明确的通货膨胀目标或目标区间，而且还定期向政府和公众解释当前的通货膨胀状况和应对措施。这样，中央银行、政府和公众之间就形成了一个开放、透明的沟通机制与监督机制。通过与公众的交流，一方面有利于增强公众对货币政策的信心，另一方面也有利于公众评估中央银行货币政策的实绩。

③ 通货膨胀目标制有助于经济的稳定。盯住汇率的货币制度往往为了实现外部均衡而放弃内部均衡。而直接盯住通货膨胀目标的货币制度是以国内经济均衡作为首要目标的货币政策制度。它可以直接缓和经济的波动，有利于经济的稳定。

18.（1）存款准备金政策，是指在国家法律所给予的权利范围内，通过规定和调整商业银行交存中央银行的存款准备金率，控制商业银行的信用创造能力，间接地调节社会货币供应量的政策工具。

（2）作用机制。如中央银行认为存在通货膨胀压力时，就可能提高法定存款准备金率，使商业银行交存中央银行的法定准备金增加，用于发放贷款的超额准备金减少，促使商业银行收缩信贷规模，使货币供应量减少，利率回升；另外，准备金率的提高，还会引起货币乘数的下降，从而引起货币供应量的倍数收缩。从而达到紧缩货币供应量的目的。反之亦然。

（3）特点。法定存款准备金率，被认为是货币政策中最猛烈的工具之一，其特点表现在：①法定准备金率是通过货币乘数来影响货币供给量的，因此，即使法定准备率调整幅度很小，也会引起货币供应量的巨大波动。②即使法定准备率不变，它也在很大程度上限制了存款机构创造派生存款的能力。③即使商业银行等存款机构由于种种原因持有超额准备金，法定准备率的调整也会产生效果，如提高法定准备率将冻结一部分超额准备金。

但是，法定存款准备金制度也存在着以下局限性：①由于效果过于强烈，不宜作为中央银行日常调控货币供给的工具。②由于同样的原因，它的调整对整个经济和社会心理预期都会产生显著的影响，以致使它有了固定化的倾向。③存款准备金对各类银行的影响不同，因而货币政策实现的效果可能因为这些复杂情况的存在而不易把握。

19.（1）再贴现政策，是指中央银行通过制定或调整再贴现利率和条件来干预和影响市场利率及货币供应量，从而调节宏观经济的一种金融手段。再贴现率是指，商业银行将未到期票据出售给中央银行融通资金时，中央银行所扣除金额占票据面额的比率，也就是商业银行再贴现资金时的所支付的利息率。中央银行通过调整再贴现利率来干预和影响市场利率及货币供应量，从而促使宏观经济扩张或收缩。

（2）作用机制。再贴现政策的作用，在于影响银行融资成本，从而影响商业银行的准备金，以达到松紧银根的目的。如中央银行要实现经济增长和充分就业目标，可以降低再贴现率，使其低于市场一般利率水平，商业银行通过再贴现获得资金的成本下降，促使其增加向中央银行借款或贴现，结果商业银行超额准备金增加，相应地扩大对社会大众的贷款，从而引起货币供给量的增加和市场利率的降低，达到经济增长和充分就业的目的。反之，可采用提高贴现率的办法来促使物价稳定目标的实现。再贴现率还可与规定向中央银行再贴现票据的资格配合使用。

（3）再贴现政策的特点。再贴现政策的特点表现为：①它是通过影响商业银行的资金成本和超额储备来影响商业银行的融资决策的。②再贴现率的变动，在一定程度上反映了中央银行的政策意向，具有一种告示效应。

但是，再贴现政策局也存在着一定的限性：①缺乏主动性。商业银行是否愿意向中央银行申请贴现贷款，决定于商业银行。如果商业银行可以通过其他渠道融资而不依赖中央银行，则再贴现政策的效果势必大打折扣。②利率高低有限度。如在经济调整增长时期，无论再贴现率多高，都很难抑制商业银行向中央银行再贴现或借款；反之亦然。③再贴现率是市场利率的重要参照，再贴现率的频繁调整会导致市场利率的经常性波动，使企业和银行无所适从。因此，在货币政策工具中，再贴现政策不处于主要地位。

20.（1）公开市场业务，是指中央银行在公开市场上买进卖出有价证券（主要是政府债券）借以调控货币供应量的一种政策手段，是中央银行的三大传统法宝之一。

（2）公开市场业务的作用机理。当经济停滞或衰退时，中央银行就在公开市场上买进有价证券，从而向社会投放一笔基础货币。无论基础货币是流入社会大众手中，还是流入商业银行，都必将使银行系统的存款准备金增加，银行通过对准备金的运用，扩大了信贷规模，增加了货币供应量。反之，当利率、物价不断上升时，中央银行则在公开市场上卖出有价证券，回笼货币，收缩信贷规模，减少货币供应量。

（3）公开市场业务的特点。公开市场业务的特点表现为：①传递过程的直接性。中央银行通过公开市场业务可以直接调控银行系统的准备金总量，进而直接影响货币供应量。②操作的主动性。通过公开市场业务，中央银行可以"主动出击"，避免了贴现政策的"被动等待"。③可以进行微调。由于公开市场操作的规模和方向可以灵活安排，中央银行有可能对货币供应量进行微调，从而避免法定存款准备金政策的震动效应。④可进行频繁操作。中央银行可以在公开市场上进行联系性、经常性及试探性操作，也可以进行逆向操作，以灵活调节货币供应量。

然而，公开市场业务要有效地发挥作用，必须具备一定的条件：①中央银行必须具有强大的、足以干预和控制整个金融市场的资金实力；②中央银行对公开市场业务的操作必须具有弹性操纵权，可以根据经济需要和货币政策目标自行决定买卖证券的种类和数量；③金融市场必须具有相对的广度和深度，这样，中央银行的公开市场操作才能顺利进行。

二、论述题

21.（1）QE2 的目的是通过大量购买美国国债，压低长期利率，借此提振美国经济，特别是避免通货紧缩，并降低高达 9.6%的失业率。QE1 和 QE3 主要是化解大型金融机构的流动性危机，避免系统性的金融危机蔓延，同时向市场注入大量短期流动性。

（2）为了应对 2008 年以来的金融危机，在短期流动性工具到期和短期利率没有下调空间的情况下，美联储采取了量化宽松的货币政策。量化宽松主要是指美联储在实行零利率或近似零利率政策后，通过购买国债等中长期债券，增加基础货币供给，向市场注入大量流动性资金的干预方式，以鼓励开支和借贷。量化宽松是一种极端的货币政策。2008 年金融危机后，美国经济持续低迷，失业率居高不下，民众对未来产生悲观情绪，迫于自身经济问题和政治需要，美国政府选择了启动量化宽松进程。量化宽松政策注入的流动性也明显提高了银行信贷和货币供给增速，美联储量化宽松政策引致的美元贬值除经由国际市场初级产品价格上涨和美国债务价值缩水对全球经济产生直接影响外，还会通过影响美国进出口对其他国家经济增长产生影响。

（3）可能的传导机制有：

① 凯恩斯利率传导机制：货币政策工具→M(货币供应)↑→r(利率)↓→I(投资)↑→Y(总收入)↑

② 银行贷款渠道传导机制：货币政策工具→M(货币供应)↑→银行存款↑→银行贷款↑→I(投资)↑→Y(总收入)↑

③ 汇率渠道传导机制：货币政策工具→M(货币供应)↑→r(利率)↓→e(汇率)↓→NX(净出口)↑→Y(总收入)↑

（4）客观地讲，QE 为稳定美国经济复苏起到了保驾护航作用，但并不是治疗美国经济的万灵药。QE 的负面影响有以下两点：

① 对微观经济的扭曲。与日本当年一样，目前各国央行一旦介入国债甚至是企业债的资产，将给经济带来扭曲。中央银行直接购买资产，等于是行使了商业银行的职能，一定程度参与到微观经济主体如企业的经营中，很难确定中央银行有没有这种能力，如果没有这种能力，那么必然带来对经济的扭曲。日银购买国债在未来如何卖出的难题同样也将考验各国央行，目前央行买入国债抬升了国债的价格，而未来再卖出国债，其买卖差价将可能给各国央行带来损失。特别是，如果央行买入长期国债而无人跟随的话，那么等于是将经济风险都集中在中央银行身上。

② 逆向操作和通货膨胀的威胁。中央银行未必希望产生通货膨胀，因为这将使经济产生混乱，而至少

希望通胀在自己能够控制的范围内。但是，能否做到有效地控制通胀又是另一回事。如前所述，量化宽松的逆向操作很复杂，因为央行需要确保经济实现可持续的复苏，这意味着中央银行将长时间地保持低利率和量化宽松，因而会增大通胀风险。货币政策的逆向操作存在着相当大的难度，未来回收流动性的时机和方式都将是一个大问题。如果经济恢复，央行在短期内需要在市场卖出大量的债券，而大量的财政赤字国债充斥市场，那么又有可能造成经济大幅的波动。

22.(1)稳健的货币政策，是指根据经济变化的征兆来调整政策取向，当经济出现衰退迹象时，货币政策偏向扩张；当经济出现过热时，货币政策偏向紧缩。最终反映到物价上，就是保持物价的基本稳定。在我国货币政策管理中，中央银行是以比较平稳的货币供应量增长来实现稳健的货币政策操作的。从一般货币理论看，对货币供应量的增长有两种不同的操控手段：恒定与权变。前者认为，只要货币供应量保持固定增长率，公众就会作出合理预期，从而使物价收敛于稳定。后者认为，货币供应量应随经济的变动，由央行随时调节。前者的缺点是过于僵硬，在现实中几乎无法运行；后者则因政策制定者预测的主观性与公众对未来预期的不确定性的冲突而受到挑战。因此，不少国家采用预先公布货币供应量增长区间的方式进行调控。在我国，也有人认为控制货币供应量不是好的货币控制手段，应以利率作为调控的中间目标。其实，我国的利率还处于管制阶段，企业还处于对利率不敏感时期。在这种条件下，央行放弃对货币供应量的调控，转而用调整利率的方式来影响经济，实际上是不可能的。

(2) 在经济下行的新常态下央行继续实施稳健货币政策的原因：

第一，中国经济发展进入新常态，最重要的不是经济速度而是经济转型。中国经济新常态的主要特点是：从追求增长速度转向重视增长质量；从要素驱动转向创新驱动；从粗放型增长转向集约型增长；从外生性增长转向内生性增长；从高速增长转向中高速增长。转变增长方式，优化经济结构，为中国经济可持续发展创造良好的货币金融环境，是理解为什么要坚持稳健中性货币政策的关键。

第二，改革开放以来，尤其是20世纪90年代中期以来，中国经济高速增长，国际收支持续顺差，中国国际收支顺差表现为经常账户顺差，经常账户顺差表现为进出口贸易顺差，持续而巨大的贸易顺差使人民币汇率面临较大的升值压力。然而，在传统经济增长方式下、受传统产业结构约束，中国经济增长主要依靠出口和投资带动。出口产品主要为劳动密集型产品，而劳动密集型产品的出口竞争力主要是价格竞争力。汇率是出口产品的价格，汇率稳定关系到出口增长；出口增长关系到经济增长。在此背景下，为了维护中国经济快速增长，中央银行以购汇的方式维护人民币汇率基本稳定。人民银行购买的外汇用美元表示就是外汇储备，用人民币表示就是外汇占款。外汇占款是基础货币，基础货币的被动较快增长，就意味着货币供给量较快增长。

近年来中国经济发展进入新常态，中国经济增长由高速转向中高速，中国国际收支逐步实现再平衡。进出口贸易顺差依然存在，但顺差收窄。也就是说，国际收支持续顺差和外汇大量流入的格局发生了变化。再加上，人民币汇率浮动区间不断扩大，人民币汇率弹性增强。从理论上讲，中央银行可以减少购汇、减少基础货币投放。但受经济下行和金融市场波动等因素的影响，部分时间货币政策在实施上稳健略偏宽松。在中国宏观经济形势发生了较大变化(经济增长从高速转向中高速、国际收支从不平衡走向再平衡)，尤其是在经济放缓的环境中，为了切实有效防控系统性金融风险，货币政策必须回归稳健中性。

第三，更为重要的是，目前中国经济面临的矛盾和问题主要是结构性矛盾和体制性问题，货币政策是总量政策，如果我们为了应对结构和体制问题而一味加大总量刺激，不仅可能适得其反，甚至可能饮鸩止渴。

23.(1)我国传统的货币政策工具包括再贴现政策、存款准备金政策和公开市场操作政策。它们主要是调节货币供应总量、信用量和一般利率水平。因此，又称为数量型货币政策工具。近年来，人民银行着眼于完善流动性供给机制、建立政策利率体系和拓展宏观审慎政策框架，对于货币政策工具中的法定准备金率、公开市场操作、中央银行借贷便利、宏观审慎管理和预期管理等都分别进行了创新。

(2) 创新性货币政策工具与法定存款准备金率、再贴现等传统货币政策工具也存在一定的差异，主要表现在：

① 创新工具赋予金融机构更多的自主性。常备借贷便利由金融机构主动发起的，而不像法定存款准备金率等传统货币政策工具由中央银行主动运用，金融机构可以随时根据自身的流动性需求申请贷款额度，及时补充流动性，更具灵活性和针对性。

② 创新工具具有较强的政策倾向性，可以发挥结构性的调控效果。传统的货币政策工具如基准利率、法定存款准备金率的调整产生全局的政策效果，会对所有商业银行的流动性和信贷投放产生影响，政策效果的影响面广、作用强。常备借贷便利一般在金融机构和中央银行之间进行"一对一"交易，主要对操作对象产生影响；中期借贷便利和抵押补充贷款工具的操作对象和贷款发放也具有较强的针对性，具有很强的政策倾向性，主要对操作对象和特定的领域产生影响，可以发挥结构性的调控效果。

③ 创新工具是一种特殊的中央银行贷款(简称再贷款)。货币政策创新工具均是从中央银行获得的贷款，属于再贷款的范畴，但又与再贷款存在一定的差异。我国现有的再贷款包括信用贷款和再贴现贷款两种。与信用贷款不需要担保品不同，货币政策创新工具不属于信用贷款，贷款的获得均需合格的质押品；与再贴现贷款以已贴现的商业汇票作为质押品不同，货币政策创新工具发放贷款的合格质押品一般是高信用评级的债券类资产及优质信贷资产等。

(3) 总的来看，上述多种货币政策工具创新取得了较好效果。一是基础货币供给渠道发生了明显变化，外汇占款在新增基础货币中来源的占比下降，中期借贷便利和补充抵押贷款等创新的货币政策工具在新增基础货币来源中的占比上升，保持了银行体系流动性适度，反映央行对基础货币的调控能力显著增强。二是央行的短期和中期操作利率对债券市场利率和贷款利率的传导效应总体趋于上升，说明中央银行政策利率体系发挥了引导市场利率的重要作用。三是信贷结构持续改善，经济结构的转型升级特征明显，创新货币政策工具的结构性功能效果逐渐体现。四是货币信贷平稳增长，主要经济指标企稳向好，创新货币政策工具的逆周期调节作用有效发挥。

然而，我国货币政策创新工具的产生和实施时间不长，仍然处于发展和摸索阶段，在政策定位与作用效果等方面还有待进一步培育和完善。

24. (1) 从政策目的来看，一般分为汇率目标和政策目标两种。丹麦和瑞士实施负利率政策的目的在于狙击海外资本流入，降低本币升值压力。日本、瑞典和欧元区实施负利率政策的目的在于通过宽松的货币政策，增加银行信贷，推动经济增长，提高通货膨胀预期。

(2) 从政策效果来看，负利率政策对于稳定汇率、增加银行信贷相对有效，但是对于促进经济增长，提高通胀预期的作用并不显著。

其实，负利率政策与传统的利率政策传导渠道其实很相似。

① 利率渠道：利率政策主要是通过改变实际利率刺激实体经济。降息一方面通过降低实际利率刺激投资和耐用消费品，增加信贷需求；银行放松信贷约束，增加信贷供给。另一方面促进抵押资产的价值上涨，让企业更容易获得信贷，产生金融加速器效果，增加信贷需求和供给。

② 银行信贷渠道：负利率政策让短期贷款利率迅速下降，侵蚀了银行利润，导致了银行不得不配置收益率较高的中长期信贷资产。

(3) 负利率有着明显的负面作用

一是对货币拥有者的剥夺。央行对商业银行的存款准备金实施负利率后，商业银行有可能向存款人转嫁成本，对存款人收取负利率。这直接侵蚀了存款人财富，伤害了依靠利息收入群体的利益。财富的缩减有可能导致居民消费需求下降，反而会抵消负利率政策扩大总需求的初衷。

二是伤害商业银行的资产负债表。如果商业银行选择将负利率转嫁给存款人，那么会面临损失存款客户的风险。如果商业银行无法将负利率转嫁给存款人，那么就需要通过调整资产的结构和期限来消化。因为要覆盖掉向央行支付的利息，商业银行可能提高贷款利率来转嫁成本，也有可能去配置高风险资产来弥补被侵蚀的利润，增加投资资本的套利行为，而这不利于金融稳定。

三是不利于存款创造和实体经济融资。如果对居民存款也实施负利率的话，居民会大量持有现金，导致货币乘数下降，理论上可能降为零。

四是切换了交易规则和估值体系，可能造成金融交易的额外成本。负利率切换了金融交易的“坐标体系”。金融机构需要改变交易习惯，重新构建对应负利率的模型，调整金融产品估值体系。在操作层面上，原来的一部分交易系统只设置了零利率下限，因为负利率的出现需要重新设置参数、修改交易编码等，给金融交易额外增加了成本。在法律层面上，负利率使得债券作为抵押品的质量下降，容易引发违约风险，产生法律摩擦。

25.(一) 货币政策的中介目标的选择标准

中央银行选择货币政策中介目标的主要标准有以下三个：一是可测性，央行能对这些作为货币政策中介目标的变量加以比较精确的统计。二是可控性，央行可以较有把握地将选定的中介目标控制在确定的或预期的范围内。三是相关性，作为货币政策中介目标的变量与货币政策的最终目标有着紧密的关联性。

(二) M_2与社会融资规模的关系

货币供应量(M_2)和社会融资规模作为货币政策的远期中介目标，分别反映了金融机构资产负债表的资产方和负债方，两者相互补充、相互印证，是一个硬币的两个面。社会融资规模是从金融机构资产方和金融市场发行方进行统计，是从全社会资金供给的角度反映金融对实体经济的支持。货币供应量正好相反，是从金融机构负债方统计，是金融机构的负债，是金融体系对实体经济提供的流动性和购买力，反映了社会的总需求。

(三) M_2作为货币政策中介目标的合理性与问题

(1) M_2作为货币政策中间目标的合理性体现在以下几个方面：

① 相关性依旧存在。我国货币政策的最终目标是促进经济增长，这要求货币供应量与经济增长之间有较高的相关性。从近年实际情况看，我国国民经济持续、快速、健康增长，综合国力显著提高。在这一过程中，货币政策发挥了重要作用。总体看，货币供应量的增长适应经济发展的需要，货币供应量作为中间目标发挥了较好的作用。

② 可控性相对较高。在现代货币银行制度下，货币供应量决定于基础货币和货币乘数之积，货币供应量是通过基础货币和货币乘数两方面共同决定的。中央银行可以运用各种货币政策工具来影响这两个方面，从而达到调控货币供应量的目的。

③ 可测性也相对较好。我国的金融市场与发达国家相比，金融工具比较单一，可供投资的金融品种不多，居民和企业的金融资产仍以储蓄为主。这种简单的金融市场结构对于测量货币供给量是有好处的。

(2) 然而，M_2作为货币政策中介目标的合理性也受到较多的质疑。

① 货币供应的内生性加强，可控性下降。我国的货币供应随着对外开放程度不断提高，越来越内生于国民经济运行，中央银行除了能够在较大的程度上控制再贷款、政策性贷款外，与对外经济活动相关的货币供应量以及其变动已经不能完全为中央银行所控制，而是取决于经济增长状况、进出口情况和资本流动。

② 货币供应量的关联性不稳定。除了金融危机爆发后货币供应量 M 增长率对 GDP 增长率的刺激作用显著下降，货币供应量作为中间目标的有效性正在减弱。

③ 货币供应量的可测性降低。日益发展的金融创新使各个层次之间的货币的界限越来越模糊，货币的统计口径也越来越难以确定。

(四) 社会融资规模作为货币政策中介目标的合理性与问题

(1) 社会融资规模作为货币政策中间目标的合理性体现在其与宏观经济、货币政策指标的相关性较高。社会融资规模与 GDP、固定资产投资完成额、社会消费品零售总额、CPI 等主要经济指标，以及基础货币、利率等货币政策主要操作目标的关系密切。

(2) 作为一个新的货币政策中介目标，社会融资规模也存在需要解决的问题。

① 可测性弱。一是数据统计口径的一致性问题。社会融资规模的统计数据来源于人民银行、发改委、证监会、银保监会、银行间市场交易商协会等多个部门，需要相关部门协调合作，规范统一各种指标口径。

二是社会融资规模的统计方法和统计范围问题。社会融资规模指标包括表内外科目、不同金融机构的科目，统计方法的统一性问题需要考虑。

② 可控性较低。社会融资规模统计多种类型的金融机构，且监管当局对股权融资、债券融资、保险理赔、中间业务市场融资等的控制较弱。

（五）我的看法

一方面，M_2和社会融资规模都存在内生性不足。M_2主要反映潜在的购买力，中间有货币遗漏因素，减少其转化为现实购买力的总量，进而难以全面反映货币对宏观经济发展的影响。社会融资规模表明各类主体获得的货币量，与宏观经济的关系更密切，但社会融资规模快速增长的同时实体经济却不景气，从而需要更审慎地分析社会融资规模指标。

另一方面，在 M_2与社会融资规模之间选择主要看货币政策调控的重点。如果调控重点是货币供应量则需要选择 M_2，而如果调控重点是实体经济获得的货币支持就需要选择社会融资规模。M_2中虽然准货币暂时未进入生产流通领域，但其在发挥价值贮藏功能且可以很容易地进入生产流通领域，为实体经济发展提供资金支持，而社会融资规模统计实体经济获得的资金总量更加直接。

第九章　国际收支与国际资本流动

本章包括国际收支、国际储备和国际资本流动三个知识点，其中前两者属于重点考查范围。本章知识点时事性比较强，很多高校会结合中国当前的宏观经济形势进行考查。考生在学习本章知识点的时候，请务必关注热点金融时事，比如人民币国际化，我国近年来巨额外汇储备的减少。

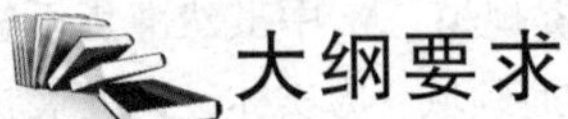

大纲要求

国际收支

国际储备

国际资本流动

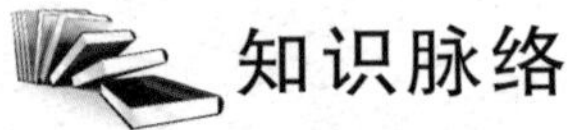

知识脉络

- **国际收支与国际资本流动**
  - **国际收支**
    - **国际收支的概念与解释**
    - **国际收支平衡表**
    - **国际收支理论**
    - **国际收支失衡的调节**
    - **内外均衡**
  - **国际储备**
    - **国际储备的含义及构成**
    - **国际储备管理**
  - **国际资本流动**

理论精要

知识点一　国际收支

1. 国际收支的概念与解释

(1) 国际收支概念

国际收支的概念是随着国际经济交往的内容和范围的扩大而不断发展变化的。17 世纪晚期的重商主义者认为，对外贸易是增加国家财富的主要途径，提倡和鼓励出口，保证贸易顺差。所以，这时的国际收支是指一个国家的对外贸易差额。在国际金本位制崩溃前后，国际经济交往主要是指进、出口贸易和劳务收支，而且都要用黄金、外汇来结算。因此，当时的国际收支是指一国在一定时期内外汇收支的总和。二次世界大战以后，由于国际经济的发展，要求如实反映国际经济交易的全部内容，国际经济收支就包括了一个国家在一定时期内的全部国际经济交往，即除涉及外汇收支部分外，把不涉及外汇收支的各种经济交易，如易货交易、清算支付协定下的记账等都包括在内。

国际货币基金组织将国际收支定义为：一个国家(或地区)一定时期内居民和非居民之间所产生的全部国际经济交易的系统的货币的记录。

(2) 国际收支定义的解释

① 国际收支是一个时期内的记录，指的是流量。根据统计学的定义，流量是一定时期内发生的变量变动的数值。国际收支一般是对一年的交易进行总结，所以它是一个流量的概念。

② 居民与非居民。国际收支反映的是居民和非居民之间的交易，居民与非居民是一个经济概念而不是法律概念。居民指在一个国家长期从事(至少 1 年)经济活动的个人、政府、非营利团体和企业，因为无论这些单位来自哪国，他们的活动对本国经济产生了重要影响。按照这一定义，居民包括长期居住在本国的公民、逗留时间超过一年的外国留学生、营业时间超过一年的外国企业和机构等，但是外交使节、驻外部队算作母国的居民，所在国的非居民，国际性机构如联合国算作所有国家的非居民。例如，跨国公司的母公司和子公司分别属于所在国的居民，他们之间的交易将被记入各自国家的国际收支。

③ 以交易为基础。国际收支虽然以货币形式记录，但其对行为的确认却是以交易为基础，即只要发生了交易，无论是否以货币为媒介，都应该计入国际收支。因此国际收支包括以货币为媒介的商品劳务交换、物物交换、金融资产之间的交换、无偿的单方面商品劳务的转移和无偿的单方面金融资产转移。

【例 1】(清华大学 2016 年)目前，世界各国普遍使用的国际收支概念是建立在(　　)基础上的。

A. 收支　　B. 交易　　C. 现金　　D. 贸易

答案：B。国际收支虽然以货币形式记录，但其对行为的确认却是以交易为基础，即只要发生了交易，无论是否以货币为媒介，都应该计入国际收支。因此国际收支包括以货币为媒介的商品劳务交换、物物交换、金融资产之间的交换、无偿的单方面商品劳务的转移和无偿的单方面金融资产转移。

(3) 国际收支与国际借贷的关系

国际借贷是指一定时点上一国居民对外资产和对外负债的汇总，也称国际投资状况。它与国际收支的区别在于：

① 国际收支描述了一定时期内的发生额，属于流量概念。而国际借贷描述一定时点上的对外债权、债务余额，属于存量概念。

② 两者所包含的范围不同，国际借贷不包含国际经济交易中的赠予、侨民汇款与战争赔偿等“无偿交易”的内容，而国际收支却包括。

两者之间的关系可以概括为：国际收支为因，国际借贷为果。一国国际收支中资本账户收支差额的历年积累，即为该国的国际借贷。

2. 国际收支平衡表

(1) 国际收支平衡表的基本原理

国际收支平衡表是指系统记录一国在一定时期内(通常为一年)各种国际收支项目及其金额的一种统计表。国际收支平衡表是对国际收支行为的记录和统计，编制这种国际收支平衡表的目的，在于反映一国在一定时期内对外经济交易的全部情况，以便分析、预测、调节国民经济和制定本国对外经济和金融政策。

(2) 特定账户分类

根据 IMF《国际收支和国际投资头寸(第六版)手册》，国际收支平衡表包括经常账户、资本与金融账户、错误和遗漏账户等三个一级账户。具体账户的含义如下：

① 经常账户(Current Account)

经常账户是国际收支平衡表中最基本和最重要的往来项目，它反映一国在一定时期内真实资源(包括产品和资本品)的转移。经常账户细分为以下三个子项目：

(a) 货物和服务：包括货物和服务两部分。

货物，又称有形贸易收支，指商品货物的进出口。服务，又称无形贸易收支，包括运输、旅游以及在国际贸易中越来越重要的其他项目(如通讯、金融、计算机服务等)。

(b) 初次收入：指由于提供劳务、金融资产和出租自然资源而获得的回报，包括雇员报酬、投资收益和其他初次收入三部分。雇员报酬，指根据企业与雇员的雇佣关系，因雇员在生产过程中的劳务投入而获得的酬金回报。投资收益，指因金融资产投资而获得的利润、股息(红利)、再投资收益和利息，但金融资产投资的资本利得或损失不是投资收益，而是金融账户统计范畴。其他初次收入，指将自然资源让渡给另一主体使用而获得的租金收入，以及跨境产品和生产的征税和补贴。

(c) 二次收入：指居民与非居民之间的经常转移，包括现金和实物。民间方面，经常转移包括侨民汇款，养老金，宗教团体、教育机构、财团法人捐赠钱款物资，各种资金及奖学金等；在政府方面，包括对外经济和军事援助，战争赔款，没收走私商品，政府间的赠予、捐款及税款等。

上述三个项目差额的总和就是经常项目差额。正号为顺差，负号为逆差。经常项目顺差是一国外汇收入的主要来源，保持经常项目顺差，可以增加一国外汇储备。

② 资本与金融账户(Capital and Financial Account)

资本与金融项目是指对资产所有权在国际间流动行为进行记录的账户，它包括资本账户和金融账户两个二级账户。

(a) 资本账户包括资本转移和非生产非金融资产的购买和放弃。资本转移包括：固定资产所有权转移、同固定资产收买/放弃相联系的或以其为条件的资产转移、债权人不索取任何回报而取消的债务。非生产非金融的收买或放弃是指各种特许权、经销权以及租赁和其他可转让合同的交易。

(b) 金融账户包括引起一个经济体对外资产和负债所有权变更的所有权交易。金融项目细分为非储备性质的金融账户和国际储备资产。非储备性质的金融账户包括直接投资、证券投资、金融衍生工具和其他投资。储备资产指我国中央银行拥有的对外资产，包括外汇、货币黄金、特别提款权、在基金组织的储备头寸。

③ 错误和遗漏账户(Error and Omissions Account)

根据会计记账原理，最后借贷必相等，净额为零。但是，实际记账过程中，很难做到借贷相等，所以人为设置一个项目，以抵消某些偏差和遗漏，使账簿借贷相等，即“净误差与遗漏”。如果借方总额大于贷方总额，“净误差和遗漏”应记入贷方，反之应记入借方。

【例2】投资收益应记入一国国际收支平衡表的(　　)。

A. 贸易账户　　B. 转移账户　　C. 经常账户　　D. 资本账户

答案：C。经常账户包括商品、劳务、收益、经常转移四个科目，投资收益即记入第三个科目。注意，本题容易错选D，一个记忆的方法是：本金(即直接投资或在金融市场进行投资等)记入资本和金融账户，而利息和红利则记入经常账户。

(3) 复式记账法

国际收支平衡表是按照复式簿记原理编制的，并采取“借贷记账法”：

① 一切资产减少或负债增加，比如商品出口、劳务输出、出售外国资产等，导致外汇的流入，均记在贷方，称为正号项目，用“+”表示；

② 一切资产增加或负债减少，比如商品进口、劳务输入、购买债券等，导致外汇的流出，记在借方，称为负号项目，用“-”表示。每一笔交易同时以相同金额进行借方记录和贷方记录，“有借必有贷、借贷必相等”。具体编制方法为：反映进口实际资源的经常项目、

反映资产增加或负债减少的金融项目计入借方；反映出口实际资源的经常项目、反映资产减少或负债增加的金融项目计入贷方。

（4）记账货币

由于国际经济交流是用多种货币进行的，因此，为了使各种交易间具有记录和比较的基础，需要在记账时将其折算成同一种货币，这种货币就成为记账货币(Recording Currency)。大多数国家都把美元作为记账货币。在国际收支平衡表记账时，以不同货币结算的对外交易需要按记账货币和具体交易货币的汇率折算成记账货币。

3. 国际收支的不平衡问题

（1）国际收支中的自主性交易和补偿性交易

自主性交易(Autonomous Transactions)是指个人和企业为某种自主性目的而从事的交易；补偿性交易(Compensatory Transactions)是指为弥补国际收支不平衡而发生的交易，比如为弥补国际收支逆差而动用官方储备等。

国际收支平衡表是按照复式簿记原理编制的，其借方总额和贷方总额总是相等，但这种相等只是会计意义上的平衡，并不具有经济意义，所以国际收支差额，就是指自主性交易的差额。国际收支平衡是指平衡表中某些项目的借贷差额为0，收支相等，按照层次不同分为贸易收支平衡、经常账户平衡等。当平衡表中某些项目的借贷差额不为0时，如果贷方大于借方，出现贷方余额时，称为顺差；反之，如果借方余额大于贷方，出现借方余额时，称为逆差。

【**例3**】属于补偿性交易的是(　　)。

A. 美国一公司从中国进口100万美元的纺织品

B. 德国的高利率吸引了欧洲许多国家的资本流入

C. 旅居美国的张先生每年向留在中国的双亲汇去一笔赡养费

D. 随着A国贸易顺差的不断增加，A国货币当局大幅度增加外汇储备

答案：D。补偿性交易是在国际收支的自主性交易各项目发生缺口(gap)时，为了弥补这个缺口而进行的交易。

（2）国际收支不平衡的口径

① 贸易收支差额，指经常账户中贸易子项目的借贷差额，反映一国一定时期内的商品进出口情况。虽然它仅是国际收支的一个组成部分，不代表整体，但是对某些国家来说贸易占全部国际收支的比重相当大，可以将贸易差额作为国际收支差额的近似。此外，商品进出口状况综合反映了一国的经济结构、劳动生产率和产品的国际竞争力，是衡量一国经济实力的重要指标。

② 经常账户收支差额，指经常账户的借贷差额，反映一国一定时期内实际资源的转移情况。它综合反映了一个国家第一、二、三产业的综合竞争能力，被各国广为使用。如果经常账户为顺差，表示该国实际资源流出大于流入，即外汇的收入大于支出，需要通过资本的净流出或者官方储备的增加来抵消；如果经常账户为逆差，就要通过资本账户的融资或者官方储备减少来抵消。

③ 基本账户差额，指经常账户与长期资本账户(包括直接投资、证券投资与其他投资账户中偿还期限在一年以上的金融资产)所形成的余额。

④ 综合账户差额，指经常账户与资本和金融账户中的资本转移、直接投资、证券投资、其他投资账户所构成的余额，也就是将国际收支账户中的官方储备账户剔除后的余额(如果考虑基本账户差额的话，综合账户差额可以理解为基本账户差额加上短期资本流动)。

⑤ 外汇收支差额。一国对外往来交易中，有些活动涉及货币支付，构成外汇市场上外

汇的供给和需求。外汇供求关系直接影响到官方储备的变动和汇率水平的变动，因此外汇收支被当成衡量一国国际收支状况的重要指标。

贸易收支差额、经常账户收支差额、基本账户差额和综合账户差额之间的关系可以归纳为图 9-1。

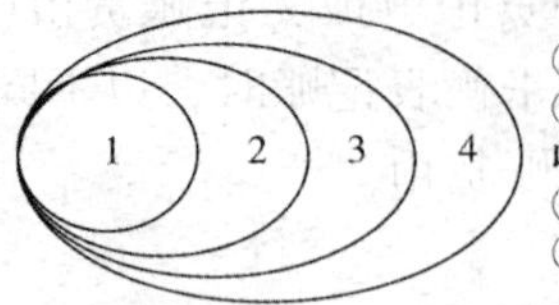

图 9-1 各种口径的国际收支差额示意图

【例 4】衡量国际收支对一国储备造成压力的是(　　)。

A. 贸易收支差额　　B. 经常项目收支差额

C. 资本和金融账户差额　　D. 综合账户差额

答案：D。综合账户差额是将国际收支账户中的官方储备账户剔除后的余额，可以衡量国际收支对一国储备造成的压力。

(3) 国际收支不平衡的原因

① 临时性失衡。临时性不平衡，是指短期的、由非确定或偶然因素引起的国际收支失衡。这种性质的国际收支失衡，程度一般较轻，持续时间不长，带有可逆性，因此我们可以认为这是一种正常现象。

② 结构性失衡。结构性失衡是指国内经济、产业结构不能适应世界市场的变化而发生的国际收支失衡，结构性失衡通常反映在贸易账户或经常账户上。结构性失衡具有长期的性质，扭转起来相当困难。

③ 货币性失衡。货币性失衡，是指一定汇率水平下国内货币成本与一般物价上升而引起出口货物价格相对高昂、进口货物价格相对便宜，从而导致的国际收支失衡。货币性失衡可以是短期的，也可以是中期或长期的。

④ 周期性失衡。周期性失衡是指一国经济周期波动所引起的国际收支失衡。当一国经济处于衰退期时，社会总需求下降，进口需求也相应下降，国际收支发生盈余。反之，如果一国经济处于扩张和繁荣时期，国内投资和消费需求旺盛，对进口的需求也相应增加，国际收支便出现逆差。

⑤ 收入性失衡。收入性失衡指一国国民收入相对快速增长而导致进口需求的增长超过出口增长所引起的国际收支失衡。

⑥ 预期性失衡。预期因素从实物流量和金融流量两方面对国际收支产生重要影响。从实物角度而言，当预期一国经济将快速增长时，本国居民和外国投资者都会增加在本国的实物投资；当本国的资本品供给不能满足需求时，投资就通过进口资本品来实现，出现资本品进口的增加和经常账户逆差。从金融角度而言，一方面，经常账户的逆差要由资本和金融账户的顺差来融资；另一方面，在资金自由流动的情况下，对本国经济增长和证券价格上升的预期会吸引国外资金直接投资于本国的证券市场，带来资本和金融市场的顺差。

⑦ 币值扭曲。币值扭曲是指本国货币与外国货币的名义比价持续背离了与外国货币的实际比价，从而造成本国商品实际价格持续较高进而导致出口持续相对下降、进口持续相对增加和国际收支逆差，或者造成本国商品实际价格持续较低进而导致出口持续相对增加、进口持续相对减少和国际收支顺差。币值扭曲通常是由僵硬的汇率政策和汇率制度引起的。

【例 5】当本国经济处于繁荣阶段，而贸易伙伴国的经济处于衰退阶段，此属于(　　)。

A. 周期性国际收支失衡　　B. 偶然性国际收支失衡

C. 结构性国际收支失衡　　D. 货币性国际收支失衡

答案：A。当本国经济处于繁荣阶段，而贸易伙伴国的经济处于衰退阶段，显然这是由经济周期形成的。所以是周期性国际收支失衡。

(4) 国际收支不平衡的自动调整机制调节

国际收支失衡后，有时并不需要政府当局立即采取措施来加以消除。经济体系中存在着某些机制，往往能够使国际收支失衡至少在某种程度上得到缓和，乃至自动恢复均衡。在不同的国际货币制度下，存在不同的国际收支自动调节机制。

① 国际金本位制度下的国际收支自动调节机制(大卫·休谟的“价格—铸币机制”)

国际金本位制度下的国际收支自动调节机制，又称大卫·休谟的“价格—铸币机制”。在国际金本位制度下，一国国际收支出现赤字，就意味着本国黄金净输出，由于黄金外流，国内黄金存量下降，货币供给减少，从而引起国内物价降低，与此同时，本国商品在国际市场上的价格优势增强，于是，出口增加，进口减少，国际收支失衡改善。

② 纸币本位的固定汇率制度下的国际收支自动调节机制

(a) 利率效应分析。当一国国际收支赤字时，外汇需求大于供给，为了维持固定汇率，一国货币当局必须投放外汇，购入本币，外汇储备下降，本国货币供应量减少，利率上升，进而导致外国资本流入增加，结果资本账户盈余，从而，国际收支失衡得到改善。

(b) 现金余额效应(收入效应)。当一国国际收支赤字时，本国货币供给减少，实际现金余额(实际收入)下降，必然减少支出，由于支出的一部分是用于进口消费的，故此，进口需求下降，从而国际收支失衡改善。

(c) 相对价格效应。当一国国际收支赤字时，为了维持固定汇率制度，本国货币供给减少，导致支出下降、物价下降。因而，本国商品相对价格下降(实际汇率升高)，从而，出口增加、进口减少，国际收支失衡改善。

③ 浮动汇率制度下的国际收支自动调节机制

当一国国际收支赤字时，外汇需求大于外汇供给，在浮动汇率制度下，汇率会上升。根据弹性论，汇率上升造成本国商品相对价格下降，外国商品相对价格上升(实际汇率升高)，进而导致进口量下降，出口量增加，只要满足马歇尔-勒纳条件，国际收支赤字将会得到改善，甚至消除。

(5) 国际收支不平衡的政策调节机制

国际收支的政策调节机制具体如表 9-1 所示。

表 9-1　国际收支失衡的政策调节机制

外汇缓冲政策	运用官方储备的变动或向外借款，来对付国际收支临时性失衡的政策。一般做法是建立外汇平准基金，当国际收支失衡后，货币当局运用该基金在公开市场操作，买进或卖出外汇，消除超额的外汇供求
汇率调整政策	发生逆差时实行本币贬值，发生顺差时实行本币升值的政策
需求管理政策	运用扩张或紧缩性财政政策和货币政策来控制需求总量，进而消除国际收支的失衡
直接管制政策	对国际经济贸易采取直接行政干预的政策，包括外汇管制和贸易管制

4. 国际收支理论

(1) 国际收支的弹性论

国际收支的弹性论是琼·罗宾逊根据马歇尔、勒纳的弹性分析提出来的。它是国际收支的重要理论。按照这种分析方法，汇率的变化能够改善国际收支，主要取决于进出口商品的供给弹性和需求弹性。

① 理论背景

20 世纪 30 年代的经济危机使世界各国的金本位制度崩溃。当时，各国实行竞争性的货币贬值，导致外汇市场动荡。汇率的剧烈波动究竟会给国际收支带来怎样的影响？这个问题引起了经济学家的广泛关注。在这个背景下，经济学家开始研究了汇率变动对国际收支的调节问题。由于当时国家之间资本流动相对贸易流动来说还比较少，因此贸易收支几乎等价于国际收支。当一个国家货币贬值或升值时，立即会引起进出口商品价格的变动和数量的增减。由此可见，汇率变动是影响贸易流动的直接因素。鉴于此，弹性分析法被提出来并得到广泛应用，几乎成为各国政府试图通过货币升值或贬值来调节国际收支的主要政策依据。

② 弹性论的基本思想

弹性分析法研究的是在收入不变的条件下，汇率变动对一国国际收支调整的作用。它的基本思想是：汇率变动通过国内外商品之间，以及本国生产的贸易品与非贸易品之间的相对价格变动，影响一国进出口供给和需求，从而作用于国际收支。

③ 马歇尔-勒纳条件的推导与含义

一国产品的竞争力与其货币的实际汇率（直接标价法）有关，实际汇率越高，产品竞争力越强。一国货币贬值，首先会使该国进出口商品的相对价格发生变化。具体而言，从该国出口商品来看，以外币表示的价格下跌，以本币表示的价格则上涨。从该国进口商品来看，以本币表示的价格上涨，而以外币表示的价格下跌。因而，货币贬值（名义汇率升高导致实际汇率升高）总是使一国商品出口数量增加，商品进口数量减少，但是货币的贬值同时引起出口商品价格的降低和进口商品价格的提高，最终贬值究竟使国际收支改善还是恶化，取决于该国进出口商品的需求弹性。

如果以本国货币来记录国际收支，X、M 分别表示出口量和进口量，那么一国国际收支差额 B 就可以表示为：

$$B=X\cdot P-e\cdot P^{*}\cdot M \tag{1}$$

其中，P 表示本国产品价格水平或才户口商品价值（以本币表示）；P^{*} 表示外国产品价格水平或进口商品价格（以外币表示）；e 表示汇率水平，采用直接标价法。如果 e 增大，意味着本币贬值；如果 e 减小，意味着本币升值。

为了简化分析，假定本币贬值前国际收支处于均衡状态，即 $X=eM$，且 $P=P^{*}=1$，则式（1）变为：

$$B=X-eM \tag{2}$$

对式（2）两边求全微分，得到：

$$\mathrm{d}B=\mathrm{d}X-e\mathrm{d}M-M\mathrm{d}e$$

整理得到：

$$\frac{\mathrm{d}B}{\mathrm{d}e}=\frac{\mathrm{d}X}{\mathrm{d}e}-e\cdot\frac{\mathrm{d}M}{\mathrm{d}e}-M$$

因为初始状态为国际收支平衡，所以有 $X=eM$，即 $\frac{eM}{X}=1$，代入上式有：

$$\frac{\mathrm{d}B}{\mathrm{d}e}=\left(\frac{eM}{X}\right)\frac{\mathrm{d}X}{\mathrm{d}e}-e\cdot\frac{\mathrm{d}M}{\mathrm{d}e}-M$$

$$=M\left(\frac{e}{X}\cdot\frac{\mathrm{d}X}{\mathrm{d}e}-\frac{e}{M}\cdot\frac{\mathrm{d}M}{\mathrm{d}e}-1\right)$$

令 E_x，E_m 分别为出口品需求弹性和进口品需求弹性(绝对值)，则

$$\frac{\mathrm{d}B}{\mathrm{d}e}=M(E_x+E_m-1) \tag{3}$$

从式(3)可以得到几点结论：

如果 $E_x+E_m>1$，意味着本币贬值会增加净外汇收入，改善收支；本币升值会减少净外汇收入，恶化收支。

如果 $E_x+E_m=1$，意味着本币无论升值还是贬值，对国际收支无影响。

如果 $E_x+E_m<1$，意味着本币贬值会减少净外汇收入，恶化收支；本币升值会增加净外汇收入，改善收支。

因此，从上述推导和结论中可以得到，通过汇率贬值改善国际收支状况的必要条件是：$E_x+E_m>1$，即进出口商品需求弹性越大，本币贬值对国际收支改善的作用越大。这就是马歇尔—勒纳条件。

④ J 曲线效应

J 曲线效应是指当一国货币贬值时，起初会使其贸易收支状况进一步恶化而不是改善，只有经过一段时间以后贸易收支状况的恶化才会得到控制并开始好转。

本币贬值对国际收支的影响为什么会产生 J 曲线效应呢？经济学家认为，本币贬值对国际收支产生影响可以分为三个阶段：货币合同阶段、传导阶段和数量调整阶段，如图 9-2 所示。

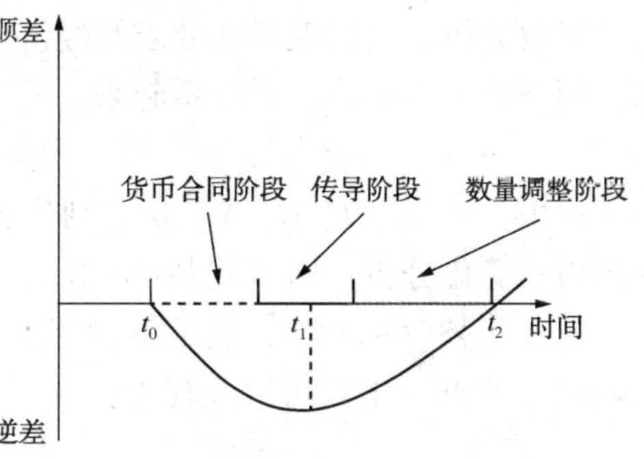

图 9-2 本币贬值的 J 曲线效应

(a) 货币合同阶段

由于进出口合同都是事先签订好的，进出口商品的价格和数量不会因为贬值而立即发生调整。因此，以本币表示的国际收支差额就取决于进出口合同所使用的计价货币。如果进口合同以外币计价，出口合同以本币计价，则贬值使进口支出相对增加，而出口收入相对下降，那么本币贬值会加剧国际收支逆差。

(b) 传导阶段

在传导阶段，进出口商品的价格在签订合同时已经开始改变，但是数量调节还未立即到位，存在一定程度的时滞。从生产方面来看，出口商品制造商需要扩大生产规模，如扩建厂房、雇用新的员工，而这些调整都需要一定时间才能完成的。在消费方面也同样存在时滞。例如，要扩大国外对本国产品的消费，需要在国外建立新的销售网点，这也需要花费一定时间。总之，由于上述种种时滞的存在，导致短期内进出口量保持稳定，即使可能发生变化，其变化幅度也小于价格变化的幅度，从而使一国国际收支状况继续恶化。

（c）数量调整阶段

在数量调整阶段，进出口数量不仅能够变动，而且其变动的幅度将逐渐增大并超过价格变化的幅度。此时本币贬值对改善一国国际收支的效应将逐渐开始发挥。

综上所述，贬值之后的调整过程类似一个英文字母 J，净外汇收入先下降，然后上升，因此这一效应称为 J 曲线效应。从弹性的角度，J 曲线效应所揭示汇率变动对国际收支调节的时滞效应的本质在于：当本币贬值，进出口商品需要经历一个由短期弹性向长期弹性转变的过程，逐渐由 $E_x+E_m<1$ 向 $E_x+E_m>1$ 转变。通常说，时间越长，数量对价格变化所作的调节就越充分。

【例 6】根据马歇尔-勒纳条件，以下(　　)是汇率贬值改善国际收支的必要条件？

A. 进出口需求价格弹性的绝对值之和小于 1　　B. 进出口需求价格弹性的绝对值之和等于 1

C. 进出口需求价格弹性的绝对值之和大于 1　　D. 以上均不对

答案：C。马歇尔-勒纳条件说明，若外国对本国出口的需求价格弹性及本国对进口的需求价格弹性的总和大于 1，本币贬值就能够改善本国国际收支状况。

（2）国际收支的吸收论

吸收分析法，又称支出分析法，它主要分析收入和吸收在国际收支调节中的作用。吸收分析法是战后初期米德和亚历山大在经济学界关于弹性分析法的激烈争论中系统提出的。吸收分析法强调收入水平和支出行为的变化对国际收支的重要性，其显著特点是在一定程度上将价格调整与收入调整综合起来，并且提出货币贬值与需求管理相配合的政策主张。

吸收分析法是以凯恩斯的宏观经济理论作为基础，它认为国际收支与整个国民经济相联系，用下列关系式将二者联系起来：

$$Y=C+I+G+(X-M)$$

式中，Y、C、I、G、X、M 分别代表国民收入、消费支出、投资支出、政府支出、出口和进口。简化分析，用 B 代替$(X-M)$，表示净出口，即本国的产品被国外吸收的数量；

用 A 代替$(C+I+G)$，表示本国居民的支出，即本国的产品被本国吸收的数量，简称为“吸收”。由此，上式可以改写为：

$$B=Y-A$$

该等式表示国际收支等于国民收入与国内吸收之差，当本国收入大于国内吸收时，国际收支为顺差；当本国收入小于国内吸收时，国际收支为逆差。而当两者相等时，国际收支平衡。因此，一国的国际收支状况要通过改变收入或吸收来调节，而贸易差额的变化等于收入的变化与吸收变化之差

由此，改善国际收支有两个基本渠道：一是增加收入，二是减少吸收。显然，吸收分析法的基本思想是以凯恩斯主义的有效需求管理来影响收入和支出行为，从而达到调节国际收支的目的。

吸收论特别重视从宏观角度来考察贬值对国际收支的影响。它认为，贬值要起到改善国际收支的作用，必须要有闲置资源。因为只有存在闲置生产资源，贬值后出口生产才能扩大。同时，贬值改善国际收支的另一个条件是吸收倾向小于 1。所谓边际吸收倾向，是指每增加的单位收入中，用于吸收的比重。收入增长，在乘数作用下，吸收才有可能更快增长，只有当吸收的增长小于收入的增长（$\Delta A<\Delta Y$），贬值才能改善国际收支，而在贬值的同时采取紧缩的政策，就能降低吸收倾向。

(3) 国际收支的货币论

随着国际资本的流动对国际收支产生越来越大的影响，国际收支的货币分析法逐渐发展起来。它将封闭经济条件下的货币学派的理论引申到开放经济中来，认为国际收支失衡在本质上是一种货币现象，通过货币供给量的变化可以对国际收支的失衡进行调节。国际收支的货币分析法采用长期存量均衡的分析方法，它将货币看作是一种资产，而汇率就是这种资产的价格。这种分析方法与传统的国际收支分析法（弹性分析法、吸收分析法、乘数分析法）相同之处在于两者都强调国际收支的自动调节机制。不同之处主要表现为：第一，传统方法仅注重经常账户的平衡，而忽略资本流动对国际收支的影响。而货币分析法强调国际收支的综合平衡。第二，传统分析法注重对贸易收支的分析，而货币分析法则主张从官方储备分析，从官方储备变动来说明国际收支状况。

货币市场均衡是指货币供给等于货币需求，即 $M_s=M_d$。

根据货币理论，货币需求函数 M_d 可以写成：

$$M_d=P\cdot L(y,\ i) \tag{4}$$

其中，P 表示本国价格水平；y 表示国民收入，i 表示利率。$L(y,\ i)$ 表示本国的实际货币需求量。

货币供给函数可以写成：

$$M_s=m(D+R) \tag{5}$$

其中，D 表示国内提供的货币供给基数，即中央银行的现金和准备金；R 表示国外提供的货币供给基数，它通过国际收支盈余获得，以国际储备为代表。M 表示中央银行总资产与国内货币供给之间关系的货币乘数。

假定任一时期的中央银行国外资产的变化 ΔR 都等于同期的国际收支。联立式(4)和式(5)可得：

$$\Delta R=\frac{1}{m}\cdot\Delta[P\cdot L(y,\ i)]-\Delta D \tag{6}$$

式(6)为国际收支货币分析法的基本公式。右边第一项表示名义货币需求的变化。第二项表示国内货币市场的供给变化。式(6)的经济含义是：国际收支问题实际上反映的是货币供给量对货币需求的调整过程。

接下来，简单分析货币分析法对本币贬值的效应分析。根据购买力平价理论，即 $e=\frac{P}{P^*}$，则式(6)货币需求可以写成：

$$M_d=e\cdot P^*\cdot L(y,\ i) \tag{7}$$

其中，e 为用直接标价法表示的外币的本币价格，P^* 为外国的价格水平。当本国货币贬值时，即 e 上升，则本国价格水平上升，导致本国货币需求的上升，这就意味着本国货币供给小于货币需求，根据上面的分析，本国的国际收支盈余，从而 R 上升，货币供给增加，最终使货币供给等于货币需求。根据货币分析法，贬值效应可以表达为：

本币贬值→国内价格上涨→货币需求增加→顺差，国际收支改善→货币供给增加，等于货币需求

【科兴点评】国际收支的几个理论中，弹性论是最重要的，吸收论和货币论相对而言并不是那么重要，只有特定的几个学校才会考查相关的内容。

【例 7】(上海财大 2011 年)下面的理论中，哪一项不属于汇率决定理论(　)。

A. 货币论　　B. 国际借贷论　　C. 吸收论　　D. 利率平价论

答案：C。货币论既属于汇率决定理论又属于国际收支理论，而吸收论只属于国际收支理论。

5. 内外均衡

封闭经济中，政府追求的主要经济目标是经济增长、充分就业和物价稳定。开放经济中，政府除了要追求以上三个目标之外，还需注重国际收支平衡。内、外均衡是相互影响的，当为实现某一均衡目标而采取措施时，这一措施可能会同时造成另一均衡目标的改善和破坏，前者称为内外均衡的一致，后者称为内外均衡的矛盾。

(1) 丁伯根法则与米德冲突

荷兰经济学家丁伯根最早提出了将政策目标与工具联系在一起的正式模型，指出要实现若干个独立的政策目标，至少需要相互独立的若干个有效的政策工具。这一理论被称为丁伯根法则。

英国经济学家米德最早提出了在固定汇率制下，内部均衡与外部均衡难以同时达到的问题。固定汇率制下无法使用汇率政策，只能使用财政政策与货币政策来实现内外均衡，但这时内外均衡往往存在矛盾的情形。例如，国际收支发生赤字，外部均衡要求实行紧缩性政策；如果这时的国内经济处于疲软、萧条状态，从国内角度则需要实行扩张性政策。这种矛盾的情形即为“米德冲突”。

(2) 政策搭配理论

蒙代尔认为，在固定汇率制度下，一国也存在两种独立的政策工具来实现内、外两方面的经济目标。这就是蒙代尔的“政策搭配理论”，具体内容如表 9-2 所示。

表 9-2　不同失衡状态下的最佳政策配合

经济失衡状态	通货膨胀 国际收支盈余	失业 国际收支盈余	通货膨胀 国际收支赤字	失业 国际收支赤字
最佳政策配合	紧缩性财政政策 扩张性货币政策	扩张性财政政策 扩张性货币政策	紧缩性财政政策 紧缩性货币政策	扩张性财政政策 紧缩性货币政策

(3) 三元冲突

保罗·克鲁格曼认为，一个国家的金融政策有三个基本目标，即本国货币政策的独立性、汇率的稳定性和资本自由流动，而这三个目标是不可能同时实现的，用一个三角形来表示这三个目标之间的关系，如图 9-3 所示。

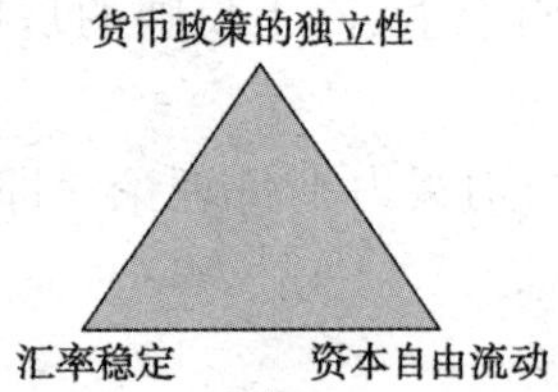

图 9-3　克鲁格曼不可能三角

三角形的三个角代表金融政策的三个基本目标。如果某一国家或地区的金融政策选定了某一条边，则意味着它也选定了该边两端的政策目标，而与该边相对的角所表示的政策目标则无法实现。这一表述称为克鲁格曼三角形或“三元冲突”。

(4) 开放经济条件下的财政政策与货币政策——蒙代尔-弗莱明模型

固定汇率制下，财政政策有效，货币政策无效。其中，财政政策效果与国际资本流动利率弹性有关，其他条件不变时，国际资本流动利率弹性越高，财政政策越有效。

浮动汇率制下，财政政策和货币政策均有效。但是财政政策的效果仍然受到国际资本流动利率弹性或金融市场开放程度的影响，此时，国际资本流动利率弹性越高，金融市场越开放，财政政策效果越差。在资本完全自由流动的情况下，财政政策无效。

知识点二　国际储备

1. 国际储备的定义和作用

国际储备是指一国货币当局能随时用来干预外汇市场，支付国际收支差额的资产。国际储备具有三个特征：可得性，流动性和普遍接受性。

各国持有国际储备的主要目的是：

第一，清算国际收支差额，维持对外支付能力。

第二，干预外汇市场，调节本国货币的汇率。

第三，信用保证。国际储备一方面可以作为政府向外借款的保证，另一方面也可以用来支持对本国货币价值稳定性的信心。

【例 8】（东华大学 2017 年）一国持有国际储备的首要用途是（　　）。

A. 支持本国货币汇率　　B. 维护本国的国际信誉　　C. 保持国际支付能力　　D. 赢得竞争利益

答案：C。融通国际收支赤字是持有国际储备的首要作用。当一国发生国际收支困难，通过动用外汇储备，减少在基金组织的储备头寸和特别提款权持有额，在国际市场上变卖黄金来弥补国际收支赤字所造成的外汇供求缺口，能够使国内经济免受采取调整政策产生的不利影响，有助于国内经济目标的实现。

2. 国际储备的构成

（1）自有储备

自有储备就是通常所说的国际储备，这类储备的所有权归一国货币当局，因而是严格意义上的国际储备，它包括黄金储备、外汇储备、在国际货币基金组织的储备头寸，以及在国际货币基金组织的特别提款权（SDR）。在当今世界，外汇储备成为国际储备的主体。

（2）借入储备

随着各国经济相互依存性的提高和金融往来的日益密切，国际货币基金组织现在已把具有国际储备资产三大特性的借入储备统计在国际清偿力的范围内。借入储备主要包括备用信贷、互惠信贷和支付协议。

国际储备有广义和狭义之分。广义的国际储备既包括一国货币当局自有的国际储备，也包括一国货币当局已借入但还未使用的储备。广义的国际储备又称国际清偿力，而通常所说的国际储备是指狭义的或自有的国际储备。20 世纪 80 年代，有些学术研究把本国商业银行富有流动性的短期外汇资产也计入国际清偿力的范畴。其理由是：一国货币当局很容易通过各种强制或者诱导性措施获得这些外汇资产。按照这个口径，国际清偿力的统计口径就有了进一步的扩大，如表 9–3 所示。

表 9–3　国际清偿力构成要素

<table>
<tr><td rowspan="3">国际清偿力的构成要素</td><td>自有储备</td><td>黄金储备
外汇储备
在 IMF 的储备头寸
SDR</td><td>国际储备</td></tr>
<tr><td>借入储备</td><td colspan="2">备用信贷
互惠信贷
支付协议</td></tr>
<tr><td>诱导储备</td><td colspan="2">商业银行的对外短期可兑换资产</td></tr>
</table>

【例 9】(中山大学 2014 年)与国际储备相比，国际清偿力的范畴(　　)。

A. 更大　　B. 更小　　C. 相等　　D. 两者无法比较

答案：A。国际清偿力是指广义的国际储备，包括自有储备、借入储备和诱导储备，因此是一个更大的概念。

(3) 特别提款权(SDR)

① 概念

特别提款权(Special Drawing Right，SDR)，亦称“纸黄金”(Paper Gold)，最早发行于 1969 年，是国际货币基金组织根据会员国认缴的份额分配的，可用于偿还国际货币基金组织债务、弥补会员国政府之间国际收支逆差的一种账面资产。其价值目前由美元、欧元、人民币、日元和英镑组成的一篮子储备货币决定。会员国在发生国际收支逆差时，可用它向基金组织指定的其他会员国换取外汇，以偿付国际收支逆差或偿还基金组织的贷款，还可与黄金、自由兑换货币一样充当国际储备。因为它是国际货币基金组织原有的普通提款权以外的一种补充，所以称为特别提款权。

② 定价

IMF 采用加权平均的方法来确定 SDR 的价值。2016 年 10 月 1 日人民币加入 SDR 后，新的货币篮子生效，美元、欧元、人民币、日元、英镑所占权重分别为 41.37%、30.93%、10.92%、8.33%、8.09%。则 SDR 价值计算公式为：以美元表示的 SDR 价值 $=1\times41.37\%+\frac{美元}{欧元}\times30.93\%+\frac{美元}{人民币}\times10.92\%+\frac{美元}{英镑}\times8.09\%+\frac{美元}{日元}\times8.33\%$。

③ 特征

第一，由于 SDR 的价值是由几种主流货币加权平均计算后得到的，因此其价值相对稳定。

第二，SDR 仅限于会员国政府之间和 IMF 与会员国之间使用。

第三，SDR 是一种账面资产，不具备流通手段的职能。

【专家观点】郑联盛：人民币加入 SDR 货币篮子及其对金融改革的影响(具体内容，请扫描本书前言中的二维码进行下载。)

3. 国际储备管理

从一国的角度来看，国际储备的管理主要涉及两个方面：第一是数量管理；第二是币种管理。数量管理讲的是一国应保持多少储备才算合理；币种管理讲的是怎样搭配不同种类的储备货币，才能使风险最小或收益最大。

(1) 储备需求的数量管理

罗伯特．特里芬教授在 1960 年出版的《黄金和美元危机》一书中，通过大量的数据分析得出这样的结论：一国国际储备的合理数量，约为该国年进口额的 20%~50%。他认为影响一国适度国际储备量的因素主要有以下几个方面：

① 对外贸易状况。对外贸易规模大，对外贸依存度高的国家，对外贸易在国民经济中所处的地位和发挥的作用大，就需要较多的国际储备；相反，较少的国际储备就可以满足需求。

② 汇率制度。储备需求与汇率制度有着密切的关系。如果一国实行的是固定汇率制度，并且政府不愿意经常性地改变汇率水平，则该国的储备规模就应该相对高些。如果该国实行的是浮动汇率制度，其国际储备的保有量可相对较低。

③ 外汇管制程度。管制越严，需要的储备就越少；反之，需要的储备就越多。

④ 货币的国际地位。一国货币如果处于储备货币的地位，那么它可以通过输出本国货币的办法来弥补国际收支逆差，不需要较多的国际储备；相反，则需要较多的国际储备。

⑤ 持有储备货币的机会成本。持有储备的相对成本越高，则储备的保有量就应越低。

⑥ 金融市场的发育程度。一国的金融市场发达程度越高，其国际储备水平就可以低一些，因为发达的金融市场能够提供较多的诱导性储备，这些储备对利率和汇率等调节政策的反应比较灵敏；相反，则需要较高的国际储备规模。

【例 10】（清华大学 2018 年）与一国国际储备需求正相关的因素是（　　）。

A. 持有国际储备的成本　　B. 一国经济的对外开放程度

C. 货币的国际地位　　D. 外汇管制的程度

答案：B。一国经济的对外开放程度越高，对外贸易数量也越大，从而需要的国际储备也就越多。

（2）储备资产的币种管理

储备资产币种管理应遵循的主要原则是：

第一，币值的稳定性。以什么储备货币来保有储备资产，首先要考虑币值的稳定性。在这里，主要考虑不同储备货币之间的汇率以及相对通货膨胀率。一种储备货币的贬值，必然对应另外一种储备货币的升值。其次，不同储备货币的通货膨胀率也是不一样的。管理的任务就是要根据汇率和通货膨胀率的实际走势和预期走势，经常地转换货币，搭配货币，以达到收益最大或损失最小。

第二，盈利性。不同储备货币资产的收益率高低不同，它们的名义利率减去通货膨胀率再减去汇率的变化，即为实际收益率。币种管理的任务不仅仅是要研究过去，更重要的预测未来，观测利率、通货膨胀率、汇率的变化趋势，以决定自己的币种选择。另外，同一币种的不同投资方式，也会导致不同的收益率。有的投资工具，看上去收益率较高，但风险较大；有的看上去收益较低，但风险较小。盈利性要求适当地搭配币种和投资方式，以求得较高的收益率或较低的风险。

第三，国际经贸往来的方便性。方便性管理是指在储备货币币种的搭配上，要考虑对外经贸和债务往来的地区结构和经常使用清算货币的币种。

知识点三　国际资本流动

1. 国际资本流动

（1）国际资本流动的种类与原因

国际资本流动，也称国际资本移动，是指资本跨越国界的移动过程。在绝大多数情况下，这个过程是通过国际间的借贷、有价证券买卖或其他财产所有权的交易来完成的。

根据资本流动的具体方式，国际资本流动可以大致分为国际直接投资、国际证券投资和国际贷款。国际直接投资根据投资者动机的不同，又可分为资源导向型投资、出口导向型投资、降低成本型投资、研究开发型投资、发挥潜在优势型投资和克服风险型投资等。

资本在国际间流动的根本原因是各国的资本收益率不同，资本从低收益率国家向高收益国家的不断转移，从而形成国际资本流动。

（2）国际资本流动的经济影响

国际资本流动对经济的有利影响：

① 国际资本流动在一定程度上打破了国与国之间的界限，使资本得以在全球范围内进行有效配置，有利于世界总产量的提高和经济福利的增加。

② 通过各种方式的投资和贷款，国际支付能力能够有效地在各国间进行转移，有助于国际贸易的顺利开展和全球性国际收支的平衡。

③ 国际直接投资有效地促进了生产技术在全球范围的传播，使科学技术成为人类的共同财富。

④ 国际证券投资可以使投资者对其有价证券资产进行更为广泛的多元化组合，从而分散投资风险。

国际资本流动对经济的不利影响：①传递国际金融风险；②冲击所在国的经济。

2. 货币危机理论

货币危机的含义有广义和狭义两种，从广义上看，一国货币的汇率波动在短期内超过一定幅度时，就可以称为货币危机，从狭义上看，货币危机是与对汇率波动采取某种限制的汇率制度相联系的，它主要发生在固定汇率制度下，是指市场参与者对一国的固定汇率制度失去信心时，就会通过外汇市场抛售等操作导致该国固定汇率制度崩溃，外汇市场持续动荡的事件。

从20世纪70年代末起，货币危机理论开始形成比较独立和完整的理论体系。按照时间划分，其发展共可分为三个阶段，第一个阶段是以克鲁格曼模型为主，称为第一代货币危机理论；第二个阶段从80年代中期开始，以“预期自我实现型货币危机”为代表，称为第二代货币危机理论；第三个阶段从1997年亚洲金融危机开始。

（1）第一代货币危机理论——克鲁格曼危机理论

该理论认为，货币危机的根源在于过度的扩张性财政货币政策导致经济基础恶化，是由投机性冲击触发的，政府使用外汇储备来进行应对，当储备降至最低限时，危机爆发，防范机制是紧缩性的财政货币政策。

（2）第二代货币危机理论——预期自我实现型模型

该理论认为，货币危机的根源是市场投机者的贬值预期，同样是由投机性冲击触发的，政府的应对策略是提高利率水平。当维持固定汇率的成本大过收益的时候，危机爆发，防范机制是提高政府政策的可信性。

（3）第三代货币危机理论

第三代货币危机理论，又称货币危机新论，是在亚洲金融危机爆发后，理论界对其进行的研究，主要有道德风险论，基本因素论和金融恐慌论。

① 道德风险论。该理论认为，政府的隐含担保导致的道德风险是引发危机的真正原因，货币价值的波动只不过是危机的一个表现而已。该理论对亚洲金融危机有部分解释力，但忽略了许多重要方面，没有解释什么因素促进了危机爆发。

② 基本因素论。该理论认为一国的基本面因素是决定危机是否爆发的关键，基本面的恶化包括内部不平衡和外部不平衡，基本面因素不能预测危机爆发时间，但能表明危机的趋势。投机，政治危机是促进金融危机的催化剂。该理论在指标中加入了金融危机的表现，更加符合实际。但是基本面因素是导致危机的必要而非充分条件，各国的恶化程度不同，没有统一的危机预示，同时也没有说明危机爆发的机制。

③ 金融恐慌论。该理论认为危机发生前一段较短时间内突然流入的外资潜伏着极大的风险，危机爆发前后，金融市场上出现了一系列导致金融恐慌的事件，危机爆发后，一系列因素使金融恐慌不断放大，恶化了危机。该理论的政策含义是，如金融体系要进行改革，使其健康发展，国际金融市场必须有一个公平有效的组织充当最终贷款人，同时政策制定者必须全面而又谨慎的制定和采取合理措施。

【知识拓展】三代货币危机理论的比较

三代货币危机理论都是在单商品的假定下展开的，研究的侧重面各有不同。第一代着重讨论经济基本面，第二代的重点放在危机本身的性质、信息与公众的信心上，而到第三代货币危机理论，焦点则是金融体系与私人部门，特别是企业。

第一代货币危机理论认为一国货币和汇率制度的崩溃是由于政府经济政策之间的冲突造成的，这一代理论解释70年代末、80年代初的“拉美”式货币危机最有说服力，对1998年以来俄罗斯与巴西由财政问题引发的货币波动同样适用。

第二代货币危机理论认为政府在固定汇率制上始终存在动机冲突，公众认识到政府的摇摆不定，如果公众丧失信心，金融市场并非天生有效的，存在种种缺陷；这时，市场投机以及羊群行为会使固定汇率制崩溃，政府保卫固定汇率制的代价会随着时间的延长而增大。第二代理论应用于实践的最好的例证是1992年英镑退出欧洲汇率机制的情况。

第三代货币危机理论认为关键在于企业、脆弱的金融体系以及亲缘政治，这是东南亚货币危机之所以发生的原因所在。在对于东南亚金融危机的解释上，理论界存在着两种看法：一种认为这并非是新的危机，已有的货币危机理论已经足以解释；另一种则认为已有危机理论无法充分解释，并导致第三代货币危机理论的发展。事实上，这两种观点之间没有本质的分歧，各自从不同的侧重点回答这次危机是否是一次新的危机。前者强调原有两代理论的思路和方法仍适用于本次危机，特别是第二代货币危机理论中既给予基本面以重要地位又承认多重均衡、自我实现式冲击的存在这一模型具有良好的解释力，与此同时他们并不否认东南亚国家危机前的特征与历史上货币危机前的特征的差异。至于后者，他们更强调本次危机发生前的新表现，认为应寻找新的危机的形成和传导机制，用主流方法建立模型，但其建模的方法和对诸如自我实现、多重均衡等核心概念的认识与应用与已有的文献仍然是一致的。

这三代货币危机理论的发展表明，货币危机理论的发展取决于有关货币危机的实证研究的发展和其他相关领域研究工具或建立模型方法的引入与融合。这三代货币危机理论虽然从不同的角度回答了货币危机的发生、传导等问题；但是，关于这方面的研究还远不是三代危机理论所能解决的。例如，这三代危机理论对各种经济基本变量在货币危机积累、传导机制中的作用，对信息、新闻、政治等短期影响投资者交易心理预期因素的研究都显得有很大的欠缺；同时，这三代货币危机理论对于资本管制下货币危机爆发的可能性、传导渠道等均未涉及，其中第三代货币危机理论认为紧急资本管制是应付货币危机的手段之一。

3. 托宾税

（1）托宾税的概念

所谓的“托宾税”是指外汇交易税，是由诺贝尔经济学奖得主詹姆斯·托宾提出。托宾认为，浮动汇率体制下的货币投机活动可能导致汇率过度波动，因而他主张对所有的外汇交易买卖征收相当交易额1%的外汇交易税，后来人们称之为“托宾税”。按照托宾的说法，这是“给国际资金融通的轮盘里掺点沙子”，使货币交易速度减慢，成本增加。

（2）托宾税实施的意义

托宾税是减少资本金流入的一种方法。它可以有效地抑制短期资本的流入，而对长期资本的流入所起的作用并不是很大。一方面，由于投资者具有多元化投资的动机，因此托宾税可能会降低金融市场的波动性，“托宾税”会更多地抑制那些不稳定的交易者，从而最终有利于市场效率的提高。另一方面，由于开征“托宾税”引起投资方向的转移，达到了通过税收来调节资源分配的目的。

（3）托宾税的实施条件

①“托宾税”的征收要求各国政策的协调的一致，否则外汇交易就可能转移到所谓的

“税制天堂”去。但在各国协调中可能出现许多障碍难以克服，如征收对象、征收范围及“托宾税”的收入分配等很难协调。

②“托宾税”的征收还要解决一系列的技术难题，如应确定一个怎样的税基，才能既遵守公平原则又能把不同性质的外汇交易区别开来；应确定一个什么样的税率，能阻止投机且又不使外汇交易量大幅度减少，保持外汇市场的活力；应不应该对衍生金融工具市场进行征税等。

习题精编

一、选择题

1.(清华大学 2016 年)经常账户中，最重要的项目是(　　)。

A. 贸易收支　　B. 劳务收支　　C. 投资收益　　D. 单方面转移

2.(对外经贸 2018 年)根据 IMF 公布的第六版国际收支手册，本国居民在外国所持股票获得的红利收入应被计入的账户是(　　)。

A. 资本转移　　B. 证券投资　　C. 初次收入　　D. 二次收入

3.(复旦大学 2018 年)一般而言，由(　　)引起的国际收支平衡是长期而持久的。

A. 经济周期更迭　　B. 货币价值变动　　C. 预期目标改变　　D. 经济结构滞后

4.(中山大学 2014 年)J 曲线效应描述的是(　　)。

A. 收入分配状况随着经济的增长先恶化再改善的过程

B. 一国内部各区域间经济差距随着经济增长先扩大再缩小的过程

C. 国际收支随着货币贬值先恶化再改善的过程

D. 国际收支随着货币贬值先改善再恶化的过程

5.(中山大学 2014 年)按照国际收支的货币论，一国基础货币的来源是(　　)。

A. 央行的国内信贷　　B. 央行的国内信贷与外汇储备之和

C. 央行的外汇储备　　D. 央行的国内信贷与外汇储备之差

6. 以凯恩斯的国民收入方程式为基础来分析国际收支的方法是(　　)。

A. 弹性分析法　　B. 吸收分析法　　C. 货币分析法　　D. 结构分析法

7. 下面不会出现“米德冲突”的经济状况是(　　)。

①失业增加与国际收支逆差　　②失业增加与国际收支顺差

③通货膨胀与国际收支逆差　　④通货膨胀与国际收支顺差

A. ①③　　B. ①④　　C. ②③　　D. ②④

8. 如果一个经济具有线性结构，决策者有 n 个政策目标，至少要有 n 个相互独立的政策工具，才能实现这 n 个政策目标。此观点属于(　　)。

A. 蒙代尔-弗莱明模型的结论　　B. 三元悖论的政策主张

C. 丁伯根原则　　D. 有效市场分类原则

9. 当一国同时处于通货膨胀和国际收支逆差时，应采用(　　)。

A. 紧缩的货币政策和紧缩的财政政策　　B. 紧缩的货币政策和扩张的财政政策

C. 扩张的货币政策和紧缩的财政政策　　D. 扩张的货币政策和扩张的财政政策

10.(清华大学 2015 年)如果资本可以自由流动，下面哪个说法较为确切？(　　)

A. 在固定汇率制和浮动汇率制下，财政政策对产出的影响是一样的

B. 相比浮动汇率制，在固定汇率制下财政政策对产出的影响更大

C. 相比浮动汇率制，在固定汇率制下财政政策对产出的影响更小

D. 以上说法都不对

11.（复旦大学 2018 年）仅限于会员国政府之间和 IMF 与会员国之间使用的储备资产是（　　）。

A. 黄金储备　B. 外汇储备　C. 特别提款权　D. 普通提款权

12. 国内居民对本国货币的币值稳定失去信心或本国货币资产收益率相对降低时，外币在货币的各个职能上全面或部分地替代本币发挥作用。这种现象是指（　　）。

A. 金融危机　B. 资本外逃　C. 货币替代　D. 货币危机

13. 如果征收“托宾税”，其目的在于（　　）。

A. 抑制外汇投机　B. 抑制通货膨胀　C. 调节国际收支　D. 减少财政赤字

二、简答题

14. 名词解释：辛迪加贷款。

15.（山东大学 2016 年）简述考察国际收支不平衡的口径有哪些。

16.（华东师大 2014 年）简述国际储备管理的主要内容。

17.（人民银行 2008 年）在固定汇率制度下国际收支自动调节机制是怎样的？

18. 衡量一国外债规模的常用指标有哪几个？

三、论述题

19.（华南理工 2017 年）2016 年 10 月 1 日，国际货币基金组织（IMF）将人民币纳入特别提款权（SDR），成为 SDR 货币篮子中的第五种货币。请问人民币加入 SDR 是否意味着人民币实现了自由兑换？请给出你的理由。什么是货币的自由兑换？一个国家货币实现自由兑换的条件是什么？

20.（四川大学 2017 年）2016 年 10 月 1 日，IMF 发表声明宣布人民币加入 SDR 货币篮子正式生效，SDR 货币篮子的币种和权重相应进行了调整，正式扩大至美元、欧元、人民币、日元、英镑等五种货币，权重分别为 41.73%、30.93%、10.92%、8.33% 和 8.09%。人民币正式入篮 SDR 后，各国央行持有的人民币资产被 IMF 承认为外汇储备。IMF 会相应地修改外汇储备币种构成统计调查（COFER）的统计报表，将人民币纳入统计。人民币还成为 IMF 的交易货币，向 IMF 缴纳份额、IMF 向成员国提供贷款、成员国向 IMF 还款以及 IMF 向成员国支付利息等在内的 IMF 官方交易均可使用人民币进行。

请回答以下问题：

（1）什么是 SDR？

（2）根据 IMF 的定义，各会员国的国际储备主要包括哪些？

（3）人民币加入 SDR 货币篮子有何意义？请谈谈你的看法。

21.（南京大学 2015 年）根据投资者的动机不同，国际直接投资可分为哪些类型？

22.（东北财大 2014 年）试述资本流动对输入国的经济影响。

习题参考答案

一、选择题

1. A。经常项目包括有形货物收支（贸易收支）、无形货物收支（即服务）、收入和经常转移收支，前两项构成经常项目收支的主体。贸易收支是经常账户下典型的最重要的部分，即贸易状况的变化是经常账户的主要影响因素。

2. C。初次收入，即经常账户下的收入项目，指为生产过程中付出劳务或因提供金融资产和出租自然资源而获得的报酬。二次收入是指居民与非居民之间的经常转移。

3. D。经济周期更迭属于周期性失衡，货币价值变动属于货币性失衡，预期目标的改变属于预期性失衡，经济结构滞后属于结构性失衡。结构性失衡是指国内经济、产业结构不能适应世界市场的变化而发生

的国际收支失衡，结构性失衡通常反映在贸易账户或经常账户上。结构性失衡具有长期的性质，扭转起来相当困难。

4. C。在短期内，由于种种原因贬值之后有可能使贸易收支首先恶化。过了一段时间以后，待出口供给和进口需求作了相应的调整后，贸易收支才慢慢开始改善。出口供给的调整时间，一般被认为需要半年到一年的时间。整个过程用曲线描述出来，呈字母 *J* 形。故在马歇尔-勒纳条件成立的情况下，贬值对贸易收支改善的时滞效应，被称为 *J* 曲线效应。

5. B。基础货币又称为高能货币，等于流通中的现金加上银行体系的准备金总额。货币当局投放基础货币的渠道主要有三个：①在公开市场上购买政府债券、向财政透支或直接贷款，变动对政府的债权；②在外汇市场上买卖黄金、变动外汇储备；③对商业银行办理再贴现或发放再贷款，变动对金融机构的债权。

6. B。弹性分析法是以微观经济学为基础的，货币分析法具有货币主义色彩，结构分析法则包含了经济发展水平、供给结构等发展经济学因素在内，主要用来解释发展中国家的国际收支问题。吸收分析法建立的基础是凯恩斯主义的宏观经济分析，他把经济活动视为一个互相联系的整体。

7. C。英国经济学家詹姆斯·米德于 1951 年在其名著《国际收支》中最早提出了固定汇率制下的内外均衡冲突问题。这被称为“米德冲突”，即在汇率固定不变时，政府只能主要运用影响社会总需求的政策来调节内外均衡，在开放经济运行的特定区间便会出现内外均衡难以兼顾的情形。在米德的分析中，内外均衡的冲突一般是指在固定汇率下，失业增加、经常账户逆差或通货膨胀、经常账户盈余这两种特定的内外经济状况组合。

8. C。丁伯根法则(Tinbergen’s Rule)是由丁伯根提出的关于国家经济调节政策和经济调节目标之间关系的法则。其基本内容是：政策工具的数量或控制变量数至少要等于目标变量的数量；而且这些政策工具必须是相互独立(线性无关)的。

9. A。蒙代尔认为财政政策对内部均衡最有效，而货币政策在外部均衡上最有效。通货膨胀意味着国内总供给大于总需求，应采用紧缩性财政政策抑制总供给。当出现国际收支逆差时，央行采取紧缩性货币政策，提高利率，由于资本套利的存在，就会使一部分资金内流，从而缓解逆差。

【科兴提示】这道题目不能使用斯旺模型来分析。斯旺模型强调的是用支出转换政策(汇率)来谋求外部均衡。也就是说，斯旺模型和蒙代尔模型的区别主要体现在纵坐标上。

10. B。蒙代尔-弗莱明模型认为，开放经济条件下，货币政策和财政政策的有效性主要取决于资本在国际间的流动程度和当时所实行的汇率制度。在资本完全流动时，财政政策在固定汇率制下有效，在浮动汇率制下无效；相反，货币政策在浮动汇率制下有效而在固定汇率制下无效。

11. C。狭义的国际储备包括一国的货币用黄金储备、外汇储备、在国际货币基金组织的储备地位，以及在国际货币基金组织的特别提款权余额。其中，特别提款权有以下特征：①价值稳定；②仅限于会员国政府之间和 IMF 与会员国之间使用；③不是一种完全的货币，不能执行货币的流通手段的职能。

12. C。所谓货币替代，简单来说就是指在开放经济与货币可兑换条件下，本币的货币职能部分或全部被外国货币所替代的一种经济现象。货币替代现象在现代经济中非常普遍，世界各国几乎都不同程度地存在这种现象，譬如在该国人们可以使用外汇进行交易，持有外国金融资产等等。

13. A。托宾税是指对现货外汇交易课征全球统一的交易税，旨在减少纯粹的投机性交易。

二、简答题

14. 辛迪加贷款又称“银团贷款”，由一家或几家银行牵头，若干家商业银行联合向借款人提供资金的贷款形式。20 世纪 60 年代发展成为国际上中、长期筹资的主要途径。借款人只需委托一家银行牵头组织贷款，手续方便；借款成本(包括利息和各种费用)相对较低；贷款金额较大，可达数十亿美元；贷款期限长，从 3 年到 15 年不等，通常采用分期偿还方式，大部分采用浮动利率。贷款大部分用美元计算，也有用法国马克、瑞士法郎、日元等计算。借款人多为各国政府机构、国际机构和大公司。

15. 考察国际收支不平衡的口径主要有：

（1）贸易差额。贸易差额是一国在一定时期内出口总值与进口总值之间的差额。一国的进出口贸易收支是其国际收支中经常项目的重要组成部分，是影响一个国家国际收支的重要因素。

（2）经常项目差额。经常项目差额是一定时期内一国商品、服务、收入和经常转移项目上借方总值和同期商品、服务、收入和经常转移项目上贷方总值之差。经常项目差额是国际收支平衡表中最重要的收支差额。

（3）基本差额。基本差额是经常账户加上长期资本的差额。它是经常账户交易、长期资本流动的结果，它是将短期资本流动和官方储备变动作为线下交易。它反映了一国国际收支的长期趋势。

（4）官方结算差额。官方结算差额是经常账户交易、长期资本流动和私人短期资本流动的结果，它将官方短期资本流动和官方储备变动作为线下交易。官方结算差额衡量了一国货币当局所愿意弥补的国际收支差额。

16. 国际储备管理是一国政府或货币当局根据一定时期内本国的国际收支状况和经济发展的要求，对国际储备的规模、结构和储备资产的使用进行调整、控制，从而实现储备资产的规模适度化、结构最优化和使用高效化的整个过程。从一国的角度来看，国际储备的管理主要涉及两个方面：第一是数量管理；第二是币种管理。数量管理讲的是一国应保持多少储备才算合理；币种管理讲的是怎样搭配不同种类的储备货币，才能使风险最小或收益最大。

（1）储备需求的数量管理

罗伯特．特里芬教授在1960年出版的《黄金和美元危机》一书中，通过大量的数据分析得出这样的结论：一国国际储备的合理数量，约为该国年进口额的20%～50%。他认为决定一国最佳储备量的因素主要包括：①进口规模；②进出口贸易差额的波动幅度；③汇率制度；④国际收支自动调节机制和调节政策的效率；⑤持有储备的机会成本；⑥金融市场的发育程度；⑦国际货币合作状况；⑧国际资金流动状况。

（2）储备资产的币种管理

储备资产币种管理应遵循的主要原则是：

① 币值的稳定性。以什么储备货币来保有储备资产，首先要考虑币值的稳定性。在这里，主要考虑不同储备货币之间的汇率以及相对通货膨胀率。一种储备货币的贬值，必然对应另外一种储备货币的升值。其次，不同储备货币的通货膨胀率也是不一样的。管理的任务就是要根据汇率和通货膨胀率的实际走势和预期走势，经常地转换货币，搭配货币，以达到收益最大或损失最小。

② 盈利性。不同储备货币资产的收益率高低不同，它们的名义利率减去通货膨胀率再减去汇率的变化，即为实际收益率。币种管理的任务不仅仅是要研究过去，更重要的预测未来，观测利率、通货膨胀率、汇率的变化趋势，以决定自己的币种选择。另外，同一币种的不同投资方式，也会导致不同的收益率。有的投资工具，看上去收益率较高，但风险较大；有的看上去收益较低，但风险较小。盈利性要求适当地搭配币种和投资方式，以求得较高的收益率或较低的风险。

③ 国际经贸往来的方便性。方便性管理是指在储备货币币种的搭配上，要考虑对外经贸和债务往来的地区结构和经常使用清算货币的币种。

17. 在纸币本位的固定汇率制度下的国际收支自动调整机制：

（1）国际收支失衡的利率效应，一国国际收支出现赤字时，为了维持固定汇率，一国货币当局就必须干预外汇市场，抛售外汇储备，回购本国货币，造成本国货币供应量的减少。这会带来市场银根的紧缩，利息率上升，于是导致本国资本外流的减少，外国资本流入的增加，结果使资本账户收支改善；反之，国际收支盈余会通过利息率的下降导致本国资本流出增加，外国资本流入减少，使盈余减少或消除。

（2）国际收支失衡的现金余额效应，国际收支出现赤字时，货币供给减少，公众为了恢复现金余额的水平，就会直接减少国内支出，同时利息率的上升也会进一步减少国内支出，从而进口需求也随之下降，国际收支得到改善。同样，盈余也可以通过国内支出增加造成的进口需求增加而得到自动削减。

(3) 国际收支失衡的相对价格效应，国际收支赤字时，货币供给的下降通过现金余额效应或收入效应，会引起价格水平的下降，本国产品相对价格下降，会增加出口需求，减少进口需求，从而国际收支改善。而盈余通过物价的上升也得到自动减少。

18. 外债是指一切本国居民对非居民承担的、契约性的、以外国货币或者本国货币为核算单位的、有偿义务的负债。衡量一国外债规模的常用指标有以下四个：

(1) 偿债率。这是指当年中长期外债还本付息额加上短期外债付息额与当年货物和服务项下外汇收入之比，用以反映一个国家当年所能够承受的还本付息能力，警戒线为20%。突破20%这一警戒线，就有发生偿债危机的可能性。当然这一限度只能作为参考，超过这一警戒线并不一定就会发生债务危机，因为一国的偿债能力还取决于所借外债的种类、期限和出口贸易增长速度等重要因素，尤其取决于一国的总体经济实力。

(2) 债务率。这是指年末外债余额与当年货物和服务贸易外汇收入之比，用以反映一国国际收支口径的对外债总余额的承受能力，警戒线为100%。如果负债率超过100%，说明债务负担过重。但这也不是绝对的，因为即使一国外债余额很大，如果长期债务和短期债务期限分布合理，当年的还本付息额也可保持在适当的水平。

(3) 负债率。这是指外债余额与国民生产总值之比，用于反映国民经济状况与外债余额相适应的关系，警戒线为20%。超过20%这个数值，就有可能对外资过分依赖，当金融市场或国内经济发生动荡时，容易出现偿债困难。

(4) 短期债务比率。这是指当年外债余额中，一年及一年以下短期债务所占比重。这是衡量一国外债期限结构是否安全合理的指标，它对某一年债务还本付息额影响较大，一般不宜超过20%。

三、论述题

19. (1) 2016年10月1日，IMF正式将人民币纳入SDR，但这并不意味着人民币就此实现了自由兑换。按照国际货币基金组织的定义，一国若能实现贸易账户和非贸易账户(即经常账户)下的货币自由兑换，该国的货币就被列为可兑换货币。货币兑换分三个层次：一是不可兑换；二是国际收支经常项目下可兑换；三是完全可自由兑换，即在经常项目和资本项目下均可以自由兑换。国际货币基金组织(IMF)对货币可兑换进行了界定，将经常项目下可兑换确定为最低层次的可兑换。

中国于1996年底实现了人民币经常项目的自由兑换，人民币在经常项目上的自由兑换，促进了我国对外贸易，尤其是出口的发展。但是，和世界上绝大多数货币一样，在资本和金融项目上，人民币并未完全开放自由兑换。中国目前对资本和金融项目的开放主要体现在直接投资上，而对证券投资、信贷融资等国际纯金融流动开放较少。

(2) 国际经验表明，一国要实现资本项目的对外开放至少应具备下列条件：

第一，健康的宏观经济状况；

第二，健全的微观经济主体；

第三，合理的经济结构和国际收支的可维持性；

第四，恰当的汇率制度与汇率水平。

(3) 当前我国的社会经济实力还不能完全满足货币自由兑换的要求，资本项目的开放还受到许多条件的制约。主要是：

① 人民币汇率、利率形成机制不够完善。在目前的结售汇制度下，人民币汇率水平并不是完全反映外汇市场供求的均衡汇率。国家对市场行为主体持有、使用外汇还存在着诸多限制，决定人民币汇率的银行间外汇头寸市场被几家大银行所垄断，汇率缺乏真实性。在这样的情况下开放资本项目，将会导致外汇供求的失衡和外汇市场的混乱。

② 通货膨胀的压力依然存在。几年来，适度从紧的货币政策已使中国的通货膨胀得到了有效的遏制，但不断增加的财政赤字使通货膨胀的隐患依旧存在。在币值稳定的基础上开放资本项目，必然导致外资的大量流入和外汇储备的增加，从而加大外汇占款的基础货币的投放量，加大了通货膨胀的可能性。

③ 国内金融市场不够完善。资本项目开放将使国内外金融市场的联系更加紧密，国际金融市场的动荡会很快传递到国内，而健康的金融市场体系能较好地应对各种冲击，具有自我减震作用。目前我国金融市场的发展还不够成熟，金融机构类型单一，垄断性强；金融产品种类稀少，交易量小，不能满足社会需求；金融机构还尚未建立起适应国际竞争的机制；短期货币市场与外汇市场的发育还很幼稚，中央银行无法通过它们进行有效的调控。

④ 微观经济主体缺乏活力。企业是微观经济活动的主体，由于长期以来的计划经济体制所致，在经济中占据主导地位的国有企业普遍低效，目前处于转制过程中的国有企业亏损面相当大，由于企业缺乏自主权、经营管理不善等种种原因，企业尚不具备灵活的机制来适应资本流动、资本价格变动和汇率变动带来的影响，国际竞争能力十分薄弱。

20. (1) 特别提款权(Special Drawing Right，SDR，亦称纸黄金)是国际货币基金组织创设的一种储备资产和记账单位，亦称“纸黄金(Paper Gold)”。它是基金组织分配给会员国的一种使用资金的权利。会员国在发生国际收支逆差时，可用它向基金组织指定的其他会员国换取外汇，以偿付国际收支逆差或偿还基金组织的贷款，还可与黄金、自由兑换货币一样充当国际储备。但由于其只是一种记账账单位，不是真正货币，使用时必须先换成其他货币，不能直接用于贸易或非贸易的支付。因为它是国际货币基金组织原有的普通提款权以外的一种补充，所以称为特别提款权。

(2) 国际储备，是指一国货币当局能随时用来干预外汇市场、支付国际收支差额的资产。根据 IMF 的定义，各会员国的国际储备主要包括自有储备和借入储备。自有储备就是通常所说的国际储备，这类储备的所有权归一国货币当局，因而是严格意义上的国际储备，它包括一国货币当局持有的黄金储备、外汇储备、在 IMF 的储备头寸，基于在 IMF 的 SDR 余额。在当今世界经济中，外汇储备构成国际储备的主体。随着各国经济相互依存度的提高和金融往来的日益密切，IMF 现在已把备用信贷，互惠信贷和支付协议统计再国际清偿力范围内，我们称之为借入储备。

(3) 人民币加入 SDR 货币篮子，对于中国来说意义重大。这既是中国融入全球金融体系的重要里程碑，也是中国金融改革开放的新起点。

① 加快人民币国际化进程。一是人民币加入 SDR 意味着人民币是 IMF 认定“可自由使用”货币。根据相关规定，IMF 官方交易使用 SDR 或可自由使用货币来进行，这些交易包括向 IMF 缴纳份额、IMF 向成员国提供贷款和成员国向 IMF 还款、IMF 向成员国支付利息等。在人民币加入 SDR 之前，中国向 IMF 缴纳份额只能选择美元、欧元、英镑或日元中的一种，实际认缴是用美元完成的；人民币加入 SDR 后，中国可以用人民币直接向 IMF 缴纳份额，其他各成员国想用人民币向 IMF 缴纳份额也都可选择人民币。二是各国政府使用人民币的动力增强。中国已是许多国家最大的贸易伙伴国和对外投资国，各国对人民币的潜在需求巨大，人民币加入 SDR 后，各国将人民币纳入外汇储备意愿增强。三是有助于中国企业和个人在跨境贸易和投资中使用人民币。随着人民币加入 SDR，国际上对人民币的认知度得到提高，市场对人民币的信心将增强，将减少境外使用人民币的阻力、增强使用人民币的意愿，国外企业和个人对人民币的接受程度也会提高。

② 有序实现资本账户可兑换。人民币加入 SDR，对资本市场开放提出更高要求，将推进我们有序实现人民币资本项目可兑换，提高可兑换、可自由使用程度。人民币加入 SDR，也对中国金融监管提出更高要求，人民币储备货币功能的发挥需要中国稳健的金融体系做支撑，这离不开有效的金融监管特别是宏观审慎管理，包括进一步提高监管标准、完善宏观审慎框架下的外债和资本流动管理体系等，从而在开放的宏观经济格局和更趋复杂的金融市场环境下增强中国金融管理的主动性和有效性。

③ 深化国内金融体制改革。人民币加入 SDR 的过程，是中国以建设性的方式、遵照现有审查程序和审查标准参与 SDR 审查的过程，也是中国不断深化经济改革、扩大金融开放的过程。人民币加入 SDR 对中国货币政策框架、利率政策和汇率制度；金融机构体系和金融市场体系；金融基础设施建设和金融风险防范等方面都提出更高的要求。将推进中国货币政策框架、利率政策和汇率制度更加市场化、更具灵活性；推动中国金融机构体系和金融市场体系更有活力、竞争力和包容性；促进中国金融基础设施和金融风险防

范机制更有效率。

④ 完善全球经济治理。人民币加入SDR意味着自20世纪80年代以来，第一次有发展中国家的货币进入SDR货币篮子，表明发展中国家和新兴市场经济体在全球经济治理中的发言权和代表性正在提高，有助于改善以往单纯以发达国家货币作为储备货币的格局，增强SDR本身的代表性、稳定性和吸引力。人民币加入SDR是中国国际地位和影响力提升的反映，中国正在走向国际经济舞台中央，将在国际经济规则制定中发挥更加积极的作用。

21. 国际直接投资是指投资者跨越国界，通过创立、收购等手段，以掌握和控制国外企业经营活动从而谋取利润的一种投资活动。根据投资者的动机不同，国际直接投资可分为以下几种类型：

(1) 资源导向型投资。几乎没有任何一个国家拥有足够多、品种齐全的自然资源。面对国内不断增长的原材料需求和世界性的能源危机，就必须到资源禀赋丰足的国家直接投资，建立原材料生产基地和供应网点，以确保生产经营的正常进行。

(2) 出口导向型投资。国内市场是有限的，特别是随着生产的发展和竞争的加剧，国内市场很快会趋于饱和。因此，出口市场份额对于一国经济发展和企业壮大具有重要意义。在贸易保护主义盛行的年代，当正常的贸易手段无法绕过关税和非关税壁垒时，直接投资便成为“撬开”国外市场大门的绝招。

(3) 降低成本型投资。由于劳动力成本上升，发达国家和一些新兴工业化国家的企业在国际市场上的竞争中已难以稳操胜券。为保持商品的竞争能力，它们以直接投资方式，把费工费时的生产工序和劳动密集型产品的生产转移到劳动力资源充裕和便宜的国家或地区。此外，在原材料产地附近投资建厂所节约的运输费用，东道国政府为吸引外资所给予的优惠待遇等，也都有助于减少成本开支，获取比较利益。

(4) 研究开发型投资。通过向技术先进的国家直接投资，在那里建立高技术子公司，或控制当地的高技术公司，将其作为科研开发和引进新技术、新工艺以及新产品设计的前沿阵地，有助于打破竞争对手的技术垄断和封锁，获得一般的商品贸易或技术转让许可协议等方式得不到的先进技术。

(5) 发挥潜在优势型投资。因为生产能力的扩大和市场份额的改变，一些企业拥有的资金、技术、设备和管理等资源已超过国内生产经营的需要而可能被闲置起来。为充分发挥潜在优势，使闲置资源获得增值机会，到国外直接投资建厂就是一个有效的途径。

(6) 克服风险型投资。市场的缺陷和政治局势的动荡等原因，都可能把企业推向困难境地。为防范经营风险，企业到国外直接投资，在更大的范围内建立起自己的一体化空间和内部体系，这样就可以有效地化解外部市场缺陷造成的障碍，避免政局不稳带来的损失。

22. 国际资本流动是指国际间的投融资活动，也可以理解为资本跨越国界的移动过程。笼统地讲，当一国居民向另一国居民购买了某种资产(包括商品、服务、技术、管理等)的所有权或是发放贷款时，就会发生资本的跨国移动。如果这个过程中还相应伴随有商品、服务的流动，通常就称为实际资本流动；反之，则属于金融资本流动。

国际资本流动在资本输入国、资本输出国以及国际金融市场上都存在着广泛的影响，与利益的分配和风险的产生都有密切关系。

(1) 资本流动对输入国的积极影响

① 可以弥补输入国资本不足。一个国家获得的间接投资，通过市场机制或其他手段会流向资金缺乏的部门和地区；一个国家获得直接投资，则在一定程度上会弥补国内某些产业的空心化现象。其结果，既解决了资金不足问题，也促进了经济的发展。

② 可以引进先进技术与设备，获得先进的管理经验。长期资本流动的很大一部分是直接投资。该投资的特点就是能给输入国直接带来技术、设备，甚至是销售市场。因此，只要输入得当，资本输入无疑会提高本国的劳动生产率，增加经济效益，加速经济发展进程。

③ 可以增加就业机会，增加国家财政收入。资本输入的目的很大程度上是用来创建新企业或改造老企业，这对发达国家或发展中国家都是如此。这样，就有利于增加就业机会，有利于增加国民生产总值，进

而有利于增加国家财政收入，提高国民的生活水平。

④ 可以改善国际收支。一方面，输入资本，建立外向型企业，实现进口替代与出口导向，就有利于扩大出口，增加外汇收入，进而起到改善国际收支的作用；另一方面，资本以存款形式进入，也可能形成一国国际收支的来源。

(2) 资本流动对输入国的消极影响

① 可能会引发债务危机。输入国若输入资本过多，超过本国承受能力，则可能会出现无法偿还债务的情况，导致债务危机的爆发。

② 可能使本国经济陷入被动境地。输入资本过多又管理不善并使本国经济不能获得长期发展的话，输入国就会对外产生很强的依赖性。这样，一旦外国资本停止输出或抽走资本时，本国经济发展就会陷入被动的境地，甚至使本国的政治主权受到侵犯。

③ 加剧国内市场竞争。大量外国企业如果把产品就地销售，必然会使国内市场竞争加剧，从而使国内企业的发展受到影响。

第十章　金融监管

金融监管原本并不是重点知识点，只是近年来随着我国金融监管体制改革的深化，本章的内容变得日益重要起来。本章内容中，“金融监管概论”内容比较庞杂，金融监管理论是比较容易考查的知识点；“金融机构监管”和“金融市场监管”并非考查重点，考生适度了解就可以了；“巴塞尔协议”属于重要知识点，常考查各个版本的巴塞尔协议的内容和金融监管发展趋势。

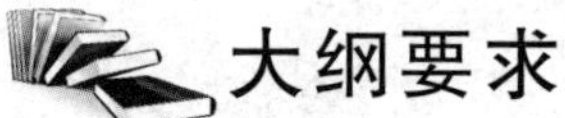

大纲要求

金融监管理论
金融机构监管
金融市场监管
巴塞尔协议

知识脉络

- 金融监管
  - 金融监管概论
    - 金融监管的概念、目标及原则
    - 金融监管的理论依据
    - 金融监管体制
    - 金融监管与金融创新
    - 金融监管的发展趋势
  - 金融机构监管
    - 金融机构监管概念和内容
    - 金融机构监管的方法
    - 存款保险制度
  - 金融市场监管
    - 金融市场监管概念、目标及原则
    - 金融市场监管的内容
  - 巴塞尔协议
    - 《巴塞尔协议》
    - 新《巴塞尔协议》
    - 《巴塞尔协议Ⅲ》

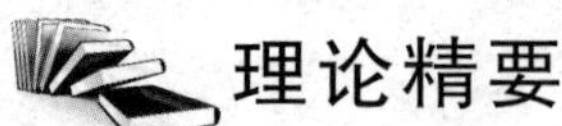

理论精要

知识点一　金融监管概述

1. 金融监管的概念、目标及原则

（1）金融监管的概念

狭义的金融监管是指中央银行或其他金融监管当局根据国家法律法规的授权对整个金融

业实施的监督管理。广义的金融监管是在上述监管之外，还包括了金融机构的内部控制和稽核、同业自律性组织的监管、社会中介组织的监管，也就是四位一体的"大监管"。金融监管本质上是政府对市场干预行为的一种，具有行政行为和经济行为的双重性。

（2）金融监管的目标

一般而言，金融监管的目标是：维护金融体系稳定、保持金融机构稳健和高效运营，保证金融机构和金融市场稳定健康地发展，保护金融活动各主体，特别是存款人的利益，推动金融和经济的发展。

（3）金融监管的主要原则

① 合理、适度竞争原则

竞争是市场经济条件下的一条基本规律。金融监管当局的监管重心应放在保护、维持、培育、创造一个高效、公平、适度、有序的竞争环境上：既要避免造成金融高度垄断、排斥竞争，从而丧失效率与活力，又要防止出现过度竞争、破坏竞争，从而波及金融业的安全与稳定。

② 依法监管的原则

这一原则包括三个方面：一是金融机构进行监督管理，必须有法律法规为依据；二是金融监管部门严格依法监管，保持监管的严肃性、权威性、一贯性和强制性；三是金融机构必须依法接受金融监管部门的监管，不能有任何特殊和例外。

③ 自我约束和外部强制相结合的原则

外部强制管理再缜密严格，其作用也是相对有限的。如果管理对象不配合、不愿自我约束，而是千方百计设法逃避、应付、对抗，那么外部强制监管也难以收到预期效果。反之，如果将全部希望寄托在金融机构本身自愿自觉的基础上，则不可能有效地避免种种不负责任的冒险经营行为和道德风险的发生。

④ 安全稳定与经济效率相结合的原则

要求金融机构安全稳健地经营业务，历来都是金融监管的中心目的。为此所设置的金融法规和一系列指标体系都是着眼于金融业的安全稳健和风险防范。但金融业的发展毕竟在于满足社会经济发展的需要，追求发展必须讲求效率。因此，金融监管不应是消极地单纯防范风险，而应是把防范风险同提高金融效率这个最基本的要求协调起来。

2. 金融监管的理论依据

金融监管的理论基础是金融市场的不完全性，正是由于金融市场失灵，才导致政府有必要对金融机构和金融市场进行监管。

（1）社会利益论

这种理论认为，金融监管的基本出发点就是要维护社会公众的利益。社会公众利益分散于千家万户、各行各业，维护这种利益的职权只能由国家法律授权的机构去行使。该理论的基本观点是市场存在着缺陷，纯粹的自由市场会导致自然垄断和社会福利的损失，还因外部效应和信息不对称性带来不公平的问题。历史的经验表明，金融体系存在着外在不经济，社会公众的利益会受到损害。所以，为了维护社会公众利益，国家有必要对金融业进行监管。通过管制来纠正或消除市场缺陷，以达到提高社会资源配置效率、降低社会福利损失的目的。只要监管适度，就可以在增进社会公众整体利益的同时，将管制带来的成本降到最低水平。

（2）金融风险论

这一理论的主要观点是，金融业是一个特殊的高风险行业，这种特殊性决定了国家特别需要对该行业进行监管。金融业高风险的表现：首先，金融业是一个特殊的高风险行业。其次，金融业具有发生支付危机连锁效应的可能。再者，金融体系的风险，直接影响着货币制度和宏观经济的稳定。金融风险的内在特性，决定了必须有一个权威机构对金融业实施适当的监管，以确保整个金融体系的安全与稳定。

（3）投资者利益保护论

这种理论认为，为了有效保护投资者的利益，需要进行金融监管。由于在金融活动中存在信息不完全或信息不对称的情况，会导致交易的不公平。在信息不对称或信息不完全的情况下，拥有信息优势的一方可能会利用这一优势来损害信息劣势方的利益。为了防止债权人利益受损，国家需要通过金融监管对信息优势方（主要是金融机构）的行为加以规范和约束，为投资者创造公平、公正的投资环境。

（4）管制供求论

管制供求论将金融监管本身看成是存在供给和需求的特殊商品。在管制的需求方面，金融监管是那些想要获得利益的人所需要的。在管制的供给方面，政府官员提供管制是为了得到对自身政绩更广泛的认可。由此可见，是否提供管制以及管制的性质、范围和程度最终取决于管制供求双方力量的对比。

（5）公共选择论

公共选择论同样运用供求分析法来研究各利益集团在监管制度提供过程中的相互作用。该理论强调"管制寻租"的思想，即监管者和被监管者都寻求管制以牟取私利。监管者将管制当作一种"租"，主动地向被监管者提供以获益；被监管者则利用管制来维护自身的既得利益。

3. 金融监管体制

（1）金融监管体制的概念

金融监管体制是指金融监管的权力制度安排和监管组织体系。监管的权力制度安排就是指行使政府监管权力的相关机构之间的权力分配。监管组织体系主要由金融当局宏观监管体系、金融机构内部监管体系、金融业行业自律体系和社会监督防范体系四个层次组成。前二者在金融监管中起主导作用，后二者起重要补充作用，四个体系相互作用、相互协作。

（2）金融监管体制的模式

① 统一监管模式。对于不同的金融机构和金融业务，无论是审慎监管还是业务监管，都由一个机构负责，这个机构通常是各国的中央银行或另设的独立监管机构。其优势主要体现在：一是成本优势，统一监管能节约人力和技术投入，大大降低信息成本，改善信息质量，获得规模效益；二是改善监管环境，统一监管可避免由于监管者的监管水平和监管强度的不同，使不同的金融机构或业务面临不同的监管制度约束，也可避免被监管者对多种机构重复监管及不一致性无所适从；三是适应性强，统一监管能迅速适应新的金融业务，既可避免监管真空，降低金融创新形成的新的系统性风险，又可避免多重监管，降低不适宜的制度安排对创新形成的阻碍。其缺点在于：缺乏竞争性，易导致官僚主义。

② 分业监管模式。将金融机构和金融市场按照银行、证券、保险划分为三个领域，在每一个领域内，分别设置一个专业的监管机构负责包括审慎监管和业务监管在内的全面监管。目前分业监管模式较为普遍，中国便是实行这一模式。其优点在于：一是具有监管专业化优势。每个专业监管机构负责各自的监管领域，职责明确，分工细致，有利于达到监管目标，提高监管效率。二是具有监管竞争优势。尽管监管对象不同，但不同监管机构之间存在

竞争压力。其缺点在于：一是各监管机构之间协调性差，容易出现监管真空，若设置多重目标或不透明目标则易使被监管对象难于理解和服从，出现多头管理和相互扯皮现象。二是从整体上看，分业监管机构庞大，监管成本较高，规模不经济。

③ 不完全统一监管。是介于完全统一监管和完全分业监管之间的一种监管模式，也可以说是一种从分业监管到混业监管的过渡模式。具体有：一是牵头监管模式，几个主要监管机构为建立及时磋商协调机制，相互交换信息，以防止监管机构之间的扯皮推诿，特指定一个监管机构为牵头监管机构，负责不同监管机构之间的协调工作。其典型代表是法国、巴西。这种监管模式既可以发挥分业监管的专业化优势与竞争优势，提高监管效率，又可以通过监管机构定期的磋商协调、相互交换信息以及密切配合，将多重监管的不利影响降到最低。其问题是，由谁来控制整个金融体系的风险以及牵头监管者并不能做到控制整个体系风险。二是“双峰”监管模式，依据金融监管目标设置两头监管机构，一类机构专门对金融机构和金融市场进行审慎监管，以控制金融业的系统风险，另一类机构专门对金融机构进行合规性管理和保护消费者利益的管理。其典型代表是澳大利亚和英国。

4. 金融监管与金融创新

金融创新是近年来西方金融业中迅速发展的一种趋向。其内容是突破金融业多年传统的经营局面，在金融工具、金融方式、金融技术、金融机构以及金融市场等方面均进行了明显的创新和变革。而金融管理当局为维护金融体系的稳定，保护存款人与投资者的权益又会日益加强监督与管理。金融创新与金融监管作为一个矛盾关系中的两个方面，两者相互影响、相互作用、相互促进。

（1）金融监管刺激了金融创新的产生。随着经济的发展和金融环境的变化，许多对金融机构业务活动的限制规定已经过时，成为金融机构开展正常业务的障碍，甚至成为影响金融体系稳定的因素。金融机构为了绕开金融管制而求得自身的自由和发展，千方百计创造了很多新的金融工具。例如可转让支付命令账户（NOW）、超级可转让支付命令账户（Super NOW）、货币市场存款账户（MMDA）、可转让存款单（CDS）、自动转账账户（ATS）等等。欧洲货币市场的产生也是为了适应逃避金融管制的需要。所以，从一定程度上来讲，金融监管对金融创新具有一定的诱发作用。

（2）金融监管制约了金融创新的发展。金融监管是金融创新的诱发因素之一，但是金融监管又规定了金融创新的基本范围、速度，在一定程度上限制着金融创新。

① 金融监管规定了金融创新的基本范围。如在实行分业经营、分业管理的体制下，银行只能在资产业务、负债业务、部分表外业务上进行创新，无论如何监管当局都不会允许银行的创新涉足保险、证券投资、信托等业务。而在混业经营体制下，各金融机构根据自己的条件可以在更广阔的范围内进行。

② 金融监管规定了金融创新的速度。由于对金融创新的风险及后果的认知不同，对金融创新的态度不同，从而金融监管当局规定了金融创新速度的快慢。美、英等国在金融创新的具体业务上采取了积极的态度，相比之下，日本对金融创新却有很多限制。

③ 金融监管规定了金融创新的环境。规范恰当的金融监管是金融创新的基本条件之一，这种监管鼓励创新、保护创新，使金融创新具有动力和活力。

（3）金融创新促使金融监管不断调整。金融创新给金融业带来了革命性的变革，使整个金融业的面貌为之一新，同时也给传统的金融业提出了不少难题，对金融体系和货币政策提出了严峻的挑战。

① 金融创新影响了传统货币政策调控作用的发挥。传统货币政策的制定与执行要求货币流动性与投资性有明确的划分界限，但最近几年大量同时具有结算和增值功能的新型金融商品的涌现，使中央银行观测本国金融流量结构失去了稳定基础，传统的三大货币政策工具，除公开市场业务外，再贴现率、法定存款准备金率都难以发挥作用。

② 金融创新使金融机构所面临的风险加大。金融机构通过各种金融创新工具和业务把所有风险和部分风险转移给愿意承担的一方，但是从全球或全国的角度来看，金融创新仅仅是转移和分散了某种风险，并不意味着减少风险。相反，金融机构在利益机制驱动下可能会在更广阔的范围内和更大的数量上承担风险，巴林银行事件就是前车之鉴。

③ 金融创新加大了金融监管的难度，迫使金融监管不断调整。金融创新使中央银行传统的三大货币政策工具中的再贴现率、法定存款准备金率难以发挥作用，使国内资金可以轻易地转向欧洲货币市场从而逃避国内的货币管制，使原来以控制商业银行派生存款为中心的传统货币控制方法难以奏效，金融监管变得非常困难。

在这种情况下，金融监管当局被迫进行金融监管的调整，一方面放松管制，另一方面在对金融创新本身进行全面、慎重的评估基础上采取一些有利于金融体系走向稳定的措施。

因此，金融创新和金融监管之间实际上是相互博弈的过程。金融创新部分抵消了某些金融监管的预期效果，但随之而来的是另一种内容和结构的金融监管政策。这种相互影响、相互作用、相互促进的辩证关系，促进了金融业的发展。

5. 金融监管的发展趋势

国际金融监管的主要发展趋势可以概括为：

（1）监管理念方面，发生重心转移。注重加强监管者与被监管者之间的合作，变“猫鼠对立关系”为“脑与四肢的协同关系”。即监管者激励良好的金融操作在于令金融机构的管理层感到金融监管在协助自己朝监管目标靠拢。

（2）监管机制方面，走向多元化。突出地表现为国家专门监管机制、银行内控机制及自律机制的齐头并进。多元化监管机制实现的关键在于引入市场约束，强化金融机构的信息披露，便于存款户、投保者、股东等多方市场主体及时掌握金融机构的风险状况。

（3）监管模式方面，向功能型监管转变。所谓功能型监管是指在一个统一的监督机构内，由专业分工的管理专家和相应的管理程序对金融机构的不同业务进行监管。其优点主要是能有效地解决混业经营条件下金融创新产品的监管归属问题，避免监管真空和多重监管的现象；强调要实施跨产品、跨机构、跨市场的监管，主张设立一个统一的监管机构来对金融业实施整体监管，使监管体制和监管规则更具连续性和一致性，能更好地适应金融业在今后发展中可能出现的各种新情况。

（4）监管技术方面，出现了一种激励相容的新方案。该方法最初是由美联储经济学家 Kupiect 和 O. Brien 于 1995 年提出的。主要内容是：监管当局设定一个测试期，银行在测试期初向监管当局承诺其资本水平，并为该期间内可能出现的损失做准备，在整个期间内，只要累积损失超过承诺水平，监管当局就对其进行惩罚，如交纳额外资本费给中央银行。监管当局的任务只是制定恰当的处罚方案，而不必关心银行的风险管理模型是否准确可靠，其资本金是否充分。预先承诺法的实行，标志着金融监管当局开始注重建立与适当的激励相容的制度安排，使被监管者即使出于自身利益的考虑，也能保证做到严格自律。

（5）监管范围方面，有所扩大。各国监管当局也相应扩大金融监管的范围，从单纯的表内业务，扩展到包括表外业务在内的所商业务；同时，由于银行附属公司从事的准银行业务并不在金融监管的范围内，金融监管机构不但通过统一监管标准和方法来弥补，还通过并表监督来加强监管。

【知识拓展】金融科技监管沙盒

监管沙盒(Regulatory Sandbox)，是指在一个“安全空间”内，让创新的金融产品、服务、商业模式和营销方式在真实的市场环境中得到验证，监管者得以在保护消费者/投资者权益、严防风险外溢的前提下，通过主动合理地放宽监管规定，减少金融科技创新的规则障碍，实现金融科技创新与有效管控风险平衡。这一概念最早由英国在2015年提出，此后，迅速在全球得以推广。

2020年1月14日，中国人民银行营业管理部披露2020年第一批金融科技创新监管试点应用，6个应用拟纳入金融科技创新监管试点，并向社会公开征求意见。据悉，首批金融科技创新监管试点应用涉及物联网、小微信贷、智能银行和手机POS等创新，来自中国银联、工行、农行、中信、宁波银行、百信银行等机构，以及小米数科、度小满、京东数科等金融科技公司，携程等互联网公司。

我国启动“监管沙盒”的必要性如下：

(1) 我国金融科技业务的未来发展前景广阔，需要加强风险监管。近几年来，商业银行等传统金融机构盈利能力大幅缩水，重要原因之一就是来自金融科技企业的竞争。为了提高自身的竞争力，传统金融机构必然要不断创新业务，寻找新的利润增长点，所采取的一项措施便是实现各项业务的金融科技化，金融科技业务具有广阔的未来发展前景。同时，金融科技业务的创新性难免会带来一定的风险，这就意味着市场规模越大，风险带来的危害性也就越大。因此，加强金融科技监管是金融市场健康发展的必然选择。

(2) 传统风险监管方法难以应对金融科技的创新性，需要加快创新风险监管工具。金融科技是将计算机信息技术融入金融业务中，风险更多地体现为信息技术与金融业务结合过程中的操作风险以及合规风险。而国内现有的风险监管体系侧重于对传统金融业务的监管，无法实现对创新型金融科技业务的有效监管，亟须引入“监管沙盒”等新型风险监管工具。

(3) 传统的风险监管思维较为僵化，需要增强前瞻性的风险监管思维。传统的风险监管重“事中”和“事后”监管，容易产生滞后性，造成金融监管的缺位和失效等问题，难以适应金融科技业务的创新性。因此，为了应对金融科技带来的变化，迫切需要研究“监管沙盒”等新型风险监管工具在我国的适用性，探讨如何通过低成本快速实验来测试金融科技业务在实践中的可行性，并对现有监管规则是否需要调整进行判断，增加监管政策的适应性和弹性空间。

(4) 积极参与国际金融科技监管规则制定，加强国际间的交流合作。目前，如何对金融科技进行监管是各国监管部门的工作重点，英国金融行为监管局推出的“监管沙盒”计划能够得到多个国家的认可便是最好的例证。为了提升我国在金融科技发展领域的监管水平和核心竞争力，我国相关监管部门应该密切关注金融科技监管的国际动态，积极参与到“监管沙盒”等国际监管规则的制定，以此来加强与其他国家的金融交流合作，增加我国在国际金融监管协议中的话语权。

知识点二　金融机构监管

1. 金融机构监管的概念和内容

(1) 金融机构监管的概念

金融机构监管是政府在关键的借、贷以及基金发起领域对金融机构行为的监督与约束。政府对金融机构的监管的理由有两点：一是由于金融机构在现代经济中承担特殊的作用，金融机构帮助家庭与厂商储蓄，使得许多经济要素之间的复杂支付更为便利，商业银行还是政府货币政策的通道，金融机构的失灵会剧烈地扰乱国家经济活动；二是由金融机构内部治理因素决定的，金融机构的杠杆率都比较高，公司股东对管理层的控制欲望下降，管理层往往追求业务规模，从规模中获得较高的回报。一旦机构管理层对业务规模追求太大太快，势必引起宏观经济活动的过热，稳定性下降，损失全社会的福利水平。

（2）金融机构监管的内容

① 市场准入监管。它是指对金融机构进入市场有关环节的监管，主要考虑必要性和可能性。必要性是考察新设金融机构是否适合宏观经济发展的需要，是否符合金融业发展的政策和方向，是否符合地域分布合理化的要求。可能性是考察新设金融机构资本金、经营场所、业务范围、高级管理人员等是否符合必要的条件。

【例 1】对金融机构的市场准入监管是(　　)。

A. 预防性管理　　B. 流动性管制　　C. 紧急救援管理　　D. 事中管理

答案：A。预防性管理主要包括登记注册制度、资本充足条件、清偿能力管制、业务活动限制、贷款集中程度限制和管理评价。其中，市场准入监管属于业务活动限制的范畴。

② 业务运作过程中的监管。主要包括资本充足性监管、资产的流动性监管、业务范围和经营活动的监管、贷款风险控制、准备金监管、外汇风险管理。

③ 市场退出监管。它是指监管当局对经营管理存在严重问题或业务活动出现重大困难的金融机构采取的救助性或惩罚性强制措施。市场退出监管的目的在于防止由于个别金融机构的问题危及整个金融体系的安全稳定。

2. 金融机构监管的基本方法

（1）现场检查。它是指监管当局派出检查小组，到监管对象经营场所实地检查。

（2）非现场检查。金融机构向金融监管当局提交定期报告和进行信息披露，监管当局根据报告等信息，采用一定研究方法，发现金融机构经营管理中存在的问题。非现场检查，比较成功的是美国的骆驼评级制度，正式名称是美国联邦监管机构内部统一银行评级体系。它是美国三大联邦监督管理部门同时使用同一个标准评估体系对商业银行和其他金融机构的经营状况进行全面、综合评估而形成的一套规范化、制度化、指标化及操作化的综合经营等级评定制度。该评级制度主要从五个方面考察、评估银行的经营状况，即：资本充足状况(Capital Adequacy)、资产质量(Asset Quality)、管理水平(Management)、收益状况(Earnings)和流动性(Liquidity)。新的CAMELS制度重新调整了一些评级项目，新增了市场风险敏感性指标S(Sensitivity to Market Risk)，能够有效地协助监管当局发现金融机构出现失常情形的苗头。

【例 2】银行监管对银行进行的骆驼评级，主要评估包括资本充足率、资本质量、管理、盈利、流动性和(　　)六个方面。

A. 安全性　　B. 经营的稳健性　　C. 对市场风险的敏感度　D. 信息披露程度

答案：C。从1991年开始，美国联邦储备委员会及其他监管部门对骆驼评价体系进行了重新修订。增加了第六个评估内容，即市场风险敏感度，主要考察利率、汇率、商品价格及股票价格的变化，对金融机构的收益或资本可能产生不良影响的程度。

（3）委托稽核。它是指监管当局发出委托书，委托下级稽核部门或经批准的专职社会稽核监督机构对指定的金融机构进行检查。

3. 存款保险制度

（1）存款保险制度的概念

存款保险制度是一种金融保障制度，是指由符合条件的各类存款性金融机构集中起来建立一个保险机构，各存款机构作为投保人按一定存款比例向其缴纳保险费，建立存款保险准备金，当成员机构发生经营危机或面临破产倒闭时，存款保险机构向其提供财务救助或直接向存款人支付部分或全部存款，从而保护存款人利益，维护银行信用，稳定金融秩序的一种制度。目前，运作历史最长、影响最大的是1934年1月1日正式实施的美国联邦存款保险制度。

（2）存款保险制度的作用

① 保护存款人的利益，提高社会公众对银行体系的信心。如果建立了存款保险制度，当实行该制度的银行资金周转不灵或破产倒闭而不能支付存款人的存款时，按照保险合同条款，投保银行可从存款保险机构那里获取赔偿或取得资金援助，或被接收，兼并，存款人的存款损失就会降低到尽可能小的程度，有效保护了存款人的利益。存款保险制度虽然是一种事后补救措施，但它的作用却在事前也有体现，当公众知道银行已实行了该制度，即使银行真的出现问题时，也会得到相应的赔偿，这从心理上给了他们以安全感，从而可有效降低那种极富传染性的恐慌感，进而减少了对银行体系的挤兑。

② 可有效提高金融体系的稳定性，维持正常的金融秩序。由于存款保险机构负有对有问题银行承担保证支付的责任，它必然会对投保银行的日常经营活动进行一定的监督，管理，从中发现隐患所在，及时提出建议和警告，以确保各银行都会稳健经营，这实际上增加了一道金融安全网。同时由于这一制度对公众心理所产生的积极作用，也可有效防止银行挤兑风潮的发生和蔓延，从而促进了金融体系的稳定。

③ 促进银行业适度竞争，为公众操供质优价廉的服务。大银行由于其规模和实力往往在吸收存款方面处于优势，而中小银行则处于劣势地位，这就容易形成大银行垄断经营的局面。而垄断是不利于消费者利益的，社会公众获得的利益就会小于完全竞争状态下的利益。存款保险制度是保护中小银行，促进公平竞争的有效方法之一。它可使存款者形成一种共识，将存款无论存入大银行还是小银行，该制度对其保护程度都是相同的，因此提供服务的优劣，将成为客户选择存款银行的主要因素。

④ 存款保险机构可通过对有问题银行提供担保，补贴或融资支持等方式对其进行挽救，或促使其被实力较强的银行兼并，减少社会震荡，有助于社会的安定。

（3）我国存款保险制度的出台

2015年3月31日，国务院总理李克强签署第660号国务院令，公布《存款保险条例》（以下简称《条例》），《条例》自2015年5月1日起施行。

存款保险是市场经济条件下保护存款人利益的重要举措，是金融安全网的重要组成部分。建立存款保险制度，有利于维护公众对我国银行体系的信心，进一步理顺政府和市场的关系，深化金融改革，维护金融稳定，促进我国金融体系健康发展。《条例》的出台，为建立和规范存款保险制度提供了明确的依据。

为有效保障存款人利益，促进银行业公平竞争，《条例》规定的存款保险具有强制性，在我国境内设立的吸收存款的银行业金融机构，包括商业银行、农村合作银行、农村信用合作社等，都应当参加存款保险。除金融机构同业存款、投保机构的高级管理人员在本机构的存款等外，其他人民币存款和外币存款都属于被保险存款的范围。

《条例》规定，存款保险实行限额偿付，最高偿付限额为人民币50万元。这一限额高于世界多数国家的保障水平，能为我国99.63%的存款人提供全额保护。同一存款人在同一家投保机构所有被保险存款账户的本金和利息合并计算的金额在最高偿付限额以内的，实行全额偿付；超出的部分，依法从投保机构清算财产中受偿。中国人民银行会同国务院有关部门可以根据经济发展、存款结构变化、金融风险状况等因素调整最高偿付限额，报国务院批准后公布执行。

《条例》规定了存款保险的保费交纳主体和费率。保费由投保的银行业金融机构交纳。费率由基准费率和风险差别费率构成，其标准由存款保险基金管理机构根据经济金融发展状况、存款结构情况以及基金的累积水平等因素制定和调整，报国务院批准后执行。各投保机构的适用费率，由存款保险基金管理机构根据投保机构的经营管理状况和风险状况等因素确定。

为切实保障存款人的合法权益，《条例》明确了存款人有权要求存款保险基金管理机构偿付被保险存款的情形，包括存款保险基金管理机构担任投保机构的接管组织、实施被撤销投保机构的清算以及人民法院受理对投保机构的破产申请等。存款保险基金管理机构应当在上述情形发生之日起 7 个工作日内足额偿付存款。

《条例》规定，存款保险基金的运用遵循安全、流动和保值增值的原则，限于存放中国人民银行，投资政府债券、中央银行票据、信用等级较高的金融债券等形式。存款保险基金管理机构可以对投保机构采取早期纠正和风险处置措施，在充分保护存款人利益的同时，快速、有效处置金融风险，确保银行业正常经营和金融稳定。

【例 3】关于存款保险制度正确的是(　　)。

A. 一旦商业银行倒闭，存款人的存款将得到保险公司的如数赔偿

B. 一旦商业银行倒闭，存款人的存款账户将被冻结，以免造成损失

C. 可减少商业银行因流动性不足而倒闭的风险

D. 可减少商业银行因清偿力不足而倒闭的风险

答案：C。存款保险制度是一种金融保障制度，通俗理解就是，国家不再为储户在商业银行的存款兜底，允许银行破产倒闭。一旦有银行破产，储户的存款将由存款保险机构赔偿，但赔偿有一定限额。存款保险制度实施后，清偿力不足的银行仍会倒闭，无法减少因清偿力不足而倒闭的风险。不过在存款保险制度实施后，银行倒闭时由于存款保险制度的存在，可以避免“挤兑”的产生，从而可减少清偿力充足而流动性不足的其他银行因“挤兑”而倒闭的风险。

知识点三　金融市场监管

1. 金融市场监管的概念、目标及原则

(1) 金融市场监管的概念

金融市场监管是指国家或政府金融管理当局和有关自律性组织机构，对金融市场的各类参与者及它们的融资、交易活动所作的各种规定以及对市场运行的组织、协调和监督措施及方法。

对金融市场进行监管的必要性体现在以下几个方面：

① 金融是现代经济的核心，金融体系是全社会货币运行及信用活动的中心，其对经济运行和发展起着至关重要的作用，具有特殊的公共性和全局性。

② 金融业是存在诸多风险的特殊行业，关系到千家万户和国民经济的方方面面。

③ 良好的金融秩序是保证金融安全的重要前提，公平竞争是保持金融秩序和金融效率的重要条件。

(2) 金融市场监管的目标

金融市场监管的目标是为了实现公平与效率统一，公平主要体现在规则的制定和实施上，效率主要体现在金融产品的价格能敏锐反映信息变化，成为资源配置的信号。从宏观经

济角度看，金融市场监管是为了保证金融市场机制的实现，进而保证整个国民经济秩序的正常运转，以高效、发达的金融市场推动经济的稳定发展。从金融市场本身看，金融市场监管的目标可以概括为以下四个方面：

① 促进全社会金融资源的配置与政府的政策目标相一致，从而得以提高整个社会金融资源的配置效率；

② 消除因金融市场和金融产品本身的原因而给某些市场参与者带来的金融信息的收集和处理能力上的不对称性，以避免因这种信息的不对称性而造成的交易的不公平性；

③ 克服或者消除超出个别金融机构承受能力的、涉及整个经济或者金融的系统性风险；

④ 促进整个金融业的公平竞争。

（3）金融市场监管的原则

① 全面性原则

全面性原则就是指所有金融市场均需要受到监管。金融市场是含多个“子市场”的市场系统。无论是货币市场、资本市场、外汇市场还是新兴的金融衍生市场，各种市场之间有着千丝万缕的联系。在金融市场一体化、金融创新不断涌现的今天，各金融子市场之间、各国金融市场之间的界限已变得越来越模糊。在金融市场一体化、国际化的背景下，单单对某一金融子市场或某一国（地区）金融市场实行监管已变得毫无意义，任一子市场或某一国（地区）金融市场上的风波都有可能传染到其他子市场或其他国家和地区的金融市场上，从而引发全面的金融危机。1997 年 7 月以来，由泰铢贬值为导火索的亚洲金融危机便是例证。因此，金融市场监管必须贯彻全面性原则。

② 效率性原则

所谓效率性原则包含三方面的含义：

第一，对金融市场的监管必须是有效的。金融市场活动日益一体化、复杂化，金融市场风险日益集中的情况下，仅仅依赖于机构自律是远远不够的。为了保证监管的有效性，必须制定相关法规，建立金融市场的权威监管机构，改进监管方法，使官方的强制性监管与机构的自我约束有机结合起来。

第二，对金融市场的监管必须保持金融市场的竞争性，提高金融市场的效率。金融市场的核心功能在于通过金融工具交易活动引导资源的合理配置，而这一功能的发挥依赖于金融市场的效率。监管当局制定的监管规则在保证金融市场正常运作的同时，还应使之更有效率、更富创新精神。

第三，对金融市场的监管必须尽可能降低监管成本。对金融市场的监管是一种以政府为供给者、被监管的机构和消费者为需求者的公共产品。这种公共产品的价格，也就是监管成本最终由被监管机构和消费者承担。降低监管成本旨在降低公共产品的生产和消费成本，提高监管效率。

③ 公开、公平、公正原则

公开、公平、公正原则，是市场经济的基本原则，也是金融市场运行的基本原则，同时还是金融市场监管当局的重要原则。金融市场监管中的公开是指有关制度、信息、程度和行为不加隐瞒地向社会公众公布。公开原则是为了满足投资者的投资需要以及社会公众对相关主体及其行为的监督需要。公平是为了保障自愿投资、自由交易、平等竞争和风险自担的秩序，是金融市场参与者在地位、权益、责任等方面处于平等的状态。公正是指能够严格按照法律法规的规定，公平正直地处理金融市场中发生的有关事件，以保障金融市场的健康运行。

2. 金融市场监管的主要内容

金融市场监管的目标和原则决定了金融市场监管的内容。因国家经济金融体制不同，金融市场监管的具体内容各有差异。但总的来说，主要是指对金融市场构成要素的监管。

（1）对金融市场主体的监管

即对金融市场交易者的监管。对证券发行人，在当前各国的金融市场上普遍实行强制信息公开制度，要求证券发行人增加内部管理和财务状况的透明度，全面、真实、及时地披露可能影响投资者判断的有关资料，不得有任何隐瞒或重大遗漏，以便投资者对其投资风险和收益做出判断，同时也便于强化证券监管机构和社会公众对发行人的监督管理，有效地制止欺诈等违法、违规及不正当竞争行为。对于投资者的监管包括对投资者资格审查及对其交易行为的监管，如对组织或个人以获取利益或者减少损失为目的，利用其资金、信息等优势，或者滥用职权，制造金融市场假象，诱导或者致使投资者在不了解事实真相的情况下做出投资决定，扰乱金融市场秩序等操纵市场行为的监管；对知情者以获取利益或减少经济损失为目的，利用地位、职务等便利，获取发行人未公开的、可以影响金融产品价格的重要信息，进行有价证券交易，或泄露该信息等内幕交易行为的监管等。

（2）对金融市场客体的监管

这是指对货币头寸、票据、股票、债券、外汇和黄金等交易工具的发行与流通进行监管。如实施证券发行的审核制度，证券交易所和证券主管部门有关证券上市的规则，证券上市暂停和中止的规定；对金融工具价格波动进行监测，并采取有关制度如涨跌停板等避免金融市场过于频繁的大幅波动等。由于不同国家和地区金融工具的种类和品种不同，监管内容也相应不同。

（3）对金融市场媒体的监管

这是指对金融机构以及从事金融市场业务的律师事务所、会计师事务所以及资产评估机构、投资咨询机构、证券信用评级机构等的监管。主要是划分不同媒体之间的交易方式和交易范围，规范经营行为，使之在特定的领域内充分发挥作用。金融市场媒体一方面具有满足市场多种需求，分散和减弱风险的功能，另一方面由于其所具有的信息优势和在交易中的特殊地位，有可能在金融市场上实行垄断经营或为追逐私利扰乱金融秩序，因此有必要对其进行监管。在监管实践中，主要采取的措施包括：对金融机构设立的监管，对经营行为的监管和对从业人员的监管。

知识点四　巴塞尔协议

1.《巴塞尔协议》

《巴塞尔协议》的出台源于前联邦德国 Herstatt 银行和美国富兰克林国民银行（Franklin National Bank）的倒闭。这是两家著名的国际性银行。它们的倒闭使监管机构在惊愕之余开始全面审视拥有广泛国际业务的银行监管问题。1975 年 9 月，第一个巴塞尔协议出台。这个协议极为简单，核心内容就是针对国际性银行监管主体缺位的现实。1983 年 5 月，修改后的《巴塞尔协议》推出。这个协议基本上是前一个协议的具体化和明细化。巴塞尔协议的实质性进步体现在 1988 年 7 月通过的《关于统一国际银行的资本计算和资本标准的报告》（简称《巴塞尔协议》）。该报告主要有四部分内容：资本的分类；风险权重的计算标准；1992 年资本与资产的标准比例和过渡期的实施安排；各国监管当局自由决定的范围。其中前两部分是协议的重点，体现了其核心思想。

首先是资本的分类，也就是将资本划分为两级：一级为核心资本，包括银行股权资本；二级资本为附属资本，包括贷款损失准备金和次级债务等。其次是风险权重的计算标准。报告根据资产类别、性质以及债务主体的不同，将银行资产负债表内和表外项目划分为0%、20%、50%和100%四个风险档次。风险权重划分的目的是为衡量资本标准服务。有了风险权重，报告所规定的资本对风险资产8%(其中核心资本对风险资产的比重不低于4%)的标准目标比率才具有了实实在在的意义，可见《巴塞尔协议》的核心内容是资本的分类。也正因为如此，许多人直接就将《巴塞尔协议》称为规定资本充足率的协议。

2. 新《巴塞尔协议》

随着金融业的迅速变革，1988年制定的《巴塞尔报告》难以解决银行实践中出现的诸多新情况、新问题。1997年7月全面爆发的东南亚金融风暴更是引发了巴塞尔委员会对金融风险的全面而深入的思考。从巴林银行、大和银行的倒闭到东南亚的金融危机，人们看到，金融业存在的问题不仅仅是信用风险或市场风险等单一风险的问题，而是由信用风险、市场风险外加操作风险互相交织、共同作用造成的。

针对1988年的《巴塞尔协议》的缺陷，巴塞尔委员会对协议进行了五次修改。前四次主要是语言和措辞方面的改动，第五次(1996年1月)在协议中加入了市场风险的内容。考虑到巴塞尔协议公布多年之后，银行业务、风险管理实践以及金融市场都发生了巨大变化，1999年委员会决定对原协议进行较大的修改，以用一套更具风险敏感性的框架来取代原协议。新协议由三大支柱组成：一是最低资本要求，二是监管当局对资本充足率的监督检查，三是信息披露。

(1) 最低资本要求(Minimum Capital Requirements)：即最低资本充足率达到8%，而银行的核心资本的充足率应为4%。目的是使银行对风险更敏感，使其运作更有效。在测算银行风险资产状况时，新协议提供了两种可供选择的方案，即标准法和内部评级法。标准法是指银行根据外部评级结果，以标准化处理方式计量信用风险。内部评级法是银行采用自身开发的信用风险内部评级体系，但必须通过银行监管当局的明确批准。

(2) 监察审理程序(Supervisory Review Process)：监管者通过监测决定银行内部能否合理运行，并对其提出改进的方案。其中包括如何处理银行账户的利率风险、信用风险、操作风险，如何加强跨境交流与合作和资产证券化等方向的指引。这样做的目的是鼓励银行开发并使用更好的风险管理技术来检测和管理风险。

(3) 市场制约机能，即市场自律(Market Discipline)：要求银行提高信息的透明度，使外界对它的财务、管理等有更好的了解。巴塞尔银行监管委员会希望通过建立一套披露要求以达到促进市场纪律的目的，披露要求应便于市场参与者评价有关适用范围、资本、风险、风险评估程序以及银行资本充足率等重要信息。

3.《巴塞尔协议III》

基于金融危机的教训，2009年中以来巴塞尔委员会对现行银行监管国际规则进行了重大改革。2010年12月16日，巴塞尔委员会正式发布了《增强银行业抗风险能力的全球监管框架》和《流动性风险计量、标准与监测的国际框架》，统称为《巴塞尔协议III》。《巴塞尔协议III》体现了微观审慎监管和宏观审慎监管有机结合的监管新思维，按照资本监管与宏观审慎监管并重、资本数量和质量同步提高、资本充足率与杠杆率并行、长期影响与短期效应统筹兼顾的总体要求，旨在构建更加完善的银行业监管体系，确立了国际银行业监管的新标杆。

巴塞尔协议 III 的主要内容包括：

（1）强化资本充足率监管标准。

① 提高监管资本的损失吸收能力。2010 年 7 月巴塞尔委员会确定了监管资本工具改革的核心要素。一是恢复普通股（含留存收益）在监管资本中的主导地位；二是对普通股、其他一级资本工具和二级资本工具分别建立严格的合格标准，以提高各类资本工具的吸收损失能力；三是引入严格、统一的普通股资本扣减项目，确保普通股资本质量。

② 扩大资本覆盖风险的范围。一是大幅度提高证券化产品（特别是再资产证券化）的风险权重；二是大幅度提高交易业务的资本要求；三是大幅度提高场外衍生品交易和证券融资业务的交易对手信用风险的资本要求。

③ 提高资本充足率监管标准。巴塞尔委员会确定了三个最低资本充足率监管标准：普通股充足率为 4. 5%，一级资本充足率为 6%，总资本充足率为 8%。此外，为缓解银行体系的顺周期效应，打破银行体系与实体经济之间的正反馈循环，巴塞尔委员会还建立了两个超额资本要求：留存超额资本和反周期超额资本。

（2）引入杠杆率监管标准。巴塞尔委员会引入基于规模，与具体资产风险无关的杠杆率监管指标，作为资本充足率的补充。自 2011 年初按 3%的标准（一级资本/总资本）开始监控杠杆率的变化，2013 年初进入过渡期，2018 年正式纳入第一支柱框架。

（3）建立流动性风险量化监管标准。巴塞尔委员会引入了两个流动性风险监管的量化指标。一是流动性覆盖率，用于度量短期压力情景下单个银行流动性状况，目的是提高银行短期应对流动性中断的弹性。二是净稳定融资比例，用于度量中长期内银行解决资金错配的能力，它覆盖了整个资产负债表，目的是激励银行尽量使用稳定资金来源。

（4）确定新监管标准的实施过渡期。巴塞尔委员会决定设立为期 8 年（2011—2018 年）的过渡期安排。各成员国应在 2013 年之前完成相应的国内立法工作，并从 2013 年初开始实施新的资本监管标准，随后逐步向新标准接轨，2018 年底全面达标。2015 年初成员国开始实施流动性覆盖率，2018 年初开始执行净稳定融资比例。

（5）强化风险管理实践。除提高资本与流动性监管标准外，危机以来巴塞尔委员会还发布了一系列与风险管理相关的监管原则、指引和稳健做法等。

【例 4】（对外经贸 2016 年）巴塞尔协议的核心内容是通过资本金管理来控制金融风险，下列（　　）是国际金融危机后的《巴塞尔协议 III》中被明确纳入风险管理框架之中的。

A. 信用风险　　B. 市场风险　　C. 流动性风险　　D. 操作风险

答案：C。1988 年的巴赛尔协议主要目的是建立防止信用风险的最低资本要求。1996 年，巴塞尔协议作了修正，扩大了范围，包括了基于市场风险的以风险为基础的资本要求。1999 年的新巴塞尔协议主要是针对操作风险，巴塞尔协议 III 则明确把流动性风险纳入风险管理框架之中。巴塞尔委员会引入了流动性覆盖率和净稳定融资比例两个流动性风险监管的量化指标。

【科兴提示】根据 2006 年公布的《商业银行资本充足率管理办法》，我国商业银行资本充足率的计算公式为：资本充足率=（资本-扣除项）/（风险加权资产+12. 5 倍的市场风险资本）；核心资本充足率=（核心资本-核心资本扣除项）/（风险加权资产+12. 5 倍的市场风险资本）。这里的系数 12. 5=100/8，也就是说商业银行资本充足率大于或者等于 8%才是安全的，能够对冲相应的风险。

习题精编

一、选择题

1. 最早出现，也是发展的最为完善的金融监管理论是(　　)。

A. 社会效益论　　B. 俘虏论　　C. 监管经济学　　D. 以上均不正确

2. (中国人大 2017 年)2015 年 5 月 1 日颁布的《存款保险条例》最高赔付限额为人民币(　　)万元。

A. 10　　B. 20　　C. 50　　D. 100

3. (暨南大学 2018 年)巴塞尔委员会推出的《银行有效监管核心原则》强调，在新的全球金融形势下，金融运行的最大风险是(　　)。

A. 信用风险　　B. 利率风险　　C. 法律风险　　D. 操作风险

4. 资本充足率是指资本与风险加权资产的比率，这里的资本指的是(　　)。

A. 账面资本　　B. 会计资本　　C. 监管资本　　D. 总资本

5. (湖南大学 2014 年)新巴塞尔协议规定的信用风险计量方法包括(　　)。

A. 内部评级法和基本指标法　　B. 基本指标法和标准法

C. 标准法和内部评级法　　D. 内部评级法和 VaR 法

6. 巴塞尔协议 III 规定的一级资本充足率不低于(　　)。

A. 2%　　B. 4%　　C. 6%　　D. 8%

7. (对外经贸 2018 年)按照巴塞尔协议 III 的要求，为了防止银行信贷增长过快并导致系统性风险的积累，要求银行在经济上行期提取一定比例的(　　)，以便经济下行时释放。

A. 流动性资产　　B. 核心资本　　C. 逆周期缓冲资本　　D. 净稳定融资额

二、简答题

8. 名词解释：(上外 2018 年)加权风险资产

9. 简述新巴塞尔协议的三大支柱。

三、论述题

10. (重庆大学 2018 年)防范系统金融风险

2017 年 7 月 12 日，《人民日报》提到，我们既要防"黑天鹅"也要防"灰犀牛"，对各类风险苗头既不能掉以轻心，也不能置若罔闻。事实上，作为不同的风险事件类型，"灰犀牛"和"黑天鹅"有区别更有联系，不能将两者完全割裂。

目前，我国政府非常重视防范和化解金融风险，始终要守住底线，特别是守住不发生系统性金融风险的底线。而"黑天鹅"和"灰犀牛"都有可能冲击金融风险的底线，要以不同的思路和方法应对防范。

2017 年 10 月 19 日，央行行长周小川在介绍如何守住不发生系统性金融风险底线时，要重点防止"明斯基时刻"出现所引发的剧烈调整。

阅读以上材料，请结合相关的金融理论知识回答以下问题：

(1) 材料中提到的灰犀牛和明斯基时刻分别指什么？

(2) 结合材料说明我国目前在哪些领域存在着灰犀牛和明斯基时刻？为什么？

11. (上外 2019 年)巴塞尔协议 III 为何要引入流动性覆盖率(LCR)和净稳定资金比例(NSFR)两个流动性指标？中国商业银行在流动性管理方面尚存哪些短板？

习题参考答案

一、选择题

1. A。社会效益论源于 20 世纪 30 年代美国经济危机，并且一直到 60 年代都是被经济学家所接受的有关监管的正统理论。这一理论认为，监管市政府对公众要求纠正某些社会个体和社会组织的不公平、不公正和无效率或低效率的一种回应。正因为政府的参与才能够解决市场的缺陷，所以政府可以作为公共利益的代表来实施管制以克服市场缺陷，而由此带来的公共福利将大于管理成本。

2. C。根据《存款保险条例》第五条规定，存款保险实行限额偿付，最高偿付限额为人民币 50 万元。中国人民银行会同国务院有关部门可以根据经济发展、存款结构变化、金融风险状况等因素调整最高偿付限额，报国务院批准后公布执行。

3. A。对大多数银行来说，信用风险几乎存在于银行的所有业务中，从发展趋势来看，银行正越来越多地面临着除贷款之外的其他银行业务中所包含的信用风险，因此，信用风险是银行最为复杂的风险种类，也是银行面临的最主要的风险。

4. C。资本充足率是指资本与风险加权资产的比率，这里的资本就是监管资本，又称最低资本。

5. C。新巴塞尔协议规定的信用风险计量方法包括标准法和内部评级法。标准法是指银行根据外部评级结果，以标准化处理方式计量信用风险。内部评级法是银行采用自身开发的信用风险内部评级体系，但必须通过银行监管当局的明确批准。

6. C。巴塞尔协议 III 规定了三个最低资本充足率监管标准：普通股充足率为 4.5%，一级资本充足率为 6%，总资本充足率为 8%。

7. C。逆周期资本缓冲是针对最低资本充足率，在经济繁荣期增加超额资本充足要求：动态调整资本充足率，以备在经济萧条期应对资本充足率下滑的情况，也就是让银行在经济上行周期计提资本缓冲，以满足下行周期吸收损失的需要。

二、简答题

8. 加权风险资产是指对银行的资产加以分类，根据不同类别资产的风险性质确定不同的风险系数，以这种风险系数为权重求得的资产。银行业的总资产有很多资产是 0 风险权重的，有很多风险权重则很高。这个要看每个银行的资产负债结构的配置，一般来说风险权重高的收益也更高。风险加权资产计算公式为：风险加权资产总额=资产负债表内资产×风险权数+资产负债表外资产×转换系数×风险加权数（表内外风险加权资产与总资产之比）。

9. 新巴塞尔协议由三大支柱组成：一是最低资本要求，二是监管当局对资本充足率的监督检查，三是信息披露。

（1）最低资本要求：即最低资本充足率达到 8%，而银行的核心资本的充足率应为 4%。目的是使银行对风险更敏感，使其运作更有效。在测算银行风险资产状况时，新协议提供了两种可供选择的方案，即标准法和内部评级法。标准法是指银行根据外部评级结果，以标准化处理方式计量信用风险。内部评级法是银行采用自身开发的信用风险内部评级体系，但必须通过银行监管当局的明确批准。

（2）监察审理程序：监管者通过监测决定银行内部能否合理运行，并对其提出改进的方案。其中包括如何处理银行账户的利率风险、信用风险、操作风险，如何加强跨境交流与合作以及资产证券化等方向的指引。这样做的目的是鼓励银行开发并使用更好的风险管理技术来检测和管理风险。

（3）市场制约机能，即市场自律：要求银行提高信息的透明度，使外界对它的财务、管理等有更好的了解。巴塞尔银行监管委员会希望通过建立一套披露要求以达到促进市场纪律的目的，披露要求应便于市场参与者评价有关适用范围、资本、风险、风险评估程序以及银行资本充足率等重要信息。

三、论述题

10.（1）"灰犀牛"事件主要指明显的、高概率的却又屡屡被人忽视最终有可能酿成大危机的事件。灰犀牛体型笨重、反应迟缓，你能看见它在远处，却毫不在意，一旦它向你狂奔而来，定会让你猝不及防，直接被扑倒在地。"灰犀牛"事件是高可能性事件，在发生前往往有一系列的征兆，但人们没发现，或发现了不重视，或重视却不见行动，"灰犀牛"事件发生后可以给世界和个人生活带来巨大的灾难。

明斯基时刻是指美国经济学家海曼.明斯基所描述的时刻，即资产价值崩溃的时刻。明斯基认为，经济有天生内在的不稳定性，在经济繁荣的时候，因为企业利润增加、现金流充沛，企业有较强的能力及冲动加大投资，投资的增加反过来促进了经济进一步繁荣。在繁荣的表象下，企业越来越倾向于通过借短投长来获得收益，并使得社会融资中投资性融资和庞氏融资的比例上升，后两类融资的泛滥，将引致金融体系的脆弱性，最终导致出现“明斯基时刻”：即资产价格暴跌，随后经济陷入通货紧缩和去杠杆导致的漫长经济萧条。

【科兴点评】“黑天鹅”和“灰犀牛”这两个概念分别来自两本书：《黑天鹅——如何应对不可预知的未来》和《灰犀牛-如何应对大概率危机》，作者分别是美国纳西姆·尼古拉斯·塔勒布和米歇尔·渥克。“黑天鹅”事件指非常难以预测，且不寻常的事件，通常会引起市场连锁负面反应甚至颠覆。黑天鹅事件来源为在发现澳大利亚的黑天鹅之前，17世纪之前的欧洲人认为天鹅都是白色的。但随着第一只黑天鹅的出现，这个不可动摇的信念崩溃了。黑天鹅的存在寓意着不可预测的重大稀有事件，它在意料之外，却又改变着一切。人类总是过度相信经验，而不知道一只黑天鹅的出现就足以颠覆一切。然而，无论是在对股市的预期，还是政府的决策，或是普通人日常简单的抉择中，黑天鹅都是无法预测的。

（2）我国目前存在灰犀牛和明斯基时刻的领域有：

首先是“僵尸企业”大规模债务违约风险。“僵尸企业”的首要特点是收不抵支，按照法律和市场原则应进行重组或破产清算，然而由于各地方政府考虑到就业、经济指标等政绩需要，要求地方性中小金融机构提供源源不断的资金支持。一旦“僵尸企业”进入全面破产清算阶段，势必爆发大规模债务违约，造成系统性金融风险。

其次是部分地区房地产市场价格的持续下行。房地产市场是中国经济和金融体系的“周期之母”。在本轮房地产上涨与调控周期中，房地产家庭资产配置的金融属性和投机属性，远远超出其居住属性，这才有中央掷地有声的“房住不炒”的定位。特别是在一二线核心城市及其周边地区，在房价快速上涨期，通过首付贷、短期消费贷等高杠杆炒房现象十分普遍，北京、上海等城市非限购的商住房及其周边地区的商品房，成为高杠杆炒房的重灾区。

最后是影子银行等表外业务风险集中爆发。在此次金融监管风暴之前，商业银行表外业务处于监管灰色地带，也是资金空转的主要方式。资产规模的急剧扩张必然伴随着各种不断攀升的金融风险。一旦刚性兑付打破，风险快速蔓延，也将是影子银行及其关联资产的“明斯基时刻”的来临。

除了上述三个领域，最近互联网金融领域热炒的现金贷、地方融资平台的债务风险等，也可能成为引发系统性金融风险。

11.（1）2008年爆发的金融危机促使国际银行业普遍提高对流动性风险的认识，更加重视对流动性风险的管理，加强流动性风险监管也日渐成为国际金融监管改革的重要议题。为了应对危机中暴露出来的流动性风险，2009年12月，巴塞尔银行监管委员会制定了两个新指标以达到两个独立而又互补的监管目标。第一个目标是提高机构抵御短期流动性风险的能力，即确保它们有充足的高质量流动资产来渡过持续一个月的高压情境。第二个目标是提高机构在更长期内抵御流动性风险的能力。这两个新指标就是LCR和NSFR。前者要求在压力情境下，银行的流动性要能够至少坚持30天，后者要求银行一年以内可用的稳定资金大于需要的稳定资金，通过这个指标反映银行资产与负债的匹配程度。

就监管目标而言，流动性覆盖率重在强化对银行短期流动性风险状况的监控，要求银行具备充足的合格优质流动性资产，应对短期流动性风险；净稳定资金比例则要求银行要有充足的稳定资金支持业务活动的持续开展，旨在鼓励银行吸收中长期资金，避免过度依赖短期批发资金来源，合理控制资产负债总量和结构错配，降低中长期的融资风险。因此，流动性覆盖率与净稳定资金比例指标互为补充，从短、中、长期全面加强商业银行流动性风险监管。

（2）我国商业银行流动性管理存在的问题

① 流动性缺口客观存在。从商业银行近年来经营的实际情况看，流动性供给无法充分满足流动性需求，客观上已经存在一定程度的流动性缺口。

② 资本杠杆比率偏高。近年来，由于各商业银行资本金增长速度远远低于存款的增长速度，资本杠杆比率越来越高。自有资金抵御流动性风险的能力逐年下降。即便如此，随着近年来金融机构所处的社会制度背景、经济金融环境及其影响的广度和深度等方面的变化，经营的安全性已不能用单一的资本充足率来

衡量，在国内外金融市场日益发达从而金融风险日益增加的情况下，即使资本充足率达到警戒线以上也已不足以保证银行经营系统的安全和经济的稳定发展。

③ 资产形式单一，变现能力较差。按照现代商业银行资产负债管理的标准衡量，合理的资产形式及其结构应该是多元化的。但是，目前商业银行普遍存在着资产形式单一的问题，资产的大部分被贷款所占据。贷款受合同期限等因素的影响，流动性较差，属于固态资产，其在资产结构中的高占比，必然限制了整个资产的流动性。

④ 信贷资产质量低，资金沉淀现象严重。目前信贷资产质量低已成为影响我国商业银行，尤其是国有商业银行流动性的主要因素，不良贷款形成的风险成为流动性风险最重要的组成部分。不良贷款占比较高，使得占全部资产较大比重的信贷资产缺乏流动性，从而影响了资产的总体流动性。

⑤ 流动性负债比例上升，潜在风险加大。目前各商业银行流动性负债比例呈不断上升的趋势，加大了各商业银行流动性管理的难度和潜在的流动性风险。

第二部分　公司财务

第一章　公司财务概述

本章知识点包括什么是公司财务、企业的组织形式、财务管理目标和代理问题等。其中，前三个知识点，属于基础知识点，难度不大，但非常重要，易出选择题和简答题。“代理问题”是新增的知识点，比较重要，考生需要熟练掌握其概念。

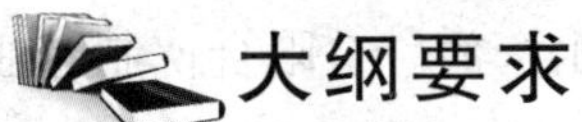

大纲要求

什么是公司财务

财务管理目标

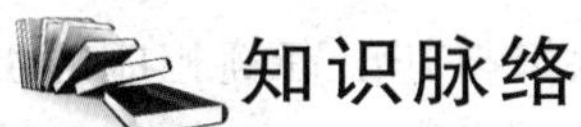

知识脉络

公司财务概述
- 什么是公司财务
- 企业的组织形式
- 财务管理目标
- 代理问题

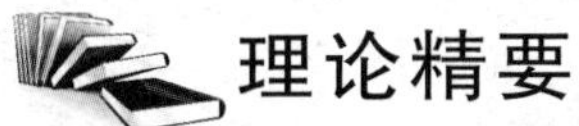

理论精要

知识点一　什么是公司财务

现代公司财务是指市场经济条件下企业的财务运作与管理，其主要内容是企业对于资金的运用与筹措。具体来讲，公司财务主要研究以下三个问题：

(1) 资本预算：公司应该采取什么样的长期投资。

(2) 资本结构：公司应该从哪里筹集长期资本用于支付长期投资。

(3) 营运资本管理：公司应当如何管理日常财务活动。

知识点二　企业的组织形式

企业组织形式是指企业存在的形态和类型，主要有个人独资企业、合伙企业和公司制企业三种形式。无论企业采用何种组织形式，都应具有两种基本的经济权利，即所有权和经营权，它们是企业从事经济运作和财务运作的基础。企业采用何种组织形式，对企业理财工作有重大的影响。

1. 个人独资企业

个人独资企业是指一个人所拥有的企业。以下是建立独资企业需要考虑的因素：

① 个人独资企业是费用最低的企业组织形式。不需要正式的公司章程，而且大多数行业需要满足的政府规章极少。

② 个人独资企业不支付公司所得税。所有经营利润按个人所得纳税。

③ 个人独资企业对企业债务负有无限责任，个人资产和企业资产之间没有区别。

④ 个人独资企业的存续期受限于企业所有者的生命期。

⑤ 因为投资于企业的钱只来自于企业的所有者，所以个人独资企业所能筹集到的权益资本仅限于企业所有者的个人财富。

2. 合伙制企业

任何两个或两个以上的个人就可以在一起组成合伙制企业。合伙制企业分为普通合伙制和有限合伙制两种。在普通合伙制企业中，所有合伙人同意提供一定比例的工作和资金，并且分享相应的利润或亏损。每个合伙人都对合伙企业的所有债务负有无限责任。有限合伙制企业允许某些合伙人对企业债务的责任仅限于其个人在合伙企业的出资额。有限合伙制企业通常要求：至少有一个普通合伙人；有限合伙人不参与企业管理。

以下是建立合伙制企业时需要考虑的一些重要事项：

① 合伙制企业的费用一般较低。无论是有限合伙制企业还是一般合伙制企业，复杂的协议需要以书面形式呈现。企业经营执照和申请费用是必需的。

② 普通合伙人对所有债务具有无限责任。有限合伙人仅限于承担与其出资额相应的责任。如果一个普通合伙人不能履行其承诺，不足部分将由其他合伙人承担。

③ 普通合伙制企业随着一个普通合伙人的死亡或撤出而终止(有限合伙制却不是这样)。对于一个合伙制企业，在没有宣布解散的情况下是很难转让产权的。这通常需要所有普通合伙人的同意。但是有限合伙人则可以出售他们在企业中的权益。

④ 合伙制企业要筹集大量的资金十分困难。权益资本的规模通常受到合伙人自身能力的限制。

⑤ 合伙制企业的收入按合伙人的个人所得征收所得税。

⑥ 管理控制权归属于普通合伙人。

大型企业组织要以个人独资或合伙制的形式存在是很困难的。个人独资或合伙制企业的最主要的优势是启动成本。在那之后，可能变严重的劣势是：无限责任、有限的企业生命、产权转让的困难。这三方面的劣势导致了筹集资金的困难。

3. 公司制企业

在众多企业组织形式中，公司是目前最为重要的。它是一个独立的法人实体。正因为这样，公司可以有名称，享有很多自然人的法律权利。在简单的公司制中，公司由三类不同的利益者组成：股东、董事会成员、公司高层管理者。传统上，股东控制公司的方向、政策和经营活动。股东选举董事会成员，然后董事会成员选择高层管理人员。高层管理人员作为公司的主管，为了股东的利益管理企业的日常经营活动。在股东少，持股股权集中的公司，股东兼任董事会成员或者公司高层管理人员的情况很普遍。但是，在大型企业中，股东、董事会成员和公司高层管理人员往往是各不相同的群体。

与个人独资企业和合伙制企业相比，公司制企业所有权和管理权的潜在分离有很多好处。

① 因为股份代表着对公司的所有权，所以所有权可以随时转让给新的所有者。因为公司的存在与持股者无关，所以股份转让不像合伙制企业那样受到限制。

② 公司具有无限存续期。因为公司与它的所有者相互独立，所以某一所有者的死亡或撤出股份法律上并不影响公司的存在。

③ 股东的债务仅限于其对所有权股份的出资额。

有限责任、易于转让所有权和永续经营是公司制企业的主要优点，这些优点增强了公司的筹资能力。但是，公司制有一个重大缺陷，就是对股东的双重课税。在美国，联邦政府除了对股东的股利征税，还对公司的收入征税。

【例 1】（上海财大 2019 年）以下哪一个说法最能解释企业选择有限股份制而非合伙制企业的原因（　　）。

A. 股份有限公司面临更少的监管　　B. 股份有限公司所有权的转让非常困难

C. 股份有限公司通常面临更少的税收　　D. 股份有限公司更容易筹集资本

答案：D。有限责任、易于转让所有权和永续经营是公司制企业的主要优点，这些优点增强了公司的筹资能力。

知识点三　公司财务管理的目标

财务管理目标又称理财目标，是指企业进行财务活动所要达到的根本目的，它决定着企业财务管理的基本方向。财务管理目标是一切财务活动的出发点和归宿，是评价企业理财活动是否合理的基本标准。到目前为止，先后出现了四种比较具有代表性的观点，分别是：利润最大化、每股收益最大化、股东财富最大化和相关者利益最大化。

1. 利润最大化

这种观点认为：利润代表了企业新创造的财富，利润越多则企业的财富增加得越多，越接近企业的目标。

该观点的优点是：

① 讲求经济核算、加强管理，改进技术，提高劳动生产率，降低产品成本；

② 有利于企业资源的合理配置，提高整体经济效益。

该观点的缺陷是：

① 没有考虑利润的取得时间；

② 没有考虑所获利润和投入资本额的关系；

③ 没有考虑获取利润和所承担风险的关系；

④ 没有考虑同一经济问题的会计处理方式的多样性和灵活性会影响到利润的大小。

由此可见，利润最大化目标只是对经济效益浅层次的认识，存在一定的片面性。所以，现代财务管理理论认为，利润最大化并不是财务管理的最优目标。

2. 股东财富最大化

这种观点认为，企业主要是由股东出资形成的，股东创办企业的目的是扩大财富，他们是企业的所有者，理所当然地，企业的发展应该追求股东财富最大化。在股份制经济条件下，股东财富由其所拥有的股票数量和股票市场价格两方面决定，在股票数量一定的前提下，当股票价格达到最高时，则股东财富也达到最大，所以股东财富又可以表现为股票价格最大化。

该观点的优点是：

① 考虑了风险因素；

② 在一定程度上能避免企业短期行为；

③ 对上市公司而言，股东财富最大化目标比较容易量化，便于考核和奖惩。

该观点的缺陷是：

① 通常只适用于上市公司，非上市公司难于应用；

② 股价受众多因素影响，股价不能完全准确反映企业财务管理状况；

③ 强调更多的是股东利益，对其他相关者利益重视不够。

3. 企业价值最大化

这种观点认为，通过企业的合理经营，采用最优的财务政策，充分利用资金的时间价值和风险与报酬的关系，在保持企业长期稳定发展的基础上，使企业价值达到最大。这是现代西方财务管理理论公认的财务目标，认为这是衡量企业财务行为和财务决策的合理标准。对于股份制企业，企业价值最大化可以表述为股东财富最大化。

以企业价值最大化作为财务管理目标，具有以下优点：

① 考虑了取得报酬的时间，并用时间价值的原理进行了计量；

② 考虑了风险与报酬的关系；

③ 将企业长期、稳定的发展和持续的获利能力放在首位，能克服企业在追求利润上的短期行为；

④ 用价值代替价格，克服了过多受外界市场因素的干扰，有效地规避了企业的短期行为。

以企业价值最大化作为财务管理目标也存在以下问题：

① 企业的价值过于理论化，不易操作；

② 对于非上市公司，只有对企业进行专门的评估才能确定其价值，而在评估企业的资产时，由于受评估标准和评估方式的影响，很难做到客观和准确。

【例 2】(清华大学 2014 年)公司财务经理的责任是增加(　　)。

A. 公司规模　　B. 公司增长速度　　C. 经理人的能力　　D. 股东权益价值

答案：D。公司财务经理应该是代表股东权益的。A 项，增加公司规模不一定能保证公司收益上升，增加了规模连年亏损也时有发生，股东权益受到损害；B 项，单纯增加公司增长速度并不能保证公司持续健康发展，为了求快而杀鸡取卵也会损害股东利益；C 项，经理人的能力和公司盈利能力并不十分相关，股东权益也不能得到保证；D 项，公司的发展最重要的就是增加股东权益价值，这也是公司财务经理的最终目标。

4. 相关者利益最大化

这种观点认为，股东作为企业的所有者，在企业中拥有最高的权利，并承担着最大的义务和风险，但是债权人、员工、企业经营者、客户、供应商和政府也为企业承担着风险。因此，在确定企业财务管理目标时，不能忽视这些相关利益群体的利益。

相关者利益最大化的优点有：

① 有利于企业长期稳定发展；

② 体现了合作共赢的价值理念，有利于实现企业经济效益和社会效益的统一；

③ 多元化、多层次的目标体系，兼顾各方利益；

④ 体现了前瞻性和现实性的统一。

相关者利益最大化的缺点有：

① 企业在特定的经营时期，几乎不可能使利益相关者财富最大化，只能做到其协调化；

② 所涉及的计量指标中销售收入、产品市场占有率是企业的经营指标，已超出了财务管理自身的范畴。

知识点四　代理问题

现代企业理论认为，企业是一种契约关系的联结。契约关系的各方成为企业的利益相关者，各利益相关者之间的利益和目标并不完全一致，在信息不对称的情况下，企业各利益相关者之间形成诸多委托-代理关系。在委托-代理关系中，委托人与代理人之间存在信息不对称，代理人拥有内部信息，处于信息优势地位，委托人处于信息劣势地位，在双方利益不一致的情况下，代理人可能会利用其信息优势危害委托人的利益，这就产生了代理问题。代理问题会降低企业效率，增加企业成本，这种成本在经济学上称为代理成本。代理成本理论是由詹森和麦克林提出的。他们区分了两种公司利益冲突：股东与经理层之间的利益冲突和债权人与股东之间的利益冲突。

（1）股东与经理层之间的代理成本。在股份有限公司中，股东作为公司的投资者并不直接参与公司的经营管理活动，而是聘用经理从事经营管理活动，这样，在股东和经理之间便形成了委托-代理关系。经理作为代理人比股东更了解公司的经营状况和发展前景，并且掌握公司的经营决策权，经理在进行经营决策时并非总是以股东的利益最大化为目标，他们可能会出于自身的利益做出有违股东利益的行为，例如将大量的现金用于追求个人奢侈的在职消费、盲目地扩张企业规模、进行缺乏效率的并购等，这就增加了公司的代理成本。

（2）股东与债权人之间的代理成本。由于股东拥有公司控制权，而债权人一般不能干涉公司的经营活动，这样股东会利用其控制权的优势影响债权人的利益，以使自身利益最大化，例如股东可能会要求公司支付高额现金股利，从而减少公司的现金持有量，增加了债权人的风险。这种代理问题也会产生代理成本，通常债权人可能会要求在借款合同中规定限制性条款，或者要求公司对债务提供担保，从而增加了公司的成本费用。

【例3】（重庆大学2016年）管理层和股东之间存在潜在冲突问题一般是指（　　）。

A. 多元化问题　　B. 监管问题　　C. 代理问题　　D. 流动性问题

答案：C。管理者是股东的代理人，应该代表股东的利益并使股东的财富（即股票价值）最大化。当他们为自己的利益采取行动而损害股东的利益时就产生了冲突（代理冲突）。

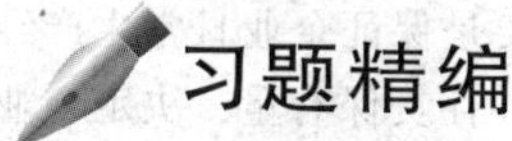

习题精编

一、选择题

1. 与普通合伙企业相比，下列各项中，属于股份有限公司缺点的是（　　）。

A. 筹资渠道少　　B. 承担无限责任

C. 企业组建成本高　　D. 所有权转移较为困难

2. 某公司董事会召开公司战略发展讨论会，拟将企业价值最大化作为财务管理目标，下列理由中，难以成立的是（　　）。

A. 有利于规避企业短期行为　　B. 有利于量化考核和评价

C. 有利于持续提升企业获利能力　　D. 有利于均衡风险与报酬的关系

3. 根据相关者利益最大化的财务管理目标论，承担最大风险并可能获得最大报酬的是（　　）。

A. 股东　　B. 债权人　　C. 经营者　　D. 供应商

4. (四川大学 2017 年) 股东和经营者发生冲突的根本原因在于(　　)。

A. 具体行为目标不一致　　B. 掌握的信息不一致

C. 利益动机不同　　D. 在企业中的地位不同

二、简答题

5. 公司财务的主要内容有哪些?

6. 简述公司理财的目标以及影响公司财务目标实现的因素。

7. (复旦大学 2019 年) 简述第一代代理问题的主要表现。

习题参考答案

一、选择题

1. C。容易转让所有权、有限责任和永续经营属于股份有限公司的优点。公司制企业的缺点：①组建公司的成本高；②存在代理问题；③双重课税。

2. B。以企业价值最大化作为财务管理目标也存在以下问题：①企业的价值过于理论化，不易操作；②对于非上市公司，只有对企业进行专门的评估才能确定其价值，而在评估企业的资产时，由于受评估标准和评估方式的影响，很难做到客观和准确。因此，很难量化考核和评价该指标。

3. A。相关利益者最大化的观点中，股东作为企业的所有者，在企业中承担着最大的权力、义务、风险和报酬。

4. A。股东的目标是使企业财富最大化，要求经营者以最大的努力去完成这个目标。经营者也是最大合理效用的追求者，他们的行为目标与股东不一致，其具体目标为增加报酬(包括物质与非物质)、增加闲暇时间并力求避免风险。

二、简答题

5. 现代公司财务是指市场经济条件下企业的财务运作与管理，其主要内容是企业对于资金的运用与筹措。具体来讲，就是企业如何进行长期投资决策(又称资本预算决策)、长期筹资决策与称为营运资金管理的日常资金管理(如应收应付账款的管理、存货管理等)。

(1) 作为一个生产经营单位，企业需要购置资产来进行产品生产或提供服务，并因此获取销售收入和利润。企业购置资产的行为就是企业的长期投资活动。企业长期投资的计划与管理过程称为资本预算决策。

(2) 企业要进行投资活动，必须有相应的资金来源。因此，为企业的投资活动筹措资金，是公司财务的另一项主要内容。企业的长期资金筹措要解决以下几个问题：一是股权筹资还是债权筹资，以及两者之间的比例关系(即企业的资本结构)；二是长短期资金的比例问题，一般来说，长期资金的成本高于短期资金，但从资金使用的安全性来说，长期资金的安全性又高于短期资金；三是具体筹资工具的选择。

(3) 公司财务的第三个主要内容就是企业的营运资本管理。营运资本管理主要是保证企业日常生产经营活动正常进行的资金需求和各类债务的按期偿还，包括决定日常的现金保有量和存货保有量，决定企业是否进行赊销以及按什么条件进行赊销(即应收账款的管理)，决定企业怎样获得短期资金，是利用商业信用(应付账款)还是利用银行的短期借款。

6. 财务管理目标是指企业理财活动所希望实现的结果，是评价企业理财活动是否合理的基本标准。当前财务管理目标的主要代表观点有四种：

(1) 利润最大化。这种观点认为：利润代表了企业新创造的财富，利润越多则企业的财富增加得越多，越接近企业的目标。

(2) 股东财富最大化。这种观点认为，企业主要是由股东出资形成的，股东创办企业的目的是扩大财富，他们是企业的所有者，理所当然地，企业的发展应该追求股东财富最大化。

(3) 企业价值最大化。这种观点认为，通过企业的合理经营，采用最优的财务政策，充分利用资金的时间价值和风险与报酬的关系，在保持企业长期稳定发展的基础上，使企业价值达到最大。这是现代西方财务管理理论公认的财务目标，认为这是衡量企业财务行为和财务决策的合理标准。

(4) 相关者利益最大化。这种观点认为，股东作为企业的所有者，在企业中拥有最高的权利，并承担着最大的义务和风险，但是债权人、员工、企业经营者、客户、供应商和政府也为企业承担着风险。因此，在确定企业财务管理目标时，不能忽视这些相关利益群体的利益。

影响企业财务管理目标实现的因素有很多种，主要包括以下两个方面：

(1) 企业的外部环境。财务管理是在一定的环境中进行的，财务管理环境是企业在财务管理过程中所面对的各种客观条件或影响因素，是企业财务决策难以改变的外部约束条件。财务管理的环境涉及的范围很广，其中最重要的是法律环境、金融市场环境和经济环境。

法律环境主要包括：①企业组织法律规范；②税务法律规范；③财务法律规范；④其他相关经济法律规范。金融市场环境主要包括：①实物资本市场；②货币资本市场。经济环境主要包括：①经济发展状况；②通货膨胀；③利息率波动；④政府经济政策；⑤竞争。企业的财务管理环境，对于企业的财务管理适应能力，实现财务管理目标，提高财务管理效率具有重要影响。

(2) 企业的管理决策。公司管理当局的管理决策对企业财务管理目标有直接影响，股价的高低取决于企业的报酬率和风险，这二者是由企业投资项目、资本成本和股利政策决定的。因此，这五个因素是影响企业财务管理目标实现的主要的企业可控因素。管理当局通过投资决策，对适当的投资项目进行投资，再通过筹资决策和股利决策来提高报酬率，降低风险，实现其财务管理目标。

7. 学界将股东与管理层之间的冲突称为第一代代理问题。其主要表现有：

(1) 消极懈怠。消极懈怠也称不作为或卸责。通常，管理者的消极懈怠表现在多个方面。比如缺乏监督下属的热情，在选择低成本供应商或重新安排员工等事项上不作为，在本职工作上投入的精力太少，专注于一些与管理公司无关的或无关紧要的活动。

(2) 自我交易。当管理者获得剩余控制权后，他们可能通过各种各样的自我交易行为来为自己牟取私人利益。他们可能为自己量身打造一套激励制度，除获取很高的额外津贴或额外收益之外，还享受其他非现金性特权。更有甚者，管理者可能成立一家属于自己名下的公司，运用权力以不合理的划拨价格将其任职公司的财富转入管理者的私人公司。

(3) 过度投资和营造王国。公司管理者往往有通过扩大其所在公司的规模来提升其社会地位和声誉的动机和冲动，以满足其成就感。在这种情况下，公司管理者可能沉迷于并购或多元化经营，而不在乎这些投资项目的净现值是否为负值，于是滥用公司的自由现金流，花费高额的代价实施并购，损害股东的利益。

(4) 逃避风险。为避免在经理人市场上名誉扫地，公司管理者不愿从事甚至不愿寻找高风险高收益的项目。公司管理者逃避风险的原因有两个：一是激励不足；二是人性弱点。

(5) 滥用反收购策略。公司管理者为了保全其在公司中的长期地位，他们非常反感其所服务的公司被对手公司收购，不惜滥用反收购策略来阻止对股东来说颇有吸引力的收购提议，会借助反收购市场进行反收购布防。

(6) 垂涎自由现金流。公司管理者垂涎自由现金流的原因有：①管理者可以怀着轻松心态使用自由现金流。②追求管理绩效奖励。

【科兴点评】学界将股东与公司管理层之间的冲突称为第一代代理问题，将大股东对小股东的剥夺称为第二代代理问题。

第二章　财务报表分析

本章是公司财务的基础章节，涉及了很多会计的基础知识，为了照顾跨专业考生，这里尽可能详细阐述这些知识点。本章内容中，“财务报表”属于基础知识点，难度不大。从命题角度来看，主要命题思路是考查资产负债表、损益表、现金流量表三种报表项目的计算。“财务比率”属于基础知识点，难度不大，但非常重要。从命题角度来看，主要考查各个财务指标的含义、公式及计算，在选择题、概念题、简答题和计算题中都可能出现，需要重点掌握。“财务比率的杜邦恒等式”是从财务比率分析中独立出来的知识点，可见其重要性。

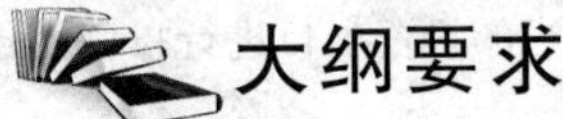

大纲要求

会计报表
财务报表比率分析

知识脉络

- 财务报表分析
  - 会计报表
    - 资产负债表
    - 利润表
    - 现金流量表
  - 财务比率分析
    - 短期偿债能力指标
    - 长期偿债能力指标
    - 资产管理能力指标
    - 盈利能力指标
    - 市场价值指标
  - 财务比率的杜邦恒等式

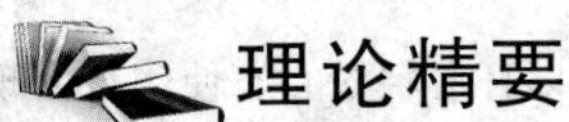

理论精要

知识点一　会计报表

会计报表是对企业财务状况、经营成果和现金流量的结构性表述。我们在此要研究的会计报表主要有资产负债表、利润表、现金流量表。

1. 资产负债表

（1）资产负债表的内容

资产负债表是指反映企业在某一特定日期财务状况的会计报表。它反映企业在某一特定日期所拥有或控制的经济资源、所承担的现时义务和所有者对净资产的要求权。

资产负债表可以提供进行财务分析的基本资料，如将流动资产与流动负债进行比较，计算出流动比率；将速动资产与流动负债进行比较，计算出速动比率等。这些比率可以表明企业的变现能力、偿债能力和资金周转能力，从而有助于报表使用者做出经济决策。

(2) 资产负债表的结构

我国的资产负债表采用账户式结构，如表 2-1 所示。根据会计恒等式：资产=负债+所有者权益编制。这个等式的左侧表明公司拥有资产的类型及其数量，右侧表明这些资产的来源。

表 2-1 资产负债表

编制单位：A 公司　　　　2011 年 12 月 31 日　　　　单位：元

资　产	年末余额	年初余额	负债及股东权益	年末余额	年初余额
流动资产：			流动负债：		
货币资金	100	50	短期借款	120	90
交易性金融资产	12	24	交易性金融负债		
应收票据	16	22	应付票据	10	8
应收账款	796	398	应付账款	200	218
预付账款	44	8	预收账款	20	8
应收股利	0	0	应付职工薪酬	4	
应收利息	0	0	应交税费	10	8
其他应收账款	24	44	应付利息	24	32
存货	238	652	应付股利	56	20
待摊费用	64	14	其他应付款	28	26
一年内到期的非流动资产	90	8	预提费用	18	10
其他流动资产	16	0	预计负债	4	8
流动资产合计	1400	1220	一年内到期的非流动负债	100	0
			其他流动负债	6	10
			流动负债合计	600	440
			非流动负债：		
非流动资产：			长期借款	900	490
可供出售的金融资产	0	90	应付债券	480	320
持有至到期投资			长期应付款	100	120
长期股权投资	60	0	专项应付款	0	0
长期应收款			递延所得税负债	0	0
固定资产	2476	1910	其他非流动性负债	0	30
在建工程	36	70	非流动负债合计	1500	1160
固定资产清理		24	负债合计	2080	1600
无形资产	12	16	股东权益：		
开发支出			股本(实收资本)	200	200
商誉			资本公积	20	20
长期待摊费用	10	30	盈余公积	200	80
递延所得税资产	0	0	未分配利润	1500	1460
其他非流动资产	6	0	库存股	0	0
非流动资产合计	2600	2140	股东权益合计	1920	1760
资产总计	4000	3360	负债及股东权益总计	4000	3360

① 资产根据其流动性分类，分为流动资产和非流动资产。流动性是会计术语，指资产变现(变成现金)的方便与快捷程度，包括变成现金的时间长短和变成现金的数量确定性程度两方面。

某资产变成现金的时间若短于一年或一个会计年度，则称该资产为流动资产。在流动资产中，根据变成现金的数量确定性程度，又依次分为现金(包括银行存款)、应收账款(赊销所形成的债权)、存货(包括原材料、半成品、产成品及一些易损耗的物品)。

某资产变成现金的时间若超过一年，则称其为非流动资产。非流动资产又分为固定资产(生产办公用房屋、机器设备等)、无形资产(包括土地使用权、专利、技术等)。

流动性的强弱决定了不同资产会计处理的主要差异。对非流动资产来说，由于其流动性不高，变成现金的时间较长和变成现金的数量具有高度不确定性，因此投资于非流动资产的支出要在未来的使用年限内进行分摊。例如，购置固定资产的支出是一次性的，但这项支出不能在支出其时全部作为成本费用，要根据该固定资产的预计使用年限，在以后的年限内逐年分摊这项支出作为使用年限的成本费用，使用年限内固定资产购置成本的分摊数额称为折旧，这是一个非常重要的概念，对公司财务决策具有重大作用。

② 负债是公司所承担的在规定期限内偿付资产(主要是现金)的责任。偿还时间短于一年，称为流动负债，主要包括短期借款、应付账款等；偿还时间超过一年，则称为长期负债，主要包括长期借款、债券等。负债的主要财务特征是到期还本付息，本金和利息均是事先约定，因此对公司的负债而言，未来需要偿还的金额和时间均是确定的。若公司不能偿还到期负债，则可能面临债权人的起诉，导致公司变卖资产来偿债，很可能使得公司破产。

③ 所有者权益，简称权益，是股东对公司剩余资产的索取权，该剩余资产为资产减负债。所有者权益分为所有者按照公司章程或协议约定投入资本(主要是普通股)和公司实现的利润中未分配给投资者部分(又称为留存收益)，公司实现的利润中分配给股东的部分称为股利、红利。

【科兴点评】公司财务决策中，一般假设公司永续经营，不会因经营不善面临清算。因此，长期负债的偿还期限视为无穷，(即可以对长期负债进行无限期的展期)，那么长期负债可被视为广义权益的一种形式，股东投入的部分称为普通股。此时，对长期负债而言，公司每年需要支付固定数量的利息，而对普通股而言，公司每年需要支付数量可能固定也可能不固定的股利。注意支付的利息可以在税前利润中扣除，但支付的股利不允许在税前利润扣除，这是公司财务决策的重要考试点。

2. 利润表

(1) 利润表的内容

利润表是反映企业在一定的会计期间的经营成果的会计报表。利润表充分反映了企业经营业绩的主要来源和构成，有助于使用者判断净利润的质量及其风险，有助于使用者预测净利润的持续性，从而做出正确的决策。

将利润表中的信息与资产负债表中的信息结合，可以提供进行财务分析的基本资料，如将净利润与资产总额相比计算出资产收益率等，可以表明企业的盈利能力水平，便于报表使用者判断企业未来的发展趋势，做出经济决策。

(2) 利润表的结构

在我国，利润表采用多步式结构，如表 2-2 所示，即通过对当期收入、费用、支出项目按性质加以归类，按利润形成的主要环节列示一些中间性利润指标，分步计算当期净损益。

表 2-2　利润表

编制单位：A 公司　　2011 年度　　单位：万元

项　目	本年金额	上年金额
一、营业收入	6000	5700
减：营业成本	5288	5006
营业税金及附加	56	56
销售费用	44	40
管理费用	92	80
财务费用	220	192
资产减值损失	0	0
加：公允价值变动损益	0	0
投资收益	12	0
二、营业利润	312	326
加：营业外收入	90	144
减：营业外支出	2	0
三、利润总额	400	470
减：所得税费用	128	150
四、净利润	272	320

会计核算的一般的公式为：会计利润=收入-费用

利润表中主要内容的计算公式为：

营业利润=主营业务收入-主营业务成本-期间费用(销、管、财)

税前利润=营业利润+营业外收入-营业外支出

净利润=税前利润-所得税

公司财务中经常把利润表分为经营活动和非经营活动部分。经营活动部分报告公司主营业务的收入和费用，其中重要的数字是息前税前利润(EBIT)，这个指标反映扣除所得税和财务费用之前的利润，其中财务费用指的是融资费用，主要是债务的利息支出。

EBIT=销售收入-变动成本-固定经营成本

会计核算中不包括这个公式，但是公司财务决策中经常使用这个公式。这个公式中的变动成本与会计核算的销售成本很类似，指的是与销量正相关的成本；固定经营成本与会计核算的销售费用、管理费用相类似，指的是与销量无关的生产经营成本，主要是固定资产的折旧。

非经营活动部分列示了融资费用，如利息等；利润表单独报告税务部门对利润课征的所得税，利润表的最后一项是净利润。公司财务中经常使用每股利润或每股收益(EPS)

$$\text{EPS}=\frac{\text{净利润}}{\text{普通股股数}}$$

会计利润计算公式中的费用是一个广义概念，即包括为生产经营所耗费的原材料、人工、固定资产折旧、也包括管理公司等发生的管理费用、销售费用(如广告费)、财务费用(主要指融资费用)等。从会计的角度看，成本是费用的一个部分，主要指为生产产品、提供服务而直接发生的原材料、人工、为生产而发生的费用，不包括财务费用、销售费用、管理费用。

（1）分析资产负债表时，要注意 3 个方面：①流动性；②负债和权益；③市价和成本，置存价值和账面价值更多指的是成本。

（2）分析利润表时，要注意三个方面：①公认会计准则：收入确定方式不同，可能通过利润平滑化处理给公司利润带来不同的效应，要确认其利润是否由主营业务所得；②非现金项目：主要包括折旧和递延税款；③时间和成本：短期看，成本是固定的，长期看，成本是变化的。

3. 现金流量表

（1）现金流量表的内容

现金流量表是指反映企业在一定会计期间现金和现金等价物流入和流出的报表。从编制原则上来看，现金流量表按照收付实现制原则编制，将权责发生制下的盈利信息调整为收付实现制下的现金流量信息，便于使用者了解企业利润的质量。从内容上看，现金流量表被划分为经营活动、投资活动和筹资活动三个部分，每类活动又分为各具体项目，这些项目从不同的角度反映企业活动的现金流出与流入，弥补了资产负债表和利润表提供信息的不足。

通过现金流量表，报表使用者能够了解现金流量的影响因素，评价企业的支付能力、偿债能力和周转能力，预测企业未来现金流量，为其决策提供有力依据。

（2）现金流量表的结构

在现金流量表中，现金及现金等价物被视为一个整体。企业现金形式的转换不会产生现金的流入和流出。例如，企业从银行提取现金，是企业现金存放形式的转换，并未流出企业，不构成现金流量。同样，现金与现金等价物之间的转换也不构成现金流量，例如，企业用现金购买 3 个月到期的国债。

根据企业活动的性质和现金流量的来源，现金流量表在结构上将企业一定期间产生的现金流量分为三类：经营活动产生的现金流量、投资活动产生的现金流量和筹资活动产生的现金流量。现金流量表的具体格式如表 2-3、表 2-4 所示。

表 2-3　现金流量表

编制单位：A 公司　　2011 年度　　单位：元

项　目	本期金额	上期金额
一、经营活动产生的现金流量	1312500	（略）
销售商品、提供劳务收到的现金	0	
收到的税费返还	0	
收到其他经营活动有关的现金	1312500	
经营活动现金流入小计	392266	
购买商品、接受劳务支付的现金	300000	
支付给职工以及为职工支付的现金	174703	
支付的各项税费	80000	
支付其他与经营活动有关的现金	946969	
经营活动现金流出小计	365531	
经营活动产生的现金流量净额		
二、投资活动产生的现金流量	16500	

续表

项　目	本期金额	上期金额
收回投资收到的现金	30000	
取得投资收益收到的现金	300300	
处置固定资产、无形资产和其他长期资产支付的现金	0	
处置子公司及其他营业单位收到的现金净额	0	
收到其他与投资活动有关的现金	346800	
投资活动现金流入小计	601000	
购建固定资产、无形资产和其他长期资产支付的现金	0	
投资支付的现金	0	
取得子公司及其他营业单位支付的现金净额	0	
支付其他与投资活动有关的现金	601000	
投资活动现金流出小计	−254200	
投资活动产生的现金净流量		
三、筹资活动产生的净流量		
吸收投资收到的现金	0	
取得借款收到的现金	560000	
收到其他与筹资活动有关的现金	0	
筹资活动现金流入小计	560000	
偿还债务支付的现金	1250000	
分配股利、利润或偿付利息支付的现金	12500	
支付其他与筹资活动有关的现金	0	
筹资活动现金流出小计	1262500	
筹资活动产生的现金流量净额	−702500	
四、汇率变动对现金及现金等价物的影响	0	
五、现金及现金等价物净增加额	−591169	
加：期初现金及现金等价物余额	1406300	
六、期末及现金等价物余额	815131	

表 2–4　现金流量表补充资料

补充资料	本期金额	上期金额
1. 将净利润调节为经营活动现金流量		
净利润	225000	（略）
加：资产减值准备	30900	
固定资产折旧、油气资产损耗、生产性生物资产折旧	100000	
无形资产摊销	60000	
长期待摊摊销	0	
处置股东资产、无形资产和其他长期资产的损失（收益以“−”号填列）	−50000	
固定资产报废损失（收益以“−”号填列）	19700	
公允价值变动损失（收益以“−”号填列）	0	
财务费用（收益以“−”号填列）	11500	

续表

补充资料	本期金额	上期金额
投资损失(收益以"-"号填列)	-31500	
递延所得税资产减少(收益以"-"号填列)	-2500	
递延所得税资产增加(收益以"-"号填列)	0	
存货的减少(收益以"-"号填列)	95300	
经营性应收项目的减少(收益以"-"号填列)	-120000	
经营性应付项目的增加(收益以"-"号填列)	32131	
其他	0	
经营性活动产生的现金流量净额	365531	
2. 不涉及现金收支的重大投资和筹资活动:		
债务转为资本	0	
一年内到期的可转换公司债券	0	
融资租入固定资产	0	
3. 现金及现金等价物净变动情况:		
现金的期末余额	815131	
减:现金的期初余额	1406300	
加:现金等价物的期末余额	0	
减:现金等价物的期初余额	0	
现金及现金等价物净增加额	-591169	

(3)财务现金流量

资产的现金流量CF(A)一定等于流向债权人的现金流量CF(B)和流向权益投资者的现金流量CF(S),即:

CF(A)=CF(B)+CF(S)

CF(A)=经营性现金流量-资本性支出-净营运资本的增加

其中:经营性现金流量=EBIT+折旧-税

资本性支出=固定资产的取得-固定资产的出售

=期末固定资产净额-期初固定资产净额+折旧

净营运资本的增加=第二年净营运资本-第一年净营运资本

CF(B)=利息+到期本金-长期债务融资

CF(S)=股利+股票回购-新权益融资

说明:

会计现金流量表和财务现金流量表的最大区别在于为利息费用的处理方式:财务现金流量表利息费用属于筹资活动产生的现金流量,而在会计现金流量表中利息费用在计算净利润时已经被扣除了。

【科兴点评】公司财务中投资决策主要使用现金流量作为判断依据,而不采用会计利润。所以现金流量的内容对公司财务决策是非常重要的,考试必定涉及这些内容。公司决策者经常面临现金流量的预测,因此,把会计利润转换成现金流量是投资决策最关键的步骤。会计利润包括非现金成本费用,把会计利润转换成现金流量,实际上就是考虑非现金项目的调整。

知识点二　财务报表比率分析

财务分析的最基本功能是将财务报表数据转换成对特定决策有用的信息，帮助报表使用人改善决策。财务报表比率可以分为五类：

1. 短期偿债能力指标

短期偿债能力比率也称为流动性指标，该比率主要提供有关企业流动性的信息。取决于可以在近期转变为现金的流动资产的多少。

（1）流动比率

流动比率可以定义如下：

$$流动比率=\frac{流动资产}{流动负债}$$

不同行业的流动比率通常有明显的差别，一般不存在统一的、标准的流动比率。对于债权人来说，流动比率越高越好，因为高流动比率意味着企业承担债务的能力更高；对于公司而言，较高的流动比率意味着现金和其他短期资产的运用效率低下。一般而言，流动比率至少要大于等于1，如果小于1，说明净营运资本(流动资产-流动负债)为负，这将导致企业财务状况的波动，不利于企业健康成长。

（2）速动比率

速动比率一般定义如下：

$$速动比率=\frac{速动资产}{流动负债}=\frac{流动资产-存货}{流动负债}$$

之所以将存货从流动资产中去除，是因为存货是流动性最低的流动资产，其账面价值不能准确地反映其市场价值，大量存货的存在可能使企业的流动性变差。

如同流动比率一样，不同行业的速动比率也有很大的差别。如沃尔玛等涉及快消品的行业，存货占流动资产的比重较大，则其速动比率就较小。

【例1】(清华大学2016年)下列哪一项的增加会升高公司的流动比率而不会影响速动比率？(　　)

A. 应付账款　　B. 现金　　C. 存货　　D. 固定资产

答案：C。依据流动比率、速动比率的计算公式：A项，应付账款增加，即流动负债增加，会使流动比率和速动比率都降低；B项，现金增加会使流动比率和速动比率都增加；C项，存货增加会使流动资产增加，从而流动比率增加，速动比率不变；D项，固定资产增加不会对流动比率和速动比率产生影响。

（3）现金比率

现金比率可定义如下：

$$现金比率=\frac{现金类资产}{流动负债}$$

现金比率假设现金是可偿债资产，表明1元流动负债有多少现金资产作偿还保障。

2. 长期偿债能力指标

长期偿债能力比率，也称为财务杠杆比率或杠杆比率，主要反映公司负担长期债务的能力，或者说反映负担其财务杠杆的能力。

指债务和资产、净资产的关系，反映企业偿付到期长期债务的能力。企业对一笔债务负有两种责任：一是还本；二是付息。因此，分析一个企业的长期偿债能力，主要是为了确定该企业偿还债务本金与支付债务利息的能力。

（1）负债比率

最常用的负债比率有3种表达形式：

$$负债比率(资产负债率)=\frac{总资产-总收益}{总资产}=\frac{总负债}{总资产} \quad (1)$$

资产负债率越低，企业偿债越有保证，贷款越安全。

$$产权比率(负债权益比)=\frac{总负债}{总权益}=\frac{B}{S} \quad (2)$$

$$权益乘数=\frac{总资产}{总权益} \quad (3)$$

式(2)、式(3)是两种常用的财务杠杆指标，可以反映特定情况下资产利润率和权益净利率之间的倍数。财务杠杆表明债务的多少，与偿债能力有关，并且可以表明权益净利率的风险，也与盈利能力有关。这三个比率只要知道其中一个，其他比率都可以计算出来，之所以分为三种形式是为了在不同的情况下使用更方便。

【例2】在下列关于资产负债率、权益乘数和产权比率之间关系的表达式中，正确的是（　　）。

A. 资产负债率+权益乘数=产权比率　　B. 资产负债率−权益乘数=产权比率

C. 资产负债率×权益乘数=产权比率　　D. 资产负债率÷权益乘数=产权比率

答案：C。资产负债率=负债总额/资产总额，权益乘数=资产总额/权益总额，产权比率=负债总额/权益总额。所以，资产负债率×权益乘数=(负债总额/资产总额)×(资产总额/权益总额)=负债总额/权益总额=产权比率。

（2）利息倍数

$$利息倍数(利息保障率)=\frac{息税前利润}{利息}=\frac{EBIT}{I}$$

息税前利润($EBIT$)是指利润表中未扣除利息费用和所得税之前的利润，利息(I)不仅包括财务费用中的利息费用，还包括计入固定资产成本的资本化利息。该指标重点是衡量企业支付利息的能力，利息倍数越大，公司拥有的偿还利息的缓冲资金越多。

3. 营运能力指标

营运能力指标是用来衡量公司在资产管理方面的效率，旨在说明公司在多大程度上有效的运用资产来获得收入。

（1）存货周转天数和存货周转率：

$$存货周转率=\frac{销售成本}{存货}$$

存货周转率代表一年内存货周转的次数，一般而言，存货周转率越高，表明存货管理的效率越高。

$$存货周转天数=\frac{365天}{存货周转率}$$

存货周转天数指平均的存货周转时间，说明存货在被出售之前大约有多少天留在公司里，或者当前的存货大约需要多久才能被出售出去。存货周转天数并不是越短越好。存货过多会浪费资金，存货过少不能满足周转的需求，在特定的生产经营条件下存在一个最佳的存货水平，所以存货不是越少越好。

（2）应收账款周转天数和应收账款周转率

$$应收账款周转率=\frac{销售收入}{应收账款}$$

应收账款周转率是指 1 年中收回货款并又将货物赊销出去的次数。应收账款是由赊销引起的，如果赊销可能比现金销售更有利，周转天数就不会越少越好。

$$应收账款周转天数=\frac{365天}{应收账款周转率}$$

应收账款周转天数是指公司平均在多少天之内可以将货款收回，这一比率又可以称为平均收账期。

（3）总资产周转率

$$总资产周转率=\frac{销售收入}{资产平均总额}=\frac{销售收入}{\frac{期初资产平均总额+期末资产平均总额}{2}}$$

这一比率说明公司每 1 元的资产能带来多少收入。该指标反映利用资产获得销售收入的能力，该指标周转速度越快，反映企业的销售能力越强。

$$资产周转天数=\frac{365天}{总资产周转率}$$

总资产周转天数表示资产周转一次所需要的时间。时间越短，资产的使用效率越高，盈利性越好。

【例 3】（中山大学 2018 年）当总资产周转率是 3 时，下面哪个陈述是正确的？（　　）

A. 公司每产生 1 元销售收入，需要在总资产上投入 3 元

B. 公司每拥有 1 元总资产，可以产生 3 元的销售收入

C. 每 3 元的销售收入，公司可以获得税后利润 1 元

D. 公司可以每年更新总资产 3 次

答案：B。总资产周转率也叫总资产周转次数，是企业一定时期的销售收入净额与平均资产总额的比值，体现了企业经营期间全部资产从投入到产出的流转速度，反映了企业全部资产的管理质量和利用效率。

4. 盈利性指标

以下谈到的比率是所有财务比率中最为人们熟知的，他们主要衡量公司运用资产和管理经营的效率，其中核心内容是净利润。

（1）销售利润率（PM，profit margin）

$$销售利润率=\frac{净利润}{销售收入}$$

销售利润率指公司从每 1 元中的销售中获得多少利润。一般而言销售利润率越高越好，但是这也不是绝对的，在某些情况下，虽然利润率较低，但是销量很大，也可以得到很高的总利润。

（2）资产收益率（ROA，return on assets）

$$资产收益率=\frac{净利润}{总资产}$$

衡量每 1 元资产带来的利润。由下式可知，影响资产利润率的驱动因素是销售利润率和资产周转率：

$$资产收益率=\frac{净利润}{销售收入}\times\frac{销售收入}{总资产}=销售利润率\times资产周转率$$

(3) 权益收益率(ROE, return on equity)

$$权益报酬率=\frac{净利润}{总权益}$$

权益收益率衡量每1元权益产生的利润。

【例4】(南京大学2015年)ABC银行的ROA长期预期值1.2%，总资产为1000亿元，总负债为900亿元，假定该银行将总负债增加20亿元，其他因素不变，该银行的长期预期ROE将发生何种变化?

答案：净资产=1000-900=100(亿元)，ROE=1000×1.2%/100=12%

增加总负债20亿元，总资产变为1020亿元，则：ROE=1020×1.2%/100=12.24%

故，ROE增加了0.24%。

5. 市场价值指标

市场价值指标是一组与公司股票市场价格有关的指标，仅适用于公开上市交易的公司，主要反映了广大投资者对公司所取得的业绩和未来前景的满意程度。具体如表2-5所示。

表2-5 市场价值指标

财务比率	公式	含义
市盈率	$市盈率=\frac{每股价格}{每股收益}$	市盈率衡量投资者愿意为每股当前利润支付多少钱。一般来讲，股票市盈率较高的公司有较好的发展前景
市净率	$市净率=\frac{股票价格}{每股净资产}$	市净率反映了投资者对公司经营效率和发展前景的判断。资产利用率高，盈利能力强，发展前景好的企业，市净率较高

【例5】(中山大学2014年)具有预期高成长机会的公司其销售的股票(　　)。

A. 具有高市盈率　　B. 具有低市盈率

C. 价格与市盈率无关　　D. 价格取决于股利支付率

答案：A。市盈率是股票每股市价与每股盈利的比率，衡量投资者愿意为每股当前利润支付多少钱。一般来讲，股票市盈率较高的公司有较好的发展前景。因此，具有预期高成长机会的公司其销售的股票具有高市盈率。股利支付率是市盈率的倒数，市盈率越高，股利支付率越低，股票价格受多方面因素的影响，不能简单认为其取决于股利支付率。

知识点三　财务比率的杜邦恒等式

股东最关心的财务指标之一是权益报酬率(ROE)，这个指标可以分解为三者之积：

$$权益收益率=\frac{净利润}{总权益}=\frac{净利润}{销售收入}\times\frac{销售收入}{总资产}\times\frac{总资产}{总权益}$$

其中(净利润/销售收入)是销售利润率，反映了销售的获利能力；(销售收入/总资产)是资产周转率，反映了资产的管理能力；(总资产/总权益)也被称为权益乘数，其计算公式为

$$权益乘数=\frac{1}{1-资产负债率}$$

因此，权益乘数反映了资本结构，负债水平越高，则权益乘数越大。

权益收益率的上述分解称为杜邦乘式，表明权益收益率受三个方面的影响：

(1) 销售获利能力，即经营的效率(用销售利润率衡量)

(2) 资产管理能力，即资产运用的效率(用总资产周转率衡量)

(3) 负债能力，即财务杠杆(用权益乘数度量)

若考虑如何提高权益收益率，仅仅从数学公式本身看，所有者权益可能为零，即全部为负债融资，那么权益乘数为无穷大，因此权益报酬率就是无穷大。但此时没有所有者权益，即不存在股东投入，探讨权益收益率是无意义的。因此不能简单地从数学角度讨论提高权益报酬率的方法。

实际环境中，公司可能存在一个最优的资本结构，即最佳的负债水平，那么提高权益报酬率的方法只能是提高销售的获利能力和资产的管理能力水平，而销售获利能力和资产管理能力反映了投资、生产经营、营销等战略决策，这正是投资决策的核心。因此，提高权益报酬率最终归结于所投资项目的盈利程度。

【例 6】在其他因素不变的情况下，下列因素变动能够提高净资产收益率的是(　　)。

A. 产品成本上升　　B. 存货增加　　C. 收账期延长　　D. 资产负债率提高

答案：D。根据杜邦分析法可知，净资产收益率＝销售净利率×总资产周转率×权益乘数。产品成本上升，会导致销售净利率下降，因此净资产收益率会降低，选项 A 不正确；存货增加和收账期延长会使资产增加，从而导致总资产周转率下降，因此净资产收益率会降低，选项 B 和 C 错误。资产负债率提高，权益乘数提高，会提高净资产收益率，选项 D 正确。

习题精编

一、选择题

1. 某公司去年销售额为 3400 万元，经营费用为 1360 万元，折旧额为 380 万元。如果该公司的税率为 35%，则公司税后经营现金流为(　　)。

A. 1459 万元　　B. 1079 万元　　C. 847 万元　　D. 以上答案均不对

2.（中山大学 2018 年）一家公司有负的净营运资本（net working capital），那么这家公司(　　)。

A. 流动负债比流动资产多　　B. 已陷入破产

C. 手上没有现金　　D. 需要卖出一些存货来纠正这个问题

3. 在计算速动比率时，要把存货从流动资产中剔除的原因，不包括(　　)。

A. 可能存在部分存货已经损坏但尚未处理的情况

B. 部分存货已经抵押给债权人

C. 可能存在成本与合理市价相差悬殊的存货估价问题

D. 存货可能采取不同的计价方法

4. 如果企业速动比率很小，下列结论成立的是(　　)。

A. 企业流动资产占用太多　　B. 企业短期偿债能力很强

C. 企业短期偿债风险很大　　D. 企业资产流动性很强

5.（浙江财经 2011 年）影响企业短期偿债能力的最根本原因是(　　)。

A. 企业的资产结构　　B. 企业的融资结构　　C. 企业的权益结构　　D. 企业的经营业绩

6. 某企业的资产收益率为 20%，若负债权益比为 1，则权益收益率为(　　)。

A. 15%　　B. 20%　　C. 30%　　D. 40%

7. 下列财务比率中，最能反映企业举债能力的是(　　)。

A. 负债权益比　　B. EBIT 与利息费用比

C. EBIT 与流动负债比　　D. EBIT 与债务总额比

8. 其他条件不变的情况下，下列经纪业务可能导致总资产报酬率下降的是(　　)。

A. 用银行存款支付一笔销售费用　　B. 用银行存款购入一台设备

C. 将可转换债券转为普通股　　D. 用银行存款归还银行借款

9. Super 公司 2010 年的销售额为 720 万元，所有的销售均为赊销。同时，应收账款为 90 万元。如果 1

年以 365 天计算，该公司的平均收账期为多少天？（　　）

A. 4.56 天　　B. 30.42 天　　C. 40.97 天　　D. 45.63 天

10. 杜邦财务分析体系的核心指标是（　　）。

A. 总资产报酬率　　B. 可持续增长率　　C. ROE　　D. 销售利润率

二、简答题

11. 资产负债表、损益表和现金流量表分别反映了企业的什么财务状况？

12. 为什么说股东权益报酬率是杜邦分析的核心？

三、计算题

13. Thomsen 公司的负债权益比为 1.40，资产收益率为 8.7%，总权益为 520000 美元，权益乘数是多少？权益收益率是多少？净利润呢？

14. 一个公司的净利润为 173000 美元，销售利润率为 8.6%，应收账款余额为 143200 美元，假设销售额中有 75%为赊销，该公司的应收账款回收期为多少天？

15.（广东财大 2016 年）丁公司 2013 年 12 月 31 日总资产为 600000 元，其中流动资产为 450000 元，非流动资产为 150000 元；股东权益为 400000 元。丁公司年度运营分析报告显示，2013 年的存货周转次数为 8 次，销售成本为 500000 元，净资产收益率为 20%，非经营净收益为 20000 元。期末的流动比率为 2.5。

要求：

（1）计算 2013 年存货平均余额。

（2）计算 2013 年末流动负债。

（3）计算 2013 年净利润。

（4）计算 2013 年经营净收益。

四、论述题

16. 结合反映企业短期偿债能力的财务比率，简述财务报表比率分析的局限性。

习题参考答案

一、选择题

1. A。该公司税后经营现金流＝税后净经营利润＋折旧＝(3400－1360－380)×(1－35%)＋380＝1459(万元)。

2. A。净营运资本是企业流动资产减去流动负债，净营运资本为负意味着流动负债大于流动资产。但这不意味公司已陷入破产，如果企业融资能力强，也可以偿还其流动负债，B 选项错误；净营运资本为负，只是意味着流动资产少于流动负债，并不意味着公司手上没有现金，C 选项错误；卖出存货只能增加速动资产，并不能增加流动资产，D 选项错误。

3. D。存货采用不同的计价方法只会影响当期的销售成本和期末存货的价值，不改变存货的变现速度。选项 ABC 则直接影响存货的变现能力。

4. C。速动比率是用来衡量企业短期偿债能力的指标，一般来说速动比率越高，反映企业短期偿债能力越强，企业的短期偿债风险较小；反之，速动比率越低，反映企业偿债能力弱，企业的短期偿债风险较大。

5. D。短期偿债能力比率是一组旨在提供企业流动性信息的财务比率，有时也被称为流动性指标。它们主要关心企业短期内在不引起不适当压力的情况下支付账单的能力，因此，这些指标关注企业的流动资产和流动负债，但短期偿债能力比率的大小会因行业类型而不同，影响企业短期偿债能力的最根本原因还是企业的经营业绩。

6. D。权益收益率＝资产收益率×权益乘数＝资产收益率×(1＋负债权益比)＝20%×(1＋1)＝40%。

7. D。选项 B 只是反应支付利息的能力，选项 C 只是反映企业短期偿债能力，选项 A 中的资产可能含有变现能力产的资产，故选 D。

8. A。选项 B 是资产之间的此增彼减，不会影响资产总额和利润额；选项 C 是负债与总权益之间的此增彼减，也不会影响总资产和总利润；选项 D 会使资产减少，但利润不变，因而会提高总资产报酬率，只有选项 A 会使资产和利润同时下降，则有可能使总资产报酬率下降(但不是绝对的)，即当原来的总资产报酬率小于 100%时，选项 A 会使总资产报酬率下降；当原来的总资产报酬率大于 100%时，选项 A 会使总资产报酬率上升。

9. D。根据公式，平均收账期 = 365/应收账款周转率 = 365×应收账款/销售额 = 365×90/720 = 45.63(天)。

10. C。杜邦分析体系是对企业综合经营理财及经济效益进行系统分析评价，其恒等式为：ROE = 销售利润率×总资产周转率×权益乘数。可以看到净资产收益率反映所有者投入资金的获利能力，反映企业筹资、投资、资产运营等活动的效率，是一个综合性最强的财务比率，所以净资产收益率是杜邦分析体系的核心指标。

二、简答题

11. 财务报表又称对外报告，是对企业外部使用者提供企业财务状况和经营成果的报表。财务指标是通过对企业财务报表数据的处理和加工后做出的一些能够反映企业财务状况特征的比率。财务报表和财务指标是了解企业财务状况和进行财务管理的最重要的基础资料。

① 资产负债表是反映企业在某一特定时点的财务状况的会计报表。其中资产反映的是企业所拥有的财产，负债反映的是企业欠债权人的支付，所有者权益(又称股东权益)反映的是企业股东所拥有的财富价值。

② 损益表又称利润表，是反映企业在某个会计期间内的经营成果及其分配情况的财务报表。损益表按照“利润 = 收入 - 费用”这一公式编制，表中项目按利润形成和利润分配的各项目分项列示。

③ 现金流量表是用来反映企业在一定会计期间内有关现金收入、现金支出及投资与筹资活动的财务报表。利用现金流量表可以评估企业产生现金流量的能力，企业偿还债务及支付所有者投资报酬的能力。

12. 杜邦分析法主要利用几种主要的财务比率之间的关系来综合分析企业的财务状况。杜邦系统主要反映了以下几种主要的财务比率关系。

(1) 股东权益报酬率与资产报酬率及权益乘数之间的关系：股东权益报酬率 = 资产净利率×权益乘数；

(2) 资产净利率与销售净利率及总资产周转率之间的关系：资产净利率 = 销售净利率×总资产周转率；

(3) 销售净利率与净利润及销售收入之间的关系：销售净利率 = 净利润÷销售收入；

(4) 总资产周转率与销售收入及资产总额之间的关系：总资产周转率 = 销售收入÷资产平均总额。

杜邦系统在揭示上述几种关系之后，再将净利润、总资产进行层层分解，这样就可以全面、系统地揭示企业的财务状况以及财务状况这个系统内部各个因素之间的相互关系。

在整个杜邦分析系统中，股东权益报酬率(也称为权益收益率或权益净利率)是一个综合性极强、最有代表性的财务比率，它是杜邦系统的核心。企业财务管理的重要目标是实现股东财富的最大化，股东权益报酬率正是反映了股东投入资金的盈利能力，这一比率反映了企业筹资、投资和生产运营等各方面经营活动的效率。股东权益报酬率取决于企业资产净利率和权益乘数。资产净利率主要反映企业运用资产进行生产经营活动的效率如何，而权益乘数则主要反映企业的财务杠杆情况，即企业的资本结构。

三、计算题

13. (1) 权益乘数 = 1+负债权益比 = 1+1.40 = 2.40

(2) 权益收益率 = 资产收益率×权益乘数 = 8.7%×2.4 = 20.88%

(3) 净利润 = 权益收益率×总权益 = 20.88%×520000 = 108576(美元)

14. 总销售额 = 净利润/销售利润率 = 173000/8.6% = 2011628

赊销额 = 2011628×75% = 1508721

应收账款周转率 = 销售额/应收账款 = 1508721/143200 = 10.54

应收账款周转天数 = 365/应收账款周转率 = 365/10.54 = 34.64

15. (1)平均存货成本 = 销货成本÷存货周转次数 = 500000÷8 = 62500(元)

（2）流动负债=流动资产÷流动比率=450000÷2.5=180000（元）

（3）净利润=净资产收益率×股东权益=20%×400000=80000（元）

（4）经营净收益=净利润-非经营净收益=80000-20000=60000（元）

四、论述题

16.（1）比率分析是财务分析最基本、最重要的方法。比率分析实质上是将影响财务状况的两个相关因素联系起来，通过计算比率，反映他们之间的关系，借以评价企业财务状况和经营状况的财务分析方法。

比率分析以简单、明了、可比性强等优点在财务分析实践中被广泛采用。虽然比率分析法被认为是财务分析的最基本最重要的分析方法，但应用比率分析法必须了解其局限性：

① 比率的变动可能仅仅被解释为两个相关因素之间的变动；

② 很难综合反映出比率与计算出它的财务报表之间的联系；

③ 比率给人们抽象的感觉，仅仅是数字并不能使投资者相信。

（2）以短期偿债能力为例，短期偿债能力是指企业偿付流动负债的能力。流动负债在1年内或超过1年的一个营业周期内需要偿付的债务，这部分负债对企业的财务风险影响较大，如果不能及时偿还，就可能使企业面临倒闭的危险。一般来说，流动负债需要以流动资产来偿付，特别是它通常需要以现金来直接偿还。因此，可以通过分析流动负债与流动资产之间的关系来判断企业短期偿债能力。

静态的财务比率主要有流动比率、速动比率和现金比率。这些比率反映了企业短期偿债能力，比率数值越高说明企业短期偿债能力越强。

然而以上所述的这些比率并不能反映可能发生的变化和变化趋势，还需要借助于应收账款周转率、应付账款周转率和存货周转率的分析为反映短期偿债能力的动态变化提供重要的参考。

因此，短期偿债能力的财务比率只是反映有关因素的数学比率，体现的仅仅是账面上的支付能力，很难反映与其会计报表的联系，不能给人们会计报表关系的综合观点；更进一步，企业管理人员出于某种目的，可以运用各种方式人为调整有关比率，自然给人们不保险的印象。

第三章　长期财务规划

本章主要内容包括销售百分比法预测公司的外部融资需求、外部资金需求量以及公司增长。其中，“销售百分比法预测公司的外部融资需求”属于基本知识点，难度适中。公司增长中的“内部增长率”“可持续增长率”属于重要知识点，有一定难度，需重点理解各自的经济含义，考题涉及其含义、影响因素、公式等。

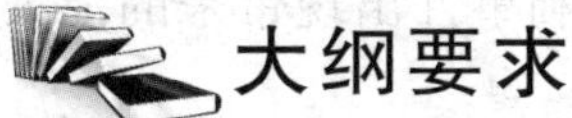

大纲要求

销售百分比法

外部融资与增长

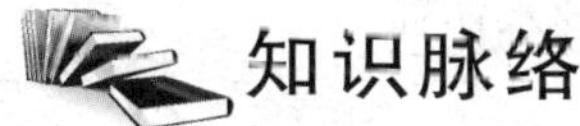

知识脉络

长期财务规划
- 长期财务规划概述
- 销售百分比法
- 外部融资与增长
  - 外部融资需要量(EFN)与增长
  - 融资政策与增长

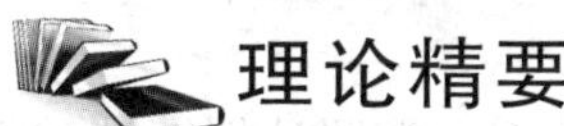

理论精要

知识点一　长期财务规划概述

1. 长期财务规划含义

长期财务规划是指利用现有的财务报表数据，通过财务计划模型计算得到预测财务报表。预测财务报表中包含了企业未来的财务状况，财务管理者可以根据预测财务报表提前得到融资需求量等有用的财务数据，之后便可以采取各种融资措施以提前为企业的正常运营做好准备，提高管理的效率。因此，也可以将长期财务规划简单地理解为财务预测。

企业扩大销售需要增加投入。这些投入一部分来自留存收益(简单地说，即上年的净利润减去权益支付后的余额，我国的法律中对企业留存收益的比例有明确的规定)；如果留存收益不足以满足投入的需要，不足的部分则需要通过外部融资取得。通常，销售增长率较高时，留存收益不能满足资金需要，即使获利良好的企业也需外部融资。

2. 长期财务规划的步骤

步骤一　销售预测

财务预测的起点是销售预测，一般情况下，财务预测把销售数据视为已知数。

步骤二　估计需要的资产

通常，资产是销售的函数，根据历史数据可以分析出该函数关系。根据预计销售量和资产销售函数，可以预测所需资产的总量。某些流动负债也是销售的函数，也应预测负债的自发增长，这种增长可以减少企业外部融资的数额。

步骤三　估计收入、费用和留存收益

假设收入和费用是销售的函数，可以根据销售数据估计收入和费用，并确定净收益，净收益和股利支付率共同决定留存收益所能提供的资金数额。

步骤四　估计所需融资

根据预计资产总量，减去已有的资金来源、负债的自发增长和内部提供的资金来源，便可得出外部融资需求。

预测的真正目的在于应变，预测给人们展现了未来的各种可能的前景，促使公司制订出相应的应急计划，提高企业对不确定事件的反应能力，从而减少不利事件出现带来的损失，增加利用有利机会带来的收益。

3. 长期财务规划模型

长期财务规划的模型也就是用于做长期财务预测的方法。一般来说，长期财务预测的方法有销售百分比法、回归分析法、通过编制现金预算预测财务需求、使用计算机进行预测等。其中销售百分比法是最常用的方法，因此在此我们只讲解销售百分比法。

【例 1】（中国人大 2012 年）长期财务规划中通常不包括（　　）。

A. 调节变量　　B. 折现现金流量　　C. 销售收入增长率　　D. 固定资产投资

答案：B。要明确一家公司做长期财务规划的真正目的在于应变，预测为人们展现了各种可能的前景，从而应对各种不确定事件的发生。因此，能对公司经营产生影响的财务指标都包括在财务规划中，而折现现金流量的预测通常用于评估一个项目的价值。这项指标与公司的经营没有直接的关系。

知识点二　销售百分比法

销售百分比法是根据资金各个项目与销售收入总额之间的依存关系，按照计划期销售额的增长情况，预测需要相应的追加多少资金的方法，即在财务规划中利用有关项目与销售额或者销售量之间的关系预测资产负债表和利润表有关项目的金额。

销售百分比法将资产负债表和利润表中的项目分成两组：一组直接与销售额挂钩；另一组与销售额无直接相关关系。通常假设收入、费用、资产、负债与销售收入存在稳定的百分比关系，根据预测销售额和相应的百分比预测资产、负债和总权益，然后利用会计等式确定融资需求。下面通过【例 2】来具体说明销售百分比法的步骤：

【例 2】某公司上年的销售总额为 3000 万元，本年计划为 4000 万元，假设本年股利支付率为 30%，销售利润率为 4.5%。资产与销售同比例变动，负债中的应付账款和预提费用与销售同比例增长，其他负债与销售无关。上年末流动资产、长期资产分别为 700 万元、1300 万元；应付账款、预提费用分别为 176 万元、9 万元，其他负债为 875 万元。实收资本、资本公积、留存收益分别为 100 万元、16 万元、824 万元，预测本年所需外部资金数额。

答案：（1）确定销售百分比：根据上年的有关数据计算

$$\frac{资产}{销售}=\frac{700+1300}{3000}=\frac{2000}{3000}=66.6667\%$$

$$\frac{(某些)负债}{销售}=\frac{176+9}{3000}=\frac{185}{3000}=6.1667\%$$

（2）预计本年资本和负债：

预计本年的总资产=预计本年销售收入×资产销售百分比=4000×66.67%=2666.67万元

预计本年的总负债=与销售收入无关的负债+预计本年销售收入×负债销售百分比

=875+4000×6.1667%=1121.67万元

（3）预计留存收益的增加额和期末所有者权益：

留存收益的增加额=预计本年销售收入×销售利润率×(1-股利支付率)

=4000×4.5%×(1-30%)=126万元

融资前的期末总权益=100+16+824+126=1066万元

（4）计算外部融资需求(EFN，enter finace number)

外部融资需求=预计本年总资产-预计本年总负债-融资前的期末总权益

=2666.67-1121.67-1066=479万元

销售百分比法假设某些资产和销售数量正比例变化，某些负债(有时称这些负债为自发性负债)和销售量正比例变化，这些负债可以自发地解决部分融资需求；而留存收益也自发地解决一部分融资需求。根据会计等式，因销售增加而所需的额外资产减去自发负债的增加，再减去留存收益，就得出外部所需的融资额。

只要掌握了以上思路，无需使用会计等式，即无需通过预测资产负债表也能得出*EFN*，外部融资需要量，即：

$$EFN=\frac{资产}{销售额}\times\Delta 销售额-\frac{自发增长的负债}{销售额}\times\Delta 销售额-PM\times 预计销售额\times(1-d) \quad (1)$$

其中，Δ销售额指预计的销售增加额，*PM*和d分别表示销售利润率和股利支付率。式(1)中包括三个部分：

第一部分$\frac{资产}{销售额}\times\Delta$销售额是预计资产增加额；

第二部分$\frac{自发增长的负债}{销售额}\times\Delta$销售额是负债中自发增长负债的增加额；

第三部分$PM\times$预计销售额$\times(1-d)$是预计留存收益的增加额。

【例3】某公司上年的销售总额为3000万元，本年计划为4000万元，假设本年股利支付率为30%，销售利润率为4.5%。资产与销售同比例变动，负债中的应付账款和预提费用与销售同比例增长，其他负债与销售无关。上年末流动资产、长期资产分别为700万元、1300万元；应付账款、预提费用分别为176万元、9万元，预测本年*EFN*。

答案：根据(1)式：

根据条件Δ销售额=4000-3000=1000

$$EFN=\frac{资产}{销售额}\times\Delta 销售额-\frac{自发增长的负债}{销售额}\times\Delta 销售额-PM\times 预计销售额\times(1-d)$$

$$=\frac{2000}{3000}\times 1000-\frac{185}{3000}\times 1000-4.5\%\times 4000\times(1-30\%)$$

$$=479$$

因此，本年所需的EFN为479万元。

【例3】中给出的条件少于【例2】，但是也能计算出最终的*EFN*。两种计算方法的区别在于一种利用了会计恒等式：资产=负债+所有者权益，第二种方法则从资金来源的角度考虑：所需的资金总额=内部已有资金+外部筹措资金。

【科兴提示】无需通过预测资产负债表也能得出*EFN*意味着考生即使不是专业的财务管理人员，不熟悉财务报表，只根据(1)式就可以得出*EFN*，这类考点就是考试中的重要命题点。因为金融硕士并不需要专业的财务知识，只需大概了解就可以了。对(1)式的考察完全可以达到此要求。

现在我们已经计算出公司明年经营所需的融资额，这些融资额可能会通过新的负债(短期借款或长期借款)或者新的权益融资(发行新的股票)等途径来获得，具体通过哪种途径获得取决于公司的管理层。当然管理层也并不能凭借主观的感觉来判断，这时就可以通过前面介绍的财务比率分析来进行决策。例如，可以计算各种途径的流动比率和资产负债比率，以判断融资的途径是否适合本公司。

知识点三 外部融资与增长

1. 外部融资需要量(EFN)与增长

在大多数情况下，企业的内部融资与总体增长水平并不能很好的匹配。当增长率较低时，企业内部会出现资金冗余，即企业的留存收益增加额大于资产需求额，负债权益比下降；而当增长率较高时，企业的留存收益额远远不能满足其资产需求额，企业内部的资金冗余就会转变成资金融口，负债权益比也会随之上升。

企业增长中对外部资金的需求大致等于其资金需求总量减去自然负债和留存收益增加量后的余额，即：外部资金需求量=资金需求总量-自然负债增加量-留存收益增加量，用公式可以写为：

$$EFN=(A/S)\Delta S-(L/S)\Delta S-M\times S_1\times b$$

其中，EFN 为外部资金需求总量；A/S 为单位销售收入所需的资产数量，即每增加一单位销售额所需要增加的资产额，$(A/S)\Delta S$ 为增加 ΔS 销售收入所需要增加的资产数量，也即资金需求总量；L/S 为单位销售额所产生的自然负债数量，即每增加一单位销售额所能增加的自然负债数额，L 为自然负债总额，$(L/S)\Delta S$ 为增加 ΔS 销售收入所增加的自然负债数量；S_1 为下一年度的计划销售额或预期销售额，M 为销售利润率，b 为再投资比率或留存收益率，$M\times S_1\times b$ 为下一年度可以增加的留存收益；$\Delta S=S_1-S_0$ 为销售额增加量。

由公式可以得出，企业外部资金需求量主要受销售收入增长率、资产利用率(特别是固定资产利用率)、资本密集度(A/S)、销售利润率和公司股利政策这五个因素的影响。

① 销售收入增长率。销售收入增长率越高，对外部资金的需求越大。

② 资产利用率。资产利用率的计算公式如下：

$$资产利用率=\frac{实际销售收入}{资产满负荷利用时的销售收入}$$

故：

$$资产满负荷利用时的销售收入=\frac{实际销售收入}{资产利用率}$$

对固定资产来说，资产满负荷利用时的销售额大体上相当于固定资产的实际生产能力。显然，如果目前公司已有的资产尚未得到充分利用，则销售额增加对新增资产的压力就小，对外部筹资的需求也相应较低；反之，则对外部筹资的需求较高。

③ 资本密集度。增加同样数量的销售收入，资本密集度越大，需要增加的资产(资本)数量越多，对外部筹资的需求也越大；反之，对外部筹资的需求就会较低。因此，提高资产周转率、降低资本密集度是减少外部资本需求的有效途径。

④ 销售利润率。销售利润率越高，同样销售额产生的利润越大，企业内部积累的能力越强，对外部资金的需求就越低。

⑤ 公司股利政策。公司多发放现金股利，用于内部积累的资金就会减少，对外部资金

的需求就会增大，因此，公司股利政策实质上是公司筹资政策的一部分。但同时股利政策也会对公司股票价格产生影响。

2. 融资政策与增长

(1) 内部增长率

内部增长率是指企业完全依靠内部融资，不进行任何形式的外部融资时所达到的资产的最大增长率。

内部增长率的计算公式为：

$$内部增长率=\frac{ROA\times b}{1-ROA\times b}$$

其中，ROA 是资产收益率；b 是利润再投资率，即留存比率。

(2) 可持续增长率

可持续增长率是指公司在没有外部股权融资且保持负债权益比不变(即不改变其发行在外的股票数量)的情况下，仅利用内部股权融资(主要指留存收益)所能达到的最高增长率。可持续增长率可按以下公式计算：

$$可持续增长率=\frac{ROE\times b}{1-ROE\times b}$$

【科兴提示】本书中所给的内部增长率和可持续增长率是参考罗斯的《公司理财》给出的。ROA=净利润/总资产，ROE=净利润/总权益，这里默认总资产和总权益是取自期末资产负债表。但是，实际上，我们一般在考试中直接默认使用期初数，即内部增长率=$ROA\times b$，可持续增长率=$ROE\times b$。

由于 ROE=净利润/总权益=销售利润率×总资产周转率×权益乘数，所以可持续增长率还可以用下式表示：

$$可持续增长率=\frac{留存比率\times 销售利润率\times 总资产周转率\times 权益乘数}{1-留存比率\times 销售利润率\times 总资产周转率\times 权益乘数}$$

观察可知，公司的可持续增长能力直接取决于以下四个因素：

① 总资产周转率。提高总资产周转率可以提高公司每单位资产带来的销售收入，在销售收入增长的同时，减少新增销售收入对资产增量的要求，从而提高可持续增长率。

② 销售利润率。提高销售利润率可以提高公司内部生成资金的能力，从而提高可持续增长率。提高总资产周转率和提高销售利润率所实现的可持续增长率的提高，是企业经营效率改善的结果，表明其为资本投资者创造价值的能力的提高，资本投资者的投资价值会因此而增加。

③ 留存收益率(股利政策)。减少净利润中用于支付股利的百分比会提高留存比率，增加内部权益资本的投入，从而提高可持续增长率。

④ 资本结构(融资政策)。提高资本结构中债务资本所占的比例，即提高公司的财务杠杆，这使得公司获得额外的债务融资，从而提高可持续增长率。

【例 4】企业可以从如下哪些行为提高自己的可持续增长率？(　　)

A. 回购股份　　B. 增加留存收益　　C. 增加并购　　D. 减少债务

答案：B。一家公司的可持续增长能力直接取决于以下四个因素：①销售利润率，销售利润率的增加会提高公司内部生成资金的能力，所以能够提高可持续增长率；②股利政策，净利润中用于支付股利的百分比下降会提高留存比率，增加内部股权资金，从而提高可持续增长率；③融资政策，提高负债权益比即提高公司的财务杠杆，这使得公司获得额外的债务融资，从而提高可持续增长率；④总资产周转率，提高总资产周转率使得公司每单位资产能够带来更多的销售额，在销售额增长的同时降低公司对新增资产的需求，因而提高可持续增长率。

习题精编

一、选择题

1. 企业销售增长时需要补充资金。假设每元销售所需的资金不变，以下关于外部融资需求的说法中，错误的是(　　)。

A. 股利支付率越高，外部融资需求量越大

B. 销售净利率越高，外部融资需求量越小

C. 如果外部融资销售增长比为负数，说明企业有剩余资金，可用于增加股利或短期投资

D. 当企业的实际增长率低于本年的内部增长率时，企业需要从外部融资

2. 某企业2010年年末资产总额为4000万元，负债总额为2000万元。该企业预计2011年的销售额比2010年增加10%(即增加100万元)，预计2010年的留存收益比为50%，销售净利率为10%。假设没有可供动用的融资资产，则该企业2010年应追加的资金量为(　　)。

A. 0　　B. 2000　　C. 1950　　D. 145

3. 甲公司采用销售百分比法预测2011年外部资金需要量。2010年销售收入为8000万元，销售净利润率为15%，敏感资产和敏感负债分别占销售收入的48%和22%。若预计2011年甲公司销售收入将比上年增长20%，留存收益将增加260万元，则应追加资金需要量为(　　)万元。

A. 108　　B. 124　　C. 156　　D. 246

4. 在下列描述中，对财务困境的流量资不抵债(Flow - based Insolvency)的描述不正确的是(　　)。

A. 一个企业由于经营性现金流量不足以支付现有到期的债务而被迫采取调整和改变正常经营时采用的经营策略

B. 一家企业的资产价值少于负债价值

C. 一个企业长期的流量资不抵债最终将导致存量的资不抵债

D. 流量的资不抵债是一个企业进入存量资不抵债的前兆

5. 会计现金流量表和财务现金流量表之间的主要差异在于(　　)。

A. 利息费用　　B. 应付票据　　C. 递延税款　　D. 净营运资本

6. 不能影响公司股票的市盈率的因素是(　　)。

A. 公司增长机会　　B. 股票的风险　　C. 会计处理方法　　D. 公司资产

7. (上海财大2013年)F公司的资产与销售收入之比为1.6，自然增加的负债和销售收入之比为0.4，利润率为0.1，留存收益比率为0.55，去年公司的销售收入为2亿元。假定这些比率保持不变，运用额外融资需求公式计算公司在不增加非自然性外部资金情况下的最大增长率为(　　)。

A. 4.8%　　B. 3.9%　　C. 5.4%　　D. 8.1%

8. 已知某企业净经营资产周转次数为2.5次，销售净利率为5%，股利支付率40%，可以动用的金融资产为0，则该企业的内含增长率为(　　)。

A. 7.68%　　B. 8.11%　　C. 9.23%　　D. 10.08%

二、简答题

9. Broslofski公司每年都维持一个正的留存比率，并保持负债权益比不变。当销售额按照20%的速度增长，公司预计外部融资额(EFN)为负数，这是否向你提示了某些关于该公司可持续增长率的信息？你能够

肯定内部增长率是大于还是小于20%吗？为什么？如果留存比率上升，预计EFN将会怎样？如果留存比率降低呢？如果留存比率等于零呢？

10. 简述影响公司可持续增长能力的因素。

三、计算题

11. Steiben公司的ROE为8.5%，股利支付率为35%。计算：

(1) 该公司的可持续增长率是多少？

(2) 该公司的实际增长率可以和可持续增长率不同吗？为什么？

(3) 公司如何改变其可持续增长率呢？

12. 企业2010年末的资产负债表(简表)如下：

项　目	期末数	项　目	期末数
流动资产合计	220	短期借款	48
长期投资净额	30	应付账款	62
固定资产合计	90	预提费用	27
无形资产及其他资产	60	长期负债	40
资产总计	400	股　本	131
		资本公积	37
		留存收益	55
		负债和股东权益总计	400

分析历史资料发现，销售收入与流动资产、应付账款成正比。企业2010年度销售收入2000万元，实现净利润100万元，支付股利70万元。预测下年度销售收入3000万元，销售净利率比2010年度增加5%，股利支付率是2010年度的90%。

要求：

(1) 采用销售百分比法根据销售增加量预测外部融资额；

(2) 计算外部融资销售增长率；

(3) 预测企业的内含增长率和按期初股东收益计算的可持续增长率；

(4) 如果预计下年度通货膨胀率为4%，则企业需在要求(1)问的基础上再追加多少外部融资额？

13. A公司2015年财务报表主要数据如下表所示：

单位：万元

项　目	2015年实际	项　目	2015年实际
销售收入	11200	流动负债	4200
净利润	560	长期负债	2800
本期分配股利	168	负债合计	7000
本期利润留存	392	实收资本	5600
流动资产	8932	期末未分配利润	2632
固定资产	6300	所有者权益合计	8232
资产总计	15232	负债及所有者权益	15232

假设A公司资产均为经营资产，流动负债及经营负债，长期负债为有息负债，不变的销售净利率可以涵盖新增债务增加的利息，假设企业各项经营资产、经营负债占销售收入的比不变。要求：

(1) 如果该公司预计2016年销售增长率为20%，计划销售净利润比上年增长10%，股利支付率保持不变，计算该公司2016年的外部融资额及外部融资销售增长率。

(2) 假设A公司2016年选择可持续增长策略，维持目前的经营效率和财务政策，不增发新股，请计算确定2016年所需的外部融资额及其构成。

(3) 假设A公司2016年公司不打算从外部融资，而主要靠提高销售净利率，调整股利分配政策，扩大留存收益来满足销售增长的资本要求，计划2016年销售净利率提高10%，不进行股利分配，据此可以预计2016年销售增长率为多少？

四、论述题

14. 试述企业财务规划的作用。

习题参考答案

一、选择题

1. D。股利支付率越高，则留存收益越少，所以，外部融资需求量越大；销售净利率越高，则留存收益越多，外部融资需求越小；当外部融资销售增长比为负数时，说明企业有剩余资金可以用于增加股利或短期投资；内部增长率是只靠内部积累实现的增长，此时企业的全部融资需求额为 0，如果企业的实际增长率低于本年的内部增长率，则企业不需要从外部融资。综上，答案为 D。

2. D。本题的考点是财务规划的现金百分比法。基期的销售收入＝100÷10%＝1000 万元，预计销售收入＝1000×（1+10%）＝1100 万元，所以追加的资金量＝100×（4000÷1000）－100×（2000÷1000）－1100×10%×50%＝145 万元。

3. C。应追加资金需要量 ＝ 8000 × 20% × （48% － 22%） － 260 ＝ 156 万元。

4. B。这里说的是财务困境的流量，所以 B 是错的。

5. A。会计现金流量表和财务现金流量表的最大区别在于为利息费用的处理方式：财务现金流量表利息费用属于筹资活动产生的现金流量，而在会计现金流量表中利息费用在计算净利润时已经被扣除了。

6. D。影响市盈率的三个因素：（1）有价值的公司增长机会；（2）股票的风险；（3）公司使用的会计方法。

每股价格/EPS ＝ 1/R ＋ NPVGO/EPS

7. A。根据外部融资需求量的计算公式

$$EFN=\frac{资产-负债}{销售额}\times\Delta 销售额-PM\times(销售额+\Delta 销售额)\times留存比例$$

令 $EFN=0$，设此时的增长率为 h，代入数据得$(1.6-0.4)\times h-0.1\times(1+h)\times 0.55=0$，解得 $h=4.8\%$。

8. B。因为公司可以动用的金融资产为 0，企业内含增长率＝

$$\frac{销售净利率\times净经营资产周转率\times利润留存率}{1-销售净利率\times净经营资产周转率\times利润留存率}=\frac{5\%\times2.5\times60\%}{1-5\%\times2.5\times60\%}=8.11\%$$

二、简答题

9.（1）可持续增长率大于 20%，但内部增长率不能确定。

原因：对于 20%的增长速度，EFN 取负值表明仍然有可用的资金。若公司是 100%股权融资，此时内部增长率与可持续增长率是相等的，而且内部的增长速度将超过 20%。但是当公司中存在债务时，内部增长率将低于可持续增长率，所以内部增长率是否大于 20%是不确定的。

（2）如果留存比率上升，该公司将有更多的内部资金来源，它必须获得更多的贷款才能保持负债权益比例不变，所以 EFN 将下降。

（3）若果留存比率降低，EFN 将会上升。

（4）如果留存比率等于零，那么内部增长率和可持续增长率均为零，而 EFN 将增加，与总资产的变化相等。

10. 可持续增长率是财务计划中十分重要的一个数字，它清楚地说明了公司四个主要方面的关系：由销售利润表示的经营效率、由总资产周转率度量的资产使用效率、由留存比率表示的股利政策以及由负债权益比衡量的融资政策。

（1）销售利润率：销售利润率的增加会提高公司内部生成资金的能力，所以能够提高可持续增长率；

（2）总资产周转率：提高总资产周转率使得公司每单位资产能够带来更多的销售额，在销售额增长的同时降低公司对新增资产的需求，因而提高可持续增长率。

（1）和（2）两种方法所实现的可持续增长率的提高，是企业经营效率改善的结果，表明其为资本投资者创造价值的能力的提高，资本投资者的投资价值会因此增加。

（3）股利政策：净利润中用于支付股利的百分比下降会提高留存比率，增加内部股权资金，从而提高可持续增长率。

（4）融资政策：提高负债权益比即提高公司的财务杠杆，这使得公司获得额外的债务融资，从而提高可持续增长率。

（3）和（4）两种方法所实现的可持续增长率的提高，是依靠资本投入增加和风险增大来实现的，企业为资本投资者创造价值的能力并没有提高，所以资本投资者的价值也不会因此而增加。

三、计算题

11.（1）留存比率（b）= 1-0.35 = 0.65

可持续增长率 = $ROE \times b/(1-ROE \times b)$ = 0.085×0.65/(1-0.085×0.65) = 5.85%

（2）可能会不同。在可持续增长率的公式中，任何一个参数与实际参数不同都会导致实际增长率不同于可持续增长率。因为可持续增长率的计算包括权益收益率，这就意味着可持续增长率受销售利润率、总资产周转率或是权益乘数变化的影响。

（3）公司可以通过以下方法提高可持续增长率：

① 发行债券或回购股票增加负债权益比；

② 更好地控制成本来提高销售利润率；

③ 更有效地利用资产；

④ 降低股利支付率。

12.（1）① 计算销售百分比：

流动资产销售百分比 = 220/2000 = 11%

应付账款销售百分比 = 62/2000 = 3.1%

② 计算销售增加量 = 3000-2000 = 1000（万元）

③ 预计销售净利率 = (100÷2000)×(1+5%) = 5.25%

④ 预计的股利支付率 = (70÷100)×90% = 63%

⑤ 外部融资需求 = 1000×11%-1000×3.1%-3000×5.25%×(1-63%) = 20.725（万元）

（2）外部融资销售增长率 = 20.725/1000 = 2.0725%

（3）①设内含增长率为 X，则：

11%-3.1%-5.25%×[(1+X)÷X]×(1-63%) = 0，解得：X = 32.61%

② $\text{ROE}=\frac{\text{净利润}}{\text{总权益}}=\frac{3000\times 5.25\%}{131+37+55}=0.706$

$$\text{可持续增长率}=\frac{\text{ROE}\times \text{b}}{1-\text{ROE}\times \text{b}}=\frac{0.706\times(1-63\%)}{1-0.706\times(1-63\%)}=35.36\%$$

（4）在下年度通货膨胀率为 4%，其他因素不变情况下销售收入 = 3000×(1+4%) = 3120（万元）

销售增长率 = 3120/2000-1 = 56%

外部融资销售增长比 = 11%-3.1%-5.25%×(1.56÷56%)×(1-63%) = 2.48875%

外部融资额 = (3120-2000)×2.48875%-20.725 = 27.874-20.725 = 7.149（万元）

13.（1）2015 年销售净利率 = 560/11200 = 5%

2016 年预计销售净利率 = 5%×(1+10%) = 5.5%

外部融资额 = 增加经营资产 - 增加经营负债 - 可动用金融资产 - 增加留存收益 = 11200×20%×(15232/11200-4200/11200)-0-11200×(1+20%)×5.5%×(1-168/560) = 1688.96（万元）

外部融资销售增长比 = 1688.96/(11200×20%) - 75.4%

$$\text{（2）2015 年可持续增长率}=\frac{\frac{560}{8232}\times\frac{392}{560}}{1-\frac{560}{8232}\times\frac{392}{560}}=5\%$$

外部融资额=预计增加的资产-预计增加的经营负债-预计增加的留存收益=15232×5%-4200×5%-392×(1+5%)=140(万元)

由于不增发股票。所以外部融资全部来源于负债筹资。

(3) 由于不打算从外部融资，销售增长率为内含增长率，设其为 x，则 15232/11200-4200/11200-(1+x)/x ×5.5%×(1-0)=0，解得 x=5.91%。

四、论述题

14. 财务规划确定了实现财务目标的方法，是对未来工作的安排与解释。对企业来讲，财务规划至少可以做到以下几点:

(1) 对未来情况预判

制定财务计划需要对未来可能出现的情况进行预测和判断，因此，一个良好的财务计划制定过程可以使决策者和执行者对未来可能出现的情况有所预测。通常，财务计划要对未来最好的前景、最可能的前景(正常的前景)和最坏的前景作出描述，讨论在不同情况下企业可能出现状况及其对企业生存和发展的影响。

(2) 考察不同因素的相互影响

企业未来总是要进行各种各样的投资活动和筹资活动，财务计划就是要考察不同投资计划对资金的需求状况，考察企业可能的融资渠道和融资方式能否满足这些投资需求，如何满足这些投资需求，等等。财务计划要做好资金的供需平衡，协调好相互的关系。

(3) 避免可预测的意外

财务计划要尽量考察各种可能出现的情况，并指出各种情况的出现会对企业产生什么样的影响，企业应采取哪些措施和手段应对这些“意外”情况，以尽量减少损失。

(4) 进行方案选择

财务计划通过对不同方案未来财务状况的分析，比较不同的投资方案、筹资方案及相关决策(如对现有资产的处置)的财务结果和它们对股东财富的影响。财务计划为这种选择提供了一种有效的方法。

(5) 增强企业经营活动的可行性和一致性

从总体上看，企业的经营目标是实现浮动财务或企业价值的最大化，但在企业具体经营活动中，通常还会有很多具体的目标。如销售收入目标、成本控制目标、增长目标、财务杠杆目标等。这些目标之间往往会具有这样那样的内在联系，财务计划就是要把这些目标之间的联系勾画出来，并且对某些相互冲突的目标进行修改和调整，排定各自的优先次序，使它们变得协调一致，成为切实可行的行动方案。

第四章　折现与价值

本章内容中，“现金流与折现”属于基础知识点，难度不大，但非常重要，主要命题思路是考查不同年金价值的计算。“债券的估值”属于重要知识点，难度大，考题主要从债券价值和债券的久期两个角度进行考查，涉及含义的理解和计算。“股票的估值”属于重要的知识点，难度大，主要命题思路是考查各种股利类型的股票价格。

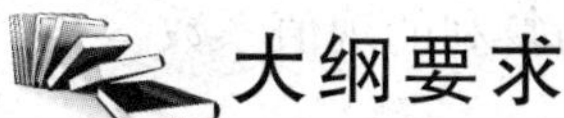

大纲要求

现金流与折现
债券的估值
股票的估值

知识脉络

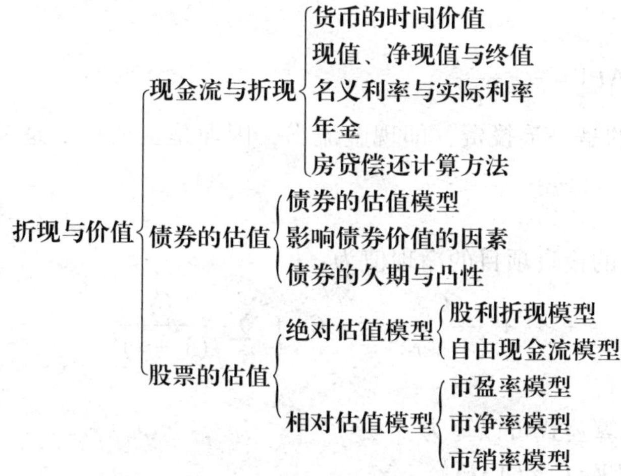

知识点一　现金流与折现

1. 货币的时间价值

货币的时间价值是指资金的拥有者因放弃对资金的使用而根据其时间长短所获得报酬。例如，企业将所拥有的货币资金存入银行、购买债券、出借给其他单位而获得的利息，在假设没有通货膨胀和风险的情况下，就是企业因放弃对这笔资金的使用而根据时间长短所获得时间价值。

货币的时间价值可用利息和利息率两种形式表示，通常用利息率表示。货币时间价值的实质就是在没有风险和没有通货膨胀条件下的社会平均资金利润率，是企业资金利润率的最低限度，也就是使用资金的最低成本率。值得说明的是，其他各种形式的利息率，如贷款利率、债券利率等，除了包含时间价值因素外，还包括通货膨胀和风险价值因素，而在计算货币的时间价值时，后两部分不应包括在内。

2. 现值、净现值与终值

（1）现值

① 在单期投资情况下，一期后的现金流的现值为：

$$PV=\frac{C_1}{1+r}$$

其中，PV 是现值，C_1 是一期后的现金流，r 是适当的贴现率。

② 在多期的情况下，求解 PV 的公式可写为：

$$PV=\frac{C_T}{(1+r)^T}$$

其中，C_T 是在 T 期的现金流，r 是适当的贴现率，$\frac{1}{(1+r)^T}$ 被称为复利的现值系数。

【科兴提示】现值系数和贴现因子、贴现系数并不是同一个概念，后面两者一般指的是贴现率 r。

（2）净现值

净现值(NPV)是一项投资未来现金流的现值减去成本的现值所得的结果。净现值的计算公式为：

$$NPV=-成本+PV$$

① 单期投资

在单期投资情况下，净现值为：

$$NPV=-C_0+\frac{C_1}{1+r}$$

其中，$-C_0$ 是初始现金流，它代表的是一笔投资，即现金流出，因而是负值；C_1 是一期之后的现金流入，r 为适当的贴现率。

② 多期投资

在多期的情况下，产生 T 期现金流的投资项目的净现值为：

$$NPV=-C_0+\frac{C_1}{1+r}+\frac{C_2}{(1+r)^2}+\cdots+\frac{C_T}{(1+r)^T}=-C_0+\sum_{i=1}^{T}\frac{C_i}{(1+r)^i}$$

（3）终值

一笔投资在多期以后终值的一般计算公式可以写为：

$$FV=C_0\times(1+r)^T$$

其中，C_0 是期初投资的金额，r 是利息率，T 是资金投资持续的期数。

一项投资每年按复利计息 m 次的年末终值为：$C_0\times\left(1+\frac{r}{m}\right)^m$，其中，$C_0$ 是投资者的初始投资；r 是名义年利率。当 m 趋近于无限大时，则是连续复利计息，这时终值可以表示为：$C_0\times e^{rT}$。如果一项投资历经多年，每年按复利计息 m 次，则其终值计算公式为：

$$FV=C_0\times\left(1+\frac{r}{m}\right)^{mT}$$

【知识拓展】72 法则——计算复利效应的捷径

所谓的“72 法则”就是以 1%的复利来计息，经过 72 年以后，本金会变成原来的一倍。这个公式好用的地方在于它能以一推十。例如，利率为 6%的一笔现金流大约需要 12 年才能使其价值增加 1 倍，而利率为 9%的现金流量使其价值翻一番大约需要 8 年。

【例1】(中央财大2013年)根据时间价值计算的“72法则”，假如你在20岁时存入100元，以9%的年利率存40年，并以复利计息，则40年后这100元钱的终值约为(　　)。

A. 1120元　　B. 3200元　　C. 4800元　　D. 5400元

答案：B。“72法则”是计算一笔投资需多少年可以倍增的简单公式。用72除以投资的年利率，结果就是投资倍增所需的年数。则投资倍增的时间是72/9=8(年)，根据72规则，如果投资40年，则这笔投资翻了五倍，所以终值为$100\times2^5=3200$(元)。

3. 名义利率和实际利率

名义年利率是不考虑年内复利计息的利率，比较通用的是年百分比利率(APR)。实际利率(EAR)是指在年内考虑复利计息的，然后折算成一年的利率。

如果名义利率是r，每年按复利计息m次的实际利率可表示为：

$$EAR=\left(1+\frac{r}{m}\right)^m-1$$

【例2】(清华大学2015年)一家银行每季度支付的年利率为8%，其有效年利率是(　　)。

A. 8%　　B. 8.24%　　C. 8.25%　　D. 8.54%

答案：B。$EAR=\left(1+\frac{r}{m}\right)^m-1=\left(1+\frac{8\%}{4}\right)^4-1\approx8.24\%$。

4. 年金

年金是指在某一确定的时间里，每隔一固定时期就发生的等额的现金流量。年金可发生在每期期末，或者每期期初。一般来说，养老金、保险金、分期付款、利息、折扣等都可以采用年金的形式。

(1) 普通年金

普通年金又称后付年金，是指各期期末收付的年金。

① 普通年金终值，按复利计算的普通年金终值为：

$$FV_n=A\frac{(1+r)^n-1}{r}$$

式中，A为每年的支付金额；r为利率；n为期数。

② 偿债基金，是指为使年金终值达到既定金额每年年末应支付的年金数额。根据普通年金终值公式，可知：

$$A=FV_n\frac{r}{(1+r)^n-1}$$

③ 普通年金现值，是指为在每期期末取得相等金额的款项，现在需要投入的金额。普通年金现值的计算公式为：

$$PV=\frac{A}{(1+r)}+\frac{A}{(1+r)^2}+\frac{A}{(1+r)^3}+\cdots+\frac{A}{(1+r)^{n-1}}+\frac{A}{(1+r)^n}=A\cdot\frac{1-(1+r)^{-n}}{r}$$

(2) 预付年金

预付年金是指在每期期初支付的年金，又称先付年金或期初年金。

① 预付年金终值，计算公式为：

$$FV_n=A(1+r)+A(1+r)^2+\cdots+A(1+r)^n=A\cdot\left[\frac{(1+r)^{n+1}-1}{r}-1\right]$$

② 预付年金现值，计算公式为：

$$PV=A+A(1+r)^{-1}+A(1+r)^{-1}+\cdots+A\ (1+\mathrm{r})^{-(n-1)}=A\cdot\left[\frac{1-(1+r)^{-(n-1)}}{r}+1\right]$$

（3）递延年金

递延年金是指第一次支付发生在第二期或第二期以后的年金。

① 递延年金终值，计算方法和普通年金终值类似：

$$FV_n = A \cdot \frac{(1+r)^n - 1}{r}$$

② 递延年金现值，计算方法有两种：

第一种，把递延年金视为 n 期普通年金，求出递延期末的现值，然后再将此现值调整到第一期期初。计算公式为：

$$PV_n = A \cdot \frac{1-(1+r)^{-n}}{r}$$

$$PV_0 = PV_n(1+r)^{-m}$$

第二种，假设递延期中也进行支付，先求出$(m+n)$期的年金现值，然后，扣除实际并未支付的递延期(m)的年金现值，即可得出最终结果。计算公式为：

$$PV_{n+m} = A \cdot \frac{1-(1+r)^{-(n+m)}}{r}$$

$$PV_m = A \cdot \frac{1-(1+r)^{-m}}{r}$$

$$PV_n = PV_{n+m} - PV_m$$

（4）永续年金

永续年金是一系列无限持续的恒定的现金流。永续年金没有终止的时间，也就没有终值。永续年金的现值的计算公式为：

$$PV = \frac{A}{r}$$

如果某一现金流能以固定的速度永久增长，这种现金流序列可称为永续增长年金。永续增长年金现值的计算公式为：$PV = \frac{A}{r-g}$，其中 g 为增长率。

【例 3】（南京师大 2015 年）一块土地共 10 亩，假定每亩的年平均收益为 500 元，在年利率为 10%的条件下，出售这块土地价格应该是多少？

答案：该题可以看成一个简单的永续年金现值的计算，则土地的出售价格应为：

$PV = \frac{A}{r} = \frac{500 \times 10}{10\%} = 50000$ 元

（5）增长年金

增长年金是指现金流每年以固定速度增加的年金。增长年金现值的计算公式为：

$$PV_n = A \cdot \left[\frac{1}{r-g} - \frac{1}{r-g} \times \left(\frac{1+g}{1+r}\right)^n\right]$$

其中，A 是指第一期末开始支付的数额；r 是利率；g 是每期的增长率，用一个百分比来表示；n 是年金支付的持续期。

【科兴提示】一般题目中现值、终值系数都会给出，考生需要记住这些公式符号代表的含义。$(P/F, r, n)$表示复利现值系数；$(F/P, r, n)$表示复利终值系数；$(P/A, r, n)$表示年金现值系数；$(F/A, r, n)$表示年金终值系数。

5. 房贷偿还计算方法

（1）等额本息还款法

等额本息还款法，即借款人每月按相等的金额偿还贷款本息，其中每月贷款利息按月初剩余贷款本金计算并逐月结清。由于每月的还款额相等，因此，在贷款初期每月的还款中，剔除按月结清的利息后，所还的贷款本金就较少；在贷款末期每月的还款中，剔除按月结清的利息后，所还的贷款本金就较多。这种还款方式，实际占用银行贷款的数量更多，占用的时间更长，同时它还便于借款人合理安排每月的生活和进行理财（如以租养房等），对于精通投资、擅长于“以钱生钱”的人来说，无疑是最好的选择。

按照等额本息还款法，月还款额为：

$$X=\frac{A\times r\times(1+r)^{m}}{(1+r)^{m}-1}=\frac{A\times r}{(1+r)^{m}-1}\times(1+r)^{m}$$

其中，X 为月还款额，A 为贷款总额，r 为月利率，m 为还款月数，$\frac{A\times r}{(1+r)^{m}-1}$为偿债基金。

（2）等额本金还款法

等额本金还款法是在还款期内把贷款数总额等分，每月偿还同等数额的本金和剩余贷款在该月所产生的利息，这样由于每月的还款本金额固定，而利息越来越少，贷款人期初还款压力较大，但是随时间的推移每月还款数也越来越少。此种还款方式，适合生活负担会越来越重（养老、看病、孩子读书等）或预计收入会逐步减少的人使用。我们设 A_n 为第 n 期月还款额，P 为贷款总额，H 为贷款期数，公式为：

$$A_n=\frac{P}{H}+P\times r-\frac{n-1}{H}\times P\times r$$

观察可知，$\frac{P}{H}$为每月偿还的本金，$P\times r-\frac{n-1}{H}\times P\times r$ 为本月应偿还利息。

【例 4】（中央财大 2016 年）李先生购买一处房产价值为 100 万元，首付金额为 20 万，其余向银行贷款。贷款年利率为 12%（年度百分率），按月还款，贷款期限为 20 年。如果按照等额本金的方式还款，则李先生第一个月大约需要向银行偿还（　　）。

A. 11333 元　　B. 12333 元　　C. 13333 元　　D. 14333 元

答案：A。根据等额本金的还款方式，可得：

$$A_n=\frac{P}{H}+P\times r-\frac{n-1}{H}\times P\times r=\frac{80}{20\times 12}+80\times\frac{12\%}{12}-0\approx 11333\text{ 元}$$

知识点二　债券的估值

1. 债券的估值模型

债券的价值由其未来现金流入量的现值决定。一般来讲，债券属于固定收益证券，其未来现金收入由各期利息收入和到期时收回的面值两部分组成。

（1）债券估值的基本模型

债券价值计算的基本模型是：

$$FV_n=\frac{C_1}{(1+r)}+\frac{C_2}{(1+r)^2}+\cdots+\frac{C_n}{(1+r)^n}+\frac{F}{(1+r)^n}$$

其中，PV_n为债券价值；C_i为每年的利息；F 为到期的本金；r 为折现率，一般采用当时的市场利率或投资的必要报酬率；n 为债券到期前的年数。

（2）其他模型

① 纯贴现债券

纯贴现债券经常被称为零息债券，债券持有人在到期前不能得到现金支付，到期时仅支付债券面值。如果纯贴现债券在未来的 n 年后支付金额为 F 的面值，而在这 n 年期间每年的利率为 r(该利率为市场利率)。因为面值是纯贴现债券支付的唯一现金流，故该债券的价格为：

$$PV_n=\frac{F}{(1+r)^n}$$

② 平息债券

平息债券是指在发行日和到期日之间进行有规律的票面利息的定期支付，并且在到期日支付债券面值的债券。平息债券每期能得到价值为 C 的利息，加上到期支付的本金 F(即债券面值)，那么平息债券的价格就为：

$$PV_n=\sum_{t=1}^{n}\frac{C}{(1+r)^n}+\frac{F}{(1+r)^n}$$

③ 金边债券

金边债券(也称永久公债)既没有最后到期日，也从不停止支付票面利息，是一种永不到期的债券。金边债券的一个重要例子是优先股。优先股是一种由公司发行的、给予债券持有者永久固定股利的股票。如果公司在支付优先股的股利上没有困难，这样的优先股实际上就是金边债券。如果未来每年支付的利息为 C，市场利率为 r；则金边债券的价格为：

$$PV=\frac{C}{r}$$

④ 流通债券

流通债券指已发行并在二级市场上流通的债券。它们不同于新发行债券，已经在市场上流通一段时间，在估值的时候需要考虑现在至下一次利息支付的时间因素。下面例子是一种常见的处理方式。

【例 5】有一面值为 1000 元的债券，票面利率为 8%，每年支付一次利息，2011 年 5 月 1 日发行，2016 年 4 月 30 日到期。现在是 2014 年 4 月 1 日，假设投资的必要报酬率为 10%，问该债券的价值是多少？

答案：2014 年 5 月 1 日价值：80+80×(P/A，10%，2)+1000×(P/F，10%，2)= 1045. 24 元

2014 年 4 月 1 日价值：$\frac{1045.24}{(1+10\%)^{1/12}}=1037$ 元。

（3）平价债券、折价债券、溢价债券

根据票面利率与市场利率的关系，债券发行有下面三种情况：

① 如果票面利率等于市场利率，债券以面值平价销售；

② 如果票面利率低于市场利率，债券折价销售，因为向市场提供的利率并未达到投资者要求的利率；

③ 如果票面利率高于市场利率，债券将溢价销售。

【例 6】ABC 公司以平价购买刚发行的面值为 1000 元(5 年期，每半年支付利息 40 元)的债券，该债券按年计算的持有至到期日的内含报酬率为(　　)。

A. 4%　　B. 7. 84%　　C. 8%　　D. 8. 16%

答案：D。债券为平价发行，则发行价格等于面值。根据题意可知名义年利率为 8%，则实际年利率 $EAR=\left(1+\frac{r}{m}\right)^m-1=(1+\frac{8\%}{2})^2-1=8.16\%$。

2. 影响债券价格的因素

（1）债券价格与折现率

根据债券估值的一般模型，我们可以得出结论：债券的价格与到期收益率成反方向变化，如果债券价格升高，其到期收益率就降低；反之亦然。一般情况下，我们使用市场利率作为债券价格的折现率。

如果债券的到期收益率 y=市场利率 r=票面利率 CR，那么：

$$P = \sum_{t=1}^{n} \frac{F \times CR}{(1+r)^{t}} + \frac{F}{(1+r)^{n}} = F\left[1 - \left(\frac{1}{1+r}\right)^{1/n}\right] + \frac{F}{(1+r)^{n}} = F$$

即债券的价格等于面值。

同样，如果 $y=r<CR$，那么将有 $P>F$，债券价格高于票面价值。如果 $y=r>CR$，那么将有 $P<F$，债券价格低于票面价值。

（2）债券价格与到期时间的关系

如图 4-1 所示，对于附息债券，当折现率高于票面利率时，随着时间向到期日靠近，债券价格逐渐提高，最终等于债券面值；当折现率等于票面利率时，债券价格一直等于票面价值；当折现率低于票面利率时，随着时间向到期日靠近，债券价格逐渐下降，最终等于债券面值。

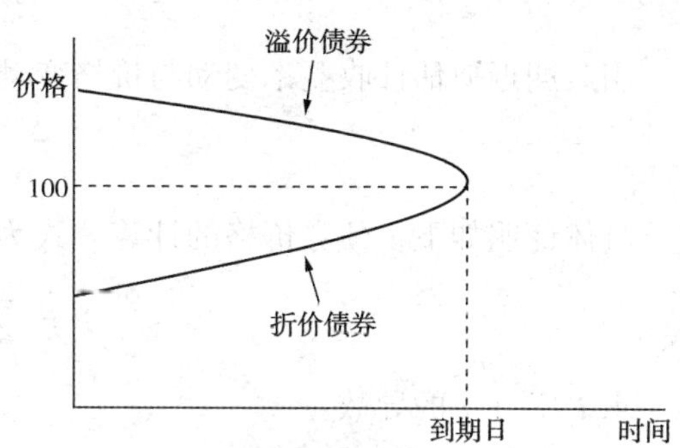

图 4-1　折(溢)价债券的价格变动

零息债券的价格变动有其特殊性。在到期日，债券价格等于其面值；在到期日之前，由于资金的时间价值，债券价格低于面值，并且随着到期日的临近而趋于面值。

3. 债券的久期与凸性

（1）麦考利久期

久期的概念最早是麦考利(Macaulay)在 1938 年提出来的，所以又称麦考利久期(简记为 D)。麦考利久期是使用加权平均数的形式计算债券的平均到期时间。它是债券在未来产生现金流的时间的加权平均，其权重是各期现金值在债券价格中所占的比重。久期的计算公式为：

$$D = \frac{\sum_{t=1}^{n} PV(c_t) \times t}{P}$$

其中，D 为久期；P 为债券当前的市场价格；$PV(c_t)$ 为债券各期现金流的现值；P 为债券当前的市场价格。当市场利率发生变化时，债券的价格将发生反比例的变动，其变动程度取决于久期的长短，久期越长，其变动幅度也就越大。

【例 7】债券的久期是指(　　)。

A. 债券贴现现金流的加权到期时间　　B. 债券面值的到期时间

C. 债券的信用等级　　D. 债券的价格波动

答案：A。久期是指一只债券贴现现金流的加权到期时间。它综合考虑了到期时间、债券现金流以及市场利率对债券价格的影响，反映利率的微小变动对债券价格的影响，是一个较好的债券利率风险衡量指标。

关于麦考利久期与债券的期限之间的关系存在以下 6 个定理：

定理 1：只有贴现债券的麦考利久期等于它们的到期时间。

定理 2：定息债券的麦考利久期小于或等于它们的到期时间。只有仅剩最后一期就要期满的定息债券的麦考利久期等于它们的到期时间，并等于1。

定理3：永久公债的麦考利久期等于$(1+1/r)$，其中r是计算现值采用的贴现率。

定理4：在到期时间相同的条件下，息票率越高，久期越短。

定理5：在息票率不变的条件下，到期时期越长，久期一般也越长。

定理6：在其他条件不变的情况下，债券的到期收益率越低，久期越长。

(2) 修正久期

对于给定的到期收益率的微小变动，债券价格的相对变动与其 Macaulay 久期成比例。当然，这种比例关系只是一种近似的比例关系，它的成立是以债券的到期收益率很小为前提的。为了更精确地描述债券价格对于到期收益率变动的灵敏性，又引入了修正久期。修正久期(D^*)与久期之间的关系式为：

$$D^*=\frac{D}{1+r}$$

用久期近似估计收益率变动与价格变动率之间的关系：

$$\frac{\Delta P}{P}=-D^*\Delta r$$

具体证明如下：债券价格的计算公式为：

$$P=\sum_{t=1}^{T}\frac{C_t}{(1+r)^t}$$

求P关于r的导数：

$$\frac{\mathrm{d}P}{\mathrm{d}r}=-\frac{1}{1+r}\sum_{t=1}^{T}\frac{t\,C_t}{(1+r)^t}$$

等式两边乘以$1/P$，得：

$$\frac{\mathrm{d}P}{\mathrm{d}r}\cdot\frac{1}{P}=-\frac{1}{1+r}\cdot\frac{1}{P}\cdot\sum_{t=1}^{T}\frac{t\,C_t}{(1+r)^t}\Rightarrow\frac{\mathrm{d}P}{P}=-\frac{1}{1+r}\cdot D\cdot\mathrm{d}r\Rightarrow\frac{\Delta P}{P}\approx-D^*\Delta r \qquad ①$$

(3) 凸性

债券的凸性(convexity)是指债券价格变动率与收益率变动关系曲线的曲度。麦考利久期实际上是等于债券价格对收益率一阶导数的绝对值除以债券价格。可以把债券的凸性定义为债券价格对收益率二阶导数除以价格，即：

$$C=\frac{1}{P}\cdot\frac{\partial^2 P}{\partial r^2}$$

现实生活中，债券价格变动率与收益率变动之间的关系并不是线性关系，而是非线性关系。如果只用久期来估算收益率变动与价格变动率之间的关系，根据式①可以看出，收益率上升或下跌一个固定的幅度时，价格上升或下跌的幅度是一样的。这显然与现实不符。

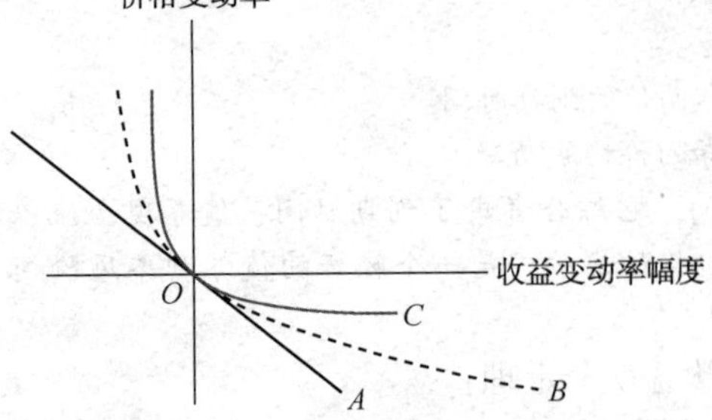

图4-2 价格敏感性与凸性的关系

在图4-2中，A直线表示用久期近似计算的收益率变动与价格变动率的关系，B、C曲线分别表述不同凸性的收益率变动幅度与价格变动率之间的真实关系，其中C的幅度大于B。从图4-1可以看出，当收益率下降时，价格的实际上升率高于用久期计算出来的近似值，而且凸性越大，实际上升率越高；当收益率上升时，价格的实际下跌比率却小于用久期计算出来的近似值，且凸性越大，价格的实际下跌比率越小。这说明：①当收益率变动幅度较大时，用久期近似计算的价格变动率就不正确，需要考虑凸性调整；②在其他条件相同下，人们应该偏好凸度大的债券。

考虑了凸性问题后，收益率变动幅度与价格变动率之间的关系可以重新写为：

$$\frac{\mathrm{d}P}{P}=-D^{*}\mathrm{d}r+\frac{1}{2}C\left(\mathrm{d}r\right)^{2}\approx -D^{*}\Delta r+\frac{1}{2}C\left(\Delta r\right)^{2}$$

知识点三　股票的估值

1. 绝对估值模型

（1）股利折现模型

股票的价值是指股票预期能够提供的所有未来现金流量的现值。股票带给持有者的现金流入包括股利收入和出售时的售价两部分。

① 股票估值的基本模型

买入时的价格 P_0为：

$$P_0=\sum_{t=1}^{\infty}\frac{D_t}{(1+r)^t}$$

式中，D_t为 t 年的股利；r 为折现率，一般采用资本成本率或投资的必要报酬率；t 为折现期数。

② 零增长模型

零增长模型是基本模型的一种特殊形式，它假定股息是固定不变的。换言之，股息的增长率等于零。零增长模型不仅适用于普通股的价值分析，而且适用于金边债券和优先股的价值分析。股息不变的数学表达式为：

$$D_0=D_1=D_2=\cdots=D_\infty$$

将股息不变的条件代入基本模型可得：

$$P_0=D_0\sum_{t=1}^{\infty}\frac{1}{(1+r)^t}=\frac{D_0}{r}$$

③ 不变增长模型

不变增长模型，又称戈登模型，有三个假设条件：

（a）股息的支付在时间上是永久性的，即 t 趋向于无穷大。

（b）股息的增长速度是一个常数，即 g 等于常数。

（c）模型中的贴现率大于股息增长率，即 $r>g$。

根据上述三个假定，则基本模型可以写为：

$$P_0=\frac{D_1}{1+r}+\frac{D_2}{(1+r)^2}+\frac{D_3}{(1+r)^3}+\cdots+\frac{D_t}{(1+r)^t}=\sum_{t=1}^{\infty}\frac{D_t}{(1+r)^t}$$

$$=\frac{D_0(1+g)}{1+r}+\frac{D_1(1+g)^2}{(1+r)^2}+\cdots+\frac{D_0(1+g)^\infty}{(1+r)^\infty}$$

$$=D_0\left[\frac{1+g}{1+r}+\left(\frac{1+g}{1+r}\right)^2+\cdots+\left(\frac{1+g}{1+r}\right)^\infty\right]$$

$$=D_0\left[\frac{(1+g)/(1+r)-[(1+g)/(1+r)]^\infty}{1-(1+g)/(1+r)}\right]$$

$$=\frac{D_0(1+g)}{r-g}=\frac{D_1}{r-g}$$

其中，D_0和D_1分别是初期和第一期支付的股息。当股息增长率等于零时，不变增长模型就等于零增长模型。所以，零增长模型是不变增长模型的一种特殊形式。

【例 8】A 公司是一家进入成熟期的制造公司。该公司刚刚派发每股 10 元的股利，但是管理层预期股利派发率将无限期每年减少 8%。如果你的必要报酬率是 11%，今天你愿意每股付多少钱买进？（　　）

A. 42.42　　B. 44.42　　C. 46.42　　D. 48.42

答案：D。由题意可知，$g=-8\%$，$D_0=10$，所以，$D_1=D_0\times(1+g)=10\times(1-8\%)=9.2$，根据不变增长模型可得：$P_0=\frac{D_1}{r-g}=\frac{9.2}{11\%-(-8\%)}=48.42$ 元。

④ 变动增长股票的价值

如果股利不是固定的，并且以非固定的比率增长，股票价值的估计比较复杂。在这种情况下，要分段计算，才能确定股票的价值。变动增长的模型有很多，我们这里重点介绍一下不变长期增长率下的股利折现模型。

如果公司预期在 $n+1$ 年后，按 g 的长期增长率增长，则由不变增长模型可知：

$$P_n=\frac{D_{n+1}}{r-g}$$

我们把这个估计的P_n作为股利折现模型的明确预测期的期末（持续）价值。结合基本模型可知：

$$P_0=\frac{D_1}{1+r}+\frac{D_2}{(1+r)^2}+\cdots+\frac{D_n}{(1+r)^n}+\frac{1}{(1+r)^n}\times\frac{D_{n+1}}{r-g}$$

【例 9】Storico 公司刚刚支付了每股 4.20 美元的股利。公司将在明年将股利提高 20%，同时还将在之后降低公司的股利增长率，每年降低 5 个百分点，直到达到 5%的行业平均股利增长率，而后公司将永远保持这一固定增长率。如果 Storico 公司股票的必要收益率是 12%，请问公司股票今天的每股股价是多少？

答案：根据题意，从 20%递减到 5%需要 3 年，则

$$P_3=\frac{D_4}{r-g}=\frac{4.2\times1.2\times1.15\times1.1\times1.05}{12\%-5\%}=95.63 \text{ 美元}$$

然后把这个预测期（期末值）代入股利折现模型：

$$P_0=\frac{D_1}{1+r}+\frac{D_2}{(1+r)^2}+\frac{D_3}{(1+r)^3}+\frac{P_3}{(1+r)^3}$$

$$=\frac{4.2\times1.2}{1.12}+\frac{4.2\times1.2\times1.15}{1.12^2}+\frac{4.2\times1.2\times1.15\times1.10}{1.12^3}+\frac{95.63}{1.12^3}=81.37 \text{ 美元}$$

⑤ 增长机会与股票价格

当公司按照持续增长率 g 发展时，公司每股的股利也是按照 g 增长，公司普通股股票的现值为：

$$P=\frac{D_1}{r-g}=\frac{EPS_1\times(1-b)}{r-g}$$

其中，EPS_1表示公司在第 1 期期末的每股净收益，b 为留存比例。

【科兴提示】有些教材中，直接用字母 b 表示股利支付率。我们这里统一用$(1-b)$作为股利支付率。其实，都一样，注意区分就可以了。

公司的留存比率 b 是决定公司股票价格的一个因素。如果留存比率 b 等于零(即公司将税后利润全部作为现今股利发放给股东)，又假设公司不向外融通资金，公司本期就不会有新增投资，公司下一期的 g 等于零，公司的资产、销售额、税后利润、每股净收益和每股股利维持不变。如果公司循环往复，以这样一种“恒定”的状态一直持续下去，我们可以断定该公司采取的是无增长发展策略。这类100%发放现金股利的公司被称为“现金牛”公司。在无套利均衡条件下，它们的股价为：

$$P^{NG}=\frac{EPS_1}{r}$$

在现实经济中，处于成熟阶段的公司没有增长机会，但利润和现金流稳定，它们是现实经济中典型的“现金牛”公司。因此，从最大化股东财富的角度看，它们应该采取减少留存，更多向股东派发股利的政策。

如果公司拥有许多有利可图的投资机会，那么，公司将大部分净利润甚至所有净利润作为现金股利的做法是不明智的。如果公司将税后利润留存一部分作为发展资金，而将部分税后利润作为现金股利发放给股东，那么，公司每期都有新增投资，公司下一期的资产、销售额、税后利润、每股盈利和每股股利都会按一定的增长率持续增长。我们将这类公司称为增长机会公司，即 NPVGO 公司。

一般来说，我们将 NPVGO 公司的股价定义为现金牛股价和增长机会之和，即：

$$P^{G}=P^{NG}+NPVGO=\frac{EPS_1}{r}+\frac{NPV_1}{r-g}$$

【例 10】深蓝公司从成立以来财务数据就比较稳定，净资产收益率、红利分配比率一直保持不变，已知过去某年财务数据如下：每股净资产 10 元，每股净利润 1.5 元，每股红利 0.6 元。现在预期未来一年每股盈利 3 元，股票投资者的必要回报率为 13%，计算该公司增长机会的现值(NPVGO)为(　　)元。

A. 5.50　　B. 6.92　　C. 7.48　　D. 8.72

答案：B。股利增长率为(1.5/10)×[(1.5-0.6)/1.5]=15%×60%=9%，股票内在价值P^G=3×(1-60%)/(13%-9%)=30.00(元)，P^{NG}=3/13%=23.08(元)，$NPVGO$=30.00-23.08=6.92(元)。

(2) 自由现金流模型

由于股利折现模型除了受到企业经营状况的影响，还受到企业股利政策的制约，且企业的股利政策受到多种因素的影响，难以预测。实务中，通常运用自由现金流替代股利现金流进行股票的定价分析。

① 自由现金流(FCFF)和股权自由现金流(FCFE)

自由现金流量是指满足了企业经营营运资本变动和资本投资需要之后，可以用来自由向公司债权人和股东发放的现金流量。自由现金流的计算公式是：

自由现金流=$EBIT(1-T)$+折旧-资本性支出-净营运资本的增加

其中，$EBIT(1-T)$为无杠杆净收益，资本性支出-折旧为净投资。

【科兴提示】对比可知，OCF 只是 FCFF 在“资本性支出+净营运资本的增加=0”时的特例。

股权自由现金流是指公司自由现金流扣除与付息债务相联系的现金流量之后，可以自由向股东发放的现金流量。股权自由现金流量的计算公式为：

股权自由现金流=$FCFF$-债权人现金流量=$FCFF$-税后利息支出-偿还债务本金+新借债务

② 自由现金流(FCFF)模型和股权自由现金流(FCFE)模型

FCFF 模型认为，公司价值等于公司预期现金流量按公司资本成本进行折现，将预期的未来自由现金流用加权平均资本成本折现到当前的价值来计算公司的价值，然后减去债券的价值，进而得到股权价值。FCFF 模型的公式为：

$$V = \sum_{t=1}^{\infty} \frac{FCFF_t}{(1 + r_{\text{WACC}})^t}$$

同理，FCFE 模型是将预期的未来股权活动现金流用相应的股权资本成本折现到当前价值来计算公司股权价值，其公式为：

$$V^E = \sum_{t=1}^{\infty} \frac{\text{FCFE}_t}{(1 + r_s)^t}$$

得到公司的股权价值后，我们用股权价值除以流通股股数即可得出股票的价格。

FCFF 模型和 FCFE 也分为零增长模型、固定增长模型、多元增长模型等，具体形式同股利折现模型一样，这里不再赘述。

【科兴提示】FCFF 模型和 FCFE 模型与后面的章节结合非常密切，一般会以计算题形式命题，且难度较大。但是，一般高校对此不做要求。

2. 股票定价的相对模型

(1) 市盈率模型

① 基本模型

每股股价与每股净利润(也就是前面章节的每股净收益)的比值称为市盈率。如果每股净利润为本期数据，则为本期市盈率。如果每股净利为预期每股净利，则为预期市盈率(或内在市盈率)。

$$PE_0 = \frac{P}{EPS_0};\ PE_1 = \frac{P}{EPS_1}$$

其中，EPS_0和PE_0分别为本期每股净利润和本期市盈率，EPS_1和PE_1分别为预期每股净利润和预期市盈率(或内在市盈率)。

【科兴提示】在做题时，除非题干中明显要求求本期市盈率，一般都默认是求预期市盈率。同理，市净率和市销率亦是如此。

运用市盈率估值的模型如下：

目标企业股价=可比企业平均市盈率×目标企业每股净利

该模型假设每股市价是每股净利润的一定倍数。每股净利润越大，则每股价值越大。同类企业有类似的市盈率，所以目标企业的每股价值可以用每股收益乘以可比企业市盈率计算。

市盈率的驱动因素是企业的增长潜力、股利支付率和风险(股权资本成本的高低与其风险有关)。这三个因素相似的企业，才会具有类似的市盈率。具体的推导可用股利折现模型实现。

根据股利折现模型，处于稳定状态企业的每股价值为：

$$P = \frac{D_1}{r-g}$$

两边同时除以每股收益EPS_0：

$$\frac{P}{EPS_0}=\frac{D_1/EPS_0}{r-g}=\frac{[EPS_0\times(1+g)\times(1-b)]/EPS_0}{r-g}=\frac{(1+g)\times(1-b)}{r-g}=\text{本期市盈率}$$

同理可得：

$$\frac{P}{EPS_1}=\frac{1-b}{r-g}=\text{预期市盈率}$$

② 适用范围

市盈率模型最适合连续盈利，并且β值接近于1的企业。

【科兴提示】β，即贝塔系数，是一种风险指数，用来衡量个别股票或股票基金相对于整个股市的价格波动情况。本书后面的章节会详细说明。

③ 模型优点和缺点

市盈率模型的优点：首先，计算市盈率的数据容易取得，并且计算简单；其次，市盈率把价格和收益联系起来，直观地反映投入和产出的关系；最后，市盈率涵盖了风险补偿率、增长率、股利支付率的影响，具有很高的综合性。

市盈率模型的缺点：首先，如果收益是负值，市盈率就失去了意义；其次，市盈率除了受企业本身基本面的影响以外，还受到整个经济景气程度的影响。在整个经济繁荣时市盈率上升，整个经济衰退时市盈率下降。如果目标企业的β值为1，则评估价值正确反映了对未来的预期。如果企业的β值显著大于1，经济繁荣时评估价值被夸大，经济衰退时评估价值被缩小。如果β值明显小于1，则相反。

【例11】甲企业今年的每股净利润是0.5元，分配股利0.35元/股，该企业净利润和股利的增长率都是6%，股权资本成本为11.125%。

(1) 则该企业的本期市盈率和预期市盈率各是多少？

(2) 乙企业与甲企业类似，今年实际净利润为1元，根据甲企业本期市盈率对乙企业估值，其股票价值是多少？乙企业预计明年净利润是1.06元，根据甲企业预期市盈率对乙企业估值，其股票价值是多少？

答案：(1) 甲企业的每股支付率是0.35/0.5=70%

则甲企业的本期市盈率为：70%×(1+6%)/(11.125%-6%)=14.48

甲企业的预期市盈率为：70%/(11.125%-6%)=13.66

(2) 根据甲企业本期市盈率对乙企业估值，可得乙企业股票价值=目标企业本期每股净利润×可比企业本期市盈率=1×14.48=14.48元/股。

根据甲企业预期市盈率对乙企业估值，可得乙企业股票价值=目标企业预期每股净利润×可比企业预期市盈率=1.06×13.66=14.48元/股。

通过这个例子可以看出，如果目标企业的预期每股净利润变动与可比企业相同，则根据本期市盈率和预期市盈率进行估值的结果相同。

值得注意的是：在估值时目标企业本期净利润必须要乘以可比企业本期市盈率，目标企业预期净利润必须要乘以可比企业预期市盈率，两者必须匹配。这一原则同样适用于市净率和市销率。

(2) 市净率模型

① 基本模型

每股股价与每股净资产的比值称为市净率。如果每股净资产为本期数据，则为本期市净率。如果每股净资产为预期每股资产，则为预期市净率(或内在市净率)。

$$PB_0=\frac{P}{BPS_0};\quad PB_1=\frac{P}{BPS_1}$$

其中，BPS_0和PB_0分别为本期每股净资产和本期市净率，BPS_1和PB_1分别为预期每股净资产和预期市净率。

市净率模型假定支配公司股价的因素是每股净资产，即股票市价是每股净资产的一定倍数，且同类企业具有相似的市净率。

目标企业股价=可比企业平均市净率×目标企业每股净资产

驱动市净率的因素有权益净利率、股利支付率、增长率和风险。其中，权益净利率是关键因素。这四个比率类似的企业，会有类似的市净率。与市盈率的推导类似，可以得到：

$$\frac{P}{BPS_0}=\frac{(1+g)\times(1-b)\times ROE_0}{r-g}=\text{本期市净率}$$

$$\frac{P}{BPS_1}=\frac{(1-b)\times ROE_1}{r-g}=\text{预期市净率}$$

② 适用范围

市净率法主要适用于需要拥有大量资产、净资产为正值的企业。

③ 模型的优点和缺点

市净率模型的优点：首先，市净率极少为负值，可用于大多数企业；其次，净资产账面价值的数据容易取得，并且容易理解；再次，净资产账面价值比净利稳定，也不像利润那样经常被人为操纵；最后，如果会计标准合理并且各企业会计政策一致，市净率的变化可以反映企业价值的变化。

市净率模型的缺点：首先，账面价值受会计政策选择的影响，如果各企业执行不同的会计标准或会计政策，市净率会失去可比性；其次，固定资产很少的服务性企业和高科技企业，净资产与企业价值的关系不大，其市净率比较没有什么实际意义；最后，少数企业的净资产是负值，市净率没有意义，无法用于比较。

【例 12】下表列出了 2010 年汽车制造业 6 家上市企业的市盈率和市净率，以及全年平均实际股价。请你用这 6 家企业的平均市盈率和市净率评价江陵汽车的股价，哪一个更接近实际价格？为什么？

公司名称	EPS(元)	BPS(元)	平均价格(元)	市盈率	市净率
上海汽车	0.53	3.43	11.98	22.6	3.49
东风汽车	0.37	2.69	6.26	16.92	2.33
一汽四环	0.52	4.75	15.4	29.62	3.24
一汽金杯	0.23	2.34	6.1	26.52	2.61
天津汽车	0.19	2.54	6.8	35.79	2.68
长安汽车	0.12	2.01	5.99	49.92	2.98
平均				30.23	2.89
江陵汽车	0.06	1.92	6.03		

答案：按市盈率估值=0.06×30.23=1.81 元/股

按市净率估值=1.92×2.89=5.55 元/股

市净率的评价更接近实际价格。因为汽车制造业是一个需要大量资产的行业。由此可见，合理选择模型的种类对于正确估值是很重要的。

(3) 市销率模型

① 基本模型

每股股价与每股销售收入的比值称为市销率(或收入乘数)。如果每股销售收入为本期数据，则为本期市销率。如果每股销售收入为预期每股销售收入，则为预期市销率(或内在市销率)。

$$PS_0=\frac{P}{SPS_0};\quad PS_1=\frac{P}{SPS_1}$$

其中，SPS_0和PS_0分别为本期每股销售收入和本期市销率，SPS_1和PS_1分别为预期每股销售收入和预期市销率。

市销率模型假定支配公司股价的因素是每股销售收入，即股票市价是每股销售收入的一定倍数，且同类企业具有相似的市销率。

目标企业股价=可比企业平均市销率×目标企业每股销售收入

驱动市销率的因素有销售净利率(NPM)、股利支付率、增长率和风险。其中，销售净利率是关键因素。这四个比率类似的企业会有相似的市销率。与市盈率的推导类似，可以得到：

$$\frac{P}{SPS_0}=\frac{(1+g)\times(1-b)\times NPM_0}{r-g}=\text{本期市销率}$$

$$\frac{P}{SPS_1}=\frac{(1-b)\times NPM_1}{r-g}=\text{预期市销率}$$

② 适用范围

市销率模型主要适用于销售成本率较低的服务类企业，或者销售成本率趋同的传统行业的企业。

③ 模型的优点和缺点

市销率模型的优点：首先，它不会出现负值，对于亏损企业和资不抵债的企业，也可以计算出一个有意义的价值乘数；其次，它比较稳定、可靠，不容易被操纵；最后，市销率对价格政策和企业战略变化敏感，可以反映这种变化的后果。

市销率模型的缺点：不能反映成本的变化，而成本是影响企业现金流量和价值的重要因素之一。

【例 13】甲公司是一个大型连锁超市，具有行业代表性。该公司目前每股销售收入为 83.06 美元，每股收益为 3.82 美元。公司采用固定股利支付率政策，股利支付率为 74%。预期净利润和股利的长期增长率为 6%。该公司的股权资本成本是 11.125%。乙公司也是一个连锁超市企业，与甲公司具有可比性，目前，每股销售收入为 50 美元。请根据市销率模型估计乙公司的股票价值。

答案：甲公司销售净利率=3.82/83.06=4.6%

$$\text{甲公司市销率}=\frac{4.6\%\times74\%\times(1+6\%)}{11.125\%-6\%}=0.704$$

则乙公司股票价值为：50×0.704=35.20 美元。

【知识拓展】梅特卡夫定律与互联网企业估值

2020 年 4 月 6 日，美股盘前，裹挟在舆论漩涡中的拼多多发布财报，虽然亏损扩大，但股价一度逆势上涨超过 16%。与此形成鲜明对比的是，京东虽然三季度毛利率大幅提升，但股价连创新低。这种看似不合常理的现象，在互联网公司中是普遍存在的。究其根源在于，互联网公司有一套独特的价值评估原则：梅特卡夫定律。

梅特卡夫定律是一个关于网络的价值和网络技术的发展的定律。其内容是：网络价值与用户数的平方成正比。网络使用者越多，价值就越大。用公式可以表述为：网络的价值 $V=K\times N^2$(K 为价值系数，N 为用户数量)。

与此同时，梅特卡夫认为互联网企业的成本最多以线性上升。在互联网企业初创期时用户很少，此时成本高于企业价值；而企业发展中后期用户增多，超过价值与成本唯一交点后，企业价值将逐渐超过成本。这一法则一定程度上解释了一些负利润的互联网企业(如亚马逊和拼多多)拥有高估值的现象。

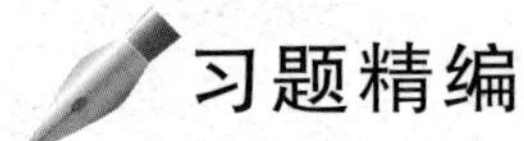

习题精编

一、选择题

1.(浙江工商 2012 年)下列关于名义利率与有效年利率的说法中，正确的是(　　)。

A. 名义利率是不包含通货膨胀的金融机构报价利率

B. 计息期小于一年时，有效年利率大于名义利率

C. 名义利率不变时，有效年利率随着每年复利次数的增加而呈线性递减

D. 名义利率不变时，有效年利率随着期间利率的递减而呈线性递增

2.(上海财大 2012 年)一项 100 万元借款，借款期限为 5 年，年利率 10%，每半年复利一次，则实际利率比其名义利率高(　　)。

A. 5%　　B. 0.4%　　C. 0.25%　　D. 0.35%

3.(清华大学 2014 年)如果你父母每年年初给你 10000 元，存款年利率是 6%，到第 3 年年末你父母给你的钱一共值多少?(　　)

A. 33600 元　　B. 33746 元　　C. 34527 元　　D. 35218 元

4.(中山大学 2017 年)普通年金又称为(　　)。

A. 先付年金　　B. 后付年金　　C. 延期年金　　D. 永续年金

5.(上海财大 2012 年)某校为设立一项科研基金，拟在银行存入一笔款项，以后可以无限期在每年年末支取利息 30000 元，利率为 6%，该校应存入(　　)元。

A. 750000　　B. 500000　　C. 180000　　D. 120000

6. 北方公司拟构建一条生产线，项目总投资 1000 万元，建设期为 2 年，可使用 6 年。若公司要求的年报酬率为 10%，该项目每年产生的最低现金流量为(　　)万元。已知：$\left(\frac{P}{A}, 10\%, 8\right) = 5.3349$，$\left(\frac{F}{A}, 10\%, 8\right) = 11.436$，$\left(\frac{P}{A}, 10\%, 2\right) = 1.7355$，$\left(\frac{F}{A}, 10\%, 2\right) = 2.1000$。

A. 186.41　　B. 183.33　　C. 249.96　　D. 277.82

7. 有一项年金，前 3 年无流入，后 5 年每年初流入 500 万元，假设年利率为 10%，其现值为(　　)万元。已知：$(P/A, 10\%, 7) = 4.8684$，$(P/A, 10\%, 2) = 1.7355$。

A. 1994.59　　B. 1566.36　　C. 1813.48　　D. 1423.21

8. 有一笔 20 年的贷款，每年一次等额还款。第 11 次还款中包含的利息是 150 元。第 16 次的还款中包含的利息是 125 元。则第 19 次还款中包含的利息是(　　)元。

A. 94.17　　B. 84.17　　C. 74.17　　D. 64.17

9. 你正在为购买房屋的首付而储蓄。你已经存了 10050 美元，在以后每年的年末，你都打算存 5000 美元。如果存款的年利率是 7.25%，要得到 60000 美元的存款余额，需要经过(　　)年。

A. 5　　B. 6　　C. 7　　D. 8

10. 有一长期债券，面值为 1000 元，每季付息一次，到期归还本金，按必要报酬率 8%计算的债券价值为 1200 元，该债券在每一个付息期支付的利息(　　)。

A. 大于 20 元　　B. 等于 20 元　　C. 小于 20 元　　D. 无法判断

11. 债券 A 和债券 B 是两只在同一资本市场刚发行的按年付息的平息债券。它们面值和票面利率均相同，只是到期时间不同。假设两只债券的风险相同，并且等风险投资的必要报酬率低于票面利率，则(　　)。

A. 偿还期限长的债券价值低　　B. 偿还期限长的债券价值高

C. 两只债券价值相同　　D. 两只债券价值不同，但不能判断其高低

12. 某公司发行面值为 1000 元、票面年利率为 5%、期限为 10 年、每年支付一次利息、到期一次还本的债券。已知发行时的市场利率为 6%，该债券的发行价格为(　　)元。已知：$(P/A, 6\%, 10) = 7.3601$；

$(P/F, 6\%, 10) = 0.5584$。

A. 1000　　B. 982.24　　C. 926.41　　D. 1100

13.（复旦大学2016年）对于到期收益率下列描述正确的是（　　）。

A. 假设证券持有至到期的内部收益率

B. 所有利息的贴现值等于现在价格的贴现率

C. 是利息收益率和资本利得收益率之和

D. 前提条件是每年末计算并支付利息，到期一次还本

14. 下列哪种债券的久期最长（　　）。

A. 一张8年期、利率为0%的息票债券　　B. 一张8年期、利率为5%的息票债券

C. 一张10年期、利率为5%的息票债券　　D. 一张10年期、利率为0%的息票债券

15. 对于给定的收益率变动幅度，麦考利久期越大，债券价格的波动幅度（　　）。

A. 越小　　B. 不变　　C. 不确定　　D. 越大

16. 下列关于凸性的说法错误的是（　　）。

A. 由于存在凸性，债券价格随着利率的变化而变化的关系就接近于一条凸函数而不是直线函数

B. 凸性的作用在于可以弥补债券价格计算的误差，更准确地衡量债券价格对收益率变化的敏感程度

C. 凸性对于投资者是有利的，在其他情况相同时，投资者应当选择凸性更大的债券进行投资

D. 当预期利率波动较大时，较高的凸性不利于投资者提高债券投资收益

17. 今年年底，D公司预期红利为2.12元，红利会以每年10%的速度增长，如果该公司的必要收益率为每年14.2%，其股票现价=内在价值，下一年预期价格为（　　）元。

A. 55.52　　B. 50.32　　C. 38.75　　D. 30.83

18. L公司刚支付了2.25元的股利，并预计股利会以5%每年的速度增长，该公司的风险水平对应的折现率为11%，该公司的股价应与以下哪个数值最接近？（　　）

A. 20.45元　　B. 21.48元　　C. 37.50元　　D. 39.38元

19. 某公司当前会计年度EPS为1.5元，其中0.9元用于发放当前红利。已知公司股权资本收益率为15%，股东要求的回报率为12%。如果公司从下一年起，一直维持与本年度同等的红利发放比率，则该公司的增长机会现值（NPVGO）为（　　）。

A. 2.50元　　B. 2.65元　　C. 7.95元　　D. 19.075元

20. 某公司上年度发行在外的普通股为200万股，目前给普通股股东的自由现金流FCFE为134.7万元；预计该公司长期FCFE增长率为5%，若该股票的投资者要求的回报率为10%，公司内部的加权平均资金成本为9%，则根据FCFE模型计算该公司股票的内在价值为（　　）。（答案取最接近者）

A. 16.00元　　B. 14.00元　　C. 12.00元　　D. 10.00元

21.（上海财大2015年）已知某公司的股利支付率为40%，股利增长率固定为5%，净资产收益率为30%，股票的β系数为1.2，无风险报酬率为4%，股票市场平均的风险报酬率为8%，则甲公司的本期P/E为（　　）。

A. 9.25　　B. 11.05　　C. 13.5　　D. 15

22. 关于相对价值估价模型适用性的说法中，错误的是（　　）。

A. 市盈率估价模型不适用于亏损的企业

B. 市净率估价模型不适用于资不抵债的企业

C. 市净率估价模型不适用于固定资产较少的企业

D. 市销率估价模型不适用于销售成本率较低的企业

二、简答题

23.（对外经贸大学2017年）债券到期收益率

24. 为什么债券可以溢价和折价发行？

25.（上海财大2020年）科创板是我国建设多层次资本市场的重要探索，2019年7月22日，科创板首

批公司上市。据统计数据显示，已挂牌上市的50只科创股平均发行市盈率为61.32倍，这个数字远高于上海主板、深圳主板的市盈率。结合科创板公司的特点和估值相关理论。谈谈科创板公司的估值有哪些困难，另外，你是否认为当前科创板企业的估值过高？

三、计算题

26. 你的按揭贷款还有25年到期，贷款利率是7.625%(APR)，每月还款额是1449美元。

(1) 贷款的未偿还余额是多少？

(2) 假设你无力偿还贷款，面临着房屋被银行收回的风险。银行提议重新协商这笔贷款。如果银行取消房屋的抵押品赎回权，即银行收回房屋并拍卖，则银行预期会得到150000美元。只要银行至少能收到150000美元(按现值计算)，就会同意降低你的贷款偿付额。如果当前的25年期按揭贷款的利率下降到了5%(APR)，那么在贷款的剩余期限内，你每月最低的偿付额是多少，银行才会同意这一安排？

27. (华东师大2020年)Morgan集团公司目前有两份发行在外的债券。债券M面值为20000美元，20年后到期。债券在前6年不进行任何利息支付，而后在接下来的8年中每6个月支付800美元，并在最后6年中每6个月支付1000美元。债券N面值为20000美元，期限20年，在债券的存续期间不进行任何利息支付。如果这两项债券的必要收益率都是8%(半年期复利)，请问债券M和N当前的价格是多少？

28. (浙工商2017年)假如以980元的价格购买面值1000元、票面利率10%、期限2年的债券。

(1) 该债券到期收益率高于还是低于10%？为什么？

(2) 如果市场利率为8%，计算该债券的现值。

29. A公司拟购买某公司债券作为长期投资(打算持有至到期日)，要求的必要报酬率是6%。现有三家公司同时发行5年期，面值为1000元债券。其中：甲公司债券的票面利率为8%，每年付息一次，到期还本，债券发行价格为1040元；乙公司债券的票面利率为8%，单利计息，到期一次还本付息，债券发行价格为1050元；丙公司债券的票面利率为0，债券发行价格为750元，到期按面值还本。

(1) 请评价甲、乙、丙三种债券是否值得投资，并为A公司做出购买哪种债券的投资决策。

(2) 假如A公司购买并持有甲公司债券，但由于市场形势的变化，A公司决定不再持有该债券至到期日，而是在2年后将其以1050元的价格出售，请计算该项投资实现的复利收益率。

30. (浙工商2017年)假设今年底C公司股票的预期红利为2元，且预期红利每年以8%的速度增长。

(1) 如果C公司股票的必要收益率为每年12%，那么它的内在价值是多少？

(2) 如果C公司股票的现值等于内在价值，那么下一年的预期价格是多少？

(3) 如果投资者现在买进该股票，一年后收到红利2元之后抛售，则预期资本利得是多少？红利收益率和持有期收益率分别是多少？

31. (上海财大2018年)A公司刚刚发放了0.5元的股票红利，预计接下来四年红利的增长率为5%，股东的预计投资回报率为15%，每年年末发放红利，第四年末发放红利后的预计股价10元(分红后)，四年后红利的增长率为g_2，求：

(1) 求g_2。

(2) 求第五年末(发放红利后)的预计股票价格。

(3) 求现在的股票价格。

32. (南京大学2015年)ABC企业计划进行长期股票投资，企业管理层从股票市场上选择了两种股票：甲公司股票和乙公司股票，ABC企业只准备投资一家公司的股票。已知甲公司股票现行市价为每股6元，上年每股股利为0.2元，预计以后每年以5%的增长率增长。乙公司股票现行市价为每股8元，每年发放的固定股利为每股0.6元。当前市场上无风险收益率为3%，风险收益率为5%。要求：

(1) 利用股票估价模型，分别计算甲、乙公司股票价值并为该企业作出股票投资决策。

(2) 计算如果该公司按照当前的市价购入(1)中选择的股票的持有期收益率。

33. 一个投资人持有ABC公司的股票，投资必要报酬率是15%。预计ABC公司未来3年股利将高速增长，增长率为20%。在此后转为正常增长，增长率为12%。公司最近支付的股利是2元。试计算该公司股票的价值。

34. Heavy Metal 公司在未来 5 年将产生以下自由现金流：

年	1	2	3	4	5
FCFF(百万美元)	53	68	78	75	82

5 年后，预期自由现金流每年以 4%的行业平均增长率增长。假设加权平均资本成本是 14%，使用股权自由现金流模型计算：

(1) 估计 Heavy Metal 公司的企业价值。

(2) 如果公司没有超额现金，债务是 30000 万美元，流通股股数为 4000 万股，估计公司的股价。

35.(上海财大 2016 年)某公司 2012 年度的销售收入是 180 亿元，净利为 12 亿元，股价 25 元，发行的外股数 10 亿股，预计 4 年后销售收入 300 亿元，销售净利率 10%，假设该公司不分配股利，全部净利用于再投资。计算：

(1) 2012 年的市盈率和收入乘数是多少？

(2) 预计 2016 年该公司将成为一个有代表性的成熟公司(市盈率为 20 倍)，其股价应是多少？

(3) 如果维持现在是市盈率和收入乘数，且预计每股净利为 2.5 元，2016 年该公司需要多少销售额？每年的增长率是多少？

习题参考答案

一、选择题

1. B。有效年利率，是指按给定的期间利率每年复利 m 次时，能够产生相同结果的年利率，也称等价年利率，其计算公式为：$EAR=\left(1+\frac{r}{m}\right)^m-1$。由此可知，计息期小于一年时，有效年利率大于名义利率。

2. C。$EAR=\left(1+\frac{10\%}{2}\right)^2-1$，APR = 10%，则二者之差为 0.25%。

3. B。本题为期初年金为 10000 元的终值的计算，到第 3 年年末，终值 = $10000\times(1.06+1.06^2+1.06^3)$ = 33746(元)。

4. B。普通年金又称“后付年金”，是指每期期末有等额的收付款项的年金。先付年金又称预付年金、即付年金、期初年金，指在每期期初有等额的收付款项的年金。

5. B。本题可以看成永续年金现值的计算，则 $PV=30000/6\%=500000$ 元。

6. D。本题可以看成递延年金现值的计算，假设建设期每年现金净流量为 A，则 $A\times\left(\frac{P}{A},\ 10\%,\ 8\right)-A\times\left(\frac{P}{A},\ 10\%,\ 2\right)=1000$，所以每年产生的最低现金净流量 $A=1000/(5.3349-1.7355)=277.82$ 万元。

7. B。从题目可以看出这是求递延年金现值。我们采用第二种计算递延年金现值的方法。在本题中，递延期为 3-1=2。则该项目的现值等于总的年金现值和递延期年金现值相减，即：

$PV_5=PV_{2+5}-PV_2=500\times[(P/A,\ 10\%,\ 7)-(P/A,\ 10\%,\ 2)]=1566.36$ 万元

【科兴提示】递延期的确定关键要搞清楚该递延年金的第一次年金发生在第几年末(假设为第 w 年末)，然后根据(w-1)的数值即可确定递延期间的数值。在确定“该递延年金的第一次年金发生在第几年末”时，应该记住“上一年的年末就是下一年的年初”这个非常容易理解的道理。本题中，第四年年初就是第三年年末有流入，只有前面两年无流入，所以递延期是 2。

8. C。设 P 为每年的还款额。在第 11 年的初始，还剩余 10 次还款。那么，这时本金余额是：$P\times(P/A,\ r,\ 10)$。第 11 次还款中包含的利息为：$rP(P/A,\ r,\ 10)=P\left[1-\frac{1}{(1+r)^{10}}\right]=150$

同理，在第 16 年初始，还剩余 5 次还款。那么其中包含的利息是：

$$rPA_r^5=P\left[1-\frac{1}{(1+r)^5}\right]=125$$

设 $x=\frac{1}{(1+r)^5}$，然后求解：

$$\begin{cases}P(1-x^2)=150\\P(1-x)=125\end{cases}\Rightarrow\begin{cases}x=0.2\Rightarrow\frac{1}{1+r}=0.2^{\frac{1}{5}}\\P=156.25\end{cases}$$

在第 19 年的初始，还剩余两次还款，则第 19 次还款中包含的利息是：

$$rPA_r^2=P\left[1-\frac{1}{(1+r)^2}\right]=156.25\times[1-0.2^{\frac{2}{5}}]=74.17\text{ 元}$$

9. C。要找到 N，使得当前存款的终值，加上计划每年追加的存款(为一项年金)的终值，等于想得到的存款：

$$10050\times1.0725^N+5000\times\frac{1}{0.0725}\times(1.0725^N-1)=60000\Rightarrow N=\frac{\ln1.632}{\ln1.0725}=7\text{ 年}$$

10. A。由于债券价值大于面值，则债券的票面利率大于必要报酬率 8%，每次付息额大于 1000×8%÷4=20(元)。

11. B。由于等风险必要报酬率低于票面利率，所以是溢价发行债券。溢价发行债券，到期时间越长，债券价值高于面值的差额越大，即债券价值越大。

12. C。债券的发行价格=发行时的债券价值=1000×5%×(P/A，6%，10)+1000×(P/F，6%，10)=50×7.3601+1000×0.5584=926.41(元)。

13. A。债券的到期收益率也是债券的折现率，即按照现值买入债券并持有到期可获得的收益率。到期收益率是指使债券的价格等于本金与利息现值之和的贴现率。对于息票债券来说，到期收益率是使未来各年息票利息支付额的现值与最后偿还的债券面值的现值之和，等于债券当前价值(即债券价格)的利率。

14. D。根据久期的概念可知，到期时间越长，息票率越低，久期就越长。

15. D。根据公式 $\frac{dP}{P}=-\frac{1}{1+r}\cdot D\cdot dr$ 可知久期 D 越大，则债券价格的波动幅度越大。

16. D。凸性对于投资者是有利的，在其他情况相同时，投资者应当选择凸性更大的债券进行投资。尤其当预期利率波动较大时，较高的凸性有利于投资者提高债券投资收益。

17. A。根据股息贴现的不变增长模型，股票的价值为：

$$P=2.12\times(1+10\%)/(14.2\%-10\%)=55.52\text{ 元}$$

18. D。根据固定增长股票的价值的公式，第一期期末的股利 $D_1=2.25\times(1+5\%)=2.3625$(元)，所以公司的股票价格为：$P=D_1/(r-g)=2.3625/(11\%-5\%)=39.375\approx39.38$(元)。

19. B。由题目已知条件可知，$b=\frac{0.6}{1.5}=40\%$，$g=ROE\times b=15\%\times40\%=6\%$，$D_1=1.5\times(1+6\%)\times(1-40\%)=0.954$，$r=12\%$，$E_1=1.5\times(1+6\%)=1.59$。所以，$NPVGO=\frac{D_1}{r-g}-\frac{E_1}{r}=\frac{0.954}{12\%-6\%}-\frac{1.59}{12\%}=2.65$ 元。

20. B。$FCFE_1=134.7\times(1+5\%)=141.435$ 万元，$V^E=141.435/(10\%-5\%)=2828.7$ 万元，则根据股权自由现金流模型可知股价=2828.7/200=14.14 元。

21. B。用 CAPM 模型求出股票的资本成本 $r_S=4\%+1.2\times(8\%-4\%)=8.8\%$，则本期市盈率为：$\frac{0.4\times1.05}{8.8\%-5\%}=11.05$。

22. D。市销率估价模型主要适用于销售成本率较低的服务类企业，或者销售成本率趋同的传统行业的企业，所以选项 D 的说法错误。

二、简答题

23. 到期收益率是指使债券未来现金流量的现值等于债券当前市场价格的贴现率。到期收益率相当于投资者按照当前市场价格购买债券并且一直持有到满期时可以获得的复利回报率。到期收益率的公式是 $P_0=\sum_{t=1}^{n}\frac{CF_t}{(1+r)^t}$。其中，$P_0$表示债券的当前市价，$CF_t$表示在第 t 期的现金流，n 表示时期数，r 表示到期收益率。

24. 如果债券的票面利息率高于同类债券的市场利息率，则债券的价格高于其票面值；如果债券的票面利息率等于同类债券的市场利息率，则债券的价格等于其票面值；如果债券的票面利息率低于同类债券的市场利息率，则债券的价格低于其票面值。

产生上述情况的原因并不复杂，同类债券的市场利率是投资者持有该类债券所要求的收益率，当债券的票面利率低于这一收益率时，投资者会降低购买债券的价格，以使自己的实际收益达到所希望的水平。当债券的票面利率高于这一利率时，投资者会竞相购买，使债券的价格上升，实际收益率下降，直到达到所要求的收益率时为止。债券之所以可以折价或者溢价发行，主要就是因为票面利率与市场利率不同导致的。

25. (1) 对科创板企业进行估值时，存在不少难题：

① 未盈利。这些硬科技公司往往因为技术投入以及转换周期的原因，还未实现盈利。A 股惯用的 PE 估值法就会失效。

② 发展历史短。有望登陆科创板的公司有不少是初创公司，存在着市场历史短、往年数据缺失的问题，这会使得传统估值法中的很多步骤都难以进行下去，也无法进行合理有效的现金流预测。

③ 横向比较困难。高科技企业多数在技术或者商业模式上具备巨大的创新，在某科技方面已经做到了国内的顶尖水平，很难在国内找到相似度较高的可比公司进行参照，若是采用相对估值模型进行横向比较可能会导致企业价值的低估。

(2) 我认为科创板企业的估值并不过高，主要原因：

① 我国现在鼓励创新，大众创业，万众创新，而且，科技企业作为今日中国创新源泉和重要增长动力，一直以来都是国家重点支持的领域。但由于中国资本市场主板上市的条件所限，科创板推出之前，中国最优质的一批科技企业和互联网公司因为暂时未达到上市盈利门槛，不愿意低估值发行和牺牲灵活的股权制度，都选择了海外尤其是美国上市。现在国内推出科创板就是改变之前的不合理之处，因此具有高科技性质的企业受追捧也是应当的。

② 我国资本市场严重缺乏高科技企业，给予一个较高的估值也是合情合理。

③ 全球横向对比来看，科技含量高的企业普遍估值较高。

三、计算题

26. (1) 月利率是 7.625%/12=0.635%，则根据年金现值公式可知：

$$PV=A\cdot\frac{1-(1+r)^{-n}}{r}=1449\times\frac{1-\frac{1}{(1+0.635\%)^{300}}}{0.635\%}=194024.13\text{ 美元}$$

(2) 此时，月利率是 5%/12=0.4167%，则每月最低的偿付额是：

$$A=\frac{PV\times r}{1-(1+r)^{-n}}=150000\times\frac{0.4167\%}{1-\left(\frac{1}{1.004167}\right)^{25\times12}}=876.88\text{ 美元}$$

27. 对于债券 M，第二个阶段 8 年的利息现值为：$800\times(P/A, 4\%, 16)/(1+4\%)^{12}$。第三个阶段 6 年的利息的现值为：$1000\times(P/A, 4\%, 12)/(1+4\%)^{28}$，然后运用债券定价的一般模型可求出当前的价格：

$$P_M=800\times\frac{(P/A, 4\%, 16)}{(1+4\%)^{12}}+1000\times\frac{(P/A, 4\%, 12)}{(1+4\%)^{28}}+\frac{20000}{(1+4\%)^{40}}=13117.88\text{ 美元}$$

对于债券 N，其当前价格为：

$$P_N=\frac{20000}{(1+4\%)^{40}}=4165.78\text{ 美元}$$

28.(1)这是一张折价发行的债券，所以到期收益率大于息票率，即大于10%。

(2) 如果市场利率为8%，则债券的现值为：

$$P=\frac{100}{1.08}+\frac{100}{1.08^2}+\frac{1000}{1.08^2}\approx 1035.66\text{ 元}$$

29.(1)甲公司债券的价值=1000×(P/F，6%，5)+1000×8%×(P/A，6%，5)=1000×0.7473+1000×8%×4.2124=1084.29(元)，因为发行价格1041元<1084.29元。所以甲债券收益率大于6%。下面用7%再测试一次，现值计算如下：P=1000×8%×(P/A，7%，5)+1000×(P/F，7%，5)=1000×8%×4.1002+1000×0.7130=1041(元)，计算出现值为1041元，等于债券发行价格，说明甲债券内部收益率为7%。

乙公司债券的价值=(1000+1000×8%×5)×(P/F，6%，5)=1046.22(元)，因为发行价格1050元>债券价值1046.22元，所以乙债券内部收益率小于6%。下面用5%再测试一次，现值计算如下：(1000+1000×8%×5)×(P/F，5%，5)=1096.90(元)，因为发行价格1050元<债券价值1096.90元，所以乙债券内部收益率在5%~6%之间，利用插值法可知：(R-6%)/(5%-6%)=(1050-1046.22)/(1096.90-1046.22)，解之得：R=5.93%。

丙公司债券的价值=1000×(P/F，6%，5)=1000×0.7473=747.3(元)

因为甲公司债券内部收益率高于A公司的必要收益率，发行价格低于债券价值，所以甲公司债券具有投资价值。因为乙公司债券内部收益率低于A公司的必要收益率，发行价格高于债券价值，所以乙公司债券不具有投资价值。因为丙公司债券的发行价格750元高于债券价值，所以丙公司债券不具有投资价值。决策结论：A公司应当购买甲公司债券。

(2) 假设该债券的持有期收益率为r，则：

$$1040=\frac{80}{1+r}+\frac{80}{(1+r)^2}+\frac{1050}{(1+r)^2}$$

利用插值可以得 $r\approx 15\%$。

【科兴提示】插值法求内含报酬率的公式为：$IRR=i_2+(i_1-i_2)\times\frac{NPV_2}{NPV_2-NPV_1}$。

30.(1)根据红利固定增长模型可知：

$$P_0=\frac{D_1}{r-g}=\frac{2}{12\%-8\%}=50(\text{元})$$

(2) 当红利增长比率不变，股价增长率等于红利增长率，则

$$P_1=P_0\times(1+g)=50\times1.08=54\text{ 元}$$

(3) 预期资本利得为$P_1-P_0=54-50=4$元。红利收益率为$D_1/P_0=2/50=4\%$，持有期收益率为：

$$E(r)=\text{红利收益率}+\text{资本利得率}=\frac{D_1}{P_0}+\frac{P_1-P_0}{P_0}=\frac{D_1}{P_0}+g=4\%+8\%=12\%$$

31.(1)第5年的股利为：$D_5=0.5\times(1+5\%)^4\times(1+g_2)$，而第四年末的股价为10元，则：$P_4=\frac{D_5}{r-g_2}=10$，计算可得$g_2=8.4\%$。

(2) $P_5=P_4\times(1+g_2)=10\times(1+8.4\%)=10.84$(元)。

(3) 根据股利折现模型可知：

$$P=\frac{0.5\times1.05}{1.15}+\frac{0.5\times1.05^2}{1.15^2}+\frac{0.5\times1.05^3}{1.15^3}+\frac{0.5\times1.05^4}{1.15^4}+\frac{10}{1.15^4}\approx 7.32(\text{元})$$

32.(1)甲公司股票的股利预计每年均以5%的速度增长率增长，上年每股股利为0.2元，投资者要求

的必要报酬率为 3%+5% = 8%。根据不变增长模型，我们可知：

$$V_{甲}=\frac{D_1}{r-g}=\frac{0.2\times1.05}{(3\%+5\%)-5\%}=7(元)$$

乙公司每年股利稳定不变，每股股利 0.6 元，根据零增长模型，我们可知：

$$V_{乙}=\frac{D_0}{r}=\frac{0.6}{3\%+5\%}=7.5(元)$$

由于甲公司股票现行市价 6 元，低于其投资价值 7 元，故该企业可以购买甲公司股票。

乙公司股票现行市价为 8 元，高于其投资价值 8 元，故该企业不应购买乙公司股票。

(2) 假设如果企业按照 6 元/股的价格购入甲公司股票的持有期收益率为 y，则有：

$$6=\frac{0.2\times(1+5\%)}{y-5\%}\Rightarrow y=8.5\%$$

33. (1)计算非正常增长期的股利现值：

第一年的股利现值为：$2\times1.2/1.15=2.088$ 元

第二年的股利现值为：$2\times1.2\times1.2/1.15^2=2.177$ 元

第三年的股利现值为：$2\times1.2\times1.2\times1.2/1.15^3=2.274$ 元

则 3 年股利现值的和为：6.539 元。

(2) 计算第三年年底的普通股价值：$P_3=\frac{D_4}{r-g}=\frac{D_3(1+g)}{r-g}=\frac{2\times1.2\times1.2\times1.2\times1.12}{0.15-0.12}=129.02$ 元

(3) 计算其现值：$PV_3=129.02\times(P/F,\ 15\%,\ 3)=84.831$ 元

(4) 计算股票目前的价值：$P_0=6.539+84.831=91.37$ 元

34. (1)先根据不变增长的股权自由现金流模型求出第 4 年年底的企业价值：

$$V_4=\frac{82}{14\%-4\%}=820\ 百万美元$$

然后即可求出 0 时刻的公司价值：

$$V_0=\frac{53}{1.14}+\frac{68}{1.14^2}+\frac{78}{1.14^3}+\frac{72+820}{1.14^4}=681\ 百万美元$$

(2) 则 0 时期的股价为：

$$P_0=\frac{V_0+0\ 时期的现金-0\ 时期的债务}{0\ 时期流通股股数}=\frac{681+0-300}{40}=9.53\ 美元$$

【科兴提示】企业价值 = 股权的市场价值+债务−现金，变形即可得到(2)式的分子。

35. (1)市盈率是股价与每股收益的比值。根据题意可知，每股收益 $E=12/10=1.2$ 元/股，则市盈率为 $P/E=25/1.2=20.83$。

市销率，又称收入乘数，是股价与每股销售收入的比值。根据题意可知每股销售收入为 $S=180/10=18$ 元/股，则收入乘数为 $P/S=25/18=1.39$。

(2) 2016 年每股净利 $300\times10\%/10=3$ 元，则此时股价为 $20\times3=60$ 元。

(3) 此时，市价 = 市盈率×每股净利润 = $20.83\times2.5=52.075$ 元/股

每股收入 = 市价/收入乘数 = $52.075/1.39=37.46$ 元/股

销售额 = 每股收入×股数 = $37.46\times10=374.6$ 亿元

每年的增长率为：$\sqrt[4]{374.6/180}-1\approx20.11\%$

第五章　资本预算

本章内容中，“投资决策方法”属于重要知识点，难度适中，从命题角度来看，主要从净现值法、回收期法、内部收益率法、盈利指数法等方法的特点及如何运用这些方法进行投资决策这两个角度进行考查。“增量现金流”需要注意在计算增量现金流时诸如沉没成本、副效应等因素应如何处理，多以选择题的形式出现。“净现值运用”属于重要知识点，难度大，从命题角度来看，主要是考查经营现金流量及净现值的计算，在大题里面还可能与投资决策方法结合起来进行考查，需重点掌握。“资本预算中的风险分析”属于基础知识点，难度不大，但体现的思想比较重要，所以这部分内容也不容忽视，考题多以选择题、概念题的形式出现。

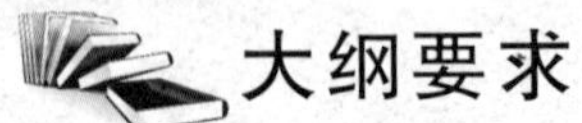

大纲要求

投资决策方法
增量现金流量
净现值运用
资本预算中的风险分析

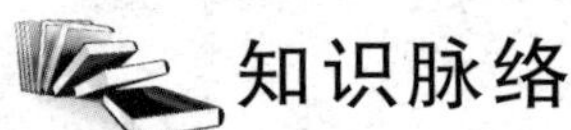

知识脉络

- **资本预算**
  - **投资决策方法**
    - **净现值法(NPV 法)**
    - **内部报酬率法(IRR 法)**
    - **盈利指数法(PI 法)**
    - **平均会计收益率法(ARR 法)**
    - **投资回收期法**
  - **增量现金流量**
  - **净现值的运用**
    - **资本限额下的预算决策**
    - **不同寿命期的预算决策**
    - **更新决策**
    - **扩展决策**
    - **投资时机决策**
  - **资本预算中的风险分析**
    - **敏感性分析**
    - **盈亏平衡分析**
    - **决策树与实物期权**

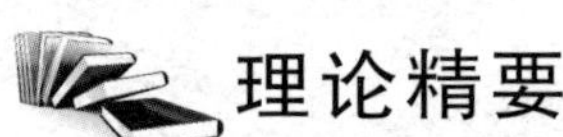

理论精要

知识点一　投资决策方法

1. 净现值法(NPV)

(1)净现值是指投资项目寿命期内各年的预期现金流量、按一定的折现率折现成现值后与原始投资额的差价。用公式表示为：

$$NPV = \sum_{t=1}^{N} \frac{C_t}{(1+r)^t} - C_0$$

式中，C_t 为现金流量，C_0 为初始投资额，r 为折现率，N 为项目寿命期。

(2)净现值法决策准则：如果按照投资者要求的收益率 r 折现，$NPV \geqslant 0$，项目是可行的；$NPV < 0$，项目是不可行的。

(3)净现值法的优点：

①考虑了现金流量发生的时间；

②提供了一个与企业价值最大化目标相一致的客观决策标准；

③理论上是最为正确的方法。

(4)净现值法的缺点

①不能从动态角度直接反应投资项目可能达到的真实收益率；

②当项目投资额或计算期不同时，难以直接用净现值来判断方案的优劣；

③各期现金净流量和贴现率的确定比较困难，受主观因素的影响比较大。

【例 1】甲公司计划投资一条新的生产线，项目一次性投资 800 万元，建设期三年，经营期为 10 年，经营期年现金净流量 230 万元。若当期市场利率为 9%，则该项目的净现值为(　　)万元。已知：(P/A，9%，13)= 7.4869，(P/A，9%，3)－2.5313。

A. 93.87　　B. 339.79　　C. 676.07　　D. 921.99

答案：B。存在建设期的现金流量，我们采用递延年金公式来进行计算。本题中，建设期，也就是递延期是 3 年。则：

$$NPV_{10} = NPV_{10+3} - PV_3 = 230\times[(P/A,9\%,13)-(P/A,9\%,3)] = 339.79 \text{ 万元}$$

2. 内部收益率法(IRR)

(1) 内部收益率是指投资收益现值与其初始投资额相等时的收益率，即净现值为零时的折现率，用公式表示为：

$$NPV = -C_0 + \frac{C_1}{1+IRR} + \frac{C_2}{(1+IRR)^2} + \cdots + \frac{C_t}{(1+IRR)^t} = 0$$

(2) 内部收益率法决策准则：如果 $IRR \geqslant r$，项目可行；$IRR < r$，则项目不可行。

【知识拓展】线性插值法

线性插值法是指使用连接两个已知量的直线来确定在这两个已知量之间的一个未知量的值的方法。例如：假设与 A_1 对应的数据是 B_1，与 A_2 对应的数据是 B_2，A 介于 A_1 和 A_2 之间，已知 A 对应的数据是 B，则可以按照 $(A_1-A)/(A_1-A_2)=(B_1-B)/(B_1-B_2)$ 计算出 A 的数值。

【例 2】(中山大学 2017 年)某投资方案贴现率为 16%时，净现值为 6.12，贴现率为 18%时，净现值为 −3.17，则该方案的内部收益率为(　　)。

A. 14.38%　　B. 18.42%　　C. 17.32%　　D. 19.53%

答案：C。内含报酬率就是使投资方案净现值为零的贴现率。设内含报酬率为 x，使用插值法可得：$(18\%-16\%)/(18\%-x)=(-3.17-6.12)/(-3.17-0)$，解得 $x=17.32\%$。

(3) 内部收益率法的优点：作用类似于净现值法，经常得出与净现值法一致的结论；容易理解。

(4) 内部收益率法的缺点

① 借入和借出的不同

项目的净现值并不都是随着折现率的增加而减少。如下表所示，项目 B 显然属于融资决策，其判断标准显然和投资决策是相反的。

项目	C_0	C_1	IRR	NPV($r=10\%$)
A	-10000	15000	50%	3636.36
B	10000	-15000	50%	-3636.36

② 多重内部收益率

传统项目有一个初始投资，并且在其后产生正的现金流量，这样现金流量的符号只会变动一次，那么内部收益率也只有一个。但当现金流量的符号发生多次变动时，将会出现多个内部收益率。

例如某项目，其发生了如下的现金流量：$C_0=-22000$，$C_1=15000$，$C_2=15000$，$C_3=15000$，$C_4=15000$，$C_5=-40000$。该项目的现金流量符号在第 1 期由负变为正，在第 5 期由正变为负，即现金流量的符号改变了两次，通过计算我们发现，使项目的净现值为 0 的内部收益率有两个，即 6% 和 28%。有两个内部收益率的原因是现金流量的符号出现了两次变化。实际上，现金流量的符号发生多少次改变，项目的内部收益率就可能有多少个。

③互斥项目

在评估独立项目时，使用 NPV 和 IRR 两种方法得出的结论是一致的；而评估互斥项目时，使用这两种方法可能会得出不同的结论。在评估互斥项目排序时，使用净现值和内部收益率指标进行项目排序，有时会出现排序矛盾。产生这种现象的原因有两个：一是项目的投资规模不同；二是项目现金流量发生的时间不一致。以下将举例说明这种现象。

（a）项目投资规模不同。假设有两个投资项目 A 和 B，其有关资料如下表所示。

项目	NCF_0	NCF_1	NCF_2	NCF_3	NCF_4	IRR	NPV(12%)
A	-27000	10000	10000	10000	10000	18%	3473
B	-56000	20000	20000	20000	20000	16%	4746

上述 A 和 B 两投资项目的内部收益率均大于资本成本 12%，净现值均大于零，如果可能两者都应接受。如果两个项目只能选取一个，按内部收益率标准应选择 A 项目，按净现值标准应选择 B 项目，这两种标准的结论是矛盾的。

如果按两种标准排序出现矛盾，可进一步考虑项目 A 与 B 的增量现金流量，即 B-A，两项目的增量现金流量详见下表。

项目	NCF_0	NCF_1	NCF_2	NCF_3	NCF_4	IRR	NPV(12%)
B-A	-29000	10000	10000	10000	10000	14%	1373

B-A 相当于在项目 B 的基础上追加投资，其 IRR 为 14%，大于资本成本 12%；其净现值大于零，为 1 373 元。不论按哪种标准，追加投资项目都应接受。因此，在资本无限量的情况下，投资者在接受项目 A 后，还应接受项目 B-A，即选择项目 B[即 A+(B-A)]。反之，如果 B-A 项目的 IRR 小于资本成本，则应放弃 B-A 项目。在考虑追加项目的情况下，净现值与内部收益率所得结论趋于一致。

因此，用内部收益率标准对不同规模投资进行选择时，如果 B-A 项目的 IRR > r，则投资规模较大的项目优于投资规模较小的项目；如果 B-A 项目的 IRR<r，则投资规模较小的项目优于投资规模较大的项目。

(b) 项目现金流量发生时间不一致。当两个投资项目投资额相同，但现金流量发生的时间不一致，也会引起两种评价标准在互斥项目选择上的不一致。

设有两个投资项目 C 和 D，其有关资料详见下表。

项目	NCF_0	NCF_1	NCF_2	NCF_3	NCF_4	IRR	NPV(8%)
C	-10000	8000	4000	1000	10000	20%	1631
D	-10000	1000	4500	9700	20000	18%	2484

从上表可知，根据内部收益率标准，应选择项目 C，而根据净现值标准，应选择项目 D。造成这一差异的原因是这两个投资项目现金流量的发生时间不同而导致其时间价值不同。项目 C 总的现金流量小于项目 D，但发生的时间早，当投资贴现率较高时，远期现金流量的现值低，影响小，投资收益主要取决于近期现金流量的高低，这时项目 C 具有一定的优势。当投资贴现率较低时，远期现金流量的现值增大，这时项目 D 具有一定的优势。

与上例相同，也可以采用现金流量增量的方法解决这一问题。两项目的增量现金流量详见下表：

项目	NCF_0	NCF_1	NCF_2	NCF_3	IRR	NPV(8%)
D-C	0	-7000	500	8700	15%	853

从上表可知，增量现金流量的 IRR(15%) 大于资本成本 8%，净现值为 853 元，因此应接受 D-C 项目。同样企业应选择项目 D，这样可使投资净现值增加 904 元。

在评估互斥项目时，NPV 法和 IRR 法往往会得出不一致的结论，究其原因是两种决策方法对投资再收益率的假设不同。净现值法假设各期投资的收益可以按照必要报酬率进行再投资(即按照资本成本进行再投资)，内部收益率法则要求各期投资的收益要能够按照投资项目的内部收益率进行再投资。这两种假设相比，净现值法的假设更为合理一些，其原因在于：

第一，未来投资项目的收益可能达不到目前投资项目的内部收益率水平，即企业在未来一段时间内无法找到与现有投资项目一样有利可图的新项目，但只要未来投资项目的收益水平大于必要报酬率，那些项目仍然是可行的。

第二，如果未来可以找到收益水平相当甚至高于目前投资项目内部收益率的新项目，则这种高收益项目按照必要报酬率去衡量，自然会被接受，因而没有必要将未来的投资决策与目前的内部收益率相联系。

【例 3】(上海财大 2011 年) 对于互斥项目，资本预算中以下方法可能失效的是(　　)。

A. NPV 法　　B. 增量 NPV 法　　C. 增量 IRR 法　　D. IRR 法

答案：D。NPV 法和增量现金流相关的资本预算方法都是较为精确的资本预算方法。IRR 法有以下几个缺陷：投资还是融资的决策错误，多重内含报酬率，互斥项目特有问题。

3. 盈利指数率法(PI)

(1) 盈利指数指初始投资以后所有预期未来现金流量的现值和初始投资的比值，用公式表示为：

$$PI = 1 + \frac{NPV}{C_0}$$

（2）盈利指数法决策准则：如果 $PI \geqslant 1$，项目是可行的；$PI < 1$，项目是不可行的。

（3）盈利指数法的优点：作用类似于净现值法，经常得出与净现值法一致的结论；容易理解。

（4）盈利指数法的缺点：在互斥项目比较中，有时会得出与净现值法不一致的结论。

4. 平均会计收益率法(AAR)

（1）平均会计收益率法是用投资项目经济周期内的平均收益率来评估投资项目的一种方法。其计算方法是将税后平均收益除以平均账面投资额，即：

$$平均会计收益率 = \frac{平均净收益}{平均账面投资额}$$

（2）平均会计收益率法的决策准则：平均会计收益率越高越好。项目平均会计收益率应高于企业所要求的目标平均会计收益率。

（3）平均会计收益率法的优点：计算简便，数据易取得。

（4）平均会计收益率法的缺点：忽视了货币的时间价值；缺乏客观性；没有反应市场信息。

【例 4】某公司正考虑如下的投资方案

时间	投资支出	净利润	折旧	现金流量
0	−10000			−1000000
1		10000	20000	30000
2		13000	20000	33000
3		14000	20000	34000
4		18000	20000	38000
5		20000	20000	40000

计算项目的平均会计收益率，分以下三个步骤进行：

① 计算平均净收益。净收益是指扣除折旧和所得税之后的金现金流量。折旧不是现金流出，在计算现金流量时被包含在内，当在计算净收益时不能考虑进来。

该投资方案的平均净收益＝(10000+13000+14000+18000+20000)÷5＝15000(元)

② 计算平均投资额。

该投资方案的平均投资额＝(期初投资额+期末投资额)÷2＝(100000+0)÷2＝50000(元)

如果折旧使该项目的账面投资约逐年递减，那么投资期间内平均的投资额还可以采用以下方法计算：

平均投资额＝(100000+80000+60000+40000+20000+0)÷6＝50000(元)

③ 计算平均会计收益率。

平均会计收益率＝平均净收益÷平均投资额＝15000÷50000＝30%

如果公司设定的最低收益率大于 30%，项目将被放弃；若设定的最低收益率小于 30%，项目可以被接受。

5. 投资回收期法

（1）投资回收期是指收回全部初始投资所需要的年限，其计算公式为：

$$\sum_{t=1}^{T} C_t - C_0 = 0$$

当各年现金流量相等时，投资回收期(年)$=\dfrac{投资总额}{年现金净流量}$；当各年现金流量不相等时，投资回收期$=n+\dfrac{第\ n\ 年末尚未收回的投资额}{第\ n+1\ 年的现金流量}$。

（2）投资回收期法决策准则：回收期越短越好，回收期应小于所要求的回收期，但回收期不应用于项目的取舍。

（3）投资回收期法优点：概念明确、使用简便；初步衡量了项目风险；衡量了项目的变现能力。

（4）投资回收期法缺点：没有考虑现金流量发生的时间；忽视了回收期后的现金流量；不是一个客观的决策标准。

【例5】(中央财大2015年)某项目的现金流如下表所示：

年份	0	1	2	3	4
现金流	-5000	1900	1900	2500	2000

那么，该项目的回收期最接近(　　)。

A.2年　　B.2.5年　　C.3年　　D.3.5年

答案：前两年的现金流小于最初资本流出，前三年的现金流之和大于最初的现金流出。所以回收期大于2小于3。具体为(5000-1900-1900)÷2500+2=2.48年。

【知识拓展】折现投资回收期法

项目的折现投资回收期法是指用该项目的折现现金流量偿清初始投资所需的时间。通过对每一阶段的现金流量折现，再累加这些折现现金流量，最后计算出达到这些初始投资所需要的折现现金流量的时间长度。这一指标在一定程度上解决了投资回收期法没有考虑货币时间价值的问题，不过，仍未能解决该指标存在的其他问题。

知识点二　增量现金流量

1. 增量现金流量的概念

在估算现金流量时，只有增量现金流量才能被用于投资分析中。增量现金流量包括直接或间接地与建设一个项目有关的一切现金流出量和现金流入量。许多方法可以用来判断某项现金流量是否是增量现金流量，其中一种有效的方法是，当项目不被采用时，如果该项目现金流量保持不变，则它不是增量现金流量，因此不属于投资分析的范畴；如果该项目现金流量发生变动，则变动部分应被纳入投资分析的考虑范围。

在计算增量现金流时需要注意下面几个问题。

（1）现金流量而非会计利润

公司理财强调现金流量，而不是财务会计强调的收入和利润。由于折旧和各种应收应付款项的存在，现金流量和会计利润有很大不同。

所得税是一种现金流出，由利润和税率决定。而利润又受折旧(含无形资产、开办费的摊销)的影响。所以，应考虑所得税和折旧对投资项目现金流量确定的影响。

① 企业负担的成本应是扣除了所得税影响后的费用净额，即税后成本，其计算公式为：税后成本=实际支付额×(1-所得税率)。与税后成本对应的是税后收入。所得税对企业营业收入也会产生影响，使得营业收入的一部分流出企业。这样企业实际的现金流入就是纳税后的收入，即税后收入，其计算公式为：税后收入=营业收入×(1-所得税率)。

② 折旧是企业的成本，但不是付现成本。企业对固定资产计提折旧会引起成本增加，利润减少，从而使所得税减少。所以折旧可以起到减少税负的作用，即会使企业实际少缴所得税，也就是减少了企业现金流出量，增加了现金净流量。折旧抵税的计算公式为：折旧抵税额=折旧额×所得税率。

（2）沉没成本

沉没成本是已经发生的而无法收回的成本。由于已经发生，不会再受到是否接受某个项目的决策的影响，因而不属于增量现金流量。

（3）机会成本

在进行项目决策考虑增量现金流量时，不仅要考虑直接的现金流入流出，而且机会成本也必须考虑在内。

（4）通货膨胀

必须考虑通货膨胀的影响。如果现金流入量最终由产品的销售额决定，那么预期的未来价格就会影响这些流入量；至于流出量，通货膨胀会同时影响预期的工资和原材料成本。

【科兴提示】利息费用不计入增量现金流量，因为我们在计算项目的净现值时一般采用实体现金流量（即以企业价值最大化为理财目标，确定项目对企业实体现金流量的影响，以企业的加权平均资本成本为折现率），而实体现金流量的折现率WACC已经考虑了利息费用的扣除。如果在计算现金流量时又把它扣除了，这便造成利息费用的双重扣除，即所谓的“双重计算”的问题。如果想进一步深入了解该知识点，可以扫描本书前言中的二维码，仔细阅读《项目投资决策中利息费用相关性分析》。

2. 增量现金流量的计算

（1）初始现金流出量：包括固定资产购置、安装成本、净营运资本变化、处置旧资产的销售收入和税收调整等。

新资产的成本=资本性支出（固定资产购置、安装成本等）+（-）净营运资本的增加（减少）-（当投资是一项以新换旧的决策时）旧资产的出售收入+（-）与旧资产出售有关的税负（税收抵免）=初始现金流出量

（2）期间增量现金流量：不包括最后一期的现金流量。计算有三种方法：

① 自上而下法。从利润表的顶端开始，逐渐向下依次减去成本、税收以及其他费用。计算公式为：OCF=销售收入-现金成本-税收=销售收入-现金成本-（销售收入-现金成本-折旧）×税率。

② 自下而上法。从会计的最低端（净利润）开始，然后加回非现金支出，如折旧。计算公式为：OCF=净利润+折旧=（销售收入-现金成本-折旧）×（1-税率）+折旧。

③ 税盾法。税盾法实际上是自上而下法的一个变种。OCF=销售收入-现金成本-税收=销售收入-现金成本-（销售收入-现金成本-折旧）×税率=（销售收入-现金成本）×（1-税率）+折旧×税率。

【科兴提示】上面三种计算方式都是不考虑利息费用前提下给出的。当存在利息费用时，自下而上法是不适用的。

【例6】（华东师大2015年）华宝公司计划投资某项固定资产生产云计算设备，原始投资为60万元，经营期3年，期满无残值。预计投产后，年产销量1000件，单位售价700元，单位经营成本500元。该企业按直线法折旧，所得税率25%，设定折现率10%。请计算：

（1）该投资项目的静态投资回收期；

（2）该投资项目的净现值。

答案：(1)我们可以用三种方法计算题干中的OCF。

① 自上而下法。计算公式为：OCF＝销售收入－现金成本－税收＝销售收入－现金成本－(销售收入－现金成本－折旧)×税率＝1000×700－1000×500－(1000×700－500×700－200000)×0.25＝200000元。

② 自下而上法。计算公式为：OCF＝净利润＋折旧＝(销售收入－现金成本－折旧)×(1－税率)＋折旧＝(1000×700－1000×500－200000)×(1－25%)＋200000＝200000元。

③ 税盾法。OCF＝(销售收入－现金成本)×(1－税率)＋折旧×税率 $= 1000\times(700-500)\times(1-25\%)+\frac{600000}{3}\times 25\% = 200000$ 元。

故得 静态回收期，$\frac{600000}{200000}=3$ 年。

(2) 该投资项目的净现值为：

$$NPV = -600000+\frac{200000}{1+10\%}+\frac{200000}{(1+10\%)^{2}}+\frac{200000}{(1+10\%)^{3}}\approx -102629.60\text{元}$$

(3) 期末增量净现金流量：期末的现金流量除了有期间增量现金流量外，还有潜在的现金流量，包括：出售或处理资产的余值；与资产出售或处理有关的税收(税收抵免)；任何与项目结束有关的营运资本的变化(以额外的现金流入的形式回收)。

期末增量净现金流量＝营业现金净流量＋出售或处理资产的余值 -（+）与资产出售或处理有关的税收(税收抵免)+（ - ）有关净营运资本的减少(增加)

知识点三　净现值运用

1. 资本限额下预算决策

在讨论资本预算方法时，我们都基于一个假设前提，即如果公司接受每一个具有正净现值的项目，则公司的价值可以最大化。然而，在某些情况下，由于资金有限，企业无法选择所有净现值大于0的投资项目，这就是资本限额。当存在资本限额时，如何在资源许可的范围内选择项目，尽可能地使项目净现值最大化，就是资本限额决策问题。在资本有限的情况下，我们可以运用盈利指数法来选择投资项目。但当资本的约束条件不止一个时，盈利指数法将不会有效。

2. 不同寿命期的资本预算决策

在许多情况下，公司必须在具有不同寿命期的项目中进行选择。此时，公司就不能仅依赖于净现值进行判断，因为项目的期限越长，未来产生的现金流量可能越多，其净现值可能就越大。如果在两个具有不同寿命期的互斥项目中进行选择，那么久必须在相同的寿命期内评价项目。我们一般使用等价年度成本(EAC)来对不同寿命期项目进行决策。等价年度成本是指某项资产或某项目在其整个寿命期间每年收到或支出的现金流量。运用等价年度成本进行项目决策时，如果在项目寿命期内是收到现金流量，则等价年度成本大的项目可以被采纳；如果在项目寿命期内是支出现金流量，则等价年度成本小的项目应该被接受。

【例7】(上海财大2014年)假设有两种机器A和B，公司必须从中选用一种。两种机器的设计虽然不同，但生产能力完全相同，只能从事完全相同的工作。机器A的购置费为15000元，可以使用3年，每年的使用费为5000元。机器B的购置费为10000元，但它只能使用2年，每年的使用费是6000元。假设折现率为10%，公司该购买哪一种机器？

答案：由于这两种机器生产完全相同的产品，那么选择的依据只能是机器的成本。因为两种机器的使用期不一样，所以我们需要计算两种机器的等价年度成本。先求出两个机器的成本现值P，再将成本的现值总额分解为每年的成本，得到等价年度成本。

对于机器 A：

$$C_A = \frac{PV_A}{(P/A,\ 10\%,\ 3)} = \frac{15000 + \frac{5000}{1.1} + \frac{5000}{1.1^2} + \frac{5000}{1.1^3}}{(P/A,\ 10\%,\ 3)} = 11031.61(\text{元})$$

对于机器 B：

$$C_B = \frac{PV_B}{(P/A,\ 10\%,\ 2)} = \frac{10000 + \frac{6000}{1.1} + \frac{6000}{1.1^2}}{(P/A,\ 10\%,\ 2)} = 11762.16(\text{元})$$

由于机器 A 的等价年度成本低于机器 B 的等价年度成本，因此公司应该选择机器 A。

3. 更新决策

更新决策指是否用一个具有相同功能的新资产取代现有资产的决策。它包括两个方面的问题：一个是决定是否更新；另一个是决定选择什么样的资产来更新。这两个问题紧密相连。一般而言在更新决策中，现金流量的变化有以下几种：

(1) 因为购置新设备的金额将超过任何出售旧设备所得到的金额，所以用新设备置换旧设备将导致现金流出。

(2) 使用新设备会降低经营成本或提高经济效益，从而在新机器的使用期内产生现金流出。同时，新机器的使用会增加折旧的节税收益，这也使得现金流入有所增加。

(3) 新设备使用期末的残值表现为差别残值，即新设备的残值与旧设备不被置换并继续使用至期末时的差额，残值收入也是一种现金流入。

4. 扩展决策

扩展决策将考虑增加额外的投资，从而扩大现有的项目，以增加未来的现金流。与扩展决策有关的现金流量包括：

(1) 当现有设施被扩大，新设备被购买时，就产生了现金流量。

(2) 作为扩展决策的结果之一，当增加的生产能力使公司能够满足现有生产能力无法满足的需求时，该公司将会产生额外的收益。

(3) 在项目期末，因扩展投资而产生的增量残值也是一种资金流入。

5. 投资时机决策

投资时机决策是决定何时采用项目的决策。在等待时机的过程中，企业能够得到更充分的市场信息或等到更高的产品价格，或者有时间继续提高产品质量。但是，这些决策有时还可能伴随着因等待而引起的时间价值的损失，以及竞争者抢占市场的危险。另外，成本也会随着时间的延长而增加。

知识点四　资本预算中的风险分析

1. 敏感性分析、场景分析和蒙特卡罗模拟

(1) 敏感性分析

① 敏感性分析的概念

敏感性分析是指在其他经济解释变量不变时，第 i 个经济解释变量 $\widetilde{X}_i$ 的变动给项目分析对象 $\widetilde{Y}$ 造成的影响以及影响程度的一种分析方法。敏感性分析的原则是：在变动幅度相同时，敏感度越大的变量对目标项目的影响力也越大，该变量就必然成为经营中的关键变量，管理层为了使目标项目现金流按预期发生，需尽可能关注、管理和控制敏感度大的变量。敏

感度分析可以表示为：

$$敏感度 = \frac{\partial \widetilde{Y}}{\partial \widetilde{X}_i}$$

② 敏感性分析的优点

首先，从总体上来说，敏感性分析可以表明 NPV 分析是否值得信赖，从而减少了单一 NPV 指标所产生的“安全错觉”。

其次，敏感性分析可以指出在哪些方面需要搜集更多的信息。

③ 敏感性分析的缺陷

首先，在进行敏感性分析时，只允许一个假设发生变动，而其他假设必须保持不变。但在实际中，这些变量常会一其变动。

其次，在敏感性分析中，基础变量可能会相互影响。

再次，对敏感性分析结果的应用也存在主观性。针对同一敏感性分析结果，某决策者可能会因此而拒绝该项目，而其他决策者可能会接受这一项目。这种态度上的区别可能取决于决策者对项目风险的厌恶程度。

（2）情景分析

情景分析是一种变异的敏感度分析，它是指从所有经济解释变量同时变动的角度，考察目标项目未来可能发生的变化的一种分析方法。因此，该方法弥补了敏感性分析仅仅从单个变量的变动角度考察项目净现值的缺陷。该方法对一些可能出现的情景进行考察，每个情景包含各种变量的综合影响。一般而言，情景分析至少要分析基本状况、最佳状况和最差状况。

（3）蒙特卡罗模拟

蒙特卡罗模拟是指在投资测算基本财务模型的基础上，考虑风险变量因素的动态变化（即不确定性），将风险变量（或子变量）原有的静态取值通过随机抽样实现动态取值，得到可以计算动态经济评价指标的模拟试验。蒙特卡罗模拟不只考虑有限的几种场景，而是考虑无限多的情景。

2. 盈亏平衡分析

（1）会计盈亏平衡分析是确定某一产品或公司的销售量，在该销售量上收入正好弥补成本，该产品或公司的净收益为零。如果项目的成本可以被分为固定成本和变动成本，并且单位边际贡献等于单位销售价格减去单位变动成本，那么会计盈亏平衡点的计算公式如下：

$$会计盈亏平衡点 = \frac{(固定成本 + 折旧)(1 - T_C)}{(销售单价 - 单位变动成本)(1 - T_C)}$$

（2）净现值盈亏平衡分析。在公司的投资决策进行盈亏平衡分析时，需要寻求该项投资未来的现金流入正好弥补现金流出时的销售量，即寻求项目的净现值为零时所必需的销售量。这就是净现值盈亏平衡分析。净现值盈亏平衡点的计算公式为：

$$净现值盈亏平衡点 = \frac{投资额的等价年度成本 + 固定成本 \times (1 - T_C) - 折旧 \times T_C}{(销售单价 - 单位变动成本)(1 - T_C)}$$

【例 8】某公司计划投资 150 万元生产电动自行车，其相关数据如下：

	第 0 年	第 1—10 年
初始投资额(万元)	150	
单位价格(万元)		2000
年销售量(台)		10000
年销售收入(万元)		2000
单位变动成本(元)		1500
固定成本(万元)		25
折旧(万元)		15
税前利润(万元)		460
所得税($t=25\%$)(万元)		115
税后利润(万元)		345
折旧(万元)		15
现金流量(万元)		360
净现值($r=10\%$)(万元)		2062.06

(1) 请计算会计盈亏平衡点;

(2) 请计算净现值盈亏平衡点;

答案:(1)会计盈亏平衡点为:

$$会计盈亏平衡点 = \frac{(固定成本 + 折旧)(1 - T_C)}{(销售单价 - 单位变动成本)(1 - T_C)} = \frac{250000 + 150000}{2000 - 1500} = 800$$

由计算结果可知,在会计盈亏平衡点,即电动车的销量为 800 台时,该投资项目既不亏损也不盈利;一旦销量超过 800 台,项目就会产生利润。如图 5-1 所示。

(2) 首先,将初始投资额 150 万元分摊到以后的 10 年中,得到每年的一个现金流出,即投资额的等价年度成本。

$$等价年度成本 = \frac{初始投资额}{(P/A,\ 10\%,\ 10)} = \frac{150}{6.14456} = 24.41\ 万元$$

然后计算净现值盈亏平衡点

$$净现值盈亏平衡点 = \frac{投资额的等价年度成本 + 固定成本 \times (1 - T_C) - 折旧 \times T_C}{(销售单价 - 单位变动成本)(1 - T_C)}$$

$$= \frac{24.41 + 25 \times 0.75 - 15 \times 0.25}{(2000 - 1500) \times 0.75} = 1051$$

结果显示,电动车的年销售量为 1051 台时,该投资项目的净现值为零。一旦销售量超过 1051 台,项目的净现值就为正,那时项目才可行。如图 5-2 所示。

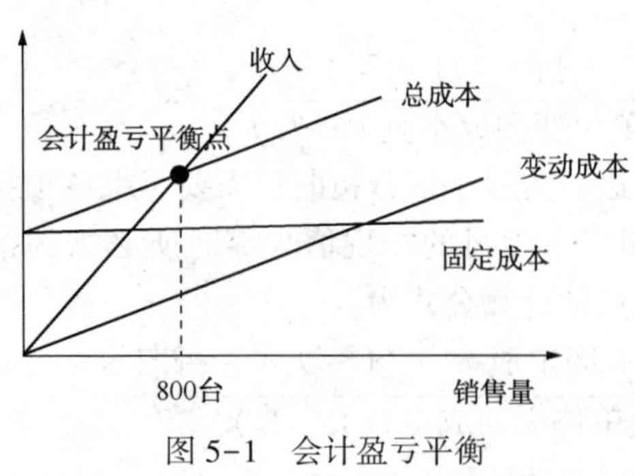

图 5-1 会计盈亏平衡

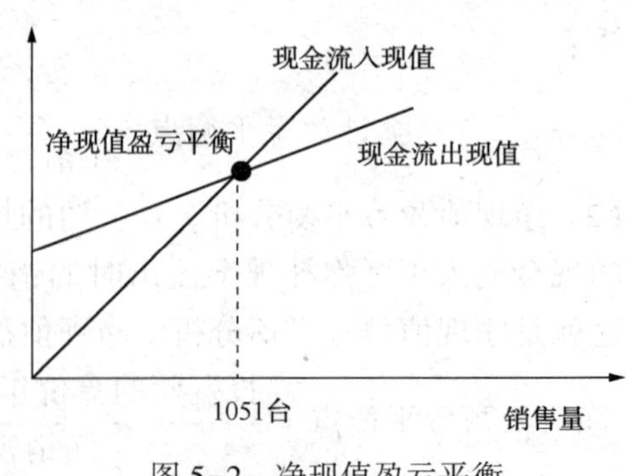

图 5-2 净现值盈亏平衡

3. 决策树分析和实物期权

(1)决策树可以帮助公司分析项目的不确定性，把握未来决策对项目现金流的影响。我们可以把某个项目分解成几个阶段来进行分析，每个阶段的决策将依赖于前一个阶段的结果。决策树直观地表示了一个多阶段项目决策中每个投资决策和可能发生的结果，及发生的概率。

(2) 公司在选择项目时，有时只需经过一次决策过程，这就无须考虑可能出现的相关后续决策。但有时，当前决策会受到未来决策的影响。例如，公司经营者将资金投入到新项目后，他们仍会关注未来形势。如果项目进行得顺利，他们有可能会拓展项目；如果形势逆转，他们则有可能收缩甚至放弃项目。这种调整项目的选择机会就是实物期权。实物期权的出现增加了一个投资项目的价值，一个项目的价值可以被视为其用传统方法计算的净现值与一些期权的价值之和。可能的实物期权一般包括扩张期权、放弃期权、转换期权和延期期权。

① 扩张期权是指项目持有人在项目未来存续期内扩大项目投资规模的权利。如买入未曾开发的土地、为获得先发优势而进行的项目投资。

② 延迟期权是指为了解决当下投资项目所面临的不确定性，项目持有人推迟对项目进行投资的权利。例如，油田开采项目、房地产开发项目虽然特别有价值，但是这些项目投资额大、周期长、不确定性强，待不确定得到解决或确认后，投资者才会实施投资。

③ 放弃期权是指当项目的继续经营价值小于放弃价值时，项目持有人拥有的放弃该项目的权利。例如，开发期长、不确定性很高的制药项目以及软件项目通常嵌入有效放弃期权。

④ 转换期权是指项目持有人在未来拥有可在多项决策之间进行转换的权利。例如，投资可使用多种能源的设备、投资通用性的生产线，投资者将为此获得转换期权。

习题精编

一、选择题

1. 有 4 种评价投资的主要方法，其中考虑了货币时间价值的方法有(　　)。

A. 净现值法和内部收益率法　　B. 内部收益率法和回收期法

C. 回收期法和会计收益率法　　D. 会计收益率法和净现值法

2. 下列各项中，不会影响内部收益率的有(　　)。

A. 原始投资额　　B. 投资项目有效年限

C. 银行贷款利率　　D. 投资项目的现金流量

3. 当贴现率和内部收益率相等时，则(　　)。

A. 净现值小于零　　B. 净现值等于零　　C. 净现值大于零　　D. 净现值不确定

4.(上海财大 2018 年)如果初始投资和现金流均增长一倍，其余情况不变，则 IRR 和 NPV 会发生什么变化(　　)。

A. IRR 不变，NPV 增加　　B. IRR 增加，NPV 不变

C. IRR 和 NPV 均增加　　D. IRR 和 NPV 均不变

5. 杰西卡 MBA 刚毕业。她拒绝了高盛投行提供的工作机会，决定自己创业。创业需要的初始投资是 100 万美元，第 1 年年末产生 100000 美元的现金流，以后逐年增加 4%。这个投资机会的 IRR 是(　　)。

A. 10%　　B. 12%　　C. 14%　　D. 16%

6. 某项目于建设起点一次投入120万元的初始投资额，投产后该项目现金净流量的现值和为216万元，则该项目的获利指数和净现值分别是(　　)。

A. 1和96万元　　B. 1和216万元　　C. 1.8和96万元　　D. 1.8和216万元

7.（中央财大2015年）在资本预算中，下列现金流中最不应该考虑的是(　　)。

A. 沉没成本　　B. 税收影响

C. 机会成本　　D. 新项目对旧项目的替代效应

8. 在对是否投资新工厂时，下面那些项目不应作为增量现金流量处理(　　)。

A. 场地与现有建筑物的市场价值

B. 拆迁成本与场地清理费用

C. 上一年度新建通道成本

D. 新设备使管理者精力分散，导致其他产品利润下降

9. 折旧的税盾效应说法正确的是(　　)。

A. 原因是折旧税前扣减　　B. 税盾效应随利率增加而减小

C. 依赖于未来的通货膨胀率　　D. 降低了项目现金流量

10. 甲企业计划投资购买一台价值35万元的设备，预计使用寿命5年，按年限平均法计提折旧，期满无残值；预计使用该设备每年给企业带来销售收入40万元、付现成本17万元。若甲企业适用的所得税税率为25%，则该投资项目每年产生的现金流量为(　　)。

A. 15万元　　B. 19万元　　C. 23万元　　D. 27万元

11.（电子科大2016年）AAA公司正在考虑支付$600000购买一台设备。该设备的寿命期为7年，每年可以为公司节约$70000，每年的维护成本为$15000，采用直线折旧法的残值为$60000(第7年末，残值处置收入需缴纳所得税)。此外，该设备投入使用还需一次性地垫付$20000净营运资本(*Net Working Capital*)。假设公司所得税率为35%，那么该设备未来7年内各年的增量现金流依次为(　　)。

A. －$600000　$82750　$82750　$82750　$82750　$82750　$82750　$162750

B. －$600000　$62750　$62750　$62750　$62750　$62750　$62750　$101750

C. －$620000　$62750　$62750　$62750　$62750　$62750　$62750　$121750

D. －$580000　$62750　$62750　$62750　$62750　$62750　$62750　$49750

12. 某企业正在进行继续使用旧设备还是购置新设备的决策，已知旧设备账面价值为80000元，变现价值为70000元。如果企业继续使用旧设备，由于通货膨胀，估计需要增加流动资产10000元，增加流动负债6000元。假设企业所得税税率为25%，继续使用旧设备的初始现金流出量为(　　)元。

A. 71500　　B. 76500　　C. 75000　　D. 80000

13.（上海财大2013年）假设某新设备的使用寿命为4年，总成本现值为1200元，贴现率为10%。该设备的约当年成本为(　　)。

A. 1200元　　B. 350.56元　　C. 378.56元　　D. 410.56元

二、计算题

14. 假设你弟弟向你借10000美元，1年后他将偿还你12000美元。如果这个投资机会的资本成本是10%，该投资机会的NPV是多少？你会接受吗？计算其IRR，并用它来确定，在不改变决策的前提下，所允许的资本成本估计的最大偏差。

15. 据报道，为写作《我的路》一书，比尔·克林顿收到1000万美元的报酬。这本书要花3年时间才能完成。在写书期间，他原本可以通过演讲赚钱。鉴于他的知名度，他原本可以通过演讲而非写作赚取800万美元(在年末收到)。假设他每年的资本成本是10%。

(1) 同意写书的NPV是多少？(不考虑版税)

(2) 假设在书完成后的第1年，预期他会收到500万美元的版税(在年末支付)，版税收入随后逐年减少30%，一直持续下去。在有版税的情形下，出书的NPV是多少？

16. 你正在考虑开建一个处于偏远荒凉之地的砖石处理厂。预计建设期为1年，需提前支付10000万

美元的建造费用。工厂一旦建成，在其寿命期内，每年年末将会产生1500万美元的现金流。工厂建成20年后，将因矿井开采殆尽而被废弃。预计到那时，将耗资20000万美元关闭工厂并将土地恢复至原始状态。使用12%的资本成本。

（1）该项目的NPV是多少？

（2）对于该项目，使用IRR得出的结论可靠吗？

17.（华东师大2011年）某企业拟投资一个新的项目，项目期限3年，初期投入1000万元，未来三年末的税后现金流分别为500万元，600万元和800万元。假设该项目的必要报酬率为10%，请计算项目的静态回收期、动态回收期和净现值。

18. 南方公司目前考虑投资两个互斥项目，假设公司折现率为10%。具体如下：

（单位：元）

年　份	项目A	项目B
0	-200000	-500000
1	200000	200000
2	150000	300000
3	150000	300000

（1）根据回收期法，应该选择什么项目？

（2）根据净现值法，应该选择什么项目？

（3）根据内部收益率法，应该选择什么项目？

（4）根据这个分析，是否有必要进行增量内部收益率分析，如果是，请做此分析。

19. 阿马罗罐装水果公司的财务人员，计划项目A、B和C的现金流量如下：

（单位：美元）

年 份	项目A	项目B	项目C
0	-100000	-200000	-100000
1	70000	130000	75000
2	70000	130000	60000

假设年贴现率为12%。

（1）计算各项目的盈利指数。

（2）计算三个项目的净现值。

（3）假设三个项目是独立的，根据盈利指数投资决策的原则，应该选择哪个项目？

（4）假设三个项目是互斥的，根据盈利指数投资决策的原则，应该选择哪个项目？

（5）假设阿马罗公司的资本预算为300000美元，项目不可分，那么阿马罗公司应该投资哪些项目？

20. 作为公司的CFO，公司经理让你分X和Y两个投资项目，两个项目的初始投资额均为10000元，资本成本均为12%，各项目预期现金净流量如下表所示：

年份	0	1	2	3	4
项目X	（10000）	6500	3000	3000	1000
项目Y	（10000）	3500	3500	3500	3500

要求：

（1）列式计算项目Y的投资回收期、净现值、内部收益率，填入下表中画线部分。

项　目	回收期(年)	净现值(万元)	内部收益率	修正内部收益率
项目X	2.17	966.01	18%	14.61%
项目Y	____	____	____	13.73%

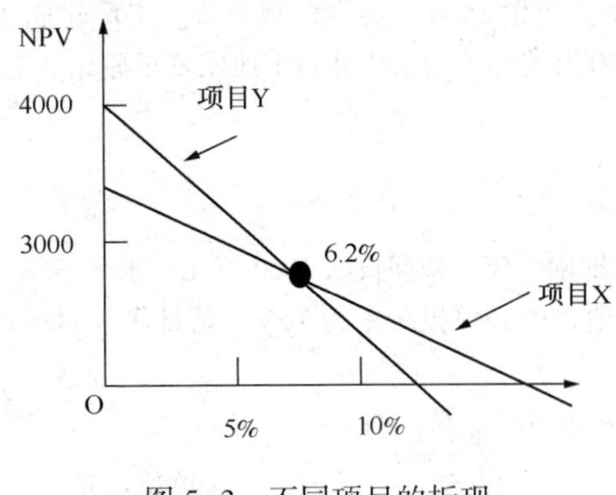

图 5-3 不同项目的折现

（2）如果两个项目相互独立，项目 X 和项目 Y 是否会被接受？为什么？

（3）如果两个项目相互排斥，哪一个项目会被接受？为什么？

（4）按 NPV 和 IRR 分别评价两个项目，为什么出现排序矛盾？如果资本成本为 5%，会出现排序矛盾吗？两个项目净现值曲线图如图 5-3 所示。

21. 狗狗时光公司正在考虑一个生产和市场推广一种鱼子酱味狗粮的投资项目。该项目初始投资需要 90000 美元，可以进行 10 年直线折旧。第 1—10 年，预计每年产生销售收入 100000 美元，可变成本是销售收入的 50%，固定成本为 30000 美元。公司税率是 30%，资本成本是 10%。

（1）分别计算项目在 NPV 盈亏平衡和会计盈亏平衡下的固定成本。

（2）假设你担心项目实施后公司税率立刻增加，计算盈亏平衡下的税率。

（3）税率的提高对会计盈亏平衡有何影响？

22. E 产品公司正分析一项新的产品，该产品要求的初始投资为 110000 美元，同时预期将在未来提供每年 12000 美元的永续现金流。但顾客的接受度不能确定。公司相信产品的新颖性将带来第一年的现金流，而后公司将能更好地了解顾客的需求。如果市场需求量大，该产品将带来每年 14500 美元的现金流，但仍有 20%的可能性是该产品需求量小，只能带来每年 2000 美元的现金流。第 1 年后，公司可以决定中止项目或是以 82500 美元的价格出售该项目。

（1）假设折现率为 12%，在忽略中止期权项目的情况下估计该项目的净现值。

（2）如果在项目中考虑项目中止的期权，那么 E 公司项目的预期净现值为多少？

（3）假设在客户需求比较乐观的情况下，E 公司拥有拓展期权。第 1 年后，如果顾客需求量较好，公司将运行一个班次，并在未来每年拥有 10000 美元的现金流。如果市场需求非常乐观，公司将运行 3 个班次，未来每年将有 32500 美元的现金流。市场需求非常乐观的可能性为 20%，那么对于 E 公司来说，拓展期权的价值是多少？在分析中请同时考虑放弃期权。

三、论述题

23. 在投资决策中，如何分析和估测与投资项目有关的现金流量？

习题参考答案

一、选择题

1. A。净现值法和内部收益率法都考虑了货币的时间价值，将项目投资的现金流量按必要报酬率折算到现值。回收期法和会计收益率法是计算项目投产后，在正常生产经营条件下的收益额和计提的折旧额、无形资产摊销额用来收回项目总投资所需的时间和收益，没有考虑货币的时间价值。

2. C。根据公式 $\sum NCF_t \cdot (P/F, IRR, t)=0$，可以看到内含报酬率的大小受到项目各年现金流量（包括原始投资）NCF_t 和投资年限 t 的影响，而与贴现率高低无关。

3. B。内部收益率是资金流入现值总额与资金流出现值总额相等、净现值等于零时的折现率。对于一个具体的项目而言，若内部收益率大于贴现率，项目可以接受；若内部收益率小于贴现率，项目不能接受。当内部收益率等于贴现率时，项目的净现值为零。

4. A。由 NPV 法则和 IRR 法则的定义可知，NPV 公式中分子变大，分母不变，所以 NPV 增加；对于 IRR 法则来说，意味着等式两边同时乘以 2，所以 IRR 不变。

5. C。增长型永续年金的现值为：$C/(IRR-g)$。令 $NPV=0$，可得：$1000000=100000/(IRR-4\%)$，计算可得 $IRR=14\%$。

6. C。获利指数=216/120=1.8，净现值=216-120=96(万元)。

7. A。沉没成本是指已经使用掉且无法收回的成本。根据增量现金流原则，沉没成本不影响项目的现金流，因此不影响项目的投资决策。

8. C。在投资决策时，应使用相关现金流量，而上年的新建通道成本是已经发生的成本，属于沉没成本，它与未来项目的现金流量无关。

9. A。折旧税盾，又称折旧抵税，其根本原因是折旧是非现金成本，但这项成本可以在税前利润扣除，相当于减少所得税，因此增加现金流。

10. B。每年产生的现金净流量=40-17-(40-17-35/5)×25%=19(万元)。

11. C。项目初始投资中购买设备花费600000美元，垫付20000美元的净营运资本，所以0期现金流是-620000美元，在经营期中，每年的现金流=为公司节约成本-维护成本+折旧抵税收益 $=(70000-15000)\times(1-35\%)+\dfrac{600000-60000}{7}\times 35\%=62750$(美元)。期末现金流 $=62750+$残值收入+回收净营运资本 $=62750+60000\times(1-35\%)+20000=121750$(美元)。

12. B。继续使用旧设备的初始现金流出量包括两部分：一是丧失的旧设备变现初始流量；二是由于通货膨胀需要增加的营运资本。丧失的旧设备变现初始流量=旧设备变现价值+变现损失减税=70000+(80000-70000)×25%=72500(元)；增加的营运资本=10000-6000=4000(元)。继续使用旧设备的初始现金流出量=72500+4000=76500(元)。

13. C。年金现值系数为：$(P/A,\ 10\%,\ 4)=3.1698$，故，$EAC=\dfrac{1200}{1.1698}=378.56$(元)。

二、计算题

14. 该投资机会的 $NPV=12000/1.1-10000=909.09$ 美元>0，是可以接受的。该投资机会的 $IRR=12000/10000-1=20\%$。对比可知，所允许的资本成本估计最大偏差为20%-10%=10%。

15. (1)在不考虑版税的情形下，出书的NPV是：

$$NPV=10-8(P/A,\ 10\%,\ 3)=-9.895\text{million}$$

(2) 在有版税的情况下，现金流的时间线如下：

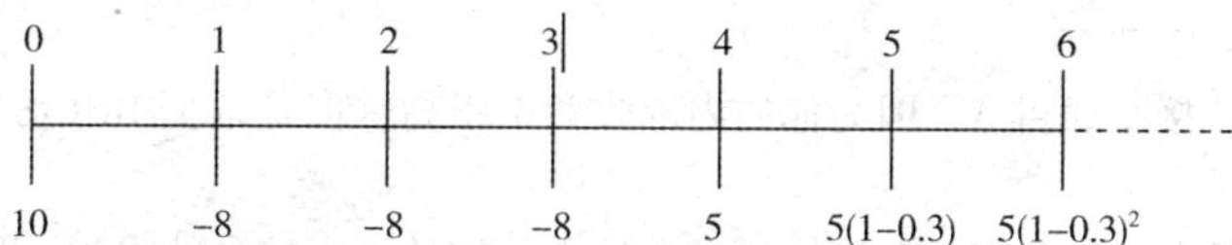

首先算出第3年年底版税的现值，该版税可以用永续年金来处理：

$$NPV_3=\frac{5}{10\%-(-30\%)}=12.5\text{million}$$

因此，0时刻出书的 $NPV=12.5/1.1^3=9.391\text{million}$。

16. 该项目的时间线如下：

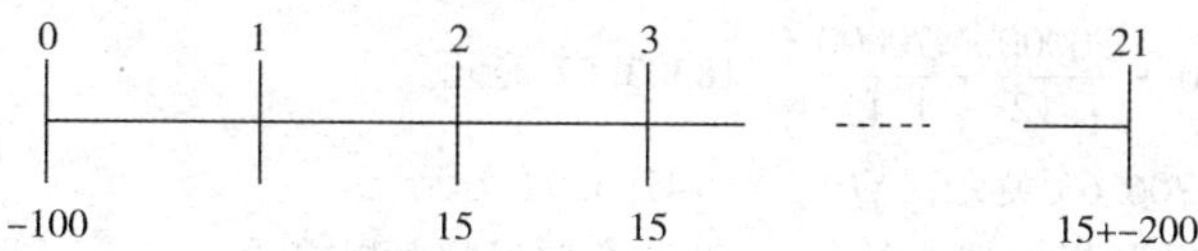

(1) 该项目的NPV为：

$$NPV=-100+\frac{15\times(P/A,\ 12\%,\ 20)}{1.12}-\frac{200}{1.12^{21}}=-18.5\text{million}$$

(2) 对于这个项目，使用IRR得出的结论是不可靠的，因为在项目的结尾处出现了负的现金流。由于现金流的符号变化两次，因此会出现两个IRR。

17. 静态投资回收期是指以投资项目经营净现金流量抵偿原始总投资所需要的全部时间。静态回收期不考虑资金的时间价值。本题中，静态回收期=1+500/600=1.83 年。

动态投资回收期是把投资项目各年的净现金流量按基准收益率折成现值之后，再来推算投资回收期，这就是它与静态投资回收期的根本区别。动态投资回收期就是净现金流量累计现值等于零时的年份。

$$OCF_1=\frac{500}{1.1}=454.55 \qquad OCF_2=\frac{600}{1.1^2}=495.87 \qquad OCF_3=\frac{800}{1.1^3}=601.05$$

$$\text{动态回收期}=(\text{累计净现金流量现值出现正值的年数}-1)+\frac{\text{上一年累计净现金流量现值的绝对值}}{\text{出现正值年份净现金流量的现值}}$$

$$=2+\frac{1000-454.55-495.87}{601.05}=2.08(\text{年})$$

$NPV=-1000+454.55+495.87+601.05=551.47$(万元)。

【科兴提示】在荆新的《财务管理学》第七版里面，把静态回收期称为投资回收期，把动态回收期称为折现回收期。说法不同而已。

18.(1) 回收期是指在这段时间里，累计的未经折现的现金流等于初始投资。

项目 A：第一年累计现金流=200000 元，回收期=200000/200000=1(年)

项目 B：第一年累计现金流=200000 元

第二年累计现金流=200000+300000=500000(元)

回收期=2 年

因为项目 A 比项目 B 回收期更短，所以应该选择项目 A，但是回收期法得出的结论并不都是正确的。

(2) 计算每个项目的 NPV

$$NPV_A=-200000+200000/1.10+150000/1.10^2+150000/1.10^3=218482.34(\text{元})$$

$$NPV_B=-500000+200000/1.10+300000/1.10^2+300000/1.10^3=155146.51(\text{元})$$

根据 NPV 法则，应该接受项目 A，因为他的 NPV 更高。

(3) 内部收益率就是使 NPV 等于零的情况下的折现率。因此，项目 A 的 IRR 为：

$0=-200000+20000/(1+IRR)+150000/(1+IRR)^2+150000/(1+IRR)^3$

使用电子表格，财务计算器，或反复试验找到了方程的根，可以得出：$IRR_A=70.04\%$。

同理可以得出：$R_B=25.70\%$。

根据 IRR 法则，应该接受项目 A，因为他的内部收益率跟高，但是根据 IRR 法则作出的结论也并不都是正确的。

(4) 不需要进行增量内部收益率分析。项目具有较小的初始投资较大的 NPV，所以应该选择项目 A。

19.(1) 计算可得：

$$PI_A=\frac{\frac{C_1}{1+r}+\frac{C_2}{(1+r)^2}}{C_0}=\frac{\frac{70000}{1.12}+\frac{70000}{1.12^2}}{100000}=1.183$$

同理可得 $PI_B=1.099$，$PI_C=1.148$。

(2) $NPV_A=-100000+\frac{70000}{1.12}+\frac{70000}{1.12^2}=18303.57$ 美元

同理可得 $NPV_B=19706.63$ 美元，$NPV_C=14795.92$ 美元

(3) 因为三个项目的盈利指数都大于 1，因此三个项目都可以接受。

(4) 根据盈利指数的法则，项目 A 和 C 初始投资相同，但项目 C 盈利指数小，因此项目 C 应放弃。下面计算项目 A 和 B 调整后的盈利指数。

项目	现金流量/美元			贴现率为 10%时初始投资产生的后续现金流量的现值/美元	盈利指数	净现值 @100%美元
	C_0	C_1	C_2			
A-B	-100000	60000	60000	101406	1.014	1.406

调整后的盈利指数大于 1，因此应选择项目 B。

资本预算为 300000 美元，项目不可分，因此可供选择的组合有：A 和 B；B 和 C；A 和 C。因为项目 A 的净现值大于 C 的净现值，B 的净现值最大，因此选择项目 A 和 B。

20.（1）项目 Y：

$$PP_{Y} = 2 + \frac{3000}{3500} = 2.86 \text{ 年}$$

$$NPV_{Y} = -10000 + 3500(P/A, 12\%, 4) = -10000 + 3500 \times 3.0373 = 630.55 \text{ 万元}$$

$$IRR_{Y} = -10000 + 3500(P/A, IRR, 4) = 0$$

则 $(P/A, IRR, 4) = \frac{10000}{3500} = 2.857$，运用插值法可得 IRR = 15%。

（2）如果两个项目相互独立，两个项目均可接受。两个项目的 NPV 均大于零、IRR 大于资本成本。

（3）如果两个项目相互排斥，应接受项目 X。项目 X 的 NPV 大于项目 Y 的 NPV，从股东财富最大化的角度分析，项目 X 可以为股东创造更多的财富。

（4）根据净现值曲线，$IRR\Delta$ = 交叉点的利率 = 6.2%。如果公司的资本成本低于 6.2%，就会出现矛盾。$NPV_{Y} > NPV_{X}$，但 $IRR_{X} > IRR_{Y}$。造成这种矛盾最基本的原因是 NPV 和 IRR 假定的再投资利率不同。NPV 假设的再投资利率是项目必要收益率(5%)，IRR 假设的再投资利率就是项目本身的 IRR，对于项目 X 来说再投资利率为 18%，项目 Y 的再投资利率为 15%。如果 NPV 和 IRR 两种指标都采用共同的再投资利率进行计算，则排序矛盾便会消失。当 $r = 5\%$ 时，$MIRR_{X} = 10.64\%$，$MIRR_{Y} = 10.83\%$。采用 NPV 和 MIRR 的排序是相同的，即项目 Y 优于项目 X。

21.（1）使项目 NPV = 0 的经营现金流为：

$$-90000 + C\left(\frac{1}{10\%} - \frac{1}{10\% \times (1+10\%)^{10}}\right) = 0 \Rightarrow C = 14647 \text{ 美元}$$

假设 $NPV = 0$，即 NPV 盈亏平衡的固定成本为 FC_1，则：

$$(100000 - 100000 \times 50\% - FC_1 - 90000) \times (1-30\%) + 90000 = 14647$$

$$\Rightarrow FC_1 = 32933 \text{ 美元}$$

假设会计盈利平衡的固定成本为 FC_2，则：

$$(100000 - 100000 \times 50\% - FC_2 - 90000) \times (1-30\%) = 0$$

$$\Rightarrow FC_2 = 41000 \text{ 美元}$$

（2）假设 NPV 盈亏平衡（即 $NPV = 0$）的税率为 T_C，则：

$$(100000 - 100000 \times 50\% - 30000 - 90000) \times (1 - T_C) + 90000 = 14647$$

$$\Rightarrow T_C = 48.66\%$$

（3）税率提高对会计盈亏平衡点没有影响。不管税率是多少，净利润都等于 0。

22.（1）E 项目的净现值为：

$$NPV = -110000 + 12000/(12\%) = -10000 \text{（美元）}$$

应注意的是，第 1 年后，忽略了放弃期权，期望现金流为：

$$E(OCF) = 80\% \times 14500 + 20\% \times 2000 = 12000 \text{（美元）}$$

（2）第 1 年后，E 公司可以中止项目，同时以 82500 美元的价格出售资产。如果在第 1 年的时点上计算的未来现金流的现值低于 82500 美元的话，那么公司将会这么做。如果在第 1 年后市场需求乐观，该项目未来现金流的现值为 120833 美元（= 14500/12%），高于中止价值，E 公司将会继续该项目；如果市场需求量小，未来市场需求量少，未来现金流的现值仅为 16667 美元（= 2000/12%）。因此，如果需求量低的话，E 公司将中止项目并以 82500 美元的价格出售该资产。包含了放弃期权的时点 0 的期望净现值为：

$$NPV = -110000 + (12000 + 80\% \times 120833 + 20\% \times 82500)/(1+12\%) = 1756 \text{（美元）}$$

（3）对第 1 年而言，有 80% 的可能性是市场需求乐观，现金流为每年 10000 美元，而另外 20% 的可能性是现金流变为每年 32500 美元。因此，每年的预期现金流为 14500 美元（= 20% × 32500 + 80% × 10000）。要求出该扩张期权的价值，我们假设只运行一个班次，并在每年永续获得 10000 美元的现金流，而忽略运行三个班次的可能性。在这种情况下，项目价值为 83333 美元(=10000/12%)。时点 0 的期望净现值即为：

$$NPV=-110000+(12000+80\%\times83333+20\%\times82500)/(1+20\%)=-25030(\text{美元})$$

与之前的问题进行比较，扩展期权的价值为 26786 美元(=1756+25030)。

三、论述题

23.(1) 所谓现金流量，在投资决策中是指一个项目引起的企业现金支出和现金收入增加的数量。这时的“现金”是广义的现金，这不仅包括这种货币资金，而且还包括项目需要投入企业拥有的非货币资源的变现价值(或重置成本)。现金流量包括现金流出量、现金流入量和现金净流量三个具体概念。投资项目现金流量由初始现金流量、营业现金流量和终结现金流量三部分构成。

① 初始现金流量

初始现金流量指为使项目建成并投入使用而发生的有关现金流量，是项目的投资支出，其构成部分为固定资产投资、流动资产投资、其他投资费用及原有固定资产变价收入和清理费用。其中，固定资产投资包括固定资产的购置成本或建造费用，以及运输成本、安装成本等；流动资产投资为使项目投入正常运转，除固定资产投资外，企业通常还需要注入的部分流动资金；其他投资费用指与投资项目运转相关的各项费用支出，如职工培训费、谈判费等等。如果投资项目是固定资产的更新，则初始现金流量还包括原有固定资产的出售收入和清理费用。如果原有固定资产清理起来很困难，清理费用会很高，而如果同时固定资产的出售价格不理想，则总的现金流量可能为负值。

② 营业现金流量

营业现金流量是指项目投入进行后，在整个经营寿命期间内因生产经营活动而产生的现金流量。这些现金流量通常是按照会计年度计算的，由以下几个部分构成：产品或服务销售所得到的现金流入；各项营业现金支出，如原材料购置费用、职工工资支出、燃料动力费用支出、销售费用支出、期间费用支出等；税金支出。

③ 终结现金流量

终结现金流量是指项目终结时所发生的各种现金流量。主要包括固定资产的出售收入、投资时垫支的流动资金的收回、停止使用的土地的出售收入及为结束项目而发生的各种清理费用。

(2) 与投资项目有关的现金流量指标包括净现值、内部收益率、现值指数。

① 净现值是指投资项目在投资期内各年的现金流量按一定的贴现率折算为现值后与初始投资额的差额。所用的贴现率可以是企业的资金成本，也可以是企业所要求的最低收益率水平。净现值的计算公式为：

$$NPV=\sum_{t=1}^{n}\frac{OCF_t}{(1+IRR)^t}-C_0$$

净现值法的决策原则是：如果投资项目的净现值大于零时，接受该项目；如果投资项目的净现值小于零时，放弃该项目；当存在两个或两个以上的项目只能选择一个项目时，选择净现值最大的项目。

② 内部收益率指能够使未来现金流入量的现值等于初始投资额的贴现率，或者说是使投资项目净现值为零时的贴现率。内部收益率的计算公式为：

$$\sum_{t=1}^{n}\frac{OCF_t}{(1+IRR)^t}-C_0=0$$

内部收益率的决策原则是：当内部收益率大于该项目所要求的最低收益率水平时，接受该项目，否则拒绝该项目。当存在两个或两个以上的项目只能选择一个项目时，现则内部收益高者。

③ 现值指数指投资项目未来各期净现金流入的现值与初始投资额现值之比，亦称为现值比率、盈利指数、贴现后收益-成本比率等。其的公式为：

现值指数=未来净现金流入现值/初始投资额

当现值指数大于1时，说明其收益超过成本，即投资报酬率超过预订的贴现率，则应该接受该投资项目，否则放弃该投资项目。现值指数法的主要优点是可以进行独立投资机会获利能力的比较。它是一个相对数指标，反应投资的效率；而净现值指标是绝对数指标，反映投资的效益。

第六章　风险与收益

本章主要内容包括风险与收益的衡量、均值方差模型、资本资产定价模型、套利定价理论以及投资组合的业绩评估。其中，“风险与收益的衡量”属于基础知识点，难度不大，但却是均值方差模型、资本资产定价模型和套利定价模型的基础，不容忽视，考题多是考查投资组合期望收益和方差的计算。“均值方差模型”理论性较强，难度大，主要从含义和有效集的确定两个角度进行考查。“资本资产定价模型”和“套利定价理论”均属于重要的财务理论，难度适中。从命题角度来看，考题涉及利用这两个模型计算资产收益率、利用贝塔系数解释风险的含义、两大模型之间的关系等。

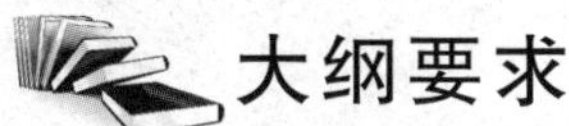

大纲要求

风险与收益的度量
均值-方差模型
资本资产定价模型
无套利定价模型

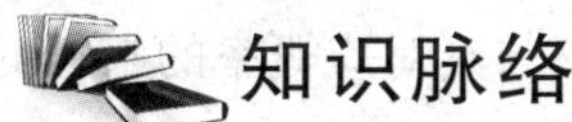

知识脉络

- 风险与收益
  - 风险与收益的度量
    - 收益率的度量
    - 风险的度量
    - 资产组合的收益率与方差
    - 投资者风险偏好及其效用函数
  - 均值-方差模型
    - 有效集
    - 均值-方差准则
    - 资产组合的最优化
  - CAPM 模型
    - CAPM 模型的假定
    - 资本市场线
    - 证券市场线
    - CML 与 SML 的关系
    - CAPM 模型的适用性及其投资运用
  - APT 模型
    - 因素模型
    - 套利定价模型

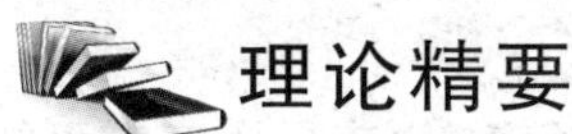

理论精要

知识点一　风险与收益的度量

1. 收益率的度量

(1) 持有期收益率

一项投资被拥有的时间被称为持有期。在此期间内，从现金收入和资产价格变动中获得的收益称为持有期收益。假设单一资产 i 的期末价格为 P_1，购买时的期初价格为 P_0，I 为投资者在投资期间所得到的收入，则该项资产的收益率可表达为：

$$r=\frac{P_1-P_0+I}{P_0}$$

对于一项资产组合，MV_1 表示组合的期末市场价值，MV_0 表示组合的期初市场价值，组合收益率可表达为：

$$r_p=\frac{MV_1-MV_0+I}{MV_0}$$

【例 1】某公司 2012 年年初以 50 元/股的价格购买股票，2012 年发放现金股利 3 元/股。2013 年以 55 元/股出售该股票，则该股票的离散型实际收益率为(　　)。

A. 6%　　B. 10%　　C. 14.55%　　D. 16%

答案：D。实际收益率 $=\left(\frac{3}{50}+\frac{55-50}{50}\right)\times100\%=16\%$。

（2）历史收益率的测量

关于历史收益率的度量，一般采用算术平均收益率和几何收益率。收益率波动越大，两种计算方法的差异越大。如果收益服从正态分布，预期差异为分布方差的 1/2，即：

$$E(\text{几何平均值})=E(\text{算术平均值})-\frac{1}{2}\sigma^2$$

（3）期望收益率

对某项资产而言，该资产的预期收益率是证券各种可能的收益率与其对应概率的乘积的加权平均值。用公式表达如下：

$$E(r)=\sum_{i=1}^{n} r_i p_i$$

式中，r_i 代表各种状态下可能的收益率，p_i 代表各收益率的发生概率。

【例 2】某公司研制新产品，预期未来的收益率状况有三种情况，即 50%、30%、10%，其发生的概率分别为 20%、50%、30%，则该新产品的预期收益率为(　　)。

A. 20%　　B. 28%　　C. 32%　　D. 34%

答案：B。预期收益率 $=50\%\times20\%+30\%\times50\%+10\%\times30\%=28\%$。

2. 风险的度量

（1）方差与标准差

方差(variance)，作为风险测度的一种方法，可以用来估计实际收益率与预期收益率之间可能的偏离程度。也就是说，收益率的方差是一种衡量资产的各种可能收益率相对预期收益率的分散化程度的指标。方差通常用 σ^2 表示，其计算公式如下：

$$\sigma^2=\sum_{i=1}^{n} p_i\left[r_i-E(r)\right]^2$$

式中，p_i 代表收益率发生的概率；r_i 表示资产在 i 种状态下的收益率；n 表示资产有可能产生 n 种不同的收益率，$E(r)$ 表示资产的期望收益率。

标准差(standard deviation)，是方差的平方根，常用 σ 来表示，计算公式为：

$$\sigma=\left[\sum_{i=1}^{n} p_i(r_i-\bar{r})^2\right]^{1/2}$$

（2）风险资产之间的关联性：协方差与相关系数

① 协方差(covariance)是测算两个随机变量之间相互关系的统计指标。其计算公式为：

$$\sigma_{ij}=\operatorname{cov}(r_i,\ r_j)=E[(r_i-\bar{r}_i)(r_j-\bar{r}_j)]$$

在投资组合理论中，协方差测度的是两个风险资产收益的相互影响的方向的程度，协方差σ_{ij}可以为正，可以为负，也可以为零。如果两个收益率变量之间协方差为零，即$\sigma_{ij}=0$，我们称这两个收益率变量之间不相关，这意味着两个随机变量相互独立。在这种情况下，我们不能从一个随机变量的信息中得出另一个随机变量的任何信息。正的协方差，表示两种资产收益同向变动；负的协方差，表示两种资产收益反向变动。

② 相关系数是从资产回报相关性的角度对协方差进行重新标度，以便于对不同组随机变量的相对值进行比较分析。由于两个随机变量间的协方差等于这两个变量之间的相关系数与其标准差的乘积，即$\sigma_{ij}=\rho_{ij}\sigma_i\sigma_j$，从而可得：

$$\rho_{ij}=\frac{\sigma_{ij}}{\sigma_i\sigma_j}$$

ρ_{ij}就为证券i和证券j的收益回报率之间的相关系数。相关系数ρ_{ij}总处于+1和-1之间，即$|\rho|\leqslant 1$。这样，我们就可以得到协方差边界，这时两个随机变量满足：

$$|\sigma_{ij}|\leqslant\sigma_i\sigma_j$$

在上述等式中，若$\sigma_{ij}=\sigma_i\sigma_j$，则表示完全正相关，此时$\rho_{ij}=1$；相反，若$\sigma_{ij}=-\sigma_i\sigma_j$，则表示$r_i$和$r_j$完全负相关，此时$\rho_{ij}=-1$。如果两个变量完全独立，无任何关系，即零相关，则它们之间的相关系数等于零。

3. 资产组合的收益率与方差

(1)资产组合收益率：资产组合的预期回报率等于证券组合中各种证券的平均收益率与各种投资比重乘积之和。即：

$$E(R_P)=\overline{R_P}=\sum_{i}^{n}w_i\bar{r}_i$$

其中，n代表证券组合中所包含资产类别的数量；$\bar{r}_i$代表第i种资产的期望收益率；w_i代表第i种资产的投资权重。

(2) 资产组合的方差

证券组合的方差是利用单个资产的方差和资产间的协方差进行计算，即先计算单个资产的方差和资产间的协方差，然后再计算出资产组合的方差。计算由证券A、B组成的证券组合的方差时，其公式为：

$$\sigma_P^2=w_A^2\sigma_A^2+w_B^2\sigma_B^2+2w_Aw_B\sigma_{AB}$$

【例3】下列有两项资产构成的投资组合的表述中，正确的是(　　)。

A. 如果相关系数为+1，则投资组合的标准差等于两项资产标准差的算术平均数

B. 如果相关系数为-1，则投资组合的标准差最小，甚至可能等于0

C. 如果相关系数为0，则投资组合不能分散风险

D. 如果相关系数为-1，则投资组合不能分散风险

答案：B。根据两项资产构成的投资组合的标准差公式

$$\sigma_P=\sqrt{w_A^2\sigma_A^2+w_B^2\sigma_B^2+2w_A\sigma_Aw_B\sigma_B\rho_{AB}}$$

可知，如果相关系数为1，则$\sigma_P=w_A\sigma_A+w_B\sigma_B$；如果相关系数为-1，则$\sigma_P=w_A\sigma_A-w_B\sigma_B$；如果相关系数为0，则$\sigma_P=\sqrt{w_A^2\sigma_A^2+w_B^2\sigma_B^2}$。我们可以用图6-1来表示。

当$\rho_{AB}=1$时，两种证券A，B的组合P的风险和收益落在直线AB上；当$\rho_{AB}<1$时，组合P的收益和风

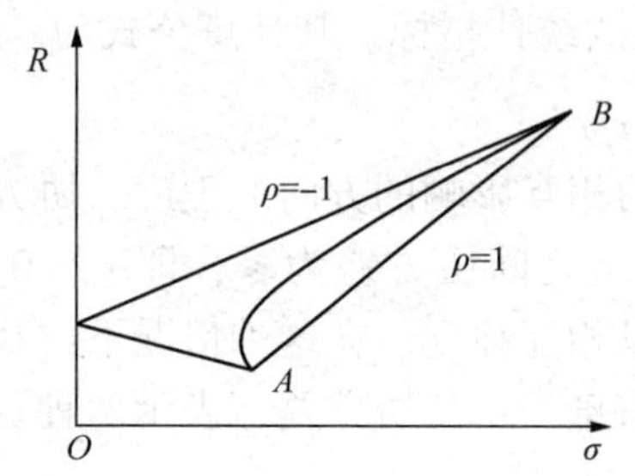

图 6-1　两种证券组合收益、风险与相关系数的关系

险是一条向后弯曲的曲线，这表明在同等风险水平下收益更大或者说在同等收益水平下风险更小，而且ρ_{AB}越小，往后弯曲的程度越大；当$\rho_{AB}=-1$时，其实是一条往后弯的折线，此时资产组合的标准差可能会降到0。

4. 投资者风险偏好及其效用函数

（1）投资者风险偏好

在金融市场上，投资者对待风险的态度可以分为三类：风险厌恶型、风险中性型和风险偏好型。投资者的目标是投资效用的最大化，而效用的大小取决于投资的预期收益率和风险。一般情况下，我们假定大多数投资者是风险厌恶的。因此，预期收益率带来正的效用，而风险带来负的效用。

对于一个不满足和厌恶风险的投资者而言，预期收益越高，投资效用越大；风险越大，投资效用越小。然而不同的投资者对风险的厌恶程度和对收益的偏好程度是不同的。为了更好地反映收益和风险对投资者效用的影响程度，有必要引入无差异曲线的概念。一条无差异曲线代表给投资者带来同样满足程度的预期收益率和风险的所有组合。

无差异曲线的斜率表示风险和收益之间的替代率。斜率越大，表明为了让投资者承担相同的风险，给他提供的收益补偿也应越高，这表明该投资者越风险厌恶。同样，斜率越小，表明该投资者厌恶风险的程度越轻。图 6-2 给出了三类风险厌恶程度不同的投资者的无差异曲线。

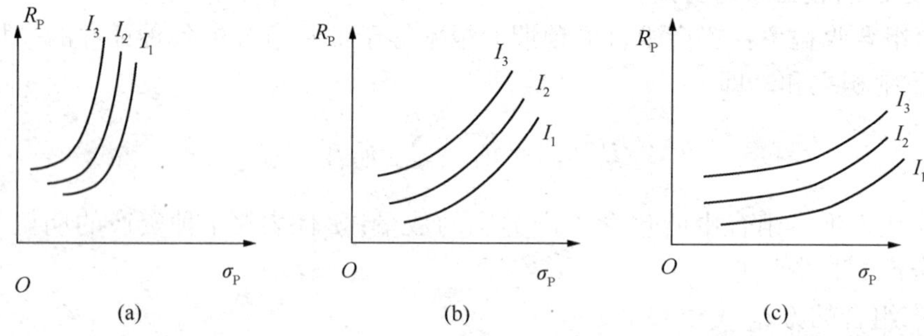

图 6-2　不同风险厌恶程度的无差异曲线

（2）投资者的效用函数

一个被众多金融理论者和 CFA 机构采用的投资效用函数为：

$$U=E(r)-\frac{1}{2}A\sigma^2$$

式中，U 表示效用值，A 为投资者的风险厌恶系数。1/2 只是约定俗成的系数项。对于风险厌恶者来说，$A>0$；对于风险中性者来说，$A=0$；对于风险偏好者而言，$A<0$。

【例 4】已知有四种投资工具，具有如下的预期收益和风险水平，试根据这些资料计算对应问题。

投资	预期收益 E(R)	标准差(%)
1	10	35
2	13	57
3	24	13
4	26	18

已知 $U=E(R)-0.006A\sigma^2$。

(1) 根据上述效用公式，如果投资者的风险厌恶系数 $A=3$，投资者会选择哪种投资？

(2) 如果投资者是风险中性的，会选择哪种投资？

答案：(1) $A=3$ 时，$U=E(R)-0.018\sigma^2$，计算可得：

$$U_1=-12.05,\ U_2=-45.48,\ U_3=20.96,\ U_4=20.17$$

对比可知，应该选择投资3。

(2) 对风险中性者，$A=0$，影响效用的只有预期收益，所以选择投资4。

知识点二　均值-方差模型

1. 有效集

可行集是指由N种证券所形成的所有组合的集合，它包括了现实生活中所有可能的组合。也就是说，所有可能的组合都位于可行集的边界上或内部。一般来说，可行集的形状类似伞形，如图6-3所示。

对于一个理性的投资者而言，他们都是风险厌恶而偏好收益的。对于相同风险水平，他们会选择能提供最大预期收益率的组合；对于相同的预期收益率，他们会选择风险最小的组合。能同时满足这两个条件的投资组合的集合就是有效集，又称有效边界。处于有效边界上的组合称为有效组合。如图6-3所示，N、B 两点之间上方边界上的可行集就是有效集。所有其他可行组合都是无效的组合，投资者可以忽略它们。

从图6-3可以看出，有效集曲线具有如下特点：①有效集是一条向右上方倾斜的曲线，它反映了“高风险、高收益”的原则；②有效集是一条向上凸的曲线；③有效集曲线上不可能有凹陷的地方。

确定了有效集的形状之后，投资者就可根据自己的无差异曲线选择使自己的投资效用最大化的最优投资组合了。这个组合位于无差异曲线与有效集的切点 P，如图6-4所示。

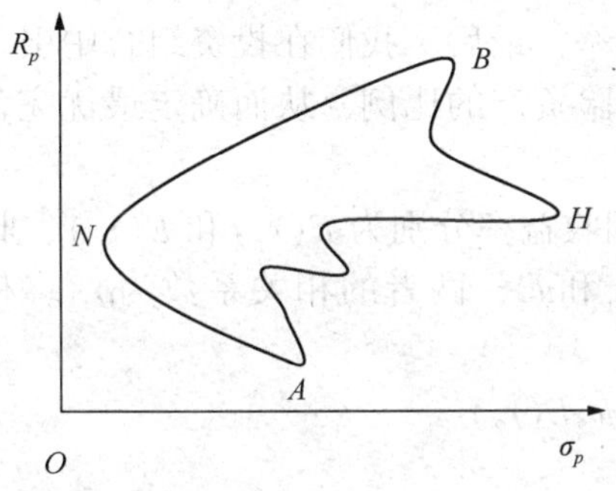

图6-3　可行集

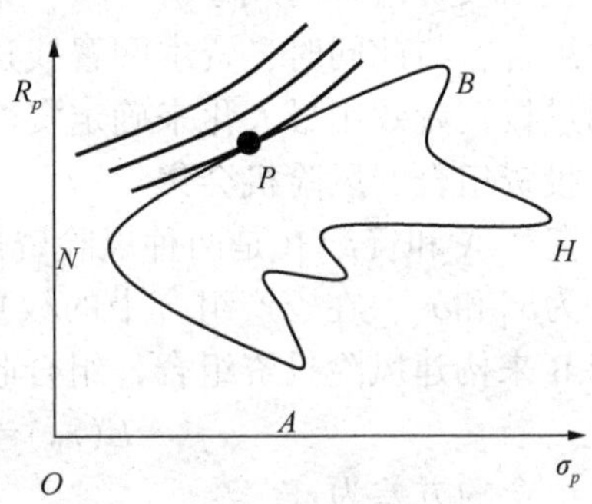

图6-4　最优投资组合

【例5】按照马科维茨的描述，下面的资产组合中哪一个不会落在有效边界上？(　　)

资产组合	期望收益率(%)	标准差(%)
W	9	21
X	5	7
Y	15	36
Z	12	15

A. W　　B. X　　C. Y　　D. Z

答案：A。四个组合中，W的标准差大于Z，期望收益率却小于Z，明显风险与收益不成比例。

2. 均值–方差准则(MVC)

马科维茨研究发现，投资者在选择证券组合时，并非只考虑期望收益率最大，同时还考虑收益率方差尽可能小，由此提出了所谓的“期望收益–收益方差”法则，并且认为投资者应该按照这一法则进行投资。这样，针对理性投资者的风险厌恶特征，投资者在进行投资目标选择时必然存在一定的风险约束，这种风险收益关系可以表达为均值–方差准则(MVC)。均值–方差准则的核心就是如何确定w_i，使得证券组合的期望收益率一定时，风险最小。为简洁起见，在此可以用矩阵进行表达：

$$w=(w_1,\ w_2,\ \cdots,\ w_n)^T$$

$$\mu=(\mu_1,\ \mu_2,\ \cdots,\ \mu_n)^T,\ \mu_i=E[r_i],\ i=1,\ 2,\ \cdots,\ n$$

$$\sigma=\sigma_{ij}=(\text{cov}[r_i,\ r_j])_{i,j=1,2,\cdots,n}$$

在此，不妨将 w 称为组合，$\mu_w=w^T\mu$ 称为组合的收益，$\sigma_w=(w^T\sigma_w)^{1/2}$ 称为组合的风险。这样，马科维茨的均值–方差证券组合选择问题可以表达为：

$$\begin{cases}\min \sigma_w^2 = w^T\sigma_w = \sum\limits_{i,\ j=1}^{n} \sigma_{ij}\, w_i\, w_j \\ s.\,t.\ \ w^T = w_1 + w_2 + \cdots + w_n = 1 \\ \mu_w = w^T\mu = \bar{\mu}\end{cases}$$

这里，min 表示资产组合收益率方差σ_w^2的最小值，在约束条件$w_1+w_2+\cdots+w_n=1$的前提下，求解$\overline{w}$所对应的组合期望收益为$\bar{\mu}$。其实际上是数学上的二次规划，即它是在两个线性等式约束条件下的二次函数的求最小极值问题。

3. 资产组合的最优化

资产组合最优化问题可以主要分为三步：第一，使用风险资产构建可行的风险–收益组合，即描绘出投资组合的风险机会集；第二，通过计算投资组合中各风险资产的权重，找到最优风险组合，与此同时，资本配置线达到最大斜率；最后，我们在投资组合中引入无风险资产，通过投资者效用最大化来确定资产组合中风险资产的比例，从而确定最优完备组合。

(1) 投资组合的风险机会集

假设资产 A 和资产 B 是两种风险资产，其预期收益率分别为$E(r_1)$和$E(r_2)$，收益率标准差分别为σ_1和σ_2，在资产组合中的权重分别为w_1和w_2，两者的相关系数为ρ_{12}。利用资产 A 和资产 B 来构建风险投资组合，组合收益率为：

$$E(r_P)=w_1E(r_1)+w_2E(r_2)$$

资产组合的方差为：

$$\sigma_P^2=w_1^2\sigma_1^2+w_2^2\sigma_2^2+2\,w_1w_2\rho_{12}\sigma_1\sigma_2$$

风险机会集中存在一个最小方差投资组合，其求解过程如下：

$$\begin{cases}\min \sigma_P^2=w_1^2\sigma_1^2+w_2^2\sigma_2^2+2\,w_1w_2\rho_{12}\sigma_1\sigma_2 \\ s.\,t.\ \ w_1+w_2=1\end{cases}$$

$$\frac{\partial\,\sigma_P^2}{\partial\,w_1}=0$$

解得，

$$w_1^*=\frac{\sigma_2^2-\text{cov}(r_1,\ r_2)}{\sigma_1^2+\sigma_2^2-2\text{cov}(r_1,\ r_2)}$$

(2) 不允许无风险借贷时的资产组合最优化

投资者的目标是投资效用最大化，假设不存在无风险借贷，且风险厌恶系数为 A，则资产组合最优化求解过程如下：

$$\begin{cases} \max U = E(r_P) - \frac{1}{2}A\sigma_p^2 \\ s.t.\ \ w_1 + w_2 = 1 \end{cases}$$

$$E(r_P) = w_1 E(r_1) + w_2 E(r_2)$$

$$\sigma_P^2 = w_1^2\sigma_1^2 + w_2^2\sigma_2^2 + 2w_1 w_2 \rho_{12}\sigma_1\sigma_2$$

解得，

$$w_1 = \frac{E(r_1) - E(r_2) + A(\sigma_2^2 - \rho_{12}\sigma_1\sigma_2)}{A(\sigma_1^2 + \sigma_2^2 - 2\rho_{12}\sigma_1\sigma_2)}$$

(3) 允许无风险借贷时的资产组合最优化

引入无风险借贷后，投资者的资产组合可以分为两部分：无风险资产和风险资产组合。风险资产组合是由资产 A 和资产 B 按一定比例构建而成的。风险机会集上面的任意一点，都代表着一种特定风险资产组合。选定风险机会集上的一点，就代表着投资者已经决定了投资组合中资产 A 与资产 B 的相对权重。随后，投资者只要决定无风险资产和风险资产组合的权重就可以得到最终的最优完备组合。

资本配置线就是一条连接无风险利率与风险机会集上特定一点的直线。资本配置线代表特定风险组合与无风险资产按照不同权重配比所形成的组合。为了确定最优的投资组合，我们需要找到无差异曲线与资本配置线的切点，并且使得切点位置尽可能靠近坐标系西北方向。因为理性投资者一般都是风险厌恶的，无差异曲线越靠近坐标系西北方向，则表示投资者效用越大，这样才能实现投资者效用的最大化。

引入无风险资产后，最优风险组合的确定是通过最大化资本配置线的斜率来实现的。资本配置线的斜率也称为报酬-风险比率或夏普比率，其公式为：

$$S = \frac{E(r_P) - r_f}{\sigma_P}$$

引入无风险资产后资产组合最优化分为两步：

第一步，确定最优风险组合，其过程如下：

$$\begin{cases} \max S = \frac{E(r_P) - r_f}{\sigma_P} \\ s.t.\ \ w_1 + w_2 = 1 \end{cases}$$

$$E(r_P) = w_1 E(r_1) + w_2 E(r_2)$$

$$\sigma_P^2 = w_1^2\sigma_1^2 + w_2^2\sigma_2^2 + 2w_1 w_2 \rho_{12}\sigma_1\sigma_2$$

解得，

$$w_1 = \frac{[E(r_1) - r_f]\sigma_2^2 - [E(r_2) - r_f]\mathrm{cov}(r_1,\ r_2)}{[E(r_1) - r_f]\sigma_2^2 + [E(r_2) - r_f]\sigma_1^2 - [E(r_1) - r_f + E(r_2) - r_f]\mathrm{cov}(r_1,\ r_2)}$$

第二步，确定无风险资产与风险组合的比例，即找到无差异曲线与 CAL 的切点。假设最优完全资产组合中风险资产组合的比例为 x，求解过程如下：

$$\begin{cases} \max U = E(r_c) - \frac{1}{2}A\sigma_c \\ E(r_c) = (1-x)r_f + xE(r_P) \\ \sigma_C^2 = x^2\sigma_P^2 \end{cases}$$

解得，

$$x=\frac{E(r_P)-r_f}{A\,\sigma_p^2}$$

【例 6】假设你有机会购买 AT&T 和 Microsoft 的股票：

	AT&T	Microsoft
均值	0. 10	0. 21
标准差	0. 15	0. 25

(1) 如果 AT&T 和 Microsoft 股票的相关系数为 0. 5，求两者的最小方差组合。求出的最小方差组合的期望收益率和方差是多少？

(2) 如果无风险资产的收益率是 4. 5%，两只股票的相关系数为 0. 5，求这两种证券的最优组合。每一个最优证券组合的期望收益率和方差是多少？

(3) 假设这两种证券的相关系数为 0. 5，请推导最优证券组合的风险–收益曲线。如果所承担的风险增加一个单位，你预期你的期望收益率会增加多少？

答案：设 AT&T 股票为资产 1，Microsoft 股票为资产 2。

(1) 在最小方差组合中，AT&T 股票(证券 1)权重可以使用如下公式计算：

$$w_1^*=\frac{\sigma_2^2-\text{cov}(r_1,\ r_2)}{\sigma_1^2+\sigma_2^2-2\text{cov}(r_1,\ r_2)}=\frac{0.25^2-0.5\times0.15\times0.25}{0.15^2+0.25^2-2\times0.5\times0.15\times0.25}=92.1\%$$

因此，相关系数为 0. 5 的前提下，这个最小风险组合包括 92. 1%的 AT&T 股票和 7. 9%的 Microsoft 股票。

代入数据可知，最小风险组合的期望收益率 = 92. 1%×0. 10+7. 9%×0. 21 = 10. 869%，可得最小风险组合的方差为：

$$\begin{aligned}\sigma_P^2&=w_1^2\sigma_1^2+w_2^2\sigma_2^2+2w_1w_2\sigma_1\sigma_2\rho\\&=0.921^2\times0.15^2+0.079^2\times0.25^2+2\times0.921\times0.079\times0.15\times0.25\times0.5\approx0.0222\end{aligned}$$

(2) 在最优组合中，AT&T 股票(证券 1)的比重计算可使用公式：

$$\begin{aligned}w_1&=\frac{[E(r_1)-r_f]\,\sigma_2^2-[E(r_2)-r_f]\,\text{cov}(r_1,\ r_2)}{[E(r_1)-r_f]\,\sigma_2^2+[E(r_2)-r_f]\,\sigma_1^2-[E(r_1)-r_f+E(r_2)-r_f]\,\text{cov}(r_1,\ r_2)}\\&=\frac{(0.10-0.045)\times0.25^2-(0.21-0.045)\times0.5\times0.15\times0.25}{(0.10-0.045)\times0.25^2+(0.21-0.045)\times0.15^2-(0.10+0.21-2\times0.045)\times0.05\times0.15\times0.25}=11.4\%\end{aligned}$$

因此，该最优组合包括 11. 4%的 AT&T 股票和 88. 6%的 Microsoft 股票。计算可得，该最优组合的期望收益率为 19. 75%，方差为 0. 0531。

(3) 该最优证券组合的风险–收益曲线计算如下：

$$r_P=0.045+\frac{0.1975-0.045}{\sqrt{0.0531}}\sigma_P=0.045+0.66\,\sigma_P$$

即所承担的风险每增加 1 个单位，预期的收益率要增加 0. 66 的风险补偿。

【科兴提示】均值–方差模型一般高校只考查最优风险组合的计算，只有北大、清华、复旦、上财、中科大等名校才会考查最优完备组合的计算。另外，很多考生对最优风险组合和最优完备组合的概念比较迷糊，我们这里用图 6–5 做形象区别。

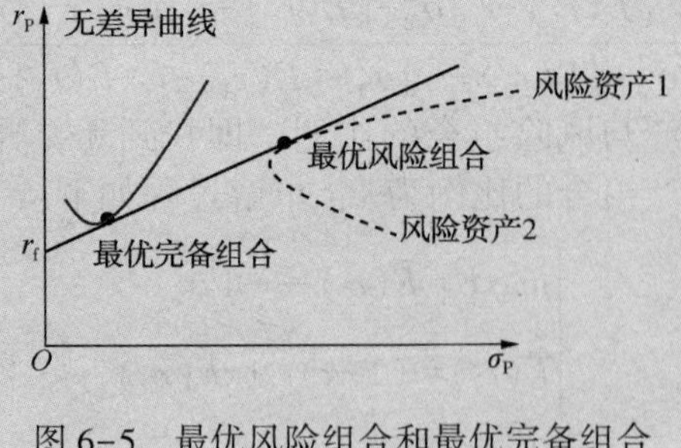

图 6–5　最优风险组合和最优完备组合

知识点三　CAPM 模型

人们常说“风险与收益成正相关关系”，要想获得高的收益，必须承担高的风险；然而，在实际中，往往承担高的风险，却并不一定获得高的收益。马科维茨均值-方差模型的不足之一是没有说明期望收益与风险之间的关系，没有说明风险的类型(如系统性风险和非系统性风险)，因此，不利于风险的管理。在马科维茨的均值-方差模型中，风险是由投资收益率的方差计量的，而方差计量的是总风险，总风险与期望收益之间并不一定存在正相关关系，只有系统性风险与期望收益之间才存在正相关关系。资本资产定价模型(CAPM)的实质是解决当前所有投资者都运用均值-方差模型选择有效组合，而且在相同的环境下，他们最终都投资于同一个有效组合时，如何测定组合总每个证券或证券组合的风险以及风险与组合之间的关系。很明显，CAPM 是均值-方差模型的进一步发展。

1. CAPM 模型的假定

CAPM 是建立在马科维茨均值-方差模型基础上的，因此均值-方差模型的规范性假设自然也包括在内：

投资者通过投资组合在某一段时期内的预期回报率和标准差来评价这个投资组合；

投资者永不满足，因此，当面临其他条件相同的两种选择时，他们将选择具有较高预期回报率的那一种；

投资者是风险厌恶的，因此，当面临其他条件相同的两种选择时，他们将选择具有较小标准差的那一种；

每一个资产都是无限可分的，意味着，如果投资者愿意的话，他可以购买一个股份的一部分；

投资者可以以一个无风险利率贷出(即投资)或借入资金；

税收和交易成本均忽略不计。

在这些假设基础上，再加上如下假设：

所有投资者都有相同的投资期限；

对所有投资者，无风险利率相同；

对所有投资者，信息是免费的并且是立即可得的；

投资者具有相同的预期，即他们对预期回报率、标准差和证券之间的协方差具有相同的理解。

2. 资本市场线(CML)

(1) 分离定理

在上述假定的基础上，我们可以得出如下结论：

① 根据相同预期的假定，我们可以推导出每个投资者的切点组合(最优风险组合)都是相同的，且无风险利率相同，从而每个投资者的线性有效集(预算线)都是一致的。

② 由于投资者的风险-收益偏好不同，其无差异曲线的斜率不同，因此他们的最优投资组合也不同。

由此可以得出著名的分离定理：投资者对风险和收益的偏好状况与该投资者最优风险资产组合的构成是无关的。

分离定理可从图 6-6 中看出，I_1代表风险厌恶程度较轻的投资者的无差异曲线，该投资者的最优投资组合位于 P_1点，这表明他将借入的资金投入风险资产组合；I_2代表较厌恶风险

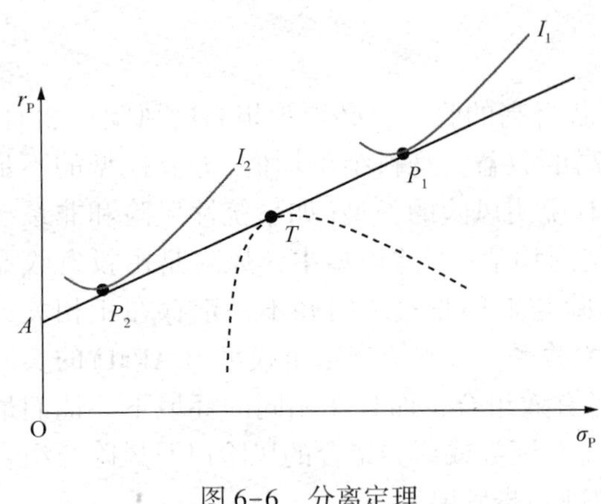

图6-6　分离定理

的投资者的无差异曲线，该投资者的最优投资组合位于P_2点，这表明他将部分资金投资于无风险资产，将另一部分资金投资于风险资产组合。虽然P_1和P_2位置不同，但它们都是由无风险资产（A）和相同最优风险组合（T）组成，因此他们的风险资产组合中各种风险资产的构成比例是相同的。

（2）市场组合

根据分离定理，还可以得到另外一个重要结论：在均衡状态下，每种证券在均衡点处投资组合中都有一个非零的比例。这是因为，根据分离定理，每个投资者都持有一定数量的切点组合(T)。如果某种证券在T组合中的比例为零，那么就没人购买该证券，该证券的价格就会下降，从而使证券的收益率上升，直到在最优风险组合T中，该证券的比例非零为止。

同样，如果投资者对某种证券的需求量超过其供应量，则该证券的价格会上升，这就导致其预期收益率下降，从而降低其吸引力，它在最优风险组合中的比例也会下降，直到对其的需求量等于供应量为止。

最终，每一种证券都将平衡。当所有价格调整停止时，这个市场就已经被带入一种均衡状态。首先，每一个投资者对每一种风险证券都将愿意持有一定的数量。其次，市场上每种证券的现有价格将处在使得对于证券需求和供给相等的水平上。再次，无风险利率的水平正好使得借入资金的总量等于贷出资金的总量。结果，在均衡时，切点组合的比例将与众所周知的市场组合的比例相对应。市场组合定义如下：市场组合是由所有证券构成的组合，在这个组合中，投资于每一种证券的比例等于该证券的相对市值。一种证券的相对市值简单地等于这种证券总市值除以所有证券地市值总和。

习惯上，人们将切点组合称为市场组合，并用M代替T来表示。从理论上讲，M不仅由普通股构成，还包括优先股、债券、房地产等其他资产。但在现实生活中，人们场将M局限于普通股。

【例7】假设通过研究，你确定了有效投资组合。作为你投资的一部分，你决定投资10000美元于微软，5000美元于辉瑞制药股票。假如你的朋友是一个富有但有点保守的投资者，她只投资2000美元于辉瑞制药。如果你的朋友投资的组合也是有效的，那么她有多少资金投资于微软？如果所有的投资者都持有有效组合，与辉瑞制药的市值相比，关于微软的市值，你能得出什么结论？

答案：所有的有效投资组合都是无风险投资与切点组合的结合，所以他们持有相同比例的风险股票。因此，你的朋友跟你一样，投资微软的是资金是投资辉瑞制药的2倍。所以，她投资4000美元于微软股票。如果所有投资者都持有有效组合，则他们每个人的组合中，各种股票所占的投资比例在不同投资者之间是相同的，由于每个投资者共同持有微软和辉瑞制药的股票，所以微软的市值必然是辉瑞制药的2倍。

（3）有效集

根据CAPM地假定，可以很容易找出有效组合风险和收益之间的关系。如果我们用M代表市场组合，用r_f代表无风险利率，从r_f出发画出一条经过M的直线，这条线就是在允许无风险借贷情况下的有效集。在此，我们称之为资本市场线（Capital Market Line，简称CML）。如图6-7所示，任何不利用市场组合以及不进行无风险借贷的所有其他组合都位于资本市场线下方。

CML 线上的任何一个投资组合都满足：

$$r_P=r_f+\frac{r_M-r_f}{\sigma_M}\sigma_P \quad (1)$$

其中，r_P和σ_P分别代表最优投资组合的预期收益率和标准差。从式(1)我们可以看出，证券市场的均衡可以用两个关键数字来衡量：一是无风险收益率r_f，二是单位风险报酬$\frac{r_M-r_f}{\sigma_M}\sigma_P$，它们分别表示时间报酬和风险报酬。因此，从本质上来说，证券市场提供了风险和时间的交易场所，其价格由供求双方的力量决定。

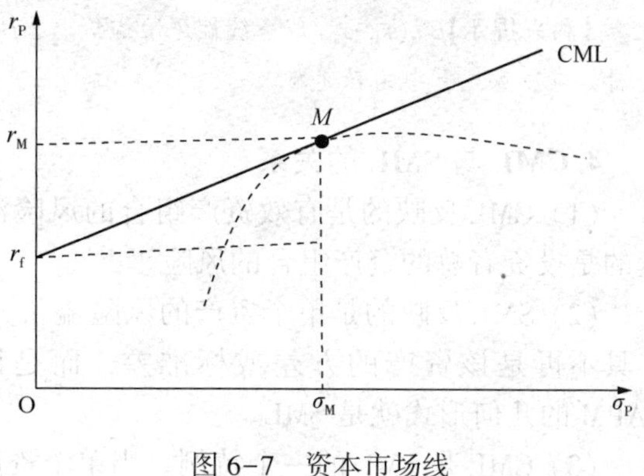

图 6-7　资本市场线

【科兴提示】以无风险利率为起点向风险有效集可以引出无数条直线(即所谓的资本配置线 CAL)，其中，斜率最大的就是经过市场组合 M 的直线，这就是 CML。也就是说，CML 是众多 CAL 中斜率最大的那条。

3. 证券市场线(SML)

由 CML 所反映出的关系可以看出，在均衡状态下，市场对有效组合的风险(标准差)提供补偿。然而，对于无效组合(单个资产是无效组合的一个特例)，我们并不能得出其期望收益率与标准差之间的明确关系。事实上，它们之间也不存在一种明确的关系式。如有两种证券，风险大的证券，不一定收益大，产生这种现象的根本原因是系统性风险与非系统性风险的存在，只有系统性风险能够得到市场补偿，而非系统性风险则与收益无关。对于有效组合而言，非系统性风险已经为 0。

为此，我们必须要引出证券市场线的概念。证券市场线(Securities Market Line，简称 SML)，反映了单个证券与市场组合的协方差(即σ_{iM})和其预期收益率之间的均衡关系，适用于所有资产与证券，无论是有效的还是无效的。SML 用公式可以表述为：

$$r_i=r_f+\frac{r_M-r_f}{\sigma_M^2}\sigma_{iM} \quad (2)$$

令$\beta_{iM}=\frac{\sigma_{iM}}{\sigma_M^2}$，我们可以得到：

$$r_i=r_f+\beta_{iM}(r_M-r_f) \quad (3)$$

其中，β_{iM}称为证券 i 的β系数，它是表示证券 i 与市场组合协方差的另一种形式。由式(3)可知，风险资产的收益由两部分构成：一是无风险资产的收益 r_f；二是市场风险溢价收益(r_M-r_f)。式(2)和式(3)对应的 SML 如图 6-8 所示。

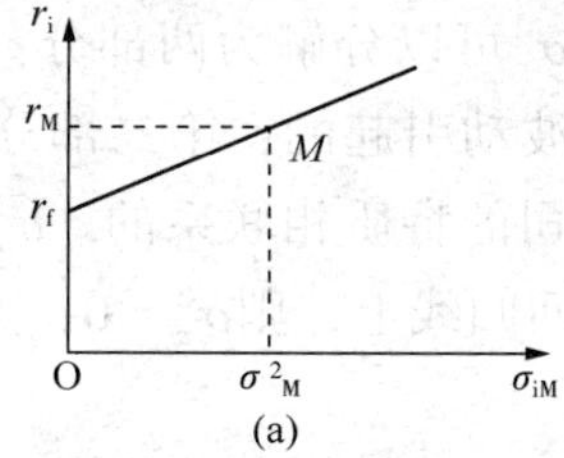

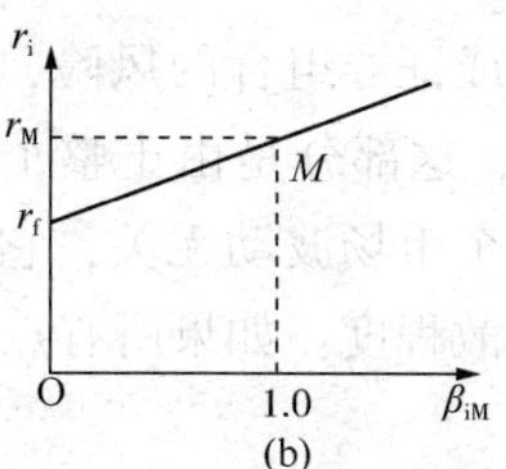

图 6-8　证券市场线

【科兴提示】$\beta_{iM}(r_M-r_f)$是系统性风险溢价。当$\beta_{iM}=1$时，我们称(r_M-r_f)为单位风险溢价。考生在做题时，应注意题干中的表述。

4. CML 与 SML 的关系

（1）CML 反映的是有效资产组合的风险溢价，是该资产组合标准差的函数，标准差测度的是投资者总的资产组合的风险。

（2）SML 反映的是单个资产的风险溢价，是该资产风险的函数，测度单个资产风险的工具不再是该资产的方差或标准差，而是该资产对于资产组合方差的影响程度——β。CAPM 的几何形式就是 SML。

（3）CML 是 SML 的一个特例。当单个资产有效率时，该项资产与市场组合 M 的相关系数为 1（即$\rho_{iM}=1$），此时 SML 与 CML 表达式是一样的。即：

$$R_i=r_f+(r_M-r_f)\frac{\sigma_{iM}}{\sigma_M^2}=r_f+(r_M-r_f)\frac{\rho_{iM}\sigma_i\sigma_M}{\sigma_M^2}=\left(\frac{r_M-r_f}{\sigma_M}\rho_{iM}\right)\sigma_i$$

【例 8】根据资本资产定价模型，下列说法错误的是（　　）。

A. 无风险组合与市场组合的再组合是有效组合

B. 有效组合与市场组合的相关系数为 1

C. 有效组合完全消除了非系统风险

D. 一个有效组合肯定落在证券市场线上，而非有效组合落在证券市场线以外

答案： D。无论是有效组合还是非有效组合，它们都落在证券市场线上；而只有最优投资组合才落在资本市场线上，其他组合和证券则落在资本市场线下方。

5. CAPM 模型的适用性及其投资应用

（1）β 系数-投资风险的衡量指标

β 系数刻画的是资产与整个市场组合之间的趋势关系。根据证券（或某一证券组合）与市场组合之间的关联性，我们可以构建一个回归方程来刻画两者之间的这种线性关系：

$$r_{it}=a_i+\beta_i r_{mt}+\varepsilon_{it}$$

其中，r_{it}是 t 期证券 i 的实际收益率；r_{mt}是 t 期市场指数的收益率；a_i为线性方程的截距项；β_i为线性方程的斜率；ε_{it}为误差项，表示证券 i 的实际收益率与回归线的偏离程度。描述r_i和r_m之间关系的回归线被称为特征线。这条回归线的斜率等于β_i，它度量的是资产 i 对市场波动的敏感性。

（2）证券市场系统风险和非系统风险

根据证券市场线的特征，β_i是决定资产 i 必要风险报酬的唯一因素，这样，证券 i 本身的方差对风险报酬的确定就十分有限。为了说明这一点，在此根据对特征线 r_i的方差求解：

$$\sigma_i^2=\beta_i^2\sigma_m^2+\sigma_{\varepsilon i}^2$$

可见，任意证券或证券组合的风险，即方差σ_i^2可以分解为两部分：第一部分$\beta_i^2\sigma_m^2$被称为证券 i 的系统风险，这部分是由于整个市场的波动引起的；第二部分$\sigma_{\varepsilon i}^2$被称为非系统风险，这部分风险与整个市场波动无关，它是与公司的特质相联系的。$\sigma_{\varepsilon i}^2$的大小表明资产收益在回归线周围的分散程度：如果所有点都落在回归线上，则$\sigma_{\varepsilon i}^2=0$；点距回归线越远，则$\sigma_{\varepsilon i}^2$值越大。

在证券或证券组合的风险结构中，影响整个市场波动的系统性风险因素，主要是宏观经济、政治以及整个社会环境等因素的变化所造成的，主要包括经济周期波动风险、市场风

险、利率风险、通货膨胀风险以及政策风险等。对投资者而言，这部分风险是不可避免的，因为不管投资者如何分散他们的投资组合，市场的总体风险都是无法消除的。与系统性风险相对应，非系统性风险则是由公司的特质所引起的，公司的经营状况与财务状况直接决定了非系统风险的高低(见图 6-9)。

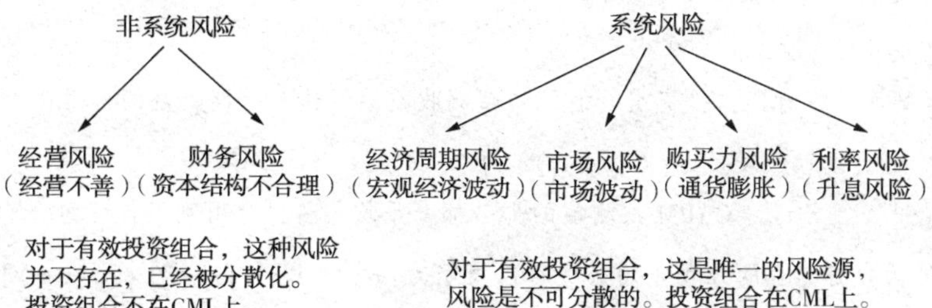

图 6-9　风险与非系统风险

针对系统性风险和非系统性风险的不同特点，投资者可以建立一个分散化的投资组合，来消除总风险中的非系统性风险。随着证券种类的增多，非系统风险变得越来越小，投资组合的总风险接近于系统性风险。这在图 6-10 中表现为证券投资组合中非系统性风险递减和总风险逐渐变平。

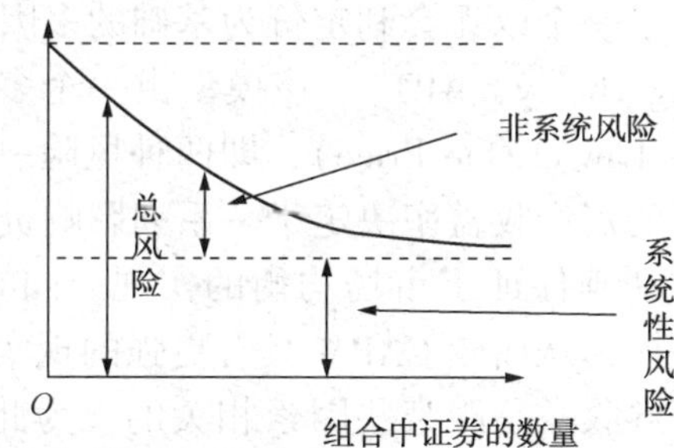

图 6-10　组合投资与风险分散

(3) α 系数含义及其运用

α 系数(詹森业绩指数)是一投资或基金的绝对回报和按照 β 系数计算的预期风险回报之间的差额。根据 CAPM 模型可得：

$$E(r_i)=r_f+\beta_{iM}[E(r)-r_f]$$

但实际的证券不会正好位于 SML 上，因此有：

$$E(r_i)-r_f=\alpha_i+\beta_{iM}[E(r)-r_f]$$

这里的α_i实际上代表了超额收益率。因为根据 CAPM，理论上 α 系数应该等于 0。

$\alpha>0$，表示一基金或股票的价格可能被低估，建议买入。亦即表示该基金或股票以投资技术获得比平均预期回报大的实际回报。

$\alpha<0$，表示一基金或股票的价格可能被高估，建议卖空。亦即表示该基金或股票以投资技术获得比平均预期回报小的实际回报。

$\alpha=0$，表示一基金或股票的价格准确反映其内在价值，未被高估也未被低估。亦即表示该基金或股票以投资技术获得平均与预期回报相等的实际回报。

【例 9】(清华大学 2015)根据 CAPM 模型假定：市场的预期收益率为 15%，无风险利率为 8%；X 证券的预期收益率为17%，X的贝塔值为1.25，以下哪项说法正确(　　)？

A. X被高估　　B. X正确定价

C. X的阿尔法值为-0.25%　　D. X的阿尔法值为0.25%

答案：D。根据CAPM模型，$E(r_i)=r_f+\beta_{iM}[E(r)-r_f]=8\%+1.25\times(15\%-8\%)=16.75\%$，则$\alpha_i=17\%-16.75\%=0.25\%$。即X证券在理论上被低估了。

【知识拓展】投资业绩评估的方法

(1)夏普比率是用某一时期内投资组合的平均超额收益除以这个时期收益的标准差。它测度了对总波动性权衡的回报。用公式可以表示为：$(\bar{r}_P-\bar{r}_f)/\sigma_P$。

(2)詹森α是投资组合超过CAPM预测值的那一部分平均收益，它用到了投资组合的贝塔值和平均市场收益，其结果即为投资组合的α值。用公式可以表示为：$\alpha_P=\bar{r}_P-[\bar{r}_f+\beta_P(\bar{r}_M-\bar{r}_f)]$。

(3)特雷诺比率给出了单位风险的超额收益，但它用的是系统风险而不是非系统风险，其用公式可以表示为：$(\bar{r}_P-\bar{r}_f)/\beta_P$。

(4)信息比率是用投资组合α除以该组合的非系统性风险，也称为循迹误差。它测量的是每单位非系统性风险所带来的超额收益。其用公式可以表述为：$\alpha_P/\sigma(e_P)$。

知识点四　APT模型

罗斯(Ross，1976)给出了一个以无套利定价为基础的多因素资产定价模型，也称套利定价理论模型(Arbitrage Pricing Theory，APT)。该模型由一个多因素收益生成函数推导而出，其理论基础为一价定律(The Law of One Price)，即两种风险-收益性质相同的资产不能按不同价格出售。该模型推导出的资产收益率决定于一系列影响资产收益的因素，而不完全依赖于市场资产组合，而套利活动则保证了市场均衡的实现。同时，APT对CAPM中的投资者风险厌恶的假设条件作了放松，从而较CAPM具有更强的现实解释能力。

套利定价理论认为，证券收益是跟某些因素相关的。为此，在介绍套利定价理论之前，我们先得了解因素模型(Factor Models)。

1. 因素模型

因素模型认为各种证券的收益率均受某个或某几个共同因素影响。各种证券收益率之所以相关主要是因为他们都会对这些共同的因素起反应。因素模型的主要目的就是找出这些因素并确定证券收益率对这些因素变动的敏感度。

(1) 单因素模型认为，证券的收益率只受一种因素的影响。对于任意的证券i，其在t时刻的单因素模型表达式为：

$$r_{it}=a_i+b_i F_t+\varepsilon_{it}$$

其中，r_{it}表示证券i在t时期的收益率，F_t表示该因素在t时期的预测值，b_i表示证券i对该因素的敏感度。ε_{it}为证券i在t时期的随机变量，其均值为零，标准差为$\sigma_{\varepsilon i}$，a_i为常数，它表示要素值为0时证券i的预期收益率。因素模型认为，随机变量ε与因素是不相关的，且两种证券的随机变量之间也是不相关的。

(2) 两因素模型

两因素模型认为，证券收益率取决于两个因素，其表达式为：

$$r_{it}=a_i+b_{i1}F_{1t}+b_{i2}F_{2t}+\varepsilon_{it}$$

其中，F_{1t}和F_{2t}分别表示影响证券收益率的两个因素在t时期的预测值，b_{i1}和b_{i2}分别表

示证券 i 对这两个因素的敏感度。

(3) 多因素模型

多因素模型认为，证券 i 的收益率取决于 K 个因素，其表达式为：

$$r_{it} = a_i + b_{i1} F_{1t} + b_{i2} F_{2t} + \cdots + b_{iK} F_{Kt} + \varepsilon_{it}$$

应该注意的是，与资本资产定价模型不同，因素模型不是资产定价的均衡模型。在实际运用中，人们通常通过理论分析确定影响证券收益率的各种因素，然后，根据历史数据，运用时间序列法、跨部门法、因素分析法等实证方法估计出因素模型。

2. 套利组合

根据套利定价理论，在不增加风险的情况下，投资者将利用组建套利组合的机会来增加其现有投资组合的预期收益率。那么，什么是套利组合呢？

根据套利的定义，套利组合要满足三个条件：

条件 1：套利组合要求投资者不追加资金，即套利组合属于自融资组合。如果我们用 x_i 表示投资者持有证券 i 金额比例的变化(从而也代表证券 i 在套利组合中的权重，注意 x_i 可正可负)，则该条件可以表示为：

$$x_1 + x_2 + x_3 + \cdots + x_n = 0$$

条件 2：套利组合对任何因素的敏感度为零，即套利组合没有因素风险。证券组合对某个因素的敏感度等于该组合中各种证券对该因素敏感度的加权平均数，因此在单因素模型下该条件可表达为：

$$b_1 x_1 + b_2 x_2 + b_3 x_3 + \cdots + b_n x_n = 0$$

在双因素模型下，条件 2 表达式为：

$$b_{11} x_1 + b_{12} x_2 + b_{13} x_3 + \cdots + b_{1n} x_n = 0$$
$$b_{21} x_1 + b_{22} x_2 + b_{23} x_3 + \cdots + b_{2n} x_n = 0$$

在多因素模型下，条件 2 表达式为：

$$b_{11} x_1 + b_{12} x_2 + b_{13} x_3 + \cdots + b_{1n} x_n = 0$$
$$b_{k1} x_1 + b_{k2} x_2 + b_{k3} x_3 + \cdots + b_{kn} x_n = 0$$

条件 3：套利组合的预期收益率应大于零，即：

$$x_1 \bar{r}_1 + x_2 \bar{r}_2 + \cdots + x_n \bar{r}_n > 0$$

3. 套利定价模型

投资者的套利活动是通过买入收益率偏高的证券同时卖出收益率偏低的证券来实现的，其结果是使收益率偏高的证券价格上升，其收益率将相应回落；同时使收益率偏低的证券价格下降，其收益率相应回升。这一过程将一直持续到各种证券的收益率跟各种证券对各因素的敏感度保持适当的关系为止。下面我们就来推导这种关系：

(1) 单因素模型的定价公式

投资者套利活动的目标是使其套利组合预期收益率最大化(因为根据套利组合的定义，他无须投资，也没有风险)。而套利组合的预期收益率为：

$$\bar{r}_P = x_1 \bar{r}_1 + x_2 \bar{r}_2 + \cdots + x_n \bar{r}_n$$

但套利活动要受到式(条件 1)和(条件 2)两个条件的约束。根据拉格朗日定理，我们可建立如下函数：

$$\max L = (x_1 \bar{r}_1 + x_2 \bar{r}_2 + \cdots + x_n \bar{r}_n) - \lambda_0 (x_1 + x_2 + x_3 + \cdots + x_n)$$

$$-\lambda_1(b_1x_1+b_2x_2+b_3x_3+\cdots+b_nx_n)$$

L 取最大值的一价条件是上式对 x_i 和 λ 的偏导等于零，由此我们可以得到在均衡状态下 $\bar{r}_i$ 和 b_i 的关系：

$$\bar{r}_i=\lambda_0+\lambda_1 b_i \tag{4}$$

这就是在单因素模型 APT 定价公式，其中 λ_0 和λ_1 是常数。从上式可以看出 $\bar{r}_i$ 和 b_i 必须保持线性关系，否则的活，投资者就可以通过套利活动来提高投资组合的预期收益率。

我们知道，无风险资产的收益率等于无风险利率，即：$\bar{r}_i=r_f$ 。由于式(4)适用于所有证券包括无风险证券，而无风险证券的因素敏感度 $b_i=0$，因此根据式(4)我们有：$\bar{r}_i=\lambda_0$ 。由此可见，式(4)中的 λ_0 一定等于 r_f ，因此式(4)可重新表示为：

$$\bar{r}_i=r_f+\lambda_1 b_i \tag{5}$$

为了理解 λ_1 的含义，考虑一个纯因素组合(P^*)其因素敏感度等于 1，即代入式(5)，有：

$$\lambda_1=\bar{r}_{P^*}-r_f$$

由此可见，λ_1 代表因素风险报酬，即拥有单位因素敏感度的组合超过无风险利率部分的预期收益率。为表达方便，我们令 $\delta_1=\bar{r}_{P^*}$ ，即 δ_1 表示单位因素敏感度组合的预期收益率，我们有：

$$\bar{r}_i=r_f+(\delta_1-r_f)\,b_i$$

（2）两因素模型的定价公式

用同样的方法我们可以求出两因素模型中的 APT 资产定价公式：

$$\bar{r}_i=\lambda_0+\lambda_1 b_{i1}+\lambda_2 b_{i2}$$

同理，考虑无风险证券和两个充分多样化的组合，一个组合对第一种因素的敏感度等于 1，对第二种因素的敏感度等于 0，其预期收益率为 δ_1 ；另一个组合对第一种因素的敏感度等于 0，对第二种因素的敏感度等于 1，其预期收益率为 δ_2 。则有：

$$\bar{r}_i=r_f+(\delta_1-r_f)\,b_{i1}+(\delta_2-r_f)\,b_{i2}$$

（3）多因素模型的定价公式

同样道理，在多因素模型下，APT 资产定价公式为：

$$\bar{r}_i=\lambda_0+\lambda_1 b_{i1}+\lambda_2 b_{i2}+\cdots+\lambda_k b_{ik}$$

如果用 δ_j 表示对第 j 种因素的敏感度为 1，而对其他因素的敏感度为 0 的证券组合的预期收益率，我们可以得到：

$$\bar{r}_i=r_f+(\delta_1-r_f)\,b_{i1}+(\delta_2-r_f)\,b_{i2}+\cdots+(\delta_k-r_f)\,b_{ik} \tag{6}$$

式(6)说明，一种证券的预期收益率等于无风险利率加上 k 个因素风险报酬。

4. APT 模型和 CAPM 模型的比较

（1）APT 是比 CAPM 更为一般的资产定价模型

① APT 是一个多因素模型，它假设均衡中的资产收益取决于多个不同的外生因素，而 CAPM 中的资产收益只取决于一个单一的市场组合因素。从这个意义上看，CAPM 只是 APT

的一个特例。

② CAPM 成立的条件是投资者具有均值方差偏好、资产的收益分布呈正态分布，而 APT 则不作这类限制，但它与 CAPM 一样，要求所有投资者对资产的期望收益和方差、协方差的估计一致。

（2）APT 比 CAPM 显得更为完整稳健

① APT 没有关于资产回报率分布的假设，而 CAPM 要求资产回报率服从多元正态分布；

② APT 没有关于个人效用函数的严格假设，而 CAPM 要求效用函数仅是 $E(R_P)$ 和 σ_P^2 的函数；

③ APT 允许均衡回报率依赖于多个因素，而 CAPM 假设资产回报率仅依赖于市场证券组合的回报率；

④ APT 可以对任意资产子集进行定价，人们不必为检验理论而去对无穷尽的资产进行计量；

⑤ 在 APT 中，市场证券组合没有特殊的作用，而 CAPM 必须要求市场证券组合是有效的；

⑥ APT 容易扩展到多期模型中。

【例 10】考虑一个多因素 APT 模型，假设有两个独立的经济因素 F_1 和 F_2，无风险利率是 6%，两个充分分散化了的组合的信息如下：

组合	对因素 1 的 β	对因素 2 的 β	期望收益
A	1.0	2.0	19%
B	2.0	0.0	12%

如果不存在套利机会，那么因素 1 和因素 2 的风险溢价分别是多少？

答案：设因素 1 和因素 2 的风险溢价分别为 r_1 和 r_2，根据 APT 模型有：

对于组合 A：$19\% = 6\% + 1.0r_1 + 2.0r_2$

对于组合 B：$12\% = 6\% + 2.0r_1$

联立以上两个等式，解得：$r_1 = 3\%$，$r_2 = 5\%$

因此，因素 1 和因素 2 的风险溢价分别为 3% 和 5%。

习题精编

一、选择题

1. 历史上，HP 公司的算术平均收益率为 16%，而几何平均收益率为 14%。如果收益率是正态分布的，那么这只股票收益率的波动值(即方差)是(　　)。

A. 4 %　　B. 2%　　C. 1%　　D. 6%

2. 测度分散化投资组合中的某一证券的风险用的是(　　)。

A. 特有风险　　B. 收益的标准差　　C. 再投资风险　　D. 协方差

3. 当两种证券完全正相关时，由它们所形成的证券组合(　　)。

A. 能适当地分散风险

B. 不能分散风险

C. 证券组合风险小于单项证券风险的加权平均值

D. 可分散全部风险

4.(上海财大 2016 年)完全正相关的证券 A 和 B 前者期望收益率为 16%，标准差为 6%，后者期望收益率为 20%，标准差为 8%，如果按证券 A 和 B 的比例分别为 30%和 70%，则证券组合的标准差为(　　)。

A. 3. 8%　　B. 5. 9%　　C. 7. 4%　　D. 6. 2%

5. 考虑由英特尔股票和可口可乐股票组成的投资组合。假设投资者认为，这两只股票是不相关的。它们的期望回报率和波动率(标准差)如下：

股票	期望回报率	波动率
英特尔	26%	50%
可口可乐	6%	25%

假如你有 20000 美元进行投资，决定卖空价值 10000 美元的可口可乐股票，将卖空得到的收入加上 20000 美元，投资于英特尔股票。则组合的期望收益率和标准差分别为(　　)。

A. 14%；25%　　B. 14%；36%　　C. 25%；36%　　D. 36%；76%

6. 下列不属于马科维茨投资组合理论的假设条件的是(　　)。

A. 证券市场是有效的

B. 存在一种无风险资产，投资者可以不受限制地借入和贷出

C. 投资者都是风险规避的

D. 投资者在期望收益率和风险的基础上选择投资组合

7. 资本配置线(CAL)可能会从直线变为弯曲的折线，是由于下列哪种情形所造成的结果？(　　)

A. 收益率与波动率的比率(收益率/波动率)增加

B. 借入资金的利率超过借出资金的利率

C. 投资者的风险容忍程度降低

D. 投资组合中无风险资产增加

8. 下列哪个不是 CAPM 的假设？(　　)

A. 投资者风险厌恶，且其投资行为是使其终期财富的期望效用最大

B. 投资者是价格承受者，即投资者的投资行为不会影响市场上资产的价格运动

C. 资产收益率满足多因子模型

D. 资本市场上存在无风险资产，且投资者可以无风险利率无限借贷

9. (清华大学 2014 年)根据 CAPM 模型贝塔值为 1. 0，阿尔法值为 0 的资产组合的预期收益为(　　)。

A. 在 r_m 和 r_f 之间　　B. 无风险利率 r_f

C. $r_m - r_f$　　D. 市场预期收益率 r_m

10. 下列关于资本市场线的说法中，错误的有(　　)。

A. 切点 M 点是所有证券以各自的总市场价值为权数的加权平均组合

B. 投资者个人对风险的态度不会影响最佳风险资产组合

C. 在 M 点的右侧将同时持有无风险资产和风险资产组合

D. 直线的截距表示无风险报酬率

11. 根据图 6-11 的信息，可得股票 A 的非系统性标准差为(　　)。

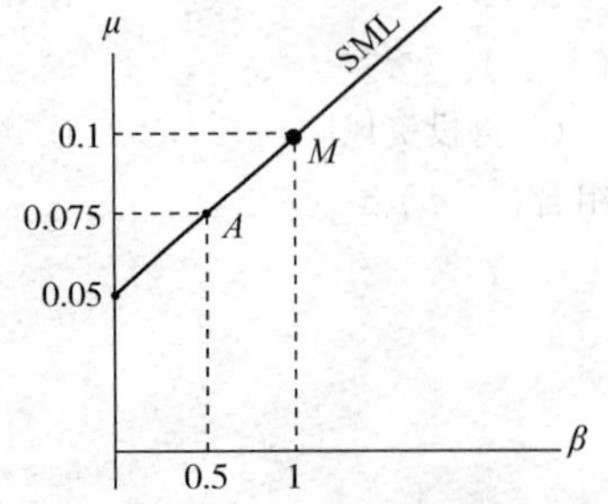

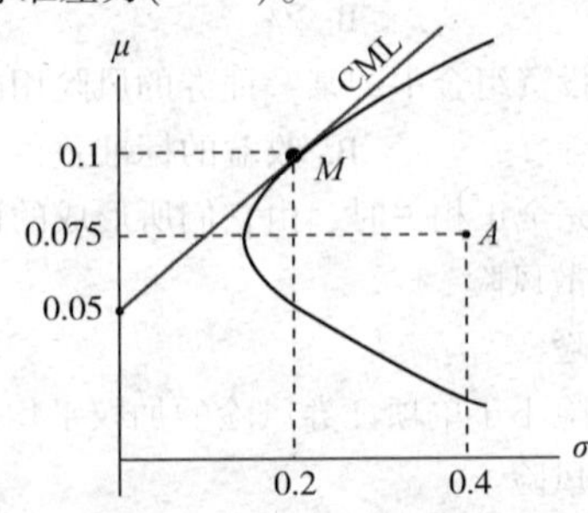

图 6-11　SML 曲线和 CML 曲线

A. 0.6127　　B. 0.3873　　C. 0.5926　　D. 0.4074

12.（中山大学 2018 年）下列哪个等式是正确的？（　　）

A. 总风险＝市场风险+公司特有风险　　B. 总风险＝系统风险+不可分散风险

C. 市场风险＝不可分散风险+资产特有风险　　D. 总收益＝资产特有收益+没有预期到的收益

13.（重庆大学 2016 年）下列金融市场风险中通常不属于系统性风险的是（　　）。

A. 经营风险　　B. 政策风险　　C. 利率风险　　D. 市场风险

14. 对股票 A 和股票 B 有：

股票	期望收益率	贝塔值
A	0.12	1.2
B	0.14	1.8

无风险收益率为 5%，市场期望收益率为 9%，则应该买入哪只股票？为什么？（　　）

A. 股票 A，因为期望超额收益率为 1.2%　　B. 股票 B，因为期望超额收益率为 1.8%

C. 股票 A，因为期望超额收益率为 2.2%　　D. 股票 B，因为期望收益率为 14%

15.（复旦大学 2019 年）下列对投资组合分散化的说法描述正确的是（　　）。

A. 适当的分散化可以减少或消除系统性风险

B. 分散化减少投资组合的期望收益率，因为它减少了投资组合的总体风险

C. 当把越来越多的证券加入投资组合时，总体风险一般会以递减的速率下降

D. 除非投资组合包含了至少 30 只以上的个股，分散化降低风险的效果不会充分体现

16. 考虑一个双因素套利定价模型，股票 A 的期望收益率为 18%，对因素 1 的贝塔为 1.5，对因素 2 的贝塔为 1.2。因素 1 的风险溢价为 3%，无风险收益率为 5%。如果无套利机会，则因素 2 的风险溢价为（　　）。

A. 6%　　B. 4.75%　　C. 7.08%　　D. 8.75%

17. 因素组合 A 的预期收益率为 10%，无风险利率为 3%，单因素 APT 模型下，充分分散化的资产组合 P 对因素 A 的敏感系数为 0.6。若组合 P 预期收益率为 8%，则考虑用因素组合 A、无风险资产和资产组合 P 构建无风险套利组合，可以获得无风险套利利润为（　　）。（忽略交易费用）

A. 7.20%　　B. 0.80%

C. 5.00%　　D. 0，因为不存在无风险套利机会

二、简答题

18.（中南财大 2004 年）证券组合有哪几种风险？什么是证券组合的风险报酬？如何确定？

19. 考虑图 6-12 中股票 *A*、*B* 的两条回归线：

（1）哪只股票的企业特定风险较高？

（2）哪种股票的系统（市场）风险较高？

（3）哪种股票的 R^2 较高？

（4）哪种股票的阿尔法值高？

（5）哪种股票与市场的相关性较高？

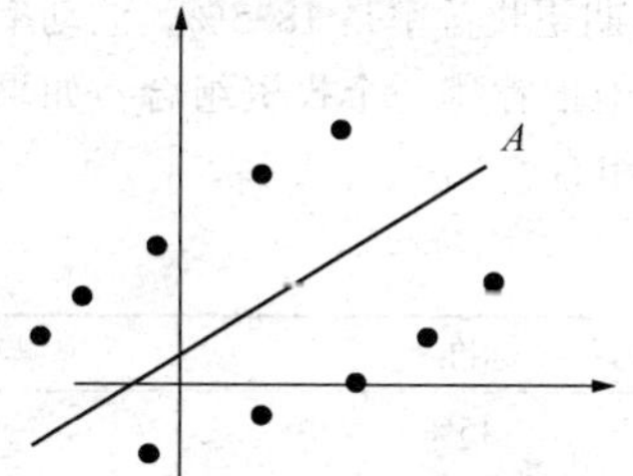

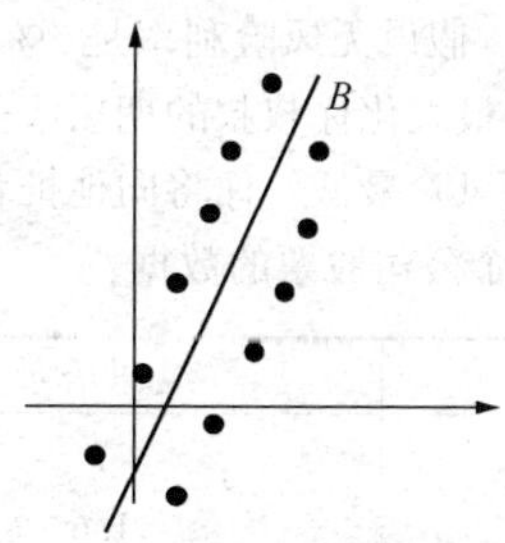

图 6-12　证券特征线

20.（清华大学 2012 年复试）试比较 CAPM 与套利定价理论的异同。

三、计算题

21. 根据下列数据计算项目 A、B 的期望收益，标准差和标准离差率。

股票 A		股票 B	
概率	收益	概率	收益
0.1	1000	0.3	1500
0.2	1500	0.5	2000
0.5	3000	0.2	3000
0.2	3500		

22. 甲公司持有 A、B、C 三种股票，在由上述股票组成的证券投资组合中，各股票所占的比重为 50%、30%和 20%，其 β 系数分别为 2.0、1.0 和 0.5，市场收益率为 15%，无风险收益率为 10%。A 股票当前每股市价为 12 元，刚收到上一年派发的每股 1.2 元的现金股利，预计股利以后每年将增长 8%。要求计算如下指标：

（1）甲公司证券组合的 β 系数；

（2）甲公司证券组合的必要投资收益率（K）；

（3）投资 A 股票的必要投资收益率。

23.（复旦大学 2018 年）假定你正在考虑投资某股票，该股票的永续红利为 6 元/股。根据你的调查，股票的 β 系数为 0.9。当前的无风险收益率为 4.3%，市场期望收益率是 13%。

（1）如果选择用 CAPM 模型进行估计，计算你对该股票的期望收益率是多少？

（2）根据期望收益率，你愿意为该股票支付多少钱？

（3）假设你的调查出了错误，该股票的实际 β 值为 1.3，则如果你以（2）中的价格购买该股票，则你是高估其价格 还是低估其价格？

24.（上海财大 2011 年）假定市场上有两种证券 A 和 B，其预期收益率分别为 8%和 13%，标准差分别为 12%和 20%，A、B 两种证券的相关系数为 0.3。市场无风险收益率为 5%。某投资者决定用这两种证券组成最优风险组合，则 A、B 的系数分别为多少？该最优风险组合的预期收益率和方差分别为多少？

25.（复旦大学 2017）假设无风险收益 $r_f = 5\%$，投资人最优风险资产组合的预期收益 $E(r_t) = 15\%$，标准差为 25%，试求：

（1）投资人承担一单位风险所要增加的预期收益率是多少？

（2）假设投资人需要构造标准差为 10%的投资组合，则投资最优风险组合的比例是多少？构造的投资组合预期收益率是多少？

（3）假设投资人将 40%的资产投资于无风险证券，则该投资组合的预期收益率和标准差是多少？

（4）假设投资人需要构造预期收益率为 19%的投资组合，则如何分配最优风险资产组合和无风险证券比例？

（5）假设投资人资产总额为 1000 万，需要借入多少无风险证券以构造预期收益率为 19%的投资组合？

26. 你叔叔向你咨询投资建议。当前他有 100000 美元投资于某风险组合 P。组合 P 有 10.5%的期望回报率和 8%的波动率。假设无风险利率是 5%，切点组合的期望收益率是 18.5%，波动率是 13%。在不增加风险的前提下，为了最大化你叔叔的期望收益率，你会向他推荐哪一个投资组合？如果你叔叔想保持同样的期望收益率，但要风险最低，你将向他推荐哪一个投资组合？

27. 考虑以下两个公司股票的数据：

股票	贝塔	标准差	与市场的协方差
A	?	45%	0.0135
B	1.6	40%	?

市场的预期收益是15%，无风险利率是6%。假设两个股票的价格由CAPM正确定价。

(1) 假设市场组合的标准差是20%。股票A的β是多少？股票B与市场组合之间的相关系数是多少？

(2) 如果要用A和B组成一个投资组合，并且预期回报等于市场的预期回报，应该怎么做？如果A和B之间的相关系数是0.5，这个组合的方差是多少？

(3) 在所有预期收益为24%的投资组合中，标准差最小的组合是什么样的？

28. 假设有两个因子决定着资产价格。第一个因子F_1是非预期的市场收益，第二个因子F_2是非预期的通胀率。两个因子都是零预期，即$E(F_1)=E(F_2)=0$。有三个可交易资产A、B、C，它们的收益如下：

$$R_A=0.2+F_1;\ R_B=0.2+0.5F_2;\ R_C=0.3+F_1+F_2$$

假设APT成立，每一个资产的预期收益都是：

$$E(R_i)=\lambda_0+\beta_{1i}\lambda_1+\beta_{2i}\lambda_2$$

(1) 找出λ_0，λ_1，λ_2。

(2) 假设现在有另外一个资产D，收益为$R_D=\alpha+2F_1+F_2$，其中α为常数。如果APT成立，使用(1)中的信息，找出α的值。

(3) 假设$\alpha=0.5$。使用以上4个可交易资产，是否有套利机会？如果有，应该怎么做？

习题参考答案

一、选择题

1. A。根据算术平均数和几何平均数之间的关系可得：$r_G=r_A-\frac{1}{2}\sigma^2$，代入数字可得$14\%=16\%-\frac{1}{2}\sigma^2\Rightarrow\sigma=4\%$。

2. D。协方差反映了该证券与其他证券及证券组合的相关程度，体现了其分散风险的能力，如果该证券与组合协方差较大，说明其非系统性风险较大。

3. B。当两种证券完全相关时，相关系数为1，等同于是同一证券，因此不能分散风险。

4. C。如果两个证券完全正相关，则相关系数为1，可得：

$$\sigma_P=w_A\sigma_A+w_B\sigma_B=0.3\times6\%+0.7\times8\%=7.4\%$$

5. D。把卖空理解为相应股票负的投资，于是对可口可乐股票的投资是-10000美元，英特尔股票是+30000美元，总的净投资是+20000美元。相应的这两只股票的权重是$x_1=\frac{30000}{20000}=150\%$，$x_C=\frac{-10000}{20000}=-50\%$。然后可求得投资组合的期望回报率和波动率：

$$E(R_P)=1.50\times26\%+(-0.50)\times6\%=36\%$$

$$\sigma_P=\sqrt{1.5^2\times0.50^2+(-0.5)^2\times0.25^2}=76\%$$

6. B。选项B是CAPM模型的假设条件。

7. B。资本配置线(CAL)描述了引入无风险借贷后，将一定量的资本在某一特定的风险资产组合与无风险资产之间分配，从而得到所有可能的新组合的预期收益与风险之间的关系。在资本配置线的推导中假设投资者以无风险利率借入资金，但在实际情况下，存款利率低于贷款利率，此时，投资者的贷款利率就要高于无风险收益率，资本配置线(CAL)变成弯曲的折线。

8. C。套利定价理论(APT)假设资产收益率满足多因子模型。套利定价模型的优点之一是它能够处理多个因素，而资本资产定价模型就忽略了这一点。

9. D。根据CAPM模型可知，当$\beta=1$时，$r_i=r_f+\beta_{iM}(r_M-r_f)=r_m$。

10. C。当存在无风险资产并可按无风险利率自由借贷时，市场组合优于所有其他组合。对于不同风险偏好者来说，只要能以无风险利率自由借贷，他们都会选择市场组合M。这就是分离定理，它可以表述为最佳风险资产组合的确定独立于投资者的风险偏好。选项 B 的说法正确。在 M 点的左侧将同持有无风险资产和风险资产组合，在 M 点的右侧将仅持有市场组合 M，并且会借入资金以进一步投资于组合 M，所以选项 C 的说法不正确。

11. B。设总风险的标准差为：$\sigma_{A,total}$，则：

$$\sigma_{A,total}^2=\beta_A^2\cdot\sigma_M^2+\sigma_{A,\varepsilon}^2\Rightarrow 0.4^2=0.5^2\times0.2^2+\sigma_{A,\varepsilon}^2\Rightarrow\sigma_{A,\varepsilon}=0.3873$$

12. A。企业的总风险=系统风险(市场风险或不可分散风险)+非系统风险(公司特定风险或可分散风险)，故选项 A 正确，选项 B 与 C 均错误，总收益=资产平均收益(可预期收益)+资产特有收益(不可预期收益)，故选项 D 错误。

13. A。系统性风险是指金融机构从事金融活动或交易所在的整个系统(机构系统或市场系统)因外部因素的冲击或内部因素的牵连而发生剧烈波动、危机或瘫痪，使单个金融机构不能幸免，从而遭受经济损失的可能性。系统性风险包括政策风险、经济周期性波动风险、利率风险、购买力风险、汇率风险等。这种风险不能通过分散投资加以消除，因此又被称为不可分散风险。

14. C。计算可得股票 A 的期望超额收益率为：12%-[5%+1.2(9%-5%)]=2.2%，股票 B 的期望超额收益率为：14%-[5%+1.8(9%-5%)]=1.8%，对比可知 A 股票更值得投资。

15. C。即使在最充分的分散条件下还存在市场风险，也即系统风险，故 A 项错误；B 项分散化不一定减少期望收益；D 项资产组合的股数量较少但各股相关性很低的情况下，仍能充分发挥分散化降低风险的好处。

16. C。根据双因素套利定价公式可知：$\bar{r}_i = r_f + (\delta_1 - r_f)\, b_{i1} + (\delta_2 - r_f)\, b_{i2}$

代入公式可知，18%=5%+1.5×3%+1.2×因素 2 的风险溢价，解得因素 2 的风险溢价=7.08%。

17. B。$E(R_P)$=3%+(10%-3%)×0.6=7.2%，低于实际预期收益率 8%。用无风险资产与因素组合构建一个 β 值为 0.6 的新组合，其中无风险资产占 40%，因素组合 A 占 60%，卖空该组合，买入组合 P，赚取套利利润 0.8%。

二、简答题

18. (1) 风险是指未来的不确定性可能带来的损失。证券投资组合风险可以分为可分散风险和不可分散风险。可分散风险又叫非系统性风险，是指某些因素对单一的投资造成经济损失的可能性。一般来讲，只要投资多样化，这种风险是可以被分散的。而且随着证券种类的增加该风险也将逐渐减少，并最终降为零。此时，组合投资的风险只剩下不可分散风险。

但是，只有将负相关的证券进行组合才能降低可分散风险，而将正相关的证券进行组合不能降低可分散风险。

不可分散风险，又称系统风险或者市场风险，是指某些因素对市场上所有投资造成损失的可能性。这种风险与组合投资中证券种类的多少没有关系，因而无法通过组合投资分散掉。系统风险通常用系数表示，用来说明某种证券(或某一组合投资)的系统性风险相当于整个证券市场系统风险的倍数。通过投资组合，可以分散的是非系统风险，但是不能分散系统性风险，投资组合不能分散系统风险是因为：股票的不可分散风险是由市场的变动引起的，它对所有的股票都有影响，不能通过证券组合消除。

(2) 证券组合的风险报酬，是证券所要求的必要报酬率，它是由无风险市场报酬率，整个资本市场平均的风险报酬率和证券组合相对于整个资本市场的系统风险决定的。

19. (1) 两张图描述出了股票的证券特征线(SCL)。股票 A 的企业特有风险更高，因为 A 的观察值偏离 SCL 的程度要大于 B。偏差是用每个观测值偏离 SCL 的垂直距离来测度的。

(2) β 是证券特征线的斜率，也是系统风险的测度指标。股票 B 的证券特征线更陡峭，因此它的系统风险更高。

(3) 可决系数表示因变量(股票收益率)的方差能被自变量(指数收益率)的变动所解释的比率(不可解

释的部分是企业特有风险)，用公式表示为：

$$R^2=\frac{\beta_i^2\sigma_M^2}{\sigma^2}+\sigma^2(e_i)$$

因为股票B的可解释方差要高(它的被解释方差为$\beta_B^2\sigma_M^2$，因为它的β值要高，而它的残差平方$\sigma^2(e_B)$要小，所以它的可决系数要高于股票A。

(4) α是以期望收益率为轴线的证券特征线的截距。股票A的α是一个很小的正值，而股票B的α为负数，因此A的更高。

(5) 相关系数就是R^2的平方根，因此股票B与市场的相关性更高。

20. 套利定价理论与CAPM模型的共同点是它们都认为期望收益和风险之间存在着正相关关系。它们的区别有以下几点：①在推导期望收益-β关系时，前者的基础是一个可操作的充分分散化的市场组合，后者的基础是一个难以实现的真实市场资产组合。②在实际运用时，前者可以方便地分析多种可以影响股票收益的因素，而CAPM却缺乏这种能力。③前者的证明是建立在一般的理解和理性之上，缺乏严格的数学表达，因而不能排除任何个别资产对期望收益-β关系的违反；而CAPM的模型则要严谨的多。也正是因为如此，虽然套利定价理论有优点，但是并不能取代CAPM模型所具有的主导地位。

三、计算题

21. $E(A)=0.1\times1000+0.2\times1500+0.5\times3000+0.2\times3500=2600$

A的标准差：

$$S(A)=\sqrt{0.1\times(1000-2600)^2+0.2\times(1500-2600)^2+0.5\times(3000-2600)^2+0.2\times(3500-2600)^2}$$
$$=860.23$$

A的标准离差率 = 860.23÷2600 = 0.331

$$E(B)=0.3\times1500+0.5\times2000+0.2\times3000=2050$$

B的标准差：

$$S(B)=\sqrt{0.3\times(1500-2050)^2+0.5\times(2000-2050)^2+0.2\times(3000-2050)^2}$$
$$=522.02$$

B的离差率 = 522.02÷2050 = 0.255。

22. (1) 证券组合的系统风险系数$\beta=2\times50\%+1.0\times30\%+0.5\times20\%=1.4$；

(2) 证券组合的必要投资收益率$K=10\%+1.4\times(15\%-10\%)=17\%$；

(3) 按A股票的β值计算的$r_A=10\%+5\%\times2=20\%$，20%是投资于A股票的必要报酬率。

23. (1) 根据CAPM模型，我们知道：

$$r_P=r_f+\beta(r_M-r_f)=4.3\%+0.9\times(13\%-4.3\%)=12.13\%$$

(2) 根据零增长模型，我们可知：

$$P=\frac{D_0}{r_P}=\frac{6}{12.13\%}\approx49.46(\text{元})$$

(3) 重新运用CAPM模型对该股票的期望收益率进行估值：

$$r'_P=r_f+\beta'(r_M-r_f)=4.3\%+1.3\times(13\%-4.3\%)=15.61\%$$

$$P'=\frac{D_0}{r'_P}=\frac{6}{15.61\%}\approx38.44(\text{元})$$

对比可知，以(2)中的价格购买该股票是高估了该股票的价格。因为在同样的风险溢价报酬下，风险却大大增加了。

24. 令组合收益率为r_P，A、B两种证券的权重分别为W_A，W_B，那么组合的预期收益率和方差为：

$$r_P=W_Ar_A+W_Br_B=0.08\,r_A+0.13\,r_B$$

$$\sigma_P^2 = W_A^2 \times 12\%^2 + W_B^2 \times 20\%^2 + 2\,W_A W_B \times 13\% \times 20\% \times 0.3 = 0.0144\,W_A^2 + 0.04\,W_B^2 + 0.0144\,W_A W_B$$

最优风险组合方差尽可能小，因此将 $W_A + W_B = 1$ 代入方差式，对 W_A 求偏导，可得组合方差最小的 W_A 为：

$$W_A = \frac{\sigma_B^2 - \sigma_{AB}}{\sigma_A^2 + \sigma_B^2 - 2\,\sigma_{AB}} = 0.82$$

所以 $W_B = 0.18$。那么最优风险组合的期望收益率为

$$r_P = W_A r_A + W_B r_B = 0.08\,r_A + 0.13\,r_B = 0.89$$

方差 $\sigma_P^2 = 0.0144\,W_A^2 + 0.04\,W_B^2 + 0.0144\,W_A W_B = 0.013$。

25.（1）单位风险收益率$=\frac{r_t - r_f}{\sigma} = \frac{15\% - 5\%}{25\%} = 0.4$。

（2）$X \times \sigma_t + (1-X) \times \sigma_f = 25\% X = 10\%$，解得 $X = 40\%$，$r_P = 0.4 \times 15\% + 0.6 \times 5\% = 9\%$。

（3）$r_P = 0.6 \times 15\% + 0.4 \times 5\% = 11\%$，$\sigma_P = 0.6 \times 25\% = 15\%$。

（4）$X \times r_t + (1-X) \times r_f = 15\% X + 5\%(1-X) = 19\%$，解得 $X = 140\%$，140%投资于最优风险资产组合，借入40%无风险证券。

（5）投资总额为1000万时，需借入400万无风险证券。

26. 在任何一种情形下，最优投资组合都是由无风险投资与切点组合构成的组合。如果投资 x 比例的资金于切点组合 T，则最优投资组合的期望回报率和波动率分别为：

$$E(R_{xT}) = r_f + x\,[E(R_T) - r_f] = 5\% + x(18.5\% - 5\%)$$

$$\sigma_{xT} = x\,\sigma_T = 13\% x$$

为了维持8%的波动率，$x = 8\%/13\% = 61.5\%$。在这种情形下，你叔叔应该投资61500美元于切点组合，其余的38500美元应投资于无风险资产。他的期望报酬率将是 $5\% + 61.5\% \times 13.5\% = 13.3\%$，这就是在给定的风险水平下，可能的最高回报率。

为保持当前10.5%的期望回报率，x 必须满足 $5\% + x \times 13.5\% = 10.5\%$，解得 $x = 40.7\%$。现在，应该投资40700美元购买切点组合，投资59300美元买无风险资产，投资风险会下降至 $40.7\% \times 13\% = 5.29\%$，这就是在给定的期望回报率水平下，可能的最低波动率。

27.（1）A 的 β 是：$\beta_A = \frac{\sigma_{AM}}{\sigma_M^2} = \frac{0.0135}{0.2^2} = 0.3375$

B 的 β 是：$\beta_B = \frac{\sigma_{BM}}{\sigma_M^2} = \frac{\rho_{BM}\sigma_B}{\sigma_M}$

所以，$\rho_{BM} = \frac{\beta_B \sigma_M}{\sigma_B} = \frac{1.6 \times 0.2}{0.4} = 0.8$

（2）已知 CAPM 成立，并且 A 和 B 都由 CAPM 正确定价。所以一个预期收益等于市场预期收益的组合必定有 $\beta = 1$。

设 w_A 为股票 A 的权重，所以有：

$$\beta_P = w_A \beta_A + (1-w_A)\beta_B \Rightarrow 1 = w_A 0.3375 + (1-w_A)1.6 \Rightarrow w_A = 0.47525$$

所以这个组合的方差为：

$$\sigma_P^2 = w_A^2 \sigma_A^2 + (1-w_A)^2 \sigma_B^2 + 2\,w_A(1-w_A)\rho_{AB}\sigma_A\sigma_B = 0.1347$$

（3）当 CAPM 成立，切线组合就是市场组合。所以最小方差组合必定是由无风险资产和市场组合构成。

$$\mu_P = w\,\mu_M + (1-w)\,r_f \Rightarrow w = \frac{\mu_P - r_f}{\mu_M - r_f} = \frac{0.24 - 0.06}{0.15 - 0.06} = 2$$

所以需要以无风险利率借入100%，然后投资200%在市场组合上。

28. (1) 如果 APT 成立，那么有：

$$0.2=\lambda_0+\lambda_1$$

$$0.2=\lambda_0+0.5\lambda_2$$

$$0.3=\lambda_0+\lambda_1+\lambda_2$$

解方程得到：$\lambda_0=0.15$；$\lambda_1=0.05$；$\lambda_2=0.1$

(2) 如果 APT 成立，则有

$$\alpha=E(R_D)=\lambda_0+2\lambda_1+\lambda_2=0.15+2\times 0.05+0.1=0.35$$

(3) 如果 $\alpha=0.5>0.35=E(R_D)$，那么存在套利机会。我们可以买入资产 D，同时卖出一个由 A，B，C 构成的投资组合。设w_A，w_B，w_C为投资组合的权重，我们需要复制资产 D 的风险：

$$w_A+0\times w_B+w_C=2$$

$$0\times w_A+0.5\times w_B+w_C=1$$

$$w_A+w_B+w_C=1$$

求解以上方程，得：$w_A=0.5$；$w_B=-1$；$w_C=1.5$

买入 X 元资产 D，同时卖出 X 元合成的投资组合，可以获得盈利 $0.15X$ 元。

第七章　加权平均资本成本

加权平均资本成本是后续公司价值评估的基础。因此，本章很重要。本章主要内容包括贝塔(β)的估计和加权平均资本成本。其中，“贝塔(β)的估计”属于基础知识点，难度较大，从命题角度看，主要考查贝塔系数的计算、经营杠杆和财务杠杆的含义及公式的运用、资产贝塔和权益贝塔的换算公式，常以选择题和计算题的形式出现。在计算题中，还可能与CAPM、股权自由现金流模型结合进行考查，考生在学习时需要注意各个章节之间的联系。“加权平均资本成本”属于基础知识点，难度较大，从命题角度看，主要考查无杠杆资本成本和加权平均资本成本的实际运用，常常会在复杂的计算题中以某一小问的形式出现。

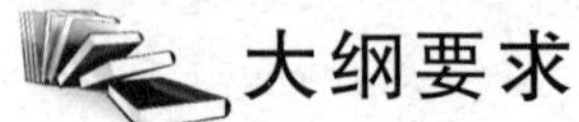

大纲要求

贝塔(β)的估计

加权平均资本成本

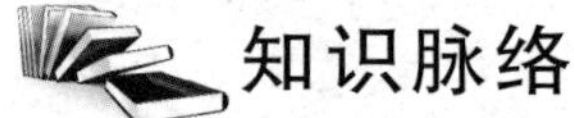

知识脉络

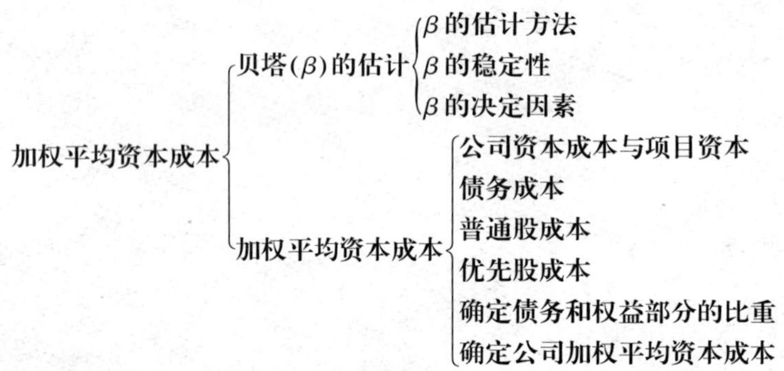

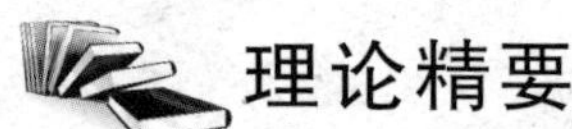

理论精要

知识点一　贝塔(β)的估计

1. β 的估计方法

观察CAPM公式可知，要想确定权益资本成本，我们要首先确定无风险资本成本，市场风险溢价和贝塔系数。在前面的章节中我们总是假设公司的贝塔是已知的，但在实际工作中，贝塔是需要估计的。我们知道，证券的贝塔是证券收益率与市场收益率的协方差(即 $cov(r_i, r_M)$ 与市场收益率的方差($var(r_M)$))之比，其计算公式为：

$$\beta_i=\frac{cov(r_i,\ r_M)}{var(r_M)}=\frac{\sigma_{iM}}{\sigma_M^2}$$

【例 1】当某上市公司的 β 系数大于 0 时，下列关于该公司风险与收益表述中，正确的是(　　)。

A. 系统风险高于市场组合风险

B. 资产收益率与市场平均收益率呈同向变化

C. 资产收益率变动幅度小于市场平均收益率变动幅度

D. 资产收益率变动幅度大于市场平均收益率变动幅度

答案：B。根据 β 系数的计算公式可知，β 系数的正负号取决于资产收益率与市场平均收益率的相关系数。当资产收益率与市场平均收益率呈同向变化时，其相关系数为正，则 β 系数大于 0。

有关方差和协方差的计算前面已经有所阐述，这里就着重研究一下贝塔的计算。我们运用线性回归方法来估计贝塔。所谓线性回归，就是通过一系列的散点来确定最佳拟合直线(这条回归直线使得各个测量值与直线上对应点值之差的平方和最小)的统计技术。如图 7-1 所示，每个散点都表示历史的测量值，直线就是最佳拟合直线。

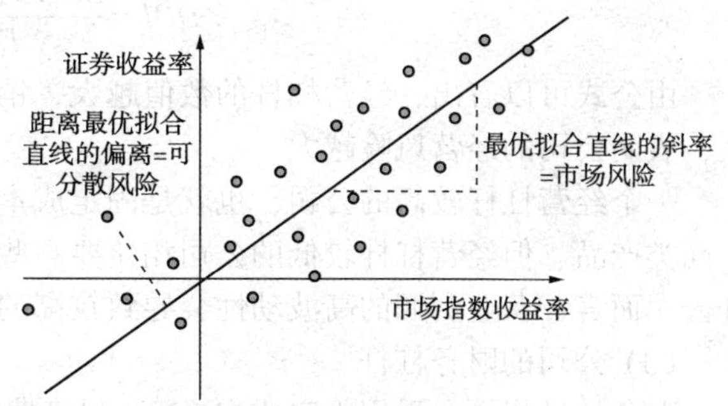

图 7-1　最优拟合直线

根据线性回归，证券的超额收益率可以写成三个部分之和：

$$(r_i-r_f)=\alpha_i+\beta_i(r_M-r_f)+\varepsilon_i$$

第一项 α_i 为回归的常数项或截距项，第二项 $\beta_i(r_M-r_f)$ 表示证券对市场的敏感程度。最后一项 ε_i 为误差项(或残差项)，代表实际观测数据与回归曲线上对应点之差，误差项的均值为 0(否则，可以改进直线的拟合度)。误差项对应的是股票的可分散风险，它与市场无关。

对上面的等式两边同时取期望值，重新整理结果，由于平均误差为 0，即 $E[\varepsilon_i]=0$，可以得到：

$$E(r_i)=r_f+\beta_i(E(r_M)-r_f)+\alpha_i$$

常数 α_i 常被称为股票的阿尔法，它衡量的是证券的历史表现与根据证券市场线预测的期望回报率之间的相对关系。根据 CAPM，$\alpha_i=0$，因为市场是有效的。

【科兴提示】线性回归需要一定的统计学常识，只有个别名校在命题时会涉及，考生根据目标院校命题内容适度掌握即可。

2. β 的稳定性

一般情况下，当企业不改变业务时，其 β 系数保持稳定。但产品系列的变化、技术的变迁或者市场的变化都有可能影响 β 系数，特别是财务杠杆的提高可能使 β 系数变大。

3. β 的决定因素

一公司的 β 系数不是与生俱来的，而是由其公司的特征决定的。有三个影响 β 的因素：收入的周期性、经营杠杆、财务杠杆。

(1) 收入的周期性

由于贝塔衡量的是公司股票相对于市场指数的风险。那么，公司业务对市场状况越敏感，贝塔值就会越大。周期性公司的经营收入和收益往往随经济的波动而剧烈波动。经济繁荣时，公司业绩很好；而经济衰退时，公司业绩就很差。因此，在其他条件一定的情况下，周期性公司会比非周期性公司具有更大的贝塔值。很明显，房地产、汽车和零售业就比共用事业、烟草和食品公司的贝塔值大。

(2) 公司的经营杠杆

经营杠杆是指由于固定营业成本的存在，而导致营业利润(即息税前利润 EBIT)的变动率大于销售量变动率的杠杆效应。常用经营杠杆系数表示：

$$DOL=\frac{\text{营业利润的变动率}}{\text{销售收入的变动率}}=\frac{\Delta EBIT/EBIT}{\Delta Q/Q}$$

根据定义，我们还可以推导出另外一个常用的公式：

$$DOL=\frac{EBIT+\text{固定成本}}{EBIT}$$

由公式可以看出，经营杠杆的数值越大，销售收入的变动引起营业利润的相对变动也越大，表明公司的经营风险越大。

一个经营杠杆较高的公司，也就是固定成本占比较高的公司，营业利润的波动程度与生产同类产品、但经营杠杆较低的公司相比要高些。在其他条件一定的情况下，对于高经营杠杆公司而言，营业利润的高波动性会导致较高的贝塔值。

(3) 公司的财务杠杆

财务杠杆指企业采用固定成本融资(利息费用、优先股股利)而导致普通股每股收益的变动率大于营业利润变动率的杠杆效应。财务杠杆反映了公司对债务融资的依赖程度，常用财务杠杆系数来表示，它是企业计算每股收益的变动率与营业利润的变动率之间的关系：

$$DFL=\frac{\text{每股收益的变动率}}{\text{营业利润的变动率}}=\frac{\Delta EPS/EPS}{\Delta EBIT/EBIT}$$

根据定义，我们还可以推导出另外一个常用的公式：

$$DFL=\frac{EBIT}{EBIT-\text{债务利息}-\dfrac{\text{优先股股利}}{1-T}}$$

【科兴提示】综合 DOL 和 DFL 可以得出联合杠杆系数(DTL)：

$$DTL=\frac{\text{每股收益的变动率}}{\text{销售收入的变动率}}=\frac{\Delta EPS/EPS}{\Delta Q/Q}=DOL\times DFL$$

【例 2】(清华大学 2017 年)某公司经营杠杆为 2，财务杠杆为 3，则以下说法正确的是(　　)。

A. 如果销售收入下降 5%，则 EBIT 将下降 10%

B. 如果 EBIT 增加 10%，EPS 将增加 20%

C. 如果销售收入增加 20%，EPS 将增加 130%

D. 如果 EPS 增加 20%，EBIT 需要增加 5%

答案：A。经营杠杆系数为：$DOL=\frac{\Delta EBIT}{EBIT}\Big/\frac{\Delta Q}{Q}$，根据题意可知，A 选项正确。财务杠杆系数为：$DFL=\frac{\Delta EPS}{EPS}\Big/\frac{\Delta EBIT}{EBIT}$，B 选项中，如果 *EBIT* 增加 10%，*EPS* 将增加 30%。D 选项中，*EPS* 增加 20%，*EBIT* 需要增加 6.7%。总杠杆系数为：$DTL=DOL\times DFL=\frac{\Delta EPS}{EPS}\Big/\frac{\Delta Q}{Q}$，C 选项中，如果销售收入增加 20%，则 EPS 将增加 120%。

杠杆企业不论其销售情况如何都要支付利息，所以财务杠杆与公司的固定财务费用有关。由于债务的利息费用会扩大收益的波动程度，在公司经营状况良好时净收益会大大提高，在经营困难时则会大大降低，这样，在其他条件一定的情况下，财务杠杆也会增加公司的贝塔。

对于一个利用权益和债务融资的公司，其股东和债权人共享公司的现金流，同时两者共同承担公司的风险。如果某投资者的投资组合是由公司的全部证券组成，他将不会与他人共享公司的现金流量，也不会与他人共担风险，他将独自承担全部风险。因此，公司的资产贝塔与公司的负债权益投资组合的贝塔相等。这一投资组合的贝塔就是负债贝塔和权益贝塔的加权平均，即：

$$\beta_u=\frac{B}{B+S}\times\beta_B+\frac{S}{B+S}\times\beta_S \tag{1}$$

式中，β_u就是公司的资产贝塔(又称无杠杆贝塔或全权益贝塔)，反映的是公司资产总体的系统风险，与企业的负债状况即资本结构无关。β_S就是杠杆企业的权益贝塔，反映的是股东承担的系统风险，考虑了公司负债情况，即考虑了财务风险；由于负债会增加股东风险，所以一般权益贝塔大于资产贝塔。

【科兴提示】可用股权和债务减去现金的组合来考虑企业价值 V：$V=B+S-C$，其中 C 是超额现金。在这种情况下，式(1)可以自然扩展为：

$$\beta_u=\frac{B}{B+S-C}\times\beta_B+\frac{S}{B+S-C}\times\beta_S-\frac{C}{B+S-C}\times\beta_C$$

在实际中，负债的贝塔很低。假设负债的贝塔为零，则：

$$\beta_{资产}=\frac{权益}{负债+权益}\times\beta_{权益}\Rightarrow\beta_{权益}=\beta_{资产}\left(1+\frac{负债}{权益}\right) \tag{2}$$

在有公司税的情况下，式(2)可写为：

$$\beta_{权益}=\beta_{资产}\left[1+\frac{负债(1-t)}{权益}\right]$$

一般情况下，当公司不改变业务时，其资产的贝塔会保持不变。这样，随着财务杠杆的增加，权益的贝塔也会增加。

【例3】2007年，保利地产计划实施一个规模扩张型的项目。公司债务的市场价值为105亿元，股票的市场价值为492亿元。回归分析的结果表明公司的权益贝塔是1.06，无风险利率为3.5%，市场预期收益率为14%，公司的所得税率是25%。若该公式是全权益公司，则该项目的折现率是多少？

答案：(1)确定全权益情况下的贝塔值：

$$\beta_0=\frac{\beta_S}{\left[1+\frac{B}{S}\times(1-T_C)\right]}=\frac{1.06}{\left[1+\frac{105}{492}\times(1-0.25)\right]}=0.91$$

(2)确定折现率：

$$r_S=r_F+\beta\times(r_M-r_F)=3.5\%+0.91\times(14\%-3.5\%)=13.06\%$$

由计算结果可知，当该公式为全权益公司时，其项目的折现率为13.06%。

由于该项目是规模扩张型的，可以直接运用公司的权益贝塔来计算。但如果项目不是规模扩张型的，即公司进行跨行业的投资，就不能直接运用公司的权益贝塔。而应该先确定项目所属行业的权益贝塔，再计算该行业企业的全权益贝塔，然后才确定项目的折现率。

【科兴提示】上面两个权益贝塔和资产贝塔的换算公式，只有在假设负债贝塔为零时才能使用。具体来说，就是无风险利率与借贷利率相等时才能使用。

【知识拓展】经营风险与财务风险

由于企业的债权人和股东都对企业进行了资本投入，他们都要求得到相应的投资回报。经营风险是指企业全部资本投资者投资收益的不确定性。当企业的债务资本为零时，企业的投资者只有股东，即投资者的收益为权益报酬率ROE。企业的EBIT反映的是属于资本投资者的报酬。EBIT越稳定，资本投资者的收益就越稳定；反之，资本投资者收益的波动性就越大。因此，EBIT的波动性就是资本投资者所面临的经营风险的反映。息税前收益只受企业生产经营状况的影响，与企业的负债状况即资本结构无关。

财务风险是指企业负债经营而给股东带来的风险。如果企业的资本全部由股东投入，则股东只承受经营风险。但如果企业引入了部分债务资本，由于债权人在投资收益的分配中优先于股东，因而会导致公司股东收益的不确定增大。

知识点二　加权平均资本成本(WACC)

1. 公司资本成本与项目资本成本

所谓公司资本成本，就是公司现有证券组成的投资组合的期望收益，可以用来折现与公司整体风险相似的项目现金流。但是，如果新项目的风险高于或低于公司当前业务的风险，则公司资本成本就不再是正确的折现率。任何项目都应该用其自身的机会成本来估价。

对于由 A、B 两种资产构成的公司，该公司的价值为：

公司价值=PV(A+B)=PV(A)+PV(B)=各资产价值的总和

其中，PV(A)和 PV(B)的估价就把相应资产当作是溢价独立的子公司，投资者可以直接对它投资。投资者对资产 A 的估计是以反映其风险的折现率来折现其预期现金流量，而对资产 B 的估价则以反映 B 风险的折现率来进行折现，这两个折现率通常会不一样。

【科兴提示】资本成本和必要收益率是一个意思，前者站在公司的角度，后者站在投资者的角度。

2. 债务成本

债务成本是指公司为筹措而借入资金的现行成本(或即期成本)，它由以下变量决定：

(1) 现行利率水平：利率水平提高，公司的债务成本也增加。

(2) 公司的违约风险：公司的违约风险上升，借入资金的成本也增加。度量违约风险的一种方法是对公司债券进行评级，较高的评级导致较低的利率，较低的评级则导致较高的利率。

(3) 债务的税收利益：由于利息在税前支付，因此会给公司带来减税收益，从而使得债务的税后成本低于税前成本。而且，随着税率的提高，利息的减税收益也将随之增加。

税后债务成本=税前债务成本×(1-公司所得税率)

债务成本并不是公司已发行并出售的债券的票面利率，也不是公司过去借款的利率，而是在现行利率水平的基础上，再根据公司的违约风险加上相应的风险溢价而形成的。

【科兴提示】在做题的过程中，我们一般以借款利率或债券的内部报酬率来近似替代债务成本，题目给什么就用什么。如果债务是无风险的，一般就用无风险利率近似替代。

3. 普通股成本

除了 CAPM，股利折现模型也可以用来确定普通股股权资本成本。假定股利以固定的年增长率增长，则：

$$P_0=\frac{D_1}{r-g}\Rightarrow r=\frac{D_1}{P_0}+g$$

【例 4】已知某普通股的β为 1.2，无风险利率为 6%，市场组合的必要收益率为 10%，该普通股的当前市价为 10.5 元/股，筹资费用为 0.5 元/股，股利年增长率长期固定不变，预计第一期的股利为 0.8 元，按照股利增长模型和资本资产定价模型计算的股票资本成本相等，则该普通股股利的年增长率为(　　)。

A. 6%　　B. 2%　　C. 2.8%　　D. 3%

答案：C。先根据资本资产定价模型计算普通股的资本成本：

$$r_S = 6\% + 1.2 \times (10\% - 6\%) = 10.8\%$$

根据股利增长模型则有：

$$10.8\% = \frac{0.8}{10.5 - 0.5} + g \Rightarrow g = 2.8\%$$

4. 优先股成本

由于优先股每年支付的股利是固定的，也没有期限，是一种永续的融资。优先股的成本等于优先股的现金股利除以优先股的发行价格，用公式可以表述为：

$$r_{PS} = \frac{\text{优先股每股股利}}{\text{优先股的每股估价}}$$

优先股具有一些债务特征，即优先股的股利再发行时已事先确定，并在普通股股利之前支付；同时，也具有一些权益特征，即优先股股利的支付没有减税收益。从风险角度看，优先股比普通股安全，比债券风险高。因此，在税前，优先股成本低于权益成本，高于债务成本。

5. 确定债务和权益部分的比重

在计算公司资本成本时，权益和债务的成本必须基于市场价值，而不是账面价值。因为资本成本是衡量公司为项目筹资所发行证券的成本，这些证券是以市价发行的，而不是以账面价值发行的。

6. 确定公司加权平均资本成本

所谓公司的资本成本，就是公司不同融资方式(包括债务、股票、优先股等)形成本的成本的加权平均值，也就是加权平均资本成本(WACC)。

(1) 税前 WACC

公司资产的资本成本(又称无杠杆资本成本或税前 WACC)，即公司的投资者持有公司的基础资产所要求的回报率，等于公司的股权资本成本和债务资本的加权平均。假定债务成本是借款利率r_B，权益资本成本是r_S，当维持不变的债务股权比例时：

$$r_U = \frac{S}{B+S} \times r_S + \frac{B}{B+S} \times r_B$$

【科兴提示】无杠杆公司指财务风险为零的公司，这样的公司允许负债，但是负债的成本与无风险利率一致。

(2) WACC

如前所述，债务利息具有减税收益，那么债务成本应为税后的债务成本。这样，公司的加权平均资本成本的计算公式就可以表述为：

$$r_{WACC} = \frac{S}{B+S} \times r_S + \frac{B}{B+S} \times r_B \times (1 - T_C)$$

若公司的融资方式除了债务和权益外，还利用了优先股等其他证券，则其加权平均资本成本就是各类证券占总资产的市场价值比例与相应的融资成本的乘积再进行加总。

(3) 税前 WACC 与 WACC 的区别与联系

观察税前 WACC 和 WACC 的计算公式可知，WACC 是基于有效税后债务资本成本，而税前 WACC 是基于公司的税前债务资本成本。二者的主要区别在于：

① 税前 WACC 是投资者持有公司资产将获得的期望回报率。存在税负时，可以用无杠杆资本成本来评估和公司有相同风险的全权益融资项目的价值。

② WACC 为公司的有效税后资本成本。由于利息费用的抵税效应，WACC 比公司资产的期望回报率低。存在税负时，WACC 用于评估和自身融资结构及风险完全一致的项目的价值。

对于给定的目标杠杆比率，即 B/S 不变，则二者存在如下的换算公式：

$$r_{\mathrm{WACC}}=r_{\mathrm{U}}-\frac{B}{B+S}T_{\mathrm{C}}r_{\mathrm{B}}$$

也就是说，WACC 等于无杠杆资本成本减去与债务有关的税费节约。

【例 5】Unida 系统公司有 4000 万股流通股，每股的交易价格是 10 美元。此外，公司还有未偿还债务 1 亿美元。假设该公司的股权资本成本是 15%，债务资本成本是 8%，公司税率是 40%。求

(1) 公司的无杠杆资本成本是多少？

(2) 税后债务资本成本是多少？

(3) 加权平均资本成本是多少？

答案：(1)股权总市值为 4 亿美元，则无杠杆资本成本为：

$$r_{\mathrm{U}}=\frac{S}{B+S}\times r_{\mathrm{S}}+\frac{B}{B+S}\times r_{\mathrm{B}}=\frac{1}{1+4}\times 8\%+\frac{4}{1+4}\times 15\%=13.6\%$$

(2) 税后债务资本成本 = 8%×(1−40%) = 4.8%

(3) 加权平均资本成本是：

$$r_{\mathrm{WACC}}=r_{\mathrm{U}}-\frac{B}{B+S}T_{\mathrm{C}}r_{\mathrm{B}}=13.6\%-\frac{1}{1+4}\times 40\%\times 8\%=12.96\%$$

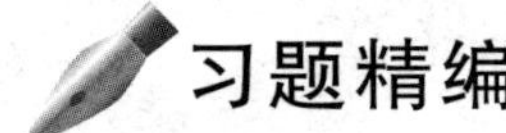

习题精编

一、选择题

1. (中国人大 2013 年)收入有很强的周期性以及营运有很高杠杆性的公司可能具有(　　)。

A. 低的贝塔系数　　B. 高的贝塔系数　　C. 负的贝塔系数　　D. 零贝塔系数

2. 现有资产组合如下，证券 A 价值 400 元，其贝塔值为 1.2；持有证券 B 价值 800 元，其贝塔值为 −0.3，则组合贝塔值为(　　)。

A. 0.2　　B. 0.3　　C. 0.48　　D. 1.2

3. (上海财大 2016 年)一个贝塔系数大于 1 的股票，其所属的产业往往是(　　)。

A. 防御性产业　　B. 非周期性产业　　C. 劳动密集型产业　　D. 资本密集型产业

4. 经营杠杆产生的原因是(　　)。

A. 不变的固定成本　　B. 不变的产销量　　C. 不变的债务利息　　D. 不变的销售单价

5. (对外经贸 2015 年)某企业的资本总额为 150 万元，权益资本占 55%，负债利率为 12%，当前销售额 100 万元，息税前收益为 20 万元，则财务杠杆系数为(　　)。

A. 2.5　　B. 1.68　　C. 1.15　　D. 2.0

6. 甲企业是一家处于初创期的高新技术企业，资金主要来源于风险资本，没有来源于债权人的负债筹资。该企业的经营风险与财务风险特征是(　　)。

A. 高经营风险、高财务风险　　B. 高经营风险、低财务风险

C. 低经营风险、高财务风险　　D. 低经营风险、低财务风险

7. 某航空公司欲投资一家房地产项目。在确定项目系统风险时，掌握了下列资料：房地产行业上市公司的 β 值为 1.3，行业平均资产负债率为 70%，所得税税率为 25%。投资房地产项目后，公司将继续保持 50%的资产负债率。公司所得税率为 25%。本项目含有负债的股东权益 β 值是(　　)。

A. 0.788　　B. 0.828　　C. 1.325　　D. 1.721

8. 造纸行业的几家上市公司的贝塔值如表所示：

公司	贝塔值	债务权益比
晨鸣纸业	0.94	1.06
金城股份	0.89	0.67
山鹰纸业	0.86	0.89
博汇纸业	1.12	0.63

若某私营造纸公司的债务权益比是0.4，则其贝塔值为(　　)。

A. 0.91　　B. 0.82　　C. 0.73　　D. 0.64

9. 甲公司现有长期债券和普通股资金分别为18000万元和27000万元，其资本成本分别为10%和18%。现因投资需要拟发行年利率为12%的长期债券1200万元，筹资费用率为2%；预计该债券发行后甲公司的股票价格为40元/股，每股股利预计5元，股利年增长率预计为4%。若甲公司使用的企业所得税税率为25%，则债券发行后甲公司的加权资本成本为(　　)。

A. 12.65%　　B. 12.91%　　C. 13.65%　　D. 13.80%

二、计算题

10. 已知，市场证券组合(*Market Portfolio*)的预期回报为0.12，无风险利率0.05，市场证券组合的标准差为0.10。用下列数据计算：

	与市场组合回报的相关系数(ρ)	标准差(σ)	权重
A	0.4	0.25	0.4
B	0.3	0.3	0.6

(1) 计算由A、B构成的投资组合的β。

(2) 根据CAPM，计算该投资组合的预期收益率。

(3) 计算这一资产组合的风险溢价。

11. (上海财大2018年)假设CAPM成立。一年之后有两个可能的情景。一年之后两只股票A和B的价格，一年之间整个市场的收益，以及各个情景的可能性都在以下表格中给出。

state	A的价格	B的价格	市场收益	概率
1	5	4	20%	60%
2	4	5	5%	40%

假设股票A现在的价格是3.96元。

(1) 股票A的β是多少？

(2) 无风险利率是多少？

(3) 股票B现在的价格是多少？

12. 考虑一个项目，它的预期年收入是120美元，成本是50美元，这些现金流都是永续现金流。成本是完全变动的，因此该项目的边际利润将保持不变。假设项目的贝塔是1.0，无风险利率是5.0%，市场组合的期望收益率是10%。该项目的价值是多杀？如果项目收入的贝塔一直是1.0，但全部成本完全是固定的，每年的固定成本为50美元，那么此时项目的价值和贝塔分别是多少？

13. Weston公司是一家全权益公司，有两个部门。软饮料部门的资产贝塔是0.60，预期本年会产生5000万美元的自由现金流，其永续增长率是3%；化工原料部门的资产贝塔是1.20，预期本年会产生7000万美元的自由现金流，其永续增长率是2%。假设无风险利率是4%，市场风险溢价是5%。

(1) 计算每个部门的价值；

(2) 估算该公司当前的股权贝塔和资本成本。这一资本成本对估计公司项目的价值有用吗？该公司的股权贝塔可能随时间发生怎样的变化？

14. 哈里森控股公司(HHI)是一家上市公司，其现行每股估价为32美元，流通股股数是2000万股，有债务6400万美元。公司的创始人哈里森在快餐行业掘到了第一桶金。他卖掉部分快餐业务，购买了一只专业的曲棍球队。HHI的资产就是这只曲棍球队和50%的哈里热狗连锁餐饮的股份。哈里热狗(HDG)的股票市值是85000万美元，其企业价值为10.5亿美元。经过稍许调查，你发现其他快餐连锁餐厅的平均资产贝塔是0.75，还发现HHI和HDG的债务评级都很高，所以你决定估计这两个公司的债务贝塔为0。最后，你对HHI股票的历史回报率相对于标准普尔500指数做回归分析，估计出HHI的股权贝塔是1.33。根据这些信息，估算HHI投资曲棍球队的项目贝塔。

15.(金融联考2010年)金融市场上用三种融资工具进行融资：①该公司发行的3年期债券总市值9000万元，息票率为7%，每半年支付一次，平价发行；②该公司目前有1000万流通股股票，每股市价10元，预计年股息增长率为8%，刚支付股息0.5元/股(一年支付一次)；③该公司优先股总市值1000万元，即将支付利息总额达100万元。已知该公司所得税税率为25%。问：

(1) 分别计算该公司三种融资方式的资本成本。

(2) 该公司投资项目的必要报酬率为多少?

(3) 某项目的β值为1.6，市场无风险利率为3.5%，市场组合的预期收益率为7%，该公司是否应该进行这项投资?

习题参考答案

一、选择题

1. B。贝塔系数与经营杠杆、收入的周期性以及财务杠杆都是正比例关系。

2. A。一个证券组合的贝塔值等于该组合中各种证券贝塔值的加权平均数，简单计算可得：$\beta=\frac{400}{400+800}\times1.2+\frac{800}{400+800}\times(-0.3)=0.2$。

3. D。β系数是衡量股票收益相对于业绩评价基准收益的总体波动性的指标，用于衡量系统性风险。投资者可以通过对系统风险指标的测量，在大盘处于趋势性较强的行情中进行有效的选股。β值越高，意味着股票相对于业绩评价基准的波动性越大，反之亦然。当β=1时，表示该股票的收益和风险与大盘指数收益和风险一致；当β>1时，表示该股票收益和风险均大于大盘指数的收益和风险。基于β系数的上述特性，经过对不同行业的β值的比较发现，一些估值水平稳定的行业如有色、交通运输、钢铁、公用事业等，他们的稳定β值一般都小于1，从这些行业特征我们也可以得出一般低市盈率股票和周期性股票的β值比较小。相反，那些有较高成长性的高市盈率股和题材股的β值一般都大于1。

4. A。经营杠杆效应产生的原因：在一定产销量范围内，产销量的增加一般不会影响固定成本总额，但会使单位产品固定成本降低，从而提高单位产品利润，并使利润增长率大于产销量增长率；反之，产销量减少，会使单位产品固定成本升高，从而降低单位产品利润，并使利润下降率大于产销量的下降率。

5. B。财务杠杆系数的计算公式为：$DFL=EBIT/(EBIT-I)$。代入数据得$DFL=20/[(20-150\times(1-55\%)\times12\%]=1.68$。

6. B。甲企业处于初创期，说明经营风险最高；没有来源于债权人的负债筹资，说明财务风险最低，所以该企业的经营风险与财务风险特征是高经营风险、低财务风险。

7. B。房地产行业的平均B/S=0.7/(1-0.7)=2.33，则其行业的资产贝塔为：

$$\beta_{资产}=\frac{\beta_{权益}}{1+\frac{B(1-T)}{S}}=\frac{1.3}{1+2.33\times(1-25\%)}\approx0.473$$

行业的资产贝塔在短时间内是不变的，因此可以用来预估目标项目的权益贝塔，则：

$$\beta'_{权益}=\beta_{资产}\left[1+\frac{B'(1-T)}{S'}\right]=0.473(1+1\times75\%)\approx0.828$$

8. C。计算可得行业的平均贝塔为0.95，平均债务权益比为0.81。则行业的资产贝塔为：

$$可比公司的\beta_{资产}=\frac{\beta_{权益}}{1+B/S}=\frac{0.95}{1+0.81}=0.52$$

由于同行业的经营风险相同，即资产贝塔相同，故可用行业的资产贝塔求出该私营公司的权益贝塔：

$$私营公司的\beta_{权益}=\beta_{资产}\times(1+B/S)=0.52\times(1+0.4)=0.73$$

9. D。增发债券筹资，长期债券的融资成本 $=12\%\times\frac{1-25\%}{1-2\%}=9.18\%$。增资后股票的资本成本为 $\frac{5}{40}+4\%=16.5\%$，则加权平均资本成本为：

$$r_{\text{WACC}}=\frac{18000}{18000+27000+1200}\times10\%+\frac{27000}{18000+27000+1200}\times16.5\%+\frac{1200}{18000+27000+1200}\times9.18\%=13.78\%$$

二、计算题

10. (1) 根据 β 的计算公式：

$$\beta_i=\frac{\text{cov}(r_i, r_M)}{\text{var}(r_M)}=\frac{\sigma_{iM}}{\sigma_M^2}$$

式中，$\sigma_{iM}=\rho_i\sigma_i\sigma_M$，因此：$\beta_A=0.4\times0.25\times0.1/0.01=1$；$\beta_B=0.3\times0.3\times0.1/0.01=0.9$。因此，投资组合的 $\beta=1\times0.4+0.9\times0.6=0.94$。

(2) 该投资组合的预期收益率为：$r_S=r_f+\beta(r_m-r_f)=0.05+0.94\times(0.12-0.05)=0.1158$。

(3) 风险溢价是投资者要求对风险给予的补偿，一般是正值。对于一个证券组合而言，有：风险溢价=收益率-无风险利率。因此，该组合的风险溢价=0.1158-0.05=0.0658。

11. (1) 根据题意可得股票A在情形1和2时的期望收益率：

$$r_{A1}=\frac{5-3.96}{3.96}=26.26\%$$

$$r_{A2}=\frac{4-3.96}{3.96}=1.01\%$$

则股票A的平均期望收益率为：

$$r_A=26.26\%\times60\%+1.01\%\times40\%=16.16\%$$

市场组合的期望收益率为：

$$r_M=20\%\times60\%+5\%\times40\%=14\%$$

市场组合的方差是：

$$\sigma_M^2=(20\%-14\%)^2\times60\%+(5\%-14\%)^2\times40\%=0.0054$$

此时，我们计算出股票A与市场收益率的协方差：

$$\text{cov}(r_A, r_M)=(26.26\%-16.16\%)(20\%-14\%)\times60\%+(1.01\%-16.16\%)(5\%-14\%)\times40\%=0.00909$$

则根据贝塔系数的定义可得：

$$\beta_A=\frac{\text{cov}(r_A, r_M)}{\sigma_M^2}=\frac{0.00909}{0.0054}\approx1.6833$$

(2) 根据CAPM可得：

$$r_A=r_f+(r_M-r_f)\beta_A\Rightarrow r_f=10.84\%$$

(3) 由于两种情形下，股票A和B的价格和均为9元，即组合(A+B)的贝塔为零，可以视作无风险，则该组合一年后的价格为 9/(1+10.84%)=8.12元。根据一价定律可得证券B的价格为 8.12-3.96=4.16元。

12. 该项目的每年期望现金流是120-50=70美元。给定项目的贝塔为1.0，则该项目的资本成本为：$r_S=r_f+\beta(r_M-r_f)=5\%+1.0\times(10\%-5\%)=10\%$。如果成本完全是变动成本，项目的价值为70/10%=700美元。

如果成本是固定的，则可以通过对收入和成本分别折现的方法计算项目的价值。收入的贝塔是1.0，从而收入的资本成本仍是10%，于是收入的现值是120/10%=1200美元。因为成本是固定的，所以应该用5%的无风险利率进行折现，成本的现值是 50/5% = 1000 美元。因此，全部成本为固定成本时，项目的价值仅为 1200−1000 = 200 美元。此时，可以把项目看作一个组合，该组合由收入的多头和成本的空头组成。项目的贝塔是收入和成本贝塔的加权平均，即$\beta_{P}=\left(\frac{R}{R-C}\right)\beta_{R}-\left(\frac{C}{R-C}\right)\beta_{C}=\left(\frac{1200}{1200-1000}\right)\times1.0-\left(\frac{1000}{1200-1000}\right)\times0=6.0$。

13.（1）对于软饮料部门：$r_U=4\%+0.60\times5\%=7\%$，则其无杠杆价值为：50/（7%−3%）= 1250million。对于化工部门：$r_U=4\%+1.20\times5\%=10\%$，则其无杠杆价值为：70/（10%−2%）= 875million。则 Weston 公司的总价值为 1250+875 = 2125millon。

（2）Weston 公司当前的股权贝塔为：1250/2125×0.6+875/2125×1.2 = 0.85，其资本成本为：4%+0.85×5% = 8.25%。不能使用公司的资本成本来估计项目的价值，因为两个项目的贝塔不一致。随着时间的流逝，软饮料部门较高的增长率将会带来更大的资产份额，因此，该公司的权益 *beta* 最终将下降至 0.6。

14. HHI 的权益价值为 32×20 = 640million，债务价值为 64million，则 HHI 的资产贝塔为：$\beta_{资产}=1.33\times\frac{640}{640+64}+0\times\frac{64}{640+64}=1.21$。曲棍球队的价值为：（640+64）−850/2 = 279million。HDG 的资产贝塔为：0.75×1050/850 = 0.93。假设曲棍球队的项目贝塔为$\beta_{曲棍球}$，则：$\frac{425}{425+279}\times0.93+\frac{279}{425+279}\times\beta_{曲棍球}=1.21\Rightarrow\beta_{曲棍球}=1.64$。

15.（1）平价发行，债券的融资成本 r_B 等于息票率，即 7%。

根据股利折现模型可得普通股资本成本$r_S=\frac{D_1}{P_0}+g=\frac{0.5(1+8\%)}{10}+8\%=13.4\%$

优先股资本成本$r_P=\frac{100}{1000}=10\%$

（2）由题意可知，公司债务融资比例为：9/11，普通股和优先股的融资比例均为 1/11，则该公司的加权平均资本成本为：

$$r_{WACC}=\frac{9}{11}\times7\%\times(1-25\%)+\frac{1}{11}\times13.4\%+\frac{1}{11}\times10\%\approx6.4\%$$

此即为该公司投资项目的必要报酬率。

（3）根据 CAPM 模型可知此项目预期收益率为：3.5%+1.6×（7%−3.5%）= 9.1%，明显大于公司的必要报酬率 6.4%，所以可以投资。

第八章　有效市场假说

本章主要内容包括有效资本市场的概念和形式、有效资本市场与公司财务的关系。其中，“有效资本市场的概念及形式”是基础理论，难度不大，从命题角度来看，主要命题思路是考查三种类型的有效市场各自的股价所对应的信息类型及市场特征，多以选择题和简答题的形式出现。“有效资本市场与公司财务的关系”属于基础知识点，难度不大，主要考查有效资本市场对公司财务的经济意义及影响。

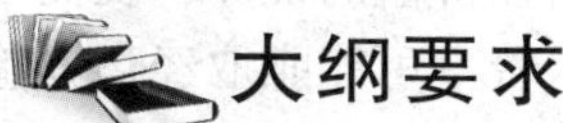

大纲要求

有效资本市场的概念
有效资本市场的形式
有效资本市场与公司财务的关系

知识脉络

- **有效市场假说**
  - **有效资本市场的概念**
    - **有效资本市场的定义**
    - **有效资本市场的理论基础**
    - **有效市场假说的主要观点**
  - **有效资本市场的形式**
    - **弱式有效市场假说**
    - **半强式有效市场假说**
    - **强式有效市场假说**
  - **有效市场假说的实践意义**
  - **有效市场假说与公司财务的关系**
  - **行为金融学对 EMH 的挑战**

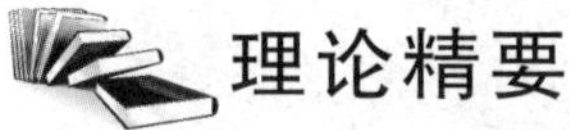

理论精要

知识点一　有效资本市场的概念

有效市场假说(Efficient Markets Hypothesis，简称 EMH)，最早是由尤金．法玛在 1965 年提出的。他对有效市场的定义是：如果在一个证券市场中，价格完全反映了所有可以获得的信息，那么就称这样的市场为有效市场。

1. 有效市场的定义

有效市场是指证券价格能够根据新信息的出现而迅速进行调整的市场，即现行的证券价格能够反映有关证券的全部信息。有效市场的特征主要有：

（1）证券价格能快速、准确地对新信息做出反应。

（2）证券价格任何系统性范式只能与随时间改变的利率和风险溢价有关。

（3）任何交易（投资）策略都无法取得超额利润。

（4）专业投资者的投资业绩与个人投资者应该是无差异的。

实际上，有效的概念是一个相对的概念。世界上没有一个绝对有效的市场，也没有一个绝对无效的市场，它们的差别只是度的问题。问题的关键不是某个市场是否有效，而是多大程度上有效。

2. 有效市场假说的理论基础

有效市场假说，建立在三个强度渐次减弱的假定之上的：

假定一：投资者是理性的，因而可以理性地评估证券的价值。这个假定是最强的假定。

如果投资者是理性的，他们认为每种证券的价值等于其未来的现金流按能反映其风险特征的贴现率贴现后的净现值，即内在价值。当投资者获得有关证券内在价值的信息时，他们就会立即做出反应，买进价格低于内在价值的证券，卖出价格高于内在价值的证券，从而使证券价格迅速调整到与新的净现值相等的新水平。投资者的理性意味着不可能赚取经过风险调整的超额收益率。因此，完全理性的投资者构成的竞争性市场必然是效率市场。

假定二：虽然部分投资者是非理性的，但他们的交易是随机的，这些交易会相互抵销，因此不会影响价格。这是较弱的假定。效率市场假说的支持者认为，投资者非理性并不能作为否定效率市场的证据。他们认为，即使投资者是非理性的，在很多情况下市场仍可能是理性的。例如，只要非理性的投资者是随机交易的，这些投资者数量很多，他们的交易策略是不相关的，那么他们的交易就可能互相抵销，从而不会影响市场效率。这种论点主要依赖于非理性投资者投资策略的互不相关性。

假定三：虽然非理性投资者的交易行为具有相关性，但理性套利者的套利行为可以消除这些非理性投资者对价格的影响。这是最弱的假定。

由以上三种假定可以看出，有效市场需要如下必要条件：

（1）存在大量的证券，以便每种证券都有“本质上相似”的替代证券，这些替代证券不但在价格上不能与被替代品一样同时被高估或低估，而且在数量上要足以将被替代品的价格拉回到其内在价值的水平。

（2）允许卖空。

（3）存在以利润最大化为目标的理性套利者，他们可以根据现有信息对证券价值形成合理判断。

（4）不存在交易成本和税收。

【例 1】（清华大学 2015 年）根据有效市场假定，（　　）。

A. 贝塔值大的股票往往定价过高　　B. 贝塔值小的股票往往定价过高

C. 阿尔法值为正的股票，正值会很快消失　　D. 阿尔法值为负的股票往往会产生低收益

答案：C。贝塔值指的是股票与市场组合之间的关联性，阿尔法值为正的股票表明该股票含有超额收益。如果市场是有效的，理性的套利行为很快就会消除超额收益。

3. 有效市场假说理论的主要观点

有效市场假说认为，证券价格已经充分反映了所有相关的信息，资本市场相对于这个信息集是有效的，任何人根据这个信息集进行交易都无法获得经济利润。

【例 2】（湖南大学 2013）有效市场的支持者极力主张（　　）。

A. 主动性的交易策略　　B. 投资于封闭式基金

C. 投资于指数基金　　D. 技术分析法比基本分析法更有效

答案：C。有效市场的支持者认为投资者无法战胜市场，所以应投向指数基金。

知识点二　有效市场假说的三种形式

根据证券价格对信息反映程度的不同，有效市场假说分为三种依次渐强的形式：弱式有效市场假说、半强式有效市场假说和强式有效市场假说。

1. 弱式有效市场假说

弱式效率市场假说认为，当前证券价格已经充分反映了全部能从市场交易数据中获得的信息，这些信息包括过去的价格、成交量、未平仓合约等。因为当前市场价格已经反映了过去的交易信息，所以弱式效率市场意味着根据历史交易资料进行交易无法获取经济利润，这意味着技术分析无法击败市场。

2. 半强式有效市场假说

半强式效率市场假说认为，所有的公开信息都已经反映在证券价格中。这些公开信息包括证券价格、成交量、会计资料、竞争公司的经营情况、整个国民经济资料以及与公司价值有关的所有公开信息等。半强式效率市场意味着根据所有公开信息进行分析，包括技术分析和基础分析都无法击败市场，即不能获得经济利润。

3. 强式有效市场假说

强式效率市场假说认为，所有的信息都反映在证券价格中。这些信息不仅包括公开信息，还包括各种私人信息，即内幕消息。强式效率市场意味着所有的分析都无法击败市场。

弱式有效市场、半强式有效市场和强式有效市场，所反映的信息集逐渐变大，三者关系如图 8-1 所示。

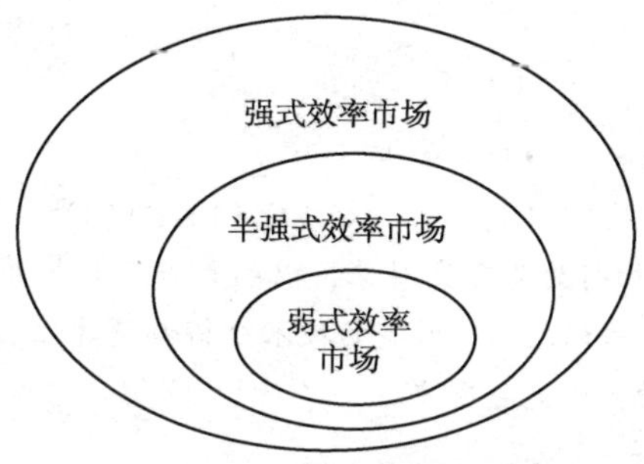

图 8-1　三种效率市场反映的信息集

【例 3】(暨南大学 2017 年)在半强型有效市场中，下列说法正确的是(　　)。

A. 价格已经反映了所有的历史信息，因此技术分析是无效的，基本分析是有效的

B. 价格已经反映了所有公开获得的信息，因此技术分析是无效的，基本分析是有效的

C. 价格已经反映了包括内幕信息在内的所有信息，因此基本分析和技术分析都是无效的

D. 价格已经反映了所有公开获得的信息和所有历史信息，因此基本分析和技术分析都是无效的

答案：D。半强型有效市场假说认为价格已充分反映出所有已公开的有关公司营运前景的信息。这些信息有成交价、成交量、盈利资料、盈利预测值、公司管理状况及其他公开披露的财务信息等。假如投资者能迅速获得这些信息，股价应迅速作出反应。如果半强式有效假说成立，则在市场中利用技术分析和基本分析都失去作用，内幕消息可能获得超额利润。

知识点三　有效市场假说的实践意义

(1) 有效市场和技术分析

如果市场未达到弱式下的有效，则当前的价格未完全反映历史价格信息，那么未来的价

格变化将进一步对过去的价格信息作出反应。在这种情况下，人们可以利用技术分析和图表从过去的价格信息中分析出未来价格的某种变化倾向，从而在交易中获利。如果市场是弱式有效的，则过去的历史价格信息已完全反映在当前的价格中，未来的价格变化将与当前及历史价格无关，这时使用技术分析和图表分析当前及历史价格对未来作出预测将是徒劳的。如果不运用进一步的价格序列以外的信息，明天价格最好的预测值将是今天的价格。因此在弱式有效市场中，技术分析将失效。

【知识拓展】股票投资的基本分析和技术分析

从研究范式的特征和视角来划分，股票投资的分析方法主要有基本分析和技术分析两种。基本分析(Fundamental Analysis)：以企业内在价值作为主要研究对象，从决定企业内在价值和影响股票价格的宏观经济形势、行业发展前景、企业经营状况等方面入手(一般经济学范式)，进行详尽分析以大概测算上市公司的长期投资价值和安全边际，并与当前的股票价格进行比较，形成相应的投资建议。基本分析认为股价波动不可能被准确预测，而只能在有足够安全边际的情况下“买入并长期持有”，在安全边际消失后卖出。技术分析(Technical Analysis)：以股票价格涨跌的直观行为表现作为主要研究对象，以预测股价波动形态和趋势为主要目的，从股价变化的K线图表及技术指标入手(物理学或牛顿范式)，对股票市场波动规律进行分析的方法总和。技术分析有三个颇具争议的前提假设，即市场行为包容消化一切；价格以趋势方式波动；历史会重演。国内比较流行的技术分析方法包括道氏理论、波浪理论、江恩理论等。

【例4】(暨南大学2016)技术分析的三大假设是(　　)。

(1) 市场行为涵盖一切信息

(2) 投资者都是理性的

(3) 股票价格沿趋势变动

(4) 历史会重演

(5) 股价随机游走

A. (1)(2)(5)　　B. (2)(3)(4)　　C. (1)(3)(4)　　D. (2)(3)(5)

答案：C。技术分析是指以市场行为为研究对象，以判断市场趋势并跟随趋势的周期性变化来进行股票及一切金融衍生物交易决策的方法的总和。所有的技术分析都是建立在三大假设之上的，即市场行为包容消化一切；价格以趋势方式波动；历史会重演。

(2) 有效市场和基本分析

如果市场未达到半强式有效，公开信息未被当前价格完全反映，分析公开资料寻找误定价格将能增加收益。但如果市场半强式有效，那么仅仅以公开资料为基础的分析将不能提供任何帮助，因为针对当前已公开的资料信息，目前的价格是合适的，未来的价格变化与当前已知的公开信息毫无关系，其变化纯粹依赖于明天新的公开信息。对于那些只依赖于已公开信息的人来说，明天才公开的信息，他今天是一无所知的，所以不用未公开的资料，对于明天的价格，他的最好的预测值也就是今天的价格。所以在这样的一个市场中，已公布的基本面信息无助于分析家挑选价格被高估或低估的证券，基于公开资料的基础分析毫无用处。

(3) 有效市场和证券组合管理

如果市场是强式有效的，人们获取内部资料并按照它行动，这时任何新信息(包括公开的和内部的)将迅速在市场中得到反映。所以在这种市场中，任何企图寻找内部资料信息来打击市场的做法都是不明智的。这种强式有效市场假设下，任何专业投资者的边际市场价值为零，因为没有任何资料来源和加工方式能够稳定地增加收益。对于证券组合理论来说，其组合构建的条件之一即是假设证券市场是充分有效的，所有市场参与者都能同等地得到充分的投资信息，如各种证券收益和风险的变动及其影响因素，同时不考虑交易费用。但对于证券组合的管理来说，如果市场是强式有效的，组合管理者会选择消极保守型的态度，只求获得市场平均的收益率水平，因为区别将来某段时期的有利和无利的投资不可能以现阶段已知的这些投资的任何特征为依据，进而进行组合调整。因此在这样一个市场中，管理者一般模拟某一种主要的市场指数进行投资。而在市场仅达到弱式有效状态时，组织管理者则是积极进取的，会在选择资产和买卖时机上下功夫，努力寻找价格偏离价值的资产。

（4）有效市场的三种形式和证券投资分析有效性之间的关系可以由下表来表示：

市场类型	技术分析	基本分析	组合管理
无效市场	有效	有效	积极进取
弱式有效	无效	有效	积极进取
半强式有效	无效	无效	积极进取
强式有效	无效	无效	消极保守

知识点四　有效市场与公司财务的关系

1. 会计与有效市场

在实践中，会计专业为公司的会计报告提供了一定的灵活性，留有显著的余地。例如，在评价存货价值时，公司可以选择“后进先出”(LIFO)或“先进先出”(FIFO)的方法。对于基建项目，公司可以选择“完成比例法”或“完成合同法”。在计算折旧时，公司可以选择“加速折旧法”或“直线折旧法”。

会计师经常受到责备，指责他们为了夸大利润和提高股票价格而滥用灵活性或过分留有余地。例如，由于美国钢铁公司(U. S. Steel)所报告的利润太高而常常招致美国政府部门的复查，于是公司在第二次世界大战后将固定资产折旧方法由直线折旧法改为加速折旧法。但是，在若干年的低盈利报告后，1961 年美国钢铁公司又将折旧计算方法改为直线折旧法。

无论如何，如果以下两个条件成立，会计方法的改变不应该影响股票的价格。第一，年度财务报告应该提供足够的信息，从而使得财务分析师能够采用不同的会计方法测算盈利。例如，虽然财务报表实际上是按照 FIFO 进行编制的，许多高级财务分析师可以根据 LIFO 的假设模拟财务报表。第二，市场必须是半强型有效。换言之，市场必须恰当地使用所有的会计信息来确定股票的市场价格。

当然，会计方法的选择是否影响到股票的价格最终是个实证研究的问题。

2. 选择时机的决策

设想某个公司的经理正在考虑发行权益资本的时间。这种决策通常称为“选择时机决策”。如果经理们相信本公司的股票价格被高估，他们就可能决定立即发行权益资本。这样，因为他们出售的股票超过其实际价值，从而为现在的股东创造了价值。反之，如果经理们相信本公司的股票价格被低估，他们就可能决定等待，希望总有一天公司股票的价格可以上升到其实际价值的水平。

无论如何，如果市场有效，证券的定价总是准确的。由于有效市场意味着股票总是按照它的实际价值出售，因此选择时机的决策无关紧要。

3. 价格压力效应

假设公司要出售大宗股票，公司能否要出售多少就出售多少而不造成价格下跌呢？如果市场有效，公司可以出售多少就出售多少而不会造成价格下跌。

【例 5】(中国人大 2012) 如果有效市场假说不成立，那么公司就可以(　　)。

A. 选择发行股票或债券的时机　　B. 选择不同会计方法提升股价

C. 收购被低估的其他公司　　D. 以上所有都是

答案：D。有效市场下，股票价格反映了公司的根本价值，不会有高估、低估的情况出现。公司不能选择股票、债券的销售时机，不能改变会计方法提升股价。

知识点五　行为金融学对 EMH 的挑战

1. 行为金融对 EMH 理论基础的挑战

(1) 对投资者理性的挑战

行为金融理论发现，某些投资者的行为实际上并不满足收益最大化(或效用最大化)要求，这些投资者被称为“噪声交易者”。他们偏离理性要求的现象主要有以下几种：在对待风险的态度方面，研究者发现个人实际上并不是按照最大化期望效用原则来评价有风险的赌博的。投资者并不注重最终的财富情况，而是对赌博过程的输赢更为在意。因此，他们在市场中表现为回避损失的心理，这种情况下投资者不愿意卖出已经遭受损失的股票，从而影响投资决策。如果有效市场假说完全依赖个人投资者的理性，那么投资者的非理性心理将对这一假说形成致命的挑战。

(2) 对投资者交易无关性的挑战

EMH 的第二个理论基础是认为非理性的投资者的交易是无关的，随机交易使得非理性交易者对市场不形成影响。心理学研究表明，即使个人投资者依靠自己的判断来做交易决策，他们的交易仍然有很强的相关性。

(3) 对套利的挑战

EMH 的最后一道防线是基于套利的有效市场。如果套利能够抵销非理性投资者的偏差，市场依然有效。但实际市场的套利是有限的、有风险的。套利的有效性取决于是否存在近似的替代资产。一般而言，金融衍生工具(如期货、期权)可以获得近似替代资产，但是其他很多资产并没有良好的替代资产。在实际市场操作中，套利行为尤其是卖空行为会受到各种限制，这增加了相应的套利成本。所以，理论上完美的套利，实际上仍然是充满风险和不确定的。

2. 行为金融对 EMH 实证基础的挑战

(1) 小公司现象与规模现象。一些研究结果显示，在排除风险因素后，小公司股票的收益率要明显高于大公司股票的收益率。不论是总收益率还是风险调整后的收益率，都存在着随着公司规模的增加而减少的趋势。

(2) 日历效应现象。日历效应是指在某些特定时间内进行股票交易可以取得超额收益。比如，我国股票市场“春节效应”比较明显，春节前一个交易日和春节后一个交易日的收益率显著高于平常收益率。

(3) 股票价格反应不足和过度反应的现象。研究发现，选择那些最近表现不佳的股票，放弃那些近来表现优异的股票可以取得超额的投资收益。而且，这些超额收益并不是一种短期现象，而是经过一个较长时间才反映出来，被称为“长期异常收益”，即股票价格存在过度反应的现象。

【知识拓展】股票投资中的动量效应

动量效应(Momentum effect)一般又称“惯性效应”。动量效应是由 Jegadeesh 和 Titman(1993)提出的，是指股票的收益率有延续原来的运动方向的趋势，即过去一段时间收益率较高的股票在未来获得的收益率仍会高于过去收益率较低的股票。基于股票动量效应，投资者可以通过买入过去收益率高的股票、卖出过去收益率低的股票获利，这种利用股价动量效应构造的投资策略称为动量投资策略。

习题精编

一、选择题

1. 证券价格及时、充分地反映了全部的公开信息，这样的市场成为(　　)。

A. 无效市场　　B. 弱式有效市场　　C. 半强式有效市场　　D. 强式有效市场

2. 根据有效市场假说，下列说法中不正确的有(　　)。

A. 只要所有的投资者都是理性的，市场就是有效的

B. 只要投资者的理性偏差具有一致倾向，市场就是有效的

C. 只要投资者的理性偏差可以互相抵消，市场就是有效的

D. 只要有专业投资者进行套利，市场就是有效的

3. 股票投资的基本分析是建立在(　　)的基础之上的。

A. 否定半强式有效市场　　B. 否定弱式有效市场

C. 否定有效市场　　D. 否定强式有效市场

4. (中山大学 2016 年)半强有效市场假定认为股票价格(　　)。

A. 反映了以往的全部价格信息

B. 反映了全部的公开可用信息

C. 反映了包括内幕信息在内的全部相关信息

D. 是可以预测的

5. (浙江工商 2012 年)在下列(　　)市场中，组合管理者会选择消极保守型的态度，只求获得市场平均的收益率水平？

A. 无效市场　　B. 弱式有效市场

C. 半强式有效市场　　D. 强式有效市场

6. 股票市场上的“动量效应”是指(　　)。

A. 短期内表现好的股票会持续好的表现

B. 短期内表现好的股票很难持续好的表现

C. 长期内表现好的股票会持续好的表现

D. 长期内表现好的股票很难持续好的表现

7. (复旦大学 2017 年)若甲公司股值从 10 元上升到 25 元，乙公司结构、竞争能力等与甲公司相同。现在估计乙公司明年股票价值上升 150%以上，请问这是什么经济学行为？(　　)

A. 心理账户　　B. 历史相关性　　C. 启发性思维　　D. 锚定效应

二、简答题

8. 试述有效市场理论的内涵与类型。

9. (北京大学 2003 年)某美国上市公司的大量销售收入来自美国政府的采购，该公司宣布将在 1 月 15 日每股发放 0.40 美元现金股利。

(1) 假设今天是除息日，该公司股票昨天的收盘价为每股 70.56 美元，今天的开盘价为每股 70.32 美

元。假设市场是半强有效的，怎样解释这一现象？请简要说明。

(2) 由于美国政府订购合同的减少，该公司需要进行的投资减少，导致公司有大量的现金盈余，这已是公开信息。现公司决定发放10亿美元的额外现金股利。在公司宣布这一消息后，公司股票的市场总值上升了3亿美元。怎样在半强有效市场的框架下解释这一现象？

10.(上海交大2001年)试述市场有效性假设对财务管理活动的影响。

11.(复旦大学2013)本杰明格雷厄姆说过“证券市场是投票器不是称重仪”。有人说美国2007年金融危机的原因是因为基于“有效市场价假说”的治理理念，你是否同意此观点，请说明理由。

12. 考虑SM实业公司和BG公司，预期这两家公司支付的股利相同，都为每年100万美元的永续年金。SM的股利现金流的风险比BG的高，它每年的资本成本为14%，BIG的资本成本为10%。哪家公司具有较高的市场价值呢？哪家公司会有较高的期望回报率？不管是由于估计误差还是因为市场组合无效，现在假设这两家公司都有相同的估计贝塔。基于这一贝塔，根据CAPM，两只股票的期望回报率都将为12%。公司的市场价值与它们各自的阿尔法有怎样的联系？

习题参考答案

一、选择题

1. C。股价能反映全部公开信息，则是半强势市场。

2. B。导致市场有效的条件有三个：理性的投资人、独立的理性偏差和套利行为。这三个条件只要有一个存在，市场就将是有效的。其中“理性的投资人”指的是所有的投资人都是理性的，所以，选项A是正确的。“独立的理性偏差”指的是如果乐观的投资者和悲观的投资者人数大体相同，则他们的非理性行为就可以相互抵消，使得股价变动与理性预期一致，市场仍然是有效的。所以，选项C是正确的，选项B不正确的。“套利行为”指的是如果有专业的投资者进行套利，则就能够控制业余投资者的投机，使市场保持有效。所以，选项D是正确的。

3. A。基本分析是在否定半强式有效市场的前提下，以公司基本面状况为基础进行分析的方法。

4. B。半强有效市场假定认为股票价格反映了全部的公开可用信息。

5. D。在强式市场中，证券价格充分反映了所有信息，任何专业投资者试图采取积极进取的行动都是徒劳的，管理者只得采取消极的态度，只求获得市场平均的收益水平。

6. A。动量效应，也称惯性效应，是指在较短时间内表现好的股票将会持续其好的表现，而表现不好的股票也将会持续其不好的表现。总的来讲，动量效应在短期范围内有效，价值效应在长期意义上更成功。

7. D。证券市场股票的价值是不明确的，人们很难知道它们的真实价值。在没有更多的信息时，过去的价格(或其他可比价格)就可能是现在价格的重要决定因素，通过锚定过去的价格来确定当前的价格。本题中的情况即通过其他可比价格甲公司的股价确定乙公司的股价，属于锚定效应。

二、简答题

8. 有效市场假说是围绕着资本市场根据新信息调整证券价格的效率而展开的，在一个所谓的有效资本市场，证券的价格能够对新信息做出迅速、全面、准确的反应，若投资者按照当前的价格简单的买入或卖出一项金融资产，他将不能获得任何套利利润。反之，如果证券价格对信息的调整速度很慢、很不准确，那么投资者就可以通过多信息的分析来获取利润，这样的市场就是无效市场。有效市场假说实际上意味了“天下没有免费的午餐”，在一个正常的有效率的市场上，每个人都别指望发意外之财，不过这也是一种理论假说，实际上，并非每个人总是理性的，也并非在每一时点上都是信息有效的。这些都属于有效市场假说的内涵。

它的分类为：(1)弱式有效市场，股票价格的技术分析会失去作用，基本分析还可能帮助投资者获得超额利润。(2)半强式有效市场，此时的资产价格不仅反映了历史信息，还反映了许多与公司证券有关的公开信息。(3)强式有效市场，此时市场价格充分反映了有关公司的一切信息，从而使得任何获得内幕信息的人都不能凭此获得超额利润。

9. 在半强式的有效市场的情况下，证券价格反映了所有公开有用的信息，其中包括与现在和过去证券价格有关的信息。如果用这些信息来预测未来的证券价格，进行交易，投资者也不会得到超额收益，因为证券的现价已在这些信息的作用下得到充分的反映，只有那些利用内幕信息者才能获得非正常的回报。因此，只有加强对内幕信息的管束，杜绝内幕信息交易，才能符合“公开、公正、公平”原则的有效市场要求。

（1）公司除息日前一天的股价是70.56元，因为市场是半强式的，所以公司宣布发放每股0.40元现金股利的消息为公开消息，那么在除息日的股价开盘价应为70.16元(70.56~0.40)；但由于在除息日股价会下调，所以人们会有一个错觉；认为股票变得价格低而值得买，因此有“炒息股”的说法。一些投资者会在股票除息当日买入该股，然后等股价反弹再卖出套现获利。这样除息当日该股票的需求增大，股价会因此而上升，即题中所说不是70.16元而是70.32元。

（2）由于在半强式有效市场中，证券价格反映了所有公开有用的信息，公司因为投资减少而出现大量现金盈余的消息也是公开的，所以投资者会认为公司将多余的现金盈余或是用于投资到其他新项目中，或是用来分配给股东。当公司决定发放10亿美元的额外现金股利时，会向投资者传递以下信息：

第一，公司发放额外现金股利，说明公司经营状况良好，现金流量充足，盈利能力较强；

第二，公司有大量的现金可供支付股利，说明公司保留的现金流量足以偿付短期或长期债务，偿债能力有保障；

第三，由于政府订购合同的减少，公司需要进行的投资减少，如果短期内公司找不到更好的投资项目，公司就可能在未来还会发放更多的现金股利，增加股东的收益；

第四，公司发放现金股利同时也向投资者表示，公司对目前的经营状况充满信心，对未来的发展十分看好，甚至已经有了很好的投资计划，完全有能力在未来获得更多的投资收益，并且由于内部消息的不公开化，也会使投资者认为公司可能有更好的投资机会而未公布的可能性。

所以，投资者对公司未来良好的预期，会使公司的股票市值上升。

10. 市场有效性假说由20世纪60年代美国芝加哥大学财务教授尤金·法玛提出，又称有效市场理论。

（1）有效市场假说的主要内容

有效市场假设的内容主要包括：证券价格迅速反映未预期的信息；不同时间证券价格的变动是相互独立的，每次价格的上升或者下降与前一次的价格变化没有关系；投资者无法获得超额利润，超额利润是指在承担一定风险的条件下获得比预期收益更多的盈利。

有效市场根据获得信息的分类不同，可将有效市场划分为弱式市场、半强式市场和强式市场三种类型。

① 弱式有效市场，指证券价格被假设完全反映包括它本身在内的过去历史的证券价格资料。其主要特点在于证券的现行价格充分反映了历史上一系列交易价格和交易量中所隐含的信息，证券价格的变动表现为随机游动过程。

② 半强式有效市场，指所有公开的可用信息假定都被反映在证券价格中，不仅包括证券价格序列信息，还包括公司财务报告信息、经济状况的通告资料和其他公开可用的有关公司价值的信息，公布的宏观经济形势和政策方面的信息。半强式有效的市场并不意味着所有的市场参与者都能马上接受并且理解所有公开有用的信息，事实上只有机构投资者和职业分析家才可能对新的信息做出迅速的反应。

③ 强式有效市场，指所有相关信息(包括内部信息和公开信息)都在证券价格中反映出来，即证券价格除了包含历史价格信息和所有公开信息外，还包含了所谓的内幕信息。

（2）有效市场假设对财务管理活动的具体影响

① 有效市场假设对企业融资理财行为的影响。有效市场假设要求融资理财时重视市场对于企业的估价。资本市场是企业的一面镜子，又是企业行为的校正器。股价可以综合反映企业的业绩。弄虚作假、人为的改变会计方法对于提高企业的价值没有丝毫的用处。市场对于公司的评价降低的时候，应该分析公司的行为是否出了问题并且加以改进，而不应该设法欺骗市场。

有效市场理论要求在融资的时候慎用金融工具。如果市场是有效的，购买或者出售金融工具交易的净现值就为零。公司作为资本市场上融资的一方，不要妄图通过融资取得正的净现值，而应当依靠生产经营提高股东财富。公司的生产经营性带来的竞争，是在少数公司之间展开的，竞争不充分。一个公司因为有专利权、较好的专利技术、较好的商誉和较大的市场份额等相对优势，可以在某些直接投资中取得正的净现值。

② 有效市场假设理论对企业行为的影响。有效市场假设使公司进行投资的技术分析失去意义。技术分析的意义是搜寻有关股价的反复的和可预测的信息以提高投资收益。有效市场理论则隐含一个假设，即技术分析是没有价值的。如果过去的价格包含的信息对于未来的价格预期毫无用处，那么遵循任何技术交易方法都是没有意义的。

有效市场假设也使公司进行投资的基础分析失去作用。基础分析是根据有关企业的收益和股利的分析，展望对未来收益率的预期，以及对企业的风险评估来确定股票的价格。有效市场理论认为大多数基础分析是注定会失败的。根据半强式有效市场理论，没有投资者可以通过基于公开可得的信息而采取的交易方式来获得超额收益。只有具备超凡洞察力的分析者才能获得超额收益。

总之，有效市场理论认为，市场表现为能迅速地对有关个股和经济整体的信息作出调整。凡是使用技术分析或基础分析来选择资产组合的技术，都不可能持续地超越仅仅只是买入并持有一组分散化的证券组合的简单投资策略，例如模拟组合市场指数的简单策略。

③ 有效市场假设对公司投资组合收益预期的影响。公司进行资产组合，最重要的责任是在既定的限制条件下确定资产组合的风险收益目标。在有效市场条件，一个满足投资者需要的资产组合不是超越市场的资产组合，而是根据企业的自身收益要求和风险承担能力而设计的组合，企业对投资组合收益的预期不应当超过市场组合预期。企业在进行投资组合设计的时候，要考虑流动性、期限、法律和税收等。

11. 我不同意这个观点。

有效市场假说(EMH)最初是由 Fama 在 1970 年提出的，并与理性人假设成为现代各个金融理论的基石。有效市场假说根据投资者可以获得的信息种类，将有效市场分为三个层次：弱式有效市场、半强式有效市场、强式有效市场。但是外部世界的复杂性与其市场参与者自身有限的信息收集处理能力之间的矛盾决定了市场参与者只能达到有限理性。尽管投资者是有限理性的，有效市场假说理论也的确可能引起价格于价值的偏离，在正反馈投资策略下，市场上参与者“追涨杀跌”，使价格偏离价值。同时，在市场中，充斥着大量的噪声交易者，相同或相似的情绪可能导致噪声交易者对金融资产的定价出现方向相同的偏离。同时，在行为金融学理论中，由于套利本身是有风险的，尤其是以业绩评价的套利风险更加符合实际，风险也是更大的，因为委托人和套利者的信息是不对称的，委托人并不知晓资产的真实价值，当其发现价格进一步偏离预期时将要求套利者将资产变现，承担一定损失。

但是这些理由并不是造成此次危机的最主要原因。2007 年美国金融危机爆发的主要原因有：①金融的过度创新而且缺乏相应的金融监管，因此，创新与监管必须同步，否则过度的创新将会导致严重的金融危机；②美国政府不当的房地产金融政策为危机埋下了伏笔；③美国从 2000 年起一直实施宽松的货币政策，宽松的货币政策使大量的投机资金进入房地产，推高了房地产价格，从而促成了房地产泡沫。尽管 2007 年起货币政策连续收紧，但已为时已晚。

12. 使用永续增长的自由现金流模型可知，SM 的市场价值为：100/14% = 714. 3 万美元，BG 公司的市场价值为 100/10% = 1000 万美元。可见，SM 公司有较低的市场价值和较高的期望回报率。SM 公司的阿尔法为：14% - 12% = 2%，BG 公司的阿尔法为 10% - 12% = -2%。可见，市值较低的公司具有较高的阿尔法。

第九章　资本结构与公司价值

大纲中给定的本章内容主要包括债务融资与股权融资、资本结构与 MM 定理。鉴于实际应试的需要，我们把本章的知识点罗列为债务融资与股权融资、资本结构理论和资本结构的决定。"债务融资与股权融资"属于一般知识点，难度不大，考题主要涉及债务融资与股权融资各自的特点。"资本结构理论"是重点知识点，难度较大。从命题角度看，MM 定理是最核心的考点，除了涉及两大命题的含义、基本结论之外，还会考查相关的计算。至于其他几个理论，则只要记住相关的结论即可，计算题很少涉及，除非是复旦、上财这个层次的高校。"资本结构确定"属于一般知识点，考生能够熟练掌握最优资本结构的概念和每股净收益分析法的计算即可。

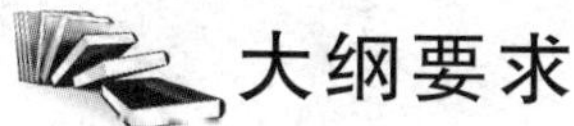

大纲要求

债务融资与股权融资
资本结构
MM 定理

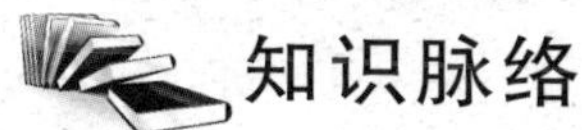

知识脉络

- **资本结构与公司价值**
  - **债务融资与股权融资**
    - **债务融资**
    - **普通股融资**
    - **优先股融资**
  - **资本结构理论**
    - **早期资本结构理论**
    - **现代资本结构理论**
    - **新资本结构理论**
  - **资本结构的确定**
    - **最优资本结构**
    - **资本结构优化**

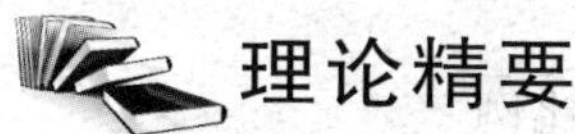

理论精要

知识点一　债务融资与股权融资

（一）债务融资

债务融资是指企业通过向个人或机构投资者出售债券、票据筹集营运资金或资本开支。个人或机构投资者借出资金，成为公司的债权人，并获得该公司还本付息的承诺。债务融资一般包括短期债务融资和长期负债。

【科兴提示】在资本结构中所涉及的债务融资都默认是长期负债。由于不少学校考查短期债务融资工具，我们这里顺带进行阐述。

1. 短期债务融资

短期债务融资又称流动负债融资、短期负债融资或短期资本，它是指公司为满足临时性流动资产周转需要而进行的偿还期在 1 年之内或者一个经营周期内的融资行为。从财务角度看具有速度快，灵活性强，成本低，风险大等特征。企业的大多数短期负债是从金融机构获得的，也可以通过货币市场融资，主要有短期借款、商业票据、商业信用和短期融资券四种方式。

（1）短期借款

为了给流动资产投资融资，企业可以申请短期借款，即期限在一年以内的借款。短期借款有三种协议形式，即信用额度、周转性贷款协议和补偿性余额。银行通常会要求企业为短期借款提供担保，担保物一般是应收账款、存货或有价证券之类的流动资产。根据不同的借款方式，短期借款成本的计算方法也有所不同。

① 单利。企业向银行申请短期借款时，银行一般都按单利计算利息。若短期借款为 1 年期，到期时一次还本付息，则借款的实际利率与名义利率相同；若借款期限小于 1 年，则实际利率就会高于名义利率。这两者之间的关系为：

$$r_{实际} = \left(1 + \frac{r_{名义}}{m}\right)^{m} - 1$$

式中，m 为一年中的借款次数。

② 贴现利率。如果银行向企业发放贷款时，先从本金中扣除利息部分，则企业在借款时实际得到的借款金额小于其借款的金额。这时，借款的成本就是实际贴现利率，其计算公式为：

$$r_{实际} = \frac{利息支出}{借款金额 - 利息支出}$$

若借款期限在 1 年以下，实际年贴现利率为：

$$r_{实际} = \left(1 + \frac{利息支出}{借款金额 - 利息支出}\right)^{m} - 1$$

与单利相反，在计算贴现利率时，期限越短，实际利率越低。

③ 有补偿性余额的利率。当利息在计息期末支付并要求保持补偿性余额时，借款的实际利率就会高于按借款本金计算的利率。补偿性余额减少了实际的借款金额，增加了可用资金的成本。有补偿性余额的实际利率的计算公式为：

$$r_{实际} = \frac{利息支出}{借款金额 - 补偿性余额} = \frac{名义利率}{1 - 补偿性余额比例}$$

若借款期限在 1 年以下，实际利率为：

$$r_{实际} = \left(1 + \frac{利息支出}{借款金额 - 补偿性余额}\right)^{m} - 1$$

【例 1】某企业以 12%的名义利率借入一笔 10 万元的资金，期限为 3 个月，银行要求保持 10%的补偿性余额。则，这笔借款的实际利率为（　　）。

A. 7.5%　　B. 14.01%　　C. 8.0%　　D. 15.01%

答案：B。$r_{实际} = \left(1 + \frac{利息支出}{借款金额 - 补偿性余额}\right)^{m} - 1 = \left(1 + \frac{10 \times \frac{12\%}{4}}{10 - 10 \times 10\%}\right)^{4} - 1 = 14.01\%$。

(2) 商业票据

商业票据是获得短期债务资金的另一种途径，通常由具备最佳信用等级的公司按面值折价发行、销售。商业票据通常按照面值折价发行，期限一般不超过270天。商业票据的实际利率的计算公式为：

$$r_{实际} = \frac{面额 - 贴现额}{贴现额} \times \frac{360}{m}$$

式中，m 为商业票据的期限。

【例2】某企业以10%的利率发行了50万元的商业票据，期限为90天，该票据是贴现发行。则该商业票据的实际利率为(　　)。

A. 7.5%　　B. 10.26%　　C. 12.24%　　D. 15.01%

答案：B。$r_{实际} = \frac{面额 - 贴现额}{贴现额} \times \frac{360}{m} = \frac{50 - (50 - 50 \times 10\%/4)}{50 - 50 \times 10\%/4} \times \frac{360}{90} = 10.26\%$。

(3) 商业信用

商业信用是一家公司向另一家公司提供的信用。当买方以赊购的方式购入商品时，它并不立即支付购货款，而只是在相应账户上记一笔"应付账款"，一段时间之后才向卖方进行支付。商业信用是企业短期资金的重要来源，其成本取决于信用期限和现金折扣。例如，"2/10，n/30"这样的表示方法是指如果在10天(折扣期)内付款，就能获得2%的现金折扣，否则应在30天(净期限)内全额支付。按照单利计算的放弃现金折扣成本的计算公式为：

$$放弃现金折扣成本 = \frac{现金折扣率}{1 - 现金折扣率} \times \frac{360}{信用期 - 折扣期}$$

按照复利计算的放弃现金折扣成本的计算公式为：

$$放弃现金折扣成本 = \left(\frac{现金折扣率}{1 - 现金折扣率}\right)^{\frac{360}{信用期 - 折扣期}}$$

【例3】甲公司按"2/20，N/30"的付款条件购入货物80万元。如果企业在10天以后付款，则放弃现金折扣的信用成本为(　　)。

A. 73.47%　　B. 36.73%　　C. 41.53%　　D. 66.58%

答案：A。$放弃现金折扣成本 = \frac{现金折扣率}{1 - 现金折扣率} \times \frac{360}{信用期 - 折扣期} = \frac{2\%}{1 - 2\%} \times \frac{360}{30 - 10} = 73.47\%$。

(4) 短期融资券

短期融资券指企业在银行间债券市场发行(即由国内各金融机构购买不向社会发行)和交易并约定在一年期限内还本付息的有价证券。短期融资券是由企业发行的无担保短期本票。

2. 长期负债

长期负债是指偿还期在一年或一个营业周期以上的债务，主要有长期借款、应付债券、长期应付款等。长期负债与流动负债相比，具有数额较大、偿还期限较长的特点。因此，举借长期负债往往附有一定的条件，如需要企业指定某项资产作为还款的担保品，要求企业指定担保人。

长期负债主要有公司债券和长期借款两种方式。

(1) 公司债券

公司债券是企业依照法定程序发行的、约定在一定期限内还本付息的有价证券。债券是持有人拥有公司债权的书面证书，它代表持券人同发债公司之间的债权债务关系。

发行公司债券的优点有：

① 资金成本低。与股票相比，企业发行债券的成本较低，一是债券发行费用较低，二是债券利息在所得税前支付，可以为企业带来节税效益。故企业实际负担的债券成本一般低于发行股票的成本。

② 保证控制权。债券持有者不直接参与公司的经营管理，故债券筹资不会分散企业的控制权。

③ 便于调整资本结构。公司通过发行可转换债券，或在发行债券时规定可提前赎回债券，有利于公司在必要的时候调整资本结构，保持负债与权益的最佳比例。

发行公司债券的缺点有：

① 财务风险大。公司发行债券要承担定期还本付息的责任，若经营状况不佳，会影响到公司的偿债能力，从而使公司绵连财务危机，甚至有可能导致破产。

② 筹资数量有限。利用债券筹资通常会受到发行额度的限制。我国《公司法》规定，企业发行在外的债券累计总额不得超过其净资产的40%。另外，当公司的负债比率超过一定限度后，债券筹资的成本将会增加。

③ 限制条件严格。发行债券的限制条件通常比长期借款和租赁的限制条件严格，这在一定程度上限制了公司的经营决策，甚至可能影响到公司以后的筹资能力。

【例 4】（中央财大 2015 年）债券筹资的优点不包括（　　）。

A. 债券的成本介于普通股和优先股之间

B. 债权人不直接参与公司经营管理

C. 债券利息在税前列支，可以带来税收屏蔽的好处

D. 债券可以附加多种选择权，增强其吸引力

答案：A。债券的风险小于优先股和普通股，所以筹资成本也会低于优先股和普通股。

（2）长期借款

长期借款是指企业向银行或其他金融机构借入的期限在一年以上（不含一年）或超过一年的一个营业周期以上的各项借款。我国股份制企业的长期借款主要是向金融机构借人的各项长期性借款，如从各专业银行、商业银行取得的贷款；除此之外，还包括向财务公司、投资公司等金融企业借入的款项。

与债券融资相比，使用借款具有以下优势：

① 借款可以为信息不对称问题提供可能的解决方案。对于某一借款企业，与外部投资者相比，银行如果对该企业的未来发展前景了解很多，那么就会对其未来具有很大的信心，这样银行就可以通过贷款定价来反应它们所具有的这些信息优势。

② 银行能比较好地监督企业。银行贷款一般都有详细的限制条款，这些条款通常都是针对企业借款的特定问题和投资机会确定的。

③ 借款有利于维护企业投资机会的保密性。企业一般不希望向公众披露贷款时银行所需的所有信息。

④ 利用借款可以使企业避免发行证券时所需的高昂费用以及审批手续等带来的长时间的等待过程。不过，借款筹资也要花费成本，而发行证券的固定成本虽然比较大，但可变成本却很低。所以，借款更适合中小型的融资，或者说，证券的发行规模使企业不以从规模经济中获益时，进行借款更有利。

（二）普通股融资

1. 普通股融资的类型

上市的股份有限公司在证券市场上发行股票，包括公开发行和非公开发行两种类型。公开发行股票又分为首次上市公开发行股票和上市公开发行股票，非公开发行即向特定投资者发行，也叫定向发行。

（1）首次上市公开发行股票(IPO)

首次上市公开发行股票(Initial Public Offering，以下简称IPO)，是指股份有限公司对社会公开发行股票并上市流通和交易。实施IPO的公司，应当符合中国证监颁布的《首次公开发行股票并上市管理办法》规定的相关条件，并经中国证监会核准。

实施IPO的基本程序是：①公司董事会应当依法就本次股票发行的具体方案、本次募集资金使用的可行性及其他事项作出决议，并提请股东大会批准；②公司股东大会就本次发行股票作出的决议；③由保荐人保荐并向证监会申报；④证监会受理，并审核批准；⑤自证监会核准发行之日起，公司应在6个月内公开发行股票；超过6个月未发行的，核准失效，须经证监会重新核准后方可发行。

（2）上市公开发行股票

上市公开发行股票，是指股份有限公司已经上市后，通过证券交易所在证券市场上对社会公开发行股票。上市公司公开发行股票，包括增发和配股两种方式。其中，增发是指增资发行，即上市公司向社会公众发售股票的再融资方式，而配股是指上市公司向原有股东配售发行股票的再融资方式。增发和配股也应符合证监会规定的条件，并经过证监会的核准。

(3)非公开发行股票

上市公司非公开发行股票，是指上市公司采用非公开方式，向特定对象发行股票的行为，也叫定向募集增发。其目的往往是为了引入该机构的特定能力，如管理、渠道等。定向增发的对象可以是老股东，也可以是新投资者。总之，定向增发完成之后，公司的股权结构往往会发生较大变化，甚至发生控股权变更的情况。

在公司设立时，上市公开发行股票与非上市不公开发行股票相比较，上市公开发行股票方式的发行范围广，发行对象多，易于足额筹集资本，同时还有利于提高公司的知名度。但公开发行方式审批手续复杂严格，发行成本高。在公司设立后再融资时，上市公司定向增发和非上市公司定向增发相比较，上市公司定向增发优势在于：①有利于引入战略投资者和机构投资者；②有利于利用上市公司的市场化估值溢价，将母公司资产通过资本市场放大，从而提升母公司的资产价值；③定向增发是一种主要的并购手段，特别是资产并购型定向增发，有利于集团企业整体上市，并同时减轻并购的现金流压力。

【例5】与配股相比，定向增发的优势是(　　)。

A. 有利于社会公众参与　　B. 有利于保持原有的股权结构

C. 有利于促进股权的流通转让　　D. 有利于引入战略投资者和机构投资者

答案：D。上市公司定向增发优势在于：①有利于引入战略投资者和机构投资者，所以选项D正确；②有利于利用上市公司的市场化估值溢价，将母公司资产通过资本市场放大，从而提升母公司的资产价值；③定向增发是一种主要的并购手段，特别是资产并购型定向增发，有利于集团企业整体上市，并同时减轻并购的现金流压力。

2. 普通股筹资的特点

① 所有权与经营权相分离，分散公司控制权，有利于公司自主管理、自主经营。普通

股筹资的股东众多，公司的日常经营管理事务主要由公司的董事会和经理层负责。

② 没有固定的股息负担，资本成本较低。公司有盈利，并认为适于分配时才分派股利；公司盈利较少，或者虽有盈利但现金短缺或有更好的投资机会，也可以少支付或不支付股利。相对于吸收直接投资来说，普通股筹资的资本成本较低。

③ 能增强公司的社会声誉。普通股筹资使得股东大众化，由此给公司带来了广泛的社会影响。特别是上市公司，其股票的流通性强，有利于市场确认公司的价值。

④ 促进股权流通和转让。普通股筹资以股票作为媒介的方式便于股权的流通和转让，便于吸收新的投资者。

⑤ 筹资费用较高，手续复杂。

⑥ 不易尽快形成生产能力。普通股筹资吸收的一般都是货币资金，还需要通过购置和建造形成生产经营能力。

⑦ 公司控制权分散，容易被经理人控制。同时，流通性强的股票交易，也容易被恶意收购。

（三）优先股融资

优先股是一种混合证券，既具有普通股的某些特征，没有到期日，股东不能要求公司收回优先股股票，股利要从税后利润中支付，因此它是企业自有资金的一部分；又与债券有相似之处，有固定的股利率，在公司清算时以股票面值为限获得清偿，股东也没有参与公司经营管理的权利。

（1）优先股融资的优点

① 优先股没有固定的到期日，不用偿还本金，使公司拥有长期、稳定的资金来源。同时，大多数优先股还附有赎回条款，使得这部分资金的运用具有较大的弹性，也便于控制公司的资本结构。

② 优先股没有投票权，使公司能够避免优先股股东参与投票，从而保证了普通股股东的控制权。

③ 优先股是公司的权益资本，有利于提高公司的负债能力，也不会像公司债券一样成为公司的强制性约束。当公司盈利不足以支付优先股股利时，公司可以拖欠，不至于加剧公司资金周转的困难。

（2）优先股融资的缺点

① 成本较高。优先股股利是从税后利润中支付的，没有抵扣税金的好处。

② 限制较多。发行优先股通常有许多限制，如对普通股现金股利支付的限制、对公司借债的限制等。

③ 优先股要求支付固定的股利，当公司盈利下降时，优先股股利将可能成为公司的债务负担。如果不得不延期支付，有将影响到公司的形象。

④ 优先股股东在股利分配、破产清算等方面享有优先权，这使普通股股东在公司经营状况不佳时的利益受到影响。

【例6】下列关于优先股筹资特点的说法中，不正确的是（　　）。

A. 有利于丰富资本市场的投资结构　　B. 有利于股份公司股权资本结构的调整

C. 对普通股收益和控制权影响大　　D. 可能给股份公司带来一定的财务压力

答案：C。优先股票每股收益是固定的，只要净利润增加并且高于优先股股息，普通股票每股收益就会上升。另外，优先股票无表决权，因此不影响普通股股东对企业的控制权，也基本上不会稀释原普通股的权益。所以选项C的说法不正确。

知识点二 资本结构理论

所谓资本结构，是指公司各种资金来源的构成及其比例关系。资本结构理论的发展分为以下几个阶段：

（一）早期资本结构理论

大卫·杜兰德在1952年发表的《企业债务与权益成本计量方法的发展和问题》报告中比较全面、系统地阐述了有关资本结构理论的思想。他把这种思想划分为三种类型，即：净收益理论、净经营收益理论和传统折中理论。由于这三种理论都没有经过统计数据的分析验证，因此并没有得到理论界的认可。

1. 净收益理论

这种理论认为，在公司的资本结构中，债权资本的比例越大，公司的净收益或税后利润就越多，从而公司的价值就越高。按照这种理论，公司获取资本的来源和数量不受限制，并且债权资本成本率和股权资本成本率都是固定不变的，不受财务杠杆的影响。

2. 净营业收益理论

这种理论认为，在公司的资本结构中，债权资本的多寡，比例的高低，与公司的价值就没有关系。按照理论观点，公司债权资本成本率是固定的，但股权资本成本率是变动的，公司的债权资本越多，公司的财务风险就越大，股权资本成本率就越高；反之亦然。经加权平均计算后，公司的综合资本成本率不变，是常数。因此，资本结构与公司价值无关。从而，决定公司价值的真正因素应该是公司的净营业收益。

除了上述两种极端的理论以外，还有一种介于这两种极端理论之间的折中理论，我们称之为传统理论。按照这种观点理论，增加债权资本对提高公司价值是有利的，但债权资本规模必须适度。

（二）现代资本结构理论

现代资本结构理论发端于20世纪50年代，一直持续到70年代末。整个研究的轨迹可归纳为：以无税MM理论为基础，在逐步释放假设条件后，形成两大流派。一是研究税盾效应与资本结构关系的“税盾学派”，二是研究破产成本与资本结构关系的“破产成本学派”。这两派的观点最后归于权衡理论。

1. MM理论

MM定理由美国经济学家莫迪格利安尼和米勒于1958年发表的《资本成本、公司财务和投资管理》一书中提出。MM理论的发展经历了不断修正的过程，由完善资本条件下的MM理论逐渐形成了含公司税的MM理论、含个人税的MM理论。

（1）无税的MM定理(在完美资本市场中的MM定理)

莫迪格利安尼和米勒对完美资本市场做出如下假设：

第一，不存在公司所得税和个人所得税。

第二，股票和债券在完美资本市场上交易，没有交易成本，也不存在信息不对成问题。

第三，个人和公司的借贷利率相等。

第四，直接破产成本和间接破产成本是不存在的。

第五，机构与个人的债务都是无风险的，所有债务的利率均为无风险利率，且不受借款数额的影响。

第六，经营风险由息税前利润 EBIT 的标准差衡量，具有相同经营风险的企业属于同一风险等级组。

【科兴提示】第六条假设特别重要，释放出了两个信息：①在 MM 定理的世界中，与经营风险对应的 r_U 是稳定的；②EBIT 具有永续的零增长特征，如果企业的现金流增长不为 0，则不能使用 MM 定理。

在完善资本条件的假设下，MM 定理得出以下两个结论：

① 命题 I：任何公司的市场价值与资本结构无关。用公式表示为：

$$V_L=\frac{EBIT}{r_{WACC}}\equiv V_U=\frac{EBIT}{r_U}$$

式中，V_L 是杠杆公司的价值，V_U 是无杠杆公司的价值，r_{WACC} 是杠杆公司的资本成本，r_U 是无杠杆公司的资本成本。

【例 7】TA 公司总资产 8000 元，资产收益率（ROA）为 15%，无所得税。分别两种情形讨论。

情形一：无负债，即资产全部为权益，股份总数为 400 股，则每股收益为 $8000\times0.15/400=3$。

情形二：有 4000 元的负债，利率 10%；股份数为 200 股，则每股收益为 $(8000\times0.15-4000\times0.1)/200=4$

策略 A：如果某投资者用自有资金 2000 元买入 100 股情形二的 TA 股票，则收益为 $4\times100=400$；

策略 B：如果该投资者以利率 10% 借入 2000 元，加上自有资金 2000 元，买入 200 股情形一的 TA 股票，则收益为 $3\times200-2000\times10\%=400$。策略 B 称为自制财务杠杆。

策略 A 和策略 B 的投资者的收益相同。其中关键是无企业所得税和投资者能以与公司负债相同的利率借到资金。

如果杠杆公司的定价过高，理性投资者将会借款来购买无杠杆公司的股票。通常把这种替代称为自制财务杠杆。只要投资者个人能以与公司相同的利率借入或贷出，他们就能靠自己来复制公司财务杠杆的影响。

② 命题Ⅱ：以市场价值计算，对于杠杆公司而言，其权益的期望收益率随负债权益比的增加而提高。我们可用无杠杆资本成本（即税前 WACC）推导出相关的公式：

$$r_{\text{税前WACC}}=\frac{r_B\times B}{B+S}+\frac{r_S\times S}{B+S}=\frac{I+E}{B+S}=\frac{EBIT}{B+S}=r_U$$

$$r_U=\frac{S}{B+S}\times r_S+\frac{B}{B+S}\times r_B\Rightarrow r_S=r_U+\frac{B}{S}(r_U-r_B)$$

式中，r_S 表示权益的期望收益率，即公司的权益资本成本；r_U 是全权益公司的资本成本；r_B 是公司的债务资本成本；B 是公司的负债；S 是公司的权益。

【科兴提示】根据风险收益匹配原则，我们可以贝塔替代期望收益率，得出：

$$\beta_S=\beta_U+\frac{B}{S}(\beta_U-\beta_B)$$

式中，β_U 可用来衡量公司的基础资产的市场风险。若公司改变它的资本结构而不改变投资，公司的 β_U 将保持不变。但是，β_S 将会变动，以反映资本结变动对股权风险的影响。

图 9-1 揭示了权益资本成本和负债权益比之间的关系。随着公司负债权益比的提高，权益投资者的风险就逐渐增加，从而导致权益的期望收益率 r_S 也随之提高，但不影响 r_{WACC}。另外，从图中也可以看出，全权益公司的资本成本 r_U 是用一个点表示的，而 r_{WACC} 是一条直线。

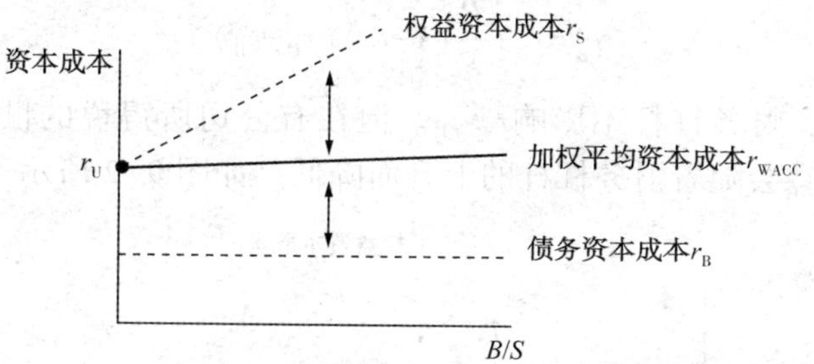

图 9-1　完美资本市场下财务杠杆与资本成本的关系

【例 8】NRG 能源公司以市值计算的股权债务比率为 2。假设其当前的债务资本成本为 6%，股权资本成本为 12%。还假设公司发行股票并用筹集的资金偿还债务，公司的债务股权比率下降为 1，同时债务资本成本下降到 5.5%。在完美资本市场种，这项交易对公司的股权资本成本和 WACC 将产生什么影响？如果公司发行更多的股票，全部清偿其债务，结果会怎么样？这一新资本结构对公司价值的影响如何？

答案：由于公司的经营风险不变，所以无杠杆资本成本是不变的，可以求出：

$$r_{税前WACC}=r_U=\frac{S}{B+S}\times r_S+\frac{B}{B+S}\times r_B=\frac{1}{1+2}\times 12\%+\frac{2}{1+2}\times 6\%=8\%$$

给定公司的无杠杆资本成本，$r_U=8\%$，再使用无税 MM 定理 2 可以计算出杠杆减少后公司的股权资本成本：

$$r'_S=r_U+\frac{B'}{S'}(r_U-r'_B)=8\%+\frac{1}{1}\times(8\%-5.5\%)=10.5\%$$

杠杆的减少将使股权资本成本下降到 10.5%。注意，在完美资本市场中，公司的 WACC 将保持不变，仍为 $8\%=\frac{1}{2}\times 10.5\%+\frac{1}{2}\times 5.5\%$。这一交易没有产生任何收益。

如果公司完全清偿其债务，公司将无杠杆，其股权资本成本将等于 8% 的 WACC 和无杠杆资本成本。

（2）含公司税的 MM 定理

在放松无公司所得税 T_C 的前提下，MM 定理得出以下两个结论：

① 命题Ⅰ：负债公司的价值等于相同风险等级的无负债公司的价值加上负债的节税收益，节税收益等于公司税率乘以负债额。

在债务是永续性的假设下：

$$PV(利息税盾)=\frac{公司所得税率\times 利息支付额}{债券的期望收益率}=\frac{T_C\times(r_B\times B)}{r_B}=T_C\times B$$

无杠杆公司每年的税后现金流量是 $EBIT(1-T_C)$，在计算现金流量的现值时应使用无杠杆公司的权益资本成本r_U，这样没有负债公司的价值可以计算为：

$$V_U=\frac{EBIT(1-T_C)}{r_U}$$

对于存在永续性债务的公司，可以用公式表述为：

$$V_L=\frac{EBIT(1-T_C)}{r_U}+\frac{T_C\times(r_B\times B)}{r_B}=V_U+T_C\times B$$

很明显，命题Ⅰ认为公司负债越多，价值越大，当公司 100% 负债时，公司价值最大。

② 命题Ⅱ：权益资本的期望收益率与财务杠杆存在正相关关系，杠杆公司的权益资本成本等于相同风险等级的无杠杆公司的权益资本成本加上风险报酬。同样，在 B/S 恒定的前提下，我们可以运用 WACC 的公式推导出：

$$r_S = r_U + \frac{B}{S}(1-t_C)(r_U - r_B)$$

在不考虑税收时，财务杠杆不影响r_{WACC}。但在有公司所得税的世界中，债务相对于权益有节税效应，故r_{WACC}会随着财务杠杆的上升而降低。如图 9-2 所示。

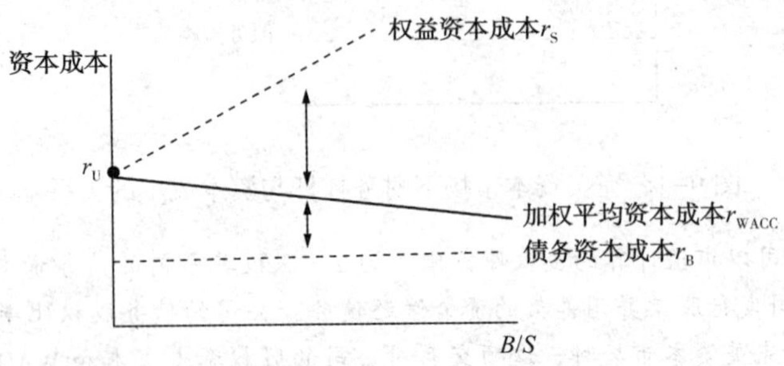

图 9-2 含公司所得税时财务杠杆与资本成本的关系

【知识拓展】维持目标债务股权比率时的利息税盾

先前在计算利息税盾的价值时，假设公司维持固定的债务水平。在很多情况下，这一假设是不现实的。许多公司以特定的债务股权比率作为目标资本结构，而不是保持固定的债务水平。公司若这样做，则其债务水平将随着公司规模的变动而增长(或缩减)。如果公司随着时间调整其债务，以保持固定的债务股权比率，就可以使用 WACC 折现其自由现金流，计算出杠杆公司的价值。将有杠杆公司的价值与无杠杆公司的价值相比较，即可确定利息税盾的价值。

【例 9】西部木材公司预计来年产生的自由现金流是 425 万美元，此后的自由现金流预计每年按 4%的比率增长。公司的股权资本成本为 10%，债务资本成本为 6%，公司税率是 35%。如果公司维持 0.50 的目标债务股权比率，公司利息税盾的价值是多少？

答案：可通过比较有杠杆和无杠杆时公司的价值来估计利息税盾的价值。以无杠杆资本成本r_u折现公司的自由现金流，计算出公司的无杠杆价值为：

$$r_U = \frac{S}{B+S} \times r_S + \frac{B}{B+S} \times r_B = \frac{1}{1.5} \times 10\% + \frac{0.5}{1.5} \times 6\% = 8.67\%$$

预期公司的自由现金流按固定比率增长，则可将其视为具有不变增长率的永续年金计算：

$$V_U = \frac{4.25}{8.67\% - 4\%} = 91\text{million}$$

为了计算公司在有杠杆时的价值，需要计算它的 WACC：

$$r_{WACC} = r_U - \frac{B}{B+S} T_C r_B = 7.97\% - \frac{0.5}{1+0.5} \times 35\% \times 6\% = 7.97\%$$

包含利息税盾的公司价值为：

$$V_L = \frac{4.25}{7.97\% - 4\%} = 107\text{million}$$

利息税盾的现值是：

$$PV(\text{利息税盾}) = V_L - V_U = 107 - 92 = 16\text{million}$$

很明显，在债务数额不固定时，我们不能使用$T_C \times B$来求利息税盾。

【知识拓展】MM 定理的推导过程(具体内容，请扫描本书前言中的二维码进行下载。)

(3) 含个人所得税的 MM 定理(米勒模型)

在放松无公司所得税的基础上再放松无个人所得税的假设的研究，是由米勒于 1977 年